V&R
Vandenhoeck
& Ruprecht

Veröffentlichungen
des Deutschen Historischen Instituts London

Herausgegeben von Adolf M. Birke

Band 35

Vandenhoeck & Ruprecht
Göttingen · Zürich

KLAUS LARRES

Politik der Illusionen

Churchill, Eisenhower und die deutsche Frage 1945–1955

Vandenhoeck & Ruprecht
Göttingen · Zürich

Die Deutsche Bibliothek – CIP-Einheitsaufnahme

Larres, Klaus:
Politik der Illusionen : Churchill, Eisenhower und die deutsche
Frage 1945—1955 / Klaus Larres. — Göttingen ; Zürich :
Vandenhoeck und Ruprecht, 1995
(Veröffentlichungen des Deutschen Historischen Instituts London ; Bd. 35)
Zugl.: Köln, Univ., Diss., 1992
ISBN 3-525-36320-6
NE: Deutsches Historisches Institut ⟨London⟩: Veröffentlichungen des
Deutschen …

Schrift: 9,5/11p Garamond auf Monotype Lasercomp
Satz: Tutte Druckerei GmbH, Salzweg-Passau
Druck und Einband: Hubert & Co., Göttingen

Inhalt

Meinen Eltern
Änni und Albert Larres

Vorwort

Ende Januar 1955 berichtete der britische Hochkommissar in Bonn seiner Regierung, daß die Mehrheit der westdeutschen Bevölkerung lediglich Interesse an den »three B's« habe: Bauch, Bausparkasse und BMW. Das Thema der Wiedervereinigung werde zunehmend von dem allgemeinen Konsumrausch der Westdeutschen verdrängt.[1] Die Aussage des britischen Diplomaten sollte über drei Jahrzehnte Gültigkeit haben. Die deutsche Frage wurde in der nachfolgenden Zeit immer mehr in den Hintergrund der politischen Diskussion gerückt. Erst 35 Jahre nach der 1955 vollzogenen Westintegration der alten Bundesrepublik fand die deutsche Wiedervereinigung statt. Die vorliegende Studie wurde unter dem Eindruck der Ereignisse von 1989/90 geschrieben. Eine historische Arbeit zu einem Thema, das bis November 1989 als mehr oder weniger abgeschlossen galt, wurde so ganz unmittelbar von den tagespolitischen Turbulenzen der frühen neunziger Jahre erfaßt und beeinflußt. Viele Prämissen und Analysen mußten überprüft werden. Gleichzeitig öffneten sich völlig neue Forschungsperspektiven. Es wurde möglich, Churchills Gipfeldiplomatie, Eisenhowers und Adenauers Westpolitik und Malenkows Neutralisationskurs unter geänderten Vorzeichen zu analysieren.

Obwohl das Ende des Kalten Krieges die Beschäftigung mit dem Thema sowohl vereinfachte als auch komplizierter, auf jeden Fall aber stimulierender gestaltete, wäre die Arbeit ohne die Hilfe zahlreicher Personen und Institutionen nicht zustandegekommen. Stipendien des Deutschen Akademischen Austauschdienstes (DAAD) und vor allem des British Council und des britischen Foreign and Commonwealth Office (FCO) ermöglichten die notwendigen langen Forschungsaufenthalte in Großbritannien. Die Unterstützung des Foreign Office versetzte mich in die Lage, zwei sehr anregende Jahre als »research student« an der London School of Economics and Political Science (LSE) verbringen zu können. Der Central Research Fund der Universität London gewährte mir im September/Oktober 1990 ein Stipendium für einen Forschungsaufenthalt in den USA. Durch ein Promotionsstipendium der Friedrich-Ebert-Stiftung wurde die rasche Fertigstellung der Arbeit ermöglicht. Allen Institutionen und ihren Mitarbeitern sei herzlich gedankt. Besonderer Dank aber gilt dem Beirat und dem Direktor des Deutschen Historischen Instituts London für die Aufnahme der Studie in die Schriftenreihe des Instituts. Die Arbeit wurde im Sommersemester 1992 von der Philosophischen Fakultät der Universität Köln als Dissertation angenommen.

1 PRO: FO 371/118 151/WG 1013/5, 27.1.1955.

Prof. Donald Cameron Watt, meinem Betreuer an der LSE, möchte ich für seine nie ermüdende Unterstützung, sein Interesse an der Arbeit und seine Offenheit, auch weit über das Thema hinausgehende Fragestellungen zu besprechen, besonders danken. Seinen vielen Gutachten und seinem Sinn für alle mit den intellektuellen wie praktischen Seiten des Universitätslebens zusammenhängenden Dinge verdanke ich sehr viel. In Köln wurde die Arbeit von Prof. Erich Angermann betreut, dessen letzter Doktorand ich war, bevor er viel zu früh verstarb. Seine Anregungen und Vorschläge waren gerade in der Frühphase der Arbeit sehr wertvoll. Ermutigung und Unterstützung fand ich daneben vor allem bei Prof. John W. Young an der LSE und am Deutschen Historischen Institut in London bei Prof. Peter Alter, der auch freundlicherweise die Studie als Zweitgutachter beurteilte. Gespräche und Diskussionen mit den Hochschullehrern Dr. David Stevenson, Dr. Robert Boyce, Dr. Michael Burleigh (alle LSE), Prof. Stephen Ambrose (New Orleans), Prof. Anthony Adamthwaite (Berkeley), Prof. Bradley Smith (London), Prof. David Dilks (Hull), Prof. Gustav Schmidt (Bochum), Prof. Hans-Peter Schwarz (Bonn), Prof. Jost Dülffer und Prof. Eberhard Kolb (beide Köln) erwiesen sich als sehr nützlich und stimulierend.

Zu Dank verpflichtet bin ich auch den vielen wissenschaftlichen Veranstaltungen des Institute of Contemporary British History (ICBH), an denen ich teilnehmen konnte. Unentbehrlich war die Hilfe des Instituts bei der Organisation eines Seminars über das Thema der Studie mit Zeitzeugen und britischen und deutschen Historikern im November 1990 in London. Den im Literaturverzeichnis einzeln aufgeführten Interviewpartnern bin ich für interessante Einblicke in die Zusammenhänge der Politik der Churchill-Regierung dankbar. Besonders wertvoll erwies sich die mir von Sir Anthony Nutting, Lord Sherfield und Sir David Pitblado großzügig zur Verfügung gestellte Zeit. Gleichfalls wurde ich von den Mitarbeitern der ebenfalls im Literaturverzeichnis aufgeführten Archive bestens betreut. Daneben erwiesen sich die folgenden Bibliotheken als unentbehrlich für die Anfertigung der Studie, denen allen mein herzlicher Dank gilt: die British Library of Political and Economic Science (LSE London), die British Library (London), die Bibliothek des Deutschen Historischen Instituts in London, die Library of Congress (Washington), die Universitätsbibliothek Köln und die vorzügliche Bibliothek der anglo-amerikanischen Abteilung des Historischen Seminars der Universität Köln.

Ohne die Unterstützung vieler Freunde in London, Köln und anderen Städten hätte die Arbeit wesentlich weniger Spaß gemacht. Erwähnen möchte ich vor allem David Weir, Bill Cory, Julian Putkovsky, Barbara Wells, Michaela Lange, Dr. Raingard Esser, Ragna de Alwis, Axel Nolte, Dr. Torsten Oppelland, Jane Leonard, Dr. Panikos Panayi, Dr. Barbara Schwepcke, Dr. Kelvin Knight, David Hall, Veronique Noble und nicht zuletzt die zahlreichen Mitglieder des LSE Tuesday Club, die ich aus Platzgründen hier nicht im einzelnen aufführen kann. Gewidmet ist die Arbeit meinen Eltern, ohne deren Vertrauen und Unterstützung die Studie weder begonnen noch vollendet worden wäre. Besonderer Dank gilt meiner Freundin Elisabeth Burgwinkel, die nicht nur durch meine ständige Abwesenheit, sondern auch durch zahlreiche Korrekturarbeiten erheblich weniger Freude an der Beschäftigung mit dem Thema als ich selbst hatte. Das Department of Politics der Queen's University of Belfast trug durch die großzügige Ausstattung meines Büros und Rücksichtnahme bei der Verteilung von Lehrverpflichtungen dazu bei, daß die Überarbeitung und Kürzung des Manuskripts zügig durchgeführt werden konnte. Letzte redaktionelle Änderungen fanden im Januar 1994 statt.

Belfast, im Juli 1994 Klaus Larres

I. Einleitung

In my opinion the best would be that the three victorious Powers, who separated at Potsdam in 1945, should come together again ... If nothing can be arranged I shall have to consider seriously a personal contact.[1]

Diese Worte schrieb Winston Churchill im April 1953, kurz nach Stalins Tod, an den neuen amerikanischen Präsidenten Dwight D. Eisenhower. Sie fassen treffend die Politik Churchills zwischen 1953 und 1955, während der zweiten Hälfte seiner zweiten Amtszeit als britischer Premierminister zusammen. Churchill beantwortete damit zwar nicht die sich aufdrängende Frage, welche Themengebiete die Großen Drei gemeinsam erörtern sollten. Es lag aber nahe, daß wie in Potsdam auch diesmal das Thema Deutschland im Mittelpunkt der Gespräche stehen würde. Tatsächlich teilte Churchill seinen Mitarbeitern vertraulich mit, »that he had not closed his mind to the possibility of a unified and neutralised Germany ... as part of a settlement with the Russians.«[2]

Dies ließ die Alarmglocken im britischen Foreign Office (FO) schrillen und stieß wenig später, als erste Informationen über die Pläne Churchills durchsickerten, auch in Washington und Bonn auf Kopfschütteln und strikteste Ablehnung. Schließlich war man im Frühjahr 1953 auf dem besten Wege, die Bundesrepublik unwiderruflich in die westliche Welt zu integrieren. Eine Wiedervereinigung Deutschlands oder gar die Neutralität eines vereinigten deutschen Staates standen weder für die USA und Kanzler Adenauer noch, so hatte man angenommen, für London zur Debatte. Es waren doch schon stolze Erfolge auf dem Weg zur Westintegration errungen worden. Frankreich, die Bundesrepublik und die Beneluxländer hatten 1951 den Schumanplan unterzeichnet und damit die Montanunion ins Leben gerufen. Im Mai 1952 war mit der Unterzeichnung des Bonner und Pariser Vertrages die Etablierung einer Europäischen Verteidigungsgemeinschaft (EVG) und die Gewährung der Souveränität für den erst vor drei Jahren gegründeten westdeutschen Staat vereinbart worden. Nun mußte noch die Ratifizierung der Verträge gegenüber den nationalen Parlamenten der sechs Mitgliedsländer durchgesetzt werden, um die Integration der Bundesrepublik endgültig sicherzustellen. Zusammen mit den sowjetischen Störmanövern drohte Churchills gipfeldiplomatische Initiative dies noch schwieriger zu gestalten, als es ohnehin schon war.

1 *Peter Boyle* (Hrsg.), The Churchill-Eisenhower Correspondence, 1953–1955, Chapel Hill/N.C. 1990, S. 46: Churchill an Eisenhower, 21.4.1953.

2 PRO: FO 371/103 660/C 1016/32, 19.5.53, Aktennotiz Dixon an Strang und Roberts über sein Gespräch mit Churchill vom 16.5.1953.

Im Ausland, besonders in Frankreich, standen viele Parlamentarier den Verträgen von Mai 1952 mit Skepsis und Ablehnung gegenüber. Sie fürchteten einen neuen deutschen Militarismus und langfristig den Versuch Bonns, mittels der EVG die Gebiete jenseits von Oder und Neiße zurückzuerobern. Selbst wenn dies nicht eintreffen sollte, war mit einer militärischen und wirtschaftlichen Dominanz der Bundesrepublik in Europa zu rechnen. Frankreich mußte doch seine ganze Energie auf den Krieg in Indochina und das sich anbahnende Algerienproblem konzentrieren. Obwohl die Initiative von Paris ausgegangen war, stieß die supranationale Natur der EVG auf Widerstand in der Nationalversammlung. Frankreich, so wurde argumentiert, würde immerhin die Verfügungsgewalt über den größten Teil seiner Truppen an eine europäische Organisation abgeben, während Großbritannien sich dazu nicht habe entschließen können. Zusammen mit den USA beabsichtigte die britische Regierung, die EVG zu unterstützten und eng mit ihr zusammenzuarbeiten, aber ihr keinesfalls beizutreten. Die französischen Politiker standen der EVG daher bald immer abgeneigter gegenüber, drängten London zu Zugeständnissen und versuchten auch der Bonner Republik weitere Konzessionen politischer, militärischer und territorialer Art (Saar) abzuringen. In der Bundesrepublik war die westdeutsche Wiederbewaffnung ebenfalls sehr umstritten, nicht zuletzt wegen der neuentdeckten pazifistischen Überzeugung vieler Menschen im Nachkriegsdeutschland. Daneben wurde vor allem immer wieder angeführt, im Anschluß an die Remilitarisierung und Westintegration der Bundesrepublik sei die Verwirklichung der deutschen Wiedervereinigung nicht mehr möglich und für alle Zeit ausgeschlossen. Den Aussagen des Kanzlers, die Westintegration der Bundesrepublik werde langfristig zur Wiedervereinigung führen, wurde in breiten Bevölkerungskreisen kein Glauben geschenkt. Churchills Gipfeldiplomatie erfreute sich daher großer Beliebtheit.

Als im März 1953 Stalin starb, stellte dies für Churchill die Gelegenheit dar, den Versuch zu unternehmen, den unerbittlich geführten Kalten Krieg zu überwinden und ein nukleares Desaster im Falle des erneuten Ausbruchs eines europäischen Krieges zu verhindern. Er beabsichtigte, ein »settlement« mit der neuen kollektiven Führung in der UdSSR und *primus inter pares* Georgi Malenkow herbeizuführen. Dazu mußte seiner Auffassung nach eine Gipfelkonferenz der drei Großmächte einberufen werden. Nicht die Außenminister, sondern der amerikanische, britische und sowjetische Regierungschef selbst sollten die Initiative ergreifen, um den Ost-West-Konflikt beizulegen. Der Premierminister war der Ansicht, daß die Voraussetzung dazu nur gegeben sei, wenn zuvor die Teilung Deutschlands rückgängig gemacht würde. Um die Zustimmung Moskaus zu erreichen, befürwortete der Premierminister die Neutralisierung Deutschlands.

Das Ziel der Untersuchung besteht in der Erarbeitung der tieferen Gründe für Churchills Gipfeldiplomatie. Die konkrete Ausgestaltung seiner Politik und ihr Scheitern wird dargelegt. Besonderer Wert ist der Analyse der deutschlandpolitischen Vorstellungen des britischen Premierministers beigemessen worden. Gleichzeitig soll die Opposition zu Churchills Politik im Londoner Foreign Office und innerhalb der amerikanischen Regierung untersucht und auch der Widerstand und die Einflußnahme Adenauers berücksichtigt werden. Dies ist bisher lediglich in Ansätzen von der Forschung geleistet worden. Die Arbeit basiert im wesentlichen auf erst seit wenigen Jahren zugänglichem britischen und amerikanischen Archivmaterial.

Die Studie besteht neben Einleitung und Schlußbetrachtung aus fünf großen Kapiteln. Im Anschluß an die Einführung beschäftigt sich das zweite Kapitel vorwiegend mit dem Problem der Kontinuität von Churchills Gipfeldiplomatie. Im Mittelpunkt steht die Frage, ob Churchills Begeisterung für ein »summit« tatsächlich erst mit Stalins Tod Anfang 1953 bzw. mit einer Wahlrede im Jahre 1950 in Edinburgh einsetzte, wie die Forschung immer wieder ausführt. Es wird untersucht, ob sein Enthusiasmus für die persönliche Diplomatie in der Nachkriegszeit nicht vielmehr in seinem Wesen angelegt und charakteristisch für seine gesamte Karriere war. Es erscheint notwendig, seine Laufbahn vor und während des Zweiten Weltkrieges und in der unmittelbaren Nachkriegszeit als Oppositionsführer zu analysieren. Auf der Grundlage von Churchills zahlreichen Reden und Debattenbeiträgen soll in diesem Zusammenhang auch Churchills politische Philosophie und seine Einstellung zur Sowjetunion und zu Deutschland erörtert werden. Wie ist es etwa zu erklären, daß der Kalte Krieger, der 1946 mit der Rede vom Eisernen Vorhang vor der Invasionsgefahr durch die Rote Armee warnte, sieben Jahre später, trotz des inzwischen ausgebrochenen Koreakrieges, Bereitschaft zu einer gütlichen Beilegung des Ost-West-Konflikts und zur Opferung der Westintegration der Bundesrepublik zeigte? Auch wird ein Blick auf die sich anbahnenden Differenzen mit der neuen Eisenhower-Administration geworfen und die anfängliche Übereinstimmung zwischen Churchill und Außenminister Anthony Eden in der Gipfeldiplomatie erörtert.

Die weiteren Teile der Arbeit beschäftigen sich mit der Zeit nach Stalins Tod im März 1953. Die ersten vierzig Tage nach dem Ableben des Diktators werden in Kapitel III einer Detailanalyse unterzogen. Während dieser Zeit wurden nicht nur Churchills gipfel- und deutschlandpolitische Absichten deutlich. Es stellte sich auch heraus, daß der amerikanische Präsident ganz andere Vorstellungen darüber hatte, welche Politik gegenüber Moskau verfolgt werden sollte. Die Forschung behauptet meist, Eisenhower sei ebenfalls an einer freundlichen, wenn auch anders gearteten Geste gegenüber der Sowjetunion interessiert gewesen.[3] Dennoch soll der Frage nachgegangen werden, ob Eisenhower nicht vielmehr beabsichtigte, einen Propagandasieg gegenüber dem Kreml zu erreichen.

3 Vgl. z. B. *Piers Brendon*, Ike. The Life and Times of Dwight D. Eisenhower, London 1987, S. 255; *Walt W. Rostow*, Europe after Stalin. Eisenhower's Three Decisions of March 11, 1953, Austin, Tx. 1982, S. 3 f.; *Harald Stassen* und *Marshall Houts*, Eisenhower. Turning the World Toward Peace, St. Paul 1990, S. 153–174.

Seine Ziele scheinen denjenigen Churchills genau entgegengesetzt gewesen zu sein. Auf die zunehmenden Differenzen zwischen London und Washington wird ausführlich eingegangen. Wollte der Präsident die aufgrund von internen Machtkämpfen noch nicht konsolidierte Lage in Moskau für die amerikanische Position im Kalten Krieg ausnutzen, gar die »Politik der Befreiung« in die Tat umsetzen? Die Meinungsbildung in dem von John Foster Dulles geleiteten State Department wird erörtert und den Konflikten mit dem Weißen Haus nachgegangen.

Die Rede Churchills im britischen Parlament am 11. Mai 1953 machte aller Welt seine gipfeldiplomatischen und deutschlandpolitischen Intentionen deutlich. Die in der Rede enthaltenen sicherheitspolitischen Vorstellungen wurden dagegen vielfach von den Zeitgenossen wie auch von der historischen Forschung übersehen. Diesem Aspekt wird im IV. Kapitel verstärkte Aufmerksamkeit gewidmet. Bei der westlichen Bevölkerung fand Churchills Initiative großen Anklang, nicht aber bei den außenpolitischen Experten seiner eigenen Regierung. Parallel zu den immer größeren anglo-amerikanischen Spannungen verstärkten sich bald die unterschiedlichen Auffassungen über die Auswirkungen des Machtwechsels in Moskau zwischen dem Premierminister und seinem Foreign Office. Der Schwerpunkt des Kapitels liegt daher auf der Analyse der Meinungsverschiedenheit zwischen Churchill und seinen außenpolitischen Beratern einschließlich Anthony Eden. Worauf ist die Meinungsänderung des britischen Außenministers zurückzuführen? Gelang es den Diplomaten, Edens Einstellung zur Gipfeldiplomatie zu beeinflussen und Churchills Politik zu unterminieren? Dem Premierminister wurde vorgeworfen, er überschätze die Bedeutung der sowjetischen Friedenskampagne nach Stalins Tod. Änderte er daher, etwa im Anschluß an den von der Sowjetunion unterdrückten Aufstand in der DDR am 17. Juni 1953, seine konziliante Politik gegenüber Moskau? Mit Blick auf die Auseinandersetzungen zwischen Churchill und dem Foreign Office stellt sich die Frage, welche Rolle der einflußreiche Lord Salisbury bei der Vereitelung eines »summit« mit Malenkow spielte. Dies ist das Thema von Kapitel V. Während Edens Erkrankung und nach Churchills Schlaganfall im Sommer 1953 übernahm Salisbury, ein Vertrauter Churchills, vertretungsweise das Außenministerium. Auf die Versuche Adenauers und der amerikanischen Regierung, den Premierminister eines Besseren zu belehren, wird ebenfalls eingegangen. Höhepunkt der westlichen Versuche, Churchills Politik zu unterminieren, waren die Konferenz der Westmächte in Washington im Juli und die Bermuda-Konferenz im Dezember 1953. Beiden Treffen wird große Aufmerksamkeit geschenkt.

Während der größte Teil der Studie dem Jahr 1953 gewidmet ist, soll im VI. Kapitel auch Churchills letzter ernsthafter Versuch, im Juni 1954 eine Gipfelkonferenz zustande zu bringen, untersucht werden. Dabei steht die Frage im Mittelpunkt, ob Churchill 1954 die Opferung der deutschen Westintegration als Konferenzthema zugunsten weniger brisanter Gesprächsthemen aufgab. Ist in den Jahren 1954 und 1955 festzustellen, daß der alternde Premierminister nur noch Interesse an der Gipfeldiplomatie hatte, um seinen Rücktritt hinauszuschieben? Oder war dies, wie von manchen Historikern behauptet, ohnehin der tiefere Grund für seine gipfel- und deutschlandpolitischen Initiativen seit Stalins Tod? Es wird erörtert, ob der Meinung beizupflichten ist, daß Eisenhower Ende Juni 1954 dem Plan des Premierministers zustimmte, Molotow per Telegramm ein bilaterales anglo-sowjetisches Treffen mit Malenkow vorzuschlagen. Hatte Churchill den Präsidenten trotz des Widerstandes von Außenminister Dulles überreden können? Abschließend werden die letzten verzweifelten Versuche Churchills dargelegt, mittels der Gipfeldiplomatie seinen dann im April 1955 erfolgten Rücktritt noch hinauszuzögern. Eine zusammenfassende Bewertung der Politik Churchills erfolgt in der Schlußbetrachtung.

Die Arbeit fühlt sich der Theorie verpflichtet, die »International History« als das Studium der Beziehungen der Staaten untereinander auf historischer Basis und aus multibiographischer Perspektive versteht. Zeithistoriker haben es letztlich nicht so sehr mit »identifiable abstractions« als mit »identifiable individual persons« zu tun. Eher sozial- und strukturgeschichtlich orientierte Forscher mag die große Aufmerksamkeit, die den handelnden Personen (Churchill, Eden, Eisenhower, Dulles, Adenauer, einzelnen Diplomaten) gewidmet ist, übertrieben erscheinen. Erörterungen der sozialen und der wirtschafts- und militärpolitischen Zeitbedingungen sind jedoch in die Studie eingeflossen. Ihre Kenntnis wird allerdings in der Regel vorausgesetzt; sie sind nur im Ausnahmefall detailliert dargelegt worden. Gerade im Falle Churchills werden jedoch die internen und externen Faktoren berücksichtigt, die seinen Entscheidungen und Überzeugungen zugrundelagen. Ebenfalls wurde versucht, ein gewisses Verständnis für seine Persönlichkeit durch eine Betrachtung seiner politischen Erfahrungen und seines Weltbildes zu gewinnen. Insgesamt schließt sich der Verfasser folgender Definition der Aufgabe des internationalen Historikers an: »The international historian today is concerned to understand why, at given moments in time, identifiable individuals in positions of power, authority or influence chose, recommended or advocated one course of action rather than another«[4].

Der Arbeit liegt primär die Auswertung britischer und amerikanischer Archivbestände zugrunde. In Großbritannien konnten ausführliche Studien im Public Record Office (PRO) durchgeführt und die Dokumentensammlungen des Churchill College Cambridge, Trinity College Cambridge, Bodleian Library Oxford, House of Lords Records Office London (HL) und des Liddell-Hart Archiv am King's College London konsultiert werden. Das meiste des im Public Record Office benutzten Archivmaterials ist der Forschung zwischen 1984 und 1986 zugänglich gemacht worden. Einige Dokumente wurden jedoch erst in den

4 *Donald Cameron Watt*, Succeeding John Bull. America in Britain's Place, 1900–1975, Cambridge 1984, S. 3; zuvor zitierten Teilsätze: ebd., S. 5. Vgl. auch das ganze Unterkapitel mit dem Titel »The nature of ›international history‹«, ebd. S. 1–6.

darauffolgenden Jahren freigegeben. Der Verfasser konnte die im Archiv der Universität Birmingham (BUA) deponierten Privatdokumente Anthony Edens (Lord Avon) auswerten, die seit dem Sommer 1990 einsehbar sind. Die im Churchill College Cambridge deponierten und erst kürzlich deklassifizierten (für die Nachkriegszeit aber nicht sehr zahlreichen) Privatpapiere Winston Churchills sind bereits von Martin Gilbert für den achten Band seiner umfangreichen Churchill-Biographie benutzt worden. Dabei handelt es sich jedoch in der Regel um Kopien von Unterlagen, deren Original im PRO zu finden ist. Ungeachtet der vielen wertvollen Zitate aus den Dokumenten ist Gilberts Werk durch die anekdotenhafte, Churchill sehr wohl gesonnene Aufzählung diverser Ereignisse und die Vernachlässigung der historischen Analyse und Interpretation charakterisiert. Es ist daher von nur begrenztem Wert.[5]

Trotz der grundsätzlichen Freigabe des benötigten Archivmaterials bleiben noch viele Dokumente unter Verschluß. Vor allem ist es nicht möglich, zahlreiche Unterlagen des britischen *Western Organisations Department* auszuwerten, das für die NATO, die WEU und allgemeine verteidigungspolitische Aufgaben verantwortlich war. Obwohl der Jahrzehnte lang völlig unzugängliche Bestand nun allmählich deklassifiziert wird, sind die meisten sicherheitspolitischen Akten bisher nicht freigegeben worden.

In den USA konnten die National Archives (NA) der Vereinigten Staaten in Washington/D. C., die Eisenhower Library (EL) in Abilene, Kansas und das Seeley G. Mudd Archiv der Universität Princeton (PUA) benutzt werden. Daneben wurde ausführlich die Dokumentensammlung *Foreign Relations of the United States* (FRUS) zu Rate gezogen. Die Auswertung der amerikanischen Quellen, die erst zu einem relativ späten Zeitpunkt möglich war, erwies sich als außerordentlich hilfreich. Durch sie konnten manche Zusatzinformationen und ein wesentlich differenzierteres Bild der Gipfeldiplomatie Churchills und der durch sie hervorgerufenen Reaktionen gewonnen werden.

Neben der Auswertung von Archivmaterial britischer und amerikanischer Provenienz führte der Verfasser Interviews mit Zeitzeugen in Großbritannien und den USA.[6] Es gelang ihm, ein (mittlerweile publiziertes) »Witness Seminar«

5 *Martin Gilbert*, Winston S. Churchill, Bd. 8: Never Despair, 1945–65, London 1990.

6 Mit folgenden Diplomaten und Politikern wurde gesprochen (in Klammern ihre Position in den Jahren 1953–55): Sir Anthony Nutting (Parliamentary Under-Secretary und Minister of State; trat 1956 wegen der Suezkrise zurück); Sir Harry Hohler (Leiter des für die UdSSR zuständigen Northern Department des Foreign Office); Sir Frank Roberts (Deputy Under-Secretary, zuständig für Deutschland); Sir William Hayter (Botschafter in Moskau); Sir Roger Makins (nun Lord Sherfield; Botschafter in den USA); Sir David Pitblado (Churchills Privatsekretär); Sir Anthony Montague Browne (Churchills Privatsekretär); Douglas Dodds-Parker (Parliamentary Under-Secretary); Ian Mikardo (führendes Mitglied der oppositionellen Labour-Partei).

zu organisieren, an dem neben britischen und deutschen Historikern, zahlreiche ehemalige Politiker und Diplomaten teilnahmen, die an Churchills Außenpolitik beteiligt waren.[7] Auch haben viele der in den frühen 50er Jahren aktiven Politiker und Diplomaten ihre Memoiren und Tagebücher veröffentlicht. Diese stellen eine sehr nützliche Informationsquelle dar. Besonders wertvoll sind die Tagebücher von Shuckburgh, Colville und Moran.[8] Zahlreiche weitere gedruckte Quellenpublikationen, wie etwa Adenauers Briefe und Teegespräche, die westdeutschen Kabinettsprotokolle, die Dokumentensammlung *Documents on International Affairs* des *Royal Institute of International Affairs* (RIIA) wurden ebenfalls zu Rate gezogen. Von besonderem Wert erwies sich die von Peter Boyle herausgegebene Korrespondenz zwischen Churchill und Eisenhower.[9]

In der Literatur ist Churchills »summitry« bisher lediglich in einigen Aufsätzen behandelt worden, die meist Mitte der 1980er Jahre erschienen. Diese sind von sehr unterschiedlicher Qualität und behandeln darüber hinaus nur Teilaspekte seiner Gipfeldiplomatie.[10] Eine Monographie steht noch aus. Primär unter dem Aspekt der deutschen Westintegration/Wiederbewaffnung behandeln nur die Aufsätze von Foschepoth und Steininger das Thema. Sie konzentrieren sich jedoch fast ausschließlich auf das Jahr 1953 und lassen Churchills Gipfeldiplomatie vor und nach diesem Zeitraum fast völlig außer acht.[11] Bücher, die sich allgemein mit dem Thema Gipfeldiplomatie beschäftigen, erwiesen sich als wenig hilfreich.[12] Churchills zweite Amtszeit als Premierminister von 1951 bis 1955 erfährt in letzter Zeit etwas größere Aufmerksamkeit durch die Forschung.[13] Auf Quellenarbeit gestützte Gesamtuntersuchungen über die Außenpolitik Churchills in der Nachkriegszeit liegen jedoch noch nicht vor. Einen ersten guten Überblick geben Young und Adamthwaite. Interessante Aspekte beleuchten Schmidt und Ebersold, aber auch Carlton, James, Rothwell und manche der

7 *Klaus Larres* (Hrsg.), Witness Seminar. British Attitudes to German Rearmament and Reunification in the 1950s, in: Contemporary Record 5 (1991), S. 291–320.

8 *Evelyn Shuckburgh*, Descent to Suez. Diaries, 1951–56, London 1986; *John Colville*, The Fringes of Power. 10 Downing Street Diaries, 1939–1955, London 1985; *Lord Moran*, Winston Churchill. The Struggle for Survival, London 1966.

9 Vgl. Anm. 1. Siehe auch meine Rezension des Bandes in: HPB 40 (1992), S. 134f.

10 Siehe Kapitel II.1. zu einer ausführlichen Diskussion der Literatur.

11 *Josef Foschepoth*, Churchill, Adenauer und die Neutralisierung Deutschlands, in: DA 17 (1984), S. 1286–1301); *Rolf Steininger*, Ein vereintes, unabhängiges Deutschland? Winston Churchill, der Kalte Krieg und die deutsche Frage im Jahre 1953, in: MGM 34 (1984), S. 105–44.

12 Vgl. z. B. *Elmar Plischke*, Diplomat in Chief. The President at the Summit, New York 1986; *Keith Eubank*, The Summit Conferences, 1919–1960, Norman/Okla. 1966.

13 Siehe etwa die Analyse von Churchills Innenpolitik durch *Paul Addison*, Churchill on the Home Front, 1900–1955, London 1992.

Beiträge in einer von Blake und Louis herausgegebenen Aufsatzsammlung.[14] Die meisten Gesamtdarstellungen der britischen Außenpolitik in der Nachkriegszeit gehen nicht allzu detailliert auf die zweite Amtszeit Churchills in der Nachkriegszeit ein.[15] Ausgangspunkt aller Beschäftigung mit der Innen- und Außenpolitik der Regierung Churchill ist nach wie vor das nicht auf Archivmaterial beruhende Buch von Anthony Seldon. Der Autor stützt seine Untersuchung auf Interviews mit vielen der 1977–80 noch lebenden Mitarbeiter Churchills. Er liefert einen fundierten Überblick über die Personalpolitik Churchills und das Beziehungsgefüge innerhalb der Regierung.[16] Neben den Werken zur britischen Außenpolitik wurden die bedeutendsten der zahlreichen Arbeiten zur amerikanischen Politik in der Ära Eisenhower/Dulles berücksichtigt.[17] Aus der noch umfangreicheren Literatur über Adenauer, die deutsche Frage, die Bewaff-

14 *John W. Young* (Hrsg.), The Foreign Policy of Churchill's Peacetime Government, 1951–55, Leicester 1988; *Gustav Schmidt* (Hrsg.), Großbritannien und Europa – Großbritannien in Europa. Sicherheitsfragen und Wirtschaftsbelange in der britischen Europapolitik nach dem Zweiten Weltkrieg, Bochum 1989; *Bernd Ebersold*, Machtverfall und Machtbewußtsein. Britische Friedens- und Konfliktstrategien in den internationalen Beziehungen 1918–1956, München 1991; *Saki Dockrill*, Britain's Policy for West German Rearmament, 1950–55, Cambridge 1991; *Anthony Adamthwaite*, Overstretched and Overstrung: Eden, the Foreign Office and the Making of Policy, 1951–55, in: IA 64 (1988), S. 241–59; *David Carlton*, Anthony Eden. A Biography, London 1986; *Robert Rhodes James*, Anthony Eden, London 1986; *Victor Rothwell*, Anthony Eden: a political biography, Manchester 1992; *Robert Blake* und *Wm. Roger Louis* (Hrsg.), Churchill, Oxford 1993.

15 Vgl. die im Literaturverzeichnis aufgeführten einschlägigen Arbeiten von *Corelli Barnett; Christopher J. Bartlett; Frederick Northedge; William N. Meddlicott; Alan Sked* und *Chris Cook; Peter Hennessy* und *Anthony Seldon* (Hrsg.); *David Childs; Keith Middlemas; Robert Blake; Christopher Woodhouse; Elizabeth Barker; Keith Robbins* und *Kenneth Morgan.*

16 *Anthony Seldon*, Churchill's Indian Summer. The Conservative Government, 1951–55, London 1981.

17 Zu Eisenhower vgl. die im Literaturverzeichnis aufgeführten einschlägigen Arbeiten von u. a.: *Stephen E. Ambrose; Robert A. Divine; Piers Brendon; Blanche Wiesen Cook; Charles Alexander; Fred Greenstein.* Zu Dulles vgl. u. a.: *Richard H. Immerman* (Hrsg.); *Richard Goold-Adams; Townshend Hoopes; John Robinson Beal; Michael Guhin; Roscoe Drummond* und *Gaston Coblentz.* Zur amerikanischen Deutschlandpolitik siehe u. a.: *Wolfrang F. Hanrieder; Hermann-Josef Rupieper; Lawrence W. Martin; Thomas A. Schwartz; Christian Malte Gladis* und *Detlef Felken.*

nung der Bundesrepublik und die westliche Sicherheitspolitik wurden die wichtigsten Werke zu Rate gezogen.[18] Auch einige unveröffentlichte Dissertationen und Examensarbeiten fanden Berücksichtigung.[19]

18 Zur deutschen Frage vgl. u.a.: *Hans-Peter Schwarz*, Adenauer. Der Staatsmann, Stuttgart 1991; *Josef Foschepoth* (Hrsg.), Adenauer und die Deutsche Frage, Göttingen 1988; und auch die im Literaturverzeichnis angegebenen Literaturzusammenstellungen von *Rudolf Morsey* und *Anselm Doering-Manteuffel*. Zur Außenpolitik, sicherheitspolitischen Aspekten und der EVG siehe die im Literaturverzeichnis angeführten Arbeiten von u.a. *Olaf Riste* (Hrsg.); *Ludolf Herbst* (Hrsg.); *Hans-Erich Volkmann* und *Walter Schwengler* (Hrsg.); *Edward Fursdon; Gerhard Wettig; Alexander Fischer* (Hrsg.); *Robert McGeehan; Saki Dockrill; Heinz Brill; Lutz Köllner u.a.* (Hrsg.); *Ludolf Herbst u.a.* (Hrsg.); *Ernest R. May* und *Hans-Heinrich Jansen*.

19 Siehe den letzten Teil des Literaturverzeichnisses.

II. Die Konstanten der Politik Churchills

1. »Summitry« im Urteil der historischen Forschung

Die neuere Literatur bewertet Churchills Gipfeldiplomatie nach Stalins Tod gemeinhin als weitsichtig und weise.[1] Sie wird als »grand strategy for reaching an accommodation with the Soviet Union«, als »sweeping vision« und als »refreshing departure from the hopelessness of the Cold War« bezeichnet.[2] Die Gelegenheit »for a general settlement of the Cold War« habe bestanden und ähnlich der Situation im Jahre 1952 sei »eine Chance vertan worden«.[3] Die nahezu einzige Ausnahme bei dieser späten Welle der Zustimmung für Chur-

1 Vgl. z.B. *Foschepoth*, Churchill, S. 1300. Mit der Möglichkeit, nach dreißig Jahren Einsicht in die Dokumente im britischen Public Record Office zu nehmen, erschienen insbesondere in den Jahren 1984–85 einige Aufsätze zu Churchills Gipfeldiplomatie. Erwähnenswert sind vor allem die Artikel von: *Steininger*, Deutschland; *M. Steven Fish,* After Stalin's Death. The Anglo-American Debate over a New Cold War, in: DH 10 (1986), S. 333–55; *John W. Young*, Churchill, the Russians and the Western Alliance: the Threepower conference at Bermuda, December 1953, in: EHR 101 (1986), S. 889–912; *ders.,* Cold War and Détente with Moscow, in: *ders.* (Hrsg.); The Foreign Policy of Churchill's Peacetime Government, 1951–55, Leicester 1988, S. 55–80; *ders.,* Churchill's bid for Peace with Moscow, 1954, in: History 73 (1988), S. 425–48; *Andreas Hillgruber*, Alliierte Pläne für eine ›Neutralisierung‹ Deutschlands 1945–55, Opladen 1987; *David Carlton*, Großbritannien und die Gipfeldiplomatie, 1953–55, in: *Bruno Thoß* und *Hans-Erich Volkmann* (Hrsg.), Zwischen Kaltem Krieg und Entspannung. Sicherheits- und Deutschlandpolitik der Bundesrepublik im Mächtesystem der Jahre 1953–1956, Boppard 1988, S. 51–69; und *Anthony Glees*, Churchill's Last Gambit. What the ›Secret Documents‹ Reveal [...], in: Encounter 64 (1985), S. 27–35. Einen interessanten Einblick gibt auch der etwas ältere Aufsatz von *Donald Cameron Watt*, Churchill und der Kalte Krieg, in: Schweizer Monatshefte, Sonderbeilage, Heft 11, 61. Jahr (1981), S. 1 ff. Anthony Seldons Abhandlung des Themas in seiner umfangreichen, aber etwas verwirrend aufgebauten Monographie der Konservativen Regierungsarbeit 1951–55 ist etwas enttäuschend. Siehe *Seldon*, S. 396–409. Die Darlegungen bei *Brian White*, Britain, Détente and changing East-West relations, London 1992, S. 50–54, sind sogar recht unpräzise. Kaum Neues bieten auch *Rolf Steininger*, Germany after 1945. Divided and Integrated or United and Neutral?, in: German History 7 (1989), S. 5 ff.; und *Victor Baras*, Stalin's German Policy After Stalin, in: Slavic Review 37 (1978), S. 259–67.

2 Erstes Zitat: *Glees*, S. 32. Zweites Zitat: *Raymond Callahan*, Churchill. Retreat from Empire, Wilmington/Del. 1984, S. 263. Drittes Zitat: *Young*, Bermuda, S. 912.

3 Erstes Zitat: *Fish*, S. 355. Zweites Zitat: *Steininger*, Deutschland, S. 123.

chills Politik ist David Carlton. Er geht so weit, Churchills Gipfeldiplomatie mit allen ihren komplizierten Auswirkungen auf die deutsche Frage als »reinen Spielball in Churchills und Edens politischen Manövern« um den Zeitpunkt des Rücktritts Churchills und die Nachfolge Edens zu bezeichnen. Er kommt daher zu dem Schluß, daß Churchills Politik »im Grunde genommen unseriös war«.[4] Carlton wie aber auch teilweise die zitierte zustimmende Literatur zu Churchills Gipfeldiplomatie gehen davon aus, daß der Premierminister in Stalins Tod die Gelegenheit sah, seinen Rücktritt hinauszuzögern und zum letzten Mal eine dominierende Rolle auf der internationalen Bühne zu spielen, um seinem Ruhm als Kriegspremier nun vielleicht sogar die Verleihung des Friedensnobelpreises hinzufügen zu können.[5] Carlton und die Churchill wohlwollender gesonnenen Historiker unterscheiden sich also nicht wesentlich in der Art der Analyse der Gipfeldiplomatie des britischen Regierungschefs, sie kommen nur zu anderen Schlußfolgerungen.

Sie alle versäumen, der Frage einer möglichen Kontinuität im Denken und in der Politik Churchills nachzugehen. Meist wird angenommen, daß irgendwann während der Zeit der Opposition seine Suche nach einem großen politischen Thema plötzlich von Erfolg gekrönt gewesen sei, obwohl es nicht möglich sei »to say exactly when Churchill first thought of seeking a summit meeting«.[6] Carlton drückt dies noch zugespitzter mit der These aus, daß es aufgrund von Churchills und Edens zunehmender Rivalität, ihren Mitarbeitern letztlich unmöglich gewesen sei, »vor dem Hintergrund dieser entschlossenen, gegeneinander gerichteten Schachzüge die Kontinuität britischer Politik aufrechtzuerhalten«.[7] Worin aber eigentlich diese Kontinuität der Politik Londons bestand, läßt er unerwähnt, doch ist wohl anzunehmen, daß Carlton sich vor allem auf Churchills stark antikommunistisch gefärbte »iron curtain«-Rede im Februar 1946 in Fulton, Missouri, bezieht.[8] A. J. P. Taylor weiß hingegen zu berichten, daß Churchill »had no doubt of his own consistency«, die sich laut Taylor in erster Linie in der Förderung von Demokratie, Freiheit und der Macht des britischen Empire

4 *David Carlton*, Großbritannien, S. 53.

5 Ebd.; *Watt*, Churchill, S. 17; *Steininger*, Deutschland, S. 108. Dies war zudem auch die Auffassung von Lord Moran, dem Arzt und engen Freund Churchills. Vgl. *Moran*, S. 403ff., 495ff. Siehe auch *Seldon*, S. 30.

6 *Seldon*, S. 396.

7 *Carlton*, Großbritannien, S. 52.

8 Dabei hatte Churchill doch nicht nur mit der »iron curtain«-Rede von 1946 vor der sowjetischen Gefahr gewarnt, sondern bereits in den Jahren 1946–51 versucht, fruchtbare Ost-West-Gespräche anzuregen – wenn auch mit einem geringeren Aufwand an Energie und Zeit als 1953. Jedoch gehen lediglich *Young*, Cold War, S. 55f.; *Seldon*, S. 396f.; und *Fish*, S. 336, kurz und nur überblicksartig auf die Vorläufer von Churchills »summitry« der Jahre 1953–55 ein, beginnen aber erst mit dem Wahlkampf des Jahres 1950. Siehe zu Churchills Politik als Oppositionsführer genauer Kap. II. 5.

ausdrückte. Taylor räumt allerdings ein: »The consistency was less obvious to others«.[9]

Die meisten Aufsätze, die sich mit Churchills Gipfeldiplomatie beschäftigen, zeichnen sich durch eine seltsam dualistische Charakterisierung des alternden Premierministers aus. Einerseits wird Churchill als senil und schwerfällig bezeichnet und – spätestens seit seinem Schlaganfall Ende Juni 1953 – im Grunde unfähig, die Regierungsgeschäfte zu führen. Zum anderen betrachten manche Forscher Churchills Gipfeldiplomatie als äußerst flexibel, neuartig und vorausschauend. Dieser Widerspruch wird in aller Regel lediglich damit erklärt, »[that] he could still manage the big occasion« und »could still display great energy and imagination at times«.[10] Die Möglichkeit einer etwaigen Kontinuität im Denken Churchills bleibt unbeachtet.

Gelegentlich wird in der Literatur, in den Akten des Foreign Office (FO) und in Memoiren und Tagebüchern von Zeitgenossen auch angedeutet, es handele sich hier gar nicht um einen Widerspruch, sondern Churchills zunehmende Hinfälligkeit und Senilität sei die Voraussetzung für die Idee der Gipfeldiplomatie gewesen. Churchill wird im Alter als weltfremder, idealistischer Politiker mit illusorischen Entspannungsträumen in der unbarmherzigen Welt des Ost-West-Konflikts dargestellt, in der vor allem realistische Kalte Krieger benötigt wurden.[11] Dabei ist es doch eine Binsenweisheit, daß mit zunehmendem Alter die Flexibilität der Menschen nicht zunimmt, nicht völlig neue Ideen und Vorstellungen entwickelt werden, sondern im Gegenteil die einmal übernommenen Vorurteile, Denk- und Verhaltensgewohnheiten nur umso stärker betont und verfolgt werden. Es ist sogar kaum mehr möglich, sie wieder abzulegen. Die Berichte und Dokumente über Churchills Führung der Regierungsgeschäfte zwischen 1951 und 1955 bestätigen völlig, daß der fast achtzigjährige Churchill hier keine medizinische Ausnahme war. Der Premierminister sprach etwa des öfteren von der Notwendigkeit einer nationalen Regierung. Nur eine solche Administration sei in der Lage, die Probleme der Nachkriegszeit zu bewältigen. Dies erinnerte sehr an Churchills Beteiligung an der konservativ-liberalen Koalition unter Lloyd George während und nach dem Ersten Weltkrieg und an seine Zeit als Premierminister einer nationalen Regierung während des Zweiten Weltkrieges.[12] Es ist nicht anzunehmen, daß Churchill durch seine Gipfeldiplomatie

9 *A.J.P. Taylor*, The Statesman, in: *ders. u.a.*, Churchill. Four Faces and the Man, London 1969, S. 20f.

10 Erstes Zitat: *Seldon*, S. 421. Zweites Zitat: *Young*, Cold War, S. 75.

11 Besonders deutlich wiederum bei *Carlton*, Großbritannien, S. 53f. Vgl. auch *Shuckburgh*, S. 91, 134f., 141; *Moran*, S. 403–07. Siehe allgemein auch das interessante Buch von *Jerrold M. Post* und *Robert S. Robin*, When Illness Strikes the Leader. The Dilemma of the Captive King, New Haven/Ct. 1993, bes. S. 20–24.

12 Vgl. *David Butler* (Hrsg.), Coalitions in British Politics, London 1978, S. 96. Siehe auch ebd., S. 25ff., 74ff.; *Seldon*, S. 36–38. Man denke auch ebenfalls an Churchills

eine ganz neue, ungeahnte Flexibilität entwickelte, die kaum etwas mit seinen früheren Denk- und Verhaltensweisen zu tun hatte. Ist wirklich zu folgern, daß Churchill zum Beispiel nach Stalins Tod seinen seit 1917 vertretenen aggressiven Antikommunismus plötzlich ablegte oder abzulegen in der Lage gewesen wäre, um eine ganz neue Politik der Entspannung mit der Sowjetunion als Ziel zu proklamieren?[13] Ein Blick auf Churchills politische Vorstellungen vor 1953 kann helfen, etwas Licht auf seine Politik und seine Einstellungen in den Jahren nach Stalins Tod zu werfen.

2. Die Anfänge der Gipfeldiplomatie

Churchill glaubte, im persönlichen Gespräch die meisten Menschen von der Richtigkeit seiner Ideen und Vorstellungen überzeugen zu können. Seine politische Karriere vor dem Zweiten Weltkrieg hatte diese tief in ihm verwurzelte Überzeugung auch oftmals bestätigt. Churchill konnte sich beispielsweise 1915 mit dem äußerst umstrittenen Vorschlag der Gallipoli-Landung während der Dardanellen-Expedition im Ersten Weltkrieg durchsetzen.[14] Ebenfalls war es

gescheiterte Versuche, die Organisation der Regierungsgeschäfte durch seine persönliche Übernahme des Verteidigungsministeriums und durch die Wiedereinführung des sogenannten »overlord« Systems ähnlich wie während des Krieges zu strukturieren. Vgl. hierzu kritisch selbst die Churchill überaus wohlgesonnene Monographie von *Seldon*, S. 29f., 81f., 95f., 102–06, 295–300.

13 Dies ist beispielsweise die implizierte Annahme bei *Steininger*, Deutschland, S. 107ff. Vgl. zu Churchills Antikommunismus vor allem die ältere, aber immer noch nützliche unveröffentlichte Dissertation von *Ross Charles Horning Jr.*, Winston Churchill and British Policy Towards Russia, 1918–19, George Washington Univ., Washington/D.C., 1958, vor allem S. 1–18, 377–89. Daneben siehe die gelungene Darlegung von *Fraser J. Harbutt*, The Iron Curtain. Churchill, America, and the Origins of the Cold War, New York 1986, S. xi–35; und die überaus detaillierte Studie von Boadle, die sich trotz ihres Titels auch sehr intensiv mit den anglo-sowjetischen Beziehungen beschäftigt: *Donald Graeame Boadle*, Winston Churchill and the German Question in British Foreign Policy, 1918–1922, Den Haag 1973, S. 31ff., 56ff. Ebenfalls wertvoll ist das Werk von *Frederick S. Northedge* und *Audrey Wells*, Britain and Soviet Communism. The Impact of a Revolution, London 1982, bes. S. 3f., 15–48, 137ff., 234–48.

14 Vgl. dazu vor allem *Robert Rhodes James*, Gallipoli, London 1984, bes. S. 4–12, 25f., 35ff.; auch *Ted Morgan*, Churchill. Young man in a hurry, 1874–1915, New York 1982, S. 418–94; *Robert Rhodes James*, Churchill. A Study in Failure, 1900–1939, London 1970, S. 63ff.; *Martin Gilbert*, Winston S. Churchill, Bd. 3: 1914–16, London 1971, S. 188ff.; *Michael Howard*, Churchill and the First World War, in: *Blake* und *Louis* (Hrsg.), S. 129–45; sowie die zu unkritische Darlegung von *Jeffrey D. Wallin*, By Ships Alone. Churchill and the Dardanelles, Durham/N.C. 1981. Siehe auch *Winston S. Churchill*, The World Crisis, Bd. 2: 1915, London 1923, S. 46–49, 92ff., 190–344, 432–99, 500–17.

ihm gelungen, trotz teils heftiger Opposition von etwa John Maynard Keynes, erfolgreich für die Wiedereinführung des Goldstandards im Budget des Jahres 1925 zu plädieren.[15] Beides waren zwar Maßnahmen gewesen, die kläglich scheiterten – die eine schon nach wenigen Monaten, die andere erst nach mehreren Jahren. Niederlagen brachten Churchill jedoch nie von der Überzeugung ab, daß zumindest der Versuch der Realisierung des jeweiligen von ihm vorgeschlagenen Unternehmens richtig gewesen sei. Darin fühlte er sich durch die Zustimmung seiner Kabinettskollegen bestätigt, die offensichtlich auch von seinen Vorschlägen überzeugt gewesen waren. Churchill kam in der Regel zu dem Schluß, ein Scheitern der Aktionen sei nicht voraussehbar gewesen.[16] Er übersah dabei völlig, daß ihm im Kabinett, Parlament oder im privaten Kreise nicht nur zugestimmt wurde, weil man von der Richtigkeit seiner Argumentation überzeugt war, sondern oftmals, weil seine Gesprächspartner mit der Energie und Phantasie, die er für die Darlegung seines Standpunktes aufwandte, nicht konkurrieren konnten und letztlich aus Erschöpfung und Ungeduld nachgaben.[17]

Churchill neigte dazu, die internationale Politik zu personifizieren. Seiner Ansicht nach konnten die Beziehungen zwischen den Staaten der Welt durch »individual sentiment and human affection« im positiven Sinne beeinflußt werden.[18] Der überzeugende Beweis für diese Annahme läßt sich in Churchills umfangreicher Korrespondenz mit Franklin D. Roosevelt während des Zweiten Weltkrieges finden.[19] Die Wichtigkeit, die Churchill der persönlichen – sowohl

15 Vgl. *Martin Gilbert*, Winston S. Churchill, Bd. 5: Prophet of Truth, 1922–1939, London 1976, S. 92ff.; *James*, Study, S. 155–63, 206, bes. 160–63; *Peter Clarke*, Churchill's Economic Ideas, 1900–1930, in: *Blake* und *Louis* (Hrsg.), S. 79–95; *T. F. Lindsay* und *Michael Harrington*, The Conservative Party, 1918–79, London 1979, S. 70f.

16 Vgl. z.B. zur gescheiterten Gallipoli-Landung, der 120000 britische Soldaten und unzählige Truppen anderer Nationen zum Opfer fielen: *Morgan*, Churchill, S. 492f.; *Winston S. Churchill*, The World Crisis, Bd. 4: 1916–1918, Teil 2, S. 293f.; *Horning*, S. 377f.; *James*, S. 85–90.

17 Vgl. die treffende Charakterisierung Churchills bei *C. P. Snow*, Variety of Men, Harmondsworth 1969, S. 137; auch *Taylor*, Statesman, S. 16f.; *Robert Rhodes James*, The Politician, in: *A. J. P. Taylor u. a.*, Churchill. Four Faces and the Man, London 1969, S. 63f., 83f.; auch *ders.*, Churchill the Parliamentarian, Orator, and Statesman, in: *Blake* und *Louis* (Hrsg.), S. 503–17.

18 *Taylor*, Statesman, S. 32.

19 Ganz so positiv, wie beispielsweise *Richard Hough*, Former Naval Person. Churchill and the Wars at Sea, London 1985, S. 206–21, die Beziehung Churchill-Roosevelt beschreibt (»true affection«, »depth of confidence«) war das Verhältnis jedoch nicht. Vgl. zu einer kritisch-ausgewogeneren Darstellung die Einleitung von *Warren F. Kimball*, in: *ders.* (Hrsg.), Churchill and Roosevelt. The Complete Correspondence, London 1984, Bd. 1, S. 3–20, bes. 4f., 12, 16ff.; auch *Watt*, John Bull, S. 90f. Siehe zu der Wichtigkeit, die Churchill persönlichen Kontakten allgemein zuschrieb, das Kapitel »Personal Contacts«, in: *Winston S. Churchill*, Thoughts and Adventures, London 1932, S. 51–61; *Elizabeth Barker*, Churchill and Eden at War, London 1978, S. 15.

der schriftlichen als auch der direkten – Gipfeldiplomatie mit befreundeten, aber auch England potentiell feindlich gesonnenen Staaten beimaß, läßt sich bereits im Jahre 1914 feststellen, als er versuchte, mit dem Deutschen Reich ins Gespräch zu kommen. Die deutsche Aufrüstung zur See war in britischen Regierungskreisen schon seit mehreren Jahren aufmerksam beobachtet worden. Im Januar 1912 hatte Churchill in seiner Eigenschaft als First Lord of the Admiralty[20] noch erklärt, ein Besuch in Berlin zur Erörterung des Problems mit Großadmiral Tirpitz sei sinnlos.[21] Churchill verfügte jedoch grundsätzlich über eine recht positive Einstellung zu Deutschland. Im Mai 1912 schrieb er einem Freund: »I have never had any but friendly feelings towards that great nation ... & I regard the antagonism which has developed as insensate. Anything in my power to terminate it, I would gladly do.«[22]

Churchill schlug daher mehrmals (im April 1912 und Oktober 1913) sogenannte »naval holidays« vor. Sowohl England als auch Deutschland sollten den weitere Aufbau ihrer jeweiligen Flotte für eine bestimmte Zeit aussetzen. Wilhelm II. ließ sich darauf aber nicht ein.[23] Am 20. Mai 1914 wandte sich Churchill schriftlich an Premierminister Asquith und Außenminister Grey. Er teilte ihnen mit, das Rüstungswettrennen zur See zwischen dem Britischen und Deutschen Reich beruhe nur auf einem Mißverständnis. Ein freundschaftliches Gespräch unter vier Augen zwischen ihm und Großadmiral Tirpitz würde die Differenzen beilegen können. Er hoffe daher, daß, wenn sich die Gelegenheit ergebe, er zu

20 Vgl. die Churchill sehr freundlich gesinnte Studie von *R. MacGregor Dawson*, Winston Churchill at the Admiralty, 1911–1915, Toronto 1940, S. 5–33; *Winston S. Churchill*, The World Crisis, Bd. 1: 1911–14, London 1923, S. 70ff.; und Bd. 2 für das Jahr 1915. Siehe auch *Morgan*, Churchill, S. 291ff.; *Richard Ollard*, Churchill and the Navy, in: *Blake* und *Louis* (Hrsg.), S. 375–95.

21 Vgl. den Brief von Churchill an Sir Ernest Cassel, 7. 1. 1912, in: *Randolph S. Churchill* (Hrsg.), Winston S. Churchill, Bd. 2: Companion, Teil 3: 1911–1914, London 1969, S. 1491f.; *William Manchester*, The Last Lion. Winston Spencer Churchill. Vision of Glory, 1874–1932, London 1983, S. 449.

22 Brief Churchills vom 4. 5. 1912 an seinen Freund Sir Ernest Cassel, der gelegentlich als Vermittler zwischen der englischen und deutschen Regierung eingesetzt wurde. Zitiert nach *Hough*, Naval Person, S. 51. Siehe auch *Taylor*, Statesman, S. 15 f. (vgl. auch den in Anm. 21 zitierten Brief und einen Brief an Cassel vom 14. 4. 1912, in: *R. Churchill* (Hrsg.), S. 1537f.). Zu einer genaueren Analyse von Churchills Einstellung gegenüber dem Deutschen Reich, siehe *Boadle*, S. 10ff.; und *Gordon A. Craig*, Churchill and Germany, in: *Blake* und *Louis* (Hrsg.), S. 21–40.

23 Vgl. *John H. Maurer*, Churchill's Naval Holiday: Arms Control and the Anglo-German Naval Race, 1912–1914, in: Journal of Strategic Studies 15 (1992), S. 102–27. Zum allgemeinen Kontext siehe auch *Michael Epkenhans*, Die wilhelminische Flottenrüstung 1908–1914. Weltmachtstreben, industrieller Fortschritt, soziale Integration, München 1991, S. 343ff.; *Hough*, S. 51; *Manchester*, Last Lion, S. 449.

einer Reise nach Berlin aufbrechen könne.[24] Dies war Churchills erster Versuch der aktiven Gipfeldiplomatie. Die Parallele mit Churchills »summitry« in den fünfziger Jahren ist bisher von der Literatur völlig übersehen worden. Tatsächlich aber weist Churchills Darlegung an Asquith und Grey eine überraschend große Ähnlichkeit mit den anglo-sowjetischen Gipfelgesprächen auf, die er in den Jahren 1953 und 1954 vorschlug.[25]

Personally I should like to meet Tirpitz, and I think a noncommittal, friendly conversation, if it arose naturally and freely, might do good, and could not possibly do any harm. Indeed, after all I have said about a Naval holiday, it would be difficult for me to repulse any genuine desire on his part for such a conversation ... I do not expect any agreement on these, but I would like to strip the subject of the misrepresentation and misunderstanding with which it has been surrounded, and put it on a clear basis in case circumstances should ever render it admissable ... I hope ... my wish to put these points to Admiral Tirpitz if a good opportunity arises ... may not be dismissed.[26]

Auch 1953 und 1954 sprach Churchill von Mißverständnissen, die durch eine ungezwungene, formlose Konferenz leicht ausgeräumt werden könnten. Gleichfalls ging er davon aus, daß die Gespräche nicht sofort zu konkreten Ergebnissen führen würden. Die Frage einer Entspannung der allgemeinen politischen Lage und einer Verringerung der Verteidigungslasten, die sich durch einen Ausgleich mit dem potentiellen Hauptgegner ergeben würden, spielte drei Jahrzehnte später ebenfalls eine wesentliche Rolle in Churchills Argumentation. In dieser Hinsicht unterschieden sich die Vorstellungen und Ambitionen des 40jährigen First Lord of the Admiralty nicht wesentlich von denen des fast 80jährigen Premierministers. Entgegen der oftmals in der Literatur vertretenen Meinung entwickelte Churchill seine Idee der Gipfeldiplomatie nicht plötzlich während der Suche nach einem großen politischen Thema in der Zeit der Opposition zwischen 1945 und 1951 oder gar erst aufgrund von Stalins Tod. Seine Vorstellungen, wie ein Gipfeltreffen gestaltet werden sollte, sind auch nicht auf sein Alter und seine zunehmende Senilität zurückzuführen. Bereits 1914 verfüg-

24 Vgl. dazu den Brief Churchills an Asquith und Grey, 20.5.1914, in: *R. Churchill* (Hrsg.), S. 1978–1980; *Gilbert*, Churchill, Bd. 3, S. 1f.; *Taylor*, Statesman, S. 16f.; *Manchester*, S. 449.

25 Siehe detailliert zu Churchills »summitry« in den fünfziger Jahren Kap. III ff.

26 Brief Churchills an Asquith und Grey, 20.5.1914, in: *R. Churchill* (Hrsg.), Companion, Bd. 3, S. 1978f. Siehe auch *Churchill*, World Crisis, Bd. 1, S. 180f. Das Foreign Office stimmte keineswegs der Reise Churchills nach Berlin zu, wie *Hough*, Naval Person, S. 51, behauptet. Das britische Außenministerium lediglich »wished a British squadron to visit German ports simultaneously with other naval visits«. (*Churchill*, World Crisis, S. 180). Die Frage des Besuchs eines hochrangigen Politikers war dagegen von anderer Brisanz.

te er über eine ganz ähnliche Konzeption: Churchill strebte eine formlose und lockere Konferenz ohne strikte Tagesordnung an.[27]

Im Unterschied zu den fünfziger Jahren war Churchill aber 1914 weniger ungeduldig. Er glaubte, noch mehr Zeit zur Verfügung zu haben als 1953–54, als seine Gesundheit und seine Kollegen ihm zunehmend den Rücktritt nahelegten. Churchill machte in seinem Schreiben an Asquith und Grey deutlich, er wolle nicht unter allen Umständen in die deutsche Hauptstadt reisen. Die Deutschen sollten nicht den Eindruck erhalten, als ob Großbritannien so sehr über ihre Konkurrenz beunruhigt sei, daß er sich allein deshalb nach Berlin begeben habe.

I do not wish to go to Germany for the purpose of initiating such a discussion. I would rather go for some other reason satisfactory in itself and let the discussion of these serious questions come about only if it is clearly appropriate ... For the present I suggest that nothing should be done until the Emperor's invitation arrives; and, secondly, until we hear what Tirpitz's real wish is.[28]

All dies konnte Churchill in den fünfziger Jahren gegenüber der UdSSR ignorieren. Jetzt waren die machtpolitischen Realitäten wesentlich klarer erkennbar und wurden sie auch weitaus offener zugegeben. Im Jahre 1914 stimmten Asquith und Grey Churchills Vorschlag, sich Ende Juni mit Tirpitz zu treffen, nicht zu. Ganz ähnlich der Einstellung Außenminister Edens und des Foreign Office in den fünfziger Jahren war bereits Sir Edmund Grey »apprehensive that more harm than good might result from such a discussion«.[29] In der gleichen Woche, in der Churchill mit Tirpitz hatte sprechen wollen, brach mit den Schüssen von Sarajewo der Erste Weltkrieg aus.

3. »Summitry« während des Zweiten Weltkrieges

Während des Zweiten Weltkrieges zweifelte Churchill ebenfalls nicht an der Überzeugungskraft seines Charismas und der Nützlichkeit persönlicher Diplomatie. Er spielte anscheinend jedoch nie ernsthaft mit dem Gedanken, in Ver-

27 Diese Art von Tagung bevorzugte er auch während der bi- und multilateralen Konferenzen des Zweiten Weltkrieges. Vgl. z. B. *Keith Sainsbury*, The Turning Point. The Cairo, Moscow and Teheran Conferences, London 1985, S. 12, 21.

28 Brief Churchills an Asquith und Grey, 20. 5. 1914, in: *R. Churchill* (Hrsg.), Companion, Bd. 3, S. 1979f. Siehe auch *Churchill*, World Crisis, Bd. 1, S. 181.

29 *Churchill*, S. 181. Siehe auch den Brief von Grey an Asquith und Churchill, 25. 5. 1914, in: *R. Churchill* (Hrsg.), S. 1980: »I think therefore that a visit to Germany ... may not only be futile but may cause resentment.«

handlungen mit Hitler einzutreten.[30] Als der amerikanische Präsident Roosevelt im September 1939 – nur acht Tage nach Kriegsausbruch und neun Tage, nachdem Churchill erneut zum First Lord of the Admiralty ernannt worden war – ihm vorschlug, eine unregelmäßige Korrespondenz aufzunehmen, ging Churchill, nach Rücksprache mit Premierminister Chamberlain, sofort auf das Angebot ein.[31] Er erkannte die Chance, einen für England wie für seine eigene politische Karriere wichtigen persönlichen Kontakt zu kultivieren. Churchill war viel zu sehr von seinen eigenen politischen Qualitäten überzeugt, um Bedenken gegen die bald weitgehende Ausschaltung des Foreign Office, wie auch des britischen und amerikanischen Botschafters, in seinen Kontakten mit Roosevelt zu haben.[32] Nach der Wahl Churchills zum Premierminister einer Koalitionsregierung am 10. Mai 1940 und im Anschluß an die, zumindest zu diesem frühen Zeitpunkt völlig unerwartete deutsche Niederwerfung Frankreichs und den Kriegseintritt Italiens im Juni nahm der persönliche Kontakt zwischen dem amerikanischen und dem britischen Regierungschef bald zunehmend engere Formen an.[33] Bereits im September überließ der Präsident der offiziell immer noch neutralen USA und ungeachtet der heftigen Kritik der amerikanischen Isolationisten der britischen Regierung fünfzig Zerstörer zum Kampf gegen die Achsenmächte.[34] Roosevelts Wahlsieg im November 1940 erleichterte die Zusammenarbeit weiter. Der Präsident konnte sich nun erlauben, weniger Rücksicht auf die Antikriegsstimmung in weiten Kreisen der USA zu nehmen. Auch hatte Großbritannien durch seinen eisernen Widerstandswillen in der »battle of Britain« zwischen August und Oktober 1940 in der amerikanischen Öffentlich-

30 Vgl. dazu überblicksartig *Barker*, Churchill, S. 140–47. *John Charmley*, Churchill. The end of glory. A political biography, London 1992, vertritt die kontroverse Auffassung, daß Churchill sich 1940/41 mit Hitler hätte arrangieren sollen, um den Niedergang Großbritanniens in der Nachkriegszeit abzuwenden.

31 Roosevelt hatte Churchills Potential als möglicher zukünftiger Premierminister erkannt. Der Präsident neigte aber ohnehin dazu, direkt ohne Zwischenschaltung des State Department, beispielsweise mit den amerikanischen Botschaftern im Ausland zu korrespondieren, um sich persönlich ein besseres Bild von der jeweiligen Lage machen zu können. Vgl. *Kimball* (Hrsg.), Bd. 1, S. 6f., 23–25; *Joseph P. Lash*, Roosevelt and Churchill, 1939–41. The Partnership that Saved the West, London 1976, S. 21ff.

32 Vgl. *Kimball* (Hrsg.), ebd.; *Harbutt*, Iron Curtain, S. 22; auch *Barker*, Churchill, S. 22f., 26.

33 Vgl. dazu *David Reynolds*, The Creation of the Anglo-American Alliance, 1937–41. A Study in Competitive Cooperation, Chapel Hill/N.C. 1981, S. 95ff.; *Lash*, S. 93ff., 154ff. Ein guter Überblick über die Churchill-Roosevelt Beziehung ist zu finden bei *Barker*, S. 125–138; und bei *Warren F. Kimball*, Wheel within a Wheel. Churchill, Roosevelt, and the Special Relationship, in: *Blake* und *Louis* (Hrsg.), S. 291–307.

34 Vgl. *Hough*, Naval Person, S. 157–62; *Philip Goodhart*, Fifty Ships that Saved the World. The Foundation of the Anglo-American Alliance, Garden City/N.Y. 1965, S. 177ff., für die Vorgeschichte S. 3ff.

keit enorm an Achtung und Respekt gewonnen. Roosevelt begann, die amerikanische Rüstungsproduktion zu steigern. Im Januar 1941 legte er dem Kongreß das Leihpachtgesetz vor, das es in erster Linie der kaum noch über Dollarreserven verfügenden britischen Regierung ermöglichen sollte, Güter und Waffen aller Art von den USA zu erhalten, ohne sich vorerst Gedanken über die Finanzierung der Lieferungen machen zu müssen.[35] Im gleichen Monat flog Roosevelts Vertrauter Harry Hopkins nach London; im März stattete sein Sonderbotschafter Averell Harriman Churchill einen Besuch ab. Beide Männer besaßen großen Einfluß auf Roosevelt. Churchill war daher bemüht, ihr Vertrauen zu gewinnen und mit beiden eine enge Freundschaft aufzubauen.[36]

Im August 1941 fand das erste persönliche Treffen zwischen Churchill und Roosevelt in der Placentia Bay vor Argentia in Neufundland statt, das zur Unterzeichnung der *Atlantic Charter* führte. Damit nahmen allerdings die anglo-amerikanischen Differenzen zum Antikolonialismus und dem zukünftigen Welthandelssystem, die zeitweilig die Kriegsallianz sehr belasteten, ihren Anfang.[37] Am 21. Dezember, zwei Wochen nach dem japanischen Angriff auf Pearl Harbor, traf Churchill zu längeren Verhandlungen mit Roosevelt in Washington zusammen. Der Premierminister hatte sich mehr oder weniger selbst eingeladen und ließ sich auch durch die Nachricht des britischen Botschafters, Lord Halifax, nicht davon abbringen, daß dem Präsidenten Bedenken wegen des bevorstehenden Treffens gekommen seien.[38] Churchill hatte mit seinem ersten Besuch in Wa-

35 Vgl. den immer noch nützlichen Aufsatz von *David Waley*, Lend-Lease, in: *William McNeill*, America, Britain, and Russia. Their Cooperation and Conflict, 1941–46, London 1953, S. 772–89; auch *Wolfgang Schlauch*, Rüstungshilfe der USA an die Verbündeten im Zweiten Weltkrieg, Darmstadt 1967, S. 10ff.; *Reynolds*, S. 145–68.

36 Vgl. vor allem *Robert E. Sherwood*, Roosevelt and Hopkins. An Intimate History, New York 1948, S. 176f., 275ff.

37 Vgl. zu dem Treffen *Reynolds*, S. 213f.; *Robert Dallek*, Franklin D. Roosevelt and American Foreign Policy, 1932–1945, New York 1979, S. 281–86; *Theodore A. Wilson*, The First Summit. Roosevelt and Churchill at Placentia Bay 1941, London 1969, S. 8ff., bes. S. 166f., 173ff.; *K. V. Morton*, Atlantic Meeting [...], London 1946. Zur Atlantikcharta und den erwähnten Differenzen siehe: *Axel Gietz*, Die neue Alte Welt. Roosevelt, Churchill und die europäische Nachkriegsordnung, München 1986, S. 91–139; *Wm. Roger Louis*, American Anti-Colonialism and the Dissolution of the British Empire, in: *ders.* und *Hedley Bull* (Hrsg.), The Special Relationship. Anglo-American Relations since 1945, Oxford 1986, S. 61–83; *ders.*, Imperialism at Bay. The United States and the Decolonization of the British Empire, 1941–45, New York 1978, bes. S. 3–26, 48–67, 121–33, 548–73. Siehe auch *Klaus Larres*, Partnerschaft oder Hegemonie? Das Ägyptenproblem in den anglo-amerikanischen Beziehungen in der Vorgeschichte der Suezkrise (unveröff. Staatsexamensarbeit), Köln 1987, S. 25ff.

38 Vgl. *Harbutt*, Iron Curtain, S. 35. Churchills Gespräche mit Roosevelt wurden im Januar durch Tagungen ihrer jeweiligen Militärexperten fortgesetzt, die nun erstmals strategische Überlegungen miteinander erörterten und die Grundlage für den bald eingerichteten gemeinsamen anglo-amerikanischen Generalstab legten. Vgl. *Winston*

shington als Premierminister einen wesentlichen Anstoß für die Formulierung der »Grand Alliance« des Zweiten Weltkrieges gegeben und damit letztlich die Basis für den Sieg über die Achsenmächte und zumindest anfänglich auch für das rein physische Überleben Großbritanniens gelegt. Die für die weitere Kriegführung und für die westliche Welt so wichtigen, da schießlich erfolgreichen britischen Bemühungen von Mitte 1940 bis Ende 1941, die USA immer enger an England zu binden, und zumindest ihre indirekte Unterstützung für die britische Kriegführung zu erreichen, sollte der Premierminister nicht mehr vergessen. Er glaubte, vor allem seine oftmals unter Umgehung des Foreign Office betriebene persönliche Diplomatie, einschließlich der Korrespondenz mit Roosevelt, sei für den Erfolg seiner Politik verantwortlich gewesen.[39] Churchills weitere in der Kriegs- und Nachkriegszeit unternommenen Versuche der Gipfeldiplomatie orientierten sich im wesentlichen alle an dieser positiven Erfahrung der Jahre 1940–41.

In der Folgezeit bemühte Churchill sich weiterhin, in regelmäßigen Abständen mit Roosevelt zusammenzutreffen. Er vernachlässigte auch seinen Briefwechsel mit dem Präsidenten nicht.[40] Der Premierminister regte vor allen Kriegskonferenzen der Großen Drei ein Treffen mit Roosevelt an, um gegenüber Stalin einen gemeinsamen Standpunkt zu vertreten und daher größere Erfolgsaussichten zu haben, die westliche bzw. britische Verhandlungsposition durchsetzen zu können.[41] Churchill war aber bemüht, nicht nur mit dem amerikanischen Präsidenten, sondern auch mit Stalin, dem neuen Verbündeten, eine enge persönliche Beziehung aufzubauen und möglichst oft mit dem Diktator zusammenzutreffen.[42]

Bis zur Teheraner Konferenz im Dezember 1943 war Churchill der einzige der Großen Drei, der mit den beiden anderen Regierungschefs in direktem persönlichen Kontakt stand. Dieses Arrangement gefiel Churchill natürlich besonders gut. Er konnte kein Interesse daran haben, daß Roosevelt und Stalin zu enge bilaterale Beziehungen miteinander aufnahmen. Im Grunde mißtraute Churchill

S. Churchill, The Second World War, Bd. 3: The Grand Alliance, London 1950, S. 608f.; *John Baylis*, Anglo-American Defence Relations, 1939–1980. The Special Relationship, New York 1981, S. 5–7.

39 *Churchill*, S. 207–09, 377, 380, 384, 608f., 594–96.

40 Churchill und Roosevelt trafen sich insgesamt neunmal, gewöhnlich alle vier bis fünf Monate. Vgl. *Kimball* (Hrsg.), Bd. 1, S. 4.

41 Vgl. ebd., S. 11–13, 15; *Barker*, Churchill, S. 130.

42 Vgl. *Kimball* (Hrsg.), Bd. 1, S. 9f., 12f. Eine etwas andere Einstellung vertreten *Northedge* und *Wells*, S. 80f. Sie sind der Meinung, daß während des Krieges »there was to be between Churchill and Stalin the link between two wolves, joined together for the moment against the hunter of both«. Dagegen glauben sie, daß Churchill »could not get to Washington soon enough« (ebd., S. 81). Siehe auch ebd., S. 76–102, bes. 80–86, und S. 137ff.; und *Robin Edmonds*, Churchill and Stalin, in: *Blake* und *Louis* (Hrsg.), S. 309–26.

sowohl Stalin als auch Roosevelt. Er verdächtigte beide der Absicht, die imperialen Großmachtinteressen Großbritanniens, an denen Churchill auch nach dem Kriege festzuhalten gedachte, zur Disposition stellen zu wollen.[43] Churchill war sich dabei aber immer darüber im klaren, daß die durch die gemeinsame Sprache und politische Kultur geförderte »fraternal association« mit den USA von einer ganz anderen Qualität war als die Allianz mit der Sowjetunion.[44] Allerdings war letztere für Großbritanniens militärisches Überleben und für seine zukünftige Rolle in der Welt nicht weniger wichtig.

Bereits im Juli 1940, also lange vor der deutschen Invasion, hatte Churchill Stalin anglo-sowjetische Konsultationen über die Gefahr einer möglichen Hegemonie Nazi-Deutschlands in Europa vorgeschlagen. Die sowjetische Regierung ging jedoch nicht darauf ein.[45] Als der russische Diktator im November 1941 angesichts der nach Moskau vordringenden deutschen Armeen seine Bereitschaft zu Verhandlungen über die Kriegsziele und eine mögliche neue Nachkriegsordnung andeutete, sandte Churchill im Dezember Außenminister Eden in die sowjetische Hauptstadt.[46] Zusammen mit Harriman begab sich Churchill dann im August 1942 selbst nach Moskau, um Stalin persönlich mitzuteilen, daß bis zum Ende des Jahres keine zweite Front in Frankreich errichtet werden würde.[47] Trotz einiger schwieriger und lautstarker Gespräche mit dem Diktator

43 Vgl. *Sainsbury*, S. 9f.

44 Auf die tieferen Wurzeln und allmähliche Entwicklung der sogenannten anglo-amerikanischen ›special relationship‹ kann nicht näher eingegangen werden. Vgl. dazu vor allem *Harry C. Allen*, Great Britain and the United States. A History of Anglo-American Relations, 1783–1952, Watford 1954; *Watt*, John Bull; *Louis* und *Bull* (Hrsg.); *Reynolds; David Dimbleby* und *David Reynolds* (Hrsg.), An Ocean Apart. The Relationship between Britain and America in the 20th Century, London 1988, S. 138ff.; auch *Kay Halle* (Hrsg.), Winston Churchill on America and Britain. A Selection of his Thoughts on Anglo-American Relations, New York 1970, bes. S. 48ff.; *Barker*, Churchill, S. 199–217.

45 Vgl. *Harbutt*, Iron Curtain, S. 33. Siehe zu einem guten Überblick über die anglo-sowjetischen Beziehungen während des Krieges: *Victor Rothwell*, Britain and the Cold War, 1941–47, London 1982, S. 74ff., 151ff.

46 Vgl. *Harbutt*, ebd., S. 34; *Voytech Mastny*, Russia's Road to the Cold War. Diplomacy, Warfare and the Politics of Communism, 1941–45, New York 1979, S. 41–45.

47 Vgl. zu dem Moskauer Treffen die entsprechenden Berichte, die Churchill an Roosevelt und Deputy Prime Minister Attlee sandte, in: *Kimball* (Hrsg.), Bd. 1, S. 560–72. Operaton Overlord, die Invasion der französischen Atlantikküste, fand erst im Februar 1944 statt. Churchill bemühte sich in der Zwischenzeit, die USA von einer Invasion auf dem Balkan und der Stärkung der militärischen Präsenz im Mittelmeerraum zu überzeugen, eine Politik, die nach Loth weniger der Eindämmung Moskaus als vor allem der Stärkung der britischen Großmachtrolle in dieser Region wie auch im Nahen Osten dienen sollte. Vgl. *Wilfried Loth*, Die Teilung der Welt, 1941–1955, München 1980, S. 51f., 71–75, bes. S. 72; *Tuvia Ben-Moshe*, Winston Churchill and the »Second Front«: A Reappraisal, in: Journal of Modern History 62 (1990), S. 503–37;

fühlte er sich durch seinen Besuch »encouraged«. Schließlich hatte ihm dieser anvertraut: »We like a downright enemy better than a pretending friend.«[48] Der Premierminister erklärte, die Atmosphäre im Kreml sei insgesamt »easy and friendly« gewesen und er habe eine »personal relationship« mit Stalin aufbauen können. Zusätzlich teilte er Roosevelt mit:

I am sure the disappointing news I brought could not have been imparted except by me personally without leading to really serious drifting apart.[49]

Dies sollte auch künftig die grundsätzliche Einstellung Churchills bleiben. Während der Kriegskonferenzen der Großen Drei von Teheran bis Potsdam, wie auch während Churchills bilateraler Gespräche mit Stalin in Moskau im Oktober 1944 (und am Rande der Kriegskonferenzen) war der Premierminister davon überzeugt, daß nur er persönlich Konzessionen erhalten und den Diktator zu einer kompromißbereiteren Zusammenarbeit mit den angelsächsischen Mächten veranlassen könne. Churchills persönliche Diplomatie mit Moskau erhielt aber starke Konkurrenz von Roosevelt.[50] Der Präsident war der festen Meinung – wie er Churchill »brutally frank« mitteilte –, daß er persönlich in der Lage sei, »[to] handle Stalin better than either your Foreign Office or my State Department. Stalin hates the guts of all your top people. He thinks he likes me better, and I hope he will continue to do so.«[51]

Im Juli 1941, fast ein halbes Jahr bevor Eden nach Moskau reiste, hatte Roosevelt bereits Harry Hopkins mit dem Auftrag in die sowjetische Hauptstadt geschickt, Beratungen über die Ausdehnung des Leihpachtprogramms auf die

auch *Kimball* (Hrsg.), Bd. 1, S. 6, 13; *Roy Douglas*, From War to Cold War, New York, 1981, S. 9–11.

48 *Winston S. Churchill*, The Second World War, Bd. 4: The Hinge of Fate, London 1951, S. 443.

49 *Kimball* (Hrsg.), Bd. 1, S. 571 f.: Churchill an Roosevelt, 18.8.1942. Vgl. auch *Churchill*, ebd., S. 428–50; *Harbutt*, Iron Curtain, S. 47; *Barker*, Churchill, S. 224.

50 Vgl. zu Roosevelts Politik gegenüber Stalin: *Harbutt*, ebd., S. 38–45; *Sainsbury*, S. 7–10; *Kimball* (Hrsg.), ebd., S. 11 f.; *John Lewis Gaddis*, The United States and the Origins of the Cold War, 1941–1947, New York 1972, S. 4ff., 32ff.; *Franz Knipping*, Die amerikanische Rußlandpolitik in der Zeit des Hitler-Stalin-Pakts, 1939–1941, Tübingen 1974, S. 117ff.; auch *Loth*, S. 27ff. Siehe auch *John Lewis Gaddis*, Russia, the Soviet Union and the United States. An Interpretive History, New York 1978, S. 147ff.; sowie *Robin Edmonds*, The Big Three. Churchill, Roosevelt and Stalin in Peace and War, London 1992; und *Alan Bullock*, Hitler and Stalin. Parallel lives, London 1991.

51 *Kimball* (Hrsg.), S. 421: Roosevelt an Churchill, 18.2.1942.

Sowjetunion zu beginnen.[52] Im Mai 1943 sandte der Präsident Sonderbotschafter Joseph Davies nach Moskau, um dem Diktator eine geheime Tagung zwischen Stalin und Roosevelt vorzuschlagen. Roosevelt beabsichtigte, während eines solchen Treffens vor allem die Frage einer zweiten Front anzusprechen, deren ständige Hinauszögerung wie kein anderes Problem Stalins Mißtrauen hervorrief. Nur durch eine persönliche Klärung der Situation schien dem Präsidenten eine langfristige vertrauensvolle Zusammenarbeit mit Stalin erreichbar zu sein. Churchill gegenüber, der eine zweite Front in Frankreich strikt ablehnte, erwähnte Roosevelt nichts von seinen Plänen, ja er leugnete sogar ausdrücklich seine Intention ab.[53]

Churchills und Roosevelts konkurrierendes Werben um die Gunst Stalins, deren erster für Churchill recht unerfreulicher Höhepunkt die Konferenz von Teheran darstellte, kann hier nicht weiter erörtert werden.[54] Die Festlegung soll genügen, daß Churchill sich keinesfalls ausbooten lassen wollte. Er war bestrebt, ein gleichberechtigter Partner der »Big Three« zu bleiben und als solcher von den beiden anderen Mächten, aber auch von der Öffentlichkeit, angesehen zu werden. Ähnlich wie später in seiner Strategie gegenüber Präsident Eisenhower war er aus diesem Grund ständig bemüht, Roosevelts Tendenz, eine lediglich bilaterale amerikanisch-sowjetische Gipfelkonferenz einzuberufen, zu unterlaufen. Nur wenn er nicht mehr weiterwußte, wenn die anglo-amerikanischen Beziehungen mit Stalin auf dem Nullpunkt angekommen waren, förderte er Roosevelts Wunsch, sich alleine mit »Uncle Joe« zu treffen. Ein solches Treffen kam allerdings nie zustande.[55]

52 Nach dem deutschen Einmarsch in die Sowjetunion hatte auch ein pro-sowjetischer Umschwung in der amerikanischen Öffentlichkeit stattgefunden. Vgl. *Ralph B. Levering*, American Opinion and the Russian Alliance, 1939–1945, Chapel Hill/N.C. 1976, S. 43–62. Zur »lend-lease«-Hilfe an Moskau siehe *Sherwood*, S. 318–22, 323 ff.; *George C. Herring*, Aid to Russia, 1941–46. Strategy, Diplomacy, The Origins of the Cold War, New York 1973, S. 8 ff.; *Leon Martel*, Lend-lease, Loans and the Coming of the Cold War. A Study of the Implementation of Foreign Policy, S. 25–56, Boulder/Co. 1979. Vgl. zu Roosevelts »grand design« mit Blick auf eine langfristige Zusammenarbeit mit Moskau: *Daniel Yergin*, Shattered Peace. The Origins of the Cold War and the National Security State, Boston 1977, S. 55–58; *Loth*, S. 40 f.

53 Vgl. *Kimball* (Hrsg.), Bd. 1, S. 12–14; sowie den Briefwechsel der beiden Regierungschefs in dieser Frage, ebd., Bd. 2, S. 233 f., 245 f., 259–61, 278 f., 283 f. Siehe auch *Sherwood*, S. 733 f.; *Loth*, S. 71–74; *Sainsbury*, S. 8–11.

54 Einen zusammenfassenden Überblick gibt *Harbutt*, Iron Curtain, S. 53 ff. Siehe auch, obwohl manchmal etwas simplifizierend, *Eubank*, Conferences, S. 50 ff. Eine hervorragende Darlegung der Konferenz und ihrer Vorgeschichte ist zu finden bei: *Mastny*, S. 111–44; *Sainsbury*, S. 12 ff.

55 Vgl. *Harbutt*, S. 45, 49; *Dallek*, S. 403–05.

Grundsätzlich ist festzustellen, daß Churchill sich sehr wohl bewußt war, daß England im Laufe des Jahres 1943 immer weniger Einfluß auf die alliierte Kriegsplanung und -führung hatte und sich die strategischen Vorstellungen und politischen Nachkriegsplanungen der Briten immer weniger gegenüber den viel mächtigeren und daher bald die Anti-Hitlerkoalition dominierenden Amerikanern und Russen durchsetzen konnten.[56] Churchill wollte aus diesem Grund zumindest mit seiner Reputation, seiner langen politischen Erfahrung und großen Überzeugungskraft auf den Kriegskonferenzen wuchern können. Er beabsichtigte, das ganze Charisma seiner Persönlichkeit zum Vorteil Englands einzubringen. Er war nicht gewillt, die Verhandlungen mit den Alliierten ausschließlich den zwar meist fähigen, aber seiner Ansicht nach doch zum Teil etwas farb- und einfallslosen Berufsdiplomaten zu überlassen. Selbst Außenminister Eden wurde nur auf persönliche Erkundungen geschickt, wenn Churchill unabkömmlich war oder es politisch oder diplomatisch-konventionell nicht angebracht war, daß der Regierungschef persönlich verhandelte.[57] Auch diese Taktik weist Parallelen zu Churchills Verhalten in den 50er Jahren auf. Es ist klar erkennbar, daß Churchill während seiner ganzen Laufbahn diese Art der Politik, in der er unaufhörlich gefordert wurde und die Drehscheibe aller Aktivitäten war, überaus genoß. Es war kein Zufall, daß Churchill sich um die Jahrhundertwende seine ersten Sporen als Kriegsberichterstatter und aktiver Soldat verdient hatte.[58] Churchill mußte am Geschehen zentral beteiligt sein und möglichst im Mittelpunkt der Ereignisse stehen. Er hatte auch nichts dagegen, seine Rolle gelegentlich ein wenig zu dramatisieren.[59]

56 Vgl. z.B. gut und knapp *Andreas Hillgruber*, Der Zweite Weltkrieg. Kriegsziele und Strategie der großen Mächte, Stuttgart 1983, S. 124–28, 157; auch *Sainsbury*, S. 293 ff.; *Barker*, Churchill, S. 28.

57 Vgl. dazu *Barker*, bes. S. 15–28, 125–147.

58 Im November/Dezember 1895 war Churchill Beobachter im kubanischen Bürgerkrieg; von August bis September 1897 diente er mit der Malakand Field Force in Indien; von August bis Oktober 1898 kämpfte er im Sudan und von Oktober 1899 bis Anfang 1900 war er Kriegskorrespondent der Londoner Morning Post für den Burenkrieg in Südafrika. Vgl. dazu die folgenden Bücher von *Winston S. Churchill*: The Malakand Field Force. An Episode of Frontier War, London 1898; The River War. A Historical Account of the Reconquest of the Soudan, London 1902; The Boer War: London to Ladysmith via Pretoria/Ian Hamilton's March, London 1989; My Early Life. A Roving Commission, London 1930, S. 88 ff., 115 ff., 136 ff., 176 ff., 243 ff. Siehe auch Frederick *Woods* (Hrsg.), Young Winston's Wars. The Original Despatches of Winston S. Churchill, War Correspondent, 1897–1900, London 1972. Vgl. auch *Henry Pelling*, Winston Churchill, London 1977, S. 44–65; *Manchester*, Last Lion, S. 219 ff.; *Morgan*, Churchill, S. 74–127; *Brian Roberts*, Churchills in Africa, London 1970, S. 119 ff., bes. 235 ff.

59 *Taylor*, Statesman, S. 50, sagt treffend: »He lived for crisis. He profited from crisis. And when crisis did not exist, he strove to invent it.« Ähnlich *Barker*, Churchill, S. 27.

4. Churchill und der britische Großmachtanspruch

Churchill verlor jedoch mit seiner Politik nie den Vorteil Englands aus dem Auge. Prinzipiell war und blieb er schließlich ein der imperialistischen Machtpolitik verhafteter Politiker. Er konnte sich beispielsweise nie wirklich mit der Unabhängigkeit Indiens und Ägyptens anfreunden: »I have not become the King's First Minister in order to preside over the liquidation of the British Empire.«[60] Churchill besaß zweifelsohne »a romantic devotion to British greatness« und »a pugnacious determination to maintain the greatness of the British Empire«.[61] Nach dem japanischen Angriff auf Pearl Harbor jubilierte er: »I knew the United States was in the war, up to the neck and in to the death. So we had won after all! ... England would live; Britain would live; the Commonwealth of Nations and the Empire would live.«[62]

Die Aufrechterhaltung der britischen Weltmachtrolle, nicht etwa nur das Verlangen, eine große persönliche Rolle auf der Weltbühne zu spielen, veranlaßte Churchill während des Krieges, auf Großbritanniens Zugehörigkeit zu den »Big Three« zu beharren und Roosevelts Tendenz, daraus die »Big Two« zu machen, mit allen Kräften entgegenzuwirken. Auch in der Nachkriegszeit war er nicht gewillt, sich auf Dauer mit der geminderten Bedeutung Großbritanniens in der Weltpolitik abzufinden.

> Great Britain seeks no advantage, territorial or otherwise, as the result of the war. On the other hand she will not be deprived of anything which rightly belongs to her after having given her best services to the good cause.[63]

Wie er die Gipfeldiplomatie schon 1914 hatte einsetzen wollen, »to mitigate asperity between the German and British Empires«,[64] und er sie während des Zweiten Weltkrieges mehr oder weniger erfolgreich in den Verhandlungen mit Roosevelt und Stalin dazu benutzte, Englands Platz an der Sonne weiterhin zu

60 Churchill am 10. 11. 1942 beim Lord Mayor's Luncheon in London. Zit. nach *Louis*, Imperialism, S. 200.

61 *Taylor*, Statesman, S. 22, 18. Vgl. auch *Hillgruber*, Weltkrieg, S. 156f.; und Churchills Äußerungen in dem Kapitel »On Britain and the Empire«, in: *Colin R. Coote* (Hrsg.), Sir Winston Churchill. A Self-Portrait, London 1954, S. 212–35, zu Indien; ebd., S. 240–46. Siehe zu Churchills Überzeugung auch *Callahan*, Churchill, S. 249; und vor allem *Kirk Emmert*, Winston S. Churchill on Empire, Durham/N.C. 1989, S. 1ff.; *Ronald Hyam*, Churchill and the British Empire, in: *Blake* und *Louis* (Hrsg.), S. 167–85; und *Sarvepalli Gopal*, Churchill and India, in: *dies.* (Hrsg.), S. 457–71.

62 *Churchill*, Second World War, Bd. 3, S. 539. Siehe auch *J. D. B. Miller*, Sir Winston Churchill and the Commonwealth of Nations, St. Lucia/Queensland 1967, S. 11f.

63 *Kimball* (Hrsg.), Bd. 3, S. 17: Churchill an Roosevelt, 4. 3. 1944. Churchills Imperialismus war vor allem nationalistischer Natur. Er war sich bewußt, daß ohne das Empire Großbritannien nie zur Weltmacht emporgestiegen wäre.

64 *Churchill*, World Crisis, Bd. 1, S. 181.

sichern, so beabsichtigte er, die gleiche Methode zur Erreichung des selben Ziels auch nach Kriegsende anzuwenden. Immerhin waren es gerade die Regionen, in denen London und Moskau traditionell machtpolitische Rivalen waren (Malaya, China, Naher Osten), die sich in der unmittelbaren Nachkriegszeit zu ernsten Krisenherden entwickelten. Eine schnelle Überwindung des Kalten Krieges durch Aufnahme von Verhandlungen mit der Sowjetunion wäre daher auch in diesen außereuropäischen Schauplätzen der Aufrechterhaltung des britischen Einflusses zugutegekommen. Diese Tatsache erklärt Churchills Konzentration auf den Ost-West-Konflikt und sein Desinteresse an praktischer Europapolitik in der Nachkriegszeit, über das er, trotz seiner zwei großen Reden, in denen er sich für die politische und militärische Einheit Europas aussprach, nicht hinwegtäuschen konnte.[65] Die europapolitische Passivität der von 1945 bis 1951 regierenden Labour-Partei,[66] aber eben auch der nachfolgenden Churchill-Administration ist von manchen Zeitgenossen und von einem Großteil der historischen Forschung sehr kritisiert worden. Immerhin standen solch zukunftsweisende Projekte wie die Montanunion, die EVG, eine Politische Union und die Anfänge der EWG zur Debatte. Es wird behauptet, Großbritannien hätte womöglich die von allen akzeptierte führende Macht Europas werden, zumindest aber seinen relativen wirtschaftlichen Abstieg in der Nachkriegszeit verhindern oder abmindern können.[67]

65 Vgl. die Rede vom 19.9.1946 in der Züricher Universität, in der er zur europäischen Einigung unter Einschluß Deutschlands aufrief, und die Rede vom 11.8.1950 vor dem Europarat in Straßburg, in der Churchill die Aufstellung einer europäischen Armee forderte. Auch daran sollte Deutschland beteiligt werden. Ausschnitte der beiden Reden sind zu finden, in: Keesings Archiv der Gegenwart 16 (1946), S. 871F–872; 20 (1950), S. 2536–37. Vollständig sind sie abgedr. in: *Robert Rhodes James* (Hrsg.), Winston S. Churchill. His Complete Speeches, 1897–1963, Bd. 7: 1940–49, London 1974, S. 7379–82; Bd. 8: 1950–63, London 1974, S. 8065–69.

66 Vgl. dazu *Kenneth O. Morgan*, Labour in Power, 1945–51, Oxford 1984, S. 66f., 271ff., 389–98, 417–21.

67 Vgl. vor allem das sehr kritische Buch von *Anthony Nutting*, Europe Will Not Wait. A Warning and a Way out, London 1960; auch *Robert Boothby*, My Yesterday, Your Tomorrow, London 1962, S. 73ff.; *Harold Macmillan*, Tides of Fortune, 1945–55, London 1969, S. 461ff.; *Shuckburgh*, S. 24–45; die Aufsätze bei *Schmidt* (Hrsg.); sowie vor allem *Donald Cameron Watt*, Großbritannien und Europa 1951–1959. Die Jahre Konservativer Regierung, in: VfZg 28 (1980), S. 389–409; *ders.*, Die Konservative Regierung und die EVG, in: *Hans-Erich Volkmann* und *Walter Schwengler* (Hrsg.), Die Europäische Verteidigungsgemeinschaft. Stand und Probleme der Forschung, Boppard 1985, S. 81–99; *John W. Young*, Churchill's No to Europe. The Rejection of the European Union by Churchill's Post-war Government, 1951–52, in: HJ 28 (1985), S. 923–37; *Max Beloff*, Churchill and Europe, in: *Blake* und *Louis* (Hrsg.), S. 443–55. Vgl. auch die umfangreiche Literatur zur sogenannten »British decline«. Sie ist gut zusammengefaßt bei *Wolfgang Krieger*, Die britische Krise in historischer Perspektive, in: HZ 247 (1988), S. 585–602; *David Coates* und *John Hillard* (Hrsg.), The Economic

Churchill betrachtete Großbritannien dagegen als eine gegenüber den USA und der Sowjetunion gleichberechtigte Macht. Für rein europäische Politik, der Beschäftigung mit den nun machtlosen, am Boden zerstörten Staaten Europas blieb da keine Zeit, wollte Großbritannien nicht das gleiche Schicksal erfahren.[68] Churchill und die überwiegende Mehrheit der britischen Bevölkerung betrachteten ihr Land weiterhin als die dritte Weltmacht, das neben den zahlreichen Kolonial- und Commonwealthverpflichtungen auch die Rolle eines Vermittlers zwischen den USA und den europäischen Nationen habe. Auf die heruntergekommene Großmacht Frankreich blickten dagegen fast alle britischen Politiker und vor allem Churchill paternalistisch herab.[69] Die Notwendigkeit einer Annäherung an Kontinentaleuropa wurde nicht eingesehen. Man glaubte auch einfach nicht, daß die europäische Einigungsbewegung und der Aufbau supranationaler europäischer Institutionen von Erfolg gekrönt sein könnten. Stattdessen galt es, Großbritanniens alte Großmachtstellung zu sichern bzw. wiederherzustellen. Dies konnte aber am besten geschehen durch die Intensivierung der »special relationship« mit den USA und der Bindungen mit den Commonwealthländern sowie – auf der Grundlage eines »Europas der Vaterländer« – durch die Förderung eines franko-deutschen Ausgleichs. Alles dies würde dem so geeinten Westen ermöglichen, von einer Position der Stärke mit der Sowjetunion zu verhandeln, welches wiederum zu einer allgemeinen Entspannung der internationalen Lage beitragen würde.[70]

In dem Streben nach der Aufrechterhaltung der Größe und Macht Großbritanniens besteht die Kontinuität im Denken und Handeln Churchills; darin liegt der Schlüssel zu dem Verständnis von Churchills Gipfeldiplomatie und auch zu seiner Deutschlandpolitik in der Nachkriegszeit. Dies wird in den folgenden Kapiteln noch detaillierter ausgeführt. Hier soll die Aussage genügen, daß weder Senilität noch die Fähigkeit zu einem gelegentlichen »Geniestreich«, noch gar die Eifersüchteleien mit Eden oder der Wunsch, seinen Rücktritt als Premierminister hinauszuzögern, hinreichend Churchills Politik nach Stalins Tod erklären. Dies waren alles Faktoren, die sicherlich eine Rolle spielten. Im wesentlichen handelte es sich jedoch um die Fortsetzung seiner schon immer

Decline of Modern Britain. The Debate between Left and Right, London 1986; *Paul Kennedy*, The Rise and Fall of the Great Powers. Economic Change and Military Conflict from 1500 to 2000, London 1988, S. 546ff. Siehe auch die Gespräche und Diskussionen zeitgenössischer Politiker und Beamte abgedr. in: *Michael Charlton* (Hrsg.), The Price of Victory, London 1983, vor allem S. 89ff.

68 Siehe dazu und zum folgenden die vorhergehende Anmerkung; besonders *Charlton*, S. 89ff.; und *Larres* (Hrsg.), S. 302ff.

69 Vgl. Kap. V und VI zu Churchills herablassender Haltung gegenüber Frankreich.

70 Darauf und auf Churchills Motive wird in den nachfolgenden Kapiteln noch detaillierter eingegangen (bes. in Kap. IV). Vgl. z. B. *Callahan*, Churchill, S. 256–60. Zur westlichen Politik der Stärke siehe das Standardwerk von *Coral Bell*, Negotiation from Strength. A Study in the Politics of Power, London 1962.

verfolgten Politik, auf der England gebührenden Rolle in der Welt zu beharren und sie nach der Erschöpfung durch den Krieg wiederherzustellen. Nur wurde dies in der Regel weder von Churchills Zeitgenossen noch von den späteren Historikern erkannt. Ein Blick auf die unmittelbare Nachkriegszeit, in der Churchill die Rolle des Oppositionsführers einnahm, bestätigt diese Annahme jedoch und hilft, seine politischen Vorstellungen weiter zu erhellen.

5. Die Suche nach einem »settlement«: Churchills Politik gegenüber der Sowjetunion und Deutschland (1945–1951)

Nach der überaus hohen Wahlniederlage im Juli 1945[71] konzentrierte sich der enttäuschte Churchill, den Mißerfolg sehr persönlich nehmend,[72] auf das Verfassen seiner Kriegsmemoiren und auf gelegentliche spektakuläre Redeauftritte vor internationalen Foren.[73] Als Oppositionsführer war Churchill dagegen wenig aktiv. Er nahm nur recht sporadisch an Sitzungen und Debatten des House of Commons teil, kümmerte sich kaum um die der Labour-Regierung gegenüber einzuschlagende tagespolitische Taktik im Parlament und ließ auch das nötige Interesse an der Ausarbeitung einer programmatischen Alternative zur Politik Clement Attlees missen.[74] Es war kein Wunder, daß sich einflußreiche Mitglieder

71 Die Labour-Partei gewann 393 Sitze, die Konservativen lediglich 213 und dies schloß die 15 Sitze der Nationalliberalen ein. Die eigentliche unabhängige Liberale Partei gewann 12 Sitze. Vgl. *David Butler* und *Goreth Butler*, British Political Facts, 1900–1985, Basingstoke 1986, S. 226.

72 Vgl. *Lord Butler* (Hrsg.), The Conservatives. A History from their Origins to 1965, London 1977, S. 414; *Martin Gilbert*, Churchill's Political Philosophy, Oxford 1981, S. 109.

73 *Robert Blake*, The Conservative Party from Peel to Churchill, London 1970, S. 258, ist der Meinung, daß »Churchill was more interested in the world scene... He had never been very good on ›bread and butter‹ politics«.

74 Vgl. *Lindsay* und *Harrington*, S. 147f.; *Blake*, Conservative Party, S. 257f. *John Ramsden*, in: *Butler* (Hrsg.), The Conservatives, S. 414f., zeigt sich allerdings überzeugt, daß Churchills »lack of leadership as such has perhaps been exaggerated and there were some consequences of his semi-retirement that did the party positive good: he was allowed a much-needed rest ... and ... he preserved his reputation as a leader above and beyond British politics«. Zu einer gemäßigt-positiven Schlußfolgerung kommt auch *Paul Addison*, Churchill in British Politics, 1940–1955, in: *J. M. W. Bean* (Hrsg.), The Political Culture of Modern Britain. Studies in memory of Stephen Koss, London 1987, S. 243–61. Vgl. aber auch das interessante, auf März 1950 datierte Memorandum von R. A. Butler, daß er ironisch als »a description of policy-making with WSC« [Churchill] bezeichnete, abgedr. in: *John Ramsden*, The Making of Conservative Party

der Konservativen Partei des öfteren die Frage stellten, ob es für die Partei nicht besser wäre, wenn Churchill zurückträte und Eden die Nachfolge übernähme.[75] Im Frühjahr 1946 scheint Eden auch hinter Churchills Rücken entsprechend intrigiert zu haben.[76] Churchill war aber nicht zum Rücktritt zu bewegen. Nach der Niederlage von 1945 war er davon besessen, noch einmal – und zwar diesmal durch das Votum der britischen Wähler – an die Macht zu kommen. Churchills Anhang innerhalb der Konservativen Partei und, noch wichtiger, bei der Bevölkerung war nach wie vor beträchtlich.[77] Eden und andere führende Tory-Politiker konnten es daher kaum wagen, ihn ohne seine Zustimmung aus dem Amt zu treiben. Churchill ließ sich aber ohnehin nicht von parteipolitischen Erwägungen beirren. Seine Einstellung war die gleiche, die er auch in den Jahren 1953–55 vertreten sollte, als die Rücktrittsfrage mit erheblich größerer Dringlichkeit und Berechtigung gestellt wurde: »All my most intimate friends recommend retirement and I will fight the lot till the bitter end and challenge them to sack me.«[78]

Mit Beginn des Jahres 1948 war aber dann festzustellen, daß Churchill sich wieder aktiver um das politische Geschehen kümmerte. Dabei vernachlässigte er allerdings weiterhin die innenpolitische Szene und konzentrierte sich ganz auf seine geliebte Außenpolitik. Neben seinen vagen, aber im Ausland sehr populären und viel zu ernst genommenen Äußerungen über ein geeintes Europa, zeigte er sich vor allem am Ost-West-Konflikt interessiert. Immer wieder kam er auf den Gedanken der Gipfeldiplomatie zurück. In einer außenpolitischen Debatte im Unterhaus im Januar 1948 betonte Churchill erstmals ausführlich die Notwendigkeit, ernsthafte Verhandlungen mit der Sowjetunion aufzunehmen, um ein Ende des Kalten Krieges herbeizuführen und damit den Ausbruch eines neuen Weltkrieges zu verhindern.[79] Dies schien umso erstaunlicher, als gerade erst die Serie von Außeministerkonferenzen zwischen September 1945 und De-

Politics. The Conservative Research Department since 1929, London 1980, S. 146f. Siehe auch *Frank A. Mayer*, The Opposition Years. Winston S. Churchill an the Conservative Party, 1945–51, New York 1992.

75 Vgl. *Carlton*, Eden, S. 259, 266f.; *James*, Eden, S. 314, 315f.; *Gilbert*, Churchill, Bd. 8, S. 227f.

76 Vgl. *Carlton*, S. 266.

77 *Blake*, Conservative Party, S. 253, kommt in bezug auf die Wahlen von 1945 zu dem Ergebnis, daß Churchill »was still a highly popular figure. If the British premiership had been an elective office like the American presidency and the voter could have split his ticket, Churchill, like Eisenhower in 1956, might have been elected, but he would have faced a legislature dominated by the other party. The Conservatives fared badly in 1945, but who can say how much worse they might have done without Churchill?«

78 Äußerung Churchills im April 1946. Zit. nach *Carlton*, Eden, S. 267.

79 *Winston S. Churchill*, Foreign Affairs-Rede, in: House of Commons, Parl. Debates (H.C., Parl. Deb.), 5th series, Bd. 446, 23.1.1948, Sp. 548–561, bes. Sp. 560f.

zember 1947 kläglich gescheitert war.[80] Zudem war auch Churchills »iron curtain«-Rede vom 5. März 1946 in Fulton, Missouri, noch in guter Erinnerung. Sie hatte entscheidend dazu beigetragen, daß die amerikanische Öffentlichkeit und Präsident Truman die anscheinend unüberwindbaren Differenzen mit Moskau zu akzeptieren und sich auf die Führung des Kalten Krieges einzulassen begannen. Laut dem britischen Botschafter Lord Halifax gab die Rede »the sharpest jolt to American thinking of any utterance since the end of the war«.[81] Bei näherem Hinsehen ist aber erkennbar, daß Churchill in der Fulton-Rede, offiziell von ihm »The Sinews of Peace« betitelt, bereits zu einem friedlichen Ausgleich mit der Sowjetunion aufgerufen und damit an seine Hoffnung während des Krieges angeknüpft hatte, die Kooperation mit Moskau in der Nachkriegszeit fortsetzen zu können.[82] Churchill erklärte in Fulton:

80 Vgl. zu den Außenministerkonferenzen *Martina Kessel*, Westeuropa und die deutsche Teilung. Englische und französische Deutschlandpolitik auf den Außenministerkonferenzen von 1945 bis 1947, München 1989; *Anne Deighton*, The Impossible Peace. Britain, the Division of Germany and the Origins of the Cold War, Oxford 1990.

81 Halifax an FO, 10. 3. 1946. Zit. nach *Peter Boyle*, The British Foreign Office View of Soviet-American Relations, 1945–46, in: DH 3 (1979), S. 314. Siehe zur Bedeutung der Fulton-Rede: *Gaddis*, United States, S. 289, 315; *Fraser Harbutt*, American Challenge, Soviet Response. The Beginning of the Cold War, February–May 1946, in: PSQ 96 (1981–82), S. 633; *Yergin*, S. 171–4; *Henry B. Ryan*, A New Look at Churchill's ›Iron Curtain‹ Speech, in: HJ 22 (1979), S. 895–920; *Harbutt*, Iron Curtain, S. 183 ff., bes. S. 197–208; auch *Larres*, Partnerschaft, S. 102 f.; *Melvyn P. Leffler*, A Preponderance of Power. National Security, the Truman Administration, and the Cold War, Stanford/Calif. 1992, S. 107–10.

82 Vgl. zu Churchills Hoffnungen auf eine zukünftige freundschaftliche Kooperation mit Stalin vor allem das Telegramm, das Churchill gegen Ende des Krieges (29. 4. 1945) an Stalin sandte: *Winston S. Churchill*, The Second World War, Bd. 6: Triumph and Tragedy, London 1954, S. 431–34; auch teilweise zit. in: H.C., Parl. Deb., 5th series, Bd. 459, 10. 12. 1948, Sp. 721–23. Siehe auch Churchills Äußerungen über Stalin in seiner Rede The Anglo-American Alliance, 7. 11. 1945, House of Commons, in: *James* (Hrsg.), Complete Spreeches, Bd. 7, S. 7242. Vgl. auch Churchills Reden, The British Commonwealth, 7. 5. 1946, und Receiving the Freedom of Westminster, 7. 5. 1946, in: ebd., S. 7318; und Foreign Affairs-Rede, 5. 6. 1946, in: H.C., Parl. Deb., 5th series, Bd. 427, Sp. 2022. Churchills Weltbild und politische Philosophie in der Nachkriegszeit, aber zum Teil auch vor 1945, sind in der Literatur nur selten und zudem wenig zufriedenstellend behandelt worden. Die folgende Untersuchung, vorgenommen anhand von Churchills Reden während der Zeit der Opposition, versucht daher eine Forschungslücke zu schließen. Bisher am besten ist noch die Darlegung von *K. W. Thompson*, Winston Churchill's World View. Statesmanship and Power, Baton Rouge/La. 1983 (zur Fulton-Rede siehe S. 4). Vgl. auch *Gilbert*, Political Philosophy; *Martin Gilbert*, Winston Churchill – The Search for his Character, Schweizer Monatshefte, Sonderbeilage, Heft 7, 54. Jahr (1974/75); auch *David Jablonsky*, Churchill, the Great Game and Total War, London 1991.

On the other hand I repulse the idea that a new war is inevitable; still more that it is imminent ... I do not believe that Soviet Russia desires war. What they desire is the fruits of war and the indefinite expansion of their power and doctrines ... Our difficulties and dangers will not be removed by closing our eyes to them. They will not be removed by mere waiting to see what happens; nor will they be removed by a policy of appeasement. *What is needed is a settlement, and the longer this is delayed, the more difficult it will be and the greater our dangers will be.*[83]

Wie er sich aber ein solches »settlement« im einzelnen vorstellte, blieb unerwähnt. Diese und ähnliche Passagen, in denen Churchill zu einem »good understanding on all points with Russia« aufrief,[84] gingen bei der allgemeinen Beurteilung der Rede unter.[85] Von Churchills Fulton-Rede blieb neben dem Schlagwort vom »Eisernen Vorhang«, das zudem so neu gar nicht war, vor allem der Hinweis in Erinnerung, daß der Westen über große militärische Macht gegenüber der Sowjetunion verfügen sollte.[86] Indem Churchill in der Rede sowohl die Wichtigkeit militärischer Stärke als auch die eines Ausgleichs durch Verhandlungen mit Moskau betonte – denn wie sonst sollte ein »settlement« erreicht werden, wenn nicht durch Gespräche auf niedriger oder hoher Ebene –, hatte er im Grunde erstmals zu »negotiations from strength« aufgerufen. Doch wurden

83 *Churchill*, The Sinews of Peace, 5.3.1946, Westminster College, Fulton/Missouri, in: *James* (Hrsg.), S. 7292 (meine Betonung). Siehe auch ähnlich *Winston S. Churchill*, The Darkening International Scene, 15.3.1946, Waldorf Astoria Hotel, New York, in: ebd., S. 7299–7301.

84 *Churchill*, The Sinews of Peace, in: ebd., S. 7293.

85 Churchill teilte hier das Schicksal George Kennans mit seinem im Februar 1946 gesandten »Long Telegram« und dem mit »X« unterzeichneten Artikel »The Sources of Soviet Conduct« in der Zeitschrift *Foreign Affairs* von Juli 1947. Vgl. *George F. Kennan*, Memoirs, 1925–1950, London 1968, S. 271–98, 321f., 354–67; und *Gaddis*, United States, S. 302–04, 313, 316–23. Vgl. auch kritisch: *Herbert Feis*, From Trust to Terror. The Onset of the Cold War, 1945–50, London 1970, S. 221–24; *David Mayers*, George Kennan and the Dilemmas of US Foreign Policy, New York 1988, S. 105–31; *Walter Hixson*, George F. Kennan. Cold War Iconoclast, New York (1989), S. x–xi, 21–45. Das »long telegram« und der »X«-Artikel sind wiederabgedr. in: *Thomas H. Etzold* und *John Lewis Gaddis* (Hrsg.), Containment. Documents on American Policy and Strategy, 1945–50, New York 1978, S. 50–63, 84–90.

86 »I am convinced that there is nothing they admire so much as strength, and there is nothing for which they have less respect than for weakness, especially military weakness.« *Churchill*, Sinews of Peace, in: *James* (Hrsg.), Complete Speeches, Bd. 7, S. 7292. Zur ablehnenden und äußerst heftigen Reaktion von Henry Wallace und der amerikanischen Medien auf Churchills Fulton-Rede und seiner weit verbreiteten Charakterisierung als »warmonger«, vgl. *Thompson*, S. 23f., 81–84, auch 21f. Siehe auch *Henry Wallace*, Churchill's Crusade, in: New Republik 116 (13.1.1947), S. 22f.; *Alonzo L. Hamby*, Henry A. Wallace, the Liberals and Soviet-American Relations, in: Review of Politics 30 (1968), S. 157f.; *Richard J. Walton*, Henry Wallace, Henry Truman, and the Cold War, New York 1976.

diese beiden Bestandteile seiner Politik gegenüber der Sowjetunion weder von Churchill selbst noch durch die Medien miteinander verknüpft. Nicht durch Churchill wurde die zitierte Redewendung populär und für Jahrzehnte zur Basis der westlichen Politik gegenüber Moskau, sondern erst durch die wiederholte Anwendung seitens des amerikanischen Außenministers Dean Acheson Anfang 1950.[87] Von Churchills »iron curtain«-Rede blieb dagegen allgemein nur ihr scheinbar ausschließlich antisowjetischer Tenor in Erinnerung.

Im Anschluß an die kontroverse und großes Aufsehen erregende Rede wurde Churchill als der »Kalte Krieger« *par excellence* gesehen, der die Konfrontation mit der Sowjetunion nicht scheute und vielleicht sogar befürwortete.[88] Churchill unternahm in der Tat nichts, um dem entgegenzuwirken. In einer außenpolitischen Debatte im Parlament am 5. Juni 1946 erklärte er mit Blick auf die sowjetische Politik, daß keinesfalls das zerstörte Deutschland eine Gefahr für den zukünftigen Frieden Europas darstelle, sondern »the confusion and degeneration into which all Europe ... is rapidly sinking«. Churchill empfahl, »the adoption of clear and firm policies«.[89] Realistisch wie Churchill war, scheint er sich auch – ähnlich wie Adenauer[90] – bereits Mitte 1946 mit der langfristigen Teilung Deutschlands und des europäischen Kontinents abgefunden zu haben. In der gleichen Rede hatte er immerhin ausgeführt:

> We have to face the fact that, as we are going on at present, two Germanys are coming into being ... I say it with much regret, but without any hesitancy – that, when all has been tried and tried in vain ... It is better to have a world united than a world divided; but it is also better to have a world divided than a world destroyed.[91]

Churchill war der Meinung, allenfalls »a further attempt to unity might be attempted as the years pass by«.[92]

Mit Blick auf Deutschland und die anderen besiegten Nationen warnte der Oppositionsführer davor, die gleichen Fehler wie nach dem Ersten Weltkrieg zu begehen.[93] Stattdessen rief er zur Versöhnung auf. Churchill zitierte Edmund

87 Vgl. *Bell*, S. 13, siehe auch dort S. 14–16. *Thompson*, S. 17–24, 81–85, deutet an, daß das in der Nachkriegszeit gegenüber der UdSSR angewandte Konzept (an sich natürlich keinesfalls neu) auf Churchill zurückgeht. Dies ist jedoch nicht haltbar.

88 Vgl. *Thompson*, S. 21–24, 81–84; *Gaddis*, United States, S. 313; *Harbutt*, Iron Curtain, S. 196ff.; *Gilbert*, Churchill, Bd. 8, S. 203ff. Vgl. auch die Meinung des UN-Generalsekretär *Trygve Lie*, In the Cause of Peace, New York 1954, S. 37f.

89 *Churchill*, Foreign Affairs-Rede, in: H.C., Parl. Deb., 5th series, Bd. 427, 5.6.1946, Sp. 2030.

90 Vgl. zu Adenauers politischen Vorstellungen: *Hans-Peter Schwarz*, Adenauer. Der Aufstieg 1876–1952, Stuttgart 1986, S. 452ff.

91 *Churchill*, Foreign Affairs-Rede, in: H.C., Parl. Deb., 5th series, Bd. 427, 5.6.1946, Sp. 2028, 2031.

92 Ebd., Sp. 2031.

93 Ebd., Bd. 427, 5.6.1947, Sp. 2032f.

Burkes Ausspruch: »I cannot frame an indictment against an entire people.« Er erinnerte auch in der Folgezeit daran, daß »revenge is, of all satisfactions, the most costly and long drawn out [one]«.[94] Churchill war in der unmittelbaren Nachkriegszeit selbstverständlich der Auffassung, daß Deutschland nicht die Möglichkeit der Wiederbewaffnung und der Produktion von Kriegsmaterial erhalten sollte. Doch es mußte in die Lage versetzt werden, sich selbst zu ernähren. Dies müsse schon geschehen, um die enormen, den Alliierten aufgebürdeten Kosten für die Unterhaltung der deutschen Bevölkerung zu mindern, aber auch um sicherzustellen, daß das Land nicht zur leichten Beute des Kommunismus werde.[95] Churchill hoffte ebenfalls, daß nach einer Bestrafung der Hauptschuldigen ein baldiges Ende der Entnazifizierungsprozesse und der »executions, penalties, and punishments« abzusehen sei.[96] Zudem sprach er sich für die schnelle Unterzeichnung eines Friedensvertrages mit Deutschland aus. Churchill befürwortete »a general peace with the German nation ... or with whatever parts of Germany are still in our control ... we must strive over a period of years to redeem and to reincorporate the German and the Japanese peoples in a world system of free and civilised democracy.«[97]

In einer Parlamentsdebatte im Dezember 1948 konnte seinen Worten dann noch deutlicher entnommen werden, daß es vor allem darum ging, Deutschland »back into *Western* Europe« zu bringen. Die Zukunft der Deutschen liege »in ever closer association with the *Western* world«.[98] Die deutsche Einheit und die Frage eines Friedensvertrages mit der gesamten deutschen Nation wurden von ihm damit schon seit Mitte 1946 – und im Grunde wohl bereits seit der Fulton-Rede – als nicht realistisch angesehen und daher auch in seinen Reden nicht erwähnt. Das Konzept der »one world«, dem Roosevelt während des Krieges seine volle Unterstützung gab und die strikte Ablehnung einer in Interessensphären aufgeteilten Welt, von Churchill ohnehin nie ganz ernstgenommen, waren für den Oppositionsführer in der unmittelbaren Nachkriegszeit angesichts des raschen Zerfalls der Anti-Hitlerkoalition nun endgültig auf dem Komposthaufen der Geschichte gelandet.[99] Wegen der weltpolitischen Realitäten galt

94 Erstes Zitat: Ebd., Sp. 2029. Zweites Zitat: *ders.*, Debate on the Address, in: ebd., Bd. 457, 28. 10. 1948, S. 256.

95 *Ders.,* Foreign Affairs-Rede, in: ebd., Bd. 427, 5. 6. 1946, Sp. 2028–30; *ders.,* Debate on the Address, in: ebd., Bd. 457, 28. 10. 1948, Sp. 253 f.

96 *Ders.,* Debate on the Address, in: ebd., Bd. 430, 12. 11. 1946, Sp. 20 f. Siehe auch *ders.,* Foreign Affairs-Rede, in: ebd., Bd. 459, 10. 12. 1948, Sp. 709 f. Vgl. auch *Thompson,* S. 38 f., 97.

97 *Churchill,* Foreign Affairs-Rede, in: ebd., Bd. 427, 5. 6. 1946, Sp. 2029, 2031. Vgl. dazu auch *Craig,* S. 37–40.

98 Ebd., Bd. 459, 10. 12. 1948, Sp. 711 (Betonung des Verf.). Siehe auch *Thompson,* S. 98.

99 Vgl. zu Churchill, Roosevelt und dem Konzept der »one world«: *Herbert Feis,* Churchill, Roosevelt, Stalin. The War they Waged and the Peace they Sought, Princeton 1957, z. B. S. 121; *McNeil,* z. B. S. 317, 411, 760–63; *Rudolf von Albertini,* Die USA und

es, Deutschland zumindest in den westlichen Besatzungszonen wiederaufzubauen, welches deren Integration in den Westen notwendig einschloß. Auf die Einheit der Nation konnte da keine Rücksicht genommen werden. Vielmehr mußte das Ziel sein, zwischen Westdeutschland und den von Hitler besiegten und besetzten Staaten, vor allem Frankreich, zu vermitteln und einen dauerhaften Ausgleich zu schaffen, um nicht den Keim für neue Konflikte in der Zukunft zu legen.[100] Churchills Vorstellungen zeigten damit erneut eine große Affinität mit den Gedanken, die Adenauer bereits am Ende des Krieges zu entwickeln begonnen hatte.[101] Wie Adenauer war Churchill davon überzeugt, daß das westliche Deutschland allmählich wieder als gleichberechtigter Partner akzeptiert und nicht als Land zweiter Klasse, das zu bestrafen sei, angesehen werden sollte. »We [the Conservative Party] have not been informed of any attempt which has been made to forecast the form of the peace treaty with Germany, surely it is urgent to make a peace with the German people, or as many of them as lie within our sphere of responsibility. There must be an end to vengeance and retribution.«[102]

Churchill fühlte sich von den demokratischen Wahlen in Berlin im Herbst 1948 und von dem bewundernswerten Widerstandswillen der Berliner Bevölkerung gegenüber der sowjetischen Blockade der Stadt in seiner Ansicht bestätigt.[103] Im Dezember 1949 befürwortete er die möglichst rasche Aufnahme der soeben erst gegründeten Bundesrepublik in den Europarat. »The presence of Germany in our midst will be an event from which nothing but good can come.«[104] Im März 1950, also drei Monate vor dem Ausbruch des Koreakrieges, begann er sich dann sogar für die Wiederbewaffnung der Bundesrepublik und die Gründung einer Europaarmee einzusetzen.[105] Insgesamt befürwortete er die Organisation einer »Atlantic army, with ... a European army inside of it, and a

die Kolonialfrage 1917–45, in: VfZg 13 (1965), S. 12f.; *Gietz*, S. 92–94, 97–99; *Elliot Roosevelt*, As he saw it, New York 1946, S. 35f., 115f., 155f.; auch die Einleitung von *Gottfried Niedhart*, in: *ders.* (Hrsg.), Der Westen und die Sowjetunion. Einstellungen und Politik gegenüber der UdSSR in Europa und in den USA seit 1917, Paderborn 1983, S. 17.

100 *Churchill*, Foreign Affairs-Reden, in: H. C., Parl. Deb., 5th series, Bd. 446, 23. 1. 1948, Sp. 553; Bd. 459, 10. 12. 1948, Sp. 710; Bd. 469, 3. 12. 1949, Sp. 2223–25; Bd. 473, 28. 3. 1950, Sp. 193–96.

101 Vgl. *Schwarz*, Adenauer. Der Aufstieg, S. 452ff.

102 *Churchill*, Debate on the Address, in: H.C., Parl. Deb., 5th series, Bd. 430, 12. 11. 1946, Sp. 20.

103 *Ders.*, Foreign Affairs-Reden, in: ebd. Bd. 457, 28. 10. 1948, Sp. 253; und Bd. 459, 10. 12. 1948, Sp. 709.

104 Ebd., Bd. 473, 28. 3. 1950, Sp. 196. Siehe auch Bd. 469, 3. 12. 1949, Sp. 2223–25.

105 *Ders.*, Defence-Rede, in: ebd., Bd. 472, 16. 3. 1950, Sp. 1288f.; *ders.*, Foreign Affairs-Rede, in: Bd. 473, 28. 3. 1950, 191f.

German contingent, on honourable terms, inside that«.[106] Sowohl die deutsche Wiederbewaffnung als auch die Gründung einer europäischen Streitkraft waren Themen, die in der britischen Bevölkerung wie in der Labour-Partei und in etwas geringerem Maße auch bei den Konservativen sehr umstritten waren. Premierminister Attlee gab im September 1950 nur höchst widerwillig dem amerikanischen Drängen auf die Entscheidung zur Bewaffnung der Bundesrepublik »im Prinzip« nach.[107] Churchill machte sich also nicht nur bei der Suche nach einem internationalen »summit«, sondern auch in der Frage der Verteidigung des Kontinents zum Vorreiter einer in Großbritannien sehr kontroversen Politik.

Die zunehmende Blockbildung bedeutete für Churchill aber nach wie vor nicht, daß Ost und West sich aggressiv und blutrünstig gegenüber stehen müßten. In einem solchen Fall könnte ein neuer Weltkrieg nicht verhindert werden. Ähnlich wie zwischen Deutschland und Frankreich ein Ausgleich zu schaffen war, mußte unter allen Umständen ebenfalls ein »settlement« mit Moskau gefunden werden.[108] Dies schien ihm durchaus möglich zu sein, denn, wie er gelegentlich erklärte, den streitlustigen Äußerungen der sowjetischen Führung sei keine allzu große Bedeutung beizumessen, da sie hauptsächlich aus innenpolitischen Gründen gemacht würden.[109]

Doch derartige Aussagen Churchills drangen in der politischen Debatte vorerst nicht durch. Keiner nahm sie so richtig ernst, selbst die Historiker des Kalten Krieges schenken ihnen kaum Beachtung.[110] Zu gefestigt erschien Chur-

106 *Ders.*, Foreign Affairs-Rede, in: Bd. 481, 30. 11. 1950, Sp. 1333; siehe auch *ders.*, Defence-Rede, in: Bd. 484, 15. 2. 1951, Sp. 631–35.

107 Vgl. *Dockrill*, Britain's Policy, S. 34f.; auch *Peter Jones*, Labour-Regierung, die deutsche Wiederbewaffnung und die EVG 1950–1951, in: *Volkmann* und *Schwengler* (Hrsg.), S. 51–79. Vgl. zu der Debatte um die deutsche Wiederbewaffnung: *Axel Christian Azzola*, Die Diskussion um die Aufrüstung der BRD im Unterhaus und in der Presse Großbritanniens November 1949–Juli 1952, Meisenheim 1971, S. 13ff.

108 Churchill war der Auffassung, daß die angespannte weltpolitische Situation ein vorübergehendes Phänomen darstellte. Er äußerte sich allerdings nicht über ihre womögliche Dauer. Siehe dazu, *Churchill*, Foreign Affairs-Rede, in: H. C., Parl. Deb., 5th series, Bd. 446, 23. 1. 1948, Sp. 560f.

109 Churchill sagte beispielsweise: »It may well be that they think it pays them and helps them to perpetrate their rule.« *Ders.*, The Al Smith Memorial Lecture, auf Band aufgenommen in London und am Abend zum Dinner gesendet in New York am 14. 10. 1947, in: *James* (Hrsg.), Complete Speeches, Bd. 7, S. 7539.

110 Weder die Historiker des Kalten Krieges, noch die der britischen Außenpolitik oder die Biographen Churchills beschäftigen sich näher mit Churchills Entspannungsvorschlägen zwischen 1946 und 1951 (vgl. z. B. *Harbutt*, Iron Curtain, S. 196; *Gilbert*, Political Philosophy, S. 80, die beide darüber kaum Worte verlieren). Selbst *Thompsons* Untersuchung über Churchills Weltsicht und die Biographie von *Gilbert*, Churchill, Bd. 8, sind gerade dahingehend oberflächlich. Auch die Aufsätze zu Churchills

chills Ruf als langjähriger überzeugter Antikommunist. Zu verwirrend und sich scheinbar widersprechend waren auch die Äußerungen des Oppositionsführers. Während er einerseits auf die durch die Sowjetunion drohende Gefahr aufmerksam machte, zur militärischen Stärke aufrief und vor einer zu nachgiebigen Politik gegenüber Moskau warnte, befürwortete er andererseits die Suche nach einem friedlichen Ausgleich mit Stalin auf der Basis des *Status quo*. Churchill erschien dies logisch, schließlich mußte eine Eskalation des Konflikts, mußte der dritte Weltkrieg verhindert werden. Die Öffentlichkeit erachtete Churchills Standpunkte als paradox. Nur so ist zu erklären, daß seine Überlegungen, wie man mit Moskau zu einem »settlement« kommen könnte, weitgehend ignoriert wurden. Man konnte den geschätzten Staatsmann schließlich nicht etwa als überdrehten Phantasten abtun. Churchills Äußerungen wiesen auch tatsächlich eine gewisse Zweideutigkeit auf; bei oberflächlicher Betrachtung konnten sie durchaus widersprüchlich erscheinen.

Im Januar 1948 betonte Churchill etwa im Parlament seine Zustimmung zu der Politik der Labour-Regierung gegenüber Moskau. Außenminister Bevin, dem noch die Enttäuschung von der gescheiterten, vorerst letzten Konferenz des alliierten Außenministerrates in London Ende 1947 anzumerken war, hatte ausgeführt: »His Majesty's Government cannot agree to Four-Power co-operation while one of the four Powers proceeds to impose its political and economic system on the smaller States.«[111] Churchill erklärte, die Übereinstimmung mit den USA betonend, daß er erfreut sei, »to see that not only the British, but the American Government, have adopted to a very large extent the views which I expressed at Fulton nearly two years ago, and have, indeed in many ways gone far beyond them.«[112] Der Oppositionsführer war sogar der Meinung, daß die Reden von Premierminister Attlee und Lord President Herbert Morrison »about Soviet Russia, and about the dangers of a new war, far exceeds in gravity and menace anything which I ... have ever said on this subject since the war«.[113] Die Lage habe sich in den letzten sechs Monaten auch zweifellos verschlechtert. Es dränge sich die Frage nach der Gefahr eines neuen Krieges geradezu auf, dennoch dürfe man sich nicht mit der Situation abfinden.

There seems to me very real danger in going on drifting too long. I believe that the best chance of preventing war is to bring matters to a head and come to a settlement with the Soviet Government before it is too late. This would imply that the Western democracies

Gipfelpolitik zwischen 1953–55 sind in dieser Hinsicht enttäuschend (vgl. Kap. II.1.).

111 *Ernest Bevin*, Foreign Affairs-Rede, in: H.C., Parl. Deb., 5th series, Bd. 446, 22.1.1948, Sp. 388.

112 *Churchill*, Foreign Affairs-Rede, in: ebd., 23.1.1948, Sp. 552. Vgl. auch Bd. 428, 23.10.1946, Sp. 1687–1689.

113 Bd. 446, 23.1.1948, Sp. 552f.

... would take the initiative in asking the Soviets for a settlement ... and, by formal diplomatic processes, with all their privacy and gravity, to arrive at a lasting settlement.[114]

Wiederum sprach Churchill also von einem »settlement« mit der Sowjetunion, ohne auf Einzelheiten einzugehen. Er hatte lediglich neu hinzugefügt, daß der Westen die Initiative ergreifen müsse und sich dabei »formal diplomatic processes« bedienen solle. Aber Churchill machte in der Rede auch deutlich, daß für ihn der Zeitpunkt für Verhandlungen mit der Sowjetunion nun gekommen, bzw. schon seit zwei Jahren überfällig sei. Churchill hatte bereits im August 1945 im Parlament mit Blick auf die Entwicklung der Atombombe in den USA erklärt: »There are at least three and perhaps four years before the concrete progress made in the United States can be overtaken.« In diesem Zeitraum müßten die Beziehungen der Völker untereinander neu definiert und eine internationale Kontrollorganisation aufgebaut werden. »There is not an hour to be wasted; there is not a day to be lost.«[115]

Churchill war davon überzeugt, daß sich seit dem Abwurf der Atombombe auf Hiroshima und Nagasaki die Natur der Beziehungen zwischen dem Westen und Moskau grundsätzlich verändert hatte.[116] Die amerikanische Administration war insbesondere seit den Präsidentschaftswahlen Ende 1948, die Truman überraschend im Amt bestätigten und Dean Acheson zum neuen Außenminister avancieren ließen, der Überzeugung, daß die militärische Macht des Westens derjenigen Moskaus weit unterlegen sei. Wegen der Stärke des sowjetischen Militärpotentials im konventionellen Bereich müsse der Westen erst aufrüsten, bevor »negotiations from strength« möglich und sinnvoll seien.[117] Churchill bezweifelte dies. Für ihn war der Westen aufgrund des Atombombenmonopols der USA noch in der überlegenen Position. Verhandlungen über ein »settlement« mit Moskau mußten so bald wie möglich stattfinden. Es konnte schließlich nur eine Frage der Zeit sein, bis auch die UdSSR die Atombombe produziert und damit die militärische Überlegenheit des Westens auf atomarem Gebiet ihr Ende finden würde. Hier wird bereits der prinzipielle Konflikt zwischen Churchill und der amerikanischen Administration, aber auch der britischen Labour-Regierung, über Verhandlungen mit Moskau deutlich. »When this Parliament first assembled, I said that the possession of the atomic bomb would give three or four years' breathing space... But more than two of those years have

114 Ebd., Sp. 560f. Vgl. auch die überraschende Ähnlichkeit zwischen Churchills Äußerungen und Achesons Rede vom 8.2.1950. Letztere ist teilweise zit. in: *Bell,* S. 14; ausführlicher zit. in: *RIIA* (Hrsg.), Documents on Internationals Affairs, 1949–50, London 1952, S. 50–54, bes. S. 53.

115 *Churchill*, Debate on the Address, in: H.C., Parl. Deb., 5th series, Bd. 413, 16.8.1945, Sp. 80. Siehe auch *Ernie Trory*, Churchill and the Bomb. A Study in Pragmatism, Hove 1984.

116 *Moran*, S. 294, 300.

117 Vgl. *Bell*, S. 16, 22–27, 188–214.

already gone. I cannot think that any serious discussion which it may be necessary to have with the Soviet Government would be more likely to reach a favourable conclusion, if we wait until they have got it, too.«[118]

Auch nachdem die Sowjetunion im September 1949 erfolgreich ihre erste Atombombe getestet hatte, glaubte Churchill, daß für kurze Zeit noch der militärische Vorsprung des Westens behauptet werden könne, da Moskau kaum so schnell in der Lage sein würde, mit der Größe des amerikanischen Atombombenarsenals zu konkurrieren.[119] Es bestand also weiterhin die Chance eines zufriedenstellenden Ausgleichs. Aber jeder Monat, der untätig verstrich, würde ein Abkommen unwahrscheinlicher machen. Vor allem würde der Westen immer weniger in der Lage sein, die Bedingungen eines solchen »settlement« zu diktieren. Noch aber vermochten Großbritannien und die USA Verhandlungen aus einer Position der relativen Stärke zu führen und damit einen Krieg zu verhindern.[120] Churchill glaubte, die amerikanische Politik, Verhandlungen so lange hinauszuzögern, bis der Westen eine absolute Überlegenheit erreicht hatte, mache keinen Sinn und sei sogar sehr gefährlich.

It is said that we are getting stronger, but to get stronger does not necessarily mean that we are getting safer. It is only when we are strong enough that safety is achieved; and the period of the most accute danger might well arise just before we were strong enough.[121]

Die USA blieben dagegen auch die nächsten Jahre und im Grunde die nächsten vier Jahrzehnte von der militärischen Überlegenheit des Ostens überzeugt. Verhandlungen konnten nach Meinung der amerikanischen Regierung demgemäß

118 *Churchill*, Foreign Affairs-Rede, in: H.C., Parl. Deb., 5th series, Bd. 446, 23.1.1948, Sp. 560.

119 Ebd., Bd. 473, 28.3.1950, Sp. 191; Bd. 481, 30.11.1950, Sp. 1332. Vgl. auch *ders.*, Rede in Plymouth, 15.7.1950, über den Koreakrieg und die internationale Situation, in: *Keesing's Contemporary Archive* (Keesing's), Bd. 8: 1950–52, S. 10837.

120 *Ders.*, Foreign Affairs-Rede, in: H.C., Parl. Deb., 5th series, Bd. 473, 28.3.1950, Sp. 191; *ders.*, Defence-Reden, in: ebd., Bd. 478, 12.9.1950, Sp. 985–87; Bd. 478, 27.7.1950, Sp. 702–14, bes. 709–13. Vgl. zur »balance of power« und atomaren Überlegenheit der USA auch *Thompson*, S. 109, 167f., 208–19, 249, 253f., 259f. Am 11.8.1950, in einer Rede in Straßburg, machte Churchill seine Auffassung erneut deutlich: »We are still under the shield of the atomic bomb... In my judgement we have a breathing space... If in the next two years or so we can create a trustworthy system of defence against Communist invasion, we shall at least have removed the most obvious temptation to those who seek to impose their will by force upon the free democracies. This system of defence in the West will alone give the best chance of a final settlement by negotiation with the Soviet on the basis of strength and not of our weakness, but there is not a day to be lost or a scrap of available strength to be denied.« Zit. nach Keesing's, ebd., S. 11086.

121 *Churchill*, Foreign Affairs-Rede, in: H.C., Parl. Deb., 5th series, Bd. 487, 10.5.1951, Sp. 2161.

bis zum Aufbau eines entsprechenden westlichen Militärpotentials im konventionellen Bereich vorerst nicht gewagt werden.[122]

Aber Churchill war nicht immer so zuversichtlich, was erfolgreiche Verhandlungen mit dem Kreml anging. In einer Rede in Wales im Oktober 1948 hatte er erneut von dem »abyss which now yawns across Europe and the world« gesprochen und energisch vor »false hopes of a speedy friendly settlement with Soviet Russia« gewarnt. Falls tatsächlich eine Kompromißlösung gefunden werden sollte, »the fundamental danger and antagonism will still remain«.[123] Die im Mai 1948, ohne Rücksprache mit London ventilierte offensichtliche Bereitschaft der USA, bilaterale Gespräche mit Moskau zu beginnen,[124] die seit dem 24. Juni 1948 andauernde Blockade Berlins, die sich zeitweise zu einem kriegerischen Konflikt auszuweiten drohte[125] und die ergebnislosen Gespräche in Moskau im August 1948 zwischen Stalin und Molotow auf der einen und westlichen Repräsentanten auf der anderen Seite hatten Churchill nicht unbeeinflußt gelassen.[126] Er war nun wesentlich pessimistischer als noch wenige Monate zuvor. Er erklärte gar: »Nothing stands between Europe today and complete subjugation to Communist tyranny but the atomic bomb in American possession.«[127] Dies klang ganz und gar nicht nach der Bereitschaft, auf diplomatischem Wege einen Ausgleich mit der Sowjetunion herbeizuführen. Von der Erörterung der Möglichkeit eines Gipfeltreffens mit Stalin war dies ebenfalls weit entfernt. Churchill hatte zweifellos bei dem Slogan »negotiations from strength« zumindest zeitwei-

122 Vgl. *Bell*, S. 188–214.

123 *Churchill*, Perils Abroad and At Home, 9. 10. 1948, Annual Conservative Conference, Llandudno, Wales, in: *James* (Hrsg.), Complete Speeches, Bd. 7, S. 7708.

124 Vgl. *Alan Bullock*, Ernest Bevin. Foreign Secretary, 1945–1951, London 1983, S. 588f.; *Adam B. Ulam*, The Rivals. America and Russia since World War II, New York 1971, S. 145–47; *J. Samuel Walker*, »No More Cold War«: American Foreign Policy and the 1948 Soviet Peace Offensive, in: DH 5 (1981), S. 75–91; FRUS 1948, Bd. 4, S. 834–59; *RIIA* (Hrsg.), Documents on International Affairs, 1947–48, London 1952, S. 153–55. Siehe zu der Einmischung von Henry Wallace und seiner Korrespondenz mit Stalin, ebd., S. 160–64. Vgl. auch *RIIA* (Hrsg.), Survey of International Affairs, 1947–48, London 1950, S. 54–59; Annual Register 1948, London 1949, S. 213; Keesing's, Bd. 6: 1946–48, S. 9261 f.

125 Vgl. *Ulam*, S. 148–50, bes. 149; *Feis*, Trust, S. 333 ff.; *Ann* und *John Tusa*, The Berlin Blockade, London 1988, S. 149ff.; *Avi Shlaim*, The United States and the Berlin Blockade, 1948–49. A Study in Crisis Decision-Making, Berkeley/Calif. 1983, S. 195 ff.; *Bullock*, S. 547ff.

126 Vgl. zu diesen Gesprächen: *Walter Bedell Smith*, Moscow Mission, 1946–49, Melbourne 1950, S. 228–44, bes. 233 ff.; *Bullock*, S. 590–92; *Feis*, S. 343 ff., bes. 347–51; *Tusa*, S. 199–51; *Tusa*, S. 199–218; *Shlaim*, S. 312–26.

127 *Churchill*, Perils Abroad and At Home, 9. 10. 1948, in: *James* (Hrsg.), Complete Speeches, Bd. 7, S. 7709. Siehe auch *ders.*, Defence-Rede, in: H. C., Parl. Deb., 5th series, Bd. 478, 27. 5. 1950, Sp. 711.

se die Betonung des dritten Wortes verstärkt. Vor dem *Massachusetts Institute of Technology* erklärte er gar dramatisch im März 1949: »It is certain that Europe would have been communized and London under bombardement some time ago but for the deterrent of the atomic bomb in the hands of the United States.«[128]

Trotz dieser in den USA großes Aufsehen erregenden Worte hielt Churchill grundsätzlich an seinem Vorhaben fest, mit Moskau zu verhandeln, wenn er sich nun auch etwas vorsichtiger auszudrücken begann. In einer außenpolitischen Debatte im Dezember 1948 sagte er im House of Commons:

I have frequently advised that we should endeavour to reach a settlement with Russia on fundamental, outstanding questions before they have the atomic bomb as well as the Americans. I believe that in this resided the best hope of avoiding a third world war. I wish to make it clear ... that I have never attempted to suggest the timing of such a solemn and grave negotiation.[129]

Was aber versprach Churchill sich zu diesem Zeitpunkt tatsächlich von Verhandlungen mit der Sowjetunion? Die fünf Außenministerkonferenzen zwischen 1945 und 1947 waren doch alle kläglich gescheitert. Letztlich hegte er wohl die etwas naiv anmutende Ansicht, alleine schon der persönliche Kontakt könne Verbesserungen des Klimas im Ost-West-Konflikt erreichen. Er war der Überzeugung treu geblieben, die er dem britischen Parlament bereits im Oktober 1944 dargelegt hatte:

[It] is so much easier to enter into arrangements by conversation than by telegram and diplomatic correspondence, however, carefully phrased and however lengthily expressed, or however, patiently the discussion may be conducted. Face to face, difficulties which appear really insuperable at a distance are very often removed altogether from one's path.[130]

The first stage is to create a friendly atmosphere and feelings of mutural confidence and respect. Then difficulties at present insuperable may simply become irrelevant.[131]

128 *Ders.,* Rede vom 23.3.1949. Zit. nach Keesing's, Bd. 7: 1948–50, S. 9918.

129 *Ders.,* Foreign Affairs-Rede, in: H.C., Parl. Deb., 5th series, Bd. 459, 10.12.1948, Sp. 721.

130 Ebd., Bd. 404, 27.10.1944, Sp. 493.

131 Dies sagte Churchill im Zusammenhang mit der Befürwortung eines engeren Zusammenschlusses der westeuropäischen Nationen, doch war diese Äußerung charakteristisch für seine Einstellung zu allen westlichen oder östlichen Staaten. Bd. 473, 28.3.1950, Sp. 196.

6. Die Propagierung von »high-level talks«

Während des Jahres 1949 schienen sich Churchills Hoffnungen zu erfüllen. Zum ersten Mal seit der Potsdamer Konferenz wurde in den Medien für kurze Zeit ernsthaft ein Treffen zwischen Truman und Stalin erörtert.[132] Am 2. Februar 1949 waren über Radio Moskau Stalins Antworten auf vier Fragen des amerikanischen Journalisten Kingsbury Smith gesendet worden. Stalin deutete dabei an, daß er bereit sei, sich mit Truman zum Abschluß eines weltweiten Friedenspaktes zu treffen. In den nachfolgenden Tagen zeigte sich jedoch, daß weder Moskau noch Washington ernstes Interesse an einem »summit« hatten.[133] Dennoch war die Idee der persönlichen Gipfeldiplomatie durch die Regierungschefs der beiden Supermächte nicht mehr aus der Welt zu schaffen. Von nun an wurde in den Medien und in Parlamentsdebatten immer mal wieder ein Gipfeltreffen vorgeschlagen. Mit der zunehmenden Dauer und den immer komplizierteren Problemen des Kalten Krieges wurden »high level«-Gespräche bald als eine Art Allheilmittel für die Lösung aller Ost-West-Konflikte angesehen.[134]

Trotz des in Moskau und Washington offiziell verkündeten Desinteresses an einer Gipfelkonferenz führten Stalins Antworten zu Gesprächen über ein Ende der Berliner Blockade zwischen den bei der UNO akkreditierten amerikanischen und sowjetischen Botschaftern Jessup und Malik.[135] Während der am 15. März ohne britische Beteiligung aufgenommenen streng geheimen Gespräche in New York wurde eine Einigung über ein friedliches Ende der Blockade Berlins am 12. Mai 1949 erreicht.[136] Jedoch hatten die USA sich sehr zum Mißfallen Achesons im Verlauf der Verhandlungen zum erneuten Zusammentritt des Alliierten Außenministerrats bereiterklären müssen.[137] Im Vergleich mit der letzten Außenministerkonferenz in London im November/Dezember 1947 stellte die Pariser Konferenz einen bescheidenen Erfolg dar, schien doch ein erster Schritt zur Entspannung der Lage in Europa gemacht worden zu sein.[138] Zumindest

132 The Times, London, 2.2.1950, S. 4f.; 4.2.1950, S. 4; 5.2.1950, S. 3.

133 Vgl. EA 4,1 (Jan.–Juni 1949), S. 2116; *Feis*, Trust, S. 355f.; *Bullock*, Bevin, S. 666f.; *RIIA* (Hrsg.), Survey of International Affairs, 1949–50, London 1953, S. 62f.; *Dean Acheson*, Present at the Creation. My Years in the State Department, New York 1969, S. 267–69; The Times, London, 3.2.1950, S. 4.

134 Vgl. etwa die Debatte über ein Treffen zwischen Stalin und Truman am 7.2.1949 im britischen Parlament: H.C., Parl. Deb., 5th series, Bd. 461, Sp. 28f., 132–63.

135 Vgl. *Bullock*, Bevin, S. 666f.; FRUS 1949, Bd. 3, S. 643–855; *C.P. Mayhew* (Under-Secretary of State for Foreign Affairs), Oral Answers, Berlin Situation, in: H.C., Parl. Deb., 5th series, Bd. 464, 4.5.1949, Sp. 999f.; *David S. McLellan*, Dean Acheson. The State Department Years, New York 1976, S. 155f.

136 *Bevin*, Statement on Berlin Blockade, in: H.C., Parl. Deb., 5th series, Bd. 464, 5.5.1949, Sp. 1220f.; *Tusa*, S. 329ff., 357ff.

137 Vgl. *Acheson*, S. 269–74, 291–301; *Harry S. Truman*, Years of Trial and Hope. Memoirs, Bd. 2, Garden City/N.Y. 1956, S. 138; *Tusa*, S. 170–72, 329ff.

hatten die Großmächte wieder begonnen, miteinander zu sprechen. Die Gefahr eines unmittelbar bevorstehenden Krieges konnte vorerst als gebannt betrachtet werden.[139] Churchill mußte sich durch die Jessup-Malik-Gespräche und die Pariser Konferenz in seinem seit Anfang 1946 zu beobachtenden Beharren auf Verhandlungen mit der Sowjetunion bestätigt gefühlt haben, wenn auch die untergeordnete Rolle Großbritanniens bei der Lösung der Berlinkrise wohl kaum auf seine Zustimmung gestoßen sein dürfte. Im Februar 1950, während des britischen Wahlkampfes, griff er das Thema erneut auf, doch reagierte er damit vor allem auf abfällige Bemerkungen Achesons und Attlees.

Acheson hatte, im Zuge einer Anfang 1950 unternommenen Überprüfung der amerikanischen Außenpolitik,[140] in einer Pressekonferenz am 8. Februar die Gründe für eine Politik der Stärke gegenüber der Sowjetunion dargelegt. Übereinkommen mit Moskau waren laut dem Außenminister nur dann sinnvoll, wenn sie eine existierende Situation schriftlich fixierten. Die Politik der USA sei es nun, solche Abmachungen zu ermöglichen »by creating situations so strong that they can be recognized and out of them can grow agreement«.[141] Am 16. Februar sprach der Secretary of State in einer Rede vor einer Gruppe von Konzerndirektoren im Weißen Haus erneut von der Notwendigkeit, »to create situations of strength«.[142] Mit Blick auf Verhandlungen mit Moskau erklärte er:

138 Vgl. *Acheson*, S. 291–301. Siehe auch den anonymen Artikel mit dem Titel: Der ›Modus vivendi‹ in Europa. Die Ost-West-Beziehungen und die Pariser Außenministerkonferenz von 1949, in: EA 4,2 (Juli–Dezember 1949), S. 2389; *Tusa*, S. 365–72. Die Konferenz fand vom 23.5.–20.6.1949 statt.

139 Vgl. EA, S. 2383f.; *Ann* und *John Tusa*, S. 372, betrachten die Pariser Außenministerkonferenz als »negative success«: »the Soviet Union had not abrogated the New York agreement [zwischen Malik und Jessup] nor had the West renounced its dedication to liberal and democracic institutions in the western sectors and zones.« Siehe auch *Alois Riklin*, Das Berlinproblem. Historisch-Politische und völkerrechtliche Darstellung des Viermächtestatus, Köln 1964, S. 138–41; und sehr kritisch *Robert Murphy*, Diplomat among Warriors, London 1964, S. 391–94. Vgl. auch *McLellan*, S. 157–63, der das Treffen jedoch irrtümlich als Palais Marbre Rose-Konferenz bezeichnet (S. 162).

140 Vgl. *Lord Dunglass* (Douglas-Home), Foreign Affairs-Rede, in: H.C., Parl. Deb., 5th series, Bd. 473, 28.3.1950, Sp. 303; *Bell*, S. 15.

141 Achesons Erklärung während der Pressekonferenz ist abgedr. in: Vital Speeches of the Day, 15.2.1950, S. 261–63; auch in *RIIA* (Hrsg.), Documents, 1949–50, S. 51–53. Zitat: S. 53. Vgl. auch *Acheson*, S. 274f.; *McGeorge Bundy* (Hrsg.), The Pattern of Responsibility. Edited from the Record of the Secretary of State Dean Acheson, Cambridge, Ma. 1952, S. 26–31.

142 Diese Rede wurde erst am 9. März veröffentlicht, war aber in ihren Grundzügen schon bekannt. Sie ist auszugsweise abgedr. in: *Bell*, S. 13. Siehe zu Achesons Einstellung hinsichtlich Verhandlungen mit der Sowjetunion, die ausgezeichneten Darlegungen in ebd., S. 12ff. Vgl. auch den Kommentar und die ausführlichen Zitate von Reden Achesons bei *Bundy*, S. 19–43, bes. 24–35.

»No good would come from our taking the initiative in calling for conversations at this point.« Es sei klar, daß Moskau kein Interesse an einer raschen Lösung der zahlreichen Ost-West-Konflikte habe. Die sowjetischen Politiker seien derzeit noch überzeugt, sie könnten die Situation zu ihrem Vorteil ausnutzen. Nur wenn dies nicht länger der Fall sei, wäre Moskau bereit, zufriedenstellende Abkommen mit dem Westen zu schließen.[143] Ähnlich wie Acheson hielt auch die britische Labour-Regierung den Zeitpunkt für Verhandlungen mit Moskau noch nicht für gekommen. Dies wurde spätestens durch den am 10. Februar 1950 veröffentlichten Briefwechsel zwischen Premierminister Attlee und führenden Quäkern deutlich. Angesichts der amerikanischen Entscheidung, die Produktion der Wasserstoffbombe aufzunehmen, hatten die Quäker Attlee zu überzeugen versucht, die Initiative für den Abschluß eines atomaren Kontrollabkommens und die Einberufung einer Konferenz der Großmächte zu übernehmen. Der britische Regierungschef hatte geantwortet, »[that] it would be presumptuous to suppose that personal contact... would do anything but raise hopes unduly«.[144]

Churchill mißfielen die Äußerungen Attlees und Achesons zutiefst. In einer Rede in Edinburgh am 14. Februar reagierte er und brachte zum ersten Mal ein außenpolitisches Thema in einen ansonsten völlig von der Innenpolitik dominierten Wahlkampf ein.[145] Der Oppositionsführer sprach sich für Verhandlungen mit Moskau aus und propagierte damit erneut seine bereits seit Anfang 1946 vertretene Auffassung. Erstmals erwähnte er nun jedoch, daß er »a parley at the summit« als die geeignete Verhandlungsmethode ansehe. Wirkliche Fortschritte im Ost-West-Dialog schienen Churchill jetzt nicht mehr durch vage »diplomatic processes« und durch den Ruf nach Gesprächen auf nicht näher definierter Ebene erreichbar zu sein. Nur ein Treffen der Regierungschefs konnte noch zu einem Erfolg führen. Diese Überzeugung hatte Churchill wohl schon seit 1946 vertreten, sie aber doch noch nie so präzise ausgedrückt: »I look back to 1945 when I was last in relation with Mr. Stalin and his colleagues... Still, I cannot help coming back to this idea of another talk with Soviet Russia upon the highest level. The idea appeals to me of a supreme effort to bridge the gulf between the two worlds, so that each can live their life if not in friendship, at least without the hatreds and manoeuvres of the cold war... It is not easy to see how things could be worsened by a parley at the summit if such a thing were possible.«[146]

143 In einer Rede am 16. 2. 1950 vor Konzerndirektoren im Weißen Haus sagte Acheson etwa: »It is only when they come to the conclusion that they cannot so exploit them that they will make agreements, and they will let it be known when they have reached that decision.« Zit. nach *Bell*, S. 12.

144 *H.G. Nicholas*, The British General Election of 1950, London 1951, S. 102.

145 Vgl. ebd., S. 101f., 107, 304.

146 Churchills Rede in Edinburgh ist zum größten Teil abgedr. in: *RIIA* (Hrsg.), Documents, 1949–50, S. 55f. Zitat: S. 56 (auch zum Teil in: *James* (Hrsg.), Complete Speeches, Bd. 8, S. 7936–44). Siehe auch die Bewertung von *Nicholas*, S. 102f.

Churchills öffentliche Befürwortung der Gipfeldiplomatie auf höchster Ebene scheint teilweise aufgrund der aufgeheizten Atmosphäre des Wahlkampfes erklärbar zu sein. Der Oppositionsführer wollte sich den britischen Wählern als der Premier in Erinnerung bringen, der die längste und intimste Erfahrung in Verhandlungen mit den Regierungschefs der Supermächte besaß.[147] Aber auch die Erörterung eines möglichen Treffens zwischen Stalin und Truman Anfang 1949 dürfte ihren Eindruck auf Churchill nicht verfehlt haben. Wie schon während des Krieges, schienen die USA die Rolle Großbritanniens bei der Gipfeldiplomatie mit Moskau völlig ignorieren zu wollen. Churchill beabsichtigte daher in Edinburgh, den Anspruch Großbritanniens auf einen Platz am Tisch der Großen Drei in Erinnerung zu rufen.

Attlee, Bevin und Morrision, die führenden Mitglieder der Labour-Regierung, waren von Churchills Argumentation nicht überzeugt. Sie betrachteten sie lediglich als billiges Wahlmanöver. Attlee erklärte, die Verhandlungsführung mit Moskau fiele nicht in die Verantwortung der britischen Regierung, sondern »rests with the United Nations«.[148] In den Vereinigten Staaten war Churchills Vorhaben zwar bei der Bevölkerung recht populär, doch, abgesehen von dem einflußreichen Senator Tydell, fand sich in Washington kaum jemand bereit, den Briten zu unterstützen. Während einer Rede in Virginia am 22. Februar deutete Truman gar an, daß er den Standpunkt Attlees demjenigen Churchills vorziehe.[149] Am 17. Februar, genau eine Woche vor dem festgesetzten Wahltermin, als Churchill eine letzte Rundfunkansprache hielt und seine Rede in Edinburgh verteidigte,[150] befürwortete jedoch Trygve Lie, der Generalsekretär der Vereinten Nationen, während einer Pressekonferenz den Vorschlag des Oppositionsführers.[151]

147 Die Literatur stimmt im allgemeinen dieser Ansicht zu. Die Vorwürfe der Labour-Regierung, daß Churchill das Thema alleine aus wahltaktischen Gründen angesprochen habe, sind wohl, wenn auch kaum in dieser Ausschließlichkeit, nicht ganz von der Hand zu weisen. Vgl. *Nicholas*, S. 103–05.

148 Vgl. ebd., S. 103–05, 109–12. Zitat: S. 103. Siehe auch *Churchill*, Foreign Affairs-Rede, in: H.C., Parl. Deb. 5th, series, Bd. 473, 28.3.1950, Sp. 199; *Kenneth Younger*, Foreign Affairs-Rede, in: ebd., 209. Vgl. *Bell*, S. 17–19. Die USA verwiesen ihre Kritiker ebenfalls des öfteren auf die UN-Verhandlungen zwischen Ost und West. *Thompson*, S. 318, sagt dazu aber völlig richtig: »No one familiar with the difficulties of negotiating ... inside the United Nations would construe this as anything but a refusal to have a positive policy on negotiations.«

149 Vgl. *Nicholas*, S. 103 f.

150 Vgl. Keesing's, Bd. 7, S. 10550f.

151 Lie erklärte: »I have always stood for negotiations among the Great Powers. I am for it at all times and on all levels, both inside and outside the United Nations. The world would be a lot better today if there had been more real negotiations among the great Powers during the past three years.« Zit. nach Conservative Party Archive, Bodleian Library Oxford, CRD 2/34/6: »General Brief for Foreign Affairs Debate« by Ursula

Der Wahlkampf von 1950 machte durch die Rede in Edinburgh erstmals unübersehbar deutlich, was Churchill als die vordringlichste Aufgabe ansehen würde, falls die britischen Wähler ihm noch einmal die Tür zu No. 10 Downing Street öffneten. Auch der vorprogrammierte Konflikt mit der amerikanischen Administration deutete sich erneut an. Doch Churchill mußte noch weitere 20 Monate bis zu seiner zweiten Amtszeit als britischer Premierminister warten.

Im Februar 1950 gelang es Attlee, mit einer für damalige Verhältnisse unerhört knappen Mehrheit von nur sechs Sitzen weiterregieren zu können. Allerdings war abzusehen, daß über kurz oder lang Neuwahlen notwendig sein würden. Die Labour-Minister, fast alle kontinuierlich seit der Formierung der Koalitionsregierung im Jahre 1940 an der Regierungsverantwortung beteiligt, waren physisch völlig erschöpft. Nach den ersten glänzenden Jahren einer konstruktiven Reformpolitik wurden sie nun zunehmend mit immer zahlreicheren und unlösbareren innen-, außen- und vor allem wirtschaftspolitischen Problemen konfrontiert.[152] Während des Jahres 1951 war das Kabinett Attlee vornehmlich mit dem politischen Überleben beschäftigt. Die Konservative Opposition konzentrierte sich hauptsächlich darauf, dem angeschlagenen Kabinett das Leben so schwer wie möglich zu machen.[153] Weder Regierung noch Opposition waren während des Großteils der Jahre 1950–51 in der Lage oder daran interessiert, der britischen Politik ernsthafte neue Impulse zu geben. Lediglich Churchill beharrte auch weiterhin auf der Verfolgung seiner Gipfelpläne. In der ersten außenpolitischen Debatte des neuen Parlaments im März 1950 ging der Oppositionsführer auf seine Rede in Edinburgh und auf die Kritik der Labour-Regierung ein. Churchill bekräftigte seine Überzeugung, daß Gespräche mit Moskau »upon the highest level« notwendig seien.[154] Aber abgesehen von Julian Amery, der seine erste Parlamentsrede hielt, und dem Labour-Abgeordneten Raymond Blackburn, fand sich kaum jemand im House of Commons bereit, Churchills Drängen »for a further effort for a lasting and peaceful settlement« mit Moskau zu unterstützen.[155] Selbst Anthony Eden erwähnte während der gleichen Debatte nur ganz am Schluß seiner Rede, daß, nachdem die wirtschaftlichen und politischen Verhältnisse der nichtkommunistischen Staaten gestärkt worden

Branston, FAC 50 (7), 27.11.1950. Vgl. auch *Churchill*, Foreign Affairs-Rede, in: H.C., Parl. Deb., 5th series, Bd. 473, Sp. 200. (Der letzte Satz des Trygve Lie Zitats findet sich nur in den britischen Parlamentsdebatten, während dort der erste Satz leicht anders zitiert wird.) Vgl. auch *Lie*, S. 261.

152 Vgl. zu den letzten Amtsmonaten Bevins, der am 14. April 1951 verstarb, und den vielen gesundheitlich angeschlagenen Ministern der Labour-Partei: *Bullock*, Bevin, S. 803–35; *Morgan*, Labour, S. 460ff.

153 Vgl. *Morgan*, S. 462–85.

154 Vgl. *Churchill*, Foreign Affairs-Rede, in: H.C., Parl. Deb., 5th series, Bd. 473, 28.3.1950, Sp. 199–201. Zitat: 199. Vgl. auch Keesing's, Bd. 7, S. 10694f.

155 Zitat: *Churchill*, Sp. 201. *Julian Amery*, in: ebd., Sp. 218–223, bes. 221–23; *Raymond Blackburn*, in: ebd., Sp. 223–230, bes. 228–230. Vgl. auch Keesing's.

seien, »it should be possible to negotiate with Moscow on a basis of strength«, und in diesem Fall »no method of negotiation ought to be excluded«. Dies deutete kaum auf allzu großen Enthusiasmus für Churchills Gipfeldiplomatie hin.[156] Im Grunde teilte Eden die Überzeugung, die Acheson erneut in einer Rede am 8. Oktober 1950 ausdrückte: »Building the strength of the free nations is not by itself a method of settling differences with the Soviet leaders. It is a way – and the only way – to prevent those differences from being settled by default.«[157]

Eden und Acheson stimmten überein, daß irgendwann in der Zukunft Verhandlungen mit der Sowjetunion stattfinden sollten und würden, aber im Gegensatz zu Churchill glaubten sie nicht, daß die Zeit gegen den Westen arbeitete. Sie waren genau entgegengesetzter Ansicht. Die Labour-Regierung vertrat ebenfalls diese Meinung. In der außenpolitischen Debatte im März 1950 hatte Minister of State Kenneth Younger unzweideutig erklärt, daß angesichts Moskaus »withdrawal from co-operation« und »scarcely veiled hostility to everything we are trying to do«, das Kabinett keine Möglichkeit sehe, Verhandlungen mit dem Kreml aufzunehmen. Zudem setzten solche Gespräche »adequate preparations« voraus.[158]

Damit sah sich Churchill mit seiner Initiative weitgehend alleine gelassen. Doch er war nicht von seiner Überzeugung abzubringen. Selbst der Ausbruch des Koreakrieges am 25. Juni 1950 – ein Ereignis, das kurzzeitig in nahezu allen westlichen Hauptstädten eine gewisse Panik erzeugte[159] – konnte Churchill nicht beirren. Am 15. Juli, als die militärische Situation des Westens in Korea wenig erfreulich war, legte er einer Konservativen Versammlung in Plymouth dar, daß er sich zwar an die Situation des Jahres 1940 erinnert fühle, doch sei festzuhalten: »I do not mean that war is imminent. But I must not lead you to suppose that time is on our side.« Nach wie vor sei »a supreme effort to bridge the gulf between the two worlds« notwendig.[160] Am 27. Juli erklärte Churchill im Parlament: »we must never abandon the hope that a peaceful settlement may be reached with the Soviet Government if a resolute effort is made.«[161] Nach wie

156 *Anthony Eden*, in: ebd., Bd. 473, 28. 3. 1950. Zitate: 317f.

157 Zit. nach *Bell*, S. 24.

158 *Kenneth Younger*, Foreign Affairs-Rede, in: H. C., Parl. Deb., 5th series, Bd. 473, 28. 3. 1950, Sp. 209.

159 Entgegen der landläufigen Meinung rechnete Adenauer allerdings nicht ernsthaft mit einem Angriff der UdSSR auf West-Berlin. Vgl. *Norbert Wiggershaus*, Aspekte westdeutscher Bedrohungsperzeptionen 1946–1959, in: *Jürgen Rohwer* (Hrsg.), Feindbilder und Militärstrategien seit 1945, Bremen 1992, S. 54f. Siehe auch *ders.*, Bedrohungsvorstellungen Bundeskanzler Adenauers nach Ausbruch des Korea-Krieges, in: MGM 25 (1979), S. 79–122.

160 Zit. nach Keesing's, Bd. 8: 1950–52, S. 10837.

161 *Churchill*, Defence-Rede, in: H. C., Parl. Deb., 5th series, Bd. 478, 27. 7. 1950, Sp. 711. Im Oktober zeigte er sich gar überzeugt, daß die mittlerweile recht erfolgreiche

vor sah Churchill die Notwendigkeit ein, das militärische Potential des Westens zu stärken. Doch sprach er sich im Gegensatz zu Eden und Acheson dafür aus, den Aufbau einer »position of strength« und den Beginn von Verhandlungen mit der Sowjetunion möglichst nur wenig zeitverzögert vorzunehmen. Zwei Jahre müßten für den Aufbau der westlichen Verteidigungsmacht genügen; spätestens nach diesem Zeitraum, am besten aber parallel dazu, sei mit Verhandlungen zu beginnen. Bis Churchill im Oktober 1951 erneut an die Macht gelangte, ließ er nicht davon ab, auf eine Umorientierung der westlichen Politik zu drängen und der Labour-Regierung vorzuwerfen: »Several years have been wasted and frittered away.« Zugleich warnte er jedoch vor allzu großer Zuversicht: »I am strongly in favour of every effort being made by every means to secure a fair and reasonable settlement with Russia. I should, however, be failing in frankness ... if I did not make it clear at this stage that we must not place undue hopes upon the success of any negotiations.«[162]

Churchill hatte unbestreitbar bereits seit Anfang 1946 zu einem »settlement« mit Moskau und seit Beginn des Jahres 1950 zur Gipfeldiplomatie aufgerufen. Es darf jedoch nicht übersehen werden, daß er nie präzise darlegte, wie er sich den Ablauf eines solchen »summits« vorstellte. Der Oppositionsführer schwieg sich etwa darüber aus, welche genauen Themenbereiche, in welcher Reihenfolge angesprochen werden sollten. War es beispielsweise sinnvoll, wie während der letzten Außenministerkonferenzen und der fehlgeschlagenen Vorkonferenz im *Palais Marbre Rose* in Paris im Frühjahr 1950,[163] hauptsächlich die Deutschlandfrage zu behandeln oder sollte nicht zuerst und vielleicht erfolgversprechender versucht werden, eine Lösung für die zahlreichen kleineren Konflikte des Kalten Krieges zu finden? Auf solche wichtigen, letztlich über Erfolg oder Mißerfolg einer Gipfelkonferenz entscheidenden Fragen ging Churchill mit keiner Silbe ein. Diese Details schienen ihm wohl an den großen Fragen der Zeit vorbeizugehen. Darauf zufriedenstellende Antworten zu finden, war die Aufgabe der Diplomaten im Foreign Office. Er wiederholte nur immer wieder, daß ein dritter Weltkrieg verhindert werden müsse, solange der Westen noch in der Lage sei, von einer relativ starken Position aus zu verhandeln. Der Verdienst Churchills besteht zweifellos darin, mit all seiner Reputation bereits zu einem frühen Zeitpunkt vor einer möglichen Katastrophe gewarnt, das Stichwort der Entspannung zumindest indirekt in die Diskussion eingebracht und den Anstoß für eine

westliche Kriegführung in Korea die Aussichten für ein »peaceful settlement« mit Moskau verbessert habe. *Ders.,* Conservative Party Conference-Rede in Blackpool am 14.10.1950. Zit. nach Keesing's, Bd. 8, S. 11056 (die Rede ist vollständig abgedr. in: *James* (Hrsg.) Complete Speeches, Bd. 8, S. 8096ff.).

162 *Ders.,* International Situation-Rede, in: H.C., Parl. Deb., 5th series, Bd. 482, 14.12.1950, Sp. 1367.

163 Die Konferenz fand vom 5.3.–21.6.1950 statt. Siehe *Hans-Peter Schwarz*, Die Ära Adenauer. Gründerjahre der Republik 1949–1957, Wiesbaden 1981, S. 140f.

entsprechende Erörtertung gegeben zu haben. Er versagte jedoch völlig, eine erfolgversprechende Methode zu unterbreiten, wie seine Mahnungen in der Praxis beherzigt werden könnten. Damit trug er entscheidend dazu bei, daß nach den schlechten Erfahrungen der Vergangenheit (Jalta, Außenmininisterkonferenzen) sein Ruf nach Verhandlungen mit Moskau in der Nachkriegszeit in Politikerkreisen – wenn auch nicht bei der westlichen Bevölkerung – von vornherein mit sehr großem Mißtrauen betrachtet wurde. Er unterminierte seine eigene Politik.

Bei genauer Analyse von Churchills Reden wird zudem deutlich, daß das vordringlichste Ziel seiner Politik, dem auch die Gipfeldiplomatie mit Moskau diente, nach wie vor in der Stärkung der britischen Position in der Welt bestand. Am deutlichsten wird dies in der sogenannten »Three Circles«-Rede vom 9. Oktober 1948. Nachdem Churchill erneut auf die Kluft zwischen Ost und West aufmerksam gemacht und ein »settlement« mit Moskau propagiert hatte, legte er hier dar, daß Großbritannien sich an der Schnittstelle dreier Kreise befände, die das ›British Empire and Commonwealth‹, die englischsprechende Welt und ein vereintes Europa umfaßten. Er folgerte daraus:

> We have the opportunity of joining them all together. If we rise to the occasion in the years that are to come it may be found that once again we hold the key to opening a safe and happy future to humanity, and will gain for ourselves gratitude and fame.[164]

Churchill war demnach nicht lediglich an einer grundsätzlichen Entspannung des Ost-West-Konflikts interessiert. Sie sollte auch unbedingt durch die britische Regierung, am besten unter seiner Leitung, herbeigeführt werden. »Our influence in the world is not what it was in bygone days. I could wish indeed that it was greater, because I am sure it would be used as it always has been used to the utmost to prevent a life and death struggle between the great nations.«[165]

Churchill scheint an eine gewisse Missionsaufgabe Englands und des britischen Empire geglaubt zu haben.[166] Darauf weist auch eine Rundfunkansprache

164 *Churchill*, Perils Abroad and At Home, 9. 10. 1948, in: *James* (Hrsg.), Complete Speeches, Bd. 7, S. 7712. Ganz ähnlich drückte sich Churchill auf dem Konservativen Parteitag ein Jahr später in London aus. Siehe dazu Keesing's, Bd. 7, S. 10288.

165 *Ders.*, Rede in Loughton. Zit. nach The Times, 8. 10. 1951, S. 2. Siehe auch *Thompson*, S. 216.

166 Vgl. zu der vehementen Verteidigung des Empire: *Churchill*, Debate on the Address-Rede, in: H. C., Parl. Deb., 5th series, Bd. 457, 28. 10. 1948, Sp. 242–53. Siehe ebenfalls *Emerys Roberts*, Foreign Affairs-Rede, in: ebd., Bd. 473, 28. 3. 1950, Sp. 295–97. Auch Attlee stimmte hier Churchill weitgehend zu. Immerhin erklärte der Premierminister am 9. 11. 1948 in einer Rede in der Londoner Guildhall: »Great as is our interest in the affairs of Europe, we have, of course, far closer ties with the peoples of the British Commonwealth and Empire.« Während Churchill immer das Empire an erster Stelle betonte, legte Attlee mehr Wert auf die Unterstreichung des neuartigen Commonwealth. Zit. nach Keesing's, Bd. 7, S. 9616.

Churchills am 17. Februar 1951 hin.[167] Noch deutlicher drückte sich Churchill am 22. Juli 1949 in einer Rede vor 50000 Menschen im Fußballstadion von Wolverhampton aus: »The main aim of all Conservative policy is to restore the greatness of Britain.«[168] Ein Ausgleich mit der Sowjetunion, die Herbeiführung eines Zusammenschlusses der europäischen Staaten, einschließlich der Bewaffnung und Westintegration der Bundesrepublik, schienen demgegenüber sekundär zu sein und letztlich nur dem einen, primären Ziel aller britischen Politik zu dienen: dem Wohlergehen und Ansehen Großbritanniens. Dies beabsichtigte Churchill zum einen nach wie vor durch »an ever closer and more effective ... ›fraternal association‹ with the United States« zu erreichen.[169] Zum anderen war er sich völlig darüber im klaren, »[that] a continuance of the present arms race can only cause increasing danger, increasing military expense, and diminishing supplies to the homes«.[170] Churchill war sich der prekären ökonomischen Lage Englands bewußt. Die weitere Aufrüstung der Supermächte und der britische Versuch, mit ihnen Schritt zu halten, würde das Land in der Weltwirtschaft immer mehr zurückfallen lassen und auch zunehmend von der Militärmacht der USA abhängig machen. Er glaubte, daß nur eine Periode der Entspannung, die Großbritannien Zeit zur ökonomischen Erholung geben würde und die Konzentration auf die Ressourcen des Empire diese Entwicklung verhindern bzw. umkehren könne.[171]

Während des Wahlkampfes im Herbst 1951 und ungeachtet der erst Ende Juni erfolglos beendeten Außenministerkonferenz im *Palais Marbre Rose* in Paris,[172] bestand Churchill auf der Notwendigkeit von Gesprächen mit Moskau.[173] Vor

167 Churchill hatte erklärt: »What a reflection it would be on our national dignity and moral elevation, and indeed upon the whole status of British democracy, if at this time of choice we find nothing to talk about but material issues and calculations about personal gain or loss. What a humiliation it would be if proud Britain ... were found completely absorbed in party and domestic strife.« Zit. nach Kessing's, ebd., S. 10550. Siehe zu dem Wert, den Churchill dem internationalen Ansehen Englands zuwies das Ende seiner Foreign Affairs-Rede am 17. 11. 1949, in: H. C., Parl. Deb., 5th series, Bd. 469, Sp. 2232f.

168 Zit. nach Keesing's, Bd. 7, S. 10129.

169 *Churchill*, Foreign Affairs-Rede, in: H. C., Parl. Deb., 5th series, Bd. 459, 10. 12. 1948, Sp. 707.

170 *Ders.*, Rundfunkansprache, 17. 2. 1950. Zit. nach Keesing's, Bd. 7, S. 10550.

171 Vgl. dazu auch Kap. IV. 2 und 3.

172 Vgl. *Churchill*, Oral Answers, Foreign Ministers ›Deputies‹ Conference (Termination), in: H. C., Parl. Deb., 5th series, Bd. 489, 25. 6. 1951, Sp. 1002–05; auch *ders.*, Written Answers, Foreign Ministers' Conference, Paris, in: ebd., Sp. 6.

173 In einer Rundfunkansprache am 8. Oktober 1951 erklärte er etwa: »I do not hold that we should rearm in order to fight. I hold that we should rearm in order to parley. I hope and believe that there may be a parley.« Zit. nach *James* (Hrsg.), Complete Speeches, Bd. 8, S. 8257.

allem der Vorwurf der regierenden Labour-Partei, ein »warmonger« zu sein und damit unfähig, in Friedenszeiten die Regierungsgeschäfte zu führen, traf ihn persönlich besonders tief. Auch die vor dem Hintergrund der Irankrise gegen ihn gerichtete berühmte Schlagzeile des *Daily Mirror* »Whose Finger on the Trigger?« verletzte.[174] Am 23. Oktober machte er daher in einer Rede in Plymouth erneut seine friedliebenden Absichten deutlich. Er erklärte:

If I remain in public life at this juncture it is because, rightly or wrongly, but sincerely, I believe that I may be able to make an important contribution to the prevention of a third world war and to bring nearer that lasting peace settlement which the masses of the people ... fervently desire. I pray indeed that I may have this opportunity. It is the last prize I seek to win.[175]

7. Machtwechsel

Im Alter von nahezu 77 Jahren gelang es Churchill, am 25. Oktober 1951 nochmals das Amt des britischen Premierministers zu erringen. Seine Regierung verfügte aber nur über eine äußerst knappe parlamentarische Mehrheit von 17 Sitzen.[176] Das Ziel einer Gipfelkonferenz der Großen Drei verfolgte der neue Regierungschef weiter. Allerdings fühlte er sich nun bald veranlaßt, »[to] utter a word of caution... We must be careful not to swing on a wave of emotion from despondency to over-confidence«.[177] In den Ohren Konrad Adenauers war das Musik. Seit Churchills Rede in Edinburgh Ende 1950 hatte der deutsche Bundeskanzler die Äußerungen des Briten über die Gipfeldiplomatie mit Moskau voller Mißtrauen aufgenommen.[178] Während eines Staatsbesuches in London vom 3.

174 Vgl. *James*, Eden, S. 338 f.; *Morgan*, Labour, S. 484; *David Butler*, The British General Election of 1951, London 1952, S. 118–28; *ders.,* British General Elections since 1945, Oxford 1989, S. 11–13.

175 Vgl. *Churchill*, Rede im Home Park Football Ground in Plymouth, 23.10.1951, in: *James* (Hrsg.), Complete Speeches, Bd. 8, S. 8282.

176 Die Konservativen gewannen 321 Sitze, die Liberalen 6 und Labour 295 Sitze. Obwohl die Labour-Partei über 231 000 mehr Stimmen als die Konservative Partei erhalten hatte, verfügte Churchill über eine knappe absolute Mehrheit an Sitzen. Vgl. *Butler* und *Butler* (Hrsg.), S. 226.

177 Vgl. z. B. *Churchill*, Debate on the Address, in: H.C., Parl. Deb., 5th series, Bd. 493, 6.11.1951, Sp. 79 f. Zitat: 80.

178 Vgl. *Schwarz*, Adenauer. Der Aufstieg, S. 894–97, bes. 896. Siehe auch zu Adenauers allgemeiner Haltung gegenüber England, ebd., S. 828 f., 848, 857; auch *Klaus Schwabe*, Adenauer und England, in: *Lothar Kettenacker* u. a. (Hrsg.), Studien zur Geschichte Englands und der deutsch-britischen Beziehungen, München 1981, S. 353–74; *Foschepoth*, Churchill, S. 1286.

bis 7. Dezember 1951 erkannte Außenminister Eden, daß Adenauer befürchtete, die britische Regierung »might be brought to do a deal with Russia behind the back of the German Government«. Churchill erklärte daraufhin beruhigend, daß er zwar »ardently desired to restore a tolerable relationship with Russia«, doch nicht auf Kosten Deutschlands: »he would not do such a thing even to avoid a war.«[179] Adenauer zeigte sich dankbar für die Versicherung Churchills »in regard to the firm resolve of the British Government not to embark on any transactions with the Russians to the detriment of German interests.«[180]

Um die Jahreswende 1951–52 war Churchill jedoch insgesamt recht pessimistisch in Sachen Gipfeldiplomatie. Er glaubte nicht mehr an eine schnelle Verbesserung der Beziehungen mit Moskau. Anfang 1952, als Churchill auf einem Staatsbesuch in den USA weilte, erörterte der Premierminister das Thema mit dem amerikanischen Präsidenten. Truman erläuterte, er sei der Meinung, »[that] the time was not ripe«. Der Präsident zeigte keine Bereitschaft, nach Moskau zu reisen, doch war er willens, mit Marschall Stalin jederzeit in den USA zusammenzutreffen.[181] Churchill äußerte ebenfalls, wohl nicht zuletzt weil Truman ein Gipfeltreffen ablehnte,[182]

> that in present circumstances he would not be in favour of proposing a meeting with the leaders of the Soviet Union ... A different situation would, however, arise if at any time the Soviet leaders indicated that they were prepared to make a genuine effort to reach an understanding with the democracies.[183]

Der eigentliche Grund für Churchills Skepsis dürften aber die recht erfolglosen, von November bis Januar unternommenen Versuche Außenminister Edens gewesen sein, vor der Öffentlichkeit und den Medien verborgenen diplomatischen Kontakt mit Moskau aufzunehmen, um informell über eine Verbesserung des Ost-West-Klimas zu sprechen. Obwohl die ursprüngliche Initiative von der

179 Im Protokoll strich Churchill die Worte jedoch wieder mit roter Tinte durch.

180 PRO: PREM 11/1852, C 1052/4, Protokoll des Gesprächs zwischen Churchill und Adenauer in London, 4.12.1951. Vgl. auch *Konrad Adenauer*, Erinnerungen 1945–53, Stuttgart 1965, S. 505–12; *Rudolf Morsey* und *Hans-Peter Schwarz* (Hrsg.), Adenauer. Teegespräche 1950–54, Berlin 1985, S. 172; *Herbert Blankenhorn*, Verständnis und Verständigung. Blätter eines politischen Tagebuchs 1949 bis 1979, Frankfurt/M. 1980, S. 130.

181 PRO: CAB 21/3057, Akte 9/102, 8.2.1952. Vgl. zu dem Treffen auch *Shuckburgh*, S. 32.

182 So zumindest *Young*, Cold War, S. 57. Allerdings behauptet der Autor irrtümlich, daß Churchill darauf verzichtete, das Thema überhaupt mit Truman zu erörtern. Vgl. die im Daily Telegraph und in der Morning Post erschienenen Artikel in: CAB 21/3057, Akte 9/102. Siehe auch *Martin Gilbert*, Churchill. A Life, London 1991, S. 903.

183 CAB 21/3057, Akte 9/102, 8.2.1952. Siehe auch FRUS 1952–54, Bd. 6, S. 693 ff. Das Kommuniqué der Washingtoner Gespräche ist in deutscher Übersetzung zu finden in: EA 7 (20.2.1952), S. 4732 f.

UdSSR ausgegangen war, schien der Kreml bald kein rechtes Interesse mehr an einem Treffen in Paris zu haben. Außenminister Wyschinski reiste Ende Januar 1953 wenige Tage vor Edens Eintreffen in der französischen Hauptstadt ab.[184]

Deutlich macht die Episode jedenfalls, daß Eden um die Jahreswende 1951–52 grundsätzlich nichts gegen die Gipfeldiplomatie mit der Sowjetunion einzuwenden hatte. Er stimmte – entgegen der in der Literatur meist vertretenen Ansicht[185] – weitgehend mit Churchill in der Notwendigkeit, Gespräche mit Moskau zu führen, überein. So hatte Churchill im November 1951 im Unterhaus erklären können, er und der Außenminister agierten in der Gipfeldiplomatie »in the closest, spontaneous accord«.[186] Der Unterschied zwischen den Vorstellungen Edens und Churchills bestand darin, daß der Premierminister die publikumswirksame Dramatik eines Treffens der Großen Drei bevorzugte. Eden hielt es dagegen für klüger, erst einmal auf informelle und geheime, den Medien zu verschweigende Gespräche zu setzen. Nur auf diese Weise schien es ihm möglich zu sein, zu einer Entspannung im Ost-West-Konflikt zu gelangen. Die Öffentlichkeit erfuhr daher auch nicht von den erfolglosen Gipfelinitiativen des britischen Außenministers. Lediglich Staatsminister Selwyn Lloyd deutete kurz nach dem Ende der UN-Generalversammlung in einer Unterhausrede vom 5. Februar vage auf die britischen Bemühungen hin.[187]

Bald darauf war das Thema Gipfelkonferenz zur Lösung der deutschen Frage und Beilegung des Kalten Krieges jedoch in aller Munde. Stalin hatte dies mit seiner Note vom 10. März 1952 bewirkt, in der er in sehr sachlichem Ton die Wiedervereinigung eines neutralen Deutschlands vorschlug und sogar bereit war, den Aufbau einer kleinen deutschen Armee zur Selbstverteidigung zu akzeptieren. Der Diktator fügte der Note sogleich die Grundzüge eines Friedensvertrages bei.[188] Entgegen seinem zwischen 1946 und 1951 zu beobachtenden

184 Vgl. zu der erfolglosen Episode vor allem: PRO: FO 800/820, Gespräch zwischen Eden und dem sowjetischen Botschafter in London, 28.12.1952 (Telegrammentwurf); FO 800/694, Brief von Eden an Staatsminister Selwyn Lloyd, 24.1.1952.

185 Vgl. z.B. *Carlton*, Eden, S. 331f. In der Literatur erwähnt lediglich *Seldon*, S. 618, Anm. 20, in einer Fußnote kurz die Initiative Edens. Er sieht die beiden Versuche von November 1951 und Januar 1952 jedoch irrtümlicherweise als getrennte und nicht als zusammenhängende Aktionen an.

186 *Churchill*, Debate on the Address, in: H.C., Parl. Deb., 5th series, Bd. 493, 6.11.1951, Sp. 80.

187 Er sagte: »We have made great efforts to impress the Soviet bloc with the peaceful intentions of this country and to establish some kind of common ground with them, in spite of their constant and abusive rebuffs.« *Selwyn Lloyd*, Foreign Affairs-Rede, in: ebd., Bd. 495, 5.2.1952, Sp. 926 (Unterstreichung im Original). Siehe auch *D.R. Thorpe*, Selwyn Lloyd, London 1989, S. 161.

188 Die Stalin-Note, einschließlich des Vorschlags eines Friedensvertrages ist z.B. abgedruckt in: *RIIA* (Hrsg.), Documents on International Affairs, 1952, London 1955, S. 85–89 (siehe auch die im Literaturverzeichnis aufgeführten Dokumentensamm-

Drängen auf Gespräche mit der UdSSR schaltete sich Churchill überraschenderweise nicht aktiv in die »Notenschlacht« des Jahres 1952 ein. Routinemäßig überließ er das Feld Außenminister Eden und dem Foreign Office.[189] Churchill regte lediglich an, den Vorschlag Moskaus zu akzeptieren, statt einer UNO-Delegation eine aus Vertretern der vier Mächte bestehende Kommission zur Überprüfung der Voraussetzungen für freie Wahlen in Ost- und Westdeutschland einzusetzen. Dies kam seiner Absicht entgegen, die Zusammenarbeit der Siegermächte untereinander zu stärken. »I had this feeling that the Four Powers is a more manageable way of doing things than U.N.O. Also it fits in with our other ideas.«[190] Im Juni 1952 erklärte der Premierminister jedoch schon wieder, »that if Eisenhower was elected President, he would have another shot at making peace by means of a meeting of the Big Three. For that alone it would perhaps be worth remaining in office.«[191] Zwei Monate später wies er darauf hin, daß, falls Eisenhower amerikanischer Präsident würde, er die Hoffnung eines »joint approach to Stalin« habe, »proceeding perhaps to a congress in Vienna where the Potsdam Conference would be reopened and concluded.«[192]

Trotz dieser Äußerungen machte Churchills uncharakteristische Zurückhaltung bei der Debatte um die Stalin-Note deutlich, daß er während des Jahres 1952 recht pessimistisch war. Er glaubte nicht ernsthaft an die Möglichkeit, erfolgversprechende Verhandlungen mit Moskau beginnen zu können. Neben der ablehnenden Haltung Präsident Trumans und Edens gescheiterten Annäherungsversuchen war Churchill zutiefst von den 1951–52 zu beobachtenden Säuberungen und Schauprozessen in der Tschechoslowakei abgestoßen. Im Januar

lungen von *Jäckel, Siegler* und *von Münch*). Auf die reichhaltige Literatur zur Stalin-Note und die im gewissen Umfange immer noch anhaltende Debatte, ob sie ernst gemeint war, kann hier nicht näher eingegangen werden. Vgl. dazu vor allem *Rolf Steininger*, Eine Chance zur Wiedervereinigung? Die Stalin-Note vom 10. März 1952 [...], Bonn 1985; und eine knappe Zusammenfassung seiner Auffassung in *ders.*, Germany, S. 10–14. Siehe zur Gegenposition *Hermann Graml*, Die Legende von der verpaßten Gelegenheit. Zur sowjetischen Notenkampagne des Jahres 1952, in: VfZg 29 (1981), S. 307–41; und den guten Überblick bei *Hans Booms*, Einleitung, in: *ders.* (Hrsg.), Die Kabinettsprotokolle der Bundesregierung, Bd. 5: 1952, Boppard 1988, S. LI-LVI. Zur Haltung der britischen Regierung vgl. PREM 11/168; FO 800/793; FO 800/777, Eden an PM PM/52/26, 18. 3. 1952 (zur Einstellung des Foreign Affairs Committee gegenüber der Stalin-Note).

189 Vgl. *Hillgruber*, Alliierte Pläne, S. 21. Im britischen PRO finden sich keine Aktenvermerke, die auf eine besondere Anteilnahme Churchills an der »Notenschlacht« schließen lassen.

190 PREM 11/168, Aktennotiz Churchills an Eden, M. 235/52, 13.4.1952 (siehe dazu auch FO 800/793).

191 *Colville*, Fringes, S. 650: Tagebucheintrag, 13.–15.6.1952.

192 Ebd., S. 653f. Siehe auch den Beitrag von *John Colville*, in: *John Wheeler-Bennett* (Hrsg.), Action this Day. Working with Churchill, London 1968, S. 129.

1953 erklärte er, daß unter diesen Voraussetzungen »the chances of achieving anything with Stalin were almost nil whereas the dangers of failure would be very great.«[193] Auch in seinen Äußerungen im Unterhaus im Januar und Februar 1953 reagierte er ausweichend auf die Frage, ob er Verhandlungen mit Stalin noch für sinnvoll erachte.[194] Dennoch ließ Churchill nichts unversucht, um den gewählten, aber noch nicht inaugurierten neuen Präsidenten Dwight D. Eisenhower von den Vorteilen seiner Gipfelpläne zu überzeugen. Aber erst der Tod des sowjetischen Diktators ließ Churchills Hoffnungen wieder in die Höhe schießen, doch noch ein internationales »summit« zur Beilegung des Kalten Krieges organisieren zu können.

193 PRO: FO 371/106 537, 1044/2/53 G, Brief von Christopher Steel, Botschaft Washington, an Paul Mason, FO, 16. 1. 1953. Siehe auch *Colville*, Fringes, S. 660: Tagebucheintrag, 5. 1. 1953.

194 Vgl. *Churchill*, Oral Answers, International Situation, in: H. C., Parl. Deb., 5th series, Bd. 511, 9. 2. 1953, Sp. 28–32; ebd., 12. 2. 1953, Sp. 597f.

III. Britische und amerikanische Gipfeldiplomatie vor und nach Stalins Tod

1. Churchill und Eisenhower: Erste Differenzen

Nachdem Eisenhower im November 1952 zum neuen amerikanischen Präsidenten gewählt worden war, begann Churchill vorsichtig die Initiative zu ergreifen. Der Premierminister kannte Eisenhower bestens aus der Zeit des Krieges, als dieser alliierter Oberkommandierender war.[1] Churchill hoffte, den als Politiker völlig unerfahrenen General manipulieren zu können, glaubte wohl auch, daß dies unbedingt notwendig sei, sollte der Frieden gewahrt bleiben.[2] Insbesondere die Wahrscheinlichkeit, daß John Foster Dulles neuer amerikanischer Außenminister werden würde, beunruhigte die Briten. Eden versuchte gar, Eisenhower zu überzeugen, den New Yorker Gouverneur Dewey zu ernennen, mußte aber feststellen: »Man we don't like is still making all the running he can. I am doing all that I discreetly can.«[3]

Im Januar 1953 begab sich Churchill auf einen privaten Besuch in die USA. Zum Teil erhielt der Premierminister einen positiven Eindruck von den Gesprächen mit Eisenhower am 5. und 7. Januar in New York. Sein Privatsekretär notierte: »The Prime Minister told me, after Ike had left, that he had felt on top of him this time: Ike seemed to defer to his greater age and experience to a remark-

1 Vgl. *Stephen E. Ambrose*, Churchill and Eisenhower in the Second World War, in: *Blake* und *Louis* (Hrsg.), S. 397–405.

2 Vgl. *Young*, Cold War, S. 58. Die britische Regierung hätte einen Wahlsieg von Adlai Stevenson vorgezogen, dem Kandidaten der demokratischen Partei. Vgl. BUA: Avon Papers, AP/20/16/23, Brief von Makins an Eden, 9. 1. 1953. In einem Brief an den Pressemagnaten Beaverbrook erklärte der Konservative Abgeordnete Brendon Bracken am 12. 2. 1953: »Whitehall is already mourning the departure of Truman and Acheson. The preposterous Dulles has upset many people here, but that, of course, causes him no distress. Dollar diplomacy is now the order of the day... Unless John Bull is financially independent he can play no worthy part in the world.« HL: Beaverbrook Papers, BBK, C/57, Bracken B., 1948–53. Siehe auch *Colville*, Fringes, S. 654: Tagebucheintrag, 9. 11. 1952. Vgl. auch *Peter Boyle*, Einleitung, in: *ders.,* (Hrsg.), S. 3.

3 Vgl. PREM 11/323, Eden von New York an PM Nr. 780 (PM's Personal Telegram No. T. 212/52), 12. 11. 1952. Vgl. auch *Boyle*, ebd., S. 11; *Colville*, Fringes, S. 661 f.: Tagebucheintrag, 6. 11. 1953.

able degree.«[4] Eisenhower hielt Churchill in der Tat für einen »extraordinary character« und großen Staatsmann. Auch betrachtete er Großbritannien als »greatest natural friend« der Vereinigten Staaten.[5] Doch war er nicht gewillt, sich von London bevormunden zu lassen oder der Weltöffentlichkeit den Eindruck einer Zwei-Mächte-Koalition zu geben.[6] Der General war der Meinung, daß Churchill mittlerweile zu alt sei und zu sehr in der Vergangenheit lebe, um Regierungschef sein zu dürfen.[7] Allerdings behandelte Eisenhower zumindest zu Beginn seiner Präsidentschaft den Premierminister immer ausgesprochen freundlich und zuvorkommend. Dieses wiederum verstärkte bei Churchill die ohnehin von ihm gehegte Annahme, Eisenhower über kurz oder lang von den von ihm gewünschten politischen Maßnahmen überzeugen zu können.[8] Dennoch war der Regierungschef insgesamt nicht mit seinem Besuch zufrieden. Dem neuen britischen Botschafter in Washington, Sir Roger Makins, teilte er mit, »that he had been considerably disappointed by his talks in New York«. Seine amerikanischen Gesprächspartner seien zwar alle sehr freundlich gewesen, doch »their views were a long way from ours«.[9]

Vor allem war Churchill überrascht, als der Präsident ihn fragte, ob er etwas dagegen habe, wenn er, Eisenhower, sich alleine mit Stalin etwa im neutralen Stockholm zu einem Gespräch treffen würde. Er beabsichtige, einen solchen Vorschlag in seiner Inaugurationsrede zu machen. Falls Churchill sich auch mit

4 *Colville*, S. 661. Vgl. zu den Gesprächen, CAB 21/3057; PREM 11/422, 373; FO 371/106537; FO 800/836; FRUS 1952–54, Bd. 6, S. 881–87; EL: John Foster Dulles Papers, Subject Series, Akte: Classified Material, »Churchill may propose«, 5. 1. 1953; *Colville*, S. 657ff.; *Dwight D. Eisenhower*, The White House Years, Bd. 1: Mandate for Change, 1953–1956, London 1963, S. 97.

5 Zitate: *Louis Galambos* (Hrsg.), The Papers of Dwight D. Eisenhower, Bd. 7: Eisenhower. The Chief of Staff, Baltimore 1978, S. 686; *Robert Ferrell* (Hrsg.), The Eisenhower Diaries, New York 1981, S. 142. Siehe auch *Robert Griffith* (Hrsg.), Ike's Letters to a Friend, 1941–58, Lawrence/Ks. 1985, S. 140.

6 FRUS 1952–54, Bd. 6, S. 882: Memorandum des Gesprächs zwischen Dulles und Churchill, 8. 1. 1953. Vgl. auch *Watt*, Churchill, S. 18.

7 Vgl. *Ferrell* (Hrsg.), Eisenhower Diaries, S. 223.

8 Dieser Eindruck läßt sich vor allem aus der Korrespondenz zwischen Churchill und Eisenhower während der ersten sechs Monate des Jahres 1953 gewinnen. Vgl. *Boyle* (Hrsg.), S. 16ff. (Ein Großteil der Korrespondenz zwischen Eisenhower und Churchill ist auch zu finden in: PREM 11/422. Sie ist teilweise auch abgedr. in: FRUS 1952–54, Bd. 6, S. 975ff., und Bd. 8, S. 1166ff.).

9 BUA: Avon Papers, AP/20/16/23, Brief von Makins an Eden, 9. 1. 1953. Ähnlich auch der Brief von Beaverbrook an Brendon Bracken, 15. 1. 1953, in: HL: Beaverbrook Papers, BBK, C/57, Bracken B., 1948–53.

10 PREM 11/422, Churchill von New York an Eden und Butler Nr. 34, 8. 1. 1953; FO 371/106 537/NS 1071/29/6, Protokoll Colville des Gesprächs zwischen Eisenhower

Stalin treffen wolle, habe er keine Einwände.[10] Churchill antwortete: »I would have objected strongly during the war when our contribution in forces was about equal. Now I don't mind.«[11] Doch warnte er den Präsidenten gleichzeitig, nichts zu überstürzen und in seiner Antrittsrede noch nichts zu erwähnen.[12] Er riet Eisenhower, sich Gedanken darüber zu machen, »what the results might be if the vast hopes which such a meeting would raise were dashed and if nothing at all came of it?«[13] Der Premierminister war zwar nicht davon begeistert, Eisenhower alleine und ohne die britische Regierung mit der UdSSR verhandeln zu lassen, es ist aber anzunehmen, daß Churchill seine Antworten ernst meinte, da er vorübergehend in seiner Haltung zur Gipfeldiplomatie mit Moskau schwankend geworden war. Alle Anzeichen deuteten darauf hin, daß der Diktator trotz der in diversen Interviews geäußerten Kompromißbereitschaft zu keinerlei Konzessionen bereit war.[14] Insbesondere gab es klare Anzeichen, daß Moskau nicht gewillt war, sich auf einen Kompromiß in der deutschen Frage einzulassen. Dabei war, abgesehen vom Koreakrieg, Deutschland das Thema, über das gesprochen werden mußte, wenn eine Entspannung im Ost-West-Konflikt erreicht werden sollte.[15] Churchill stimmte im wesentlichen dem Urteil des Foreign Office zu: »The present signs seem to be that the Soviet Government are busy with the task of turning Eastern Germany into a fully-fledged Satellite State, and

und Churchill am 7. 1. 1953; *Moran*, S. 462: Tagebucheintrag, 26. 8. 1953. Siehe auch *Foschepoth*, Churchill, S. 1287.

11 *Shuckburgh*, S. 74: Tagebucheintrag, 16. 1. 1953.

12 Churchill forderte den Präsidenten auf: »But don't be in a hurry. Get your reconnaissance in first.« Er empfahl: »take a few months to get into a calmer atmosphere and learn the facts.« PREM 11/422, Churchill von New York an Eden und Butler Nr. 34, 8. 1. 1953. Vgl. auch FO 371/106 537/NS 1044/2/53 G, Brief von Steel, Botschaft Washington, an Mason, FO, 16. 1. 1953.

13 FO 371/106 537/NS 1071/29/6, Protokoll Colville des Gesprächs zwischen Eisenhower und Churchill am 7. 1. 1953. Siehe auch PREM 11/422, ebd.

14 Stalin hatte zuletzt in einem Interview mit amerikanischen Journalisten Ende Dezember 1952 darauf hingewiesen, daß er eine sowjetisch-amerikanische Konferenz für sinnvoll erachtete. Ergänzend hatte er betont, er habe anschließend nichts gegen ein persönliches Treffen mit Eisenhower einzuwenden, um den Kalten Krieg zu entschärfen und vielleicht den Koreakrieg zu beenden. Vgl. *RIIA* (Hrsg.), Survey of International Affairs, 1952, London 1955, S. 179, Anm. 2; *RIIA* (Hrsg.), Documents, 1952, S. 244. Siehe auch FO 371/106 524/NS 1021/3, Dixon an Eden, 29. 12. 51; NS 1021/5, William D. Allen an Northern Department, 2. 1. 1953; NA: 761.11/1–853, Lyon, Berlin, an Dulles Nr. 1016, 8. 1. 1953; ebd., 611.61/1–2653, Berichte zweier Zeitungen in Costa Rica, La Prensa und La Republica, über ein mögliches Treffen von Stalin und Eisenhower, 27. 1. 1953.

15 FO 371/106 537/NS 1071/32/6, Aktennotiz Roberts an Mason, 23. 3. 1953.

show no indication of thinking that a settlement on Germany, on terms satisfactory to themselves, is likely to be attained in the near future.«[16]

Anfang 1953 befanden sich Churchill und das Foreign Office einschließlich des Außenministers im großen und ganzen noch in Übereinstimmung.[17] Sir Alvary Gascoigne, der britische Botschafter in Moskau, hatte Ende Dezember 1952 geschrieben, die UdSSR scheine sich damit zufrieden zu geben, die Schwierigkeiten des Westens bei der Ratifizierung des Bonner Generalvertrages zu beobachten. Es sei derzeit ausgeschlossen, »that we should gain anything by attempting to start high level talks«.[18] Eden antwortete, diese Einschätzung der sowjetischen Politik »corresponds exactly with our own thoughts here«. Stalins primäres, wenn nicht einziges Ziel sei »propaganda to confuse and divide western opinion and embarrass the new American Administration«.

It is conceivable, I suppose, that Stalin would actually like to meet Eisenhower, whether out of curiosity or because he still cherishes a hope of throwing Western policy back into the melting pot. But we are no more able than you to see any basis in Soviet policy for fruitful talks at the moment, and I entirely agree with you that we must not let ourselves be hustled into any premature meeting.[19]

Die Diplomaten Frank Roberts und Paul Mason wiesen in diesem Zusammenhang darauf hin, daß ihnen die politische Naivität Eisenhowers bereits 1945 aufgefallen sei.[20] Beiden mißfiel daneben auch das Engagement des State Department und seines Sowjetexperten Charles Bohlen für ein bi- oder trilaterales Treffen mit Stalin.[21] Das State Department zeigte sich unterdessen verwundert, daß Churchill in den Gesprächen mit Eisenhower seine Meinung über ein Treffen mit Stalin geändert hatte. War seine vage Antwort taktischer Natur gewesen, weil er glaubte, »that he might be left out«, oder fürchtete er, nur eine unterge-

16 NS 1071/30/6, Brief von Paul Mason, FO, an Christopher Steel, Botschaft Washington, 3.2.1953. Siehe auch FO 371/106 524/NS 1021/19/G, Joint Services Staff College, »Basic Factors in Soviet Policy. The Communist State in Theory and Practise«, Teil 2, ii und iii, ca. 27.2./30.3.1953.

17 Allerdings hatte das Russia Committee des Foreign Office der Äußerung Churchills, die von Moskau ausgehende Kriegsgefahr sei zurückgegangen nicht zugestimmt. Vgl. FO 371/106 524/NS 1021/11, Aktennotiz Roberts an Mason, 19.1.1953.

18 NS 1021/8, Brief von Gascoigne, Moskau, an Eden, 23.12.1952.

19 Ebd., Brief von Eden an Gascoigne, 12.1.1953.

20 FO 371/106 537/NS 1071/30/6, Brief von Mason, FO, an Christopher Steel, Botschaft Washington, 3.2.1953.

21 Insbesondere mißtrauten sie der Motivation Bohlens. »We cannot help a slight suspicion ... that Bohlen may be canvassing these views to make his mark with the new Administration, in the knowledge that they will want to produce a Soviet policy with a new look.« Eden kommentierte: »I have no confidence in Mr. Bohlen...« (ebd.); zu den Ansichten des State Department, siehe auch Kap. III.2.

ordnete Rolle spielen zu können? Ungläubig fragte Bohlen: »Or had Mr. Churchill really changed his judgement on this?«[22] Aufgrund von Churchills Einwänden erwähnte Eisenhower in seiner Inaugurationsrede am 20. Januar 1953 tatsächlich nicht seine Reflexionen über ein bilaterales Treffen mit Stalin. Einen Monat später, während einer Pressekonferenz am 25. Februar, konnte er sich aber dann nicht mehr zurückhalten. Auf die Frage eines Journalisten antwortete er: »I would meet anybody anywhere, where I thought there was the slightest chance of doing any good, as long as it was in keeping with what the American people expect of their Chief Executive ... because this business of defending freedom is a big job.«[23]

Was die Amerikaner aber von ihrem Präsidenten erwarteten, wurde natürlich von diesem selbst entschieden. Eisenhower glaubte jedenfalls, die amerikanischen Bürger wünschten ein solches Treffen an einem »suitable spot, let's say halfway between« nur dann, wenn mit hoher Wahrscheinlichkeit konkrete Ergebnisse erzielt werden könnten.[24] Nachdem Eisenhower in zahlreichen Äußerungen vor und nach den Wahlen und mit seiner Reise zum Kriegsschauplatz in Korea immer wieder darauf hingewiesen hatte, ein Ende des Koreakrieges sei Voraussetzung für eine Verbesserung der Ost-West-Beziehungen, war klar, worin diese konkreten Ergebnisse zu bestehen hatten. Statt die Beendigung des Koreakrieges zum Thema eines solchen Treffens zu machen, verlangten die USA, daß sich die Sowjetunion schon vor dem Zustandekommen einer Konferenz dazu bereit erklärte, den Krieg zu beenden. Andernfalls würde es nicht zu einem Treffen zwischen Stalin und Eisenhower kommen. Da von Moskau aber kaum die Bereitschaft zu erwarten war, sich auf ein Diktat der USA einzulassen und Eisenhower dies wohl auch genau wußte, ist zu schließen, daß der Präsident zwar an dem Propagandaeffekt eines solchen Vorschlags, nicht aber an einer Gipfelkonferenz mit Stalin interessiert war.[25] Churchills Enttäuschung über die Gespräche in Washington wird verständlich. Die neue Administration schien bei dem Versuch, den Kalten Krieg zu überwinden, genauso unbeweglich zu sein, wie es die Regierung Truman bei Churchills Besuch zwölf Monate zuvor gewesen war. Die Hoffnungen des Premierministers, mit Moskau zu einem entspannten *Modus vivendi* zu kommen, wurden also nur sehr kurzfristig durch die Wahl

22 Ebd.

23 FRUS 1952–54, Bd. 8, S. 1079 (Editorial Note); *Dwight D. Eisenhower*, Public Papers of the President of the US, 1953, S. 69f. Siehe auch PREM 11/422.

24 Zitat: FRUS, ebd. Vgl. *Foschepoth*, Churchill, S. 1287.

25 Siehe dazu auch die folgenden Kapitel. Eisenhowers enger Mitarbeiter Sherman Adams berichtet in seinen Memoiren: »Eisenhower never felt that he would be able to negotiate successfully with Stalin.« Vgl. *Sherman Adams*, First-Hand Report. The Inside Story of the Eisenhower-Administration, London 1961, S. 96.

Präsident Eisenhowers geschürt.[26] Zwar reagierte Churchill auf Eisenhowers Pressekonferenz vom 25. Februar, indem er im House of Commons noch zwei Tage vor dem Schlaganfall des sowjetischen Diktators deutlich machte, er sei jederzeit zu einem Treffen mit Stalin und Eisenhower bereit.[27] Aber erst die Bekanntgabe des Todes Stalins schien ihm wider Erwarten vielleicht doch noch ein dauerhaftes »settlement« mit der Sowjetunion in den Bereich des Möglichen gerückt zu haben.[28] Am Tag nach Stalins Tod vertraute Lord Moran, Churchills Leibarzt, seinem Tagebuch an: »The P. M. feels that Stalin's death may lead to a relaxation in tension. It is an opportunity that will not recur.«[29] Während des Besuchs von Churchill in Washington Anfang 1953 war bereits über die Möglichkeit von Stalins Tod gesprochen worden. Den Notizen eines während einer Dinner Party anwesenden britischen Offiziers ist jedoch zu entnehmen, daß Stalins mögliche Nachfolger im Westen schon alleine wegen der Schwierigkeit, sie richtig einschätzen zu können, große Skepsis entgegengebracht wurde.

There was unanimous agreement that we were better off with Stalin alive than dead. The ›young hotheads‹ might prove a much worse set in their scrambles for power (Dean Acheson, next whom I was sitting, questioned in an aside who ›these young hotheads of 60‹ might be). Bedell [Smith] ... said that the succession would probably take the form of a triumvirate – Malenkov, Molotoff [sic!] and Beria, with the first possibly coming out on top but probably not for some years.[30]

2. Stalins Tod, Malenkows Aufstieg und Eisenhowers Offensive

Stalin starb am 5. März 1953. Bereits einen Tag zuvor, als der Kreml das erste Kommuniqué über Stalins ernste Erkrankung veröffentlichte, drückte Jacob Beam, der amerikanische Chargé d'Affaires in Moskau,[31] die Meinung aus, Sta-

26 Die britische Haltung gegenüber Eisenhowers Vorstoß konnte im besten Fall noch als »wary skepticism« bezeichnet werden. NA: 611.61/3–353, Holmes, US-Botschaft London, an State Department Nr. 4896, 3. 3. 1953.

27 *Churchill*, Oral Answers, World Peace (Mr. Eisenhower's Statement), in: H. C., Parl. Deb., 5th series, Bd. 512, 2. 3. 1953, Sp. 18 f.

28 Vgl. *Young*, Cold War, S. 59.

29 *Moran*, S. 403: Tagebucheintrag, 7. 3. 1953. Siehe auch zur Reaktion auf Stalins Tod, das Tagebuch des ehemaligen britischen Permanent Under-Secretary Cadogan, Eintrag vom 6. 3. 1953. Churchill College, Cambridge: Cadogan Papers, 1/24, Diary 1953.

30 Liddell-Hart-Archive, London: Elliot Papers, 5/1/55 a, Bericht über eine Dinner Party, die Botschafter Makins für Churchill am Tag seiner Ankunft in Washington gab.

31 Die USA waren im Frühjahr 1953 nicht durch einen Botschafter in Moskau vertreten. George Kennan war im September 1952 zur *persona non grata* erklärt worden und die Nominierung seines designierten Nachfolgers Charles Bohlen wurde noch immer vom Senat erörtert. Vgl. FRUS 1952–54, Bd. 8, S. 1082 f., 1130 f.; *George F. Kennan*,

lins Schlaganfall habe die sowjetische Regierung völlig überrascht. Er neigte dazu, »to see the picture as one of confusion, uncertainty, and temporary restraint in [the] ruling group«.[32] Das State Department stimmte Beam im wesentlichen zu und arbeitete noch am gleichen Tag ein »Intelligence Estimate« mit dem Titel »Implications of Stalin's Collapse« aus.[33] Die Sowjetexperten kamen zu dem Schluß, Stalins Erben würden sicherlich »a tremendous readjustment problem« haben, doch sei der zu erwartende Kampf um die Nachfolge wohl nicht »of a nature to disrupt the regime«.[34] Was die Aussagen über die Substanz der künftigen Politik Moskaus betraf, sollte sich das Memorandum des State Department als wenig weitsichtig entpuppen. Die Diplomaten erwarteten keinerlei Veränderungen in der sowjetischen Innen- und Außenpolitik nach Stalins Tod. Stattdessen gingen sie von der weiteren »unremitting hostility« Moskaus gegenüber dem Westen aus sowie von einer »continued ›hard‹ Soviet policy on Korea, Germany, and all other outstanding issues between East and West«. Stalins Zöglinge würden es in der unmittelbaren Zukunft keinesfalls wagen, die sowjetische Außenpolitik zu ändern und so die Autorität des toten Diktators anzugreifen. Sie müßten befürchten, damit zur Instabilität in der Sowjetunion beizutragen.[35] Die Eisenhower-Regierung ging daher schon vor Stalins Tod davon aus, daß Moskau kein Interesse daran haben konnte, eine Wende in der Weltpolitik herbeizuführen. Stattdessen wurde allgemein angenommen, die neue Führung im Kreml sei froh, wenn der Westen sie für eine Zeitlang in Ruhe lasse. Sie werde nichts unternehmen, was die USA zu unangenehmen Reak-

Memoirs, 1950–1963, Boston 1972, S. 145–67, 168ff.; *Bohlen*, S. 309–36; *Eisenhower*, Mandate, S. 212f. In seinen Memoiren zeichnet Bohlen ein sehr positives Bild von dem sich seit Mitte Dezember 1952 in Moskau befindenden Beam: »He [Beam] had not been in Moscow very long, but he was an astute observer and had kept Washington fully informed of the period when Stalin was ill and of events following the dictator's death. I had been impressed by Beam's telegrams ... and hoped to retain him as counsellor...« (*Bohlen*, S. 338). Beglingers Aussage, daß die Nichtanwesenheit eines amerikanischen Botschafters in Moskau, »eine adäquate Perzeption der Lage vor und nach Stalins Tod« schwierig gestaltet habe, ist also kaum haltbar. Vgl. *Martin Beglinger*, »Containment« im Wandel. Die amerikanische Außen- und Sicherheitspolitik im Übergang von Truman zu Eisenhower, Stuttgart 1988, S. 83. Vgl. auch die Memoiren von *Jacob Beam*, Multiple Exposure. An American Ambassador's Unique Perspective on East-West Issues, New York 1978, S. 28ff.

32 FRUS, ebd., S. 1084: Beam an Department of State, 4.3.1953.

33 Vgl. zu den amerikanischen National Intelligence Estimates: *Stephen E. Ambrose* mit *Richard H. Immerman*, Ike's Spies. Eisenhower and the Espionage Establishment, Garden City/NY. 1981, S. 252–64; FRUS, ebd., S. 1086, Anm. 1.

34 Vgl. FRUS, S. 1086–89: Department of State Intelligence Estimate, 4.3.1953, Zitate: S. 1086, 1088.

35 Ebd., S. 1089f.

tionen veranlassen könnte. Die Administration erwartete, daß die neuen Machthaber zuerst die durch Stalins Tod aufgewühlte sowjetische Bevölkerung beruhigen und ihre Macht konsolidieren wollten. Dies konnte aber nicht im Interesse der USA liegen. Für die amerikanische Regierung schien die Gelegenheit gekommen zu sein, durch eine überraschende politische Offensive die Initiative an sich zu reißen, der neuen Führung dadurch auch innenpolitisch das Leben schwer zu machen und so eine vielleicht entscheidende Schlacht im Kalten Krieg zu gewinnen.

Die soeben skizzierte Strategie der amerikanischen Regierung deutete sich erstmals während der Sitzung des National Security Council (NSC) am Morgen des 4. März an.[36] Während der Sitzung wurde Eisenhowers Wunsch deutlich, »to see whether and in what way the announcement of Stalin's illness could best be exploited for psychological purposes«. Er war der Meinung, der Moment sei gekommen, »for introducing the right word directly into the Soviet Union ... it would be possible on this occasion to penetrate the Iron Curtain«. Ganz überflüssigerweise fügte Eisenhower hinzu, »that this was a psychological and not a diplomatic move«.[37] Der Präsident erwähnte dagegen mit keinem Wort die Absicht, ein Ende des Kalten Krieges herbeizuführen oder eine allgemeine Periode der Entspannung einzuläuten. Eisenhower wünschte eine direkt an die sowjetische Bevölkerung gerichtete Stellungnahme zu dem Ereignis in Moskau abzugeben. C. D. Jackson, der kürzlich ernannte »Special Assistant for Cold War Operations«,[38] erachtete solch eine Initiative als eine hervorragende Idee. Schließlich sei die augenblickliche Situation »the first really big propaganda opportunity offered to our side for a long time ... to stress our devotion to peace«.[39]

Die meisten Mitglieder des NSC stimmten mit dieser Ansicht überein. Überraschenderweise zögerten jedoch die Männer, die im allgemeinen als die Falken der Eisenhower-Administration angesehen wurden; sie riefen zu größerer Vorsicht auf. Verteidigungsminister Wilson fürchtete, ein direkter Appell an die Bevölkerung der UdSSR, über die Köpfe der sowjetischen Regierung hinweg, könnte leicht als »an appeal ... to overthrow their masters« interpretiert werden

36 Ebd., S. 1091–95: Memorandum der Diskussion während der 135. NSC-Sitzung vom 4. 3. 1953.

37 Ebd., S. 1091.

38 Jackson, ein Journalist des *Time Magazine*, hatte das Amt erst seit drei Wochen inne, doch er hatte Eisenhower bereits während des Zweiten Weltkrieges in psychologischen Kriegführungsfragen beraten. Zu C. D. Jackson, siehe *Blanche Wiesen Cook*, The Declassified Eisenhower: A Divided Legacy of Peace and Political Warfare, Garden City/NY. 1981, S. 73, 120–34; *dies.,* First Comes the Lie. C. D. Jackson and Political Warfare, in: Radical History Review 31 (1984), S. 42ff.; und *Henry W. Brands*, Cold Warriors. Eisenhower's Generation and American Foreign Policy, New York 1988, S. 117–37.

39 FRUS 1952–54, Bd. 8, S. 109f. Zitat: S. 1092.

und diese Art von Politik habe sich bereits in der Vergangenheit nicht bewährt. Außenminister John Foster Dulles schloß sich dem voller Überzeugung an. Er betrachtete das ganze Unternehmen als ein riskantes Spiel, bei dem die USA eher verlieren als gewinnen konnten.[40] Dulles und Wilson beschränkten sich aber im wesentlichen darauf, angesichts der neuen Situation zu größerer Vorsicht bei der Anwendung von psychologischen Kriegführungstaktiken zu raten.[41] Sie schlugen nicht vor, bzw. wagten angesichts von Eisenhowers Enthusiasmus nicht, das ganze Unternehmen aufzugeben.[42] Die Mehrheit des NSC mißachtete jedoch ihre Warnungen zu größerer Behutsamkeit.

Trotz Eisenhowers vorausgegangenen internen Absichtserklärungen war die kurze Botschaft des Präsidenten recht harmlos und keinesfalls in aggressive Worte gekleidet.[43] Die Wirkung auf die sowjetische Bevölkerung scheint sehr gering gewesen zu sein; jedenfalls wußte die Presse nichts Aufsehenerregendes in dieser Sache zu berichten.[44] Nicht so sehr der recht belanglose Inhalt von Eisenhowers Stellungnahme gibt ihr eine gewisse Wichtigkeit, sondern die Tatsache, daß sie der Beginn der politischen Kriegführung der neuen amerikanischen Administration darstellte und als solche auch vom NSC gesehen wurde. Durch sie war zudem bereits eine erste Spaltung der Berater Eisenhowers herbeigeführt worden: die Anhänger der psychologischen Kriegführung, besonders Eisenhower und C.D. Jackson, standen Wilson und Dulles mit den meisten leitenden Mitarbeitern des State Department gegenüber.[45]

40 Ebd. S. 1092. Vgl. auch *Brands*, S. 19, 123. *Beglinger*, S. 83, zählt Wilson unverständlicherweise zu der Gruppe, die sich um Jacksons Vorschläge scharte. Auch die Aussage von Adams, S. 96, verzerrt die Sachlage: »Eisenhower agreed with Dulles and Jackson that the psychological time had arrived ... to deliver a major speech.«

41 Vgl. FRUS, S. 1092. Im folgenden wird der zeitgenösischen Terminologie gefolgt und nicht zwischen psychological und political warfare unterschieden.

42 *Emmet Hughes*, The Ordeal of Power. A Political Memoir of the Eisenhower Years, London 1963, S. 110, erwähnt beispielsweise, wenn auch mit Bezug auf die Vorbereitung der Rede am 16. April »delicately muted opposition«; »the watchful, not too aggressive, opposition of Dulles« (S. 109), welches das vorsichtige, auch manchmal opportunistische Verhalten Dulles' gegenüber Eisenhower in dieser Angelegenheit sehr gut charakterisiert. Siehe auch *Townshend Hoopes*, The Devil and John Foster Dulles, Boston 1973, S. 171; *Paul Nitze*, From Hiroshima to Glasnost. At the Centre of Decision – A Memoir, London 1989, S. 144.

43 Vgl. FRUS 1952–54, Bd. 8, S. 1092. Die Botschaft Eisenhowers ist abgedr. in: ebd., S. 1085; und in *Eisenhower*, Public Papers, 1953, S. 75.

44 Vgl. The Times, London, 5. bis 7. März 1953.

45 Aus dem Protokoll der erwähnten NSC-Sitzung wird deutlich, daß Secretary of the Treasury Humphrey und, wenn man Schweigen als Zustimmung nimmt, auch National Security Adviser Robert Cutler mit Eisenhowers Meinung übereinstimmten. Aus anderen Dokumenten geht zudem hervor, daß Vizepräsident Nixon und CIA-Direktor Allen Dulles ebenfalls Eisenhowers und Jacksons Offensive unterstützten. In seinen Memoiren berichtet Bohlen, daß Dulles ihm Eisenhowers Stellungnahme kurz

Während die Meinungen innerhalb der Administration über die Taktik, die Stalins Nachfolgern gegenüber einzuschlagen war, auseinandergingen, so herrschte doch innerhalb des NSC weitgehende Übereinstimmung in der Einschätzung der künftigen Politik der neuen Kremlherren. Die im »Intelligence Estimate« des State Department wiedergegebenen Beurteilungen wurden zurückgewiesen. Vizepräsident Nixon befürchtete, der Kreml könnte mit einer allgemeinen Friedenskampagne beginnen. Dies würde unweigerlich negative Auswirkungen auf die öffentliche Meinung in den USA und Europa haben. Daneben bestand die Gefahr, daß der Kongreß, der ohnehin auf die Reduzierung der amerikanischen Militärausgaben drängte, darauf noch unnachgiebiger beharren würde. Nixon erklärte, »[that] congress should be warned that Stalin's successor might very well prove more difficult to deal with than Stalin himself«. Diesmal stimmten Eisenhower und Dulles in der Bejahung dieser Aussage überein.[46] Der NSC instruierte den CIA, eine neue Einschätzung der Auswirkungen von Stalins Tod auszuarbeiten und forderte sowohl das State Department als auch C. D. Jackson auf, bis zum 9. März Vorschläge für die weitere Vorgehensweise der Regierung zu unterbreiten.[47]

Jackson empfahl schon kurz darauf, eine »Message to the Soviet Government and the Russian Peoples« anzufertigen. Diese sollte der Präsident in Form einer dramatischen Rede am Tage nach Stalins Beisetzung übermitteln, um maximale Aufmerksamkeit zu erzielen. Er glaubte, eine mögliche sowjetische Friedensoffensive, deren Auswirkungen auf die Ratifizierung der EVG durch die ohnehin zögernden europäischen Regierungen nicht abzusehen war, könnte so verhindert werden. Walt Rostow, ein Mitglied der von Jackson und George Morgan geleiteten »ad hoc group of government experts in ›psychological warfare‹«, entwarf am 6. März eine erste Redefassung mit dem Ziel »to remake eight years of bad [Truman] history«.[48]

In dem Entwurf schlug Rostow eine Viermächtekonferenz der Außenminister oder Regierungschefs vor. Die Konferenz sollte einen Vertrag über die allgemei-

gezeigt habe. Bohlen bekennt: »I thought it was a good statement.« Dies ist angesichts seiner weiter unten dargelegten kritischen Haltung schwer zu glauben. Es ist wohl nur dadurch erklärbar, daß Bohlen nicht an der NSC-Sitzung teilgenommen hatte, also Eisenhowers Intentionen nicht kannte und die Stellungnahme nur aufgrund ihres in der Tat harmlosen Inhalts beurteilte. Vgl. *Bohlen*, S. 321.

46 Nixons Charakterisierung der Gefahr, die durch die neue sowjetische Führung drohe, sollte bald von zahlreichen Politikern in nahezu allen westlichen Hauptstädten geteilt werden. Vgl. FRUS 1952–54, Bd. 8, S. 1093.

47 Vgl. ebd., S. 1094. Siehe auch *Rostow*, S. 103 f. (»Extracts from the Author's Notes on the Origin of the President's Speech of April 16, 1953«: S. 102–10; dieses Dokument ist auch abgedr. in: FRUS, ebd., S. 1173–83; im folgenden wird aber nach dem Abdruck in Rostows Buch zitiert).

48 Zitate: *Hughes*, S. 101; *Rostow*, S. 87. George Morgan war der Direktor des Policy Planning Board (PSB).

ne Rüstungskontrolle ausarbeiten und einen Konsensus über die notwendigen speziellen Sicherheitsabkommen für Europa finden, damit die Teilung Deutschlands auf der Basis der Abhaltung von freien Wahlen überwunden werden könnte. Gleichzeitig sollte versucht werden, das österreichische Problem zu lösen. Derartige Fortschritte waren Rostows Entwurf zufolge jedoch nur nach einer Beendigung des Koreakrieges möglich.[49] Rostow erwähnte in seinem Redeplan auch, die USA seien bereit, »to enlarge its contribution to the development of underdeveloped areas«, falls es der Viermächtekonferenz gelingen sollte, das Rüstungswettrennen einzuschränken. Er hoffte gar, solch eine Rede »[would] develop an attractiveness equivalent to the Marshall Plan«. Allerdings machte der Entwurf deutlich, daß, solange keine alternativen Maßnahmen der kollektiven Sicherheit gefunden worden waren, die USA den Ausbau ihrer Militärmacht weiterhin fortsetzen würden.[50]

Wie selbst die nachträglichen, Jackson sehr wohl gesonnenen Aufzeichnungen Rostows deutlich machen, waren dessen Vorstellungen über den Zusammenhang zwischen einer Viermächtekonferenz und der Ratifizierung der EVG sehr undurchsichtig und konfus.[51] Das State Department lehnte ein »summit« hauptsächlich mit der Begründung ab, daß ansonsten die Europäer, insbesondere Frankreich, nicht mit dem Ratifizierungsprozeß der EVG fortfahren, sondern die Ergebnisse eines Gipfeltreffens abwarten würden. Die Franzosen hegten zweifellos die Hoffnung, die deutsche Wiederbewaffnung könnte sich durch ein »settlement« mit der UdSSR als überflüssig herausstellen. Jackson fürchtete nun zu Recht, daß der Versuch der USA, Ost-West-Verhandlungen zu vermeiden, die Ratifizierungsschwierigkeiten der EVG erhöhen würde. Er argumentierte jedoch wenig überzeugend, daß eine amerikanische Initiative, aktiv ein »summit« anzuregen, die Bereitschaft der Verbündeten maximieren könnte, den EVG-Vertrag zu ratifizieren. Er nahm an, daß sie mit einer bereits gegründeten Europaarmee in diese Verhandlungen eintreten wollten.[52]

Jackson's appreciation was not that a negotiation was likely to succeed, but, rather, that it might unite the Free World around a position which would make EDC a necessary and logical step, not negatively to oppose the USSR but positively to move towards a European settlement.[53]

Wie allerdings ein »settlement« aussehen sollte, das Moskau nicht als gegen sich gerichtet ansehen würde, obwohl es auf der Basis einer gescheiterten Gipfelkon-

49 Der erste Entwurf der Rede (geschrieben in der Nacht des 6. März 1953), einschließlich eines Anhangs (»supporting statement«) ist abgedr. in: *Rostow*, S. 84–90.

50 Zitate: ebd., S. 87, 90.

51 Vgl. dazu ebd., S. 109f., 44f.

52 Vgl. ebd., S. 109; auch PUA: John Foster Dulles Papers, Selected Correspondence, Box 71, Brief von Jackson an Dulles, 16.4.1953.

53 *Rostow*, S. 110.

ferenz und der ratifizierten EVG beruhte, blieb mehr als rätselhaft. Unwahrscheinlich war zudem, daß das französische und das westdeutsche Parlament, die EVG ratifizieren würden, wenn sie die auch noch so trügerische Hoffnung hatten, den Kalten Krieg mittels eines »summit« in Kürze beilegen zu können. Daß die Experten des State Department nicht in der Lage waren, »[to] appreciate this view«, sondern Jacksons Initiative als »simply an uninformed gesture which failed to understand the key importance of EDC« ansahen, war nicht weiter überraschend.[54]

In dem ersten Redeentwurf betonte Rostow, es sei wichtig, die Rede des Präsidenten den sowjetischen Satellitenstaaten mit »high-seriousness« und einem »straight face« zu übermitteln.[55] Vielleicht hatten Rostow und sein Vorgesetzter Jackson selbst Zweifel an dem Inhalt des Redeentwurfs, der schließlich nichts Neues enthielt. Fast alle in der Rede enthaltenen Vorschläge waren in der ein oder anderen Form bereits seit Jahren vertreten worden. Dies war zumindest die Ansicht des Direktors des Policy Planning Staff (PPS), Paul Nitze, der offen erklärte, »that there was very little new in the plan and therefore that it amounted largely to a propaganda move«.[56] Daß es tatsächlich primär um Propaganda und psychologische Kriegführung ging, wurde intern auch von C. D. Jackson nicht verschwiegen. Als er den Redeentwurf George Morgan zeigte, erklärte Jackson, »[that the] opening gun in the political warfare campaign would be a Presidential statement of some sort«.[57] Das Ziel, eine allgemeine Entspannung und ein Ende des Kalten Krieges zu erreichen, scheint Jackson nicht sonderlich beschäftigt zu haben. Dies wurde nun auch den anderen Beratern Eisenhowers bewußt. Jackson, Eisenhowers Redenschreiber Emmet Hughes, Paul Nitze und Charles Bohlen, Counsellor im State Department und designierter Botschafter in Moskau, besprachen den Redeentwurf noch am gleichen Tag.[58] Das zentrale Problem wurde im Laufe der Diskussion von Hughes erkannt. Er wies treffend darauf hin, daß der Inhalt der Rede nicht zuletzt davon abhinge, an welchen Adressatenkreis sie gerichtet sei und welche Ziele mit ihr erreicht werden sollten. Hughes fragte: »Will it be aimed at Soviet satellites, to stir their insurrection? Or quite the contrary: will it be aimed, over their bowed heads, to Moscow, to bring the Soviets into a field of East-West negotiation? It cannot aspire to both.«[59]

Einen ähnlich zweifelnd-kritischen Standpunkt nahm Charles Bohlen ein. In einem Memorandum vom 7. März bat er das State Department, zu beachten, daß die Vereinigten Staaten zwar in einem gewissen Maße die Entwicklung von antisowjetischen Aufständen in China und Osteuropa steuern könnten, »[but]

54 Zit. nach ebd.
55 Ebd., S. 90.
56 Nitze in einem Memorandum an Dulles, 19. 3. 1953; abgedr. in: ebd., S. 140f.
57 Ebd., S. 105.
58 Vgl. ebd., S. 3–5.
59 *Hughes*, S. 102.

we cannot instigate them in the first instance«. Bohlen empfahl der Administration, sich vor dem Beginn einer psychologischen Kriegführungskampagne darüber im klaren zu sein, was mit einer solchen Politik erreicht werden solle. Habe die Regierung die Absicht, das sowjetische Regime zu stürzen, oder sei sie gewillt, »to reach even a temporary modus vivendi which would be more satisfactory than the present situation?«. Bohlen befürwortete eindeutig letzteren Kurs. Er machte den Vorschlag, daß der Westen – um die neuen Machthaber zu testen – die Sowjetunion mit einer im Vergleich zur Regierungszeit Stalins völlig neuen politischen und diplomatischen Situation konfrontieren sollte. Bohlen zog die Schlußfolgerung: »[A] suggestion of this nature might be the one for a meeting of the four Foreign Ministers for general discussion without an agenda and for a strictly limited period of time to exchange views.«[60]

3. Die britische Strategie

Bohlens Vorschlag war nicht mit der Idee Jacksons identisch, der schließlich als Vorbedingung für die Konferenz eine genau festgelegte Tagesordnung und einen Waffenstillstand im Koreakrieg verlangte. Dagegen bestand eine gewisse Übereinstimmung mit den Vorschlägen Churchills, die dieser bereits seit dem Ende des Weltkrieges unterbreitet hatte, um zu einem friedlichen Arrangement mit Moskau zu kommen. Die amerikanische Botschaft hatte sich bereits unmittelbar nach Stalins Tod erkundigt, ob London nun eine Gipfelkonferenz mit der UdSSR befürworte. Die britischen Beamten teilten ihren amerikanischen Kollegen zurückhaltend mit, »[that] the Prime Minister would undoubtedly be ›itching‹ for such a meeting, that it might well offer advantageous possibilities but that it should not ... be allowed to lead us into any ›provocative‹ steps«.[61] Deputy Under-Secretary Frank Roberts betonte: »Our policies should be firm without being provocative.«[62] Diese Empfehlungen waren charakteristisch für die Reaktion des Foreign Office auf Stalins Tod. Die britischen Diplomaten waren wie das State Department der Meinung, das Ableben des Diktators »might shake both governing apparatus and country as a whole«; in Kürze

60 FRUS 1952–54, Bd. 8, S. 1101 f.: Memorandum Bohlen, 7. 3. 1953.

61 NA: 741.00/3–653, Holmes, US-Botschaft London, an State Department Nr. 4964, 6. 3. 1953. Siehe auch ebd., 741.00/2–2653 Nr. 4808, 26. 2. 1953.

62 FO 371/106 509/NS 1015/18, Roberts an Mason über sein Gespräch mit Cyrus Sulzberger von der New York Times, 5. 3. 1953. Zu der Einstellung von *Frank Roberts*, vgl. seine Memoiren: Dealing with Dictators. The Destruction and Revival of Europe, 1930–70, London 1991, S. 165–68; sowie die Ausführungen von Roberts in *Larres* (Hrsg.), S. 314–16.

könnten durchaus ernste Spannungen im Kreml zutage treten.[63] Im Unterschied zu manchen Mitarbeitern der amerikanischen Administration wiesen die Briten aber darauf hin, daß die Situation auf jeden Fall durch ›the greatest caution on part of [the] West‹ entschärft werden müsse. Stalins Tod habe eine Welle des Patriotismus in der Sowjetunion hervorgerufen und könne zu unvorhersehbaren politischen Handlungen der neuen Machthaber führen, an deren Spitze sie Molotow erwarteten. Der Westen müsse sich bewußt sein, daß in der derzeitigen Situation die Gefahr der Fehlkalkulation auf beiden Seiten bestehe.[64] Der britische Botschafter in Moskau, Sir Alvary Gascoigne, schien eine Vorstellung davon zu haben, was seit einigen Tagen in der amerikanischen Regierung diskutiert wurde. Er warnte das Foreign Office: »My particular fear at this moment is that elements of the US Government may toy to replace our present policy of containment by a more forward and positive one in arguing that this is the moment to deal with Russia when the stability of her political situation has been impaired.«[65]

Ende Februar 1953 faßte der neue amerikanische Botschafter in London, Winthrop Aldrich, die grundsätzlichen britischen Befürchtungen zusammen. Im Hinblick auf die für Anfang März angesetzten Gespräche mit Eden und Schatzkanzler Butler in Washington warnte er das State Department:

British are also apprehensive over suggestions and rumors that new administration may regard ›containment‹ as insufficient and may be embarking on stepped up psychological warfare and more ›positive and dynamic‹ policy towards Soviets ... they do fear we may act rashly and impulsively and thus heighten danger of war. They tend to regard possible ›get tough‹ policy in international field as complementary to measures taken domestically in US against CP, fellow travellers, etc.[66]

63 Vgl. *Cyrus L. Sulzberger*, A Long Row of Candles, Memoirs and Diaries, 1934–1954, New York 1969, S. 846f.: Tagebucheintrag, 4. 3. 1953, über ein Gespräch mit Frank Roberts.

64 FO 371/106 509/NS 1015/18, Roberts an Mason über ein Gespräch mit Sulzberger von der New York Times, 5. 3. 1953.

65 FO 371/106 515/NS 1010/2, Gascoigne, Moskau, an FO Nr. 122, 6. 3. 1953. London stand allen eventuellen psychologischen Kriegführungsoffensiven der Vereinigten Staaten ablehnend gegenüber. Den USA war dies auch bewußt. Zur Vorbereitung auf den Churchill/Eden-Besuch im Januar 1952 war in einem Memorandum bereits ausgedrückt worden: »The British will tend to question the necessity or desirability of political warfare operations. They are inclined to accept the present status quo in Eastern Europe and do not desire to engage in activities ... which might even provoke the Kremlin to acts of aggression.« Zit. nach *Carlton*, Eden, S. 331.

66 FRUS 1952–54, Bd. 6, S. 891: Aldrich an State Department, 26. 2. 1953. Die Gespräche fanden vom 4. bis 7. März statt. Siehe dazu ebd., S. 895–963; sowie PRO: FO 371/125 033/ZP 3/30/G. Bei den Gesprächen wurden hauptsächlich ökonomische Angelegenheiten und das Thema Ägypten behandelt.

In der Nacht vom 6. auf den 7. März begannen die Nachfolger des sowjetischen Diktators, Maßnahmen zur Beruhigung der Bevölkerung und zur Gewährleistung ihres eigenen Führungsanspruchs zu treffen. Harrison Salisbury, der westliche Korrespondent, der die wohl besten Schilderungen über die unmittelbare Zeit nach Stalins Tod lieferte, berichtete, ganz Moskau sei von MWD-Truppen (Polizeikräften des Innenministeriums) abgeriegelt und alle Straßen, die zum Roten Platz führten, seien gesperrt worden.[67] Echte Trauer, aber auch eine angespannte Stimmung der Erwartung und Angst breiteten sich in Moskau aus. Viele sowjetische Bürger befürchteten einen Angriff der USA und erwarteten blutige Kämpfe unter den Nachfolgern Stalins.[68] Der Kreml schien große Sorge zu haben, daß Stalins Tod die Bevölkerung dazu veranlassen könnte, die allgemeine Zukunftsangst und ihre Unzufriedenheit mit den materiellen Nöten im Land in einem spontanen Aufstand auszudrücken.[69] Daher enthielt bereits Stalins Nachruf vom 6. März einen Appell an die Bevölkerung, weiterhin die KPdSU und ihr Programm zu unterstützen. Die Partei, so wurde erklärt, werde sich künftig vor allem um »the further improvement of the material welfare of all sections of the population« bemühen und sich das Ziel setzen, »[to achieve] the maximum satisfaction of the constantly growing material and cultural requirements of the whole of society«.[70] Zum gleichen Zeitpunkt wurde auch über die Neuverteilung der Führungsämter im Kreml entschieden. Zur großen Überraschung Londons stellte Moskau mit der am 7. März veröffentlichten Liste – die erneut dazu aufrief »panic and bewilderment« zu vermeiden – in kürzester Zeit eine vollständige neue Regierungsmannschaft zusammen, »before he [Stalin] was even cold in his grave and by men whom we still have no reason to suppose they were not … anything but his devoted associates«.[71] Malenkow wurde Stalins Position als Ministerpräsident und Vorsitzender des Zentralkomitees (ZK) der Kommunistischen Partei übertragen. Bulganin wurde zum Verteidigungsminister und Berija zum Leiter des neuen Innenministeriums ernannt, das

67 *Harrison E. Salisbury*, Moscow Journal, Chicago 1962, S. 344f., 357f., 360f.; auch *Wolfgang Leonhard*, Kreml ohne Stalin, Köln 1963, S. 81f.; *G. D. Embree*, The Soviet Union between the 19th and 20th Party Congress, 1952–1956, Den Haag 1959, S. 28ff.

68 Vgl. *Beam*, S. 31; *Leonhard*, S. 81f.; *Salisbury*, S. 340–49.

69 Vgl. z. B. *Bohlen*, S. 341f.; *Embree*, S. 30; *Alec Nove*, Stalinism and After, London 1981, S. 117; *Adam Ulam*, The Rivals. America and Russia Since World War II, New York 1971, S. 197; *ders.*, A History of Soviet Russia, New York 1976, S. 217. In seinen Memoiren erklärt Bohlen, S. 336, daß nach Stalins Tod »Bolshevism was facing its greatest crisis since the Hitler attack of 1941«.

70 Zit. nach *RIIA* (Hrsg.), Documents on International Affairs, 1953, London 1956, S. 2. Vgl. auch ebd., S. 8. Siehe die Rede Berijas während der Beisetzung Stalins am 9. März, in: ebd., S. 140f.; vgl. auch *Embree*, S. 30.

71 FO 371/106 504/NS 1013/19, Paul Grey, Gesandter an der britischen Botschaft in Moskau, an FO Nr. 54 (erster Quartalsbericht für 1953), 8.4.1953.

sich aus den vormaligen Ämtern für Inneres und Sicherheit zusammensetzte.[72] Molotow übernahm wieder das Außenministerium.[73]

Das Foreign Office war davon überzeugt, die sowjetische Politik könnte sich nur unter einem Außenminister, der ein »man of calibre« sei, zum positiven verändern. Ob Molotow dieser Mann war, schien Gascoigne fraglich zu sein. Er sei schließlich »steadfastly anti-western and as stubborn as a mule«.[74] Insgesamt teilte der Botschafter dem Foreign Office über die neue Führungsmannschaft mit: »[they] ... are likely, I believe, to prove to be just as tough, ruthless and uncompromising as the former administration.«[75]

Durch Malenkows Position als Ministerpräsident und Vorsitzender des ZK war die Versuchung für westliche Politiker groß, ihn als potentiellen Alleinherrscher à la Stalin zu betrachten. Im Westen wurde Malenkow immer als irgendwie anders als die übrigen sowjetischen Politiker eingeschätzt. Paul Grey, zweiter Mann an der britischen Botschaft in Moskau, teilte Außenminister Eden etwa mit, Malenkow habe »a middle class upbringing which he conceals by wearing rather untidy party clothes«.[76] An dieser Überschätzung Malenkows änderte sich trotz seiner schon bald zunehmend sichtbar werdenden Entmachtung im Grunde bis zu seinem Sturz im Februar 1955 nichts. Die Erinnerung an die uneingeschränkte Herrschaft Stalins erwies sich als zu stark. Selbst 1955–56 wurde von manchen westlichen Politikern noch mit einem *comeback* Malenkows gerechnet.[77]

Während der mit »almost indecent haste« erfolgten Beisetzung Stalins am 9. März hielt der neue Ministerpräsident eine erste aufsehenerregende Rede, in der er bereits andeutete, daß Moskau zukünftig einen konzilianteren Kurs steuern würde. Gascoigne empfahl dennoch, zunächst eine »wait and see«-Haltung einzunehmen.[78] Der 78jährige Churchill war aber nicht gewillt, diesem Ratschlag zu folgen; die Zeit drohte ihm davonzulaufen. Seine durch den Tod Stalins wiedererweckte Hoffnung, doch noch einen Ausgleich mit der Sowjet-

72 Die Liste über die Neubesetzung der Regierungsämter ist abgedr. in: *RIIA* (Hrsg.), Documents, 1953, S. 3–7.

73 Sein Vorgänger Wyschinski wurde zum Vizeaußenminister und permanenten Leiter der sowjetischen UN-Delegation ernannt. Vgl. *RIIA* (Hrsg.), Documents, 1953, S. 5.

74 FO 371/106 504/NS 1013/19, Grey, Moskau, an FO Nr. 54, 8.4.1953.

75 FO 371/106 509/NS 1015/14, Gascoigne, Moskau, an FO Nr. 130, 9.3.1953.

76 FO 371/106 504/NS 1013/19, Grey, Moskau, an FO Nr. 54, 8.4.1953. *Salisbury*, S. 359, geht auch davon aus, daß Malenkow »of bourgeois origin« sei.

77 Vgl. zu der Überschätzung Malenkows z.B., FO 371/106 542/NS 1075/1, Gascoigne, Moskau, an FO Nr. 510, 11.7.1953.

78 Erstes Zitat: FO 371/106 504/NS 1013/19, Grey, Moskau, an FO Nr. 54, 8.4.1953. Zweites Zitat: FO 371 106 509/NS 1015/20, Gascoigne, Moskau, an Eden, 11.3.1953. Vgl. FRUS 1952–54, Bd. 8, S. 1105 f.: Beam an State Department, 9.3.1953, Bericht über die Beisetzung Stalins. Siehe auch *Beam*, S. 31–34; *Salisbury*, S. 347–49.

union zustande bringen zu können, war durch Malenkows Grabrede weiter bekräftigt worden. Die Gelegenheit mußte beim Schopf gepackt werden.

Dem Foreign Office wurde am 12. März 1953 bewußt, daß Churchill im Begriff war, seine während des Jahres 1952 eingenommene skeptische Einstellung gegenüber einem Treffen mit dem sowjetischen Regierungschef aufzugeben. Ursprünglich hatte Churchill auf die parlamentarische Anfrage des Abgeordneten Arthur Lewis, ob der Premierminister die Absicht habe, Eisenhower und Malenkow ein trilaterales Treffen vorzuschlagen, gemäß einem Entwurf des Außenministeriums antworten wollen, dies sei zur Zeit noch »premature«. Zuerst müsse abgewartet werden, ob eine solche Konferenz tatsächlich »a real contribution to solving some of the problems« des Ost-West-Konflikts machen könne. Das Foreign Office hatte also eine ähnliche Äußerung, wie Eisenhower sie anläßlich seiner Pressekonferenz am 25. Februar gegeben hatte, auch noch nach Stalins Tod für angemessen gehalten. Der Premierminister entschied sich nun stattdessen, eine weit weniger pessimistische Antwort zu geben, indem er andeutete, er sei dabei, seine Haltung zu überdenken: »If I am not able to give an answer to this question today I hope that the House will not assume that these issues are not regarded as of the highest importance at the present time.«[79]

Einen Tag zuvor, am 11. März, hatte Churchill bereits einen entsprechenden Brief an Eisenhower geschrieben, doch dürften dies die meisten leitenden Mitarbeiter des Außenministeriums nicht gewußt haben. Churchill bezog sich auf sein Gespräch mit dem Präsidenten Anfang Januar, dem er entnommen habe, daß Eisenhower ein bilaterales Treffen der USA oder Großbritanniens mit Stalin einem multilateralen vorziehe. Der Premierminister fragte, ob der Präsident immer noch dieser Meinung sei, »now that the personalities are altered«, oder ob jetzt die »possibility of collective action« bestehe. Churchill drückte die Hoffnung aus, es sei nun im Kalten Krieg an der Zeit, »to turn over a leaf«.[80] Eisenhower, der Frank Roberts zufolge »horrified« war,[81] antwortete noch am gleichen Tag. Er schrieb, grundsätzlich sei vielleicht eine gemeinsame angloamerikanische Aktion angebracht. Derzeit aber bezweifle er, ob »a formal multilateral meeting« Sinn mache, da dies Moskau erneut die Gelegenheit geben würde, jeden ernsthaften Entspannungsversuch des Westens zu unterlaufen und eine Konferenz lediglich als »propaganda mill« zu benutzen. Er erklärte, daß die amerikanischen Experten sich bereits seit mehreren Tagen mit einer angemesse-

79 FO 371/106 537/NS 1071/22, 12.3.1953. Siehe auch *Churchill*, Oral Answers, Three-Power Talks, in: H.C., Parl. Deb., 5th series, Bd. 512, 12.3.1953, Sp. 1502. *Glees*, S. 30, schreibt: »Churchill, by 12 April 1953, had resolved to exploit what was obviously a major change in Soviet affairs.« Dies ist natürlich unhaltbar. Diese Entscheidung hatte Churchill schon mindestens einen Monat zuvor getroffen.

80 *Boyle* (Hrsg.), S. 31: Churchill an Eisenhower, 11.3.1953. Siehe auch FRUS 1952–54, Bd. 8, S. 1115 f.

81 *Roberts*, S. 165.

nen Reaktion auf den Tod Stalins beschäftigten, aber bisher noch keine rechte Übereinstimmung erzielt hätten. »We are convinced that a move giving to the world some promise of hope, which will have the virtues of simplicity and concreteness, should be made quickly. A number of ideas have been advanced, but none of them has been completely acceptable.«[82]

4. Meinungsunterschiede in der amerikanischen Regierung

Eisenhowers Brief an Churchill drückte in recht euphemistischer Weise den zunehmenden Widerstand im State Department gegen C. D. Jacksons Vorstellungen von dem Inhalt der Rede Eisenhowers aus. Die entscheidende NSC-Sitzung, in deren Verlauf Jacksons und Rostows Memorandum vom 6. März und die entgegengesetzten Ansichten des State Department diskutiert werden sollten, war für den 11. März angesetzt worden.[83] Die Sitzung führte, wie Rostow es ausdrückte, zum »initial showdown« zwischen den verschiedenen Lagern innerhalb der Administration.[84] Einen Tag vor der NSC-Sitzung unternahm das State Department mit der Einreichung diverser individueller Memoranda eine konzertierte Aktion, um gegen die in Betracht gezogene psychologische Kriegführungsoffensive zu argumentieren.[85] Insbesondere wurde der Präsident durch ein Memorandum von Emmet Hughes auf die immer klarer zu erkennenden Meinungsunterschiede innerhalb der amerikanischen Regierung hingewiesen. Hughes zog die Schlußfolgerung, es handele sich im wesentlichen um »a clear, simple conflict between two propositions«. C. D. Jackson argumentiere, die Situation »presented a unique opportunity to exploit the deep and inherent weaknesses of the Soviet system«. Die USA könnten es sich nicht erlauben, »to fail to act affirmatively and quickly«. Das State Department hege dagegen die Auffassung, die Regierung sei mit einer »situation of unknown potentialities« konfrontiert. Die Vereinigten Staaten sollten sich vorerst mit der rein passiven Beobachtung der Situation begnügen, »to give the internal stresses of the Soviet system time to become acute«. In der Zwischenzeit sei nichts besser geeignet, »to increase Soviet nervous strain than studied American silence«.[86]

82 *Boyle* (Hrsg.), S. 31 f.: Eisenhower an Churchill, 11.3.1953.

83 Nach *Rostow*, S. 5, war am 9. März eine offizielle Diskussion der Angelegenheit mit Eisenhower auf den 11. März verschoben worden, da Dulles erst ab dem Spätnachmittag des 10. März wieder in Washington weilte.

84 Vgl. ebd., S. 6.

85 Vor allem Nitze, Bohlen, Smith und Hughes legten sehr detaillierte Memoranda vor. Siehe dazu FRUS 1952–54, Bd. 8, S. 1107–15.

86 Ebd., S. 1113–15: Memorandum Hughes, »Diplomatic and Propaganda Situation Created by Stalin's Death«, 10.3.1953. Zitat: S. 1115.

Damit hatte Hughes zwar treffend die Meinungsunterschiede zwischen der Arbeitsgruppe um C.D. Jackson und dem State Department dargelegt, doch kein Wort über die unterschiedlichen Auffassungen der amerikanischen Außenpolitiker verloren.[87] Die Experten beklagten zwar einmütig die mangelnden außenpolitischen Zielsetzungen der Eisenhower-Regierung, riefen zum Abwarten und zur Geduld auf, doch standen nicht alle einer Rede Eisenhowers und einem Gipfeltreffen ablehnend gegenüber. Während sich Außenminister Dulles und sein Stellvertreter General Bedell Smith strikt gegen eine wie auch immer geartete Viermächtekonferenz wehrten, erachtete Nitze ein Außenministertreffen als positiv. Zuvor mußte jedoch der Koreakrieg beigelegt werden. Charles Bohlen war sogar bereit, sich vorbedingungslos auf eine Gipfelkonferenz ohne strikte Tagesordnung einzulassen. Entsprechend war auch die jeweilige Haltung der Diplomaten gegenüber einer Rede des Präsidenten. Würde Eisenhower eine Ansprache halten, schien der Vorschlag einer Konferenz darin enthalten sein zu müssen, sollte die Rede auch nur in geringem Maße etwas Neues und Konkretes aussagen. Bedell Smith und Dulles rieten dagegen grundsätzlich von einer Rede ab.[88]

Während der 136. Sitzung des Nationalen Sicherheitsrats am 11. März verkündete C.D. Jackson, daß der Plan zur psychologischen Ausnutzung von Stalins Tod im wesentlichen ausgearbeitet sei. Er und seine Arbeitsgruppe seien »ready to shoot«. Jackson betonte, der Plan entspreche den Ansichten, die Eisenhower und Dulles während des Wahlkampfes geäußert hätten. »There was nothing in it new and strange and nothing which ... would not fit into the framework of this Administration's thinking on psychological strategy.«[89] Jackson schien sich nicht bewußt zu sein, daß möglicherweise zwischen der Proklamation einer Politik der Befreiung während des Wahlkampfes und der praktischen Umsetzung dieser Strategie differenziert werden mußte. Jackson war der Auffassung, daß die Realisierung des Planes mit einer Rede des Präsidenten beginnen müsse. Er riet Eisenhower, die Ansprache möglichst bald zu halten, auf keinen Fall später als zu Anfang der darauffolgenden Woche. In ihr sollte der Präsident seine Bereitschaft erklären, über all wichtigen Ost-West-Probleme zu verhandeln, einschließlich der deutschen Wiedervereinigung. Dulles eignete sich in seinen Ausführungen vor dem NSC all die Argumente an, die Nitze, Bohlen, Hughes und Smith bereits in ihren Memoranda vom 10. März benutzt

87 Dies wird auch von *Beglinger*, S. 83, 88, ignoriert. Er sieht zwei homogene Ansichten aufeinanderprallen: Diejenige der Jackson-Gruppe und die des State Department. Eisenhower stand, dem Autor zufolge, irgendwie unentschlossen dazwischen.

88 Siehe FRUS 1952–54, Bd. 8, S. 1112f.: Memorandum Smith, 10.3.1953; ebd., S. 1120f.: Beitrag von Dulles während der 136. NSC-Sitzung, 11.3.1953.

89 Ebd., S. 1117–27: Protokoll der 136. NSC-Sitzung. Zitate: ebd., S. 1119.

hatten.[90] Der Außenminister erkannte allerdings Eisenhowers Versessenheit, eine große außenpolitische Ansprache zu halten. Er versuchte daher nicht ernsthaft, den Präsidenten zu überzeugen, von der Rede abzusehen.[91] Dulles erklärte stattdessen behutsam, daß er keinesfalls von allen gegen Jacksons Plan vorgebrachten Argumenten des State Department überzeugt sei. Er stimme beispielsweise mit dem Präsidenten und C.D. Jackson überein, daß »Stalin's death did afford the United States an opportunity to effect changes in the Communist world which might well reduce the threat which the Soviet world presented...«.[92] Nach diesen vorsichtigen Worten begann der Außenminister nun allmählich, auf sein eigentliches Ziel zuzusteuern und zu versuchen, den Inhalt von Jacksons Redeentwurf abzuändern. Dulles war der Meinung, eine Außenministerkonferenz habe für die Beziehungen der USA mit den Alliierten »quite disastrous effects ... unless we obtained their prior consent to the agenda for such a meeting. They would believe our leadership erratic, venturous, and arbitrary«.[93] Er fragte sich vor allem, über welche Inhalte verhandelt werden sollte. Der Außenminister riet dringend davon ab, die deutsche Wiedervereinigung zu diskutieren. In dem Protokoll hieß es:

> Secretary Dulles said he felt especially concerned at the proposal in Mr. Jackson's plan, to place discussion of German unity on the agenda for such a Foreign Ministers meeting. Discussion of German unity in such a forum at this time would ruin every prospect of ratification of the European Defence Community... It would undermine the position of Chancellor Adenauer and of Prime Ministers Mayer and de Gasperi who had actually staked their futures on the ratification of the EDC treaties.[94]

90 Das folgende Zitat von Smith faßt die Meinung von Außenminister und State Department treffend zusammen: »It does not follow ... that the best way to exploit Stalin's death at this time is by an aggressive heightening of cold war pressures, especially in the field of covert propaganda. Indeed, increased pressures at this time will probably tend to assist the new regime to consolidate its position and might thus prevent the later emergence of opportunities which could be exploited. ...the Department does not believe that a major Presidential speech along the lines indicated would be an advantageous move at this time, and that indeed it might well be contra-productive.« Ebd., S. 1111–13: Memorandum Smith an Morgan, 10.3.1953. Nach *Brands*, S. 75, war Smith bereits Ende der 40er Jahre zu der Überzeugung gekommen, daß die USA den Kalten Krieg »managen«, aber ihn nicht durch einen Paukenschlag zu gewinnen versuchen sollten. Über kurz oder lang würde er schon in ihrem Sinne entschieden werden.

91 *Brands*, S. 19, erklärt: »Dulles, however, counselled circumspection, and the administration confined itself to an address by Eisenhower advocating peace.« Dies ignoriert das eigentliche Anliegen Dulles – zu verhindern, daß die Rede überhaupt gehalten wurde.

92 FRUS 1952–54, Bd. 8, S. 1120.

93 Ebd., S. 1121.

94 Ebd.

Dulles erklärte zwar, er sei nicht in der Lage, eine Garantie für das Zustandekommen der EVG zu geben, aber er gehe davon aus, daß der Vorschlag, die deutsche Einheit mit Moskau auf einer Außenministerkonferenz zu besprechen, zu dem Sturz der französischen, deutschen und italienischen Regierungen führen werde »possibly even rendering Mr. Eden's position in the British Government untenable«.[95] Der Außenminister betonte, wenn der Versuch gemacht würde, »to create German unity by some other vehicle than the EDC, then certainly the EDC would be finished«.[96] Dulles empfahl diesen Teil des Plans zu streichen. Er hatte sich immerhin zusammen mit Harold Stassen, dem Direktor der Mutual Security Agency, noch vor wenigen Wochen auf eine Reise durch die europäischen Hauptstädte begeben, um die Europäer zur zügigen Ratifizierung der EVG zu drängen.[97] Nur durch die militärische Integration Bonns in die EVG schien es den USA möglich zu sein, die Bundesrepublik auch politisch fest und unwiderruflich in den Westen einzubinden und gleichzeitig eine militärische Stärkung der westlichen Welt zu erreichen.[98] Dem innerhalb der Republikanischen Partei immer wieder ventilierten Verlangen, das finanzielle und personelle Engagement der USA in Europa zu verringern und der Forderung des Kongresses an die Europäer, selbst zu ihrer Verteidigung beizutragen, konnte so ebenfalls entsprochen werden.[99]

Dulles schlug nun die ursprünglich von Nitze stammende Idee vor, daß der Präsident, statt eine Viermächtekonferenz anzuregen, zu einem Ende des Korea- und Indochinakrieges aufrufen sollte. Wenn die neuen Machthaber in Moskau sich dazu bereit erklärten, »the path would be open to further negotiations on other matters«. Dem Außenminister schien eine solche Strategie wesentlich besser »than to begin from the European end«.[100] Dulles wies emphatisch auf die

95 Ebd.

96 Ebd., S. 1123.

97 Vor dem Besuch von Dulles hatte Botschafter Makins das britische FO gewarnt: »Dulles is a complicated person in a complicated situation.« FO 371/125 040/ZP 12/28, Brief von Makins an Strang, 30. 1. 1953. Vgl. zu Dulles und Stassens Besuch: FRUS 1952–54, Bd. 5, S. 1548–81; FO 371/125 040/ZP 12/33 G; auch ZP 12/27/G; sowie ebd., ZP 12/25/G: Hintergrundinformationen für Eden über »Financial Effect of the UK of the Formation of the EDC« und »European Unity«, 3. 2. 1953.

98 Vgl. *Rolf Steininger*, John Foster Dulles, the European Defense Community, and the German Question, in: *Richard H. Immerman* (Hrsg.), John Foster Dulles and the Diplomacy of the Cold War, Princeton 1990, S. 79–108; *Anne-Marie Burley*, Restoration and Reunification. Eisenhower's German Policy, in: *Richard A. Melanson* und *David Mayers* (Hrsg.), Reevaluating Eisenhower. American Foreign Policy in the 1950s, Urbana 1987, S. 221–24; *Detlef Felken*, Dulles und Deutschland. Die amerikanische Deutschlandpolitik 1953–1959. Bonn 1993, S. 136ff., bes 163.ff.

99 Vgl. *Dockrill*, Britain's Policy, S. 93f., 100f.; *Beglinger*, S. 88.

100 FRUS 1952–54, Bd. 8, S. 1121.

möglichen Konsequenzen für die westliche Allianz hin, falls seine Warnungen nicht beachtet würden:

We too have a coalition to manage. In our attempt to destroy the unity of the Soviet orbit we must not jeopardize the unity of our own coalition. We must draw together and not fall apart at this moment in history, and it seemed especially doubtful ... as to whether this was the appropriate moment to carry the offensive direct to the Soviet Union. The Soviet [Union] was now involved in a family funeral and it might well be best to wait until the corpse was buried and the mourners [had] gone off to their homes to read the will, before we begin our campaign to create discord in the family. If we moved precipitately we might very well enhance Soviet family loyalty and disrupt the free world's.[101]

Dulles hatte sich also strikt gegen Jacksons psychologische Initiative gewandt und, wie nicht anders zu erwarten, auch gegen Bohlens und Churchills Vorschlag einer informellen Gipfelkonferenz ohne genau festgelegte Tagesordnung ausgesprochen. Der Außenminister schloß sich der strikten Oppositionshaltung von Bedell Smith an. Dulles war sowohl gegen die Organisation einer Außenministerkonferenz als auch gegen die geplante Rede Eisenhowers. Er wünschte zuerst die deutsche Westintegration durch die Verwirklichung der EVG sicherzustellen und sich vorher auf keinerlei Experimente einzulassen. Weder wollte er seine Politik durch zu großes Vertrauen in die neue Führung in Moskau à la Churchill und Bohlen gefährden lassen, noch durch eine zu offensive Reaktion auf den Tod Stalins, wie Eisenhower und Jackson sie befürworteten. Da sich die Rede Eisenhowers aber wohl nicht mehr vermeiden ließ, sollte sie sich hauptsächlich mit außereuropäischen Angelegenheiten beschäftigen, die eine gewisse Aufmerksamkeit erregen, aber kaum zu wirklichen Veränderungen der amerikanischen Politik führen würden.

Bevor Eisenhower auf die Ausführungen Dulles einging, machte er einen neuen, völlig überraschenden, aber auch wenig realistischen Vorschlag, den der Journalist Sam Lubell, dessen Meinung der Präsident sehr schätzte, ihm in einem Brief unterbreitet hatte.[102] Allerdings hatten auch Jackson und Rostow in ihrem Memorandum vom 6. März bereits ähnliches angedeutet. Lubell hatte Eisenhower vorgeschlagen, daß die USA sich nicht mehr um einzelne Krisenschauplätze wie Korea kümmern, sondern stattdessen den Industrieländern vorschlagen sollten, nur noch zehn Prozent ihres Sozialproduktes für die Rüstungsindustrie auszugeben. Davon offensichtlich sehr beeindruckt, erklärte Eisenhower nun dem NSC:

What we should do now is propose that the standard of living throughout the world be raised at once, not at some indefinite time in the future. Such an appeal as this might really work... The economic incentive would have terrific attraction in Russia if it could be got over to the ordinary people ... emphasis in the current psychological plan, and notably in

101 Ebd., S. 1120.
102 Ebd., S. 1122.

his speech, must be on the simple theme of a higher living standard for all the world... This ... might even result in a settlement in Korea.[103]

Der Präsident hatte sich in der Zwischenzeit auch dem Standpunkt Dulles' angenähert. Eisenhower vertrat nun die Meinung, daß die Sowjetunion wohl kaum bereit sei, einer die USA zufriedenstellenden Tagesordnung zuzustimmen. Aber »something dramatic« sei notwendig, erklärte Eisenhower, »to rally the peoples of the world around some idea, some hope, of a better future«. Eisenhower kam zu der Schlußfolgerung, »[that a] four-power conference would not do it«, doch könnte er erklären, »that he would be ready and willing to meet anyone anywhere from the Soviet Union provided the basis for the meeting was honest and practical«.[104] Dies war natürlich ein sehr vager und unpräziser Vorschlag und keinesfalls eine neue Idee. Etwas ganz ähnliches hatte der Präsident erst Ende Februar während seiner Pressekonferenz gesagt. Im Grunde zog Eisenhower nach wie vor ein bilaterales Treffen einer großen internationalen Konferenz vor.

Abschließend diskutierten die NSC-Mitglieder ergebnislos die Frage, wie, wann und vor welchem Forum der Präsident seine Rede halten sollte. Immerhin glaube Eisenhower, »that the question of when and how his speech was to be delivered was almost as important as its content«. Ohne eine grundsätzliche Einigung erzielt zu haben, entschied das NSC, C. D. Jackson den Auftrag zu geben, die Rede für den Präsidenten anzufertigen und dabei die Anregungen der diversen Diskussionsbeiträge zu berücksichtigen. Zeit und Ort der Rede würden noch festgelegt.[105] Jackson forderte daraufhin Rostow auf, den Entwurf vom 6. März zu überarbeiten.[106]

Auf den ersten Blick schien die Schlacht zwischen Jackson und Dulles, zwischen den Befürwortern der psychologischen Kriegführung und dem State Department, unentschieden ausgegangen zu sein. Aber die Tatsache, daß Jackson und nicht etwa Bohlen, Nitze oder Smith beauftragt worden war, Eisenhowers Rede zu schreiben, stellte wohl doch einen Sieg C. D. Jacksons dar. Die Beratungen des NSC hatten klar gemacht, daß Eisenhower in jedem Fall eine Rede halten würde. Die Warnungen des State Department waren in den Wind geschlagen worden. Der größte Teil des Redeentwurfs vom 6. März war dagegen akzeptiert worden.[107]

Obwohl Eisenhower während der NSC-Sitzung am 11. März nicht so offen wie bei dem Treffen am 4. März die Meinung vertrat, daß sich die USA hauptsächlich mit der Planung einer psychologischen Offensive im Kalten Krieg be-

103 Ebd., S. 1122–24.
104 Ebd., S. 1122.
105 Ebd., S. 1124f. Zitat: S. 1124.
106 *Rostow*, S. 7.
107 Die Behauptung von *Cook*, Declassified Eisenhower, S. 178, daß Jackson und das State Department »were more in agreement when it came to his ideas about recapturing the ›peace offensive‹ from the Soviet Union«, ist also keinesfalls haltbar.

schäftigen sollten, kann kein Zweifel bestehen, daß dies nach wie vor seine Hauptintention war. Zusammen mit dem Redeentwurf hatte Jackson auch eine ergänzende Stellungnahme eingereicht, die detailliert darlegte, welche psychologischen Kriegsziele mit der Rede Eisenhowers erreicht werden sollten. Indem der Präsident den größten Teil von Jacksons Redeentwurf akzeptierte, kann angenommen werden, daß er auch der ihr zugrundeliegenden Philosophie zustimmte, die in der ergänzenden Stellungnahme näher erläutert wurde. Jackson hatte in dem Memorandum mit dem Titel »Supporting Thinking for Message to Soviet Government and Russian Peoples«[108] die Meinung kundgetan, daß der durch Stalins Tod hervorgerufene »emotional shock« und »even bewilderment« der sowjetischen Bevölkerung, die Sowjetunion äußerst verwundbar mache und den USA die Gelegenheit gebe, »of seizing a general initiative in the Cold War«. Seine vorgeschlagene Aktion stelle sicher, daß die mit großer Wahrscheinlichkeit vorhandene Spaltung innerhalb der sowjetischen Führung ausgenutzt werden könne, »to contribute to difficulties in the stable disposition of Stalin's power«.[109] In einem Memorandum vom 8. März erklärte Jackson, es sei nicht »inconceivable«, daß sich bei Realisierung seines Planes weitere Gelegenheiten ergeben würden, »which, skilfully exploited, might advance the real disintegration of the Soviet empire«.[110] Wenn dies auch noch immer recht unpräzise Formulierungen waren, wird doch erkennbar, daß Jackson mit seiner psychologischen Offensive ganz eindeutig zum Untergang der sowjetischen Regierung beitragen und wohl letztlich die Politik der Befreiung in die Tat umsetzen wollte.[111]

In den nächsten fünf Wochen wurde der Gehalt von Eisenhowers Rede durch drei sich überschneidende Entwicklungen beeinflußt: die sowjetische Friedenskampagne, der Prozeß der Ausarbeitung von weiteren Redeentwürfen, der nach wie vor die Meinungsverschiedenheiten zwischen Eisenhowers persönlichen Beratern und dem State Department reflektierte und der Meinungsaustausch zwischen Eisenhower und Churchill und in geringerem Maße zwischen dem Präsidenten und Adenauer.[112]

108 Jacksons auf den 11. März 1953 datierte Stellungnahme ist abgedr. in: *Rostow*, S. 87–90.

109 Zit. nach ebd., S. 87–89.

110 Memorandum C. D. Jackson, 8. 3. 1953, in: Declassified Documents, 1978, Nr. 115 D.

111 *Beglinger*, S. 84, zitiert auch das oben teilweise wiedergegebene Memorandum Jacksons vom 8. März, doch kommt er zu der Schlußfolgerung, daß Jackson lediglich »gewisse Hoffnungen auf innenpolitische Spannungen« hegte (S. 85). Jackson strebte jedoch durchaus den Sturz der sowjetischen Regierung an. Dieser Meinung ist auch *Brands*, S. 19, 122 f.

112 Vgl. auch *Rostow*, S. 46.

5. Sowjetische Friedenskampagne und deutsche Frage

Die Experten in London und Washington waren völlig überrascht, als die Sowjetunion nur wenige Tage nach Stalins Tod eine Friedensoffensive lancierte und begann, ihrer Außenpolitik einen freundlicheren und gemäßigteren Tenor zu geben.[113] Erkennbar wurde, daß die neuen Kremlherren sich von vielen der eingeleiteten Entspannungsmaßnahmen auch ein besseres innenpolitisches Klima versprachen.[114] Bereits in seiner Rede am 9. März, während der Beisetzung Stalins, hatte Malenkow erwähnt, daß Moskau es für möglich halte, eine Politik der »prolonged coexistence and peaceful competition of two different systems, capitalist and socialist« zu verfolgen.[115] In einer Ansprache vor dem Obersten Sowjet am 15. März erklärte Malenkow sogar, »[that] ... there is no litigious or unsolved question which could not be settled by peaceful means on the basis of the mutual agreement of the countries concerned ... including the United States of America«.[116] Nur wenige Tage später erhielten die Westmächte eine Note von

113 Während einer Rede vor einer Gruppe ausländischer Schriftsteller gab CIA-Direktor Allen Dulles unumwunden zu, »[that nobody] predicted quite as sudden a Soviet Peace Offensive as has actually taken place«. PUA: Allen Dullen Papers, Selected Correspondence, Box 56, Memorandum Walter Waggoner an die Journalisten Krock und Whitney über Allen Dulles' »background talk ... before an Overseas Writers' luncheon«, 3.4.1953. Vgl. auch *Eisenhower*, Mandate, S. 148f.; *Felken*, S. 165ff.

114 FRUS 1952–54, Bd. 8, S. 1132: Beam an State Department, 18.3.1953. Einen ausgezeichneten Überblick über die diversen innen- und außenpolitischen Maßnahmen des Kreml seit Stalins Tod liefert das Dokument »Chronology of Principal Events in Soviet Affairs, Jan.–June 1953«, datiert auf den 16.7.1953 (draft paper), in: FO 371/106 510/NS 1015/39. Ganz ähnlich auch der Anhang zu einem Memorandum von Lord Salisbury vom 3.7.1953: »Soviet Policy. Calendar of events since Stalin's death«, in: CAB 129/61, C. (53) 187 (auch in: PREM 11/420, 425). Vgl. für eine ähnliche Liste mit dem Datum 28.4.1953: FO 371/125 037/ZP 9/18. Siehe auch FRUS, ebd., S. 1138: Memorandum Savage, PPS, an Nitze, 1.4.1953; EL: Jackson Papers, Record 1953–54, »Soviet Lures and Pressures Since Stalin's Death, March 5 to 25, 1953«, Annex, 26.3.1953; und ein Dokument mit dem gleichen Titel für die Zeit vom 26. März bis zum 13. April, Annex, 15.4.1953. Siehe auch *Salisbury*, Moscow Journal, S. 364–66, 369–71; und NA: 761.00/5–2153, O'Shaugnessy, Moskau, an State Department Nr. 480, 21.5.1953.

115 Zit. nach *Embree*, S. 37. Vgl. auch den Bericht über die Beisetzung Stalins, in: FRUS, ebd., S. 1105f.: Beam an State Department, 9.3.1953. Siehe auch *Robert J. Donovan,* Eisenhower. The Inside Story, New York 1956, S. 72.

116 *RIIA* (Hrsg.), Documents, 1953, S. 11–13: Rede Malenkows vom 15.3.1953. Zitat: S. 12f. Siehe auch FRUS, ebd., S. 1131, Anm. 2; ebd., S. 1105f., Anm. 3. Vgl. auch PRO: FO 371/106 524/NS 1021/21, Kommentar Hohler an Mason über Malenkows Rede, 17.3.1953. Hohler, der Direktor des Northern Department, war der Ansicht, das FO »should be wise to treat Malenkow's speech as being no different from previous Soviet declarations of peaceful intentions«. Von der Richtigkeit dieser Mei-

General Tschuikow, dem sowjetischen Kommandanten in Berlin. Er entschuldigte sich für den am 12. März erfolgten Abschuß eines *Lincoln*-Bomber der *Royal Air Force*, der im Berliner Luftkorridor irrtümlich auf DDR-Gebiet gedrungen war. Der General schlug die Aufnahme von Gesprächen über die Sicherheit des Flugverkehrs in den Berliner Luftkorridoren vor.[117] Am gleichen Tag erklärte sich Moskau bereit, bei der nordkoreanischen Regierung vorstellig zu werden, um die Freilassung von internierten britischen Staatsbürgern zu erreichen.[118] Überhaupt war festzustellen, daß gerade Großbritannien mit besonders freundlichen Gesten von Moskau bedacht wurde.[119] Weiterhin nahm die Sowjetunion die Weisung an die britische und amerikanische Botschaft in Moskau zurück, in weniger luxuriöse und nicht so zentral gelegene Gebäude umzuziehen.[120] Sie unterstützte nun auch plötzlich den bereits seit längerem im Forum der UN diskutierten Vorschlag, kranke und verwundete Kriegsgefangene in Korea auszutauschen. Die Wiederaufnahme von Waffenstillstandsverhandlungen schien im Bereich des Möglichen zu liegen. Ende des Monats konnten erste dementsprechende Schritte eingeleitet werden.[121] Parallel dazu wurde selbst die

nung zum damaligen Zeitpunkt war Hohler auch noch in einem Interview in Washington/D. C. am 27.9.1990 überzeugt.

117 CAB 128/26, Teil 2, C.C. (53) 20th Conclusions, Min. 7 (17.3.1953), 21st Conclusions, Min. 1 (20.3.1953), 22nd Conclusions, Min. 7 (24.3.1953); FO 371/106 090; FRUS, ebd., S. 1130: Memorandum eines Telefongesprächs zwischen Eisenhower und Dulles, 16.3.1953. Siehe auch PREM 11/896; und *Shuckburgh*, S. 82 f.: Tagebucheintrag, 24.–30.3.1953.

118 Eden hatte Andrei Gromyko, den sowjetischen Botschafter in London, bereits vor Stalins Tod nach dem Schicksal der Briten gefragt. Am 29. März erhielt Botschafter Gascoigne eine Liste der internierten Personen; am 20. April wurden sie freigelassen. Vgl. FO 371/106 510/NS 1015/39; *Peer Lange*, Konfrontation mit dem westlichen Bündnis in Europa, in: *Dietrich Geyer* (Hrsg.), Osteuropahandbuch. Sowjetunion: Außenpolitik, Bd. 1, 1917–1955, Köln 1972, S. 550.

119 Zu einer kurzen Diskussion der Tatsache, daß Großbritannien trotz des Verlusts seiner Weltmachtrolle auch in den 50er Jahren als zweite kapitalistische Großmacht einen nach wie vor hohen Stellenwert für die sowjetische Außenpolitik behalten hatte, siehe *Bernd Bonwetsch*, Sowjetische Westeuropapolitik II, in: *Geyer* (Hrsg.), ebd., Bd. 2, 1955–1973, Köln 1976, S. 146–50.

120 FO 371/106 533/NS 1051/2, Gascoigne, Moskau, an FO, 7.1.1953; NS 1051/17, Gascoigne, Moskau, an Hohler, 27.3.1953; ebd., NS 1013/17: »Weekly Summary of Events«, 27.3.–2.4.1953, von Grey; *Shuckburgh*, S. 82: Tagebucheintrag, 24.–30.3.1953. Siehe auch FO 371/106 510/NS 1015/39, 16.7.1953. Zur Entwicklung der Botschaftskrise, siehe PREM 11/384. Vgl. auch *Salisbury*, Moscow Journal, S. 309. Die Vereinigten Staaten bestanden jetzt jedoch auf einem Umzug, da sie angeblich ein größeres Gebäude benötigten. Siehe *Beam*, S. 34.

121 Vgl. FO 371/106 533/NS 1051/17, Gascoigne, Moskau, an Hohler, 27.3.1953; FRUS 1952–54, Bd. 8, S. 1138: Memorandum Savage, PPS, an Nitze, 1.4.1953; *Lange*, S. 550; *Rostow*, S. 47. Vgl. FRUS, ebd., S. 1139; Gespräch zwischen Bohlen und dem sowjetischen Botschafter in den USA, Zaroubin, 1.4.1953; *Nove*, S. 121.

seit Jahren anhaltende sowjetische »hate America campaign« zunehmend abgeschwächt.[122] Am 31. März stimmte die UdSSR im Weltsicherheitsrat, nach Monaten strikter Weigerung der Wahl des von mehreren westlichen Staaten vorgeschlagenen Schweden Dag Hammerskjöld zum neuen UN-Generalsekretär zu.[123] Gegenüber einem norwegischen UN-Delegierten äußerten sowjetische Diplomaten gar Ende März, daß eventuell ein Treffen zwischen Malenkow und Eisenhower zur Diskussion von Abrüstungs- und Atomenergiefragen möglich sei. Dies war nur eine von mehreren derartigen Andeutungen Moskaus seit Stalins Tod.[124] Einen Tag später, am 8. April, drückte Wyschinski, der neue sowjetische UN-Botschafter, mit Verweis auf die diversen entspannungspolitischen Gesten seiner Regierung die Hoffnung aus, daß der Westen bereit sei, »to dig a tunnel of friendship« mit der UdSSR.[125]

Innenpolitische Maßnahmen Moskaus bestanden in dem Versprechen, künftig der Konsumindustrie größere Aufmerksamkeit zu schenken, dem Erlaß einer allgemeinen Amnestie für bestimmte Kategorien von Gefangenen am 27. März und einer teilweisen Revision des Strafgesetzbuches.[126] Kurz darauf, am 4. April, verkündete Innenminister Berija die Freilassung der im Zuge der sogenannten Ärzteverschwörung festgenommenen Personen – angesehene Ärzte, denen noch von Stalin vorgeworfen worden war, die Absicht zu haben, ihn und andere sowjetische Politiker zu vergiften. Nun wurde zugegeben, daß die ganze Affäre auf manipulierten und völlig haltlosen Anschuldigungen beruht habe. Die Geständnisse der Beschuldigten seien durch »impermissable methods of investigation« erpreßt worden.[127] Noch am 18. März hatte der amerikanische Diplomat Beam an das State Department geschrieben: »Until now, we see no concrete

122 FRUS, ebd., S. 1137: Beam an State Department, 20.3.1953. Am 18.3. hatte Beam noch erklärt, daß die langjährige anti-USA Kampagne bei der sowjetischen Bevölkerung nur Furcht vor einem Krieg zwischen den beiden Supermächten hervorgerufen habe. Er folgerte: »One [of the] most popular measures [the] regime could adopt would probably be [the] cessation [of the] anti-US campaign« (ebd., S. 1132).

123 Vgl. *Shuckburgh*, S. 82f.: Tagebucheintrag, 24.–30.3.1953; *RIIA* (Hrsg.), Survey, 1953, S. 17f.

124 Vgl. FRUS 1952–54, Bd. 8, S. 1138: Memorandum Savage, PPS, an Nitze, 1.4.1953; PUA: John Foster Dulles Papers, Telephone Conversation Series, Box 1, Telefongespräch zwischen Dulles und UN-Botschafter Lodge, 31.3.1953; EL: Jackson Papers, Record 1953–54, »Soviet Lures and Pressures since Stalin's Death, March 5 to 25, 1953«, 26.3.1953.

125 Zit. nach *Beglinger*, S. 90.

126 Vgl. FO 371/106 510/NS 1015/39: »Chronology of Principal Events in Soviet Affairs, Jan.–June, 1953«, 16.7.1953 (draft paper); zur Einschätzung der Amnestie durch das FO, siehe FO 371/106 583. Siehe auch *RIIA* (Hrsg.), Survey, 1953, S. 10; *Ulam*, Rivals, S. 198; *Salisbury*, Moscow Journal, S. 303f.

127 Vgl. FRUS 1952–54, Bd. 8, S. 1140–43: Beam an State Department, 4.4.1953. Zitat: S. 1140. Siehe auch *Yakov Rapoport*, The Doctor's Plot, London 1991, S. 177ff.

evidence [that the Soviet] government has departed from Stalinist world plans.«[128] Doch bereits am 4. April zeigte er sich von den Entspannungsmaßnahmen Moskaus tief beeindruckt, insbesondere von der Freilassung der internierten Ärzte. Beam glaubte nun »most concrete evidence« zu erkennen, daß die neuen Machthaber mit dem Stalinismus und selbst mit der Person Stalins gebrochen hätten und einen neuen außen- und innenpolitischen Anfang suchten.[129]

Die amerikanische Regierung war jedoch wesentlich skeptischer. Nicht nur Eisenhower und Experten wie C. D. Jackson und Allen Dulles, sondern auch das State Department glaubte nicht, daß der Kalte Krieg nun plötzlich zu Ende sei. Trotz einiger einlenkender Maßnahmen Moskaus, die wie im Falle des Koreakrieges auf purem sowjetischen Realismus basierten, werde die Politik der UdSSR weiterhin von den grundsätzlichen ideologisch-expansionistischen und territorial-expansionistischen Zielsetzungen des kommunistischen Regimes bestimmt sein.[130] Dies war im wesentlichen ebenfalls die Überzeugung der französischen Regierung[131] und des Foreign Office in London.[132] Botschafter Gascoigne warnte nach wie vor aus Moskau, »that a really genuine change of heart which might bring about a basic change of policy is out of the question«.[133]

Die große Mehrheit der Politiker in London, Paris, Washington und Bonn befürchtete in Erinnerung an die Stalin-Note von März 1952, daß die UdSSR im Zuge ihrer Friedenskampagne in Kürze erneut ein Außenministertreffen über die deutsche Frage anregen werde.[134] Immerhin hatte General Tschuikow am

128 FRUS, ebd., S. 1132.

129 Ebd., S. 1141: Beam an State Department, 4.4.1953.

130 Vgl. z. B. NA: GPT D–11, Memorandum Stoessel, State Department, »Background Paper. US Estimates of Soviet Position Following the Death of Stalin«, 1.4.1953; ebd., 761.00/4–1353, Memorandum Merchant, State Department, über ein Gespräch zwischen Bedell Smith und De Kauffmann, dem dänischen Botschafter in Washington, 13.4.1953; PUA: Allen Dulles Papers, Selected Correspondence, Box 56, Memorandum Walter Waggoner, 3.4.1953; EL: Jackson Papers, Record 1953–54, »Soviet Lures and Pressures Since Stalin's Death, March 5 to 25, 1953«, 26.3.1953; und ein Paper mit dem gleichen Titel für die Zeit vom 26. März bis zum 13. April, 15.4.1953; FRUS, ebd., S. 1139: Gespräch zwischen Bohlen und Zaroubin, 1.4.1953; ebd., S. 1125–29: Special Estimate 39, 12.3.1953; *Eisenhower*, Mandate, S. 148 f.

131 Vgl. FRUS, ebd., S. 1145: Dillon, US-Botschafter in Paris, an State Department, 11.4.1953; ebd., Bd. 6, S. 1334f.: Dulles an US-Botschaft in Paris, 28.3.1953, über sein Gespräch mit Außenminister Bidault.

132 Dies war zumindest die Überzeugung des amerikanischen Botschafters in London. Vgl. NA: 761.00/4–153, Aldrich, London, an Dulles Nr. 5384, 1.4.1953. Vgl. auch z. B. FO 371/106 533/NS 1051/15, Kommentar Hohler, 16.3.1953, zu dem Telegramm Gascoignes vom 11.3.1953.

133 NS 1051/17, Gascoigne, Moskau, an Hohler, 27.3.1953.

134 Vgl. EL: John Foster Dulles Papers, Drafts of Presidential Correspondence, Box 1, Memorandum Nitze an Dulles, »Peace Plan Speech. Consideration relating to the redraft of March 19, 1953«, 20.3.1953: NA: lot 64D563, PPS Records, 1947–53, Box

31. März in einem kurzen Antwortschreiben an den ehemaligen Reichskanzler Wirth, nun Vorsitzender der *Deutschen Sammlung*, erwähnt, Moskau vertrete weiterhin die Ansicht, daß im Rahmen einer internationalen Außenministerkonferenz über einen Friedensvertrag und die deutsche Wiedervereinigung gesprochen werden müsse.[135] Frank Roberts berichtete über ein Gespräch mit seinem amerikanischen Kollegen Charles Bohlen:

> He of course agreed with us that everything was building up towards a new offer on Germany. He did not exclude the possibility that with Stalin gone this offer might be a really big one involving Soviet withdrawal from Eastern Germany.[136]

Allerdings wurde die Möglichkeit einer ernstgemeinten sowjetischen Deutschlandinitiative nie wirklich in Erwägung gezogen. Dies schien trotz der von Moskau eingeleiteten Zeit der Entspannung von Anfang an unwahrscheinlich zu sein, bzw. nicht ins westliche Konzept zu passen.[137] Die westlichen Außenpolitiker befürchteten lediglich, die sowjetischen Vorschläge könnten so attraktiv formuliert sein, daß die Ablehnung einer Konferenz von der Öffentlichkeit nicht akzeptiert werde. Roberts hegte etwa die Überzeugung, »[that the] Russians could put us in a very awkward position in this way«.[138] Der amerikanische Journalist Walter Lippmann hatte bereits ganz ähnlich in der *New York Herald*

16, Akte Germany 1950–53, Memorandum Fuller, »Possible Four-Power Talks on Germany«, 17.4.1953; FO 371/106 532/NS 10345/9, Vermerk Roberts an Strang über sein Gespräch mit Bohlen in London, 9.4.1953.

135 FO 371/103 660/C 1016/23, 28.3.1953. Josef Wirth und Wilhelm Elfes von der Deutschen Sammlung hatten Tschuikow am 24. Februar angeschrieben. Vgl. auch FO 371/103 659/C 1016/10, Artikel des Evening Standard vom 31.3.1953; FO 371/106 510/NS 1015/39; FRUS 1952–54, Bd. 8, S. 1138. Siehe auch FO 371/103 659/C 1916/16, Hayter, Paris, an Dixon, FO, 13.4.1953, und den Kommentar von Mallison dazu, 20.4.1953; *Beglinger*, S. 89.

136 FO 371/106 532/NS 10345/9, Aktenvermerk Roberts an Strang über sein Gespräch mit Bohlen, 9.4.1953. Roberts selbst schien es aber »höchst fraglich, ob die Sowjets zu einer neuen Deutschlandpolitik im Sinne einer Wiedervereinigung bereit seien«. Vgl. *Blankenhorn*, S. 144f. Zitat: S. 144.

137 Bedell Smith führte aus, »[that] ... he did not believe that the Soviets were ready to give up their zone at this time. Although it was entirely possible and even likely that the Russians would make another offer to reunite Germany before the EDC enters into force, such a bid would not be sincere and would be nothing but an attempt to prevent or delay the establishment of a European Army«. FRUS 1952–54, Bd. 7, S. 410f.: Memorandum über ein Gespräch zwischen Smith und den Bundestagsabgeordneten Gerhard Schroeder, Franz-Josef Strauß, Karl Pfleiderer und Hans von Merkatz am 30.3.1953 in Washington.

138 FO 371/103 659/C 1016/16, Kommentar Roberts, 21.4.1953, über das Telegramm von Hayter, Paris, an Dixon, FO, 13.4.1953.

Tribune geschrieben, »that the Western diplomatic structure was fragile and highly vulnerable to a serious Soviet peace offensive«.[139]

Neben der alten Befürchtung, daß ein neutrales Deutschland auf lange Sicht unter den Einfluß Moskaus geraten würde, bestand nach wie vor eine gewisse Furcht vor der möglicherweise von einem vereinigten Deutschland ausgehenden Gefahr. Am 10. April zitierte das *Wall Street Journal* einen anonymen Mitarbeiter des britischen Foreign Office. Angeblich hatte dieser gesagt, allein der Gedanke sei »frightful«, daß die deutsche Wiedervereinigung zustande kommen könnte, bevor Großbritanniens Macht und Einfluß zugenommen habe, so daß London in der Lage sei, »to save the peace against the stresses and strains of German re-unification.«[140] Drei Wochen zuvor hatte *Die Zeit* sehr zum Ärger Adenauers und der britischen Regierung bereits einen auf Informationen von Kingsbury Smith beruhenden Artikel Paul Bourdins, des früheren Bundespressechefs, abgedruckt. Darin hieß es unter anderem, Eden habe einem französischen Kabinettsmitglied gegenüber erklärt, er sei persönlich davon überzeugt, daß die UdSSR und die Westeuropäer nur bei der fortbestehenden Teilung Deutschlands friedlich zusammenleben könnten.[141] Das Foreign Office ließ sofort alles dementieren. Schließlich mußte man doch gerade jetzt Rücksicht auf Adenauer nehmen, dem in nur wenigen Monaten Wahlen bevorstanden.[142] Der Verdacht blieb jedoch bestehen, daß das britische Außenministerium in der Tat keinerlei Interesse an der deutschen Wiedervereinigung hatte. Die Briten waren wie die französischen Diplomaten im Quai d'Orsay der Meinung, »that any development of the German question seemed likely to be disagreeable«.[143] Wil-

139 Ebd., C 1016/9, Artikel »Today and Tomorrow. Dr. Adenauer in Washington« in der New York Herald Tribune, 7.4.1953.

140 FO 371/103 660/C 1016/24, Warren H. Phillips im Wall Street Journal, 10.4.1053.

141 FO 371/103 659/C 1016/3, Aktenvermerk Roberts an Strang, 18.3.1953. Der Artikel trug den Titel: »Auf krummen Wegen. Geheimabmachung über die endgültige Spaltung Deutschlands.« Er erschien am 19.3.1953. Vgl. auch zum Ärger Adenauers, *Morsey* und *Schwarz* (Hrsg.), Adenauer. Teegespräche, S. 431 f.; *dies.* (Hrsg.), Adenauer. Briefe 1951–53, Berlin 1987, S. 349–51. Die ganze Episode ist aus deutscher Sicht ausführlich dargestellt worden in: *Arnulf Baring*, Im Anfang war Adenauer. Die Entstehung der Kanzlerdemokratie, München 1984, S. 511–18.

142 PREM 11/422, FO an Botschaft in Washington Nr. 1551, 8.4.1953 (siehe auch FO 800/794).

143 Der Diplomat William Hayter teilte dem FO weiterhin mit: »Fundamentally, the present position in Germany suited the French better than any alternative. But of course they could not say this publicly, nor could they make it an objective of their policy, and if negotiations on Germany began they would not sabotage them. Their only hope was that such negotiations might be avoided as long as possible.« FO 371/103 659/C 1016/16, Hayter, Paris, an Dixon, 13.4.1953. Vgl. zur französischen Einstellung auch FRUS 1952–54, Bd. 6, S. 1342 f.: Dillon, Paris, an State Department über sein Gespräch mit Ministerpräsident Mayer, 9.4.1953.

liam Hayter, der britische Gesandte in Paris, legte dar, daß die Franzosen aus diesem Grund den Vorschlag des österreichischen Außenministers befürworteten, Moskau dazu zu bewegen, die Verhandlungen über die österreichische Frage wieder aufzunehmen.[144] Diese Gespräche würden aller Wahrscheinlichkeit nach eine sehr lange Zeit in Anspruch nehmen. Wenn der Westen sich mit der Vorstellung behaupten könne, daß das Österreich-Problem vor der deutschen Frage beigelegt werden müsse, »we might be able to put off beginning discussions about Germany until the Greek Kalends«.[145] Die Diplomaten in London äußerten intern, der Quai d'Orsay »may be right«.[146]

Verhandlungen mit Moskau wurden daneben von westlicher Seite ausgeschlossen, um die ohnehin nur sehr schleichenden Fortschritte bei der Ratifizierung der EVG nicht zu gefährden. Allerdings hatte Adenauer selber den USA schon Mitte März durch seinen Emissär Herbert Blankenhorn hochvertrauliche Alternativvorschläge im Sinne der Auflösung des Junktims zwischen EVG- und Generalvertrag, dem Beginn der Ausbildung deutscher Truppen und der Verstärkung des Bundesgrenzschutzes unterbreitet. Im Grunde schlug der Kanzler vor, die Abkommen von Mai 1952 bereits mit der Verabschiedung durch die Bundesrepublik in Kraft treten zu lassen. Die deutsche Wiederbewaffnung und Souveränität brauchten dann nicht bis zur Ratifizierung durch die anderen Staaten zu warten.[147] Dies bedeutete, daß Adenauer der Gedanke eines baldigen NATO-Beitritts der Bundesrepublik nicht fernlag, schien dies doch die einzig realistische Alternative zu sein, mit der Bewaffnung der Bundesrepublik beginnen zu können, bevor die EVG von den Parlamenten aller Mitgliedsländer ratifiziert worden war. Eine Verwirklichung der deutschen Wiederbewaffnung, ohne die Bonner Mitgliedschaft in einem westlichen Verteidigungsbündnis mußte schließlich von vornherein ausgeschlossen erscheinen. Daß sich derartige

144 Siehe *Karl Gruber*, Ein Politisches Leben. Österreichs Weg zwischen den Diktaturen, Wien 1976, S. 124ff.; *Gerald Stourzh*, Geschichte des Staatsvertrages 1945–55. Österreichs Weg zur Neutralität, Graz 1985, S. 81–90; *Sven Allard*, Russia and the Austrian State Treaty. A Case Study of Soviet Policy in Europe, University Park/Pa. 1970, S. 108ff.

145 FO 371/103 659/C 1016/16, Hayter, Paris, an Dixon, 13.4.1953.

146 Ebd., Kommentar Mallisen, 20.4.1953, über das Telegramm von Hayter, Paris, an Dixon, 13.4.1953.

147 Vgl. NA: 762A.13/3–1753, Conant, Bonn, an Dulles Nr. 4259, 17.3.1953 (siehe auch FRUS 1952–54, Bd. 7, S. 405–08, bes. S. 406f.); ebd., /3–2953, »Agenda for Adenauer Visit«, Zwei Memoranda gleichen Titels von James Riddleberger, Under-Secretary of State und Direktor des Bureau of German Affairs, an Dulles, beide datiert auf den 29.3.1953; ebd., 740.5/3–2353, »Blankenhorn Visit to McCloy«, Memorandum MacArthur II, Counsellor im State Department, an Dulles, 23.3.1953; vgl. auch FRUS, ebd., S. 416–19; EL: John Foster Dulles Papers, Subject Series, Akte: Germany, 1953–54 (2), Memorandum des Gesprächs zwischen Blankenhorn und McCloy in Washington, 15.3.1953. Siehe auch FRUS, ebd., S. 419–24.

Gedanken bei Adenauer formten, hatte sich den Westmächten spätestens Anfang März angekündigt. Blankenhorn, der enge Vertraute Adenauers, »who usually reflects the Chancellor pretty accurately«, hatte angesichts der schlechten Ratifizierungsaussichten in Paris geäußert, »[that] for the first time one would have to consider the possibility of a national German army as an alternative«.[148] Gegenüber dem britischen Hochkommissar Sir Ivonne Kirkpatrick und dem amtierenden US-Hochkommissar Reber hatte Adenauer sogar schon im Dezember und Januar die Hoffnung ausgedrückt, London und Washington »would publicly support Germany's membership of N.A.T.O. and the United Nations«. Kirkpatrick glaubte aber, daß die Zeit für eine solche Politik noch nicht reif sei. Er teilte Frank Roberts mit: »I agree with you that this is a dangerous suggestion at the moment«.[149] Dabei hatte Eden bereits während einer Kabinettssitzung im Dezember 1952 geäußert, die Aufnahme der Bundesrepublik in die NATO »might well be preferable militarily«. Churchill erläuterte, »he would not be unduly disturbed if the present plans for a European Defence Community were not carried into effect«.[150] Die britische Regierung stand der EVG, trotz aller offizieller Erklärungen recht zwiespältig gegenüber und hatte weitaus größeres Interesse an einer Integration der Bundesrepublik in die atlantische Allianz.[151]

Die Briten wie auch die Amerikaner waren sich darüber im klaren, daß die Realisierung der EVG nicht einfach sein würde. Schließlich stellte die EVG eine beinahe revolutionäre Umstrukturierung der nationalen Verteidigungssysteme der beteiligten Länder dar. Die Europäer sollten einen Teil ihrer Souveränität aufgeben – ein Opfer, zu dem die beiden angelsächsischen Länder keineswegs bereit waren.

An important aspect of EDC which Americans, perhaps, fail to perceive with sufficient clarity, is that it is basically a permanent, organic reform of a revolutionary nature but proposed as an emergency device to meet an urgent and critically dangerous situation. It is obvious, for one thing, that we are pressing Europeans to do something that it is inconceivable we would do ourselves. The British stand aloof for much the same reason … for

148 Erstes Zitat: FO 371/103 925/CW 1013/20, Brief von Johnston, britische Hochkommission Bonn/Wahnerheide, an W. D. Allen, FO, 14. 3. 1953. Zweites Zitat: ebd., CW 1013/17, Brief von Michael Thomas, britischer Geschäftsmann und ehemaliger Mitarbeiter der Kontrollkommission, an D. Malcolm, britische Hochkommission, über sein Gespräch mit Blankenhorn, 3. 3. 1953. Vgl. auch zu Adenauers Gedanken über eine NATO-Alternative zur EVG: FO 371/103 664/C 1071/32, Aktennotiz Roberts an Strang, 4. 6. 1953.

149 Erstes Zitat: FO 371/103 918/CW 1016/1, Aktenvermerk Roberts für Strang, 2. 1. 1953 (die wiedergegebenen Sätze waren von Eden in roter Tinte unterstrichen worden). Zweites Zitat: ebd., Brief von Kirkpatrick an Roberts, 23. 12. 1952.

150 CAB 128/25, C. C. (52) 102nd Conclusions, 4. 12 1952.

151 Vgl. FO 371/105 989/M 2813/3, Memorandum des FO, »U. K. Relationship with European supranational institutions and particularly the EDC«, 16. 2. 1953; auch *Larres* (Hrsg.), S. 292 f., 301 ff.; *Charlton*, S. 124 ff.

them, as for us, merger of national sovereignty respecting defense in a supra-national federation is unthinkable.[152]

Adenauers Vorstellungen über eine von der EVG losgelöste Bewaffnung der Bundesrepublik stießen auf die heftige Kritik des amerikanischen Außenministers. Dulles wollte in jedem Fall an der EVG festhalten. Auch Eden schien dies letztlich die einzige Möglichkeit, die deutsche Wiederbewaffnung gegenüber den Franzosen durchzusetzen.[153] Washington und London beobachteten daher mit Mißfallen, daß die britische Labour-Partei, aber auch die deutschen Sozialdemokraten bereits begonnen hatten, eine Viermächtekonferenz über Deutschland zu propagieren, die die Ratifizierung der EVG in Paris nur gefährden konnte.[154] Neben Dulles war insbesondere Bedell Smith der festen Überzeugung, daß alleine schon eine eventuelle sowjetische Anregung, eine Gipfelkonferenz einzuberufen, »might well be enough to kill the E.D.C.«. Die Gespräche würden im Sande verlaufen, und der Westen müßte am Ende feststellen, »to have lost the EDC for a mess of pottage«. Falls Moskau tatsächlich einen Gipfelkonferenzvorschlag unterbreiten würde, sei es wohl notwendig, rasch darauf einzugehen, »so that if it came to nothing, there would still be time to secure [the] ratification of [the] EDC«.[155] Das Foreign Office hielt jedoch nichts von der von einigen Mitarbeitern des State Department angestellten Überlegung, die Westmächte sollten eventuell gar selber die Initiative für die Einberufung einer Gipfelkonferenz ergreifen, um nach deren Scheitern dann um so schnellere Fortschritte mit der Ratifizierung der EVG machen zu können. Die Briten bestanden darauf, daß vor einem »summit« zuerst unter allen Umständen die Westintegration der Bundesrepublik abgeschlossen sein mußte. Das Foreign Office war bereits am 24. März durch die Mitteilung eines Angestellten der britischen Botschaft in Washington alarmiert worden, das State Department hege die Auffassung, »that the door is not closed to negotiations«.[156]

152 NA: lot 64D563, PPS Records, 1947–53, Box 16, Akte: Germany 1950–53, Memorandum Fuller, State Department, »An Alternative U.S. Course of Actions Respecting EDC and a German Settlement«, 17.3.1953. Siehe dazu auch *Hans-Heinrich Jansen*, Großbritannien, das Scheitern der EVG und der NATO-Beitritt der Bundesrepublik Deutschland, Bochum 1992, S. 40ff.

153 Vgl. Anm. 149. Siehe auch FRUS 1952–54, Bd. 7, S. 416–19: Memorandum für Dulles über ein Gespräch zwischen Riddleberger und Blankenhorn am 29.3.1953 in Washington. Zu Edens Meinung, vgl. CAB 128/25, C.C. (52) 102nd Conclusions, 4.12.1952. Siehe auch *Steininger*, John Foster Dulles, S. 79–108.

154 Vgl. NA: 741.00/3–2353, »The Labour Party and Four-Power Talks«, Linebaugh, Attaché an der amerikanischen Botschaft in London, an State Department, 23.3.1953; EL: Ann Whitman File, International Series, Box 13, Akte: Germany 1953 (5), »Memorandum for the President«, Smith an Eisenhower, undatiert, ca. Mitte Mai 1953.

155 FO 800/778, Makins, Washington, an FO Nr. 726, über sein Gespräch mit Bedell Smith, 6.4.1953.

Acht Tage zuvor hatte die amerikanische Botschaft sich nochmals beim Außenministerium in London nach der britischen Haltung zu einem eventuellen Gipfeltreffen mit Malenkow erkundigt. Harry Hohler, der Leiter des Northern Department, gab eine ausweichende Antwort, doch hielt er intern nicht mit seiner Meinung zurück, es sei »a great mistake«, »to approach Malenkov at present«. Man müsse der neuen Führung Zeit zur Festigung ihrer Macht geben und nicht durch unüberlegte Initiativen ihr Mißtrauen hervorrufen. Als der US-Diplomat Courtney ihm vorschlug, es könne »a propaganda advantage« sein, Malenkow den Vorschlag eines Gipfeltreffens zurückweisen zu lassen, erklärte Hohler, es handele sich für eine solche Taktik um eine zu ernste Angelegenheit: »... we ought not to think of these questions of high policy in terms of propaganda advantage«.[157] Eisenhowers psychologische Kriegführungskampagne stieß weiterhin auf wenig Verständnis in London. Das Foreign Office war aber der Überzeugung, der Westen müsse vermeiden »[of] being lulled into a sense of false security«. Auf jeden Fall sei es nach wie vor notwendig, »[to] continue with the essential measures still required to complete the defensive strength of the non-Soviet world«.[158] Dies schloß die Bewaffnung der Bundesrepublik ein. Trotz aller gegenteiligen Beteuerungen war dabei dem britischen Außenministerium wie auch dem State Department bewußt, daß die Schaffung der EVG und die Wiedervereinigung Deutschlands zwei sich widersprechende Konzepte waren.[159] Nicht unwahrscheinlich war daneben, daß bei einer Verwirklichung der EVG, die Sowjetunion sich nicht mehr auf Verhandlungen einlassen und der Machtkampf zwischen Ost und West intensiviert werden würde. Der Kalte Krieg mochte sich so leicht zu einem Dauerzustand entwickeln.

156 FO 371/106 524/NS 1021/26, Marshall, britische Botschaft Washington, an Hopson, Information Research Department, FO, 24.3.1953.

157 FO 371/106 533/NS 1021/15, Aktenvermerk Hohler über sein Gespräch mit Courtney, amerikanische Botschaft in London, 16.3.1953.

158 PREM 11/540, FO Memorandum NS 1022/4: »Soviet policies after Stalin's death« (Conclusion), 9.4.1953.

159 Frank Roberts faßte die Meinung des Foreign Office prägnant zusammen: »As regards Germany, this is most definitely not the moment to be involved again in Four-Power talks. It would obviously suit the Russians very well to get us all, and particularly the French, involved in such talks so as to delay indefinitely the ratification of the E.D.C. Treaty and the German defence contribution until after the German elections in September. In fact the Russians may well re-open last year's exchange of notes during the coming summer months. If so, we shall once again have to walk very delicately if we are to retain German confidence in our professions that we desire German re-unification without holding the defence contribution. Clearly there could be no possible advantage from our point of view in taking the initiative in holding such talks on Germany, at least until after the question of the German defence contribution has been satisfactorily settled and our new relationship with Germany established on a more solid basis.« FO 371/106 537/NS 1071/32/6, Aktenvermerk Roberts an Mason, 23.3.1953.

Dennoch schien der Preis die hohen Kosten zu rechtfertigen: Die Einbindung der Bundesrepublik in die westliche Welt mußte in jedem Fall verwirklicht und abgesichert werden.[160]

Wie die Experten der Westmächte warnte auch Adenauer vor der Einberufung einer Konferenz über das Deutschlandproblem. Schließlich sah er dadurch doch ebenfalls die endgültige Realisierung der deutschen Westintegration als ernstlich gefährdet an. Seiner Meinung nach ließ sich die Situation nach Stalins Tod aber vielleicht nutzen, um gewisse Konzessionen von Moskau zu erhalten.[161] Ähnlich wie Gascoigne glaubte Adenauer, daß aufgrund der innenpolitischen Probleme und Auseinandersetzungen im Kreml Moskau derzeit gelähmt sei. »Providence had given us a respite.« Daher müsse der Westen in jedem Fall die Gelegenheit

160 Der amerikanische Diplomat Fuller schrieb Mitte März 1953: »The relationship between EDC and an ultimate peace settlement in Europe has not been sufficiently explored. Despite our numerous formal assurances that EDC is no bar but a milestone to German unity, it is not clear *how* this can be, or that our policy is not essentially one of closure to be matched by intensified Soviet alienation of the East Zone from West Germany ... it is scarely conceivable that the Soviet Government would under circumstances now foreseeable, agree to a permanent European settlement which permitted membership of a united Germany in EDC. Thus we seem embarked upon a course which tends to preclude a general settlement by greatly reducing our flexibility of diplomatic maneuver in striving for a reduction in difference. The new administration, even more explicitly than its predecessor, is committed to support of EDC... For better or worse our eggs are all in the EDC basket... If... our present tactics result in a ratification of EDC, we may very well find ourselves more than ever irrevocably launched upon a power struggle with the U.S.S.R., with partially reluctant and embittered allies, with the iron curtain cleavage of Germany and Europe further intensified and the road to an eventual detente and settlement even more difficult of access.« NA: lot 64D563, PPS Records, 1947–53, Box 16, Akte: Germany 1950–53, Memorandum Fuller, State Department, »An Alternative U.S. Course of Actions Respecting EDC and a German Settlement«, 17.3.1953.

161 Adenauer teilte dem FO mit: »Whilst we should not fall under the illusion that there had been a Russian change of heart, we should exploit the present situation energetically in order to obtain from the Russians such advantages or concessions as we could.« FO 371/103 848/CS 1017/6, Kirkpatrick, Bonn, an FO Nr. 352, 1.4.1953; FRUS 1952–54, Bd. 7, S. 422: Conant an State Department, 30.3.1953. Siehe auch *Konrad Adenauer*, Erinnerungen 1953–55, Stuttgart 1966, S. 202, wo er sagt, ob die »verbindlichere« außenpolitische Haltung der Nachfolger Stalins »tatsächlich ein Anzeichen für eine Wandlung des sowjetrussischen Denkens war, konnte nur die Entwicklung zeigen«. Tatsächlich war Adenauer sofort der Überzeugung, daß keine echte Wandlung in Moskau stattgefunden habe. Siehe dazu FRUS, ebd., S. 433; und vor allem zu der Einschätzung des Bundeskanzlers: *Günther Buchstab* (Bearb.), Adenauer: »Es mußte alles neu gemacht werden.« Die Protokolle des CDU-Bundesvorstandes, 1950–53, Stuttgart 1986, S. 428–30; *Morsey* und *Schwarz* (Hrsg.), Adenauer. Teegespräche, S. 448 f.; *Hans-Peter Schwarz*, Adenauer. Der Staatsmann 1952–1967, Stuttgart 1991, S. 70 ff.

nutzen, um mit der europäischen Integration, und das hieß wohl vor allem mit der Bewaffnung und Westintegration der Bundesrepublik, fortzuschreiten, »since we could all now be fairly confident that we should not be faced with any violent Russian reaction«.[162] Während einige Wochen später der britische Premierminister dazu aufrufen sollte, Stalins Tod als Gelegenheit anzusehen, die Teilung Deutschlands und Europas zu überwinden, beabsichtigte der Bundeskanzler, die Situation zu nutzen, um die deutsche Westintegration durchzusetzen. Paradoxerweise warnte Adenauer im gleichen Atemzug, indem er zur Ausnutzung der vorübergehenden sowjetischen Passivität aufrief, aber auch vor einer neuen Aggression der UdSSR. Moskau beabsichtige womöglich, es auf eine erneute Kraftprobe in Berlin ankommen zu lassen. Der Kanzler erklärte, »that the Soviets are preparing something definite, perhaps in respect to Berlin, but probably with the idea of again testing strengths in Europe, say in 1954«.[163] Adenauer schien dieser Widerspruch nicht zu stören, wenn er nur die Westmächte davon abhielt, die Westintegration der Bundesrepublik zur Debatte zu stellen.

In der internationalen Presse wurde unterdessen zunehmend über Anzeichen für eine Entspannung des Ost-West-Konflikts diskutiert. Als deutliches Indiz für eine derartige Tendenz interpretierten die Journalisten vor allem die in Berlin auf Expertenebene stattfindenden Viermächtegespräche über die Flugsicherheit in den Berliner Luftkorridoren.[164] Die Verhandlungen gaben ebenfalls zu Spekulationen Anlaß, daß Moskau die Gelegenheit nutzen werde, um eventuell Diskussionen über die deutsche Frage auf höherer Ebene zustandezubringen. Immerhin schlug Tschuikow Mitte April vor, daß die eigentlich technisch-militärischen Gespräche auch politische Fragen behandeln sollten.[165] Bereits Ende März hatte der sowjetische General gegenüber dem französischen Hochkommissar François-Poncet Andeutungen darüber gemacht, die Diskussionen »might broaden into a wider field of discussion«.[166]

162 PRO: ebd. Vgl. auch FO 800/794, FO an Botschaft in Washington Nr. 1551, 8.4.1953.

163 EL: John Foster Dulles Papers, Subject Series, Akte: Germany, 1953–54 (2), Memorandum des Gesprächs zwischen Blankenhorn und McCloy in Washington, 15.3.1953, S. 3f.; siehe auch FRUS 1952–54, Bd. 7, S. 407. Vgl. auch EL: Ann Whitman File, International Series, Box 13, Akte: Germany 1953 (5), »Memorandum for the President«, Smith an Eisenhower, undatiert, ca. Mitte Mai 1953.

164 Vgl. FO 371/106 524/NS 1021/24, Harvey, britischer Botschafter in Paris, an FO Nr. 96, 25.3.1953.

165 Vgl. ebd. Siehe auch FO 371/103 659/C 1016/10, Artikel des ›Evening Standard‹ vom 31.3.1953 und die Kommentare von Allen und Roberts dazu, 31.3.1953; FO 371/103 660/C 1016/21, Artikel von Richard Crossman im ›Statesman and Nation‹, 18.4.1953.

166 Von Bonn aus teilte Kirkpatrick dem FO seine Einschätzung der Situation mit: »There is naturally much speculation on the significance of the new Russian line and in particular on the possibility that the current air safety discussions ... being widened

Abgesehen von den Spekulationen über mögliche sowjetische Initiativen in der deutschen Frage beunruhigte die Zeitgenossen die von ihnen kaum zu durchschauenden Gerüchte und Andeutungen über die innenpolitischen Auseinandersetzungen in Moskau nach Stalins Tod. Diese führten keinesfalls zu einem nachlassenden Gefühl der Bedrohung im Westen. Im Gegenteil, es verstärkte die allgemeine Unsicherheit, die die Menschen gegenüber den neuen Machthabern ohnehin verspürten und führte dazu, daß man sich die Zeit des zwar rücksichtslosen, aber doch irgendwie berechenbaren Stalin zurückwünschte. Frank Roberts wußte etwa zu berichten, daß aufgrund der »more skilful line now followed in Soviet foreign policy« die meisten amerikanischen Politiker »scared stiff« seien.[167] In London wie auch in Washington wurde zuerst davon ausgegangen, daß im Kreml nach Stalins Tod kein wirklicher Machtkampf tobte, sondern höchstens gewisse Uneinigkeiten bestanden. Gascoigne erklärte, »the available evidence suggests that its members are working with, rather than against each other«.[168] Ein Memorandum der amerikanischen Regierung legte recht widersprüchlich mit Blick auf Malenkows augenscheinliche Führungsrolle dar, »that there will be no immediate challenge to his position«, obwohl »[a] struggle for power could develop ... at any time«.[169]

Tatsächlich aber wurde schon seit längerem ein erbitterter Machtkampf in Moskau ausgefochten, der seit Stalins Tod voll entbrannt war. Nicht nur Berija versuchte seine auf die Sicherheitspolizei gestützte Macht zu erweitern, sondern dies war offensichtlich auch das Ziel Malenkows und des sich allmählich immer deutlicher nach oben kämpfenden Chruschtschows. Während Malenkow allem Anschein nach ursprünglich versucht hatte, in die Fußstapfen Stalins zu treten und eine ähnlich große Machtfülle zu akkumulieren, war er von den anderen Mitgliedern des Präsidiums des ZK schon bald wieder zurückgedrängt worden.[170] In seiner Rede am 15. März vor dem Obersten Sowjet erklärte er, »that the strength of our leadership is in our unity, and not in personalities but in its

in the directions of Four-Power talks on Germany. If a Russian proposal in this sense emerges, the Federal Government will see in it a strong reason to press on with the final stages of ratification of the Treaties, while the Opposition will regard it as an equally strong reason for further delays.« FO 371/103 659/C 1016/10, Aktennotiz Roberts, 31.3.1953.

167 FO 371/106 532/NS 10345/9, Aktenvermerk Roberts an Strang über sein Gespräch mit Bohlen, 9.4.1953.

168 FO 371/106 512/NS 1016/5, Gascoigne, Moskau, an FO, 16.4.1953. Vgl. auch PUA: Allen Dulles Papers, Selected Correspondence, Box 56, Memorandum Walter Waggoner an die Journalisten Krock und Whitney über Allen Dulles‹ »background talk ... before an Overseas Writers' luncheon«, 3.4.1953, S. 4.

169 FRUS 1952–54, Bd. 8, S. 1126: Special Estimate Nr. 39, 12.3.1953.

170 Vgl. *Nove*, S. 124f.; *Jens Hacker*, Der Ostblock. Entstehung, Entwicklung und Struktur, 1939–1980, Baden-Baden 1983, S. 475.

replaceability«.[171] Am 21. März verkündete *Pravda*, daß das Zentralkomitee der Kommunistischen Partei bereits während seiner Sitzung am 14. März Malenkow angeblich auf eigenen Wunsch von dem Amt des ZK-Sekretärs und damit dem des Parteivorsitzenden entbunden habe. Durch die Beibehaltung des Amtes des Ministerpräsidenten blieb er aber weiterhin Regierungschef.[172] Einfluß auf die sowjetische Friedenskampagne hatte die Regierungsumbildung nicht. Sie wurde fortgesetzt.

6. Die Ausarbeitung der ›Chance for Peace‹-Rede

In den Wochen nach der NSC-Sitzung vom 11. März wurde Jacksons Memorandum mehrmals überarbeitet und umgeschrieben. Bereits am Mittag des 12. März konnte Jackson eine erneut von Rostow edierte, überarbeitete Fassung seines Plans vom 6. März vorlegen, die vom PSB einstimmig begrüßt wurde.[173] Die leitenden Mitglieder des State Department standen Jacksons Initiative aber nach wie vor strikt ablehnend gegenüber. In einem Memorandum an Bedell Smith vom 18. März erklärte etwa James Bonbright, der Assistant Secretary of State for European Affairs, daß selbst die überarbeitete Version von C. D. Jacksons Plan völlig versage, »to indicate with sufficient clarity and emphasis the longer-range aspects of the situation created by the death of Stalin and the succession of Malenkov«.[174] Dies war wenig überraschend, da der wesentliche Unterschied zwischen der ursprünglichen und der überarbeiteten Version von Jacksons Memorandum darin bestand, daß der Vorschlag, eine Gipfelkonferenz über die deutsche Frage anzuregen, gestrichen worden war.[175] Bonbright erläuterte

171 Zit. nach *RIIA* (Hrsg.), Documents, 1953, S. 12.

172 Vgl. dazu *Embree*, S. 40f. *J. M. Mackintosh*, Strategie und Taktik der sowjetischen Außenpolitik, Stuttgart 1963, S. 73, Anm. 2, sagt ganz richtig, daß die Aufgabe der Schlüsselstellung des Amtes des Ersten Parteisekretärs »einer der rätselhaftesten Punkte« in Malenkows politischer Karriere sei. Zugleich wurde die Anzahl der Mitglieder des Sekretariats von acht auf fünf verringert (*RIIA* (Hrsg.), Documents, 1953, S. 9: Abdruck des entsprechenden Beschlusses des ZK). Der Titel eines Ersten Sekretärs, die eigentliche Bezeichnung für den Parteivorsitzenden, wurde nicht verwendet. Offiziell waren damit alle fünf Sekretäre gleichrangig, doch war Chruschtschow durch seine Seniorität der eindeutig einflußreichste unter ihnen. Erst ab September 1953 wurde Chruschtschow immer öfter auch als Erster Sekretär bezeichnet. Vgl. *Nove*, S. 124f., 127.

173 Vgl. *Rostow*, S. 108; siehe auch S. 52.

174 FRUS 1952–54, Bd. 8, S. 1133: Memorandum Bonbright an Smith, 18. 3. 1953.

175 Die neue Fassung von Jacksons Memorandum in der Überarbeitung von Rostow lag endgültig am 13. März vor. Sie ist abgedr. in: *Rostow*, S. 91–93. Diese Version ist sehr ähnlich der letzten und schließlich akzeptierten Überarbeitung.

weiterhin, daß einige Zeit vergehen dürfte, bevor ein offener Machtkampf im Kreml ausbrechen werde. Daher sollten jetzt keine voreiligen Schritte unternommen werden, die man vielleicht später bedauern werde.[176] Jackson und das PSB ließen sich aber nicht von der Verfolgung ihres Zieles abbringen. Vor allem schien es Jackson notwendig zu sein, über kurz oder lang den Widerstand des einflußreichen Dulles gegen den psychologischen Kriegführungsplan zu brechen. Mit Ausnahme Eisenhowers war Jackson einer der wenigen Mitarbeiter der Administration, der, trotz sachlicher Differenzen, im allgemeinen persönlich gut mit dem oftmals schwierigen Secretary of State zurechtkam.[177] Er versuchte daher, diesen in den Prozeß der Überarbeitung von Eisenhowers Rede einzubeziehen, statt ihn zu umgehen.[178] Am 14. März setzten sich Dulles, Jackson und Emmet Hughes zusammen und begannen, die Rede erneut zu überarbeiten. Bis zum 17. März hatten die beiden letztgenannten vier unterschiedliche Redetexte ausgearbeitet, die alle davon ausgingen, daß die Rede in Kürze vor den Vereinten Nationen gehalten werden würde. Aber es wurde entschieden, die Entwürfe seien nicht zufriedenstellend.[179] Insgesamt war nicht zu verkennen, daß in der amerikanischen Regierung weiterhin völlige Unentschlossenheit in der Frage herrschte, was die Rede enthalten und vor welchem Forum sie der Welt präsentiert werden sollte.

Angesichts dieser Situation beschloß Eisenhower zu intervenieren. Vor allem beunruhigte ihn zunehmend die recht gut organisierte sowjetische Friedenskampagne, die selbst Rostow als »quite impressive« empfand.[180] Gerade hatte Moskau begonnen, Verhandlungen für einen deutschen Friedensvertrag zu propagieren. Zwar glaubte Eisenhower keinesfalls an einen tatsächlichen Gesinnungswandel Moskaus, doch erkannte er den großen Einfluß, den die sowjetische Offensive auf die Weltöffentlichkeit haben würde. Besonders hatten ihn die Darlegungen Malenkows vor dem Obersten Sowjet am 15. März beeindruckt. Eisenhower zeigte sich nun auf jeden Fall »disposed to move ahead« mit seiner

176 Ohne es auszusprechen, orientierte Bonbright sich dabei an der Situation nach dem Tod Lenins. Vgl. die Memoiren Adenauers zu einem weiteren Hinweis, daß der Westen die Entwicklungen nach Stalins Tod immer orientiert an den Ereignissen und der allmählichen Machtergreifung Stalins im Anschluß an den Tod Lenins betrachtete. *Adenauer*, Erinnerungen 1953–55, S. 202.

177 Vgl. z.B. *Brands*, S. 251.

178 Am 12. März schrieb Jackson beispielsweise einen Brief an Dulles, »requesting definitive assurance that his conception of political warfare included a positive and even central role for the Department of State«. Schließlich bestehe die Möglichkeit »of a four power meeting being forced upon the United States in the coming months, even if the proposed speech did not offer it«. Zit. nach *Rostow*, S. 109.

179 Die Idee, die Rede vor den Vereinten Nationen zu halten, wurde bald wieder fallengelassen. Eisenhower glaubte, dies würde lediglich »invite more sterile debate there«. *Rostow*, S. 57: Telefongespräch zwischen Hughes und Dulles, 16.3.1953.

180 *Rostow*, S. 144: Brief von Rostow an C.D. Jackson, 1.4.1953.

eigenen Rede. Er war der Ansicht, »[that] it was too bad that he had not made his speech before Malenkow«.[181] Dem Präsidenten mußte es scheinen, als ob jeder erhoffte Propagandaeffekt seiner eigenen Rede nun einen wesentlich geringeren Einfluß auf die Weltöffentlichkeit haben würde. Schließlich hatten nicht die USA, sondern die Sowjetunion die offizielle Initiative für eine neue Friedenskampagne ergriffen. Es werde der Eindruck entstehen, daß Washington lediglich auf die Offensive Moskaus reagiere.[182] Die USA mußten daher versuchen, die sowjetische Kampagne zu überbieten.[183] Diesmal blieb dem Präsidenten nichts anderes übrig, als etwas Konkretes zu offerieren, das sich unter Umständen auch wirklich in die Tat umsetzen ließ.[184] Hughes zufolge sagte Eisenhower am Tag nach Malenkows Rede in einem Zustand großer Emotionalität zu ihm:

Look, I am tired ... of just plain indictments of the Soviet regime. I think it would be wrong ... for me to get up before the world now to make another of those indictments. Instead, just one thing matters: what have we got to offer the world? ... What are we trying to achieve? ... Let us talk straight: no double talk, no sophisticated political formulas, no slick propaganda devices. Let us spell it out, whatever we really offer ... withdrawal of troops here or there by both sides ... United Nations supervised free elections in another place ... and concretely all that we would hope to do for the economic well-being of other countries.[185]

Es ist klar, daß Eisenhower angesichts Malenkows Rede vor dem Obersten Sowjet nervös geworden war. Er stellte sicherlich die richtige Frage: was beabsichtigten die USA mit der Rede zu erreichen? Zehn Tage nach Stalins Tod hatte bisher keiner seiner Berater eine zufriedenstellende Antwort darauf geben können, und trotz der warnenden Stimmen aus dem State Department hatte die Regierung sich im Grunde noch nicht einmal richtig mit der Frage auseinandergesetzt. Öffentlich reagierte der Präsident erstmals während einer Pressekonferenz am 19. März auf die sowjetische Friedensoffensive. Er erklärte, »I can only say that that is just as welcome as it is sincere«.[186] Im Gegensatz zu Eisenhower war Dulles jedoch, wie auch – mit Ausnahme Churchills – die meisten der britischen Experten, weit weniger beeindruckt von Malenkows Rede als der Präsident.[187] Er war der Meinung, Malenkows Worte seien eine ganz normale

181 FRUS 1952–54, Bd. 8, S. 1130: Telefongespräch Dulles–Eisenhower, 16. 3. 1953.
182 PUA: John Foster Dulles Papers, Drafts of Presidential Correspondence, Box 1, President's Speech, April 1953 (i), Memorandum Nitze an Dulles, 2. 4. 1953, S. 3.
183 Vgl. aber die Warnungen vor einer solchen Politik. Ebd., S. 4.
184 Vgl. *Nitze*, Hiroshima, S. 143.
185 *Hughes*, S. 103 f. Eisenhower sprach diese Worte sehr wahrscheinlich am 16. 3. 1953. Vgl. ebd., S. 107; *Rostow*, S. 56.
186 Der Präsident erklärte weiter: »They will never be met less than halfway, that I assure you...« *Eisenhower*, Public Papers, 1953, S. 104.
187 Die Aussage des Pressesprechers Adenauers, daß Dulles von der sowjetischen Friedensoffensive »doch etwas beeindruckt« zu sein schien, ist nicht haltbar. Vgl. *Felix*

sowjetische Rede gewesen, »and he had just added a few paragraphs aimed at us«. Der britische Diplomat Harry Hohler schloß sich dem an.[188] Dulles war keinesfalls von den neuen Vorstellungen Eisenhowers überzeugt, konkrete Maßnahmen in seiner Rede zu unterbreiten. Schließlich müßten die europäischen Alliierten konsultiert werden, wenn die in der Rede enthaltenen Vorschläge tatsächlich realisiert werden sollten.[189] Die gleiche Meinung drückte Paul Nitze in einem sehr kritischen Memorandum vom 19. März aus. Nitze warnte, daß die Sowjetunion die in Eisenhowers Rede enthaltenen Vorschläge sicherlich nicht akzeptieren werde, aber der Kreml würde sie auch nicht einfach ablehnen. Stattdessen könne der Westen davon ausgehen, daß Moskau versuchen werde, die Rede für seine eigenen Zwecke auszunutzen. Die UdSSR werde eine Gipfelkonferenz vorschlagen, um die Ratifizierung der EVG zu verhindern. Die neuen Machthaber dürften sich darüber im klaren sein, daß Eisenhower nach seiner aufsehenerregenden Rede nicht mehr einfach negativ auf den Vorschlag reagieren könne, ein »summit« einzuberufen.[190]

Seit Malenkows Rede vom 15. März wurde Hughes an der Ausarbeitung von Eisenhowers Redetext wesentlich stärker als zuvor beteiligt, und der Einfluß von C. D. Jackson ging gleichzeitig rapide zurück.[191] Jacksons Rolle bei der politischen Meinungsbildung innerhalb der Eisenhower-Administration hatte bereits ihren schnellen und frühen Höhepunkt überschritten und nahm von nun an immer mehr an Wichtigkeit ab.[192] Hughes, unterstützt von Nitze,[193] ging die

von Eckardt, Ein unordentliches Leben. Lebenserinnerungen, Düsseldorf 1967, S. 206.

188 *Rostow*, S. 56f.: Telefongespräch zwischen Hughes und Dulles, 16.3.1953; FO 371/106 524/NS 1021/21, Aktenvermerk Hohler an Mason, 17.3.1953; siehe auch NS 1021/23, Gascoigne, Moskau, an FO Nr. 40, 20.3.1953.

189 *Rostow*, ebd.

190 Ebd., S. 140f.: Memorandum Nitze an Dulles, 19.3.1953. Vgl. auch Anm. 182.

191 Vgl. *Hughes*, S. 105ff., bes. S. 107f.

192 Vgl. auch *Brands*, S. 123f., 127f. Auch der Einfluß der am 12. März vom PSB gegründeten »Working Group (Stalin)« scheint recht gering gewesen zu sein; zumindest wird sie nach der Konstituierung in den Akten kaum mehr erwähnt. Ihr war ursprünglich zugedacht worden, Eisenhowers Rede entsprechende Aktionen folgen zu lassen und diese Bemühungen für die »psychological exploitation of the situation« zu koordinieren. Vgl. das Dokument PSB D 40/1, in: FRUS 1952–54, Bd. 8, S. 1135f.; aber auch NA: lot 64D563, PPS Records, 1947–53, Box 29, Akte: Europe, 1952–53, Aktennotiz von Edmund A. Guillon an Ferguson, 18.5.1953, und das beiliegende Dokument »Follow-up on President's Speech of April 16, 1953«. Guillon betonte, die Aufgabe der WGS sei es auch, »to discourage some rather extreme suggestions«.

193 Laut *David Callahan*, Dangerous Capabilities. Paul Nitze and the Cold War, New York 1990, , S. 149, war Nitze beinahe hauptverantwortlich für die Ausarbeitung des letzten Entwurfes der Rede. Dem war jedoch nicht so, wie auch *Strobe Talbott*, The Master of the Game. Paul Nitze and the Nuclear Peace, New York 1988, S. 60, erkennt.

Abfassung der Rede des Präsidenten wesentlich realistischer an als Jackson. Er inkorporierte nun stärker Eisenhowers Vorstellung in den Text, Themen wie die Erhöhung des weltweiten Lebensstandards, die Verringerung der Rüstungskosten und konsequenterweise die internationale Rüstungskontrolle anzusprechen.[194] Dulles lehnte aber auch diese Tendenzen der Rede ab. Ihm schien es immer noch am besten zu sein, die Ansprache zu streichen. Während einer Sitzung am Vormittag des 17. März machte er erneut seine Opposition deutlich:

What all this gets down to is the question of whether we are ready to start negotiating directly. The President hasn't seemed to feel this way, in his various exchanges with Churchill. But perhaps he has changed his mind.[195]

Jackson war ebenfalls mit der Richtung, die die Rede zu nehmen schien, nicht zufrieden. Immer seltener wurde von einer wirklichen psychologischen Kriegführungsoffensive gesprochen, wie er sie verstand. Scharf argumentierte er, daß die neuen Machthaber im Kreml kaum von ihren weltweiten Eroberungsplänen abgehalten würden durch »genial, bourgeois talk about schools and hospitals for the ignorant and sick«.[196] Er wandte sich strikt dagegen, wie die Briten den *Status quo* im Kalten Krieg und die Teilung Europas stillschweigend zu akzeptieren, sich mit der UdSSR zu arrangieren und die osteuropäischen Nationen ihrem Schicksal zu überlassen. Stattdessen schlug Jackson das genaue Gegenteil vor. Er regte an, in der Rede den Ländern Osteuropas größere Bedeutung einzuräumen und so die Stabilität der Sowjetunion zu unterminieren.

I cannot re-emphasize too strongly the importance of the wording regarding the satellite countries... What we are really paving the way for is a sphere-of-influence peace between Russia and the U.S., it would strike a mortal blow to that whole area. And that is the area where the gravest problems to the new Soviet regime can be started. Therefore, that section ... should be firmed up.[197]

Ungeachtet des von Dulles und den Diplomaten geäußerten Widerwillens gegen die Einberufung von Viermächtegesprächen schien dem State Department die Vorbereitung auf eine solche Eventualität zunehmend sinnvoll zu sein. In einem Memorandum an Nitze vom 1. April wies etwa Carlton Savage vom Policy Planning Staff darauf hin, daß es ungeachtet aller entgegengesetzten Bemühungen des State Department möglich sei, »that these Soviet moves might lead to general negotiations between the U.S. and the Soviet Union.« Daher sei wohl allmählich die Zeit gekommen, »to determine the position that [the] U.S. should take in such negotiations«.[198] Trotz der sowjetischen Friedenskampagne und Eisenhowers scheinbar konstruktiver Intervention hielt Charles Bohlen dage-

194 Vgl. *Rostow*, S. 58; *Hughes*, S. 108–10, 119f.
195 Zit. nach *Hughes*, S. 106
196 Zit. nach ebd., S. 107.
197 *Rostow*, S. 58: Memorandum Jackson an Hughes, 30.3.1953.
198 FRUS 1952–54, Bd. 8, S. 1138: Memorandum Savage, PPS, an Nitze, 1.4.1953.

gen einen wichtigen Aspekt immer noch für ungeklärt, auf den er daher noch einmal aufmerksam machte: »It ... seems to me important that the U.S. Government have very clearly in mind exactly what it expects to accomplish by this speech, i. e., whether it is to be in the field of propaganda only or whether it is to be a serious political move designed for some constructive result.«[199]

In seinen Memoiren berichtet Hughes, daß Dulles »murmured his distrust and dislike for the whole project almost to the end«. Er wies immer wieder auf die Gefahr hin, daß die USA zu Gipfelgesprächen über Deutschland gedrängt und dadurch die Ratifizierung der EVG weiter hinausgezögert werde.[200] Insgesamt betrachtete der Secretary of State die kompromißbereitere Haltung der neuen Machthaber in Moskau und ihre Friedensoffensive mit einer Mischung aus Befriedigung und Mißtrauen. Die neue Politik des Kreml schien ihm primär durch die westliche Aufrüstung und die bevorstehende Westintegration der Bundesrepublik aktiviert worden zu sein.[201] Doch drohte die sowjetische Politik und die westliche Reaktion darauf die weitere Verfolgung dieses doch bisher so erfolgreichen Kurses zu gefährden. Dulles vertraute Hughes an:

> I grow less keen about this speech ... because I think there's some real danger of our just seeming to fall in with these Soviet overtures. It's obvious that what they are doing is because of outside pressures, and I don't know anything better we can do than to keep up these pressures right now.[202]

Dulles beabsichtigte also keinesfalls, in dem Bemühen nachzulassen, die UdSSR durch eine westliche Politik der Stärke zu beeindrucken. Aber er wollte Moskau auch nicht durch zu viel Stärke unter Druck setzen, da dies zu unvorhersehbaren sowjetischen Reaktionen und zu gegenseitigen Mißverständnissen führen könnte. Deshalb muß er erleichtert gewesen sein, daß Jackson nicht mehr der Hauptverantwortliche für die Ausarbeitung von Eisenhowers Rede war und sie daher nicht nur größtenteils aus kämpferisch klingenden Schlagwörtern bestehen würde. In dieser Hinsicht war Dulles so sehr beruhigt und hatte er zudem seine eigene Einflußlosigkeit in der Sache erkannt, daß er am 10. April – eine Woche, bevor Eisenhower seine Rede zu halten beabsichtigte – zu einem kurzen Urlaub aufbrach. Zuvor hatte er allerdings noch erfolgreich Hughes und Eisenhower davon überzeugt, das Österreich-Problem in den Ausführungen anzusprechen.[203]

199 PUA/EL: John F. Dulles Papers, Drafts of Presidential Correspondence, Box 1, PPS, Memorandum Bohlen an O'Connors, 1.4.1953.

200 Vgl. *Rostow*, S. 132f., 138f.: Memoranda von Dulles an Eisenhower, 6.4.1953, und Dulles an Hughes, 10.4.1953. Siehe auch PUA/EL: John Foster Dulles Papers, Drafts of Presidential Correspondence, Box 1.

201 Vgl. FRUS 1952–54, Bd. 7, S. 427: Memorandum des ersten Gesprächs zwischen Eisenhower, Dulles, Adenauer und Hallstein während des Staatsbesuchs Adenauers in Washington, 7.4.1953. Vgl. auch *Nitze*, S. 144.

202 Zit. nach *Hughes*, S. 109.

Um den 8. April erhielt Eisenhower den nahezu letzten Redeentwurf zur Begutachtung vorgelegt. Der Präsident sandte eine Zusammenfassung nach London und Paris und machte sie auch Adenauer zugänglich. Eisenhower hatte entschieden, daß es Zeit sei, die Alliierten über den Inhalt der Rede zu informieren, die er in nur wenigen Tagen in Washington zu halten gedachte.

Zwischen dem 6. und 9. April 1953 weilte Adenauer zu seinem ersten Staatsbesuch in Washington. Nachdem Churchill im Januar, Eden und Butler und der französische und holländische Ministerpräsident bereits im März in den USA waren, hatte Adenauer einem Besuch ebenfalls nicht widerstehen können. Unmittelbar danach stand der Bundesparteitag der CDU an, wo ein außenpolitischer Erfolg angesichts der prekären Wahlaussichten im September gut zu gebrauchen war.[204] Ein amerikanischer Diplomat bemerkte treffend: »all the cardinals of Europe want to make the pilgrimage to pay their respect to the new Pope.«[205] Auf Anraten von Dulles zeigte Eisenhower dem Kanzler den Redeentwurf.[206] Adenauer bat den Präsidenten lediglich, einen Hinweis auf die sich seiner Meinung nach noch immer in der Sowjetunion aufhaltenden etwa 300000 deutschen Kriegs- und Zivilgefangenen zu inkorporieren.[207] Diesem Wunsch kam Eisenhower nach, wenn er auch nicht nur die deutschen, sondern die sich noch in der UdSSR befindenden Kriegsgefangenen im allgemeinen ansprach.[208] Der Bundeskanzler stimmte der Rede ansonsten voll und ganz zu, bezeichnete sie gar als »excellent«.[209] Dies war wenig überraschend. Schließlich dürfte Adenauer erkannt haben, daß die Vorschläge, die Eisenhower im Hinblick auf die deutsche Frage in der Rede machen wollte, der Sowjetunion bereits alle seit

203 PUA/EL: John Foster Dulles Papers, Drafts of Presidential Correspondence, Box 1, Memorandum Dulles an Hughes, 10.4.1953 (auch abgedr. in: *Rostow*, S. 138f.); Nitze, S. 144.

204 Im Anschluß an den Besuch Adenauers beabsichtigte der italienische Ministerpräsident de Gasperi ebenfalls die USA zu besuchen. Siehe die sehr positiven Berichte über Adenauers Amerikabesuch in der deutschen Presse. FO 371/103 951/CW 10345/14, Kirkpatrick, Bonn, an FO Nr. 294, 19.4.1953. Vgl. zu Adenauers Amerikabesuch auch: *Adenauer*, Erinnerungen 1945–1953, S. 565–89; *von Eckardt*, S. 210–38; *Buchstab* (Bearb.), S. 520f.; *Wilhelm G. Grewe*, Rückblenden, 1976–1951, Frankfurt/M. 1979, S. 162f.

205 FRUS 1952–54, Bd. 6, S. 1327: Dunn, Paris, an State Department, 13.1.1953.

206 *Rostow*, S. 132: Memorandum Dulles an Eisenhower, 6.4.1953.

207 Vgl. FRUS 1952–54, Bd. 7, S. 447. Die stark überzogene Zahl von 300000 deutschen Gefangenen erwähnte Adenauer in dem ersten Gespräch mit Eisenhower und Dulles am 7.4.1953. Vgl. ebd., S. 434. Siehe auch *Rostow*, S. 51.

208 Vgl. FRUS, ebd., S. 447; ebd., Bd. 8, S. 1151.

209 Ebd., Bd. 7, S. 447: Memorandum Riddleberger über ein Gespräch zwischen Eisenhower und Adenauer, 9.4.1953. *John L. Gerson*, John Foster Dulles, New York 1967, S. 129, sagt gar, daß die europäischen Alliierten der Rede zustimmten, doch »only Adenauer gave unqualified support«.

Jahren bekannt waren. Auch diesmal konnte angenommen werden, daß Moskau die Forderung nach einem im westlichen Sinne »free and united Germany, with a government based upon free and secret elections« erneut zurückweisen würde.[210] Gegenüber Sir Christopher Steel, dem Gesandten an der britischen Botschaft in Washington, erklärte Adenauer zwar, »the American approach in general [is] distinctly naif«, doch machte er deutlich, »[that he] was pleased however that their caution in dealing with the Russian peace drive matched his own attitude.«[211] Wahrheitsgetreu konnte im Abschlußkommuniqué von Adenauers Amerikabesuch berichtet werden, die Gespräche zwischen dem westdeutschen und amerikanischen Regierungschef »revealed a far-reaching identity of views and objectives«.[212] Adenauer war mit der Äußerung auf Verständnis gestoßen:

> While it was true that the Soviet Union might extend a peace offer which could be accteptable to the West, the West must not relax its vigilance, but instead should continue to build its strength since the only way to negotiate with a totalitarian country was to negotiate from strength... If the present policy of building strength should continue, it would one day be possible to undertake sensible negotiations with the Soviet Union.[213]

Scheinbar störte sich niemand an dem Widerspruch in Adenauers Aussage. Wenn damit zu rechnen war, daß der Kreml einen akzeptablen Vorschlag für einen deutschen Friedensvertrag unterbreiten würde, warum konnten dann nicht gleich Verhandlungen begonnen werden, wieso mußte Moskau erst durch die weitere Verfolgung einer Politik der Stärke verhandlungswillig gemacht werden? Der Verdacht drängt sich auf, daß eine sowjetische Verhandlungsbereitschaft vor der unwiderruflichen Westintegration der Bundesrepublik als nicht opportun betrachtet wurde.[214] Alle noch so entgegenkommenden Konzessionen Moskaus, die dieses Ziel zu gefährden drohten, mußten ausgeschlagen werden.

Der neue, sich seit Januar 1953 im Amt befindende französische Ministerpräsident René Mayer, dessen eigener Besuch in Washington erst am 28. März zu Ende gegangen war,[215] hatte ebenfalls kaum etwas an der Rede Eisenhowers auszusetzen, die ihm der amerikanische Botschafter in einer Zusammenfassung

210 FRUS 1952–54, Bd. 8, S. 1152: Zitat aus Eisenhowers »Chance for Peace«-Rede am 16.4.1953.

211 FO 371/103 951/CW 10345/9, Makins an FO Nr. 762, 10.4.1953.

212 FRUS 1952–54, Bd. 7, S. 453: Kommuniqué vom 9.4.1953. Siehe auch *Blankenhorn*, S. 146.

213 FRUS, ebd., S. 431: Memorandum des ersten Gesprächs zwischen Adenauer, Eisenhower und Dulles, 7.4.1953.

214 Vgl. *Adenauer*, Erinnerungen 1953–55, S. 203; auch *Fish*, S. 335.

215 Vgl. zu Mayers und Außenminister Bidaults Besuch in Washington vom 25.–28. März, bei dem neben ökonomischen Fragen hauptsächlich die EVG und Indochina behandelt wurden: FRUS 1952–54, Bd. 6, S. 1323ff., 1327ff.

zeigte.[216] Wie Adenauer bezeichnete Mayer die Rede als »excellent«; sie würde zweifellos einem »very useful purpose« dienen.[217] Es erschien ihm sinnvoll, Druck auf Moskau auszuüben, um den Abschluß eines Friedensvertrages mit Österreich und den Rückzug der sowjetischen Truppen aus Österreich, Ungarn und Rumänien zu erreichen. Der Franzose legte jedoch dar, daß er der deutschen Wiedervereinigung, die seiner Meinung nach wahrscheinlich zu einem neutralen Deutschland führen werde, nur beim gleichzeitigen Abschluß eines allgemeinen Abrüstungsvertrages zustimmen könne. Mayer und Außenminister Bidault rieten von einer Gipfelkonferenz mit der Sowjetunion ab, »as ... the Soviets would drag such a meeting out interminably«.[218] Ähnlich der von zahlreichen französischen Parlamentariern vertretenen Meinung hegte man im Quai d'Orsay zum Teil die Hoffnung, die neue sowjetische Politik werde die deutsche Wiederbewaffnung überflüssig machen.[219]

Die Eisenhower-Administration zeigte sich mit der Reaktion Adenauers und Mayers sehr zufrieden. Die wesentlich kritischere Stellungnahme Churchills war dagegen sehr viel weniger erfreulich. Seine Mißbilligung war auf den ersten Blick recht überraschend. Schließlich hatte Churchill dem Präsidenten bereits am 11. März ganz dezidiert den Vorschlag eines Gipfeltreffens mit der UdSSR unterbreitet. Mußte er jetzt nicht erfreut sein, daß Eisenhower der Sowjetunion die konkreten Bedingungen andeuten wollte, unter denen die USA eine Konferenz für möglich hielten? Doch Churchill hegte den nicht unberechtigten Ver-

216 Ebd., S. 968–70, Dulles an Botschaft in London, 8.4.1953: Abdruck der amerikanischen Zusammenfassung. Außenminister Bidault erhielt dieses Memorandum nicht zu sehen, da Eisenhower und Mayer fürchteten, daß sonst die Presse von seinem Inhalt erfahren würde. »Bidault of course will be hopping mad«, kommentierte der britische Botschafter in Washington. FO 800/839, Makins, Washington, an FO Nr. 791, 14.4.1953. Siehe auch PREM 11/429.

217 Vgl. FRUS, ebd., S. 1342–44: Dillon, Paris, an State Department, 9.4.1953. Zitat: S. 1343.

218 Ebd., S. 1343. Vgl. auch *Gerson*, S. 129f.; *Fish*, S. 335. Siehe auch zur damit weitgehend übereinstimmenden Meinung Bidaults: PRO: FO 800/698, Memorandum Duff, Paris, über ein Gespräch zwischen Lloyd und Pearson, 28.4.1953; sowie FRUS, ebd., S. 1346: Dillon, Paris, an State Department, 16.4.1953.

219 In London äußerte der französische Diplomat Lebel gegenüber seinem britischen Kollen Allen beunruhigt: »It was likely to be the French Government's view that the Western Powers should keep a very open mind about any future Russian approaches, for instance on the question of German unity, and be careful to avoid any appearance of wishing to reject such approaches in advance or to discourage them by an over-rigid and over-cautious attitude.« PRO: FO 371/103 951/CW 10345/9, Aktennotiz Allen, 13.4.1953 (siehe auch Kap. IV.2.). Interessant ist in diesem Zusammenhang ein Vergleich mit der Reaktion der französischen Diplomaten auf die Stalin-Note im Jahre 1952. Sie lehnten Stalins Vorschlag strikt ab. Vgl. dazu *Nikolaus Meyer-Landrut*, Die Haltung der französischen Regierung und Öffentlichkeit zu den Stalin-Noten 1952, München 1988, S. 36ff., 74ff.

dacht, der Präsident meine es nicht ganz ernst mit seiner Rede, er hätte lediglich ihren Propagandaeffekt im Auge und wolle vor allem die Aufmerksamkeit der Weltöffentlichkeit auf Washington lenken.[220] In einem Schreiben vom 11. April an den Präsidenten bezeichnete der Premierminister den Redeentwurf höflich als »grave and formidable declaration«. Dennoch drückte Churchill die Überzeugung aus, daß die USA die weitere Entwicklung abwarten sollten. Hatte er bisher immer gesagt, es dürfe keine Zeit verloren werden, um ein »settlement« mit Moskau in Angriff zu nehmen, so erklärte er nun, »that at this moment time is on our side«.

The apparent change of Soviet mood is so new and so indefinite and its causes so obscure that there could not be much risk in letting things develop. We do not know what these men mean. We do not want to deter them from saying what they mean... Great hope has arisen in the world that there is a change of heart in the vast, mighty masses of Russia and this can carry them far and fast and perhaps into revolution. It has been well said that the most dangerous moment for evil governments is when they begin to reform. Nothing impressed me so much as the doctor story... We cannot see what you would lose by waiting till the full character and purpose of the Soviet change is more clearly defined and also is apparent to the whole free world.[221]

In Washington wuchs der Verdacht – und Emmet Hughes spricht gar von einer »general concurrence« –, daß »Churchill's deep, unspoken concern was to guard and reserve for himself the initiative in any dramatic new approach to the Soviet leaders«. Dulles nutzte die ihm durch Churchills Brief gebotene Gelegenheit, seine Zweifel an der »need for any speech« erneut zu äußern.[222]

Eisenhower beantwortete den Brief Churchills sofort. Der Präsident stimmte mit ihm überein, daß alles verhindert werden müsse, »that would make the Russians retreat into their shell«. Die Zeit sei dennoch gekommen, etwas Konstruktives zu sagen »and of course it cannot be a meaningless jumble of platitudes«. Eisenhower zeigte sich aber bereit, den Anregungen Churchills nachzukommen und einige Teile seiner Rede zu revidieren. Der Präsident war allerdings nicht willens, über den Zeitpunkt der Rede zu diskutieren, da, wie er vorgab: »I am obligated beyond any possibility of withdrawal to making a speech on this general subject.«[223] Am Tag darauf sandte Churchill sein Antwortschreiben. Obwohl er sich damit hatte abfinden müssen, daß Eisenhower die Rede auf jeden Fall am 16. April halten würde, konnte er nicht der Versuchung widerstehen, erneut auf die möglichen negativen Folgen hinzuweisen. »It would be a pity if a sudden frost nipped spring in the bud, or if this could be

220 Siehe FRUS 1952–54, Bd. 6, S. 968–70: Dulles an Botschaft in London, 8.4.1953. Vgl. auch ebd., Bd. 8, S. 1143 f.

221 *Boyle* (Hrsg.), S. 41 f.: Churchill an Eisenhower, 11.4.1953. Vgl. auch PREM 11/429; FO 800/839; auch *Foschepoth*, Churchill, S. 1288.

222 *Hughes*, S. 111.

223 *Boyle* (Hrsg.), S. 42 f.: Eisenhower an Churchill, 11.4.1953.

alleged, even if there was no real spring.« Er deutete an, es sei vielleicht sinnvoll, Moskau »separately« darzulegen, »how glad we should be if we found there was a real change of heart«. Churchill erklärte weiterhin, er selbst müsse eine Rede am 17. April geben, bei der die Aussage im Mittelpunkt stehen werde, »we are firm as rock against aggression but the door is always open to friendship«.[224] Anschließend machte der Premierminister einige Vorschläge, in welcher Hinsicht die einzelnen Aussagen der Rede verbessert und präzisiert werden könnten, die teilweise von Eisenhower »one way or another« aufgenommen wurden.[225] Die Wichtigkeit, die Churchill der Angelegenheit beimaß, wird deutlich durch die Tatsache, daß er seine Korrespondenz mit Eisenhower der Queen übermitteln ließ und in einem Begleitbrief erklärte: »I hope your Majesty will feel that I have tried to save the spring-time buds – if any there be.«[226]

Während Churchill vergeblich versuchte, Eisenhower davon zu überzeugen, erst einmal nicht auf die Entwicklungen in Moskau zu reagieren, hatte er Mühe, seinen eigenen Experten im Foreign Office darzulegen, daß eine aktive Rolle Londons und eine positivere britische Reaktion gegenüber den neuen Machthabern im Kreml angebracht seien. Churchill schlug vor, als ersten Schritt ein Treffen zwischen Eden und Molotow zu arrangieren. Am 28. März zeigte Churchill seinem Außenminister den Entwurf eines Schreibens, das er Molotow senden wollte:

> What I should like to see most of all would be for you and Eden, who have had so many long and famous contacts for our two countries, to have another friendly and informal meeting. This might perhaps be Vienna. I also wondered whether it might not arise out of any broader political aspects of the talks between General Chuikov and Kirkpatrick about arrangements to prevent another aeroplane disaster. Such talks however they originated might lead us all further away from madness and ruin, but even if nothing much came out of it I can't see that any of us would be worse off.[227]

Tatsächlich zeigte Eden, wohl anknüpfend an seine informelle Gipfeldiplomatie um die Jahreswende 1951–52 Interesse daran. Zumindest vertraute sein Privatsekretär Evelyn Shuckburgh seinem Tagebuch an: »A. E. is attracted... Past troubles are forgotten in a new atmosphere of optimism.«[228] Angeblich sagte

224 Ebd., S. 43f.: Churchill an Eisenhower, 12.4.1953. Siehe auch PREM 11/429.

225 FO 800/839, Makins, Washington, an FO Nr. 791, 14.4.1953. Unter anderem erwähnte Churchill dabei seine Wertschätzung für Adenauer.« I am entirely with you on not letting Adenauer down. He seems to me the best German we have found for a long time.« *Boyle* (Hrsg.), ebd.; vgl. auch ebd., S. 45: Eisenhower an Churchill, 13.4.1953. Siehe auch PREM 11/429; ebd., FO 800/839; *Foschepoth*, Churchill, S. 1288.

226 PREM 11/429, Brief von Churchill an die Queen, 14.4.1953.

227 PREM 11/422, Churchill an Eden, 28.3.1953.

228 *Shuckburgh*, S. 83–85: Tagebucheinträge, 24.–30.3., 1.4. und 2.4.43. Zitat: S. 83. Vgl. auch *Seldon*, S. 397. Das ursprüngliche Interesse Edens an der Idee wird z. B. von *Fish*, S. 337, völlig ignoriert.

Churchill zu Eden, als sie die Frage erörterten, wer wohl von der kollektiven Führung in Moskau auf das Schreiben der britischen Regierung antworten werde: »If it is Mol, you go. But if it is Mal, it's me.«[229] Doch die leitenden Mitarbeiter des Foreign Office hielten nach wie vor gar nichts von Churchills überschäumendem Optimismus und Aktivismus. Shuckburgh schrieb in sein Tagebuch: »I am very disturbed about this. The Russians have not made any concession which is more than trifle, but they look as if they were going to adopt a much cleverer policy for dividing and weakening the West than Stalin ever did. If so, we should be cautious and not rush in.«[230]

Eden wurde nun unsicher. Er begann, seine Haltung und die möglichen Konsequenzen eines Treffens mit Molotow zu überdenken und den Rat des Foreign Office einzuholen.[231] Permanent Under-Secretary William Strang, der ranghöchste Beamte im Außenministerium, organisierte eine Sitzung mit den für die UdSSR zuständigen Experten.[232] Aber auch Frank Roberts, der für die britische Deutschlandpolitik verantwortliche Deputy Under-Secretary, nahm an der Besprechung teil,[233] da das Foreign Office sich darüber im klaren war, daß eine Gipfelkonferenz und eine daraus resultierende Détente mit Moskau unabsehbare Folgen für die westliche Politik in der deutschen Frage haben würde.[234] Die versammelten Experten rieten alle davon ab, Molotow ein bilaterales Treffen vorzuschlagen.[235] Vor allem war den Diplomaten völlig rätselhaft, »what the agenda of such a meeting would be«. Die meisten Angelegenheiten könnten nur auf trilateraler Ebene, zusammen mit den USA diskutiert werden. Und die

229 *Shuckburgh*, S. 83: Tagebucheintrag, 24.–30. 3. 1953. Vgl. auch *Seldon*, S. 398; *Gilbert*, Churchill, Bd. 8, S. 812, Anm. 1.

230 *Shuckburgh*, S. 83.

231 Vgl. FO 371/106 537/NS 1071/41/G, Memorandum Strang an Eden, 28. 3. 1953.

232 *Seldon*, S. 398, spricht von der Einrichtung eines »committee«. Davon kann keine Rede sein, lediglich eine ad hoc-Sitzung war anberaumt worden.

233 Die versammelten Experten waren neben Strang und Roberts, Under-Secretary Paul Mason, Under-Secretary Bob Dixon und der Direktor des Northern Department, Harry Hohler. Womöglich nahm auch Shuckburgh teil, doch wird dies nicht deutlich. Vgl. FO 371/106 537/NS 1071/41/G, Memorandum Strang an Eden, 28. 3. 1953; *Shuckburgh*, S. 83: Tagebucheintrag, 1. 4. 1953.

234 Vgl. NS 1071/32/6: Aktenvermerk von Roberts an Mason, 23. 3. 1953. *Seldon*, S. 398, erwähnt zwar die Teilnahme Roberts an einer Diskussion am 1. April, macht sich aber keine Gedanken über die Gründe. An der Diskussion am 2. April nahm Roberts entgegen der Behauptung Seldons nicht teil. Vgl. BUA: Avon Papers, AP 20/1/28, Tagebucheintrag Eden, 2. 4. 1953.

235 In einem Memorandum an Eden erklärte Strang: »To plunge straight into a meeting with Mr. Molotov would cause questionings in Germany, would greatly increase French hesitation to ratify the E.D.C. Treaty and would be jealously regarded in the United States.« FO 371/106 537/NS 1071/41/G, Memorandum Strang an Eden, 28. 3. 1953.

verbleibende Themenliste für bilaterale Gespräche sei »indeed very thin«. »Any subject that it was safe to discuss would hardly be substantial enough to justify a high-level meeting.« Man einigte sich schließlich auf Edens Kompromiß, zuerst Botschafter Gascoigne den Kontakt mit Molotow »on a narrow basis« intensivieren zu lassen. Dies sei wohl die beste Methode, »to start the operation«. »If it gets no further than this, no harm would have been done, and perhaps some good.« Mit wenig Überzeugungskraft fügte Strang in seinem Memorandum hinzu: »If we can broaden out in such a way as to lead to a meeting between you and Mr. Molotow, so much the better.«[236]

Eden unterbreitete nun Churchill den von den Experten des Foreign Office abgesegneten Vorschlag, Botschafter Gascoigne vor der Kontaktaufnahme mit dem Kreml zur Berichterstattung nach London zu rufen. Diese Idee stieß jedoch auf den heftigen Widerstand des Premierministers.[237] Er machte Eden klar, daß Gascoigne »knows nothing that you do not know, and direct talks between you and Molotov was an important interim objective«.[238] Es war klar, daß Churchills Endziel immer noch in einem Gipfeltreffen der Regierungschefs bestand. Gascoigne nach London zu beordern, würde dagegen nur unnötige Aufmerksamkeit erregen. Churchill fügte hinzu, wobei er an Edens ausgeprägte Eitelkeit appellierte: »Many people would think that you have not got a view of your own on the subject.«

What is there, can you tell me, to ask for an audience about that you cannot telegraph direct to Molotov? I see no advantage in procedure for procedure's sake... I do not want an interview between Gascoigne and Molotov, but between Molotov and you. At a later stage, if all went well and everything broadened, I and even Ike might come in too.[239]

Gestützt auf Strangs Memorandum wies Eden Churchills Vorhaltungen entrüstet zurück. In komplizierten Zeiten sei es durchaus normal, den Botschafter persönlich zu konsultieren. Vor allen Dingen gebe es kaum bilaterale anglosowjetische Themen, über die er mit Molotow sprechen könne. Probleme wie Korea, Österreich, Deutschland könnten nur unter Einschluß der USA diskutiert werden. Gerade mit Blick auf die deutsche Frage, »it is Adenauer who would be most anxious. A discussion of Germany's future without his being present must do him great harm«. Eden erklärte, daß der Kreml seine Taktik geändert habe und zitierte dann wortwörtlich die Darlegungen William Strangs:

We have in the past been pretty sure that the Russians would not let us down by performing embarrassing conciliatory manoeuvres. It looks as though this is no longer true. Their peace propaganda will now have some more substance in it. Our own tactics will

236 Ebd.
237 Vgl. dazu *Steininger*, Deutschland, S. 1105 f.
238 FO 371/106 537/NS 1071/41/G, Churchill an Eden, 28.3.1953.
239 Ebd.

have to be to respond as freely as we can without surrendering vital positions like the North Atlantic Treaty: in this we may find the French to be very weak vessels.[240]

Deutlich wird, daß es den Experten des Foreign Office in nur wenigen Tagen hervorragend gelungen war, Edens ursprüngliche Begeisterung für ein Treffen mit Molotow zu dämpfen und ins Gegenteil umzukehren.[241] Dem Außenminister schien es nun immer weniger möglich zu sein, Bewegung in den Kalten Krieg und in die anglo-sowjetischen Beziehungen zu bringen. Dies wird bestätigt durch die Aussage des Konservativen Abgeordneten Douglas Dodds-Parker, der im Gespräch mit einem amerikanischen Diplomaten im Juli 1953 erklärte: »Eden has been too prone to depend upon the advice and subject himself to the influence of the permanent officials in the Foreign Office.«[242] Neben der Überzeugungskraft seiner außenpolitischen Berater spielten bei Edens Meinungswandel aber zwei weitere Beweggründe eine Rolle. Dem Außenminister war klar, daß die amerikanische Regierung die Zeit für ein Gipfeltreffen noch nicht für gekommen hielt. Vor allem strebte Eisenhower selbst an, bei einer eventuellen Gipfeldiplomatie die Initiative zu übernehmen; die USA waren sicherlich nicht bereit, dabei eine britische Federführung zu akzeptieren. Eden schien daher ein Alleingang Großbritanniens gerade angesichts der erst Anfang März in Washington ausgehandelten wirtschaftlichen und militärischen Hilfe der USA für sein Land wenig sinnvoll und möglicherweise »contra-productive« zu sein.[243] Strangs Warnung, ein Treffen der Briten mit Molotow oder Malenkow

240 Ebd., Eden an Churchill, 28.3.1953.

241 Im November 1990 wies Frank Roberts die Auffassung strikt zurück, daß die Diplomaten des FO versuchten, die Politiker zu beeinflussen, verwickelte sich dabei jedoch in Widersprüche. Erkennbar wurde, daß das FO sehr wohl bestrebt war, gegen die Politik Churchills Sturm zu laufen und zu versuchen, sie abzuändern. Roberts erklärte: »Well, I think the idea of British officials, manipulating Adenauer, manipulating Ernest Bevin, is so fantastic that I don't think it's worth wasting any time on. You advanced a view, they either accepted it or they didn't. But the problem with Churchill at the time is that he suddenly had this idea that before he died to do something to recreate the old relationships. The problem was that we were faced with a new situation... I did actually have to oppose Churchill's policy, knowing that Anthony Eden who was ill was opposed to it, knowing that by and large the Cabinet was opposed to it... knowing above all that the Chancellor of Germany was opposed and the President of the United States was opposed to it and that the French were opposed to it. These are the facts of the matter, it's very nice to say why didn't we let Churchill have his way, but it didn't rest with us, I mean that was the prevailing situation.« Zit. nach *Larres* (Hrsg.), S. 317.

242 NA: 741.13/7–1753, Memorandum des Gesprächs zwischen Douglas Dodds-Parker und Joseph Palmer, Zweiter Sekretär an der US-Botschaft in London, 16.7.1953. Siehe auch die Memoiren von *Dodds-Parker*, Political Eunuch, Ascot 1986, S. 61 ff.

243 Vgl. *Shuckburgh*, S. 83 f.: Tagebucheintrag, 1.4.1953. Zitat: FRUS 1952–54, Bd. 8, S. 1111–13: Memorandum Smith an Morgan, 10.3.1953.

»would be jealously regarded in the United States« war sicherlich berechtigt.[244] Bei näherem Nachdenken dämmerte es Eden zudem, daß Churchill die Gipfelpläne dazu benutzen wollte, seinen Rücktritt als Premierminister weiter hinauszuschieben und so seinen ehrgeizigen Außenminister auf die Nachfolge warten zu lassen.[245] Dies konnte den Außenminister nicht motivieren, Churchills ohnehin recht vage Gipfelkonferenzpläne zu fördern. Gestützt auf die Meinung seiner Berater setzte sich Eden bei Churchill mit dem Vorschlag durch, erst einmal Botschafter Gascoigne zur Konsultation nach London zurückzurufen.[246] Der amerikanischen Botschaft wurde erklärt, daß der Diplomat ohne besonderen Anlaß, »simply for general consultation«, zum Gespräch ins Foreign Office beordert worden sei.[247]

Während des ersten Gesprächs mit Gascoigne am 1. April machten die Experten des Foreign Office Eden unmißverständlich deutlich, daß sie nichts davon hielten »[to] go whoring after the Russians«. Die Alliierten, insbesondere die USA, würden kein Verständnis dafür aufbringen, »[that] Eden were gallivanting with Molotov«, kurz vor oder nach dem bevorstehenden NATO-Treffen Ende April.[248] Shuckburgh glaubte, daß es wenig sinnvoll sei, sich mit den USA auf

244 FO 371/106 537/NS 1071/41/G, Memorandum Strang an Eden, 28.3.1953.

245 Auf die Auseinandersetzungen zwischen Eden und Churchill über den Zeitpunkt des Rücktritts Churchills, die insbesondere ihre Zusammenarbeit während der Jahre 1953–55 charakterisierte, kann hier nicht und in den folgenden Kapiteln nur summarisch eingegangen werden. Vgl. dazu *Seldon*, S. 38 ff.; *Carlton*, Großbritannien, S. 51 ff.; *James*, Eden, S. 355 ff.; sowie die publizierten Tagebücher von *Shuckburgh, Colville,* Fringes, und *Moran.* Zahlreiche Hinweise finden sich vor allem auch in den Tagebüchern Anthony Edens für 1953, 1954 und 1955 und Edens andere Unterlagen, alle in: BUA: Avon Papers, AP 20/1/29, 30 und 31; AP 20/16/112, 123 ff., 140–59; AP 20/17/79, 138, 191–93, 195 ff., 200; dem Tagebuch Lord Wooltons (Diary, 1942–1960, S. 115 ff., Bodleian Library, Oxford), den Butler-Papers (G 26/55, 56–58, 59 ff., G 27/18–19, 98, 103–106, 108–13, G 46/8, Trinity College, Cambridge); Colville Papers (3/5, Churchill College, Cambridge); und den Beaverbrook Papers (HL: BBk C/58 Breckan, C/250 Moran).

246 Am 29. März bat Eden Gascoigne nach London zu kommen. Er hatte ihn bereits am Tag zuvor um einen Kommentar zu einem eventuellen Treffen mit Molotow gebeten. Vgl. BUA: Avon Papers, AP 20/16/10, Strang an Gascoigne Nr. 141, 28.3.1953; ebd., Nr. 142, 29.3.1953.

247 Auf Anraten Edens teilte Churchill Botschafter Aldrich nichts über seine beabsichtigte Gipfeldiplomatie mit. NA: 761.00/4–153, Aldrich, London, an State Department Nr. 84, 1.4.1953. Vgl. PREM 11/422, Aktennotiz über das Gespräch Churchill–Aldrich, M.61/53, 30.3.1953.

248 *Shuckburgh*, S. 83 f.: Tagebucheintrag, 1.4.1953. Zitate: S. 84. Eine Auflistung der mit Gascoigne diskutierten Themen befindet sich in: BUA: Avon Papers, AP 20/16/10B, 1.4.1953.

ein Wettrennen um die Gunst Moskaus einzulassen.[249] Obwohl dem Privatsekretär zufolge, Eden zu Beginn des Gesprächs mit Gascoigne noch »very keen« gewesen war, sich vielleicht doch mit Molotow zu treffen, hatten ihn am Ende der Diskussion die Argumente der Diplomaten wieder überzeugt.[250] Shuckburgh schrieb: »A. E. was much impressed by all this and agreed with a lot of it.«[251] Am 2. April diskutierte Eden die Angelegenheit noch einmal mit den Experten Strang, Dixon, Mason und Gascoigne. In seinem Tagebuch notierte er:

> We all agreed that events were moving fast enough & that a meeting would endanger EDC, encourage French to hang back & generally cause confusion at this time. If matters dragged this would be another question.[252]

Eden war der Meinung, es sei ihm gelungen, Churchill davon zu überzeugen, erst einmal die Entwicklungen in Moskau abzuwarten.[253] Am Tag darauf wurde ihm jedoch klar, daß der Premierminister seine Argumente nicht verstanden hatte, bzw. nicht hatte verstehen wollen.[254] Über seine zunehmenden Schwierigkeiten mit Churchill informierte der Außenminister seinen Sohn in einem Brief vom 10. April: »All is well ... except that W[inston] gets daily older & is apt to ring up & waste a great deal of time. Between ourselves the outside world has little idea how difficult all that becomes. Please make me retire before I am 80!«[255]

249 Shuckburgh schrieb: »I tried to illustrate the truth that this hankering after a meeting with Molotov is equivalent to a willingness, for the sake of popularity, to abandon policies hitherto pursued: running after the Russians in case our allies do it first. And fancy not telling the NATO powers.« *Shuckburgh*, S. 84: Tagebucheintrag, 1.4.1953.

250 *Seldon*, S. 398, behauptet: »although all the Foreign Office team were opposed to the idea, they did not press their objections, solely because they felt that Eden was so keen.« Dies entspricht keinesfalls den Tatsachen. Die Experten äußerten im Gegenteil so viele Gegenargumente, daß sie den Außenminister überzeugen konnten.

251 *Shuckburgh*, S. 83, 84: Tagebucheintrag, 1.4.1953.

252 BUA: Avon Papers, AP 20/1/29, Tagebucheintrag Eden, 2.4.1953. Auch zit. in: *James*, Eden, S. 361.

253 BUA: Avon Papers, AP 20/1/29, Tagebucheintrag Eden, 2.4.1953.

254 Eden teilte seinem Tagebuch mit: »I was taken aback by W[inston] ringing in the morning & saying somewhat challengingly ›So you have given up the idea of seeing Molotov. I don't like that at all.‹ He had entirely forgotten yesterday's conversation – went over it again with him carefully & he appeared to agree & begin to recollect... When he did ring up [again] it was evident he still did not, but he gave up idea of sending message himself [to Molotov or Malenkov].« Ebd., Tagebucheintrag Eden, 3.4.1953. Auch zit. in: *James*, Eden, S. 361 f.

255 Zit. nach *James*, Eden, S. 362. Die Divergenzen zwischen Churchill und den anderen Regierungsmitgliedern, insbesondere mit den Außenpolitikern, kamen im House of Commons erstmals am 1. April zur Sprache. Der Labour-Abgeordnete Lewis forderte Churchill auf, sowohl »from the point of view of Her Majesty's Government and from his personal point of view« die Versicherung abzugeben, daß er keine Gelegenheit versäumen werde, eine Gipfelkonferenz anzuregen. Churchill erklärte: »I do not

Am 9. April, nach einem weiteren Gespräch mit Eden am 6. April,[256] kehrte Gascoigne nach Moskau zurück, mit dem Auftrag, Molotow die Regelung kleinerer bilateraler anglo-sowjetischer Angelegenheiten anzutragen.[257] So sollte etwa die Aushandlung eines neuen Fischereiabkommens als Test für die generelle sowjetische Konzessionsbereitschaft im Kalten Krieg unternommen werden, die Bewegungsfreiheit britischer Diplomaten und die Weigerung der UdSSR angesprochen werden, russische Ehefrauen britischer Staatsbürger ausreisen zu lassen.[258] Um Gascoigne die Aufgabe zu erleichtern, hatte Churchill am 3. April Eden überzeugen können, Molotow durch den Botschafter ein Telegramm übermitteln zu lassen, bei dessen Abfassung der Premierminister dem Außenminister behilflich gewesen war.[259] Am 11. April wurde Gascoigne von Molotow in betont freundlicher Weise empfangen. Doch abgesehen davon, daß der sowjetische Außenminister die ihm von Churchill ausgerichteten herzlichen Grüße erwiderte und die Hoffnung auf eine Verbesserung der anglo-sowjetischen Beziehungen ausdrückte, waren keine aufsehenerregenden Ergebnisse zu verzeichnen.[260] Auf Anraten Edens und des Foreign Office[261] hatte Churchill sicherheitshalber in seinem Brief an Eisenhower vom 5. April zu erwähnen ›vergessen‹, daß Gascoignes Kontaktaufnahme mit Molotow letztlich zu einem Treffen zwischen Molotow und Eden und schließlich zwischen Malenkow und Churchill führen sollte.[262]

admit of any distinction between my personal point of view and that of Her Majesty's Government.« Dies entsprach aber zu diesem Zeitpunkt bereits nicht mehr vollständig der Wahrheit. Vgl. *Churchill*, Oral Answers, Three Power Talks, in: H.C., Parl. Deb., 5th series, Bd. 513, 1.4.1953, Sp. 1210.

256 Allerdings war dies nicht das erste und letzte Gespräch wie Seldon behauptet, sondern zumindest das dritte. Vgl. *Seldon*, S. 618, Anm. 24.

257 Gascoigne war vom 1.–9. April in London. Vgl. The Times, 10.4.1953.

258 Vgl. *Boyle* (Hrsg.), S. 36f.: Churchill an Eisenhower, 5.4.1953.

259 So zumindest *Gilbert*, Churchill, Bd. 8, S. 812. Allerdings stimmt es nicht, wie *Fish*, S. 337, behauptet, daß Churchill Eden instruierte, bereits am 2. April ein Telegramm an Molotow zu senden. Siehe auch *Steininger*, Deutschland, S. 111f. PRO: PREM 11/422, FO an Botschaft in Moskau Nr. 171, 8.4.1953. Ein erster Entwurf des Schreibens an Molotow ist auf den 3.4. datiert. Es wurde aber erst am 8.4. abgeschickt. Der Entwurf wie das Schreiben ist im übrigen Churchills erster Fassung vom 28. März inhaltlich sehr ähnlich.

260 PREM 11/422, Gascoigne, Moskau, an FO Nr. 233, 234–37, 11.4.1953.

261 Vgl. ebd., Meinungsaustausch zwischen Eden und Churchill vom 3. und 4.4.1953.

262 Vgl. *Boyle* (Hrsg.), S. 36f.: Churchill an Eisenhower, 5.4.1953; Shuckburgh, S. 83f.: Tagebucheintrag, 1.4.1953. Vgl. zu Churchills ›phasigen‹ Gipfelkonferenzplänen auch *Foschepoth*, Churchill, S. 1288. Churchill teilte dem Präsidenten lediglich mit: »For our part we are sending our Ambassador back to Moscow with instructions to try to settle with Molotov a number of minor points which concern Britain and Russia alone and have caused trouble in the last few years. None of these are of major importance.« *Boyle* (Hrsg.), ebd.

Zu dem Zeitpunkt, als Gascoigne in Moskau von Molotow empfangen wurde, hatte der 78jährige Churchill bereits neben dem Amt des Premierministers auch vertretungsweise das Foreign Office als amtierender Außenminister übernommen. Eden mußte sich am 12. April einer dringenden Gallenoperation unterziehen, die ihn bis Ende September außer Gefecht setzen sollte.[263] Die eigentliche außenpolitische Arbeit mußte nun von Selwyn Lloyd, dem Minister of State, geleistet werden. Dieser schrieb in einem Brief: »The PM is in theory in charge of the Foreign Office, but does not do any of the detailed work.«[264] Churchill beabsichtigte, sich ganz auf die große Politik zu konzentrieren, nahm er doch an, daß Eden nur für etwa fünf bis sechs Wochen ausfallen würde.[265] Der Premierminister ging die Leitung des Foreign Office mit großer Begeisterung an, da ihm dies eine Chance zur Realisierung seiner Gipfelpläne darzustellen schien.[266] Vorsorglich hatte Eden, bevor er sich auf die Reise zu einer weiteren Operation in Boston machte, seinen Parliamentary Under-Secretary, den Abgeordneten Anthony Nutting, gewarnt: »Don't let the old man appease the Bear too much in my absence.«[267]

263 Der schon seit längerem an ernsten Magenbeschwerden leidende Eden hatte von der Dringlichkeit einer Operation am 4. April erfahren. Am 12. April fand sie in London statt, doch verlief sie recht erfolglos. Eine zweite Operation am 29. April wurde notwendig, bei der Eden nur knapp dem Tod entging. Nach einer längeren Erholungspause begab sich der völlig geschwächte Außenminister am 5. Juni in die USA, um sich dort in einer Spezialklinik in Boston zum dritten Mal operieren zu lassen. Die dortige Behandlung war erfolgreicher. Nach längeren Kuraufenthalten und einer Kreuzfahrt durch das Mittelmeer war er aber erst am 1. Oktober so weit gestärkt, daß er wieder die Leitung des FO übernehmen konnte. Vgl. BUA: Avon Papers, AP 20/1/29, Tagebucheintrag Eden 2.4. und 4.4.1953; AP 20/1/29A, Tagebuch Eden: »Convalescence Cruise«, Aug.–Sept. 1953, Tagebucheintrag 1.10.1953. Vgl. auch *Shuckburgh*, S. 85. Zu Edens Krankheitsgeschichte siehe vor allem: *James*, Eden, S. 361–66; *Carlton*, Eden S. 327f.; *Gilbert*, Churchill, Bd. 8, S. 814f., 817, 820; *Anthony Eden* (Lord Avon), Full Circle. Memoirs, London 1960, S. 51f.

264 Zit. nach *Thorpe*, S. 170.

265 Vgl. BUA: Avon Papers, AP 19/1/76, Brief Churchills an Eden, 6.4.1953.

266 Vgl. *Seldon*, S. 398f.; *James*, Eden, S. 364. Versöhnlich, wenn auch nicht ganz wahrheitsgemäß, teilte er dem kranken Außenminister mit: »Happily we are fully agreed in outlook, and I will look after your foreign policy as well as your political interests.« Vgl. BUA: ebd.

267 Zit. nach *Carlton*, Eden, S. 333. Bestätigt durch Sir Anthony Nutting in einem Interview vom 23.1.1991 in London. Siehe auch *Thorpe*, S. 171.

7. Eisenhowers Rede vom 16. April 1953

Am 16. April 1953, 43 Tage nach Stalins Tod, hielt Eisenhower seine ›Chance for Peace‹-Rede vor der »American Society of Newspaper Editors« in Washington.[268] Der Präsident rief die neue Führung in der Sowjetunion dazu auf, der Welt ihre friedliche Gesinnung durch »impressive signs« und »honest acts of peace« darzulegen, damit der Menschheit nun endlich »a golden age of freedom and of peace« ermöglicht werde. Ohne eine Gipfelkonferenz zu erwähnen, schlug Eisenhower den neuen Männern im Kreml vor, ihren Einfluß bei der Beilegung des Koreakrieges geltend zu machen, die osteuropäischen Nationen ihre eigene Regierungsform wählen zu lassen, die deutsche und österreichische Frage zu lösen und zum Partner bei einem allgemeinen Abrüstungsvertrag zu werden. Der Tod Stalins habe eine neue Ära eingeläutet. »So the new Soviet leadership now has a precious opportunity to awaken ... and to help turn the tide of history.« Die freigesetzten finanziellen Mittel und materiellen und spirituellen Kräfte könnten dazu benutzt werden, mit Hilfe der Vereinten Nationen den allgemeinen Lebensstandard in der Welt zu heben. »This would be a declared total war, not upon any human enemy but the brute forces of poverty and need.«[269]

Die internationalen Reaktionen auf die Rede waren, wie es die diplomatische Höflichkeit gebot, alle durchweg positiv. Churchill schrieb dem Präsidenten, die Rede »was well received here by all parties... No dissent was expressed in any part of the House«.[270] Während seiner Rede in Glasgow am 17. April bezeichnete er die Äußerungen Eisenhowers als »massive und magnificent statement«, doch glaubte er betonen zu müssen, daß der Präsident »has closed no door upon sincere efforts to reach a true world peace«.[271] Auch die französische Regierung »considered substance and tone excellent«. Außenminister Bidault betonte vor allem die Wichtigkeit »of linking progress toward arms reduction agreement with progress toward German unification«.[272] Selbst Andrei Gromyko, von Juni

268 Die Rede ist abgedr. in: FRUS 1952–54, Bd. 8, S. 1147–55.

269 Ebd. Zitate: S. 1147, 1149, 1150, 1151–54.

270 *Boyle* (Hrsg.), S. 46: Churchill an Eisenhower, 21. 4. 1953. Vgl. zu Churchills und Herbert Morrisons Äußerungen im Parlament: H. C., Parl. Deb., 5th series, Bd. 514, Sp. 649–51, und die dort von Churchill zitierten positiven Äußerungen Morrisons im Daily Herald vom 17. April.

271 NA: 741.00/4–1853, Holmes, US-Botschaft London, an State Department Nr. 5668, 18. 4. 1953. Siehe auch ebd., Nr. 5669, 18. 4. 1953, zu einer ausführlicheren Zusammenfassung der Reaktion britischer Politiker, die sich im allgemeinen offiziell recht positiv äußerten. Die meist auch positiven Reaktionen anderer ausländischer Politiker auf die Rede wie übermittelt von den amerikanischen Botschaften sind zu finden in: ebd., 611.00. Zu der Meinung des Bundeskanzlers, der von einem amerikanischen »Friedensangebot an die Sowjetunion« spricht siehe *Adenauer*, Erinnerungen 1953–55, S. 203 f. Zitat: S. 203.

1952 bis April 1953 Botschafter in London, charakterisierte die Rede des Präsidenten als »not bad but too vague«. Indirekt bestätigte er die westlichen Vermutungen, daß Moskau sich seit Stalins Tod verstärkt Gedanken über die deutsche Frage machte. »The crux of the matter was Germany«, erklärte Gromyko dem französischen Botschafter in London. »What did the President actually propose with regard to Germany?«[273] Die Presse äußerte sich ebenfalls positiv zu der Rede. *Pravda* und *Izvestia* druckten sie in voller Länge ab. Die *New York Times* bezeichnete Eisenhowers Worte als »magnificent and deeply moving«, obwohl sie, wie die Zeitung erklärte, offensichtlich geäußert worden waren, »[to] seize the peace initiative from the Soviets«. Das Magazin *The New Yorker* berichtete, die Rede habe zweifellos »reestablished American leadership in the world«. Auch habe Eisenhower »scored an immense triumph with both world and American opinion«.[274] Die Eisenhower-Regierung hatte in der Tat dafür gesorgt, daß niemand in der Welt die Rede würde ignorieren können. In Großbritannien wurde sie *live* über Radio und Fernsehen übertragen; das State Department sandte mehr als drei Millionen Broschüren mit dem Redetext zur Verteilung an die Bevölkerung nach Europa und Lateinamerika, alleine in der Bundesrepublik gelang es, den Vortrag an 921 Zeitungen und Zeitschriften zu vermitteln; Film- und Tonbandaufzeichnungen der Rede des Präsidenten wurden großzügig überall in der Welt verteilt. Bandaufzeichnungen der Worte Eisenhowers konnten mittels der »Voice of America« auch in den osteuropäischen Ländern empfangen werden.[275] Eisenhowers enger Berater Sherman Adams bezeichnete die Rede angesichts des enormen Propagandaaufwandes denn auch als »the most effective ... of Eisenhower's public career, and certainly one of the highlights of his presidency«.[276]

Dies muß jedoch sehr bezweifelt werden. Die Rede hatte schließlich nicht die geringsten Veränderungen zur Folge. Weder bemühte die Regierung sich, ihr Versprechen hinsichtlich der Hebung des Lebensstandards einzuhalten – an einen weltweiten Marshall-Plan, den Jackson noch Anfang März hatte organisieren wollen, dachte keiner mehr – noch wurde eine wirkliche Annäherung der

272 FRUS 1952–54, Bd. 6, S. 1346: Dillon, Paris, an State Department, 16.4.1953.

273 FO 800/698, Memorandum Selwyn Llyod über sein Gespräch mit dem französischen Botschafter in London am 20.4.1953, der ihm wiederum über sein Gespräch mit Gromyko unterrichtete. Gromyko war gerade zum Ersten Stellvertretenden Außenminister ernannt worden. Yakov A. Malik wurde Gromykos Nachfolger als Botschafter in London. Siehe *Andrei Gromyko*, Memories, London 1989, S. 154ff., bes. 310ff.

274 Vgl. *Hoopes*, S. 173; *Donovan*, S. 74; *Hughes*, S. 113f.; *Nitze*, S. 145.

275 Vgl. *Donovan*, S. 110; *Cook*, Declassified Eisenhower, S. 180f.

276 *Adams*, S. 97. Zustimmend äußern sich auch etwa *Callahan*, Dangerous Capabilities, S. 149, und *Cook*, ebd., S. 179, 180.

beiden Supermächte möglich.[277] Da die Administration keinerlei Anstrengungen unternahm, konkrete Maßnahmen zur Verbesserung des internationalen Klimas zu ergreifen, konnte selbst die sich andeutende Détente nach Stalins Tod nicht verwirklicht werden. Die Hoffnung, »that the rigors of winter with its immobility and ice and snow was giving way in the world to the warmer climate of spring«, sollte sich als trügerisch herausstellen.[278] Dies änderte sich auch nicht, als der Koreakrieg im Sommer 1953 beendet werden konnte, obwohl sein Ende im Westen intern doch immer als Vorbedingung für eine Gipfelkonferenz mit Moskau und überhaupt als »an essential prerequisite to any future improvement in the world situation« angesehen worden war.[279] Da die Ratifizierung der EVG und damit die Westintegration der Bundesrepublik nach wie vor nicht gelungen war, blieb Eisenhowers und Dulles' Widerstand gegen die Gipfeldiplomatie mit Moskau bestehen. Allerdings verlief auch die geplante psychologische Kriegführungsoffensive der USA weitgehend im Sande.

Zwei Tage nach Eisenhowers Rede, am 18. April, hielt Dulles vor dem gleichen Publikum der Zeitungsverleger ebenfalls eine programmatische Rede.[280] Der Außenminister bezweifelte nach wie vor, daß die sowjetische Friedenskampagne eine grundsätzliche Änderung der Politik Moskaus anzeige. Sie sei wohl mehr als taktische Anpassung an die Weltlage zu verstehen; von Zeit zu Zeit glaube Moskau, gewisse Konzessionen seien nötig, »in order to buy off a powerful enemy and gain a respite«. Dulles legte zwar dar, diese Konzessionen, die »still minor« seien, hätten die USA dazu angeregt, »to launch a true peace offensive«, um der UdSSR die Möglichkeit zu geben, die »Eisenhower tests« zu bestehen. Doch Vorsicht sei nach wie vor angebracht. Die Regierung lasse sich nicht täuschen. »Nothing that has happened has induced in us a mood of relaxation.« Dulles erklärte, es würde einer »illusion of peace« gleichkommen, falls es zu einem »settlement based on the status quo« kommen würde. Er erläuterte die Wichtigkeit, »that we should make clear to the captive people that we do not accept their captivity as a permanent fact of history«.[281]

Diese Äußerungen waren natürlich seiner Rhetorik aus dem Wahlkampf von 1952 und dem Standpunkt C. D. Jacksons wesentlich ähnlicher als der Meinung,

277 In der ersten Kabinettssitzung nach der Rede diskutierte man nicht etwa, wie die in dem Vortrag enthaltenen Anregungen verwirklicht werden könnten. Stattdessen wurde ausschließlich über innenpolitische Probleme gesprochen. Vgl. *Nitze*, S. 145 f.

278 Dies waren die Worte des sowjetischen Staatsoberhaupts Woroschilow im Gespräch mit Bohlen, 20.4.1953. Bohlen residierte seit dem 11.4. als neuer amerikanischer Botschafter in Moskau. Siehe FRUS 1952–54, Bd. 8, S. 1155. Vgl. zu Bohlens Tätigkeit in der UdSSR: *Bohlen*, S. 338 ff.; *Michael J. Ruddy*, The Cautious Diplomat. Charles E. Bohlen and the Soviet Union, 1929–1969, Kent/Oh. 1985, S. 125 ff.

279 FRUS, ebd., S. 1156: Bohlen über sein Gespräch mit Woroschilow, 20.4.1953.

280 Dulles' Rede vom 18.4.1953 mit dem Titel »The Eisenhower Foreign Policy, a world-wide peace offensive« ist abgedr. in: *Rostow*, S. 122–31.

281 Zit. nach *Rostow*, S. 125, 127, 130 f.

die Dulles während der Ausarbeitung von Eisenhowers Rede intern vertreten hatte. Man kann nur annehmen, daß Dulles die Rede im wesentlichen hielt, um im Zuge der McCarthy-Hysterie dem rechten Flügel der Republikanischen Partei keinen Anlaß zur Unzufriedenheit mit der Eisenhower-Regierung zu geben. Er glaubte aber wohl kaum daran, seine Worte würden sich einmal in die Tat umsetzen lassen. Dem britischen Botschafter Roger Makins wurde einige Zeit später von Bedell Smith mitgeteilt, »[that] Foster Dulles' caveats were largely for home consumption and were not intended to vitiate the general design«.[282] Vielleicht wollte der Außenminister auch sichergehen, daß Moskau die vom Ton her weniger aggressive Ansprache des Präsidenten vom 16. April nicht mißdeutete und etwa als Aufforderung verstand, eine Viermächtekonferenz über Deutschland vorzuschlagen.[283] Die mögliche Reaktion Moskaus muß auch dem Präsidenten Sorge bereitet haben. Es ist äußerst unwahrscheinlich, daß Eisenhower die Rede Dulles' nicht zuvor gelesen hatte. Die Überlegungen über die psychologische Kriegführungsoffensive gegenüber der UdSSR und der Prozeß der Ausarbeitung seiner Rede vom 16. April zeigten schließlich in aller Deutlichkeit, daß Eisenhower nicht nur aktiv beteiligt war, sondern die führende Rolle spielte und persönlich entschieden hatte, daß die Realisierung von Churchills Gipfeldiplomatie verhindert, zumindest aber hinausgezögert werden mußte. Der Präsident traute den Machthabern im Kreml noch weniger als der Außenminister. Lord Salisbury, ein Vertrauter Churchills, berichtete dem Foreign Office im Sommer 1953, »that I found the President, to my surprise, very strongly anti-Russian, far more so than Dulles«.[284] Im Gegensatz zu beispielsweise Anthony Eden ließ Eisenhower sich auch keinesfalls von seinen Mitarbeitern zu etwas drängen, das er nicht prinzipiell guthieß. Nicht Dulles dominierte die Außenpolitik der Eisenhower-Regierung in allen ihren Aspekten, sondern der Präsident persönlich. Während die Historiker mehrheitlich erst in den 80er

282 FO 371/106 532/NS 103 45/12/G, Brief Makins an Strang, 4.6.1953.

283 Damit scheint er auch in der Tat Erfolg gehabt zu haben. Der ehemalige sowjetische Diplomat Georgi Kornienko war im Nov. 1990 der Meinung, daß »The Soviets were sure that a speech by Dulles two days later meant to strengthen the President's message and was a more blunt expression of US goals and intentions«. Zit. nach *Vladislav M. Zubok*, Soviet Intelligence and the Cold War. The »Small« Committee of Information, 1952–53, Washington/D.C. 1992, S. 14.

284 PREM 11/419, Salisbury an Churchill Nr. 4, T. 221/53, 16.6.53. Vgl. ganz ähnlich Salisburys Bericht über seinen Besuch in Washington: CAB 128/26, Teil 2, C.C. (53)44th Conclusions, Minute 4, 21.7.53. Siehe auch FO 800/794 (30.6. und 14.7.53) und FO 371/125 033/ZP 3/34/G: Treffen Eisenhower mit den Teilnehmern der Washingtoner Außenministerkonferenz am 11.7.53 im Weißen Haus. Hierbei äußerte sich Eisenhower betont aggressiv antikommunistisch. Er reflektierte etwa über die mögliche Rekrutierung von »liberation battalions« mit Hilfe der sich in der Bundesrepublik aufhaltenden Flüchtlinge aus Osteuropa. Siehe Kap. V.3. zur Washingtoner Konferenz.

Jahren allmählich zu dieser Einsicht gelangten, hatte Adenauer dies schon während seines ersten Amerikabesuchs im April 1953 erkannt und sich wohl an seine eigene Rolle in der westdeutschen Politik erinnert. Auf dem Rückflug von Washington nach Bonn, während eines kurzen Zwischenaufenthalts in London, teilte der Kanzler Frank Roberts am 20. April mit: »It was his firm conviction that, despite appearances, the President knew exactly what he was doing and had his ship well under control. This applied particularly, to external affairs... American foreign policy was definitely that of President Eisenhower and Mr. Dulles's role was simply to execute it.«[285]

285 PREM 11/446, Roberts an Strang, 20.4.1953. Siehe auch FO 371/103 983/CW 10713/1.

IV. Sommer der Unschlüssigkeit: Churchill, der Westen und die deutsche Frage

1. Churchill und Eisenhower: Weitere Differenzen

Vier Tage nach Eisenhowers ›Chance for Peace‹-Rede betonte Churchill im Parlament, er hege die Hoffnung, baldmöglichst »conversations on the highest level, even if informal and private, between some of the principal Powers concerned« führen zu können.[1] In der Parlamentsrede übte Churchill auch vorsichtige Kritik an den in der Rede des Präsidenten enthaltenen unrealistischen Forderungen an die Sowjetunion. Churchill erklärte, er erwarte nicht, daß Moskau »an immediate categorical reply to the many grave and true points« der Rede Eisenhowers gebe.[2] Die amerikanische Botschaft in London bezeichnete Churchill »carefully worded statement« als »[the] ›warmest‹ statement Churchill has made since he assumed office on [the] question [of] negotiating with [the] Soviets«.[3] Dr. Georg Rosen, zweiter Mann an der westdeutschen Vertretung in London, wurde sogleich bei Frank Roberts vorstellig. Er drückte die Furcht aus, Großbritannien strebe Viermächtegespräche über den Kopf der Bundesregierung hinweg an. Roberts wies dies als unbegründet zurück.[4] Noch am gleichen Tag gab Churchill Botschafter Gascoigne den Auftrag, Molotow den Text seiner Bemerkungen im Unterhaus zu übermitteln. Zusätzlich ließ er dem sowjetischen Außenminister ausrichten: »I asked Gromyko to give you my good wishes, which no doubt he has done.«[5]

In einem Brief an Eisenhower vom 21. April versuchte Churchill, den Präsidenten unter Zugzwang zu setzen. Er sprach sich für eine Fortsetzung der Potsdamer Konferenz der Großen Drei in dem neutralen Stockholm aus – also

1 *Churchill*, World Peace (President Eisenhower's Declaration), in: H. C., Parl. Deb., 5th series, Bd. 514, 20.4.1953, Sp. 649f.; siehe auch PREM 11/429, Memorandum eines trilateralen Gesprächs (USA–GB–Frankreich) in Paris, 25.4.1953.

2 *Churchill*, ebd. Siehe auch Churchills Rede vom 17.4.1953 in Glasgow, in: *James* (Hrsg.), Complete Speeches, Bd. 8, S. 8470. Vgl. dazu *Gilbert*, Churchill, Bd. 8, S. 815f.

3 NA: 741.00/4–2053, Aldrich an State Department Nr. 5686, 20.4.1953.

4 FO 371/103 644/C 1071/1, Aktennotiz Roberts an Strang über sein Gespräch mit Dr. Rosen, 21.4.1953. Der französische Botschafter erklärte dagegen, »[that] the Prime Minister's statement was perfect«. FO 800/698, Memorandum Lloyd über sein Gespräch mit dem französischen Botschafter Massigli, 20.4.1953.

5 PREM 11/422, FO an Gascoigne Nr. 228, 20.4.1953; FO 371/106 505/NS 1013/22AG, Gascoigne an FO Nr. 18, 29.4.1953 (»Weekly Summary« der Woche 23.–29.4.1953).

an dem Ort, den Eisenhower selbst im Gespräch mit Churchill am 5. Januar in New York für ein mögliches Gipfeltreffen ins Auge gefaßt hatte. Doch der Premierminister ging noch weiter. Er deutete an, daß, falls dies nicht möglich sei, er sich wohl alleine mit Malenkow treffen müsse: »If nothing can be arranged I shall have to consider seriously a personal contact.«[6] Eisenhower war von Churchills Vorschlägen, wie überhaupt von dem Briefwechsel mit ihm, wenig begeistert. Bereits Anfang März hatte er Eden gegenüber erwähnt, er finde die Briefe Churchills »tiresome«.[7] Am 25. April antwortete der Präsident dem Premierminister in freundlicher, wenn auch etwas zurückhaltender Weise. Seit dem Treffen in New York habe sich die Situation sehr verändert. Eisenhower hielt nichts von »premature action« und sprach sich dafür aus, »[to] watch developments for a while longer before determining our further course«. Falls Churchill »for some special and local reason« den persönlichen Kontakt mit Moskau aufnehmen wolle, erwarte er »as much advance notice as you could possibly give us«. Eisenhower vertröstete Churchill damit, daß bei gegebener Zeit ein Gipfeltreffen durchaus sinnvoll sein könne. Er machte aber deutlich, daß er die Teilnahme Frankreichs in jedem Fall als selbstverständlich voraussetzte.[8]

Churchill war nicht so leicht zu entmutigen, zumal am 23. April Gascoigne von Molotow erneut in sehr herzlicher Weise empfangen worden war.[9] Eisenhowers nicht unfreundlicher Brief vom 25. April erlaubte die Interpretation, letztlich würde es möglich sein, den Präsidenten von einem »summit« zu überzeugen. Hatte Eisenhower nicht geschrieben, daß es auch in den USA »some feeling« für ein Gipfeltreffen gebe?[10] Am 2. Mai führte Churchill ein Gespräch mit Deputy Under-Secretary Pierson Dixon, während dessen er seine Absicht erwähnte, »that he ought to offer himself ... to go to Moscow«. Dixon riet davon dringendst ab, doch der Premierminister erklärte unbeirrt, er werde versuchen, »to get back with the Soviet leaders on the old wartime basis«. Er drückte die Überzeugung aus, Moskau habe große Furcht vor dem Westen und er könne

6 *Boyle* (Hrsg.), S. 46: Churchill an Eisenhower, 21.4.1953. Von der Teilnahme Frankreichs war bei Churchill allerdings keine Rede. Vgl. auch die ganz ähnlichen Äußerungen Churchills während der Kabinettssitzung am 28.4.1953. CAB 128/26, Teil 1, C.C. (53)29th Conclusions, Minute 1. Siehe auch *Gilbert*, Churchill, Bd. 8, S. 819f.

7 Ende des Jahres schrieb Botschafter Makins gar, »the PM's messages irritated« Eisenhower und Dulles. BUA: Avon Papers, AP 20/1/29, Tagebucheintrag Edens, 4.3.1953. Eisenhower hatte Eden zudem mitgeteilt, daß er bei dem ersten Brief Churchills sogleich gedacht habe: »Here comes trouble.« AP 20/16/9, Brief von Makins an Eden, 23.12.1953. Am 8. Mai schrieb Eisenhower allerdings Churchill nicht ganz aufrichtig: »I like to have your letters.« Vgl. *Boyle* (Hrsg.), S. 52.

8 *Boyle* (Hrsg.), S. 47: Eisenhower an Churchill, 25.4.1953.

9 Das Gespräch ergab zwar keine konkreten Ergebnisse, doch fühlte sich Churchill ermutigt, hatte Molotow doch dem Premierminister seine allerherzlichsten Grüße übermitteln lassen. Vgl. PREM 11/422, Gascoigne an FO Nr. 209, 23.4.1953.

10 Vgl. *Boyle* (Hrsg.), S. 47: Eisenhower an Churchill, 25.4.1953.

vielleicht »allay their suspicions«, indem er beispielsweise Verständnis für den sowjetischen Wunsch »for outlets to the sea« zeige.[11] Am Abend des 3. Mai sandte Churchill dem Präsidenten den Entwurf eines Telegramms, das er Molotow schicken wollte. In seiner Eigenschaft als amtierender Foreign Secretary schlug Churchill dem sowjetischen Außenminister vor, er solle ihn Ende Mai für drei oder vier Tage zu informellen Gesprächen in Moskau empfangen.

I wonder whether you [Molotow] would like me to come to Moscow so that we could renew our own war-time relation and so that I could meet Monsieur Malenkov and others of your leading men. Naturally I do not imagine that we could settle any of the grave issues which overhang the immediate future of the world, but I have a feeling that it might be helpful if our intercourse proceeded with the help of friendly acquaintance and goodwill instead of impersonal diplomacy and propaganda. I do not see how this could make things worse.[12]

Am darauffolgenden Tag zeigte Churchill den Brief an Eisenhower Selwyn Lloyd und William Strang. Der Premierminister erklärte, falls Eisenhower keine Einwände habe, wolle er das Kabinett um Zustimmung zu der Reise nach Moskau bitten. Dennoch war er sich seiner Sache nicht sicher. Churchill erklärte, er zweifle noch, ob er Molotow die Botschaft senden solle, »though ... he probably would«. Die ganze Angelegenheit bereite ihm »great anxiety and had been a cause of deep heart-searching«. Falls er reise, sei es sein Ziel, die erneute Kontaktaufnahme zwischen Ost und West zu erreichen. Auf jeden Fall würde er sich vor dem Besuch große Mühe machen, dies Adenauer zu erklären. Strang versuchte erfolglos, den Premierminister von der Gefährlichkeit des Unternehmens zu überzeugen. Er wies ihn etwa darauf hin, seinem Besuch könnten leicht weitere Reisen westlicher Politiker folgen. Insbesondere wäre ein Besuch französischer Minister in Moskau »extremely dangerous, given the hankering at the back of the French mind for a Franco-Russian agreement against Germany«. Churchill wischte dieses Argument mit der Bemerkung vom Tisch, Frankreich sei nicht wirklich wichtig. Falls Paris die EVG nicht ratifiziere, werde die Bundesrepublik eben der NATO beitreten müssen.[13]

Eisenhower teilte die Sorge des Foreign Office und beantwortete Churchills Brief sofort. Er erwähnte »a bit of astonishment« angesichts Churchills Vorschlag, nach Moskau zu reisen und nicht zumindest einen neutralen Ort für ein Treffen mit Molotow zu wählen. Dies schien Eisenhower leicht als »weakness or over-eagerness« fehlinterpretiert werden zu können. Der Präsident warnte ebenfalls davor, die Folgen einer solchen »solitary pilgrimage« auf die Politik der

11 FO 800/821, Aktennotiz Dixon an Strang über sein Gespräch mit Churchill, 2.5.1953.

12 *Boyle* (Hrsg.), S. 48: Churchill an Eisenhower, 4.5.1953.

13 FO 800/821, SU/53/33, Memorandum Strang über sein Gespräch mit Churchill, 4.5.1953. Strang notierte handschriftlich, daß er Churchills Telegramme an Eisenhower und Molotow nur noch Pierson Dixon zeigte. Damit waren bisher lediglich Lloyd, Strang und Dixon informiert.

Verbündeten und den Zusammenhalt der NATO-Staaten zu unterschätzen. Allgemein würden schließlich von einem Besuch des britischen Premierministers in Moskau »concrete and dramatic achievements« erwartet. Falls man aber die französische Regierung nicht zu Rate zöge, war laut Eisenhower damit zu rechnen, daß die Franzosen eine Viermächtekonferenz vorschlagen würden, »and this, I am convinced, we are not ready for until there is some evidence, in deeds, of a changed Soviet attitude«.[14]

Interessant ist, daß ein erster, nicht abgeschickter Briefentwurf eine wesentlich verständnisvollere Haltung Eisenhowers gegenüber Churchills Plänen aufwies, als es der überarbeitete abgesandte Brief tat. In dem Entwurf hatte Eisenhower erklärt, er persönlich könne keinesfalls nach Moskau fahren. Zwar wäre er »more than glad to meet the man [Malenkow] unilaterally or multilaterally at any logical point«, doch könnte die amerikanische Bevölkerung die Bedeutung einer Reise nach Moskau mißverstehen. Als mögliche Alternativen betrachte er Genf, Stockholm »or even Berlin«. Eisenhower erläuterte, er sei von der Ernsthaftigkeit Moskaus bei solchen Gesprächen überzeugt, insbesondere falls »each successive step« der erzielten Übereinkünfte »[would] carry its own guarantee of performance«. Dies bedeutete, daß Eisenhower entgegen dem Tenor seiner Rede vom 16. April, in der er die Erfüllung einer ganzen Reihe von Vorbedingungen verlangt hatte, Schritt-für-Schritt-Abmachungen für erörterungswürdig hielt. Während der abgesandte Brief mit der forschen Feststellung endete, Churchill müsse die Entscheidung letztlich selbst treffen, doch rate ihm Eisenhower von der Reise ab, schloß der Briefentwurf mit den wesentlich entgegenkommenderen Worten: »It is possible, of course, that your sources of information indicate that much good might result from this kind of visit. In any event, you must do whatever your own judgement and experience indicate to you as your best possible contributions toward reaching the practical understandings so essential to us today.«[15]

Die Schlußfolgerung scheint berechtigt zu sein, daß Eisenhower noch Anfang Mai 1953 einem Gipfeltreffen mit der Sowjetunion gar nicht so ablehnend gegenüberstand. Die von Churchill vorgebrachten Argumente schienen ihre Wirkung nicht verfehlt zu haben. Dies entspricht der während der Vorbereitung der ›Chance for Peace‹-Rede anfänglich von Eisenhower gezeigten Unschlüssigkeit, ob er nun Moskau ein Gipfeltreffen vorschlagen sollte oder nicht. Es liegt nahe anzunehmen, ohne es jedoch den Dokumenten explizit entnehmen zu können, daß die Experten des State Department Eisenhower überzeugt hatten, den Entwurf seines Briefes an Churchill abzuändern. Die Diplomaten waren schließlich in ihrer Mehrheit, der sich Dulles anschloß, wegen der möglichen Folgen auf die

14 *Boyle* (Hrsg.), S. 49f.: Eisenhower an Churchill, 5.5.1953.

15 EL: Ann Whitman File, International Series, Box Nr. 16, Akte: President-Churchill, Bd. 1 (4), Entwurf eines Briefes von Eisenhower an Churchill, 4. und 5.5.1953.

EVG und den Zusammenhalt des westlichen Bündnisses strikt gegen die Einberufung eines »summit«.

Churchill wußte natürlich nichts von dem ersten, entgegenkommenderen Briefentwurf Eisenhowers. Sein Antwortbrief vom 7. Mai auf das Schreiben des Präsidenten vom 5. Mai war daher schon weniger freundlich gehalten als seine vorherigen Briefe. Er legte nochmals seine Gründe dar, nach Moskau reisen zu wollen.[16] Der Premierminister betonte, daß er es nach wie vor vorziehen würde, sich zusammen mit Eisenhower an einem beliebigen Ort mit den Spitzen der sowjetischen Regierung zu treffen, schien ihm dies doch »the best chance of a good result« zu sein. Doch scheute sich Churchill nicht, seiner Verärgerung über Eisenhowers »weighty adverse advice« Luft zu machen. »I find it difficult to believe that we shall gain anything by an attitude of pure negation and your message to me certainly does not show much hope.«[17] Trotzdem zeigte Churchill sich bereit, seine Reise nach Moskau zu verschieben. Gegenüber dem Widerstand der USA und diverser anderer westlicher Regierungen, einschließlich derjenigen der Bundesregierung,[18] wagte er es nicht, seine Absicht in die Tat umzusetzen. Er hatte ja bisher nicht einmal die Unterstützung seiner eigenen außenpolitischen Experten gewinnen können.[19] Churchill teilte Eisenhower am 7. Mai mit, er wolle seine Kollegen konsultieren und mit dem Brief an Molotow bis Ende Juni warten, zumal dann die bevorstehende Krönung Elisabeth II. und die Haushaltsentscheidungen des amerikanischen Kongresses vorbei seien. »Perhaps by then you may feel able to propose some combined action.«[20]

Eisenhower war sich der Verärgerung Churchills bewußt. Um ihn bei Laune zu halten, machte er in seinem nächsten, sich hauptsächlich auf den Nahen Osten beziehenden Brief vom 8. Mai, einige freundliche Bemerkungen. Der Präsident erklärte etwa, er vertrete auch die Meinung, »[that] consideration of protocol or of personal inconvenience« nicht den geringsten Einfluß auf die Möglichkeit »of advancing the cause of world peace« haben dürften. Wenn immer Churchill eine

16 Churchills Eitelkeit war wahrscheinlich auch durch die Aussage des polnischen Botschafters Michalowski angestachelt worden, von der der Premierminister durch Roberts und Llyod unterrichtet wurde. Der Botschafter hatte gesagt, »that it was a pity that there was no longer a President Roosevelt about to seize this great opportunity for lessening world tension«. PREM 11/540, PM/MS/53/108, Aktennotiz Lloyd an Churchill, 4.5.1953.

17 *Boyle* (Hrsg.), S. 50f.: Churchill an Eisenhower, 7.5.1953.

18 Vgl. FO 371/106 525/NS 1021/52, Aktennotiz Nutting über sein Gespräch mit Robert Schuman in Paris, 22.4.1953; FO 371/106 538/NS 1071/69, Aktennotiz Roberts an Strang und Nutting über sein Gespräch mit dem schwedischen Botschafter M. Hägglöff, 1.5.1953.

19 Frank Roberts sprach etwa nach wie vor von der »unduly enthusiastic reception« des »new look« der sowjetischen Politik durch den Premierminister. FO 371/125 037/ZP 9/19, Aktennotiz Roberts an Strang und Nutting, 25.4.1953.

20 *Boyle* (Hrsg.), S. 53: Churchill an Eisenhower, 7.5.1953.

gute Idee habe, solle er sie ihm selbstverständlich mitteilen.[21] Gerade solche Worte müssen Churchill aber den wohl zutreffenden Eindruck vermittelt haben, daß der Präsident doch irgendwie unschlüssig und beeinflußbar sei und einem Gipfeltreffen mit der Sowjetunion nicht völlig abgeneigt gegenüberstehe. Letztlich hatte Eisenhower sich sicherlich zum Teil selbst die Schuld zu geben, wenn Churchill nicht aufhörte, seine Gipfelpläne weiter zu verfolgen und sie dramatisch der Weltöffentlichkeit zu unterbreiten.[22] Dies war zweifellos die Meinung von Lord Salisbury, dem einflußreichen von Churchill sehr geschätzten Lord President. Salisbury warnte den Premierminister zudem, daß die Konsequenzen einer gegen den Willen der USA durchgeführten unilateralen anglo-sowjetischen Gipfelkonferenz »disastrous« sein würden. Die Öffentlichkeit in den Vereinigten Staaten würde dafür kein Verständnis haben.[23]

Der Regierungschef war von dieser Argumentation nicht überzeugt. Churchill beabsichtigte, gerade die öffentliche Meinung in den westlichen Ländern zu nutzen, um den Präsidenten zu einer Meinungsänderung zu bewegen. Dies war wohl eine der wesentlichen Intentionen von Churchills Unterhausrede am 11. Mai, über die er die USA zuvor, entgegen der in der Forschung bisher vertretenen Auffassung,[24] sehr wohl in allgemeiner Form informierte. Churchill hatte, wie er Dulles per Telegramm mitteilte, in der Rede beabsichtigt, »to report certain conversations« zwischen ihm und Eisenhower. Aufgrund des amerikanischen Einspruchs unterließ Churchill dies aber.[25] Eisenhower erklärte gegenüber Bedell Smith, daß seine Korrespondenz mit Churchill entweder »completely confidential« bleibe oder dem Premierminister mitzuteilen sei, daß sie beendet werden müsse.[26] Den Briefen Eisenhowers an Churchill waren derart rigorose Überlegungen des Präsidenten nicht anzumerken.

21 Eisenhower schrieb Churchill überaus höflich, wenn auch nicht ganz wahrheitsgemäß am 8. 5. 1953: »Whenever you have an idea – even a piece of one – that might suggest a possibility of us diminishing the burdens that we are compelled to lay upon our collective peoples, please let me know about it. I should certainly like to ponder it. I hope my comments do not offend – I assure you again I welcome yours.« Ebd., S. 53 f.

22 *Carlton*, Großbritannien, S. 54, spricht auch davon, daß Eisenhowers Reaktionen »von einer Tendenz zur Untertreibung und zur Nachsicht gekennzeichnet« waren.

23 PREM 11/428, Brief von Salisbury an Churchill, 11. 6. 1953. Salisbury war ein Enkel des britischen Premierministers (1895 – 1902) gleichen Namens.

24 So z. B. bei *Nutting*, S. 50; *Young*, Cold War, S. 61; *Carlton*, Großbritannien, S. 54.

25 Vgl. FO 800/821, Aktennotiz Dixon an Strang über sein Gespräch mit Churchill am 2. 5. 1953. Churchill sandte allerdings keinen Entwurf seiner Rede nach Washington.

26 FRUS 1952 – 54, Bd. 6, S. 983 f.: Memorandum eines Telefongesprächs zwischen Smith und Eisenhower, 11. 5. 1953.

2. Die Rede Churchills vom 11. Mai 1953

In seiner Rede vom 11. Mai, von den USA als »dramatic and emotional« charakterisiert,[27] ging Churchill auf fast alle Konflikte ein, die die Welt im Frühjahr 1953 in Atem hielten. Den mit Abstand größten Teil seiner Darlegungen widmete er jedoch der Möglichkeit, daß die »amicable gestures« Moskaus ernstgemeint seien. Laut dem Premierminister hatten die entgegenkommenden Maßnahmen der neuen sowjetischen Machthaber vor allem »taken the form of leaving off doing things, which we have not been doing to them«, doch hoffte er, daß es sich tatsächlich um eine neue Politik des Kreml handelte. Churchill sprach sich dafür aus, zuerst einzelne Probleme, wie den Koreakrieg und die österreichische Frage beizulegen, welches dann sicherlich zu weiteren Übereinkommen führen werde. Es sei schade, wenn der Wunsch nach einer umfassenden Beilegung des Kalten Krieges »were to impede any spontaneous and healthy evolution which may be taking place inside Russia«.[28] Anschließend näherte sich der Premierminister dem eigentlichen Kern seiner Rede. Als der erste führende westliche Staatsmann wies er nachdrücklich und öffentlich darauf hin, daß der Westen nicht nur auf die eigene Bedrohung durch die Rote Armee verweisen dürfe, sondern auch auf die Sicherheitsinteressen und sicherheitspolitischen Befürchtungen der Sowjetunion Rücksicht nehmen müsse. Es schien ihm beispielsweise vollkommen verständlich zu sein, daß die sowjetischen Machthaber auf ein ihnen freundlich gesinntes Polen bestanden. »I do not believe that the immense problem of reconciling the security of Russia with the freedom and safety of Western Europe is insoluble... Russia has a right to feel assured that as far as human arrangements can run the terrible events of the Hitler invasion will never be repeated, and that Poland will remain a friendly Power and a buffer, though not, I trust, a puppet State.«[29]

Erstmals legte Churchill nun dar, wie er sich solch eine Sicherheitsgarantie für die Sowjetunion vorstellte. Er glaubte, daß der »master thought« des Locarno-Vertrages von 1925 Anwendung finden und Großbritannien die Einhaltung des Friedens zwischen der Sowjetunion und Deutschland garantieren sollte.

> It [the ›master thought‹] was based upon the simple provision that if Germany attacked France we should stand with the French, and if France attacked Germany we should stand with the Germans.[30]

27 Dies war die Charakterisierung des amerikanischen Botschafters. NA: 741.00/5–1153, Aldrich an State Department Nr. 6028, 11.5.1953. Siehe auch ebd., /5–1253, Aldrich an State Department Nr. 6041, 12.5.1953.

28 *Churchill*, Foreign Affairs-Rede, in: H.C., Parl. Deb., 5th series, Bd. 515, 11.5.1953, 883–98. Zitat: Sp. 895.

29 Ebd., Sp. 896.

30 Ebd.

Das Sicherheitssystem von 1925 für den Westen Europas wollte Churchill auf Mittel- und Osteuropa übertragen. London sollte das Zünglein an der Waage für den Frieden in der Welt sein. Um ein solches Verfahren zu konzipieren, hielt Churchill nach wie vor die Einberufung einer Gipfelkonferenz »without long delay« für notwendig. Eine solche Konferenz, so erklärte der Premierminister, »should be confined to the smallest number of Powers and persons possible«. Sie sollte durch »a measure of informality and ... of privacy and seclusion« charakterisiert sein. Churchill wollte nicht versprechen, daß »hard-faced agreements« aus einem solchen Treffen resultieren würden, doch konnte eine Konferenz nicht schaden.[31]

At the worst the participants in the meeting would have established more intimate contacts. At the best we might have a generation of peace.[32]

In der Forschung wird die Bedeutung der Rede oft völlig mißverstanden. Sie bestand nicht etwa nur darin, daß Churchill zu einem »summit« mit Moskau aufrief – dies hatte er auch schon zuvor getan, das letzte Mal noch am 20. April.[33] Die Wichtigkeit der Rede des Premierministers lag in der Passage, in der er nachdrücklich auf das Junktim zwischen deutscher Wiedervereinigung und europäischer Sicherheit aufmerksam machte und dabei der Sowjetunion ein berechtigtes Sicherheitsinteresse zubilligte.[34] Indirekt übte er damit Kritik an der beabsichtigten Westintegration der Bundesrepublik als Anzeichen der west-

31 Ebd., Sp. 897.

32 Ebd.

33 Siehe dazu: *Churchill*, World Peace (President Eisenhower's Declaration), in: H.C., Parl. Deb., 5th series, Bd. 514, 20.4.1953, Sp. 649f. Dies wurde auch von Moskau sehr wohl erkannt. Vgl. *RIIA* (Hrsg.), Documents, 1953, S. 66f. So z.B. auch *Hillgruber*, Alliierte Pläne, S. 21; auch mit Abstrichen *Foschepoth*, Churchill, S. 1289–91 (siehe dazu auch die folgende Anm. und Anm. 52).

34 Dies wird zumindest in Ansätzen auch herausgearbeitet von *Helga Haftendorn*, Adenauer und die europäische Sicherheit, in: *Dieter Blumenwitz u.a.* (Hrsg.), Konrad Adenauer und seine Zeit. Politik und Persönlichkeit des ersten Bundeskanzlers, Bd. 2: Beiträge der Wissenschaft, Stuttgart 1976, S. 99; *Hermann-Josef Rupieper*, Wiedervereinigung und europäische Sicherheit. Deutsch-amerikanische Überlegungen für eine entmilitarisierte Zone in Europa 1953, in: MGM 39 (1986), S. 91, 93, 100. *Foschepoth*, ebd., S. 1291, erklärt, daß die Frage einer Sicherheitsgarantie nicht »das eigentlich Brisante« gewesen sei, da bereits der britisch-sowjetische und der französisch-sowjetische Freundschaftsvertrag von 1942 bzw. 1944 der UdSSR Sicherheit vor Deutschland versprachen. Damit überschätzt er aber wohl die Wichtigkeit, die Moskau den während des Zweiten Weltkrieges abgeschlossenen Verträgen mit den Westmächten beimaß. Vgl. dagegen für eine Ignorierung der wichtigen sicherheitspolitischen Aspekte und der ausschließlichen Konzentrierung auf den Aufruf zu Viermächtegesprächen z.B.: *Young*, Cold War, S. 60f.; *Fish*, S. 338; und vor allem, *Dockrill*, Britain's Policy, S. 125f.

lichen Bereitschaft, den *Status quo* zu akzeptieren und sich mit der Teilung Europas und der Konfrontationsstellung gegenüber der UdSSR abzufinden.

Allerdings waren zu diesem Zeitpunkt auch schon anderswo Überlegungen über ein neues europäisches Sicherheitssystem angestellt worden.[35] Die USA hatten bereits seit der »Notenschlacht« des Jahres 1952 begonnen, einen deutschen Friedensvertrag auszuarbeiten, der sicherheitspolitische Bestimmungen »über die Sicherheit für und vor Deutschland« enthielt.[36] Im Sommer 1952 erinnerte der FDP-Politiker und ehemalige Diplomat Karl Pfleiderer sogar ausdrücklich an den Locarno-Pakt der zwanziger Jahre und schlug vor, daß West und Ost in Deutschland militärisch auseinanderrücken sollten.[37] Anfang 1953 veröffentlichte dann der belgische Außenminister Paul van Zeeland erste Überlegungen zu seinem den USA offiziell im September 1953 unterbreiteten Disengagement-Plan. Er glaubte, durch die Einrichtung einer demilitarisierten Zone, die etwa dem Territorium der DDR entsprach, und durch militärisch ausgedünnte Gebiete östlich und westlich dieser Zone ergänzt werden sollte, ein Ende des Kalten Krieges herbeiführen zu können.[38]

Es ist mehr als fraglich, ob Churchill alle diese Überlegungen bekannt waren. Den Akten im britischen Public Record Office ist jedenfalls derartiges nicht zu entnehmen. Churchill war ganz gewiß nicht der Urheber der diversen Disengagement-Pläne. Es ist aber davon auszugehen, daß er durch seine gipfeldiplo-

35 Ein Überblick über nichtamtliche Pläne von Einzelpersonen für die Zeit nach 1948/49 findet sich bei *Gernot Scheuer*, Materielle Voraussetzungen für eine Wiedervereinigung Deutschlands in der Sicht nichtamtlicher Vorschläge, in: EA 6 (1960), S. 177–92. Eine recht unvollständige Zusammenstellung auch bei *Eugen Hinterhoff*, Disengagement, London 1959, S. 139ff.

36 Vgl. *Hermann-Josef Rupieper*, Deutsche Frage und europäische Sicherheit. Politisch-strategische Überlegungen 1953/1955, in: *Thoß* und *Volkmann* (Hrsg.), S. 180f. Zitat: S. 181; *ders.,* Wiedervereinigung, S. 92; *ders.*, Der besetzte Verbündete. Die amerikanische Deutschlandpolitik 1949–1955, Opladen 1991, S. 300ff.

37 Pfleiderers Auffassungen sind zu finden in: *Karl Pfleiderer*, Politik für Deutschland. Reden und Aufsätze 1948–1956, Stuttgart 1961, bes. 83ff., 100ff. Vgl. dazu: *Karl-Heinz Schlarp*, Alternativen zur deutschen Außenpolitik 1952–1955. Karl Georg Pfleiderer und die ›Deutsche Frage‹, in: *Wolfgang Benz* und *Hermann Graml* (Hrsg.), Aspekte deutscher Außenpolitik im 20. Jahrhundert, Stuttgart 1976, S. 213f., 217f., 222–25, 233–37; aber auch *Baring*, Im Anfang, S. 300f.; *Hinterhoff*, S. 157, 161; und kritisch *Wilhelm G. Grewe*, Deutsche Außenpolitik in der Nachkriegszeit, Stuttgart 1960, S. 174–81; *Klaus Erdmenger*, Das folgenschwere Mißverständnis. Bonn und die sowjetische Deutschlandpolitik 1949–1955, Freiburg 1967, S. 132ff. Siehe auch *Peter Krüger*, Die Außenpolitik der Republik von Weimar, Darmstadt 1985, S. 269–334. Vgl. zu den unterschiedlichen Interpretationen des Locarno-Paktes: *RIIA* (Hrsg.), Documents, 1953, S. 68; *RIIA* (Hrsg.), Survey, 1953, S. 22; FO 371/106 527/NS 1021/110, Memorandum des FO Research Department, 29. 10. 1953.

38 Vgl. *Rupieper*, Wiedervereinigung, S. 93f.; *Haftendorn*, Adenauer, S. 101; auch *Hinterhoff*, S. 164f.

matischen Äußerungen seit Stalins Tod und vor allem mit seiner Rede vom 11. Mai erheblich dazu beitrug und womöglich gar den entscheidenden Anstoß gab, daß in der Bundesrepublik, in Belgien und wohl auch in den USA erste bereits existierende Pläne im Sommer und Herbst 1953 konkretisiert und weiter ausgearbeitet wurden. Wirklich ernsthafte Überlegungen über die Einrichtung einer entmilitarisierten und neutralen Zone im Herzen Europas wurden sowohl von van Zeeland als auch vom Bundeskanzleramt in Bonn allem Anschein nach erst nach Churchills Rede angestellt bzw. erst seitdem detaillierter verfolgt.[39] Die bundesdeutschen Ausarbeitungen, die der amerikanische Hochkommissar offiziell am 16. September 1953 erhielt, begannen womöglich schon im April, spätestens aber im Mai 1953. Dies geht zumindest aus den Ausführungen Blankenhorns bei seinem Besuch in Washington und London Anfang und Mitte Juni hervor.[40] Möglicherweise wurden Großbritannien und die USA zuerst nur mündlich unterrichtet und noch keine konkreten Pläne vorgelegt.[41] Laut Blankenhorn hoffte Adenauer, daß nach erfolgter Wiedervereinigung Deutschland bis zur Elbe nur noch von EVG-Truppen besetzt und der Rest Deutschlands

39 In der Literatur ist der Zusammenhang zwischen Churchills Rede und den diversen Disengagement-Vorschlägen des Jahres 1953 (die z. T. zwischen 1955 und 1958 wieder aufgenommen wurden) bisher nicht beachtet worden. Auch die Adenauers Entspannungspolitik behandelnde Darlegung von *Peter Siebenmorgen*, Gezeitenwechsel. Aufbruch zur Entspannungspolitik, Bonn 1990, geht darauf nicht ein. Vgl. z. B. S. 71 f., 79 f.

40 Die genaue Entstehungsgeschichte des deutschen Plans von Sommer 1953 ist nach wie vor ungeklärt. Rupieper hält es durchaus für möglich, daß Adenauer ihn gar nicht kannte. Dies erscheint mir im höchsten Maße unwahrscheinlich zu sein . Vgl. *Rupieper*, Wiedervereinigung, S. 94–97; *Haftendorn*, Adenauer, S. 98 f.; auch *Adenauer*, Erinnerungen 1953–55, S. 225 f.; *Blankenhorn*, S. 158–62. Blankenhorn wies auf die deutschen Überlegungen nicht nur bei seinem Besuch in Washington Anfang Juli hin, wie in der Forschung bisher angenommen wurde, sondern erwähnte sie bereits einen Monat zuvor bei seinen Aufenthalten in Washington (2.–5. 6.) und London (15. 6.). Vgl. FO 371/103 704/C 1073/10, Aktennotiz Colville an Shuckburgh, 27. 7. 1953, über Washington Telegramm Nr. 1461 vom 11. 7. 1953. Siehe auch *Rupieper*, ebd., S. 95; *Blankenhorn*, S. 158 f.; *Schwarz*, Adenauer. Der Staatsmann, S. 86 f. Vgl. FO 371/103 665/C 1071/60/G, Memorandum Roberts an Strang, 17. 6. 1953, über sein Gespräch mit dem britischen Diplomaten Con O'Neill, der sich wiederum mit Blankenhorn am 15. Juni bei dessen Besuch in London unterhalten hatte. Der erste Teil dieses Memorandums, jedoch nicht der ebenfalls wichtige zweite Teil, ist abgedruckt bei *Steininger*, Deutschland, S. 129. Siehe auch FO 371/103 704/C 1073/10, ebd.

41 *Rupieper* weist auf Gespräche von W. W. Schütz mit dem US-Diplomaten L. W. Fuller am 9. 4. 1953 in Washington hin. Vgl. ebd., S. 95 f. Schütz war ein Mitarbeiter Jakob Kaisers, dessen Ministerium für Gesamtdeutsche Fragen sich bereits im April – unabhängig vom Bundeskanzleramt – mit entsprechenden Überlegungen beschäftigte. Vgl. Punkt 6 der Darlegung des Schütz-Plans, in: ebd., S. 96.

eine von den Großmächten garantierte entmilitarisierte Zone darstellen werde. Dies hieß, die sowjetischen Streitkräfte müßten Deutschland verlassen und die amerikanischen und britischen Truppen sich nach Frankreich und den Beneluxländern zurückziehen.[42] Das britische Foreign Office ließ sich davon aber nicht beeindrucken. Es hielt den Plan für sehr gefährlich und »very short-sighted«, bestende doch die Gefahr, daß in diesem Fall die US-Truppen Europa ganz verlassen würden. Permanent Under-Secretary Strang kommentierte: »I think that these Germans are getting rather above themselves.«[43]

Dem Premierminister war bewußt, daß der deutsche Bundeskanzler kaum von seinen Locarno-Ausführungen begeistert sein würde.[44] Er betonte daher in der Rede am 11. Mai, daß Adenauer »may well be deemed the wisest German statesman since the days of Bismarck«. Auch erklärte er recht widersprüchlich, Großbritannien werde selbstverständlich seine Verpflichtungen gegenüber der Bundesrepublik einhalten und die Westintegraton der Bonner Republik in keiner Hinsicht in Frage stellen.[45] Am Ende seiner Rede forderte Churchill eindringlich, der Westen müsse seine Rüstungsanstrengungen aufrechterhalten, »up to the limit of our strength«, und dürfe sich nicht auseinanderdividieren lassen.[46]

Daß dies nicht nur leere Worte Churchills waren, zeigt eine von Kirkpatrick mitgeteilte Intervention des Premierministers. Churchill schaltete sich in die mit der UdSSR auf der Ebene der Hochkommissare aufgenommenen Gespräche über die Flugsicherheit in den Berliner Luftkorridoren ein. Während der zweiten Runde der zunächst auf bilateraler Ebene stattfindenden Gespräche boten die britischen Gastgeber einen Imbiß und Erfrischungen an. Churchill machte dem

42 Auf welches Deutschland Adenauer sich bezog – also mit oder ohne die Territorien jenseits der Oder-Neiße-Linie – wurde nicht deutlich und damit auch nicht, hinter welche Linie sich die sowjetischen Truppen zurückziehen müßten. FO 371/103 665/C 1071/60/G, Memorandum Roberts an Strang, 17.6.1953, über sein Gespräch mit Con O'Neill. Vgl. auch Anm. 44.

43 Ebd., Aktennotiz Strang, 18.6.1953, zu dem Memorandum von Roberts an Strang, 17.6.1953, über dessen Gespräch mit Con O'Neill.

44 Dies wird auch deutlich aus dem Gespräch zwischen Churchill und Adenauer am 15.4.1953 in London. Der Premierminister erwähnte, er habe die Versicherung an Adenauer und das deutsche Volk in die Rede »specially inserted«. Vgl. FO 800/794, Protokoll des Gesprächs mit Adenauer, GE/53/11 (auch C 1074/14), S. 18.

45 Churchill führte aus: »Strong as is our desire to see a friendly settlement with Soviet Russia, or even an improved modus vivendi, we are resolved not in any way to fail in the obligations to which we have committed ourselves about Western Germany. Dr. Adenauer is visiting us here in a few days, and we shall certainly assure him that Western Germany will in no way be sacrificed or – I pick these words with special care – cease to be master of its own fortunes within the agreements we and other N.A.T.O. countries have made with them.« *Churchill*, Foreign Affairs-Rede, in: H.C., Parl. Deb., 5th series, Bd. 515, 11.5.1953, Sp. 889f.

46 Ebd., Sp. 898.

Foreign Office sofort klar, er halte nichts von »too friendly an atmosphere in their talks«.[47] Er verlangte eine Erklärung, »why British airmen were carousing at British expense with Russian airmen so soon after the murder of their comrades«.[48] Churchills heftige Reaktion beruhte auf einem Mißverständnis über das Ausmaß der Feier, doch zeigt die Episode, daß der Premierminister keinesfalls unter allen Umständen die Sowjetunion beschwichtigen wollte. Er meinte es durchaus ernst, wenn er davon sprach, daß zwar Verhandlungen geführt werden sollten, aber bis zu einem entsprechenden Ergebnis unbedingt die Politik der Stärke fortgeführt werden müßte. Am 18. Juni wies Churchill so auch in einem recht scharfen Brief an die britischen Europaratsabgeordneten in Straßburg darauf hin, daß trotz des »New Look« in der sowjetischen Politik die Verwirklichung der EVG nach wie vor das Ziel des Westens sei und die Abgeordneten dies entsprechend zu betonen hätten. Churchill erläuterte: »We have not yet achieved a real détente between East and West, and my speech of May 11, merely foreshadowed the possibility.«[49]

Ungeachtet des letzten Teils der Rede vom 11. Mai riefen die Vorschläge Churchills sowohl in Bonn als auch in Washington und unter den Experten des Foreign Office Kopfschütteln und empörte Ablehnung hervor. War doch zum ersten Mal, obwohl nur indirekt und mittels Andeutungen, deutlich geworden, wie Churchill sich ein Übereinkommen mit Moskau vorstellte. Er hatte dargelegt, daß er »even an improved modus vivendi« anstrebte, also eine Verbesserung der Beziehungen zu Moskau auf der Basis des *Status quo* eines zweigeteilten Europas. Doch war nicht zu übersehen, daß er »a friendly settlement« mit der Sowjetunion eindeutig bevorzugte.[50] Da damit also nicht der bestehende Zustand angesprochen war, konnte nur eine Übereinkunft auf der Grundlage eines wiedervereinigten Deutschlands und Europas gemeint sein. Die deutsche Wiedervereinigung, so wurde in den fünfziger Jahren und im Grunde noch bis kurz vor dem Fall der Berliner Mauer im November 1989 allgemein angenommen, würde aber von Moskau nur auf der Basis der Neutralisierung Deutschlands

47 FO 800/794, Aktennotiz Colville, 25.4.1953.

48 Ebd., Memorandum Roberts an Strang über das Telegramm Nr. 410 von Kirkpatrick, Wahnerheide, 20.4.1953. Siehe auch in ähnlichem Sinne: FO 800/821, Aktennotiz Churchill an Lloyd und Strang, M 97/53, 21.4.1953. Vgl. Kap. III.5. zu dem am 12.3.1953 erfolgten Abschuß eines britischen Jagdflugzeugs über DDR-Territorium, der mehreren britischen Soldaten das Leben kostete.

49 FO 800/701, Brief Churchills an die Abgeordneten Boothby, Amery, Hope, Beamish u.a., 18.6.1953. Vgl. auch PREM 11/427, Aktennotiz Nutting u.a. an Churchill, 17./18.6.1953, und die Antwort von Churchill an Nutting, 19.6.1953. Ob der Aufstand in der DDR am 16./17. Juni in irgendeinem Zusammenhang mit der Angelegenheit stand, ist den Briefen nicht zu entnehmen.

50 *Churchill*, Foreign Affairs-Rede, in: H.C., Parl. Deb., 5th series, Bd. 515, 11.5.1953, Sp. 890.

akzeptiert werden.[51] Churchill deutete damit in seiner Rede erstmals öffentlich an, daß er eine Abmachung mit der UdSSR auf der Grundlage eines neutralen und wiedervereinigten Deutschlands anstrebte, zumindest aber solch einem Übereinkommen nicht abgeneigt gegenüberstand.[52] Allem Anschein nach war der Premierminister überzeugt, die ihm berechtigt erscheinenden sicherheitspolitischen Interessen Moskaus könnten nur befriedigt werden, wenn ein wiedervereinigtes Deutschland neutralisiert und durch die Garantiemacht Großbritannien kontrolliert werde.

Die Annahme, daß Großbritannien wie in den zwanziger Jahren in der Lage sei, die Rolle eines Friedensbewahrers zwischen den Großmächten einzunehmen, war völlig unrealistisch. Die Erinnerung an die Politik der Zwischenkriegszeit, die Churchill als Schatzkanzler aktiv mitgestaltete, hatte ihn wohl zu allzu großen Illusionen verführt. Dies machte das patriotische Anliegen Churchills deutlich, unter allen Umständen England eine dauerhafte weltmachtpolitische Rolle und Aufgabe zu sichern, doch entsprach dies natürlich nicht den machtpolitischen Realitäten, zumal Churchill dabei mit keinem Wort die USA erwähnte. Vor allem ging er in seiner Rede überhaupt nicht auf die Bedeutung der Nuklearwaffen ein, die eine solche, auf rein konventioneller Basis basierende Überlegung *ad absurdum* führte. Würde die Garantiemacht Großbritannien wirklich bei einem Einmarsch sowjetischer Soldaten in ein neutrales, wiedervereinigtes, wohl militarisiertes, aber kaum mit atomaren Waffen ausgestattetes Deutschland die Atombombe einsetzen? Konnte dies überhaupt ohne die Zustimmung und die Mitwirkung Washingtons geschehen? Churchill überschätzte hier ganz eindeutig die politische und militärische Macht Großbritanniens. Dagegen unterschätzte er die engen globalpolitischen Verflechtungen Westeuropas mit den USA. Doch war dem Premierminister die Notwendigkeit einer langen gesicherten Friedenszeit für sein Land bewußt, um die während des Weltkrieges aufgebrauchten wirtschaftlichen Kräfte und Ressourcen wiederherzustellen. Daß seine Rede auch diesem nicht uneigennützigen Ziel diente, wurde sogleich von der

51 Vgl. dazu z. B. den im April 1989 veröffentlichten Artikel des ehemaligen Bundeswehrgenerals *Günter Kießling*, Zum Begriff der Neutralität in der deutschlandpolitischen Diskussion, in: DA 22 (1989), S. 384–90.

52 Zu einem etwas ähnlichen Ergebnis kommt *Foschepoth*, Churchill, S. 1291, wenn auch aufgrund einer etwas anderen Argumentation, bei der er, ohne daß er sich dessen bewußt zu sein scheint, im wesentlichen *Adenauer*, Erinnerungen 1953–55, S. 211, folgt. Foschepoth betont, daß ein Locarno-Pakt einen Friedensvertrag vorausgesetzt hätte, der wiederum eine Festlegung der Grenzen im Osten notwendig gemacht hätte. Dem Autor zufolge stand mit dem Locarno-Pakt daher eine »definitive Entscheidung in der Frage der Wiedervereinigung« an. »Der Gedanke an eine Neutralisierung Deutschlands lag somit nur in der Konsequenz der Churchillschen Entspannungsinitiative.« *Hillgruber*, Alliierte Pläne, S. 22, sagt dagegen: »Von einer ›Neutralisierung‹ Deutschlands hatte Churchill in der Rede nichts verlauten lassen.« Damit verkennt er die in den Aussagen der Rede enthaltenen Implikationen.

deutschen Presse erkannt. Die *Frankfurter Allgemeine Zeitung* (FAZ) kommentierte etwa (nach der für den Premierminister angefertigten Zusammenfassung des Foreign Office): »Nobody understands better than Churchill, the price which Britain had to pay for her victory and your purpose now was to secure a long period of peace and recovery.«[53]

Die Experten im britischen Außenministerium erkannten die Problematik von Churchills Ausführungen sogleich. Sie waren aber kaum, ebensowenig wie die meisten Kabinettsmitglieder,[54] bei der Ausarbeitung der Rede konsultiert worden. Churchill hatte zwar einige der Mitarbeiter des Foreign Office, insbesondere William Strang und Selwyn Lloyd, um Rat gefragt und wohl auch Lloyd und Under-Secretary of State Anthony Nutting die fertige Rede am Morgen des 11. Mai gezeigt,[55] aber er hatte bewußt darauf verzichtet, das für Deutschland zuständige und Viermächtegesprächen strikt ablehnend gegenüberstehende Central Department um Hilfestellung zu bitten.[56] Churchills Privatsekretär Colville notierte: »He [Churchill] made this speech wholly contrary to Foreign Office advice since it was felt that a friendly approach to Russia would discourage the European powers working on the theme of Western union.«[57]

53 FO 371/103 704/C 1073/4, FAZ vom 14.5.1953. Siehe auch ebd., C 1073/3, FAZ vom 12.5.1953. Vgl. auch *Watt*, Churchill, S. 18.

54 Vgl. *Macmillan*, S. 511.

55 So hatte Churchill z. B. Strang schon überraschend frühzeitig um eine Ausarbeitung zum »The Locarno Principle« gebeten. Vgl. FO 800/699, Strang an Churchill, PM/WS/53/81, 27.4.1953; auch PREM 11/373, Brief von Strang an Churchill, 20.4.1953. Siehe auch den Brief von Strang an David Pitblado, einer der Privatsekretäre Churchills, vom 20.4.1953, Con./53/38, in: FO 800/759. Lloyds Biograph schreibt, daß Lloyd in der Woche vor dem 11. Mai eng mit Churchill zusammenarbeitete. Vgl. *Thorpe*, S. 171. Siehe auch zu einer Diskussion, inwiefern Churchill das FO konsultiert hatte und ob die Diplomaten der Rede zustimmten: *Seldon*, S. 400f.; auch *Nutting*, S. 50; *Buchstab* (Bearb.), S. 519; *Morsey* und *Schwarz* (Hrsg.), Adenauer. Briefe 1951–53, S. 373.

56 Vgl. FO 371/103 664/C 1071/9, Aktennotiz Hancock, der Leiter des Central Department des Foreign Office, 6.5.1953.

57 *Colville*, Fringes, S. 667. Der gerade geadelte und zum neuen Botschafter in Moskau ernannte Sir William Hayter erklärte: »Churchill's speech was a disaster.« *Sulzberger*, S. 873: Tagebucheintrag, 15.5.1953.

58 Colville und Lloyds Biograph Thorpe berichten, daß der Minister Churchills Rede positiv beurteilt habe und daher bald »a certain cooling« der Beziehungen zu Eden festzustellen gewesen sei. Tatsächlich hielt Loyd am 12. Mai eine gemäßigt-optimistische Rede, in der er eine Gipfelkonferenz begrüßte. Dokumente von Ende April und Mitte Juni bestätigen diese Haltung Lloyds aber nicht. Im Juni versuchten er und Nutting gemeinsam, Churchill von seinen Plänen abzubringen. Sollte Lloyd Anfang Mai kurzfristig von dem Enthusiasmus Churchills angesteckt worden sein, um nach Konsultation seiner Kollegen im FO wieder eine skeptischere Haltung einzunehmen? Vgl. *Colville*, S. 667; *Thorpe*, S. 171; auch *Watt*, Churchill, S. 19; *Seldon*, S. 400f.; *Young*,

Soweit ersichtlich, wurde, mit der kurzfristigen Ausnahme Selwyn Lloyds,[58] Churchills »summit«-Enthusiasmus und insbesondere seine deutschlandpolitischen Überlegungen tatsächlich von keinem einzigen leitenden Mitglied des Foreign Office geteilt. Lediglich Churchills langjähriger Vertrauter Feldmarschall Montgomery und die Chiefs of Staff, allen voran der sich seit Januar 1953 im Ruhestand befindende frühere Luftwaffenstabschef Sir John Slessor, bestärkten den Premierminister in seinen Vorstellungen.[59] Anthony Nutting bezeichnete Churchill dagegen abfällig als »an old man in a hurry« und teilte dem in einer Klinik in Boston weilenden Außenminister mit: »There's no doubt that the Old Boy's speech in the foreign affairs debate has brought any momentum that remained behind the EDC virtually to a dead-stop and that it has given more comfort to our enemies than to our friends... Inevitably it has encouraged all those elements in France who were seen casting about so desperately for an alternative to rearming Germany.«[60]

Das Foreign Office fand insbesondere wenig Gefallen an der Idee, daß Churchill alleine mit Eisenhower, Malenkow und vielleicht dem französischen Ministerpräsidenten verhandeln wollte, wie der Premierminister es in seiner Rede vorgeschlagen hatte: »This conference should not be overhung by a ponderous or rigid agenda, or led into mazes and jungles of technical details, zealously contested by hoards of experts and officials drawn up in vast, cumbrous array.«[61] Dies traf nicht nur die Berufsehre der Diplomaten, sondern attackierte auch die ihnen nahezu angeborene Vorsicht, sich nur nach sorgfältigster Vorbereitung und der Ausschaltung aller möglicher Risiken auf internationale Konferenzen einzulassen. Konnte man dem alternden, zum Teil recht unrealistisch-illusionä-

Cold War, S. 61; *Lloyd*, Foreign Affairs-Rede, in: H. C., Parl. Deb., 5th series, Bd. 515, 12.5.53, Sp. 1071f.; sowie NA: 741.00/5–1253, Aldrich an State Department Nr. 6052, 12.5.1953; BUA: Avon Papers, AP 20/16/127, Brief von Nutting an Eden, 25.6.1953. Siehe auch das in die gleiche Richtung weisende Memorandum Lloyds an Churchill, 22.6.1953, in: FO 371/103 665/C 1071/56; auch FO 371/106 537/NS 1071/57, Aktennotiz Hohler, 25.4.1953; PREM 11/429, Memorandum eines trilateralen Gesprächs in Paris am Rande der Tagung des Nordatlantikrates, 25.4.1953; FO 371/125 032/ZP 3/29, Telegramm an die britischen Hochkommissare in den ›alten‹ Commonwealthländern, 30.4.1953.

59 Siehe Montgomerys Memoranda an Churchill vom 26.6. und 2.7.1953, in: Liddell-Hart-Archive, London: Ismay Papers III/12/5 und 6/1 (auch in: PREM 111/370); und das Antwortschreiben Lord Ismays vom 6.7.1953, in: ebd., III/12/7a. Vgl. *Hillgruber*, Alliierte Pläne, S. 23; *Dockrill*, Britain's Policy, S. 125f. Zu Slessor vgl. auch *Hinterhoff*, S. 145, 174f. Später äußerte dieser sich aber recht kritisch zu Churchills Gipfeldiplomatie. Vgl. *John Slessor*, What Price Coexistence? A Policy for the Western Alliance, London 1962, S. 37–40.

60 BUA: Avon Papers, AP 20/16/127, Brief von Nutting an Eden, 25.6.1953.

61 *Churchill*, Foreign Affairs-Rede, in: H. C., Parl. Deb., 5th series, Bd. 515, 11.5.1953, Sp. 897.

ren, an den politischen Strukturen der Vergangenheit orientierten Premierminister tatsächlich mit den anderen Staatsmännern verhandeln lassen? Würde dies trotz der ehrenvollen Absicht Churchills, das Prestige Londons zu erhöhen und abzusichern, letztlich nicht Großbritannien und dem ganzen westlichen Bündnis zum Schaden gereichen? Der aufgrund seiner schweren Krankheit zur völligen Einflußlosigkeit degradierte Eden war ganz offensichtlich dieser Meinung. Seinem Tagebuch vertraute er im November 1954 rückblickend an (die Ratifizierung der EVG war Ende August im französischen Parlament endgültig gescheitert): »It must be long in history since any one speech did so much damage to its own side. In Italy, as de Gasperi openly stated to Winston, & I believe elsewhere, it lost de Gasperi the election... In Germany, Adenauer was exasperated. Worst of all it probably cost us EDC in France. At any rate, the whole summer was lost in wrangling. The speech was made without any consultation with the Cabinet... Nutting fought all he could against it. I, of course, never saw it at all, but W [inston] is not to blame for this for I was much too ill. He knew well though what I should have thought of it.«[62]

Die überwiegende Mehrheit der Bevölkerung in Großbritannien, den USA und der Bundesrepublik begrüßte jedoch die Initiative des Premierministers.[63] Die sowjetische Regierung äußerte sich ebenfalls zustimmend. Sie hatte besonders Gefallen an Churchills Überlegungen gefunden, die Sicherheit der UdSSR mit derjenigen Westeuropas zu kombinieren. Es sei ein Fehler zu glauben, »that nothing could be settled until all was settled«.[64] Die Reaktion der amerikani-

62 BUA: Avon Papers, AP 20/1/30, Tagebucheintrag Edens vom 27. 11. 1954. Auch zit. in: *James*, Eden, S. 365.

63 Zur Reaktion der bundesdeutschen Presse siehe FO 371/103 704/C 1073/3–4; und FO 371/103 664/C 1071/8. Ansonsten vgl. für die öffentliche Meinung in der Bundesrepublik: *Elisabeth Noelle* und *Erich Peter Neumann* (Hrsg.), Antworten. Politik im Kraftfeld der öffentlichen Meinung, Allensbach 1954, S. 119–64; und *dies.,* The Germans. Public Opinion Polls, 1947–1966, London 1967, S. 214ff. Zur Haltung der öffentlichen Meinung in Großbritannien siehe: *George H. Gallup* (Hrsg.), The Gallup International Opinion Poll. Great Britain, 1937–1975, Bd. 1: 1937–64, London 1976, S. 253ff., 295ff.; und für die Meinung der Öffentlichkeit in den USA: *Hazel Gaudet Erskine*, The Cold War. Report from the Polls, in: PSQ 25 (1961), S. 302f.; *dies.,* The Polls. Defense, Peace, and Space, in: ebd., S. 487–89; *Richard G. Niemi u.a.* (Hrsg.), Trends in Public Opinion. A Compendium of Survey Data, New York 1989, S. 52–70.

64 *RIIA* (Hrsg.), Survey, 1953, S. 23. Die ausführliche, in der Pravda am 24. Mai veröffentlichte sowjetische Reaktion auf die Rede Churchills ist abgedr. in: *RIIA* (Hrsg.), Documents, 1953, S. 66–71; sie ist auch zu finden in: PREM 11/421; weitere Informationen und Kommentare zur Reaktion in der UdSSR in: FO 371/106 505/NS 1013/22AG; NS 1013/25–27; FO 371/103 664/C 1071/8. Neben der sowjetischen Regierung unterstützte auch die kanadische Regierung Churchills Pläne. Vgl. PRO: FO 371/103 705/C 1074/10, Aktennotiz Roberts an Strang über sein Gespräch mit Mr. Crean von der kanadischen Hochkommission in London, 18.5.1953.

schen Politiker war allerdings weit weniger günstig. Der einflußreiche Senator Knowland warf Churchill etwa den Vorwurf entgegen, eine Politik des *appeasement* zu verfolgen. Er verglich Churchills Pläne mit Chamberlains Reise zu Hitler nach München.[65] Das State Department und Eisenhower waren zwar zurückhaltender, doch verwiesen sie auf die ›Chance for Peace‹-Rede des Präsidenten und erklärten, daß eine Viermächtekonferenz nur stattfinden könne, wenn Moskau zuvor die dort genannten Bedingungen erfüllt habe.[66]

Im Anschluß an die Rede Churchills verabschiedete in Frankreich der außenpolitische Ausschuß der Nationalversammlung am 13. Mai eine Resolution, die zu einem Viermächtetreffen aufrief.[67] Wichtiger aber war, daß auch Ministerpräsident Mayer und Außenminister Bidault beabsichtigt hatten, die USA zu einer Viermächtekonferenz über die deutsche Frage zu drängen. Sie erläuterten dies während der Außenministertagung des Nordatlantikrates vom 23. bis 25. April in Paris.[68] Die französische Regierung hatte Ende April bereits einen entsprechenden Brief an Washington und London formuliert, doch gelang es amerikanischen Stellen, Paris zu überreden, ihn nicht abzusenden. Mayer und Bidault waren daher, mit den Worten des belgischen NATO-Repräsentanten de Staerkke, »rather put out at the Prime Minister's speech, which they feel has stolen their thunder«.[69] Die Franzosen fürchteten, daß Moskau in Kürze zu einem »summit« einladen und sich bereiterklären werde, die deutsche Wiedervereinigung durch die Akzeptierung von freien Wahlen und der anschließenden Aufgabe der DDR zu ermöglichen, um so die Westintegration der Bundesrepublik zu verhindern.[70]

65 Allerdings wurde die Reaktion auf Churchills Rede in den USA auch gefärbt durch die Ausbrüche starker antibritischer Emotionen, die Attlees Redebeitrag in der gleichen Debatte am 11. Mai hervorrief. Der Oppositionsführer hatte das schlechte Funktionieren der amerikanischen Verfassung und der US-Innenpolitik kritisiert. Dies führte nicht nur zu einer heftigen Attacke Senator McCarthys, der eine Entschuldigung verlangte, sondern verstärkte auch die negative Reaktion Knowlands auf Churchills Rede. Vgl. Annual Register of World Events, 1953, London 1954, S. 164; *RIIA* (Hrsg.), Survey, 1953, S. 21, Anm. 5. Vgl. auch *Adenauer*, Erinnerungen 1953–55, S. 206; *Fish*, S. 338.

66 Vgl. *RIIA* (Hrsg.), ebd., S. 23 f.; *RIIA* (Hrsg.), Documents, 1953, S. 65 f.; *Eisenhower*, Public Papers, 1953, S. 285; *Herbert S. Parmet*, Eisenhower and the American Crusade, New York 1972, S. 282 f. Vgl. zur Reaktion der USA auch *Blankenhorn*, S. 149.

67 Vgl. *RIIA* (Hrsg.), Survey, 1953, S. 21.

68 Vgl. zu der Tagung des Nordatlantikrates und den trilateralen Ministergesprächen, die am Rande stattfanden: FRUS 1952–54, Bd. 5, S. 368–97; *Her Majesty's Stationary Office* (HMSO) (Hrsg.), Command Paper (Cmd.) Nr. 8838; *HMSO* (Hrsg.), Miscellaneous Nr. 5, »Report of the North Atlantic Ministerial Meeting held in Paris, 23–25 April, 1953«. Siehe zu den von London eingenommenen Standpunkten auf der Tagung, die Berichte und Kabinettsbeschlüsse in: PREM 11/369.

69 FO 371/106 538/NS 1071/82, Hayter, Paris, an Roberts über ein Gespräch zwischen de Staercke und dem britischen Diplomaten Derek Hoyer Millar, 14.5.1953.

Bidault schlug seinen Kollegen während der NATO-Tagung vor, das Thema Abrüstung, worunter er die Diskussion über ein zu schaffendes europäisches Sicherheitssystem subsumierte, müsse an erster Stelle der Tagesordnung einer Gipfelkonferenz stehen, um eine eventuelle deutsche Wiedervereinigung akzeptabel zu machen.[71] Der Außenminister fürchtete, daß ansonsten ein neutrales unbewaffnetes Vakuum in der Mitte Europas entstehen könnte, das früher oder später unter sowjetischen Einfluß fallen würde, »with the result that the German menace would be added to the Russian menace«.[72] Sollte es zu einem echten Abrüstungsvertrag mit Moskau kommen, dürfte sich die EVG und die Bewaff-

70 Bidaults Interpretation der Absichten Moskaus stützte sich zum größten Teil auf die in der Pravda veröffentlichte Reaktion des Kreml auf Eisenhowers ›Chance for Peace‹-Rede. Der Pravda-Artikel ist in Auszügen abgedr. in: *RIIA* (Hrsg.), Documents, 1953, S. 51–57. Vgl. auch *Churchill*, Oral Answers, in: H. C., Parl. Deb., 5th series, Bd. 514, 29.4.53, Sp. 2142; *Steininger*, Deutschland, S. 115f. Siehe auch die interessante Analyse der Antwort durch George Kennan. Ähnlich Bidault gelangte Kennan zu der Ansicht, die neuen Machthaber seien »definitely interested in pursuing with us the effort to solve some of the present international difficulties«. EL: Jackson Papers, Records, 1953–54, Box No. 4, Akte: Kennan, Memorandum Kennan, 25.4.1953. Zu Bidaults Versuch, seine britischen und amerikanischen Kollegen von seiner Meinung zu überzeugen, vgl. FO 371/106 538/NA 1071/61, Memorandum eines trilateralen Treffens in Paris am 25.4.1953; FO 371/106 094/N 1191/12, Harvey, Paris, an FO Nr. 150, 25.4.1953.

71 PREM 11/429, Memorandum eines trilateralen Gesprächs im Zuge der Tagung des Nordatlantikrates in Paris am 25.4.1953; FO 371/106 537/NS 1071/57, Aktennotiz Hohler, 25.4.1953; FO 371/125 032/ZP 3/25, Memorandum eines trilateralen Ministertreffens am Rande der Tagung des Nordatlantikrates in Paris, 17.–22.4.1953. *Steininger*, Deutschland, S. 116, betont, daß es Bidault um eine Gipfelkonferenz ging, bei der die deutsche Frage an erster Stelle diskutiert werden sollte. Ich komme allerdings zu dem Ergebnis, daß es Bidault gerade nicht lediglich um eine Gipfelkonferenz alten Musters ging, sondern vor allem um die Diskussion des Themas Abrüstung. Erst der Abschluß eines Abrüstungsvertrages schien Bidault eine zufriedenstellende Lösung der deutschen Frage zu ermöglichen. Vgl. die oben zitierte Akte (PREM 11/429) aus der dies hervorgeht.

72 PREM 11/429, Memorandum eines trilateralen Gesprächs im Zuge der Tagung des Nordatlantikrates in Paris, 25.4.1953.

73 Blankenhorn teilte McCloy am 15.3.1953 mit, daß Bidault dem EVG-Konzept nur »lip service« gebe, ihm aber im Grunde nichts an der Verwirklichung der EVG liege. Vgl. FRUS 1952–54, Bd. 8, S. 406. Siehe auch *Dockrill*, Britain's Policy, S. 114; *Frank Giles*, The Locust Years. The Story of the Fourth French Republic, 1946–58, S. 183, erklärt, daß Bidault »was always liable to personal mood and petty jealousy«. Siehe auch zu Bidaults Haltung den sehr informativen Brief des britischen Botschafters in Paris, Harvey, an Roberts vom 29.6.1953: FO 371/103 666/C 1071/62. Hancock, ebd., kommentierte am 1.7.1953: »The fact is that M. Bidault and a lot of other Frenchmen want neither the EDC nor a reunited Germany. They want, in fact, to maintain the present situation, just as King Canute did.«

nung der Bundesrepublik als ganz überflüssig erweisen.[73] Entgegen der in der Forschung vertretenen Meinung war Frankreich also keinesfalls gegen die Einberufung einer Viermächtekonferenz, sondern hatte eine solche den USA schon *vor* Churchills Rede vom 11. Mai unterbreiten wollen.[74] Sowohl London als auch Washington wiesen jedoch die französischen Vorschläge für eine Gipfelkonferenz über das Thema Abrüstung zurück. Selwyn Lloyd faßte die britische Auffassung zusammen, der sich Dulles voll und ganz anschloß:

> Our initial reactions were that we doubted whether the Russians would be willing to relinquish their position in Eastern Germany however large the reward for doing so might appear to be; that we saw no advantage in attempting to discuss disarmament before anything else; and that our own assessment of Soviet policy in the light of the Pravda article did not indicate that the Russians were likely at present to raise the question of German reunification. ... It was tentatively thought therefore, that we could await progress on these questions before considering whether to make any move on Germany...[75]

Eine ganz ähnliche Einschätzung teilte das Central Department Anthony Nutting am 6. Mai mit. Es habe keinen Sinn, sicherheitspolitische Fragen und die

74 Diese Interpretation weicht deutlich von den Ergebnissen der bisherigen Forschung ab, die weder Bidaults Vorschlag einer Abrüstungskonferenz noch den am 11. Mai bereits ausformulierten Brief zur Anregung einer Gipfelkonferenz beachtet hat. In der Forschung wurde bisher lediglich erklärt, daß die französische Regierung die Rede Churchills negativ betrachtete, weil dadurch die Gegner der EVG in der Nationalversammlung gestärkt worden seien und Churchill keinerlei Interesse an der Teilnahme Frankreichs an einer Gipfelkonferenz gezeigt habe. Letzteres, aber nicht so sehr das erstere, trifft zu, reicht aber alleine nicht aus, um die französische Haltung zu erklären. Ich stimme daher nicht überein mit beispielsweise der Interpretation von *Steininger*, Deutschland, S. 118; *Carlton*, Großbritannien, S. 55 f.; *Gilbert*, Churchill, Bd. 8, S. 833; *Young*, Cold War, S. 61; *ders.*, Bermuda, S. 891–93. Young erwähnt am Rande auch Bidaults Vorschlag einer Abrüstungskonferenz, bezieht sie jedoch nicht in seine Argumentation ein. Vgl. auch *Rupieper*, Verbündete, S. 315 f. Siehe auch *René Massigli*, Une comédie des erreurs, 1943–56. Souvenirs et réflexions sur une étape de la reconstruction européenne, Paris 1978, S. 374ff.; *Vincent Auriol*, Journal du Septennat, 1947–1954, Bd. 7, Paris 1970, S. 163ff. Eine letzte Klärung der Angelegenheit würde sich nur durch Einblick in die französischen Akten ergeben, der mir jedoch nicht möglich war. Meine Analyse findet auch Bestätigung durch eine Aktennotiz von Selwyn Lloyd über ein Gespräch mit dem französischen Botschafter Massigli am 19. Mai in London. Lloyd teilte Churchill daraufhin mit: »Contrary to what has appeared in the press, he did not make any adverse criticism of your suggestion for a meeting of the Great Powers.« FO 800/700, Aktennotiz Lloyd an Churchill, PM/MS/53/155, 19.5.1953.

75 FO 371/125 032/ZP 3/29, Telegramm vom 30.4.1953 an die britischen Hochkommissare in Kanada, Australien, Neuseeland und Südafrika über die Ministergespräche während der Tagung des Nordatlantikrates in Paris im April 1953. Eine ähnliche Einschätzung teilte das Central Department am 6. Mai Anthony Nutting mit, als er Material zur Vorbereitung auf seine Unterhausrede am 12. Mai anforderte.

deutsche Wiedervereinigung gemeinsam auf einer Gipfelkonferenz zu diskutieren. Diese Themen seien »quite big enough subjects to be handled on their own«. Der enge Zusammenhang zwischen beiden Problemen, der seit Churchills Rede vom 11. Mai bis zur Eingliederung der Bundesrepublik in die NATO und darüber hinaus die Politiker beschäftigen sollte, wurde von den Experten des Central Department noch nicht gesehen. Genausowenig flexibel waren sie in der deutschen Frage als solcher. Man könne annehmen, erklärte P.F. Hancock, daß die Sowjetunion nach wie vor unsicher sei, »what to do about the German problem and they may well hesitate bevore accepting the risk of abandoning their hold over the Eastern Zone of Germany«. Auf die Idee, diese unschlüssige Haltung Moskaus durch entgegenkommende westliche Maßnahmen zu beeinflussen, kamen die Diplomaten nicht.[76]

Deutlich wird insgesamt, daß Churchill sich aus einer Kombination verschiedener Gründe entschlossen hatte, den Versuch zu wagen, die Welt auf die seiner Ansicht nach bestehende Chance zur Überwindung des Ost-West-Konflikts hinzuweisen. Aufgrund seiner Unzufriedenheit mit der unbeweglich-unentschlossenen Haltung Eisenhowers und seines eigenen Foreign Office wollte er die Abwesenheit Edens nutzen, um seine außenpolitischen Vorstellungen durchzusetzen. Er war der aufrichtigen Überzeugung, daß es höchste Zeit sei, der neuen Regierung in Moskau ein deutliches Zeichen zu geben. Deshalb wies er auf die berechtigten Sicherheitsinteressen Moskaus und den Zusammenhang zwischen der deutschen Frage und einem zu schaffenden europäischen Sicherheitssystem hin. Daneben war er eitel genug, der geplanten Gipfelinitiative Frankreichs zuvorkommen zu wollen. Es sollte ihm nicht noch einmal passieren, daß ihm jemand – wie am 16. April der amerikanische Präsident – mit einer Rede um die Gunst Moskaus und der Weltöffentlichkeit zuvorkommen und die Schau stehlen würde. Gleichzeitig beabsichtigte er durch seine Politik, Großbritannien eine für den wirtschaftlichen Wiederaufbau notwendige Zeit der Entspannung zu bieten. Durch die Erfüllung großmachtpolitischer Aufgaben als Garantiemacht eines sicherheitspolitischen Ausgleichs in Europa sollte auch sichergestellt werden, daß das Land in der Zwischenzeit nicht aus dem Kreis der Großmächte gedrängt würde. Diese letzte große programmatische Konzeption Churchills war in sich schlüssig, doch unrealistisch. Es war abzusehen, wie vom Foreign Office sogleich erkannt wurde, daß nicht einmal in Ansätzen eine Verwirklichung des Konzepts möglich sein würde. Trotz des einsetzenden internationalen Tauwetters sollte dies an den existierenden politischen Realitäten des Kalten Krieges scheitern – vor allem an dem Mißtrauen zwischen Ost und West und dem darauf basierenden Widerstand, der Churchill von fast allen westlichen Politikern entgegenschlug.

76 FO 371/103 664/C 1071/9, Memorandum Hancok, 6.5.1953.

3. Churchill, Adenauer, das Foreign Office und die Neutralisierung Deutschlands

Am meisten war wohl der deutsche Bundeskanzler über die Rede des Premierministers empört. Blankenhorn erwähnt in seinen Aufzeichnungen, Churchills Locarno-Vorschlag habe zu »äußerst kritischen Erörterungen« bei Adenauer und seinen Mitarbeitern geführt.[77] Blankenhorn teilte im Juni seinem Freund Con O'Neill – einem Mitarbeiter des Foreign Office – mit, Adenauer sei nach Churchills Rede »scared stiff« gewesen und habe nicht gewußt, »whether he was now standing on his head or his heels«. Den Kanzler habe vor allem die »unreability« des Premierministers beunruhigt.

> He considered however that the Prime Minister was obsessed with the idea that he was the only man in the world who could come to an arrangement with the Russians. Everything else in his mind was subordinate to this and would be sacrificed to it if necessary.[78]

Adenauer selbst spricht in seinen Erinnerungen nur davon, er sei »sehr überrascht« gewesen,[79] doch hatte er bereits am 9. Mai, also zwei Tage vor Churchills Rede, dem nordrhein-westfälischen Ministerpräsident Karl Arnold im Hinblick auf seinen bevorstehenden Besuch in London geschrieben: »Es besteht für mich kein Zweifel, daß man mir klarmachen will, es müsse die Haltung über Sowjetrußland geändert werden, entgegen den amerikanischen Intentionen. Wenn das die Haltung Englands ist – auf Grund mehrerer Nachrichten bin ich fest überzeugt davon – so kommen wir in eine für Deutschland gefährliche außenpolitische Atmosphäre hinein.«[80]

Adenauers Befürchtung, daß Churchill dabei sei, die deutsche Westintegration zur Disposition zu stellen, wurde während seines Aufenthalts in London vom 14. bis 16. Mai 1953 bestätigt.[81] Er versuchte alles in seiner Macht Stehende zu unternehmen, um dem Premierminister das Risiko eines solchen Schritts klar

77 *Blankenhorn*, S. 148. Vgl. auch FRUS 1952–54, Bd. 7, S. 456f.: Draper, US-Repräsentant bei der NATO, an State Department, 13. 5. 1953. Siehe auch EL: Ann Whitman File, International Series, Box No. 13, Akte: Germany 1953 (5), Memorandum Smith an Eisenhower, undatiert, ca. Mitte Mai 1953.

78 FO 371/103 665/C 11071/60 G, Memorandum Roberts an Strang, 17. 6. 1953, über ein Gespräch, das Blankenhorn mit O'Neil am 15. 6. 1953 in London führte. Ein Auszug des Memorandums ist auch abgedruckt in *Steininger*, Deutschland, S. 129. Vgl. auch *Blankenhorn*, S. 155.

79 *Adenauer*, Erinnerungen 1953–55, S. 205.

80 *Morsey* und *Schwarz* (Hrsg.), Adenauer. Briefe 1951–53, S. 363.

81 Vgl. *Adenauer*, Erinnerungen 1953–55, S. 295–98; *Blankenhorn*, S. 150f.; *Hans Booms* (Hrsg.), Die Kabinettsprotokolle der Bundesregierung, Bd. 6: 1953, Boppard 1988, S. 301; *Foschepoth*, Churchill, S. 1290f.; *Schwarz*, Adenauer. Der Staatsmann, S. 72–74.

zu machen.[82] Aber auch das Foreign Office hoffte, der Kanzler – von Hochkommissar Kirkpatrick als »a very suspicious old gentleman« bezeichnet[83] – würde in der Lage sein, Churchill davon zu überzeugen, seine Gipfeldiplomatiepläne zu ändern, sie zumindest mit größerer Vorsicht zu verfolgen. Frank Roberts versicherte Blankenhorn auf eine informelle Anfrage, wie der Kanzler das Thema gegenüber dem Premierminister ansprechen solle, daß er sicher sei, »the Prime Minister would wish the Chancellor to explain his own difficulties and preoccupations very frankly and not to gloss over any anxieties he might feel«.[84] Vor allem galt es sicherzustellen, ja war es »a matter of political importance«,[85] daß das Foreign Office wußte, was die beiden Regierungschefs miteinander besprachen. Neben dem großen offiziellen Dinner am Abend des 15. Mai war nämlich am gleichen Tag auch ein zwangloses Mittagessen geplant, an dem neben den beiden Politikern nur noch Lady Churchill und ein Dolmetscher teilnehmen sollten.[86] Falls der vierte Gast aber Adenauers persönlicher Dolmetscher sei, »the Foreign Office will have no means of ascertaining what passed at the luncheon«.[87] Daraus wird das sichtliche Mißtrauen der Diplomaten gegenüber dem eigenen Premierminister deutlich. Das Außenministerium fürchtete, Churchill könnte die Gelegenheit nutzen, um dem Kanzler seine wahren deutschlandpolitischen Vorstellungen darzulegen, was die deutsch-britischen Beziehungen schwer belasten würde.[88] Den Experten gelang es durchzusetzen, daß der deutschsprechende Hochkommissar Ivonne Kirkpatrick als Dolmetscher an dem *Lunch* teilnehmen konnte.[89]

82 In Gesprächen mit Journalisten und in Adenauers Memoiren kommt dies allerdings nur sehr indirekt zum Ausdruck. Vgl. FO 371/103 704/C 1073/6; *Adenauer*, ebd., S. 205–17.

83 FO 371/103 927/CW 10113/48, Brief von Kirkpatrick an Roberts, 5.5.1953.

84 FO 371/103 705/C 1074/5, Memorandum eines Gesprächs zwischen Blankenhorn und Roberts, 15.5.1953.

85 FO 371/104 131/CW 1633/11, Aktennotiz Roberts an Central Department, 17.4.1953.

86 CW 1633/9, Brief von Colville an den britischen Diplomaten Priestman, 14.4.1953. Siehe auch *Blankenhorn*, S. 151; *Morsey* und *Schwarz* (Hrsg.), Adenauer. Teegespräche 1950–54, S. 464f.

87 PRO: ebd., Aktennotiz Hancock, 17.4.1953.

88 Ebd.

89 Ebd., Aktennotiz Roberts an Anthony Montague-Browne oder Pitblado (Churchills Privatsekretäre) über sein Gespräch mit Colville, 20.4.1953. Interessant ist, daß das Foreign Office es 1953 nicht mehr für notwendig hielt, den amerikanischen und französischen Botschafter zu dem offiziellen Dinner für Adenauer einzuladen. Dies war im Dezember 1951 noch geschehen, um dem Veracht zu entgehen, »that we were cooking something up with Dr. Adenauer«. Doch dies schien nun überflüssig zu sein, da »Dr. Adenauer's ›independent status‹ has progressed considerably since then«. Ebd., Aktennotiz Roberts, 18.4.1953.

In seinen drei recht offenen Gesprächen mit Churchill gelang es dem Kanzler nicht, die in der Rede vom 11. Mai ausgedrückten Vorstellungen des Premierministers zu ändern.[90] Umgekehrt war allerdings auch Churchill nicht in der Lage, die Befürchtungen Adenauers zu zerstreuen. Zwar versicherte der Premierminister, London werde keine Vereinbarungen ohne Wissen oder zu Lasten Deutschlands eingehen, doch sehr zur Beunruhigung Adenauers erklärte Churchill im gleichen Atemzug, »that this should not be interpreted as excluding secret diplomacy«.[91] Der Kanzler war erschrocken über die sichtliche Alterung Churchills während der vergangenen zwei Jahre. Adenauer beobachtete die Schwierigkeiten des Premierministers, sich zu konzentrieren. Churchill schien ihm auch nicht sonderlich gut informiert zu sein. Blankenhorn teilte Con O'Neill die Eindrücke Adenauers von seinen Gesprächen mit dem Premierminister in London mit:

> Dr. Adenauer had the firm impression that the Prime Minister neither welcomed nor listened to advice. This perhaps would not have worried Dr. Adenauer so much (he has the same quality himself!) had he not the firm conviction that the Prime Minister really knew very little about the German problem or, for that matter, the problems of European unity... In fact, Dr. Adenauer's fear was that the Prime Minister simply did not know enough about present day problems in Germany and the world to be able to form a wise and reliable judgement.... Dr. Adenauer simply could not trust him to conduct conversations with the Russians on German or other subjects. ...he had been amazed and somewhat angry to find at the official meeting, that the Prime Minister paid no attention to what he was saying ... and was obviously buried away in a world of his own far from the practical problems with which Dr. Adenauer and others had to deal.[92]

Offiziell ließ der Bundeskanzler verlauten, er sei »much reassured« aus London zurückgekommen.[93] Vielleicht war Adenauer tatsächlich ein wenig beruhigt darüber, daß Churchill, als er in seiner Rede auf den Locarno-Pakt von 1925 verwies, nicht die genauen Bestimmungen des Vertrages im Auge hatte, sondern, wie er dem Kanzler darlegte, den »Geist von Locarno« gemeint habe. Dies war bald in britischen Berichten und später in Adenauers Erinnerungen zu lesen. Churchill hatte dem Kanzler immerhin seine Befürchtung mitgeteilt, »that the

90 Vgl. zu dem Protokoll der Unterredung zwischen Churchill und Adenauer am 15.5.1953: FO 800/794, GE/53/11 (auch in: FO 371/103 705/C 1074/14; ebd., C 1074/16. Zu Adenauers Pressekonferenz am 16.5.1953, siehe ebd., C 1074/5).

91 Ebd., Memorandum des Gesprächs zwischen Churchill und Adenauer am 15.5.1953, S. 19.

92 FO 371/103 665/C 1071/60 G, Memorandum Roberts an Strang, 17.6.1953, über ein Gespräch, das Blankenhorn mit O'Neill am 15.6.1953 in London führte. Vgl. auch ähnlich *Blankenhorn*, S. 150f.

93 FO 371/103 664/C 1071/10, Roberts an Strang, 27.5.1953, über sein Gespräch mit Humphrey Trevelyan, dem Finanz- und Wirtschaftsberater der britischen Hochkommission in Wahnerheide, am 26.5.1953.

Russian intention was only deceit«.[94] Insgesamt war es aber Churchill und dem Foreign Office nicht gelungen, Adenauers Sorgen zu zerstreuen.[95] Zurück in Bonn versuchte der Kanzler allerdings die Bedeutung der Rede vom 11. Mai herunterzuspielen und gleichzeitig geschickt auf die Gefährlichkeit einer Realisierung der Vorschläge hinzuweisen, indem er den zunehmenden gesundheitlichen Abbau Churchills und den großmachtpolitischen Verfall Englands betonte: »Churchill ist ein sehr emotionaler Mann und, wie Sie alle wissen, ein künstlerisch sehr begabter Mann. Er leidet unter seinem Gehörleiden. Dieses Gehörleiden bringt es mit sich, daß er manchmal doch nicht alles mitbekommt in einer Verhandlung, namentlich dann, wenn er – ungeduldig wie er ist – sein Maschinchen wegtut... Es spielt dabei auch eine Rolle das in Großbritannien allgemein verbreitete Gefühl des Unmutes darüber, daß die Führung in der Welt Amerika übernommen hat und daß Großbritannien doch mehr im Schlepptau von Amerika Weltgeschichte macht.«[96]

Der Kanzler zog nach seiner Englandreise die Schlußfolgerung, daß es galt, »auf der Hut zu sein«. Churchill werde »nichts unversucht lassen«, um einen Ost-West-Ausgleich herbeizuführen.[97]

94 Ähnlich äußerte sich Strang gegenüber dem türkischen Botschafter am 10.6.1953. Siehe FO 371/103 704/C 1073/7. Vgl. FO 800/794, GE/53/11 (auch in: FO 371/103 705/C 1074/14), Protokoll der Unterredung zwischen Churchill und Adenauer am 15.5.1953. Zitat: S. 20; FO 371/103 705/C 1074/15, Aktennotiz Roberts an Strang, 16.5.1953; FO 371/103 894/CW 1013/19, Kirkpatrick an FO Nr. 376, 19.5.1953; *Adenauer*, Erinnerungen 1953–55, S. 207, 210f. Zitat: S. 211; *Buchstab* (Bearb.), S. 519; *Morsey* und *Schwarz* (Hrsg.), Adenauer. Teegespräche, S. 464–66. Siehe auch *Schwarz*, Ära Adenauer, S. 206.

95 FO 371/103 705/C 1074/15, Aktennotiz Roberts an Strang, 16.5.1953.

96 *Buchstab* (Bearb.), S. 518f. In einem »Teegespräch« mit Journalisten am 18. Mai führte Adenauer weiter aus, daß Churchill wohl als Staatsmann des Krieges »den dringenden Wunsch hat, nun auch bei den Schritten, die zum Frieden führen sollen, eine entscheidende Rolle zu spielen«. Angesichts der führenden Position Amerikas habe Churchill »auch selbst einmal etwas sagen« wollen. *Morsey* und *Schwarz* (Hrsg.), Adenauer. Teegespräche, S. 467. Adenauer warnte davor, daß die Bundesrepublik bei den augenblicklichen anglo-amerikanischen Mißverständnissen zwischen alle Stühle gerate. Wie immer würden sich letztlich die beiden Länder »wieder verständigen und zu einer gleichen Linie kommen.... Da wird nur unser Finger gequetscht«. Die Bundesregierung werde aber versuchen, dazu beizutragen, »daß kein Krach entsteht«, denn das sei »worauf der Russe wartet«. *Buchstab*, ebd., S. 519f. Vgl. auch *Arnulf Baring*, Sehr verehrter Herr Bundeskanzler! Heinrich von Brentano im Briefwechsel mit Konrad Adenauer 1949–1964. Hamburg 1974, S. 128; *Morsey* und *Schwarz* (Hrsg.), Adenauer. Briefe 1951–53, S. 368; *dies.*, Adenauer. Teegespräche, S. 467.

97 *Adenauer*, Erinnerungen 1953–55, S. 205, 208f. Vgl. auch zu der Sorge Adenauers über Churchills Pläne, FRUS 1952–54, Bd. 7, S. 458f.: Bruce, Paris, an Conant, Bonn, 29.5.1953; FO 371/103 664/C 1071/34, Aktennotiz Roberts über sein Gespräch mit dem niederländischen Botschafter Stikker, 10.6.1953.

Adenauer hatte zur Vorsicht allen Grund, wollte er seine Politik der unumkehrbaren Westintegration der Bundesrepublik nicht sabotieren lassen. Im Anschluß an den Besuch des Kanzlers erkannte das Foreign Office voller Schrekken, daß Churchill tatsächlich die Neutralisierung und Wiedervereinigung der beiden deutschen Staaten anstrebte, um mit der Sowjetunion zu einem »settlement« zur Beilegung des Kalten Krieges zu kommen.[98] Noch am Tag der Abreise Adenauers aus London, dem 16. Mai, teilte Churchill dem Diplomaten Pierson Dixon während eines Gesprächs mit, »that he had not closed his mind to the possibility of a unified and neutralised Germany«. Dixon führte aus: »The P. M. made this remark in the context of a possible high-level discussion with the Russians, and his meaning, I think, was that it might be desirable to agree to such a solution for Germany as part of a settlement with the Russians.«[99]

Zwei Tage später erwähnte Churchill ähnliches gegenüber Strang und Lloyd, doch fügte er hinzu, er halte die Schaffung eines neutralen und wiedervereinigten Deutschlands nur für sinnvoll, »if the Germans wished, but only if they wished for this«.[100] Am 19. Mai setzte sich Frank Roberts in dem Memorandum »A unified, neutralised Germany« ausführlich mit den Konsequenzen der Vorschläge des Premierministers auseinander.[101] Roberts war der Überzeugung, daß Churchills Vorschläge »a complete break« mit der seit 1947 von den westlichen Alliierten verfolgten Politik darstellten, eine Rückkehr zum Potsdamer System einläuten und damit »a reversal of alliances« und einer »revolution« gleichkommen würden. Roberts erläuterte die Unmöglichkeit einer Wiedervereinigung Deutschlands. Die westlichen Ziele seien noch nicht erreicht und wohl auch derzeit nicht erreichbar, da sie doch die Westintegration eines wiedervereinigten Deutschlands einschlossen.

We have had as our common objective the closer association of the Federal Republic, and eventually of a reunited Germany, with the Western world ... our present not unsuccessful policies towards Germany and Western Europe cannot at present be reconciled with agreement with the Soviet Union on the German problem. As Dr. Adenauer himself said on May 15, German reunification *in freedom* will only come about if and when there is a possibility of a general settlement with the Soviet Union.[102]

98 In seinen Memoiren übergeht Roberts diplomatisch diese Tatsache. Er schreibt: »Churchill maintained that his ideas need not have interfered with our Western plans for the future of Germany, but I think he was alone in that view.« Vgl. *Roberts*, S. 166.

99 FO 371/103 660/C 1016/32, Aktennotiz Dixon an Strang und Roberts, 19.5.1953, über sein Gespräch mit Churchill am 16.5.1953.

100 Ebd., Aktennotiz Strang an Dixon, 19.5.1953, über sein Gespräch mit Churchill am 18.5.1953.

101 Ebd., Memorandum Roberts an Strang: »A unified, neutralised Germany«, 19.5.1953. Das überarbeitete Memorandum von Strang an Churchill (aber nicht die erste Fassung von Roberts, die meinen folgenden Ausführungen zu Grunde liegt) ist abgedr. in: *Steininger*, Deutschland, S. 126–28. Siehe auch *Foschepoth*, Churchill, S. 1292 f.

Im Anschluß zeichnete Roberts ein äußerst pessimistisches Bild über die möglichen Folgen einer Verwirklichung der Pläne Churchills. Der Diplomat befürchtete den Sturz Adenauers bei den bevorstehenden Bundestagswahlen und den Sieg einer schwachen sozialistischen Regierung, die möglicherweise früher oder später zum extremen Nationalismus neigen werde. Laut Roberts war es relativ unerheblich, ob ein neutrales Deutschland demilitarisiert sei oder über nationale Streitkräfte verfügte. In beiden Fällen würde es wohl den Anschluß an die Sowjetunion suchen. Bei einer Demilitarisierung Deutschlands sei das Land völlig »at the mercy« der Sowjetunion und werde einen genauso unzuverlässigen Faktor in der Weltpolitik wie einst Vichy-Frankreich darstellen. Falls ein wiedervereinigtes Deutschland aber eine nationale Armee habe, werde das Land versucht sein, seine ökonomische und wirtschaftliche Kraft bei Verhandlungen mit Ost und West einzusetzen. Dabei hätte Moskau mit den Territorien jenseits von Oder und Neiße den Deutschen wesentlich mehr zu offerieren als der Westen, der höchstens mit der Saar wuchern könne. Ein neutrales Deutschland würde sich in jedem Fall mit der Sowjetunion verbünden. »We should thus have created by our own action the most deadly danger to our security and to that of the world.«[103] Die Verteidigungsstruktur der NATO machte es nach Roberts unbedingt erforderlich, daß das deutsche Territorium dem Westen zur Verfügung stehe. Ein neutrales Deutschland werde natürlich den Rückzug aller alliierten Truppen verlangen müssen, welches vielleicht sogar zu einem frühen Rückzug der amerikanischen Streitkräfte aus ganz Europa führen könnte. Auf jeden Fall sei klar, »[that] N.A.T.O. would no longer be an effective shield for Western Europe and the United Kingdom«. Europa wäre dann auf den sowjetischen »good will« angewiesen. Ein westdeutscher Verteidigungsbeitrag sei dagegen notwendig, »to complete the minimum defensive strength of N.A.T.O.«. Auch für die Herstellung eines franko-deutschen Ausgleichs und die Fortentwicklung der europäischen Integration müsse eine Neutralisierung Deutschlands verheerende Folgen haben.[104] Der Diplomat zeigte hier eine überraschend europafreundliche Haltung, die bisher weder bei ihm noch bei der großen Mehrheit der

102 PRO: ebd. (Hervorhebung im Originaltext). Auf eine Diskussion der Frage soll hier verzichtet werden, inwiefern die deutsche Vereinigung im Oktober 1990 Adenauers Aussage bestätigte und ob der Kanzler von der Möglichkeit der Wiedervereinigung wirklich überzeugt war oder sie lediglich als Argumentationshilfe verwandte. Vgl. dazu *Rudolf Morsey*, Die Deutschlandpolitik Adenauers. Alte Thesen und neue Fakten, Opladen 1991, S. 46–49; und die kritische Rezension von *Henning Koehler*, in: Die Zeit, Nr. 6, 31. 1. 1992, S. 44.

103 FO 371/103 660/C 1016/32, Memorandum Roberts an Strang: »A unified, neutralised Germany«, 19. 5. 1953. Ähnliche Befürchtungen hinsichtlich einer neuen deutschen Rapallo-Politik wurden von Pierson Dixon vertreten. Vgl. FO 371/103 660/C 1016/34, Aktennotiz Dixon an Strang und Roberts, 1. 6. 1953.

104 Ebd.

Mitarbeiter des Foreign Office festzustellen gewesen war.[105] Roberts kritisierte mit seinem Memorandum nicht nur heftig die Politik seines eigenen Premierministers, sondern sprach sich im Grunde für die Beibehaltung des *Status quo*, bzw. für dessen Weiterentwicklung im Sinne der Westintegration eines vereinigten Deutschlands aus. Dies war ebenfalls die Meinung von Pierson Dixon, der Roberts' Memorandum mit einigen Bemerkungen ergänzte. Dixon erläuterte am 19. Mai, daß bei einer Abkehr von der bisherigen Deutschlandpolitik »we bring the whole structure tumbling about our ears«. Dies sei völlig unnötig, da man annehmen könne, die UdSSR »would probably be satisfied with the ›status quo‹ in Europe with a view to consolidating her position at home and exploiting opportunities in Asia«. Zur Verhinderung eines dritten Weltkrieges sollte nach Dixon das Ziel britischer Politik die Festigung des *Status quo* sein, keinesfalls aber dessen Reformierung. Schließlich verfüge der Westen doch immerhin über »an effective Atlantic Alliance & united Europe & as much [as] 3/4res of Germany, rearmed and anti-Russian«.[106]

Am 29. Mai machte Roberts darauf aufmerksam, die deutsche Presse habe mit Blick auf die Neutralisationspläne Churchills begonnen, »to smell a rat«.[107] Nutting verlangte am gleichen Tag ungeduldig Klarheit über die weiteren Pläne des Regierungschefs.[108] Daraufhin sandte Strang am 30. Mai das von ihm leicht überarbeitete Roberts-Memorandum dem Premierminister zu.[109] Churchill antwortete einen Tag später und erklärte schon etwas vorsichtiger: »I see fully the awful consequences of a right-about turn.« Nach wie vor war er aber der Überzeugung, daß etwas unternommen werden müsse, da »on present lines we are moving steadily towards war«. Klar sei, »[that] our honour would prevent us letting Adenauer down. I promised him this and he quite understood«. Dennoch fügte Churchill hinzu, obwohl er nicht mehr eine mögliche Neutralisierung Deutschlands erwähnte: »I have not yet come to any mental conclusions, but neither have I any final inhibitions.«[110] Churchill versprach, das Papier des

105 Vgl. dazu die Interviews in *Charlton*, S. 124ff.; und in *Larres* (Hrsg.), S. 302ff. Ein wiedervereinigtes Deutschland würde sich nach Roberts aus allen europäischen Organisationen wie dem Europarat, der Montanunion und der EVG zurückziehen. Diese seien dann aber kaum noch lebensfähig. Über kurz oder lang müsse in diesem Falle mit »a return to German nationalism and a revival of the German quarrel with France and Western Europe« gerechnet werden. PRO: ebd.

106 PRO: ebd., C 1016/32, Aktennotiz Dixon, 19.5.1953, zu dem Memorandum von Roberts, »A unified, neutralised Germany«, an Strang, 19.5.1953.

107 C 1016/33, Roberts an Strang, 29.5.1953, über einen Leitartikel in ›Die Welt‹ vom 27.5.1953.

108 FO 371/106 538/NS 1071/110/G, Memorandum Nutting an Lloyd und Strang, 29.5.1953.

109 PREM 11/449 (auch in: FO 800/794), Memorandum Strang: »A unified, neutralised Germany«, 30.5.1953, mit einem begleitenden Brief Strangs, PM/WS/53/185, gleichen Datums.

Foreign Office nochmals zu lesen.[111] Roberts schlug vor, dem Premierminister Zeit zum Nachdenken zu geben: »Our points have gone home and are to be studied further.«[112]

Deutlich wird, daß das Foreign Office und Adenauer in ihrer Sorge über die Pläne Churchills vollkommen übereinstimmten. Dennoch scheinen die Diplomaten die Beunruhigung des Kanzlers und sein Mißtrauen gegenüber der britischen Regierung nicht immer richtig eingeschätzt zu haben. Am 1. Juni teilte Hancock, der Leiter des Central Department, Selwyn Lloyd mit: »As regards Anglo-German problems, the present state of our relations with the Federal Republic is so happy that they are few in number.«[113] Nichts konnte weiter von der Realität entfernt sein. Die Anzahl der Probleme mochte gering sein, ihre Bedeutung für die anglo-deutschen Beziehungen war es sicherlich nicht. Adenauer sah seine Befürchtungen, die durch seine Gespräche mit Churchill kaum verringert worden waren, durch die für Mitte Juni angesetzte Konferenz der westlichen Regierungschefs in Bermuda bestätigt. War dies der Auftakt für eine Viermächtekonferenz mit der UdSSR? Würde es Churchill etwa gelingen, die Regierungen in Paris und Washington von seinen »summit«- und Locarno-Ideen zu überzeugen? Der Kanzler verfolgte die sich mit der Ankündigung der Bermuda-Konferenz anbahnende internationale Gipfeldiplomatie auch mit Blick auf die im September anstehenden Bundestagswahlen mit höchster Beunruhigung.[114]

4. Auf dem Weg zur Gipfelkonferenz

Die recht plötzliche Einberufung der Bermuda-Konfernz der Regierungschefs der USA, Großbritanniens und Frankreichs war ein Resultat der Rede Churchills vom 11. Mai und ging zurück auf die Initiative des französischen Ministerpräsidenten René Mayer.[115] Paris beabsichtigte, auf der Konferenz die Frage klären zu lassen, ob überhaupt zu Viermächtegesprächen geladen werden sollte. In dem

110 PREM 11/449 (auch in: FO 800/794), Churchill an Strang, M. 178/53, 31.5.1953. Auch abgedr. in: *Steininger*, Deutschland, S. 128f.

111 Im gleichen Atemzug machte Churchill auf eine Analogie zwischen einem vereinigten Deutschland und dem Schicksal der Tschechoslowakei aufmerksam, die niemand, trotz der Interpretationsversuche Dixons, so recht verstand. Siehe FO 371/103 660/C 1016/34, Aktennotiz Dixon an Strang und Roberts, 1.6.1953.

112 Ebd., Aktennotiz Roberts, 3.6.1953.

113 FO 371/103 956/CW 1051/11, Aktennotiz Hancock an Llyod, 1.6.1953.

114 Vgl. *Schwarz*, Adenauer. Der Staatsmann, S. 74. Siehe auch Kap. IV.5.

115 *Young*, Bermuda, S. 893 f., hat dies deutlich herausgestellt und damit die in der Literatur häufig anzutreffende Annahme zurückgewiesen, daß entweder Churchill oder Eisenhower die Konferenz angeregt habe.

Fall wollte Mayer sicherstellen, daß Frankreich mit am Tisch der Großmächte sitzen würde.[116] Doch auch der verlustreiche Krieg in Indochina und innenpolitische Probleme veranlaßten ihn, eine Konferenz vorzuschlagen.[117] Mayer strebte dabei nicht wie Churchill ein informelles Treffen an, sondern vor einem »summit« sollte eine »agreed agenda and an agreed Western policy« ausgearbeitet werden.[118] Am 20. Mai telegrafierte Mayer dem amerikanischen Präsidenten und bat um die Zustimmung zu einer westlichen Gipfelkonferenz, die er am darauffolgenden Tag, kurz vor der Abstimmung über einen gegen seine Regierung gerichteten Mißtrauensantrag, bekanntgeben wollte.[119] Eisenhower kehrte umgehend von einem Golfturnier nach Washington zurück und konsultierte seine Experten und den britischen Premierminister.[120] Trotz der zögernden Haltung des State Department, das wegen der unklaren Lage im Koreakrieg von einer Konferenz abriet,[121] stimmten die USA diesmal mit Churchill überein. Sie wollten der Bitte Mayers nachkommen. Bezeichnenderweise betonte der Präsident in einer öffentlichen Bekanntmachung, der Zweck des Treffens sei »to further develop common viewpoints«. Während einer Presseerklärung des State Department und in einem Brief Eisenhowers an Churchill wurde sehr zum Bedauern des

116 Adenauer, der gerade auf einem Besuch in Paris weilte als die Rede Churchills dort bekannt wurde, teilte dem CDU-Bundesvorstand am 22. Mai mit: »Man war mehr als verblüfft auf französischer Seite; denn man wußte vor der Rede nichts davon, daß Frankreich nicht zu den Großen Drei gehören sollte.« *Buchstab* (Bearb.), S. 519.

117 Der Krieg band etwa zehn gut ausgerüstete französische Divisionen, die Frankreich für die EVG nicht zur Verfügung standen. Paris fürchtete zunehmend, Frankreich würde dem Deutschland des Wirtschaftswunders in Europa bald auch militärisch unterlegen sein. Vgl. FO 800/700, Brief von Massigli an Lloyd, 15.5.1953; *Young*, Bermuda, S. 893; *Elgey*, S. 323; *Giles*, S. 194–97.

118 PRO: ebd., Aktennotiz Lloyd an Churchill, PM/MS/53/155, 19.5.1953, über ein Gespräch mit dem französischen Botschafter Massigli am 15.5.1953. Ebd., PREM 11/449, Aktennotiz Lloyd an Churchill, 14.6.1953, mit beiliegendem Memorandum über ein Gespräch zwischen Roberts und Crouy-Chanel, Gesandter an der französischen Botschaft in London, am 12.6.1953. Vgl. auch *Massigli*, S. 377–9; *Auriol*, S. 146, 163, 193, 742; *Young*, S. 893.

119 Vgl. PREM 11/1074; *Steininger*, Deutschland, S. 118; *Young*, S. 889, 893f.

120 Vgl. CAB 128/26, Teil 1, C.C. (53)33rd Conclusions, Minute 2, 21.5.1953 (auch in: PREM 11/520); *Boyle* (Hrsg.), S. 56: Eisenhower an Churchill, 21.5.1953; EL: Ann Whitman File, Dulles-Herter Series, Box No. 1, Akte: Dulles, May 1953, Memorandum Eisenhower an den Under-Secretary of State, 20.5.1953.

121 Der NSC hatte nur wenige Stunden zuvor einem Vorschlag der Joint Chiefs of Staff zugestimmt, daß im Falle des Scheiterns der erneuten Aufnahme von Waffenstillstandsverhandlungen in Korea, die neuen taktischen Atomwaffen nördlich des Yalu-Flusses, also gegen China, eingesetzt werden sollten. Vgl. zu der Frage, ob die USA es ernst meinten mit dem Einsatz der Atombombe: *Max Hastings*, The Korean War, London 1988, S. 393f.; *Rosemary Foot*, The Wrong War. American Policy and the Dimensions of the Korean Conflict, 1950–53, Ithaca/N.Y. 1985, S. 217–23.

Premierministers erwähnt, die Konferenz sei »not in any way ... tied to Four Power talks with the Soviet Union ... [or] considered as preliminary thereto«.[122] Darin aber bestand natürlich Churchills geheime Hoffnung. Auf eine entsprechende Frage Attlees im Parlament antwortete er: »It is my main hope that we may take a definite step forward to a meeting of far graver import.«[123]

Trotz der erreichten Einigung sollte die Organisation der Bermuda-Konferenz von Anfang an mit Schwierigkeiten belastet sein. Ungeachtet der Ankündigung des Treffens am 21. Mai sprach die französische Nationalversammlung Ministerpräsident Mayer aus primär innenpolitischen Gründen nur wenig später das Mißtrauen aus. Einen Monat lang beauftragte Staatspräsident Auriol insgesamt sechs Politiker mit der Bildung einer neuen Administration. Erst am 27. Juni gelang es dem kaum bekannten Joseph Laniel, eine Regierung zu bilden, in der Bidault wiederum als Außenminister fungierte.[124] Bis zu diesem Zeitpunkt mußte der Termin für die Konferenz immer wieder hinausgeschoben werden. Churchill war zwar bereit, ganz auf eine französische Teilnahme zu verzichten, oder nur französische Beobachter zuzulassen und alleine mit Eisenhower zu konferieren,[125] doch wollte der Präsident dem anfänglich nicht zustimmen. Churchill wurde immer ungeduldiger. »The bloody Frogs can't make up their minds«, explodierte er.[126] Falls die Bermuda-Konferenz nicht bis spätestens Ende Juni stattgefunden habe, werde er vielleicht doch alleine nach Moskau zu Malenkow fahren.[127] Schließlich, als kein Ende der Regierungskrise in Frankreich abzusehen war, einigten sich Churchill und Eisenhower am 19. Juni darauf, die Konferenz mit oder ohne Frankreich am 8. Juli beginnen zu lassen.[128]

Churchills Briefwechsel mit Eisenhower über den Zeitpunkt und die organisatorischen Details der Bermuda-Konferenz ist anzumerken, daß er regelrecht aufblühte und ihm das bevorstehende Ereignis neue Energien verlieh.[129] Allerdings wachte er eifersüchtig darüber, daß Eisenhower oder die britische La-

122 *Boyle* (Hrsg.), S. 57: Eisenhower an Churchill, 21. 5. 1953; Churchill an Eisenhower, 21. 5. 1953; PREM 11/520, Makins an FO Nr. 1084, 21. 5. 1953; ebd., Churchill an Makins Nr. 2171, T 160/53, 22. 5. 1953. Interessanterweise sind die trotz ihrer Harmlosigkeit zwischen Churchill und Eisenhower ausgetauschten Briefe vom 21. Mai im britischen PRO noch nicht deklassifiziert worden.

123 *Churchill*, Oral Answers, in: H.C., Parl. Deb., 5th series, Bd. 515, 21. 5. 1953, Sp. 2263. Am 9. 6. 1953 wiederholte Churchill dies: ebd., Bd. 516, Sp. 29.

124 Vgl. zu der Regierungskrise in Frankreich: PRO: PREM 11/434; *Giles*, S. 183; auch FRUS 1952–54, Bd. 6, S. 1358f.

125 Vgl. *Blankenhorn*, S. 155.

126 *Moran*, S. 406; Tagebucheintrag, 16. 6. 1953.

127 NA: 741.13/5–2853, Aldrich an State Department Nr. 6295, 28. 5. 1953. Siehe auch *Sulzberger*, S. 877: Tagebucheintrag, 3. 6. 1953.

128 Vgl. den Briefwechsel zwischen Eisenhower und Churchill im Mai und Juni 1953, in: *Boyle* (Hrsg.), S. 61–80. Siehe auch PREM 11/520.

129 Vgl. *Boyle* (Hrsg.), ebd.

bour-Partei ihm nicht erneut die Initiative bei der Kontaktaufnahme mit Moskau aus der Hand nehmen würden.[130] Dies schloß den Krieg in Korea ein. Am 26. April waren seit über sechs Monaten erstmals wieder Waffenstillstandsverhandlungen in Panmunjeom aufgenommen worden. Eine Einigung in der Frage, was mit den Kriegsgefangenen geschehen sollte, die nicht nach Nordkorea und China zurückkehren wollten, war jedoch nicht abzusehen.[131] Churchill hoffte, die offiziell neutrale, tatsächlich aber Nordkorea unterstützende Sowjetunion mittels Viermächteverhandlungen überzeugen zu können, Kim Il-Sung zu einer Kompromißlösung anzuhalten. Er glaubte, im Anschluß seien die Voraussetzungen für eine Détente auf globaler Basis gegeben.[132] Als der Premierminister hörte, Bedell Smith habe in einem Gespräch mit Botschafter Makins angedeutet, Washington »might make an approach to Moscow«, um die Waffenstillstandsverhandlungen voranzubringen und bereits ihren Botschafter in Moskau entsprechend instruiert hätten, protestierte er lautstark. Die USA, schrieb er Eisenhower, sollten in Korea weiterhin »a formidable front« aufrechterhalten, während Großbritannien »a friendly hint« geben würde. Der von Churchill ansonsten immer gern übersehene machtpolitische Größenunterschied zwischen Washington und London wurde nun von ihm betont. Er teilte Eisenhower mit:

> I think it would be a pity for the United States to make an approach to Moscow at this juncture and that it would only be taken by them as a sign of weakness ... It would be quite a different thing for me to send a personal and private message to Molotow and indeed I had thought of doing this anyhow.[133]

130 Vgl. die ärgerlichen Telegramme und Briefe, mit denen Churchill Botschafter Gascoigne und Selwyn Lloyd darauf hinwies, daß dem Labour-Politiker Harold Wilson während seiner Moskaureise Anfang Mai 1953 nicht die Hilfe des FO hätte gegeben werden sollen, um einen Besuch bei Molotow zu arrangieren – zumindest nicht ohne vorherige Konsultation des Premierministers. PREM 11/1604, Churchill an Gascoigne, T.174/53 (FO an Moskau Nr. 303), 24.5.1953; ebd., Aktennotiz Lloyd an Churchill PM/MS/53/184, 30.5.1953 (auch in FO 800/700). Siehe in der gleichen Akte Wilsons interessanten Bericht über sein Gespräch mit Molotow und die vorsichtige Anfrage Lloyds im Juni 1954, wie das FO sich verhalten sollte, als Wilson erneut die Sowjetunion besuchte. Vgl. auch den Bericht, den Gascoigne Bohlen gab. FRUS 1952–54, Bd. 8, S. 1185 f.; und Wilsons Artikel über seinen Besuch in den ›Reynolds News‹ vom 7.6.1953. Siehe dazu NA: 761.13/6–953, Aldrich, London, an State Department Nr. 5834, 9.6.1953.

131 Vgl. *Hastings*, S. 395–407; *Peter Lowe*, The Origins of the Korean War, London 1986, S. 209–13.

132 Vgl. *Peter Lowe*, The Settlement of Korean War, in: *Young* (Hrsg.), S. 223; *ders.*, The Significance of the Korean War in Anglo-American Relations, 1950–53, in: *Michael Dockrill* und *John Young* (Hrsg.), British Foreign Policy, 1945–1956, Basingstoke 1989, S. 143 f.

133 *Boyle* (Hrsg.), S. 64: Churchill an Eisenhower, 29.5.1953.

Obwohl es dem Premierminister darum ging, sich nicht erneut die Initiative und die Argumente für die schnelle Einberufung einer Konferenz mit Moskau aus der Hand nehmen zu lassen, waren seine Einwände nicht ganz unberechtigt. Eisenhower erhob daher keinen Einspruch gegen Churchills Botschaft an Molotow.[134] Am 2. Juni sandte der Brite dem sowjetischen Außenminister die kurze Mitteilung, daß es hilfreich sein würde, »if this Punmunjeom Prisoners of War business were got out of the way«. Er sei zuversichtlich, daß die Bermuda-Konfernz »may result in bridges being built not barriers between East and West«.[135] Molotow antwortete in höflichem Ton, doch abgesehen von der optimistischen Bemerkung, daß die Gespräche in Korea kurz vor einem erfolgreichen Abschluß ständen, teilte er nichts Konkretes mit.[136]

Das Foreign Office sah der Bermuda-Konferenz mit weit weniger Zuversicht als Churchill entgegen. In einem Memorandum vom 29. Mai wies etwa Anthony Nutting darauf hin, trotz der Erwartungen der Weltöffentlichkeit werde die Konferenz wegen des Widerstands der USA kaum zu einem Viermächtetreffen führen. Er glaubte, die Tagung auf Bermuda hätte sehr nützlich sein können, um die USA von der britischen Chinapolitik zu überzeugen. Stattdessen werde sich London nun mit Washington über eine Politik streiten »which we know in our hearts to be wrong, that is, a 4-Power conference with the Russians with no agenda, no preparation and no properly defined objectives«.[137] Nutting war davon überzeugt, daß das Scheitern einer eventuell stattfindenden Konferenz von der Öffentlichkeit mit Sicherheit auf »American intransigence and British subservience« zurückgeführt würde. Es sei wohl am besten, wenn das Foreign Office sich bemühe, ein solches Treffen zumindest zu einem qualifizierten Erfolg zu führen. Die westlichen Staatsmänner sollten sich bereiterklären, Moskau bei der Erfüllung gewisser Vorbedingungen zu einer Viermächtekonferenz einzuladen. Diese Bedingungen müßten der westlichen Öffentlichkeit als »reasonable«

134 Ebd., S. 65: Eisenhower an Churchill, 30. 5. 1953. Botschafter Bohlen hatte am 12. Mai zum ersten Mal Molotow aufgesucht und sich erfolgreich für die Ausreise amerikanischer Bürger eingesetzt. Vgl. FRUS 1952–54, Bd. 8, S. 1184f.

135 *Boyle* (Hrsg.), S. 64: Churchill an Eisenhower, 29. 5. 1953. Aus einem weiteren Telegramm an Molotow vom 20. Juni wird ebenfalls die Hoffnung Churchills ersichtlich, die Hilfe der Sowjetunion für die Beendigung des Koreakrieges zu erhalten. Das Telegramm ist zu finden in: PREM 11/406. Siehe auch *Lowe*, Significance, S. 143.

136 Vgl. PREM 11/420, Gascoigne an FO Nr. 404, 2. 6. 1953. Vgl. auch das Gespräch zwischen Gascoigne und Molotow am 24. Juni im Kreml, in: FO 371/106 505/NS 1013/31, Gascoigne an FO Nr. 26 (»Weekly Summary, June 18–June 24«), 24. 6. 1953. Siehe auch *Steininger*, Deutschland, S. 119.

137 FO 371/106 538/NS 1071/110/G, Memorandum Nutting an Lloyd und Strang, 29. 5. 1953. Die Kritik an der amerikanischen Chinapolitik bezog sich sowohl auf den von der Eisenhower-Regierung nicht ausgeschlossenen Atomschlag einschließlich der Ausweitung des Koreakrieges auf China und auf die grundsätzliche Nichtanerkennung des Ergebnisses des chinesischen Bürgerkrieges und damit der Regierung Maos.

erscheinen und das hieße, sie dürften »nothing about ›liberating‹ Eastern Europe« beinhalten. Dies bedeute zwar, daß der Westen ein beträchtliches Risiko eingehe, doch äußerte Nutting hoffnungsfroh, daß in ihrem derzeitigen »confused state of mind«, die sowjetische Führungsmannschaft »might even refuse reasonable terms«. In einem solchen Fall wäre das Propagandaproblem mit der öffentlichen Meinung im Westen gelöst.[138] Roberts stimmte dem zu. Solange die endgültige Westintegration der Bundesrepublik durch die Ratifizierung von EVG- und Generalvertrag noch nicht gelungen sei, könnten die westlichen Verbündeten kein Interesse an einer eventuell von Moskau angebotenen Wiedervereinigung haben.[139] Er räumte ein, daß durch die mittlerweile entstandene recht hohe Erwartungshaltung der Öffentlichkeit es dem Westen kaum möglich sein dürfte, »to disengage successfully« von einem »summit« und dem Themengebiet Deutschland und Europa. Daraus schloß er, ein Treffen mit der UdSSR sei unumgänglich, falls Moskau durch sein Verhalten die öffentliche Meinung nicht von der Überzeugung der Nützlichkeit solcher Gespräche abbringe.[140] Am 8. Juni empfahl Roberts daher, »... no undue delay in talks with the Russians after Bermuda«.[141] Klar war, daß seiner Ansicht nach die Verhandlungen mit einem Mißerfolg enden mußten, sollte die Westintegration der Bundesrepublik nicht gefährdet werden. Selwyn Lloyd schloß sich den Ausführungen Nuttings und der Meinung Roberts an, sprach sich aber dafür aus, keine Vorbedingungen für ein Gipfeltreffen mit Moskau zu stellen. Es schien ihm ausreichend zu sein, die Konferenz erst nach den für Anfang September angesetzten Wahlen in der Bundesrepublik einzuberufen.[142] In Bermuda sollte Lloyd zufolge versucht werden, eine Einigung über die zukünftige Deutschlandpolitik der Westmächte zu

138 Ebd.

139 Ebd., Memorandum Roberts, 3.6.1953. Dies wurde dem FO zwei Tage später von Botschafter Makins bestätigt, der berichtete, der deutsche Geschäftsträger in Washington, Dr. Heinz Krekeler, habe lediglich von der Notwendigkeit der Freiheit der Ostdeutschen gesprochen. »He put it this way rather than to refer to the reunification of Germany, because the democratic way of life was more important than unification.« FO 371/103 665/C 10071/46, Gespräch zwischen Makins und Krekeler, 5.6.1953.

140 Damit deutete Roberts bereits den Kurs an, der bei den Washingtoner Gesprächen der westlichen Außenminister im Juli festgelegt werden und zur Berliner Konferenz von 1954 führen sollte (siehe dazu Kap. V.2). FO 371/106 538/NS 1071/110/G, Memorandum Roberts, 3.6.1953. Diese Meinung wurde auch von dem niederländischen Außenminister Beyen vertreten. Vgl. FO 800/701, Lloyd an Churchill, PM/MS/53/249, 20.6.1953, über sein Gespräch mit Beyen.

141 FO 371/103 666/C 1071/65, Aktennotiz Roberts an Strang, 8.6.1953: »Germany and the Bermuda meeting.«

142 FO 800/701, Memorandum Lloyd an Churchill, 24.6.1953. Siehe auch EL: C.D. Jackson Papers, Records 1953–54, Box No. 2, Akte: Bermuda Conference (3), Aldrich an State Department Nr. 6410, 5.6.1953.

erreichen.[143] Immerhin hatte Churchill gegenüber dem Foreign Office noch am 13. Juni in verklausulierter und recht unrealistischer Weise erneut auf seine Pläne zur Neutralisierung Deutschlands hingewiesen: »I do not think a free and united Germany would join the Soviets in any foreseeable period, if so they should only form part of a wider no-man's land communications across which could be dealt with by the Atomic Bomb.«[144]

Insgesamt schien den Diplomaten letztendlich nur wegen der befürchteten Kritik der Öffentlichkeit eine Konferenz mit der UdSSR notwendig zu sein. Das Foreign Office war – mit nur ganz wenigen Ausnahmen – weiterhin überzeugt, die sowjetische Politik habe sich nicht fundamental geändert.[145] Die in der Zeit der sowjetischen Friedenskampagne, in den drei Monaten nach Stalins Tod, vielleicht gegebene Chance, das Verhältnis zur Sowjetunion dauerhaft zu ändern und Bewegung in die deutsche Frage zu bringen, wurde so verpaßt, ja die Gelegenheit scheint nicht einmal als solche wirklich wahrgenommen und ernsthaft erörtert worden zu sein. Trotz gewisser Hinweise hielt man derartige Möglichkeiten von vornherein für unwahrscheinlich. Dies unterscheidet die Situation im Sommer 1953 von der des Frühjahrs 1952. Im Zuge der sowjetischen Offerte von März 1952 war der Westen sich klar darüber gewesen, was vielleicht das Ergebnis eines ›Auslotens‹ der Stalin-Note hätte sein können. Man fällte ganz bewußt die Entscheidung, darauf zu verzichten. In der Zeit nach Stalins Tod im März 1953 scheinen das Foreign Office und die USA – im Gegensatz zu Churchill – tatsächlich nicht ernsthaft an irgendwelche realistischen Chancen geglaubt zu haben, das Verhältnis zur Sowjetunion dauerhaft ändern und den Kalten Krieg beilegen zu können. In der fernen Zukunft, wenn der Westen von einer Position der Stärke aus und auf jeden Fall nach der gelungenen Westintegration der Bundesrepublik Moskau eine gewisse Kompromißbereitschaft signalisieren würde, mochte eine Überwindung des Ost-West-Konflikts möglich sein. Doch schien die Zeit dazu noch nicht reif zu sein. Ungeachtet weiterer entspannungspolitischer Maßnahmen Moskaus, wie etwa die am 1. Juni an die Türkei gesandte »most friendly message« über die Zurückziehung aller sowjetischen Ansprüche auf türkische Hoheitsgebiete,[146] wurde nach wie vor

143 PRO: ebd. Vgl. auch ähnlich PREM 11/428, 25.6.1953: Memorandum Lloyd über die Bermuda-Konferenz, »Questions likely to be raised«.

144 PREM 11/449, Aktennotiz Churchill an Strang und Lloyd, 13.6.1953.

145 Diese These der Diplomaten wird auch z. B. vertreten in: *Hans Wassmund*, Kontinuität im Wandel. Bestimmungsfaktoren sowjetischer Deutschlandpolitik in der Nach-Stalin Zeit, Köln 1974. Zu den wenigen Ausnahmen gehörte der Diplomat J. W. Nicholls. Vgl. FO 371/125 051/ZP 23/78, Memorandum Nicholls, 17.6.1953.

146 In dem Schreiben zog der Kreml seinen seit 1945 erhobenen Anspruch auf türkisches Territorium zurück und verzichtete auch auf die Forderung einer Überprüfung der Meerengenkonvention von Montreux und damit darauf, die militärische Kontrolle über den Bosporus und die Dardanellen zu erhalten. Im Foreign Office wie in der Türkei herrschten völlige Unklarheit über die Motive Moskaus. Vgl. *Boyle* (Hrsg.),

die Auffassung vertreten: »The death of Stalin has thawed the ice and the river of political movement in the Soviet Union is beginning to flow again. But it remains a communist, even a Stalinist river.«[147]

Adenauers Einschätzung der Lage lag ganz auf der Linie des britischen Außenministeriums. Abgesehen davon, daß Adenauer bei einer Viermächtekonferenz mit Moskau um die Westintegration der Bundesrepublik fürchtete, war ihm natürlich bewußt, daß Churchills Vorschlag genau der Strategie der oppositionellen SPD entsprach. Die Partei hatte schon 1952 während der Debatte über die Stalin-Note verlangt, das Angebot der UdSSR durch eine Konferenz zu testen. Nach Stalins Tod wurde die seit August 1952 von Erich Ollenhauer geführte Partei nicht müde, diesen Kurs weiterhin zu propagieren, sah sie doch darin die einzige Möglichkeit, die ihrer Meinung nach durch die Westintegration unwiderruflich festgeschriebene Teilung Deutschlands noch im letzten Moment zu verhindern.[148] Angesichts dieser Situation war vorauszusehen, daß Adenauer nicht passiv bleiben würde. Der Kanzler entschied sich, die Westmächte, vor allem die USA, von der Notwendigkeit der aktiven, wenn auch vor der Öffentlichkeit zu verbergenden Unterstützung seines Wahlkampfes zu überzeugen. Außerdem wollte er Einfluß auf die Bermuda-Konferenz nehmen, um die Gipfelpläne Churchills zu unterminieren. In der Folgezeit wurde zunehmend deutlicher, daß die Rede Churchills im Mai 1953 einen Bruch in den anglo-deutschen Beziehungen herbeigeführt hatte.[149] War Adenauer schon immer der Überzeugung gewesen, bei der Wiederherstellung der deutschen Souveränität eher auf die anglo-amerikanischen Mächte als auf Frankreich setzen zu können, so beschränkte der Kanzler fortan sein Vertrauen ganz auf die USA.[150] Fortan sollte Adenauer immer öfter und ohne vorher die Hochkommission in Bonn zu kon-

S. 66f.: Churchill an Eisenhower, 4.6.1953. FO 800/698, Protokoll des Gesprächs zwischen Churchill und türkischen Ministern, 1.6.1953; FO 371/106 538/NS 1071/110/G, Memorandum Dixon, 5.6.1953. Vgl. auch *Lange*, S. 551.

147 FO 371/106 510/NS 1015/27, Memorandum Hohler an Mason, 30.4.1953.

148 Vgl. PREM 11/449, Memorandum des Gesprächs zwischen Roberts und Crouy-Chanel, 12.6.1953. Vgl. zur Politik der SPD z. B.: *Theo Pirker*, Die Geschichte der Sozialdemokratischen Partei Deutschlands, 1945–1964, Bonn 1965, S. 174ff.; *Helga Haftendorn*, Sicherheit und Entspannung. Zur Außenpolitik der Bundesrepublik Deutschland, 1955–82, Baden-Baden 1983, S. 87ff.; *H. Schirmer*, Die Deutschlandpolitik der SPD in der Phase des Übergangs vom Kalten Krieg zur Entspannungspolitik, 1955–70, Bonn 1971, S. 16ff.; und *Gordon D. Drummond*, The German Social Democrats in Opposition, 1949–1960. The Case against Rearmament, Norman/Ok. 1982.

149 Dies steht im genauen Gegensatz zu der Behauptung von *Blankenhorn*, S. 152, daß Adenauer durch seinen Besuch den Grundstein für eine »britisch-deutsche Bündnisgemeinschaft« gelegt habe. Diese Auffassung ist unhaltbar.

150 Wenn Adenauer dem amerikanischen Präsidenten mitteilen ließ, »[that he] looks to US leadership ... and not to [the] UK«, so war das durchaus ernstgemeint. Bisher

sultieren, alleine und direkt mit Washington konferieren und sich ganz auf die Eisenhower-Administration verlassen. Diese Strategie wurde vom Quai d'Orsay mit großer Verärgerung zur Kenntnis genommen.[151] Die Briten betrachteten die immer engere amerikanisch-deutsche Zusammenarbeit ebenfalls voller Mißtrauen, doch waren sie sich bewußt, daß für die Verwirklichung der westlichen Ziele Adenauer der am besten geeignete Politiker war. Der Leiter des Central Department kommentierte realistisch: »The tendency is one which we may be powerless to arrest. The existence of Dr. Adenauer is our main safeguard.«[152] Dennoch bezeichneten London und Paris die überstürzte Washington-Reise von Adenauers Vertrautem Blankenhorn Anfang Juni als »ill-considered«, »ill-advised« und »annoying«.[153] Frank Roberts machte auf die dahintersteckende Intention Adenauers aufmerksam: »The Chancellor is coming round to the view that his interests will be better served by lining up with the Americans and persuading them to exercise a restraining influence on the Prime Minister at Bermuda.«[154]

Am 29. Mai hatte Adenauer bereits ein Memorandum an Eisenhower gesandt, in dem er in acht Punkten die deutschlandpolitischen Vorstellungen der Bundesregierung darlegte. Am gleichen Tag ließ er durch Walter Hallstein David Bruce in Paris, dem amerikanischen Repräsentanten bei der Montanunion und dem EVG-Interimsausschuß, seine Besorgnisse mitteilen. Hallstein, seit 1951 Staatssekretär im Auswärtigen Amt, deutete an, daß der Kanzler beabsichtigte, Blankenhorn nach Washington zu senden.[155] Am 30. Mai ließ Adenauer beim ameri-

hatte der Kanzler im wesentlichen versucht, Großbritannien mehr oder weniger mit einzubeziehen. FRUS 1952–54, Bd. 7, S. 457f.: Bruce, Paris, an Conant, Bonn, 29. 5. 1953, über sein Gespräch mit Staatssekretär Hallstein. Vgl. auch *Hermann-Josef Rupieper*, Der deutschlandpolitische Handlungsspielraum der Bundesregierung 1949–1955, in: *Jürgen Weber* (Hrsg.), Die Republik der fünfziger Jahre. Adenauers Deutschlandpolitik auf dem Prüfstand, München 1989, S. 76, 78.

151 Vgl. FO 371/103 664/C 1071/17, Aktennotiz Roberts an Kirkpatrick, 8. 6. 1953, über sein Gespräch mit Crouy-Chanel.

152 Vgl. ebd., Aktennotiz Hancock, 16. 6. 1953; siehe auch ebd., Aktennotiz Warner, 16. 6. 1953.

153 C 1071/38, Aktennotiz Kirkpatrick an Roberts, 10. 6. 1953. Kirkpatrick erklärte, daß die Hochkommission zum Anachronismus geworden sei. Der US-Botschafter in Paris sprach von »endemic French suspicions concerning closeness of German-US friendship«. NA: 611.62A/6–153, Dillon an Dulles Nr. 6193, 1. 6. 1953.

154 C 1071/16, Aktennotiz Roberts an Strang, 3. 6. 1953. Von Eckard, der Pressesprecher Adenauers, erklärte Roberts am 1. Juni, daß Adenauer froh über die Einberufung der Bermuda-Konferenz sei, da die Westmächte so ihre Politik abstimmen könnten. Dies war natürlich nicht der Fall; Adenauer war höchst beunruhigt, daher Blankenhorns Mission. Roberts versicherte von Eckard, die Politik Londons »had not changed since Adenauer's visit« – dies dürfte den Kanzler kaum beruhigt haben. Vgl. C 1071/15, Memorandum Roberts, 1. 6. 1953.

155 Vgl. FRUS 1952–54, Bd. 7, S. 457f.: Bruce, Paris, an Conant, Bonn, 29. 5. 1953.

kanischen Hochkommissar anfragen, ob Einwände gegen die Mission Blankenhorns beständen. Interessanterweise scheint Adenauer sich darüber bewußt gewesen zu sein, daß die als geheim deklarierte Reise seines Emissärs bekannt werden würde. Hochkommissar Conant glaubte sogar:

In fact, it seems probable that he hopes object of Blankenhorn's trip will become known as it will give evidence that he has taken action to bring Germany's case before West [sic] powers prior to Bermuda meeting.[156]

Dies stellte eine zutreffende Interpretation dar. Adenauer wollte während des bundesdeutschen Wahlkampfes behaupten können, er habe in der Frage der deutschen Wiedervereinigung die Initiative ergriffen.[157] Zugleich beabsichtigte Adenauer die Briten darauf hinzuweisen, daß er sich keinesfalls passiv mit Churchills Plänen abfinden werde. Dies zeigte schon sofort eine gewisse Wirkung. Bereits am 4. Juni schrieb Frank Roberts: »We should do our best to reassure the Germans as there seems to me to be a great danger, at worst of the German ship getting out of control with all Dr. Adenauer's election pressures, or, at best, of an American-German line-up developing in Europe against us and the French.«[158]

Blankenhorn traf am 1. Juni in Washington ein. Am darauffolgenden Tag führte er Gespräche mit Dulles und James Riddleberger, dem Deutschlandexperten des State Department, und am 4. Juni konferierte er mit Bedell Smith und Präsident Eisenhower.[159] Bei allen diesen Unterredungen wies er seine Gesprächspartner darauf hin, daß es Adenauer sehr im Wahlkampf helfen würde, wenn die alliierten Hochkommissare in Bonn zusätzlich den Titel eines Botschafters erhielten. Auch sei es hilfreich, wenn angesichts der kürzlich erfolgten Ratifikation von EVG- und Deutschlandvertrag durch Bundestag und Bundesrat bereits gewisse Regelungen der Verträge in Kraft treten könnten.[160]

156 Ebd., S. 460: Conant, Bonn, an State Department, 30. 5. 1953. Daneben wollte Adenauer Blankenhorns Reise aber auch nutzen, um seine Unzufriedenheit mit dem mangelnden persönlichen Kontakt zur amerikanischen Hochkommission und insbesondere mit dem Hochkommissar auszudrücken. Dabei konnte es nicht schaden, wenn Conant diese Beschwerden zu Ohren kamen. Dem britischen Hochkommissar teilte Adenauer mit, er glaube, Conant sei »a babe in the wood and knew nothing. His advisors showed little judgement and did not inspire confidence«. FO 371/103 664/C 1071/12, Kirkpatrick an FO Nr. 517, 5. 6. 1953 (auch in: PREM 11/444).

157 Dies teile Selwyn Lloyd auch Winston Churchill mit. PRO: ebd., Kirkpatrick an FO Nr. 517, 5. 6. 1953; C 1071/33, Aktennotiz Lloyd an Churchill, PM/MS/53/228, 13. 6. 1953 (auch in: FO 800/701).

158 C 1071/32, Aktennotiz Roberts an Strang, 4. 6. 1953.

159 Vgl. *Blankenhorn*, S. 153 f. Siehe auch *Felken*, S. 182 f.

160 Im März 1953 verabschiedete der Bundestag und im April/Mai (ohne eigentliche Abstimmung) der Bundesrat die entsprechenden Gesetze nach der erfolglosen Anrufung des Bundesverfassungsgerichts durch die SPD. Der Abschluß der Ratifizierung

Adenauer hoffe, das mit alliierten und deutschen Mitgliedern besetzte Tribunal zur Überprüfung von Kriegsverbrechen werde bald die Arbeit aufnehmen können. Der Wahlkampf der SPD konzentriere sich bereits seit längerem auf die Betonung der Erfolglosigkeit von Adenauers Westpolitik und der Behauptung, daß der Kanzler bisher noch nicht das geringste Zugeständnis von den Westmächten habe erreichen können. Eisenhower stand den Bitten Adenauers »very sympathetic« gegenüber, doch erklärte er, im Falle der Kriegsverbrecher müsse geprüft werden, ob es sinnvoll sei, den französischen Widerstand einfach zu ignorieren. Letztlich könne dies negative Auswirkungen auf die Ratifizierung der EVG in Paris haben.[161]

Blankenhorn sprach mit Eisenhower auch über Adenauers Acht-Punkte-Memorandum zur Deutschlandpolitik. Während die fünf ersten Punkte identisch waren mit dem westlichen Standpunkt, wie er zuletzt in der Note vom 23. September 1952 an die Sowjetunion ausgedrückt worden war,[162] hatte Adenauer nun drei neue, sehr weitgehende und im Grunde weder für die Sowjetunion noch für die Westmächte annehmbare Bedingungen hinzugefügt. Er legte dar,

durch die endgültige Entscheidung der Richter und die Unterzeichnung der Urkunden durch den Bundespräsidenten erfolgte erst am 28. März 1954. Vgl. *Booms*, Einleitung, S.IL-L; *Adenauer*, Erinnerungen, 1953–55, S. 169–94, 270f.; *Grewe*, Rückblenden, S. 157–59; *Dockrill*, Britain's Policy, S. 105ff.; *Schwarz*, Ära Adenauer, S. 169ff.

161 Vgl. zu den Gesprächen Blankenhorns mit Dulles, Smith und Eisenhower: FRUS 1952–54, Bd. 7, S. 466–70, Zitat: S. 469. Vgl. auch FO 371/103 664/C 1071/12, Kirkpatrick, Bonn, an FO Nr. 517, 5.6.1953; PREM 11/449; NA: 611.62A/6–653, Dulles an Hochkommission Bonn Nr. 5415, 6.6.1953.

162 In dieser Note, wie auch bereits erstmals am 10. Juli 1952, in Beantwortung der sowjetischen Note vom 24. Mai 1952, hatten die drei Westmächte dargelegt, daß freie Wahlen der erste Schritt zur Wiedervereinigung und der Bildung einer gesamtdeutschen Regierung sein müßten. Die UdSSR befürwortete dagegen, zuerst einen Friedensvertrag vorzubereiten und eine gesamtdeutsche, aus Vertretern der Bundesrepublik und der DDR bestehende Regierung einzusetzen. Erst dann, als letzten Schritt, beabsichtigte Moskau gesamtdeutsche Wahlen stattfinden zu lassen. Die westliche und sowjetische Auffassung über die Reihenfolge der Schritte zur Herbeiführung der deutschen Wiedervereinigung war also genau entgegengesetzt. Insgesamt beruhten die in der Note vom 23. September ausgedrückten westlichen Vorstellungen über die deutsche Wiedervereinigung auf fünf Punkten: 1. freie Wahlen, gewährleistet durch internationale Kontrolle; 2. auf der Basis dieser Wahlen, Bildung einer gesamtdeutschen Regierung; 3. gesamtdeutsche Regierung darf keiner fremden Kontrolle unterworfen sein; 4. gesamtdeutsche Regierung muß das Recht haben, sich auf friedlichem Wege mit anderen Nationen zusammenzuschließen; 5. gesamtdeutsche Regierung kann von Anfang an und als gleichberechtigter Partner an den Verhandlungen über einen Friedensvertrag teilnehmen. Die Note ist abgedruckt in *RIIA* (Hrsg.), Documents, 1952, S. 195–97. Vgl. auch *Steininger*, Chance, S. 114ff.; und die älteren, aber immer noch wertvollen Dokumentensammlungen von *Jäckel, Siegler* und *von Münch* (siehe Literaturverzeichnis).

daß in einem Friedensvertrag mit Deutschland »das Recht aller Menschen auf die Heimat« berücksichtigt werden müsse. Zudem werde es keiner deutschen Regierung je möglich sein, die Oder-Neiße-Grenze anzuerkennen, doch sei die Bundesrepublik bestrebt, territoriale Fragen »in einem neuen Geist internationaler friedlicher Zusammenarbeit zu ordnen«. Als letzten Punkte betonte Adenauer in dem Memorandum, die EVG beschränke die Stärke der westdeutschen Streitkräfte. Die Sicherheit der Nachbarn Deutschlands sei deshalb gesichert. Umgekehrt erwarte er die Bereitschaft der Westmächte, die deutsche Sicherheit zu gewährleisten.[163] In dem begleitenden Brief hatte Adenauer dem Präsidenten ebenfalls mitgeteilt, daß er voll und ganz mit der amerikanischen Politik zufrieden sei, ihm aber die Rede Churchills vom 11. Mai Sorge mache. Er schlug vor, einem Viermächtetreffen eine Konferenz der westlichen Außenministerstellvertreter, einschließlich eines westdeutschen Staatssekretärs, vorangehen zu lassen. Der Kanzler bat Eisenhower auch darum, der Bundesregierung zwecks »rapid co-ordination« die Erlaubnis zu geben, durch eine prominente Persönlichkeit am Ort der Viermächtekonferenz vertreten zu sein.[164]

Im Gespräch mit Blankenhorn begrüßte der Präsident den Vorschlag der Konsultation zwischen den drei Westmächten und der Bundesregierung vor einer Viermächtekonferenz. Skeptischer war er jedoch in der Frage eines westdeutschen Beobachters am Ort eines Treffens, da Moskau in diesem Falle sicher auf der Anwesenheit eines ostdeutschen Repräsentanten bestehen werde. Diese Frage müsse untersucht werden. Noch zurückhaltender äußerte Eisenhower sich über Adenauers acht Punkte, da einige davon die deutsche Grenzfrage tangierten. Das State Department werde sich der Sache annehmen, sagte er Blankenhorn. Was die Ansichten Churchills anging, versuchte der Präsident den Kanzler zu beruhigen, doch verbarg er keinesfalls seine Kritik an dem Premierminister. Blankenhorn wurde mitgeteilt, Dulles und der Präsident spielten gar mit dem Gedanken, daß es vielleicht heilsam für Churchills Vorstellungen sei, wenn man ihn alleine nach Moskau reisen lasse.[165] Mit Anspielung auf Churchills

163 Das Memorandum ist abgedr. in: *Adenauer*, Erinnerungen 1953–55, S. 217f.; FRUS 1952–54, Bd. 7, S. 460–62.

164 Der Brief an Eisenhower ist abgedr. in: FRUS, ebd., S. 460f. Möglicherweise spielte Adenauer hier auch darauf an, daß an ihn selbst eine Einladung zur Teilnahme an der Bermuda-Konferenz erfolgen sollte, um eine solche Vorkonferenz überflüssig zu machen. Dies wird dadurch gestützt, daß bereits Ende Mai zahlreiche Berichte über eine Teilnahme Adenauers an der Bermuda-Konferenz in der deutschen Presse auftauchten, die nach Meinung einiger deutscher Korrespondenten von der Bundesregierung lanciert worden waren. Vgl. FO 371/125 049/ZP 23/3, Aktennotiz des britischen Diplomaten Minto, 8.6.1953; ebd., Kirkpatrick an FO Nr. 501, 28.5.1953.

165 FO 371/103 665/C 1071/53, Aktennotiz Roberts an Strang, 17.6.1953, über einen Brief von Ward, Wahnerheide, vom 15.6.1953. Ward, stellvertretender Hochkommissar in Bonn, gibt ein Telegramm des Quai d'Orsay wider, daß der britischen Hochkommission, gegen den Willen des Quai zugänglich gemacht worden war.

Locarno-Idee und ohne zu vergessen, Adenauer zu komplimentieren, erklärte Eisenhower gegenüber Blankenhorn:

Churchill and the Chancellor were about the same age but in some respects Adenauer was the youngest of all the European Prime Ministers in his mental outlook and the way he sought new solutions rather than looking to the past for answers to the difficult problems the world faces today.[166]

Am Abend des gleichen Tages ließ Eisenhower dem Kanzler per Telegramm mitteilen, daß die Bermuda-Konferenz lediglich einem generellen Gedankenaustausch und nicht der Entscheidungsfällung diene:[167] »without full consultation«, versicherte Eisenhower, »no decisions affecting Germany will be taken«.[168] Trotz der gelegentlichen Anfragen des State Department, ob es nicht sinnvoll sei, selbst die Initiative zu übernehmen und ein »summit« anzuregen,[169] waren Eisenhower und Dulles, wie nun auch C.D. Jackson, strikt gegen die Einberufung einer Viermächtekonferenz.[170] Dem Foreign Office wurde am 13. Juni ausdrücklich erklärt, die amerikanischen Regierungsmitglieder »took a rather dim view of quadripartite discussions with the Soviets and had by no means reached any conclusion that they would take part«.[171]

Kurz nach seinem Besuch in den USA flog Blankenhorn bereits nach Paris, um der französischen Regierung die Befürchtungen Bonns darzulegen. Doch stand der Quai d'Orsay sämtlichen Vorschlägen Adenauers einschließlich der aktiven Wahlhilfe für den Kanzler, ablehnend gegenüber.[172] Wenig später, am 15. Juni,

166 FRUS 1952–54, Bd. 7, S. 469f.: Memorandum des Gesprächs zwischen Eisenhower und Blankenhorn, 4.6.1953. Siehe auch die britische Darstellung des Gesprächs in: FO 371/103 664/C 1071/12, Kirkpatrick an FO Nr. 517, 5.6.1953; C 1071/23, Kirkpatrick an FO Nr. 33, 12.6.1953; auch ebd., C 1071/27, Makins, Washington, an FO Nr. 1245, 13.6.1953; PREM 11/449; NA: 611.62A/6–653, Dulles an Hochkommission Bonn Nr. 5415, 6.6.1953.

167 In den britischen Akten ist zu lesen, daß Eisenhower Adenauer bat, diese Passage seiner Botschaft nicht zu veröffentlichen. Vgl. FO 371/103 664/C 1071/14, 5.6.1953.

168 FRUS 1952–54, Bd. 7, S. 470f.: Dulles an Conant, Bonn, 4.6.1953. Vgl. auch NA: 762A.00/6–1353, Gespräch Ivor Porter, britische Botschaft, mit Coburn Kidd, State Department, 13.6.1953, durch das London über den Inhalt der Gespräche Blankenhorns in Washington teilweise informiert wurde.

169 Vgl. z.B. PUA: John F. Dulles Papers, Selected Correspondence, Box 71, Brief von C.D. Jackson an Dulles, 16.4.1953.

170 Vgl. EL: C.D. Jackson Papers, Records 1953–54, Box. No. 2, Akte: Bermuda Conference (4), Memorandum Abbott Washburn an Jackson, 2.6.1953; ebd., Ann Whitman File, Administration Series, Box No. 21, Akte: Jackson 1953 (2), Memorandum Jackson an Eisenhower, 3.6.1953: »Getting our Bermuda Ducks in a Row.«

171 NA: 762.A00/6–1353, Gespräch Ivor Porter, britische Botschaft, mit Coburn Kidd, State Department, 13.6.1953.

172 Paris ging es vor allem darum, daß der Okkupationsstatus nicht schon, bevor EVG- und Generalvertrag in Kraft getreten waren, de facto seine Geltung verlor. FO

traf Blankenhorn in der britischen Hauptstadt ein. Wie die amerikanische Regierung wollten die Diplomaten des Foreign Office alles in ihren Kräften Stehende tun, um Adenauers Wahlkampf zu unterstützen, wenn es auch nicht wirklich »proper« sei, »to take sides«.[173] Selbst Churchill erklärte in einer internen Aktennotiz emphatisch und ohne offensichtlich den Widerspruch zu seinen deutschlandpolitischen Vorstellungen zu erkennen: »It would be a great disaster to us if Adenauer should be defeated at the elections. We must bear this point steadily in mind at the Bermuda Conference, or during the German elections.«[174]

Roberts kommentierte: »I am delighted that the PM should be giving attention to this problem.»[175] In einem Gespräch mit Blankenhorn machte er diesem klar, daß London nicht allzuviel von einer Vorkonferenz auf Staatssekretärebene hielt. Roberts erklärte, daß mit der Hochkommission in Bonn bereits ein vorzügliches Konsultationsorgan existiere. Auch von der Notwendigkeit der Anwesenheit eines westdeutschen Beobachters bei einem »summit« war das Foreign Office nicht überzeugt. Dabei hatte Blankenhorn, möglicherweise aufgrund neuer Instruktionen, nun gegenüber Roberts sogar hinzugefügt, daß die Bundesregierung der Meinung sei, [that] the Russians could equally well have an East German representative in the background«. Blankenhorn erwähnte gegenüber Roberts die acht Punkte, die Adenauer dem amerikanischen Präsidenten gesandt hatte. Diese, teilte er dem Briten mit, seien der französischen Regierung nicht unterbreitet worden. Roberts gab keinen Kommentar zu den drei neuen Bedingungen ab. Er erklärte lediglich, das Foreign Office »should require some little time to consider these points«.[176] Roberts hatte offensichtlich nicht mit derartigen Vorschlägen gerechnet; die Briten waren darüber nicht von den USA unterrichtet worden.[177] Blankenhorn bat zu bedenken, ob nicht die Möglichkeit bestehe, im Kommuniqué der Bermuda-Konfernz zu erwähnen, daß das Thema Deutschland harmonisch behandelt worden sei. Wie gegenüber Eisenhower

371/103 664/C 1071/28, Harvey, Paris, an FO Nr. 217, 13.6.1953, über ein Gespräch mit Seydoux, dem Direktor des Europasekretariats des französischen Außenministeriums; siehe auch C 1071/23, Kirkpatrick an FO Nr. 33, über sein Gespräch mit Blankenhorn, 12.6.1953; PREM 11/449.

173 Zitat: FO 800/794 (C 1071/40), Memorandum des Gesprächs zwischen Roberts und Blankenhorn am 15.6.1953; FO 371/103 664/C 1071/23, FO an Botschaft Washington und Paris Nr. 2388 und Nr. 643, 13.6.1953. Siehe auch zusammenfassend zu Blankenhorns Besuch in London: FRUS 1952–54, Bd. 7, S. 474f.: Aldrich, London, an State Department, 17.6.1953.

174 FO 371/103 664/C 1071/27, Aktennotiz Churchill an Strang und Lloyd, M 209/53, 14.6.1953 (auch in: PREM 11/449).

175 FO 371/103 665/C 1071/41, Aktennotiz Roberts an Strang, 16.6.1953.

176 FO 800/794 (C 1071/40), Memorandum des Gesprächs zwischen Roberts und Blankenhorn am 15.6.1953.

177 Vgl. NA: 762A.00/6–1353, Gespräch Ivor Porter, britische Botschaft, mit Coburn Kidd, State Department, 13.6.1953.

hielt Adenauers Emissär nicht mit seiner Kritik an den Gipfelplänen Churchills zurück. Adenauer sei gegen »secret informal talks« mit Moskau. Der Kanzler und der US-Präsident seien sich einig, daß Gespräche mit der UdSSR »should be formal, with a fixed agenda and with full agreement in advance between the Western Allies«.[178] Roberts konnte ihm daraufhin nur mitteilen, Churchill denke trotz amerikanischen Widerstands immer noch daran, »allein ein Gespräch mit den Sowjets zu führen«. Insgesamt erhielt Blankenhorn über die Arbeitsatmosphäre im Foreign Office ein recht negatives Bild. In seinem Tagebuch vermerkte er: »Mir schien Roberts über die gegenwärtigen Arbeitsbeziehungen des Foreign Office zum Premierminister nicht sehr glücklich zu sein. Er ließ durchblicken, daß Churchill oft völlig allein und ohne engen Kontakt mit dem Foreign Office außenpolitische Probleme behandle. Die Tatsache, daß Eden in dieser kritischen Situation krank sei, wurde ... geradezu als tragisch bezeichnet.«[179]

Mit seinem Brief an Eisenhower und mit Blankenhorns Reisen nach Washington, Paris und London hatte Adenauer alles in seiner Macht getan, um die Westmächte von seinen Befürchtungen zu unterrichten und Churchills Gipfelpläne zu unterlaufen. Der Bundeskanzler war in den Wochen nach der Rede Churchills vom 11. Mai zum beinahe offenen Gegenspieler des britischen Premierministers geworden. Um innenpolitisch der auf eine Gipfelkonferenz drängenden SPD den Wind aus den Segeln zu nehmen, erklärte Adenauer während einer Pressekonferenz am 5. Juni, daß er durchaus ein Viermächtetreffen begrüße, falls sie Aussicht auf Erfolg habe und nicht ein »Palaver« sei. Ähnliches wiederholte er im Bundestag am 10. Juni. Er betonte, es sei ihm unverständlich, wie der Eindruck habe entstehen können, er wolle eine solche Konferenz torpedieren.[180] Damit deutete sich bereits die dann im Juli vollzogene Änderung der Taktik des Kanzlers in der »summit«-Frage an.[181] Adenauer brauchte aber noch

178 FO 800/794 (C 1071/40), Memorandum des Gesprächs zwischen Roberts und Blankenhorn am 15.6.1953.

179 *Blankenhorn*, S. 155.

180 Vgl. EA 8 (1953), S. 5825. Siehe auch *Foschepoth*, Churchill, S. 1296; FO 371/103 664/C 1071/20, Britische Hochkommission, Wahnerheide, an FO Nr. 438, 11.6.1953. Am 10. Juni hatte die Bundesregierung dem Bundestag eine Resolution unterbreitet, die erneut in fünf Punkten, »die unerläßlichen Voraussetzungen« für die deutsche Wiedervereinigung darlegte. Diese Punkte waren identisch mit den ersten fünf Punkten in dem Memorandum an Eisenhower. Die drei neuen Punkte hatte Adenauer dagegen dem Bundestag nicht vorlegen lassen. Vgl. *Adenauer*, Erinnerungen 1953–55, S. 218; C 1071/19, Britische Hochkommission, Wahnherheide, an FO Nr. 431, 11.10.1953.

181 Sie war damit also keineswegs so plötzlich zustandegekommen wie *Steininger*, Deutschland, S. 121, annimmt. Siehe etwas präziser *Foschepoth*, Churchill, S. 1296. Ein Artikel des ›Daily Telegraph‹ berichtete bereits von »a considerable change of view« Adenauers, doch war der Autor damit seiner Zeit voraus. Roberts fand dafür keinerlei Anhaltspunkte. Vgl. FO 371/103 665/C 1071/55, Aktennotiz Roberts an Strang, 23.6.1953. Siehe dazu näher Kap. V.1.

bis Juli, um sich endgültig zu der Ansicht seines Vizekanzlers Blücher durchzuringen, der bereits Anfang Juni erklärte, eine Konferenz mit Moskau könne nicht mehr vermieden werden, wolle man der Bonner Koalition keinen Schaden zufügen.[182] Der französische Hochkommissar François-Poncet berichtete Mitte Juni dem Quai d'Orsay über ein Gespräch mit dem Bundeskanzler in Bonn, in dessen Verlauf Adenauer noch seine alte Position vertreten hatte:

> The Chancellor was most insistent that there should be no meeting with the Russians and that there should not even be any announcement that a meeting would take place until after the German elections.

François-Poncet fügte in seinem Bericht hinzu, der Kanzler »had staked everything on his existing policies of West German integration with the West« und er habe sich keinerlei »manoeuvring ground« hinsichtlich einer Konferenz mit der UdSSR gelassen. Adenauer sei »throughout very critical« gegenüber Churchills Initiative gewesen, die er als »dangerous and embarrassing« bezeichnet habe.[183] Das Foreign Office hielt es für sinnvoll, dem Premierminister den durch einen französischen Diplomaten überreichten Bericht zuzusenden, doch Churchill ließ sich nicht beeindrucken. Er antwortete lediglich: »I hope you are not unduly affected by it.«[184]

Es ist festzustellen, daß im Mai/Juni 1953 sowohl Adenauer als auch Churchill damit beschäftigt waren, die Initiative in der internationalen Politik an sich zu reißen. Zu diesem Zeitpunkt war der Kanzler allerdings noch auf die Rolle des Reagierenden beschränkt, während der Premierminister die gipfeldiplomatische Initiative übernommen hatte. Doch waren die nicht zu unterschätzenden Kräfte, die sich gegen Churchill zusammenballten – Eisenhower, Foreign Office, seine schwindende Gesundheit – genau die Faktoren, die es Adenauer schließlich ermöglichen sollten, seine Vorstellungen durchzusetzen und diejenigen Churchills zum Scheitern zu verurteilen. Der Aufstand in der DDR am 16. und 17. Juni 1953 überraschte aber beide und drohte kurzfristig, ihre jeweiligen deutschlandpolitischen Vorstellungen zu durchkreuzen.

182 FO 800/698, Memorandum vom 11.6.1953 über das Gespräch zwischen Lloyd und Blücher am 4.6.1953 in London.

183 PREM 11/449, Aktennotiz Lloyd an Churchill, 14.6.1953, mit beiliegendem Memorandum über das Gespräch zwischen Roberts und Crouy-Chanel am 12.6.1953 in London; ebd., Aktennotiz Lloyd an Churchill, PM/MS/53/243, 18.6.1953; FO 371/103 665/C 1071/42, Aktennotiz Roberts an Strang, 12.6.1953, zu dem Inhalt der Telegramme von François-Poncet über ein Dinner mit Adenauer.

184 FO 371/103 665/C 1071/42, Aktennotiz Churchill an Lloyd, 15.6.1953.

5. Großbritannien, die USA und der Aufstand in der DDR

Neben der weitverbreiteten Unzufriedenheit mit den politischen und gesellschaftlichen Lebensbedingungen in der DDR wurde der Aufstand am 16./17. Juni 1953 im wesentlichen hervorgerufen durch eine seit dem Winter 1952–53 eskalierende Wirtschaftskrise, die zu einem rapiden Absinken des Lebensstandards führte. An den beschleunigten »Aufbau des Sozialismus«, wie es noch im Juli 1952 stolz auf dem Zweiten Parteitag der SED geheißen hatte, war bald nicht mehr zu denken. Am 28. Mai 1953 ordnete das Ulbricht/Grotewohl-Regime eine zehnprozentige Erhöhung der Arbeitsnormen und drastische Subventionskürzungen an, um die Wirtschaftskrise unter Kontrolle zu bekommen. Bereits wenig später, am 11. Juni, wurde aber der sogenannte ›Neue Kurs‹ verkündet und die meisten der Verordnungen wieder zurückgenommen. Ende Mai war zudem auch die sowjetische Kontrollkommission in Ost-Berlin aufgelöst und durch eine Hochkommission ersetzt worden.[185]

All diese Entwicklungen und Ereignisse beobachteten die Diplomaten im Foreign Office zwar aufmerksam, maßen ihnen jedoch kaum eine besondere Bedeutung zu. Mit Blick auf die Einrichtung der von Wladimir Semjonow geleiteten sowjetischen Hochkommission kommentierte Lloyd, daß diese Änderung die gegenwärtige Lage nicht beeinflusse und lediglich »one of form rather than substance« sei. Über den ›Neuen Kurs‹, von dem die westlichen Außenministerien völlig überrascht wurden, konnte sich das Foreign Office zu keiner Beurteilung durchringen.[186] Die Experten glaubten zwar, daß die eingeräumten Konzessionen der Verbesserung der wirtschaftlichen Situation in der DDR dienen sollten, doch schienen sie vor allem aus psychologisch-taktischen Gründen

185 Vgl. zu einem Überblick: *Arnulf Baring*, Der 17. Juni 1953, Köln 1957, S. 7–24; und die verschiedenen Aufsätze in *Ilse Spittmann* und *Karl Wilhelm Fricke* (Hrsg.), 17. Juni 1953. Arbeiteraufstand in der DDR, Köln 1988. Siehe auch die auf der Auswertung ostdeutscher Quellen beruhenden neueren Werke: *Armin Mitter* und *Stefan Wolle*, Untergang auf Raten. Unbekannte Kapitel der DDR-Geschichte, München 1993, S. 27ff.; *Manfred Hagen*, DDR-Juni '53. Die erste Volkserhebung im Stalinismus, Stuttgart 1992, S. 31ff.; *Torsten Diedrich*, Der 17. Juni 1953 in der DDR. Bewaffnete Gewalt gegen das Volk, Berlin 1991; auch *Gerhard Beier*, Wir wollen freie Menschen sein. Der 17. Juni 1953: Bauleute gingen voran, Mainz 1993; und *Wilfried Loth*, Stalins ungeliebtes Kind. Warum Moskau die DDR nicht wollte, Berlin 1994, S. 193ff..

186 FO 800/794, Aktennotiz Lloyd an Churchill, PM/MS/53/196, 4.6.1953 (auch in: FO 800/701); FO 800/701, Aktennotiz Lloyd an Churchill, PM/MS/53/238, 16.6.1953. Vgl. auch FO 371/103 664/C 1071/34, Aktennotiz Roberts über sein Gespräch mit dem niederländischen Botschafter Stikker, 10.6.1953; und FO 371/103 839/CS 1016/25–32. Siehe auch FO 371/103 838/ CS 1016/24, 29.5.1953; FO 371/106 505/NS 1013/28, Kirkpatrick an FO Nr. 23, »Weekly Summary«, 4.6.1953; *Baring*, S. 12–23; *Hacker*, S. 479f.

erfolgt zu sein. Immerhin waren sie so »well-timed«, daß sie mit dem Beginn des Wahlkampfes in der Bundesrepublik zusammenfielen. London gab sich zudem überzeugt, »[that they] have been timed with a view to the Bermuda conference and possible four-Power talks thereafter«.[187] Diese Ansicht unterschätzte die wirtschaftspolitischen Schwierigkeiten Ost-Berlins bei weitem und überschätzte die Wichtigkeit, die die noch mit ihrer eigenen Machtkonsolidierung und der Überwindung der inneren Krise der DDR beschäftigten neuen Kremlherren der Bermuda-Konferenz beimaßen.[188] Mit solch einer Einstellung ignorierte man die Entwicklungen in der UdSSR und verschlief die Chance, vielleicht gerade wegen der noch nicht stabilisierten Lage in Moskau, eine dauerhafte Auflockerung des Kalten Krieges zu erreichen.

Allem Anschein nach war im Kreml seit Stalins Tod eine neue Strategie zur sowjetischen Deutschlandpolitik entwickelt worden. Moskau wäre wohl in der Zeit von Stalins Tod bis zu dem Aufstand in der DDR bereit gewesen, der deutschen Wiedervereinigung zuzustimmen, wenn der Westen angedeutet hätte, daß ernstzunehmende Aussichten für ein Übereinkommen beständen.[189] Auf Grund von verbalen Zeugnissen überlebender Mitarbeiter der Malenkow-Administration ist davon auszugehen, daß einige Mitglieder des engsten Führungskreises tatsächlich derartige Überlegungen anstellten.[190] Vor allem Berija war im

187 FO 800/701, Aktennotiz Lloyd an Churchill, PM/MS/53/238, 16.6.1953. Vgl. auch das Memorandum Dixons vom 5.6.1953 in: FO 371/106 538. Grundsätzlich wurde diese Haltung (»a tactical and not a strategic shift«) auch von den USA vertreten, doch scheint das State Department dem ›Neuen Kurs‹ größere Bedeutung als das FO beigemessen zu haben. Vgl. FRUS 1952–54, Bd. 7, S. 1579–83. Zitat: S. 1583.

188 Siehe FO 371/103 841/CS 1016/109, Aktennotiz Hancock über ein Telegramm von Bohlen, das ihm von der US-Botschaft gezeigt worden war, 22.6.1953; ebd., Aktennotiz Roberts, 23.6.1953.

189 Selbst Dulles zeigte sich im Februar 1954 überzeugt: »if a conference had been possible immediately after Stalin's death, or if the famous riots in East Berlin had never taken place, the chances of a breakthrough would have been better.« Zit. nach *Richard Goold-Adams*, The Time of Power. A Reappraisal of John Foster Dulles, London 1962, S. 119.

190 Vgl. *Lew Besymenski*, »1953-Berija will die DDR beseitigen«, in: ›Die Zeit‹, Nr. 42, 15.10.1993, S. 81–83; *Albert Resis* (Hrsg.), Molotov Remembers: Inside Kremlin Politics. Conversations with Felix Chuev, Chicago 1993, S. 333ff.. Siehe auch *Viktor Knoll und Lothar Kölm* (Hrsg.), Der Fall Berija. Protokoll einer Abrechnung, Berlin 1993, S. 13ff.; *Gromyko*, S. 316f.; *James Richter*, Reexamining Soviet Policy towards Germany during the Beria Interregnum, Washington, D.C. 1992; und *Zubok*, S. 15–17. Vgl. dazu ausführlich *Loth*, Stalins ungeliebtes Kind, S. 198–204, 209ff. Diese Argumentation wird nun auch weitgehend geteilt von *Gerhard Wettig*, Neue Erkenntnisse über Berijas Deutschland-Politik, in: *DA* 26 (1993), S. 1412f. Die Berija-Akten scheinen kurz vor dem Zusammenbruch der UdSSR beiseite geschafft worden zu sein. In den allmählich zugänglichen Archiven der ehemaligen UdSSR und DDR sind bisher noch keine eindeutigen Dokumente in der Sache gefunden worden. Vgl. *Besymenski*, S. 81.

Frühjahr/Sommer 1953 bereit, die DDR aus dem Einflußbereich Moskaus zu entlassen und die deutsche Wiedervereinigung auf neutraler Basis und unter einer demokratisch-kommunistischen Regierung anzustreben. Für Berija scheint es nur eine untergeordnete Rolle gespielt zu haben, ob Ostdeutschland dem sozialistischen Lager angehörte oder nicht. Es mußte nur friedlich sein und keine Gefahr für die UdSSR darstellen. Trotz der zwischen Malenkow und Berija herrschenden großen Rivalität hat Malenkow wohl anfänglich diese Pläne unterstützt. Die beiden Politiker hofften, alle vier Siegermächte an dem Prozeß der Wiedervereinigung kooperativ beteiligen zu können. Durch solch eine Strategie erwarteten sie, vom Westen wirtschaftliche Hilfe für die bedrängte Sowjetunion zu erhalten. Zudem würde Moskau gleichzeitig davon befreit werden, die DDR mit immer weiteren Zuschüssen zu subventionieren und militärisch aufzurüsten. Berijas Motivation bestand wohl in erster Linie in der Absicherung und dem Ausbau seiner eigenen Position im Kreml, die er sich durch die Beilegung der ernsten ökonomischen Probleme der UdSSR und der Lösung der deutschen Frage versprach. Zudem strebte er wohl an, zum unangefochtenen Nachfolger Stalins aufzusteigen. Dies war auch das Ziel Malenkows. Die überwiegende Mehrheit des Präsidiums der KPdSU stimmte keinesfalls mit Berijas Plänen überein, scheint sich aber auch nicht so recht darüber im klaren gewesen zu sein, welches Ziel die neue Deutschlandpolitik verfolgte.[191] Hochkommissar Semjonow war dagegen bestens über Berijas Pläne informiert. Darauf weisen zumindest gelegentliche Äußerungen des Hochkommissars hin. Anfang Juni erklärte er etwa gegenüber Ulbricht und anderen zutiefst erschrockenen DDR-Politikern in Moskau: »In vierzehn Tagen werden Sie vielleicht schon keinen Staat mehr haben.«[192] Die Öffentlichkeit erfuhr von den Überlegungen in Moskau jedoch nichts.

191 Vgl. ebd. Molotow und Chruschtschow hatten dies allerdings sehr wohl realisiert. Nach der Niederschlagung des Aufstandes vom 17. Juni versuchte Berija seine Pläne weiterzuverfolgen. Doch die internationale und innenpolitische Lage hatte sich radikal geändert. Malenkow distanzierte sich nun von den Plänen Berijas. Statt Ulbricht zu stürzen und die DDR aufzugeben, wie noch im Mai und Juni überlegt worden war, wurde beschlossen, die bisherige sowjetische Deutschlandpolitik fortzusetzen. Die Bereitschaft, die DDR zur Disposition zu stellen, ging deutlich zurück. Nur kurze Zeit nach dem Aufstand in der DDR wäre dies wohl als Schwäche und Verwundbarkeit des Kreml interpretiert worden. Insbesondere die anderen osteuropäischen Satellitenstaaten hätten wahrscheinlich nicht gezögert, ihre eigenen Schlußfolgerungen zu ziehen und womöglich gar den Fortbestand des sowjetischen Weltreiches in Frage zu stellen. Vor allem bot sich jetzt die Chance für die Mitglieder des Präsidiums der KPdSU, Berija, den übermächtigen und gefährlichen Chef der sowjetischen Geheimdienste, der falschen Politik anzuklagen und ihn zu beseitigen. Am 26. Juni wurde er verhaftet und im Anschluß an einen Geheimprozeß wahrscheinlich am 23. Dezember 1953 standrechtlich erschossen.

192 Zit. nach *Rudolf Herrnstadt*, Das Herrnstadt-Dokument. Das Politbüro der SED und die Geschichte des 17. Juni 1953 (hrsg. und eingel. von Nadja Stulz-Herrnstadt),

Die überwiegende Mehrheit der Bevölkerung wie auch die Parteikader in der DDR wurden von dem am 11. Juni verkündeten wirtschaftspolitischen Kurswechsel völlig überrascht.[193] Die unerwartete Wende wirkte auf die Bevölkerung wie ein Anzeichen von Schwäche, welches wiederum die allgemeine Bereitschaft zum Widerstand erhöhte.[194] Als den Arbeitern bewußt wurde, daß die Normerhöhungen nicht außer Kraft gesetzt würden, sondern weiterhin Geltung hatten, war dies der Tropfen, der das Faß zum Überlaufen brachte.[195] Am

Reinbek bei Hamburg 1990, S. 74; vgl. auch S. 14–23, 64ff, 162ff., 207, 222–24. Siehe auch allgemein zum Werdegang Herrnstadts: *Helmut Müller-Enberg*, Der Fall Rudolf Herrnstadt. Tauwetterpolitik vor dem 17. Juni, Berlin 1991. Eine ›Fraktionsbildung‹ zwischen Berija und den DDR-Politikern Zaisser und Herrnstadt, wie von Ulbricht behauptet, ist nun auszuschließen. Zu der lebhaften Forschungsdebatte über die Deutschlandpolitik der Nachfolger Stalins, insbesondere Berijas, siehe Anm. 190 und die folgende Literatur: *Ilse Spittmann*, Zum 40. Jahrestag des 17. Juni, in: *DA* 26 (1993), S. 635–39; *Wilfriede Otto*, Sowjetische Deutschlandpolitik 1952/53. Forschungs- und Wahrheitsprobleme, in: ebd., S. 948–54; *Mitter* und *Wolle*, Untergang, S. 55ff.; *Karl-Heinz Janßen*, Die Revolution aus dem Stegreif, in: ›Die Zeit‹, Nr. 25, 18.6.1953, S. 13–16; *Amy Knight*, Beria. Stalin's First Lieutenant, Princeton 1993, S. 191–94; *Rosamund Richardson*, The Long Shadow. Inside Stalin's Family, London 1993, S. 246ff. Einer der stärksten Gegner der These, daß Berija im Frühjahr/Sommer 1953 die Aufgabe der DDR anstrebte war bis vor kurzem *Gerhard Wettig*, der jedoch allmählich seine Meinung zu ändern scheint (siehe Anm. 190). Vgl. seine Artikel: Berijas Deutschlandpolitik im Frühjahr 1953, in: *DA* 26 (1993), S. 674–82; Sowjetische Wiedervereinigungsbemühungen im ausgehenden Frühjahr 1953? Neue Aufschlüsse über ein altes Problem, in: DA 25 (1992), S. 943–58; und Die sowjetische Deutschland-Politik am Vorabend des 17. Juni, in: *Spittmann* und *Fricke* (Hrsg.), S. 56–69. Siehe auch die älteren, im Literaturverzeichnis näher aufgeführten Arbeiten von *Bonwetsch; Hacker*, S. 481–83; *Fricke*; Staritz; Meissner; Löwenthal; Osten; Achminow; Wittlin; Talbott (Hrsg.), bes. S. 321ff.; *Schenk* und *Brandt*. Siehe auch die Übersetzungen wichtiger sowjetischer Dokumente in den Zeitschriften *Beiträge zur deutschen Arbeiterbewegung*, 1991ff.; *Political Archives of the Soviet Union*, 1990ff.; und in den *Bulletins* des *Cold War International History Project* am Woodrow Wilson Center, Washington, D.C., 1992ff.

193 Immerhin begann die SED einen »Rückzug auf breiter Front« und gab sogar zu, zusammen mit der sowjetischen Kontrollkommission Fehler begangen zu haben, die sie nun korrigieren wollte. Vgl. *Karl Wilhelm Fricke*, Der Arbeiteraufstand. Vorgeschichte, Verlauf, Folgen, in: *Spittmann* und *Fricke* (Hrsg.), S. 10f. Zitat: S. 11; *Martin Jänicke*, Der dritte Weg. Die antistalinistische Opposition gegen Ulbricht seit 1953, Köln 1964, S. 28–32; *Karl Wilhelm Fricke*, Opposition und Widerstand in der DDR. Ein politischer Report, Köln 1984, S. 90f. Das Kommuniqué des Politbüros des ZK der SED vom 11.6.1953 ist abgedruckt in: *Rolf Steininger*, Deutsche Geschichte 1945–1961. Darstellung und Dokumente, Bd. 2, Frankfurt/M., 1983, S. 462; und in *RIIA* (Hrsg.), Documents, 1953, S. 154ff.

194 Vgl. *Baring*, 17. Juni, S. 11, 26–33. Dies war auch eine der Schlußfolgerungen des NSC in Washington am 18.6.1953: FRUS 1952–54, Bd. 7, S. 1586f.

16. Juni 1953 protestierten zahlreiche Bauarbeiter in Ost-Berlin gegen die Aufrechterhaltung der höheren Normen. Nicht zuletzt aufgrund der ungeschickten panikartigen Reaktion des völlig überforderten Regimes riefen sie schon bald zum Generalstreik auf. Am 17. Juni demonstrierten in Berlin und auch bald in zwischen 400 und 500 anderen kleineren und größeren Städten mehr als 500000 Menschen gegen die DDR-Führung und die miserable wirtschaftliche Lage.[196] Um 13.00 Uhr wurde das Kriegsrecht verhängt. Am frühen Nachmittag, als immer öfter und zunehmend lauter die Forderung nach dem Rücktritt der ostdeutschen Regierung erklang und gelegentlich Aufrufe zur deutschen Wiedervereinigung hörbar wurden, rollten sowjetische Panzer in Ost-Berlin ein. Die Rote Armee brauchte nur wenige Stunden, um die Situation wieder unter Kontrolle zu bringen und die DDR-Regierung vor dem Unmut der eigenen Bevölkerung zu retten. Allerdings rumorte es noch wochenlang weiter, kam es gar im Juli zu einer zweiten Protestwelle, doch vermochte man im Westen im allgemeinen nicht zu erkennen, an welch seidenem Faden die weitere Existenz der DDR in jenen Tagen hing.[197]

In Washington wurde der Aufstand in der DDR während der Sitzung des National Security Council am 18. Juni ausführlich behandelt. Den Diskussionsbeiträgen war dabei eine gewisse Genugtuung über die Schwierigkeiten der UdSSR in ihrem Machtbereich anzumerken. Ähnlich wie nach Stalins Tod wurde das Psychological Strategy Board beauftragt, Empfehlungen auszuarbeiten, »to exploit the unrest in the satellite states«. C. D. Jackson legte mit Blick auf eine

195 In einer Parteizeitschrift war erklärt worden, daß die »Beschlüsse über die Erhöhung der Normen ... in vollem Umfang richtig« seien und sie daher selbstverständlich in Kraft blieben. Zitat: *Fricke*, Opposition, S. 91; *Baring*, S. 25 f.

196 Vgl. *Heidi Roth*, 17. Juni 1953 im Bezirk Leipzig. Aus den Akten des PDS-Archivs Leipzig, in: DA 24 (1991), S. 573–84. Siehe auch *Armin Mitter*, Die Ereignisse im Juni und Juli 1953 in der DDR. Aus den Akten des Ministeriums für Staatssicherheit, in: APuZg B 5/91, 25.1.1991, S. 31–41.

197 Vgl. dazu *Mitter* und *Wolle*, S. 96ff., 128ff.; *Hagen*, S. 106ff., 191ff.; und die vorzügliche Zusammenfassung des derzeitigen Forschungsstandes von *Spittmann*, Zum 40. Jahrestag, S. 635–39. Siehe auch *Baring*, 17. Juni, S. 31ff., 37ff.; *Fricke*, Arbeiteraufstand, S. 11ff.; *ders.*, Opposition, S. 91ff. Vgl. zu der historischen Beurteilung des Aufstandes seit 1954: *Torsten Diedrich*, Putsch-Volksaufstand-Arbeitererhebung? [...], in: APuZg B 25/93, S. 3–11. Siehe zu dem Verlauf des Aufstands auch die unmittelbar darauf angefertigten Berichte von amerikanischen und britischen Diplomaten: FRUS 1952–54, Bd. 7, S. 1584f.; NA: 762B.00/6–1653; ebd., 6–1753; ebd., 6–1853; EL: C.D. Jackson Papers, Record 1953–54, Box No. 3, Akte: Germany, CIA Memorandum (zum Teil nach wie vor klassifiziert), »Comment of East Berlin Uprising« (OCI No. 4491), 17.6.1953; PRO: PREM 11/673, Ward, Wahnerheide, an FO Nr. 564, 22.6.1953 (auch in: FO 371/103 840/CS 1016/90); ebd., Coleman, Berlin, an FO Nr. 140, 22.6.1953; FO 371/103 839/CS 1016/35–59; FO 371/103 840/CS 1016/60–70. Siehe auch *Michael Gehler*, Der 17. Juni 1953 aus der Sicht des Foreign Office, in: APuZg B 25/93, S. 22–31.

Viermächtekonferenz zufrieden dar, »... [that] the East Berliners had pulled out the rug from under the Kremlin«. Die Sowjetunion werde vorerst kaum bereit sein, an einer solchen Konferenz teilzunehmen. Der Präsident verkündete, die USA verfügten nun über die stärksten Argumente gegen Churchills Gipfeldiplomatie. In dem Memorandum der NSC-Sitzung wurde vermerkt:

> The President observed that the uprisings certainly had provided us with the strongest possible argument to give to Mr. Churchill against a four-power meeting.[198]

Dessen war sich Churchill bewußt. Er bemühte sich deshalb, die Bedeutung des Aufstandes herunterzuspielen. Der Premierminister vertrat die Auffassung, daß das Einschreiten der Sowjetunion als Reaktion auf eine plötzlich eingetretene Notlage zu verstehen sei. Daraus könne man keinesfalls schließen, daß die Signale der sowjetischen Kooperationsbereitschaft nicht ernst zu nehmen seien. Der Premierminister rügte General Coleman, den Militärkommandanten des britischen Sektors in Berlin, für seine Aktivitäten. Zusammen mit seinem amerikanischen und französischen Kollegen hatte Coleman am 18. Juni einen offenen Protestbrief an Generalmajor Dibrowa, den Kommandanten des sowjetischen Sektors, gesandt. In dem Brief verurteilten sie im Namen der Alliierten Hochkommission »the irresponsible recourse to military force«, die zu dem Tod und der Verwundung zahlreicher Menschen geführt habe. Die drei Kommandanten sprachen sich in scharfer Form gegen die Willkürmaßnahmen der Sowjetunion und die Exekution des von der UdSSR als Provokateur bezeichneten West-Berliners Willi Goettling aus.[199] Am Tag darauf erklärte Churchill gegenüber William Strang, er sei überrascht gewesen, daß die Kommandanten das Protestschreiben ohne vorherige Konsultation mit dem Foreign Office abgesandt hätten. Zudem sei bei weitem überreagiert worden. Churchill fragte rhetorisch: »Is it suggested that the Soviets should have allowed the Eastern Zone to fall into anarchy and riot? I had the impression that they acted with considerable restraint in the face of mounting disorder.«[200]

General Coleman und der amtierende britische Hochkommissar Jack Ward – Kirkpatrick befand sich auf Urlaub – erklärten dem Premierminister daraufhin ihre Beweggründe für die rasche Übermittlung des Schreibens an Dibrowa. Es sei notwendig gewesen, die sowjetische Behauptung zurückzuweisen, die Westmächte hätten die Unruhen initiiert. Man habe gehofft, die UdSSR auf diese Weise von weiteren Exekutionen und anderen Gewalttätigkeiten abzuhalten. Auch wäre der Brief natürlich für die öffentliche Meinung in der Bundesrepublik und West-Berlin bestimmt gewesen. »To these ends its wording had necessarily to be strong.« Angesichts des Drängens des französischen und amerikanischen

198 FRUS 1952–54, Bd. 7, S. 1587f.: Memorandum der 150. NSC-Sitzung, 18.6.1953.
199 PREM 11/673, Ward, Wahnerheide, an FO Nr. 555, 18.6.1953. Das kurze Schreiben ist abgedr. in: *RIIA* (Hrsg.), Documents, 1953, S. 159.
200 PRO: ebd., Aktennotiz Churchill an Strang, 19.6.1953. Vgl. auch *Nutting*, S. 53.

Kommandanten auf solch ein Schreiben wäre es nicht ratsam gewesen und sicher mißverstanden worden, wenn der britische Kommandant sich erst an London gewandt hätte und es damit zu einer Verzögerung der Übergabe des Briefes gekommen wäre. Ward erklärte, daß es ihm jedoch gelungen sei, die USA davon abzuhalten, den Protestbrief so zu formulieren, »which would have implied that the Allies approved of the riots«.[201] Churchill war aber keineswegs überzeugt worden. In einem Brief an Coleman wies er am 21. Juni auf den angeblichen Widerspruch zwischen dessen internen Darlegungen über den Aufstand und dem Protestschreiben hin. In seinen Berichten habe Coleman schließlich davon gesprochen, daß die Rote Armee »acted with marked restraint and moderation and have clearly been under instructins to use minimum of force«.[202] Churchill teilte dem General empört seine Schlußfolgerung mit:

> If the Soviet Government, as the occupying Power, were faced as you have described with widespread movements of violent disorder they surely have the right to declare Martial Law in order to prevent anarchy... We shall not find our way out of our many difficulties by making for purposes of local propaganda statements which are not in accordance with the facts.[203]

Die Diplomaten des Foreign Office befanden sich in der Angelegenheit in einer Zwickmühle. Grundsätzlich stimmten sie durchaus Churchills legalistischen Überlegungen zu. Frank Roberts war etwa der Meinung, daß die Sowjetunion als Okkupationsmacht das Recht habe, ihre Zone unter Kontrolle zu halten.

201 PRO: ebd., Ward, Wahnerheide, an FO Nr. 560, 20.6.1953; Coleman, Berlin, an FO Nr. 133, 20.6.1953 (auch in: FO 800/794). Der westliche Protest wurde von Generalmajor Dibrowa am 20. Juni zurückgewiesen. Vgl. ebd., Berlin an FO Nr. 139, 21.6.1953. Dibrowas Antwort ist abgedr. in: *RIIA* (Hrsg.), Documents, 1953, S. 159f. Am 24. Juni erklärten die westlichen Kommandanten, die in Dibrowas Brief enthaltene Anschuldigung, der Westen habe den Aufstand initiiert, sei unhaltbar. Vgl. ebd., S. 160f. Siehe zu der schon wenige Tage nach dem Aufstand einsetzenden Legendenbildung: *Ilse Spittmann*, Der 17. Juni im Wandel der Legenden, in: *Spittmann* und *Fricke* (Hrsg.), S. 121ff. Zu der allmählichen Rückkehr zum Status-quo ante siehe FO 371/103 842.

202 PREM 11/673, Brief von Churchill an Coleman, 21.6.1953 (= FO an Berlin Nr. 168, 22.6.1953). Dies entsprach aber auch der Meinung der amerikanischen Hochkommission. Von Berlin aus berichtete der US-Diplomat Lyon am 30.6.1953, »that the Soviet soldiers maintained remarkable reserve, that there was no wanton shooting into the crowds, and that they showed no animosity toward the demonstrators. This behavior of the Soviet soldiers contrasted sharply in an unfavorable light... with that of the East German police«. Siehe NA: 761.5/6–3053, Lyon, Berlin, an Hochkommission in Bonn, 30.6.1953.

203 PRO: ebd., Brief von Churchill an Coleman, 21.6.1953 (= FO an Berlin Nr. 168, 22.6.1953). Vgl. auch ebd., Brief Churchill an Ward, 21.6.1953 (= FO an Wahnerheide Nr. 483, 22.6.1953); (beide auch in: FO 800/794 und FO 371/103 840). Churchill bezog sich auf Colemans Telegramm Nr. 126 vom 18.6.1953, in: PREM 11/673.

Gleicher Meinung war sein Kollege Warner, der ein Telefongespräch mit einem Mitglied der britischen Hochkommission in Wahnerheide führte und ihn aufforderte: »I asked Mr. Johnston to let us know at once if the Russian troops were to open fire on the strikers. They have, of course, a right to do so as the occupying Power in order to preserve law and order.«[204]

Einige Tage später, am 25. Juni, äußerte sich der aus dem Urlaub zurückgerufene Hochkommissar Kirkpatrick ganz ähnlich, wenn auch noch präziser gegenüber seinem amerikanischen Kollegen Conant, den er intern als »quite inexperienced in our jungle warfare« bezeichnete. Kirkpatrik machte deutlich, daß die Besatzungsmächte im Grunde alle in einem Boot säßen. Den Deutschen dürfe nicht erlaubt werden, Unruhen in der sowjetischen Zone anzuzetteln. Schließlich bestehe die Gefahr, daß dies dann auch bald in den westlichen Zonen geschehen könne. Zwar sei er bereit, die Sowjetunion wegen der Mißachtung der persönlichen Freiheitsrechte und unzureichenden Verwaltungsleistungen in der DDR anzuprangern, aber nicht für den Einsatz der Truppen. Kirkpatrick übersah vollkommen, daß eben die mangelhaften wirtschaftlichen und politisch-demokratischen Zustände in der DDR den Aufstand hervorgerufen hatten. Seine Worte klangen so, als ob die DDR-Bevölkerung kaum Grund zur Klage und damit zum Aufstand gehabt habe.[205] Dem Foreign Office schrieb Kirkpatrick, daß Conant »professed to agree«, doch wird aus den Memoiren des Hochkommissars deutlich, daß dies keineswegs der Fall war. »Equating the

204 PREM 11/673, Aktennotiz Warner, 17.6.1953 (auch in: FO 371/103 840/CS 1016/71).

205 Wörtlich teilte Kirkpatrick Conant mit: »It seemed to me that whilst we should show sympathy with the Eastern Germans under their Communist yoke we must not close our eyes to the dangers inherent in the riots. The Germans were a hysterical people, rioting was contagious and if we deliberately inflamed passions for propaganda purposes we might one day find the Germans using violence to express disapproval of our own policy. In particular I called his attention to the consequences of attacking the Russians for using troops to restore order. Not only had they no alternative but we had expressly retained the right in the Bonn Treaty to declare a state of emergency, a right to which the Americans had attached special importance. I said that I personally would be prepared to denounce the Russians for trampling on liberty in Germany, for insufficient administration, and for the acts of their stooge government. But I was opposed to condemning them for turning out their troops or for using language which suggested approval of the use of violence.« FO 371/103 985/CW 10715/5, Brief von Kirkpatrick an Roberts, 25.6.1953. Ganz ähnlich äußerte sich der stellvertretende DDR-Ministerpräsident Otto Nuschke auf die Frage eines Journalisten, ob seine Regierung mit dem Einsatz sowjetischer Panzer einverstanden sei: »Selbstverständlich, weil sie ein Interesse daran hat, daß Ruhe und Ordnung zurückkehrt. Wenn das nicht mit polizeilichen Mitteln möglich ist, dann muß eben selbstverständlich die Besatzungsmacht, jede Besatzungsmacht, ihre Machtmittel einsetzen.« Zit. nach *Fricke*, Opposition, S. 94.

legality of all occupation forces in Berlin«, schrieb er, »may have been formally correct, but it in no way corresponded with the mood of the Berliners or the Americans in Berlin«. Conant spricht von »smoldering disagreement« unter den Westmächten. »The three governments were not of one mind as regards the uprising.«[206] Dies war angesichts der recht unverständlichen Haltung der Diplomaten des Foreign Office nicht weiter überraschend.[207] Aber die amerikanische Tendenz, die Schwäche der UdSSR ausnutzen zu wollen, »to deal [the] Soviets [a] specious blow«, trug zu den Meinungsverschiedenheiten mit dem vorsichtigeren Foreign Office bei.[208] Rostow und Jackson hatten der US-Regierung erneut eine »psychological warfare«-Offensive empfohlen, waren sie doch der Meinung, »that the chances of unifying Germany without major war have vastly increased«. Rostow neigte sogar dazu, die DDR-Bevölkerung zu einer »full scale revolt« zu ermuntern.[209]

Stimmte das Foreign Office in der Beurteilung des sowjetischen Verhaltens zur Niederschlagung des Aufstandes grundsätzlich mit Churchill überein, so waren die Diplomaten doch der Meinung, Coleman und Ward hätten in der Frage des Protestschreibens an Dibrowa richtig gehandelt. Da das Foreign Office kein »summit« mit der Sowjetunion anstrebte, waren die Experten weniger empfindlich als Churchill. Sie glaubten, daß das Schreiben keinen Schaden angerichtet habe und insbesondere mit Blick auf die öffentliche Meinung in der Bundesrepublik gar nützlich gewesen sei. Roberts zufolge war klar, daß Ward sich nicht hätte weigern können, das Protestschreiben zu unterstützen. In einem solchen Fall wäre Adenauer nur in seinem ohnehin vorhandenen Verdacht bestätigt worden, »that we place the possibility of agreement with the Russians above all other issues«.[210] Roberts und seine Kollegen im Foreign Office glaubten, daß die gewaltsame Reaktion der UdSSR die seit Stalins Tod zu beobachtende Friedenskampagne zunichte gemacht habe. Churchills Gipfelpläne schienen ihnen dadurch zunehmend unglaubwürdiger zu werden. Ein öffentliches Protestschreiben der westlichen Kommandanten konnte dies nur unterstreichen. Bereits am 17. Juni hatte Roberts hoffnungsvoll geschrieben:

> We are keeping a close eye on these interesting and encouraging, but also potentially dangerous developments. If the Russians have to fire, this will undo all the effect of their recent gestures.[211]

206 *James B. Conant*, My Several Lives. Memoirs of a Social Inventor, New York 1970, S. 601. Siehe auch *James G. Hershberg*, »Explosion in the Offing«. German Rearmament and American Diplomacy, 1953–1955, in: DH 16 (1992), S. 523–26; *Fish*, S. 340.

207 Frank Roberts teilte Kirkpatrick mit, das FO »fully agreed« mit seiner Darstellung. FO 371/103 985/CW 10715/5, Aktennotiz Roberts an Strang, 26. 6. 1953.

208 NA: 762B.00/6–2653, Conant, Wahnerheide, an Dulles Nr. 5486, 26. 6. 1953.

209 Zit. nach *Brands*, S. 124.

210 FO 371/103 840/CS 1016/71, Aktennotiz Roberts an Lloyd, 20. 6. 1953.

211 PREM 11/673, Aktennotiz Roberts an Strang, 17. 6. 1953 (auch in: FO 371/103

Mit Genugtuung schrieb er am 25. Juni über die Folgen des Aufstands für die westliche Politik: »Recent developments have once again clearly and publicly nailed our flag to the mast of existing German and E.D.C. policies. They will, I hope, also have improved Dr. Adenauer's prospects of winning the elections.«[212]

Letzteres traf sicherlich zu. Trotz der Kritik an seinem zu passiven Verhalten während der Unruhen von seiten der SPD fühlte Adenauer sich in seiner Politik der Stärke und der Priorität der Westintegration bestätigt. Erst wenn diese Ziele verwirklicht worden seien, erklärte er am 1. Juli im Bundestag, bestehe die Möglichkeit, mit Moskau sinnvoll zu verhandeln, um »die Lösung der Frage der deutschen Wiedervereinigung ...« zu erreichen.[213] Der Aufstand in der DDR ließ sich bestens wahlkampfpolitisch ausschlachten. Adenauer erinnerte etwa Ende Juni an die bereits im Mai erörterten Überlegungen, die USA sollten der Sowjetunion eine gemeinsame großangelegte Spendenaktion für Nahrungsmittel in der DDR anbieten. Er schlug vor, dies nun in die Tat umzusetzen. Moskau lehnte das daraufhin ergangene Angebot erwartungsgemäß ab, doch verfehlte der amerikanische Vorschlag nicht seine Wirkung auf die deutsche Bevölkerung.[214] In enger Abstimmung mit Adenauer begannen die USA daraufhin im Alleingang mit einer Nahrungsmittelaktion von ihrem Sektor in West-Berlin aus. Das sogenannte »food parcel scheme« hatte sicherlich »humanitäre wie propagandistische Zielsetzungen«,[215] doch überwogen letztere eindeutig. Die Aktion wurde Anfang Oktober, nach Adenauers Wahlsieg am 6. September und damit wohlweislich »several weeks after [the] elections« abgebrochen.[216] Blan-

840/CS 1016/71). Eine ähnliche Auffassung vertrat Coleman in Berlin: »They did intervence and on a scale which will certainly prove a serious embarrassment for them in their new plan for Eastern Germany.« Ebd., Berlin an FO Nr. 128, 19. 6. 1953.

212 FO 371/103 960/CW 1055/1 G, Aktennotiz Roberts an Strang, 25. 6. 1953.

213 Deutscher Bundestag, Verhandlungen der 1. Wahlperiode, Stenographische Berichte, Bd. 1, 278. Sitzung, 1. 7. 1953, S. 13872. Vgl. auch FO 371/103 665/C 1071/45, Ward, Wahnerheide, an FO Nr. 472, 20. 6. 1953, über den Zusammenhang zwischen den Unruhen in der DDR und den wahlkampfpolitischen Positionen Adenauers und der SPD.

214 Vgl. zu dem sich darauf beziehenden amerikanisch-sowjetischen Notenwechsel zwischen dem 10. und 23. Juli 1953: *RIIA* (Hrsg.), Documents, 1953, S. 164–67. Die USA betonten gegenüber den Briten, »that the State Department did not inititate the idea and that it seemed to have occurred to them and to Adenauer at about the same time«. Vgl. FO 371/103 870/CS 1301/14, Makins, Washington, an FO Nr. 1440, 9. 7. 1953. Aus einem persönlichen Brief von Conant an Eisenhower vom 19. 10. 1953 geht allerdings hervor, »[that] the brilliant idea had been developed in Washington« und daß das Unternehmen hauptsächlich aufgrund der Hilfe von Ernst Reuter, dem Regierenden Bürgermeister von Berlin, zustande kam. EL: Ann Whitman File, Administration Series, Box. No. 10, Akte: Conant (2).

215 Zitat: *Schwarz*, Ära Adenauer, S. 190.

216 NA: 862B.49/8–2053, Dulles an die US-Hochkommission, Bonn und Berlin Nr. 787 bzw. Nr. 167, 5. 9. 1953.

kenhorn teilte dem stellvertretenden britischen Hochkommissar Ende September mit, »that Dr. Adenauer considers that the existing distribution scheme has achieved a most favourable political result«.[217] Briten und Franzosen waren kaum von den eng zusammenarbeitenden deutschen und amerikanischen Behörden informiert, geschweige denn konsultiert worden. Dies erklärt zum großen Teil die recht zynische Ansicht von Hancock, dem Leiter des Central Department, »that the Americans are burning to take action in Germany. As long as they can do something, they do not seem greatly to care what«.[218] Ähnlicher Ansicht war Churchill. Er schrieb Lord Salisbury Anfang August: »I always thought Eisenhower's move was an ill-timed act of charity and in line with what he told you about ›harrying the Communists wherever possible‹.«[219]

Daß Churchill keinesfalls von seinen »summit«-Plänen und seinen deutschlandpolitischen Überlegungen abgelassen hatte, war dem Foreign Office bewußt.[220] Falls die EVG nicht zu verwirklichen war – wie mittlerweile erwartet wurde – drohte die Gefahr »of pressure for a return to Potsdam in the form of a policy of German neutralisation«.[221] William Strang drängte daher den Premierminister, alles in seiner Macht Stehende zu tun, um die Wahlaussichten Adenauers zu unterstützen. Immerhin habe es sich bei dem Aufstand in der DDR um eine der »most significant events in Europe« seit dem Kriege, zumindest aber seit dem Ausbrechen Titos aus dem Machtbereich Moskaus gehandelt. Dies zeige, daß es dem Westen gelungen sei, den Freiheitswillen in Osteuropa wachzuhalten. Auch habe – »more surprisingly« – der Westen die Deutschen erfolgreich davon abgehalten »from acting recklessly and foolishly in this new situation«. Adenauer verdiene deshalb die volle Unterstützung seiner Freunde.[222] Dem Foreign Office war klar, daß die größtmögliche und öffentliche Unterstüt-

217 FO 371/103 873/CS 1301/83, Ward an FO Nr. 905, 28.9.1953. Vgl. zu dem »food parcel scheme« und den britischen Bedenken: FO 371/103 870–73. Zum Hintergrund siehe auch das auf Dezember 1952 datierte Memorandum »Food Crisis in Eastern Germany«, in: FO 975/67. Zur amerikanischen Position siehe die Telegramme und Memoranda in NA: 862B.49.

218 FO 371/103 870/CS 1301/14, Aktennotiz Hancock, 10.7.1953. Siehe auch z.B. CS 1301/18, Aktennotiz Warner, 24.7.1953; CS 1301/24, Kirkpatrick, Wahnerheide, an FO Nr. 212, 24.7.1953; CS 1301/30, Memorandum Roberts an Nutting, 28.7.1953. Zur Ignorierung der Briten siehe auch EL: Ann Whitman File, Administration Series, Box. No. 10, Akte: Conant (2), Brief von Conant an Eisenhower, 19.10.1953.

219 FO 371/103 871/CS 1301/35, Aktennotiz Churchill an Salisbury, M 256/53, 6.8.1953 (auch in: PREM 11/673).

220 Noch am 19. Juni hatte Churchill an Eisenhower geschrieben: »Every day's delay before we meet is unfortunate and it would be a disaster if our meeting did not take place.« *Boyle* (Hrsg.), S. 75 f.: Churchill an Eisenhower, 19.6.1953.

221 FO 371/103 960/CW 1055/1 G, Aktennotiz Roberts an Strang, 25.6.1953.

222 FO 371/103 841/CS 1016/106, Aktennotiz Strang an Churchill, undatiert, ca. 22.6.1953.

zung Adenauers durch die britische Regierung über kurz oder lang die Pläne Churchills undurchführbar machen würde. Frank Roberts drückte dies prägnant aus: »The policy of doing everything possible to help him [Adenauer] with the German elections is therefore entirely inconsistent with any change to a policy of neutralisation as a result, say, of a four-Power meeting in the autumn.«[223]

Minister of State Selwyn Lloyd war dennoch über Churchills Pläne nach wie vor beunruhigt. Mit Blick auf den Aufstand in der DDR hatte er am 24. Juni, ungeachtet seiner Proteste,[224] die ihm von Churchill diktierten Worte im Parlament verlesen müssen: »... the Russians appear to have behaved so far with restraint.«[225] Intern bezeichnete Lloyd den Aufstand dagegen als »a great triumph«. Es müsse darauf geachtet werden, daß die Deutschen, »whether Germany is united or not«, mit den Westmächten sympathisierten und die Ostdeutschen sich nicht zu »loyal subjects of the Russian Communists« entwickeln würden. Zudem widersprach Lloyd heftig Churchills Wiedervereinigungsplänen. Er machte klar, daß solange der Kalte Krieg geführt werde, Deutschland am besten geteilt bleibe.

> Germany is the key to the peace of Europe. A divided Europe means a divided Germany. To unite Germany while Europe is divided, even if practicable, is fraught with danger for all. Therefore everyone – Dr. Adenauer, the Russians, the Americans, the French and ourselves – feel in our hearts that a divided Germany is safer for the time being. But none of us dare say so openly because of the effect upon German public opinion. Therefore we all publicly support a united Germany, each on his own terms.[226]

William Strang war, im Gegensatz zu Roberts, Lloyd und Nutting, aber mittlerweile optimistischer geworden. Die Botschaft des Premierministers an Adenauer nach dem Aufstand in der DDR habe den Kanzler beruhigt, zumindest bis dieser seinen nächsten Anfall von »fear and suspicion« habe. Strang erklärte nun plötzlich, die öffentlichen Reaktionen auf die Friedensoffensive Moskaus und die Rede Churchills am 11. Mai seien doch recht übertrieben gewesen: »The Prime Minister is in no hurry for a Four-Power meeting.« Churchill habe das Memorandum des Foreign Office in dieser Frage »digested«. Strang schien es nun, als ob Churchill mit der Überlegung einer Neutralisierung Deutschlands nur noch im Falle eines Scheiterns der EVG spiele. Der Diplomat empfahl, die Bermu-

223 FO 371/103 960/CW 1055/1 G, Aktennotiz Roberts an Strang, 25.6.1953.

224 NA: 762B.00/6–2653, Courtney, London, an State Department Nr. 6193, 25.6.1953.

225 Vgl. *Lloyd*, Oral Answers, in: H.C., Parl. Deb., 5th series, Bd. 516, 24.6.1953, Sp. 1906–08. Die amerikanische Botschaft in London war sich jedoch darüber klar, daß Churchills »real reason, however, was that he felt his ›non-provocative‹ statement would be appropriate at the present time«. NA: 762B.00/6–2653, Courtney, US-Botschaft London, an State Department Nr. 6193, 25.6.1953.

226 PREM 11/673, Memorandum Lloyd an Churchill, PM/MS/53/254, 22.6.1953 (auch in: PREM 11/449; und FO 371/103 665/C 1071/56; auch abgedr. bei *Steininger*, Deutschland, S. 130f.).

da-Konferenz abzuwarten, bevor man den Premierminister erneut auf die Angelegenheit anspreche.[227] Er hoffte offensichtlich, daß Eisenhower während der Konferenz Churchill endgültig von der Unzweckmäßigkeit seiner Pläne überzeugen könne. Doch dazu sollte es vorerst nicht kommen.

Am Abend des 23. Juni 1953, nach einem Dinner für den italienischen Staatspräsidenten, erlitt der 78jährige Churchill einen Schlaganfall. Obwohl er am darauffolgenden Tag noch den Vorsitz bei der anstehenden Kabinettssitzung führte, war er bald halbseitig gelähmt und konnte kaum reden.[228] Unter diesen Umständen war es ihm nicht möglich, die Amtsgeschäfte weiterzuführen. Er gab sie allerdings nicht offiziell an einen Kollegen ab.[229] Am 29. Juni wurde verkündet, daß in Abwesenheit von Churchill und Eden, der eigenwillige und erzkonservative Lord Salisbury, dem Churchill völlig vertraute, das Foreign Office als amtierender Außenminister übernehmen werde.[230] Der Öffentlichkeit, einschließlich dem britischen Parlament und den meisten Kabinettsmitgliedern, wurde Churchills Schlaganfall nicht mitgeteilt. Am 27. Juni war lediglich ein ärztliches Bulletin veröffentlicht worden, in dem es hieß, daß der Premierminister überarbeitet und »in need of a complete rest« sei. Die Ärzte hätten ihm geraten, »to abandon his journey to Bermuda and to lighten his duties for at least a month«.[231] Erst über ein Jahr später erwähnte Churchill selbst im Parlament, daß er einen Schlaganfall gehabt habe.[232] Dennoch wurden wilde Spekulationen über den Grund für seine plötzliche Ruhebedürftigkeit angestellt.[233] Außer eini-

227 FO 371/103 960/CW 1055/1 G, Aktennotiz Strang an Lloyd, 25.6.1953. Siehe ebd. die deutlich pessimistischere Aktennotiz Nuttings vom 30.6.1953.

228 Vgl. zu Churchills Schlaganfall: *Colville*, Fringes, S. 668–70; *Moran*, S. 408–74; *Gilbert*, Churchill, Bd. 8, S. 846–92; Trinity College, Cambridge: Butler Papers, G 24/47–54, Memorandum über Churchills Schlaganfall, Ende Juni 1953.

229 Später wurde behauptet, daß in den ersten Wochen seiner Krankheit sein Privatsekretär Colville und sein Schwiegersohn, der Konservative Abgeordnete Christopher Soames zusammen mit Cabinet Secretary Norman Brook inoffiziell und völig illegal Großbritannien regiert hätten. Vgl. z.B. Churchill College, Cambridge: Fife-Clark Papers, 2/2/8 (drei Zeitungsartikel von Januar 1970 über diese Frage); *Peter Hennessy*, Whitehall, London 1989, S. 140. Siehe auch *Colville*, S. 668–70.

230 Da Salisbury dem House of Lords angehörte, fiel es Schatzkanzler Butler als nach Churchill und Eden ranghöchstem Minister zu, die Regierung auch in außenpolitischen Fragen im Unterhaus zu repräsentieren. Vgl. *Butler*, Oral Answers, in: H.C., Parl. Deb., 5th series, Bd. 517, 29.6.1953, Sp. 27–32; ebd., 1.7.1953, Sp. 403–06.

231 Das Bulletin ist abgedr. in: *Boyle* (Hrsg.), S. 81 f.

232 *Churchill*, Defence-Rede, in: H.C., Parl. Deb., 5th series, Bd. 537, 2.3.1955, Sp. 2116.

233 Bidault berichtete dem französischen Ministerrat zutreffend, daß Churchill einen Schlaganfall gehabt habe, gelähmt sei und nicht gehen könne. Dies wurde daraufhin in amerikanischen Zeitungen zitiert, doch bald wieder dementiert. Vgl. PREM 11/517, undatiert, ca. Ende Juni/Anfang Juli 1953; ebd., Fife-Clark, Pressesprecher der britischen Regierung, an Lord Swinton, 29.6.1953, über französische Zeitungsberichte. Siehe auch *Moran*, S. 441: Tagebucheintrag, 23.7.1953.

gen sehr engen Vertrauten teilte Churchill lediglich dem amerikanischen Präsidenten die wahre Natur seiner Krankheit mit. Ihm hatte er brieflich noch vor der Bekanntgabe des ärztlichen Bulletins schweren Herzens dargelegt, daß ihm die Teilnahme an der Bermuda-Konferenz vorerst nicht möglich sei.[234]

Der Brief an Eisenhower vom 26. Juni, dem ein zweiter am 1. Juli folgte sowie die Tatsache, daß der Premierminister bereits am 6. Juli ein langes Memorandum über seine gipfeldiplomatischen Vorstellungen diktierte,[235] zeigen, daß Churchills geistige Kapazitäten nicht ernsthaft gelitten hatten. Seine physische Bewegungskraft war während der ersten Wochen sehr eingeschränkt. Geistig hatte er dagegen im großen und ganzen, abgesehen von gelegentlichen Konzentrationsschwierigkeiten, kaum mit Beeinträchtigungen zu kämpfen. Dennoch stellte sich die Frage, ob Churchill sein Amt zur Verfügung stellen sollte. Wäre Eden, als »heir apparent«, nicht auch krank gewesen, so hätte sicherlich ein Wechsel auf dem Sessel des Regierungschefs stattgefunden. Da sich die Konservative Partei aber nicht so recht mit dem Gedanken einer Amtsübernahme Schatzkanzler Butlers anfreunden konnte, wurde keine unmittelbare Entscheidung getroffen.[236] Zudem war der Premierminister schon bald wieder, spätestens seit etwa Ende Juli, auf dem Weg der Besserung und wußte alle Gedankenspiele über etwaige Nachfolger zu unterbinden. Er nutzte gar Edens Abwesenheit als Ausrede dafür, daß er gerade jetzt nicht zurücktreten könne.[237] Churchill setzte sich das Ziel, bis zum Konservativen Parteitag im Oktober wieder voll die Amtsgeschäfte übernehmen und die übliche Rede des Premierministers halten zu können. Gelinge ihm das nicht, werde er in den Ruhestand treten.[238]

In dem Brief an Eisenhower vom 26. Juni hatte Churchill bereits vorgeschlagen, anstelle des Treffens auf Bermuda solle Lord Salisbury Washington einen

234 Vgl. *Boyle* (Hrsg.), S. 81: Churchill an Eisenhower, 26.6.1953. *Young*, Bermuda, S. 896, nimmt irrtümlich an, daß Churchill auch Eisenhower den wahren Grund seiner Krankheit verschwieg.

235 Siehe Kap. V.1.

236 Vgl. *Colville*, Fringes, S. 671: Tagebucheintrag 19.7.1953; Trinity College, Cambridge: Butler Papers, G 26/55–58, 59ff.; Churchill College, Cambridge: Woolton Papers, 3, Tagebuch 1942–1960, bes. S. 115ff.; HL: Beaverbrook Papers, BBk, C/250, Briefe von Moran an Beaverbrook 30.6.1953 und 2.7.1953 sowie Beaverbrooks Antwort vom 31.7.1953; BUA: Avon Papers, AP 20/16/123–25 (verschiedene Briefe an Eden von Ende Juni 1953), 128f. (Briefe von Colville an Eden, 1. und 4.7.1953), 140–59 (verschiedene Briefe an Eden, Juli–September 1953).

237 Vgl. *Shuckburgh*, S. 88–103: Tagebucheinträge nach dem 20.7.1953. Siehe zu den Erörterungen amerikanischer Stellen über die möglichen Nachfolger Churchills, NA: 741.13/7–753, Aldrich, London, an Dulles Nr. 102, 7.7.1953.

238 Vgl. *Colville*, Fringes, S. 673: Tagebucheintrag, 31.7.–4.8.1953. Vgl. dazu auch *Moran*, S. 476f.: Tagebucheinträge, 6.10. und 10.10.1953. »Never before ... has so much depended on a single bloody speech«, erklärte Churchill gegenüber seinem Arzt (S. 477).

Besuch abstatten. Von der Teilnahme des französischen Außenministers war keine Rede. Stattdessen betonte er, der Lord President »would put our [the British] point of view and establish the intimate Anglo-American contact which is the keystone to our policy«.[239] Churchill hatte trotz seiner Krankheit keinesfalls seine gipfeldiplomatischen Ziele aufgegeben. Er hoffte, daß Salisbury den Präsidenten von einer entsprechenden Initiative würde überzeugen können. Immerhin hatte der Lord im November 1950 Churchills Vortrag in Edinburgh gutgeheißen und eine ganz ähnliche Rede im House of Lords gehalten, in der er ebenfalls zu Gipfelgesprächen mit der UdSSR aufgerufen hatte.[240] Auch war dem Premierminister Salisburys guter Ruf bei den Amerikanern bekannt.[241] Am 29. Juni wurde bekanntgegeben, daß Mitte Juli trilaterale Gespräche der westlichen Außenminister in Washington stattfinden würden. Eisenhower hatte auf der Teilnahme Frankreichs bestanden.

War der Premierminister insgesamt im Mai und Juni voller Optimismus gewesen, seine Vorstellungen hinsichtlich eines »settlement« mit Moskau letztlich durchsetzen zu können, so schien ihm die Entwicklung ab Ende Juni immer mehr zu seinen Ungunsten zu verlaufen. Churchill selbst führte das auf seinen Schlaganfall und die ihm dadurch aufgezwungene Passivität zurück, während der ihm die Initiative aus der Hand genommen worden sei.[242] Wenn dies auch nicht ganz unzutreffend war, so überschätzte der Regierungschef aber doch seine Möglichkeiten vor seiner Erkrankung. Selbst wenn die Bermuda-Konferenz im Sommer 1953 stattgefunden hätte, muß sehr bezweifelt werden, ob Churchill in der Lage gewesen wäre, sich gegenüber Eisenhower, dem Foreign Office und Adenauers nicht unerheblichem Einfluß durchzusetzen.

239 *Boyle* (Hrsg.), S. 81: Churchill an Eisenhower, 26.6.1953.

240 Dies war in den USA nicht vergessen worden. Vgl. NA: 741.13/6--2953, Smith an US-Botschaft London, A-16, 2.7.1953. Vgl. auch *Lord Salisbury*, Foreign Affairs-Rede, in: House of Lords, Parl. Debates (H.L., Parl. Deb.), 5th series, Vol. 169, 15.11.1950, Sp. 275-86.

241 Botschafter Aldrich bezeichnete Salisbury Ende Juni als »best politician in England« und obwohl er »less flexible« als Churchill sei, könne doch, verglichen mit dem Premierminister, kein Zweifel bestehen, »[that] he will not ... be so unpredictable, impulsive or so inclined to personal leadership«. NA: 741.13/6-2953, Aldrich, London, an State Department Nr. 6866, 29.6.1953. Dem Botschafter war klar, daß ungeachtet der Rede Salisburys von November 1950 nicht davon ausgegangen werden konnte, »[that] his opposition speeches necessarily reflect views he would put forward as representative of government«. Ebd., /7-753, Aldrich an Dulles Nr. 103, 7.7.1953.

242 Vgl. *Moran*, S. 634: Tagebucheintrag 1.3.1955. Siehe auch *Seldon*, S. 401.

V. Zwischen Hoffnung und Realität: Westliche Gipfeldiplomatie in der Praxis

1. Neue Taktiken in London, Washington und Bonn

Bereits am 3. Juli, nur wenige Tage nach Amtsübernahme, machte Lord Salisbury, der Lord President und amtierende Außenminister, dem britischen Kabinett und dem Foreign Office ein ausführliches Memorandum zugänglich, das seine Vorstellungen über die während der Gespräche in Washington anzustrebenden Ergebnisse darlegte.[1] Salisburys Ausführungen basierten auf einem Ende Juni von Frank Roberts angefertigten »steering brief« für die ursprünglich geplante Bermuda-Konferenz.[2] Aber Salisbury hatte nicht lediglich die Ausführungen Roberts' übernommen, sondern auch die gipfeldiplomatischen und deutschlandpolitischen Gedanken Churchills inkorporiert. Sein Memorandum stellte den Versuch dar, zwei sich völlig entgegengesetzte Auffassungen über die britische Außenpolitik in Übereinstimmung zu bringen und einen dritten, mittleren Weg zu finden. Salisbury wollte es sowohl Churchill als auch dem Außenministerium recht machen. Allerdings drängt sich der Eindruck auf, daß er größere Sympathie für die Ideen des Foreign Office hatte.[3] Gleich zu Beginn des Memorandums erklärte der Lord President, daß es sein Ziel in Washington sei, »to maintain the initiative« der Rede Churchills vom 11. Mai. Die öffentliche Meinung in den westlichen Ländern müsse überzeugt werden, daß die Verschiebung der Bermuda-Konferenz »will not delay our joint efforts to reduce international tension«. Es sei zwar keineswegs sicher, daß der Kreml ernsthaft an Verhandlungen interessiert sei, doch könne es von Vorteil sein, »to test out what may prove to be a new situation in Russia«.

It is also my intention to try to persuade Mr. Dulles that high-level talks with the Russians, of the exploratory and informal character advocated by the Prime Minister, held in due time

1 Vgl. PRO: CAB 129/61, C.(53)187, 3.7.1953 (auch in: PREM 11/323, 420, 425; und abgedr. bei *Steininger*, Deutschland, S. 131–36).

2 Das Memorandum mit dem Titel »The Problem of Germany« ist zu finden in: FO 371/103 666/C 1071/67, ca. Ende 1953 (auch abgedr. bei *Steininger*, Chance, S. 303–06). Vgl. auch FO 371/125 052/ZP 23/82, Aktennotiz Roberts an Mason, 15.6.1953, aus der hervorgeht, daß Roberts der Verfasser des Memorandums war.

3 Vgl. FO 371/125 052/ZP 23/103/6, Aktennotiz Dixon, 2.7.1953. Siehe auch *Seldon*, S. 402: »in Lord Salisbury they [the FO] had an acting Foreign Secretary very much on their side.« Auch *Nutting*, S. 53, erklärt, Salisbury sei bekannt gewesen »as a protagonist of the ›tough‹ line with Russia«.

and after proper preparation might do good and could do no harm, and that it would be a great mistake to take the responsibility upon ourselves of disappointing public expectations about such talks. It should be possible to count on French support on both these issues.[4]

Heftig wandte sich Salisbury gegen Churchills Vorstellung von der Neutralisierung eines wiedervereinigten Deutschlands. Dies sei zwar »the easiest way to reach agreement with the Soviet Union«, doch »it would be highly dangerous for the West«. Zur Zeit sei es noch zu früh, eine unmittelbare Mitgliedschaft Deutschlands in der NATO anzustreben. »We hold it however in reserve should the E.D.C. solution finally fail.« Am besten würde ein »summit« nicht vor den Wahlen in der Bundesrepublik und der erfolgreichen Ratifizierung der EVG stattfinden.[5] Dennoch wurde aus Salisburys Memorandum ersichtlich, daß sich möglicherweise eine Konferenz vor dem abgeschlossenen Ratifizierungsprozeß der EVG als notwendig herausstellen könnte.[6]

Trotz seines Vertrauens in Lord Salisbury beabsichtigte Churchill keinesfalls, während seiner Krankheit die Zügel schleifen und etwa die gipfeldiplomatischen Auffassungen des Außenministeriums zum Zuge kommen zu lassen. Vom Krankenbett aus nahm Churchill mit schriftlichen Anweisungen und Denkanstößen, aber auch gelegentlich durch Gespräche mit den führenden Mitarbeitern des Foreign Office aktiv an der Gestaltung der britischen Politik teil.[7] Der Premierminister schien aber bereit zu sein, den Diplomaten entgegenzukommen. Churchill zeigte jetzt mehr Verständnis für die von Adenauer und Salisbury immer wieder betonte Notwendigkeit zuerst zu ratifizieren und erst anschließend zu konferieren. Auch erklärte er sich damit einverstanden, eine Konferenz nicht vor den Wahlen in der Bundesrepublik stattfinden zu lassen. Dabei handelte es sich jedoch lediglich um eine neue Taktik des Premierministers mit dem Ziel, das Foreign Office und die USA von dem Wert einer Gipfelkonferenz mit der UdSSR zu überzeugen.[8] Aufgrund seiner Krankheit blieb ihm ohnehin nichts anderes übrig, als seine Ungeduld zu zügeln. Bereits eine Woche nach seinem Schlaganfall teilte Churchill Eisenhower mit, er habe nie ein Gipfeltreffen vor einer endgültigen Entscheidung über die EVG befürwortet.[9] Die britischen und

4 CAB 129/61, C.(53)187, Memorandum Salisbury, 3.7.1953.

5 Dixon bezeichnete dies ebenfalls als ein »ideal programme«. FO 371/125 052/ZP 23/103/G, Aktennotiz Dixon, 2.7.1953.

6 CAB 129/61, C.(53)187, Memorandum Salisbury, 3.7.1953.

7 Am 7. Juli legte er z. B. Salisbury erneut seine Ansichten ausführlich dar. Vgl. *Moran*, S. 425: Tagebucheintrag, 7.7.1953.

8 Vgl. auch *Young*, Bermuda, S. 896: »Churchill was willing now to meet some of the criticisms of this ›open approach‹ to Russia.«

9 *Boyle* (Hrsg.), S. 83: Churchill an Eisenhower, 1.7.1953. Churchill hatte in seinem Brief auch erklärt, »[that] ten years of easement plus productive science might make a different world«. Damit wies er auf seine Hoffnung hin, Großbritannien werde nach einer zehnjährigen Detente und industriellen Aufrüstung in der Lage sein, seine traditionelle unabhängige Rolle in der Weltpolitik wieder voll und ganz auszufüllen.

amerikanischen Experten nahmen schließlich an, daß eine Konferenz mit der Sowjetunion nach der Ratifizierung der EVG die Westintegration der Bundesrepublik kaum mehr gefährden könnte und daher relativ ungefährlich wäre. Churchill war bewußt, daß seine politischen Gegner insbesondere ein »summit« vor dem Zustandekommen der EVG verhindern wollten.

Eisenhower ging kaum auf Churchills neue Überlegungen ein. Er warnte lediglich vor den katastrophalen Auswirkungen auf die öffentliche Meinung in den USA und auf die Bereitschaft des Kongresses, Gelder für die Unterstützung der Verteidigungsanstrengungen der Europäer zur Verfügung zu stellen, falls die EVG scheitern sollte. »Possible alternatives to NATO's and EDC's success are too alarming to contemplate.« Die Amerikaner seien immer geneigt, sich erneut dem »complete isolationism« hinzugeben.[10] Churchill nahm sich das zu Herzen. Eine positive oder negative Entscheidung über die EVG mußte seiner Meinung nach endlich in allernächster Zukunft gefällt werden. Man konnte nicht ewig auf die Franzosen Rücksicht nehmen. In einem zur Vorbereitung auf die Washingtoner Gespräche angefertigten ausführlichen Memorandum an Salisbury und Strang, das allen Kabinettsmitgliedern zugänglich gemacht wurde, erklärte der Premierminister am 6. Juli, daß man von den Franzosen bis Ende Oktober die Ratifizierung der EVG verlangen sollte.[11] Der Premierminister schlug vor, anderenfalls einen neuen NATO-Vertrag, möglicherweise ohne französische Beteiligung, abzuschließen, der keinem der Mitgliedsstaaten ein Veto über die Eingliederung der Bundesrepublik in die NATO einräumen sollte.[12] Churchill bezweifelte in seinem Memorandum, daß es während der Washingtoner Konferenz gelingen werde, die Franzosen zu einer Entscheidung über die EVG zu drängen und es möglich sei, im Anschluß an das Treffen eine Viermächtekonferenz anzukündigen. Er war daher nach wie vor bereit, zu einer »solitary pilgrimage« nach den Bundestagswahlen Anfang September aufzubrechen. Ohne daß Churchill es erwähnte, war klar, daß ihm seine Gesundheit eine solche Reise vor diesem Zeitpunkt kaum erlauben würde.

A friendly conversation between Great Britain and Soviet Russia, even if isolated, would be watched with intense interest and hope and might well lead to an easement in the world tension. Anyhow there could be no meeting before the end of the German Election.[13]

10 Ebd., S. 85: Eisenhower an Churchill, 6. 7. 1953. Ähnliches erwähnte Dulles auch beispielsweise im Gespräch mit Salisbury am 10. Juli in Washington. PREM 11/373 WU 1197/489 G.

11 CAB 129/61, C.(53)194, Memorandum Churchill an Salisbury und Strang, 6. 7. 1953 (auch zu finden in: PREM 11/323, 420, 449; FO 371/125 052/ZP 23/101; und abgedr. in *Steininger*, Chance, S. 306–08). Siehe auch *Moran*, S. 425: Tagebucheintrag, 6. 7. 1953.

12 Diese Strategie wurde bald als die Politik des »empty chair« bezeichnet. Vgl. z. B. *Dockrill*, Britain's Policy, S. 131, 140, 149. Siehe auch CAB 129/61, ebd.

13 PRO: ebd.

In dem Memorandum machte sich Churchill auch Gedanken über die deutsche Frage. Ganz unabhängig davon, was mit der EVG, der NATO oder bei den Wahlen in der Bundesrepublik geschehen würde, Churchill war der Ansicht: »we shall have to face very soon the problem of German unity... There will always be ›a German problem‹ and ›a Prussian danger‹.« Dennoch vertrat er die Überzeugung, ein vereintes, unabhängiges Deutschland würde nicht zum Alliierten der Sowjetunion werden. Das deutsche Volk sei durch seinen überlegenen Charakter gegen die Versuchungen des Kommunismus gewappnet. Zudem stelle das Schicksal der unterjochten Ostzone ein abschreckendes Beispiel dar. Der Antibolschewismus, den Hitler den Deutschen eingepflanzt habe, sei immer noch sehr stark. Zusammenfassend betonte Churchill emphatisch:

> The eyes of Germany are turned against Soviet Russia in fear, hate and intellectual antagonism. For France there is only contempt and pity. What is Alsace-Lorraine compared with Silesia and the Western Neisse in Russian hands? *I am sure that Germany will not, in the next 20 years, join with Russia against the West or lose her moral association with the Free Powers of Europe and America.* That, at any rate, is the basis from which we ought to consider our terrible problem.[14]

Churchill war also der Meinung, daß auch ohne die Westintegration der Bundesrepublik das deutsche Volk sich an der westlichen Welt orientieren würde. Die Westintegration war demnach nicht unbedingt nötig, wohl aber die deutsche Wiedervereinigung, um, wie der Aufstand in der DDR gezeigt hatte, einen gefährlichen Unruheherd in Europa zu beseitigen.[15] Daneben wies er darauf hin, daß das sowjetische Sicherheitsinteresse ebenfalls nicht vernachlässigt werden dürfe. Churchill hatte seine in der Rede vom 11. Mai ausgedrückten Überzeugungen, trotz aller vorgebrachten Gegenargumente, nicht geändert.

> What must not be forgotten by us, and will I hope be remembered by the Soviets, is the safety of Russia against another Hitlerite invasion. It is along these lines of thought that... our minds might adventurously travel.... For the present I have only two practical points in Europe – the early ratification of E.D.C. followed by a Four-Power Conference. The whole policy being *simultaneously* announced.[16]

14 Ebd. (Hervorhebung im Original).

15 Mit dieser Meinung stand der Premierminister in der Konservativen Partei nicht alleine da. Der Abgeordnete Robert Boothby war etwa »reluctantly« zu der Schlußfolgerung gekommen, »that you could not keep them apart against their will«. Der sowjetische Diplomat Schiwotowski hatte ihm darauf geantwortet: »We have reached precisely the same conclusion.« FO 371/106 526, Memorandum des dritten Gesprächs zwischen Boothby und Schiwotowski, 6.7.1953. Vgl. zu Boothby, *Robert Rhodes James*, Bob Boothby. A Portrait, London 1991.

16 CAB 129/61, C.(53)194, Memorandum Churchill an Salisbury und Strang, 6.7.1953 (Hervorhebung im Original). Vgl. zu Churchills Vorstellungen auch seine Ausführungen gegenüber seinem Arzt. *Moran*, S. 428f.: Tagebucheintrag, 10.7.1953.

In der Kabinettssitzung vom 6. Juli, an der Churchill nicht teilnahm, während der aber sein Memorandum verlesen und zusammen mit demjenigen Salisburys erörtert wurde, entschieden die Anwesenden, der Lord President solle in Washington die in seinem Memorandum vorgestellte Strategie verfolgen. Daneben müsse er sich bemühen, »[to] seek agreement to the conclusions set out in the Prime Minister's note«.[17] Churchills Vorstellung von einer »Potsdam-type«-Konferenz mit der Sowjetunion war also vom Kabinett mehr oder weniger akzeptiert worden. Young zieht die Schlußfolgerung: »This showed that, when suitably hedged with limitations, Churchill's policy could win his Cabinet's support.«[18] Dieses Urteil muß mit Vorsicht genossen werden. Immerhin war dem Kabinett bewußt, daß Churchill Großbritannien nicht in Washington vertreten würde und daß Dulles und zum Teil auch Salisbury die Pläne des Premierministers keinesfalls zu unterstützen bereit waren. Das Kabinett konnte also ruhigen Gewissens Churchills Vorstellungen zustimmen, um eine große Auseinandersetzung und vielleicht gar eine Kabinetts- und Regierungskrise zu verhindern. Man konnte schließlich davon ausgehen, daß die »summit«-Vorstellungen des Premierministers sich mit hoher Wahrscheinlichkeit ohnehin nicht durchsetzen würden. Die Ereignisse im Sommer 1954 sollten dagegen zeigen, daß, wenn eine Realisierung von Churchills Plänen ernsthaft befürchtet werden mußte, das britische Kabinett sich nicht scheute, selbst ein Auseinanderbrechen der Regierung zu riskieren, um dies zu verhindern.[19]

Über die Meinungsbildung in Washington war die britische Regierung nicht sonderlich gut im Bilde. Die hier innerhalb des State Department und zwischen den Außenpolitikern und dem Weißen Haus herrschenden unterschiedlichen Auffassungen über die Moskau gegenüber zu verfolgende Taktik verwirrte die Briten. Das Foreign Office war etwa entsetzt über die unmittelbar nach dem 17. Juni angestellten Überlegungen im German Bureau des State Department. London erfuhr von der »dangerous suggestion«, möglicherweise müßten die in der Note vom 23. September 1952 aufgeführten detaillierten Bedingungen für die deutsche Wiedervereinigung aufgegeben werden.[20] Die britischen Diplomaten glaubten, es gebe keinen Grund, die Position von September 1952 zu verän-

17 CAB 128/26, Teil 2, C.C.(53)39th Conclusions, Minute 3, 6.7.1953 (auch in: PREM 11/373, 419, 1074).

18 *Young*, Bermuda, S. 897. Vgl. schon vorsichtiger *ders.,* Cold War, S. 62. Siehe auch *Carlton*, Großbritannien, S. 56. Carltons Aussage, daß Churchill selbst ein Außenministertreffen vorschlug, um »seinen Gipfelplan dadurch am Leben zu erhalten« entspricht nicht den Tatsachen.

19 Vgl. dazu Kap. VI.3.

20 Es sei möglicherweise notwendig, Konzessionen zu machen, beispielsweise hinsichtlich der UN-Kommission, die die Wahlen überwachen solle, doch »surely there is no need to volunteer it«. FO 371/103 665/C 1071/22, Brief von Hancock an Porter, 10.6.1953. Einen Kompromiß in der Frage der UN-Kommission hatte auch Churchill bereits 1952 vorgeschlagen. Vgl. zur Note von September 1952: Kap. IV.4., Anm. 162.

dern. Nach den Ereignissen des 17. Juni werde der Kreml kaum mit ernstgemeinten Vorschlägen zur deutschen Wiedervereinigung locken.[21] Die Briten waren sich ebenfalls nicht über die Ziele im klaren, die die USA während der Washingtoner Gespräche verfolgen wollten. Botschafter Makins berichtete, Dulles sei überzeugt, »[that] a fresh look at the German problem is becoming urgent«.[22] Ohne daß er sich dessen bewußt war, deutete Makins damit bereits am 28. Juni auf die radikale Kursänderung der amerikanischen Diplomatie nach dem Aufstand in der DDR hin, mit der Salisbury in Washington konfrontiert werden würde. Anfang Juli wies die britische Botschaft in den USA auch plötzlich die Auffassung des Foreign Office zurück, daß die amerikanische Administration zwar »eventually« Verhandlungen mit Moskau anstrebe, doch zuvor die westliche Position der Stärke weiter ausbauen wolle. Den überraschten Fachleuten in London wurde stattdessen erläutert, »[that] the U.S. Government are not at all averse to negotiating with the Russians forthwith. But they want to begin with small things, and work their way up piecemeal towards the more fundamental issues. What they dislike is a meeting of Heads of Government at this early stage.«[23]

Zu diesem Zeitpunkt hatte sich das State Department jedoch noch nicht über alle Aspekte der neuen Strategie geeinigt, die man während der Washingtoner Konferenz durchsetzen wollte. Eines war jedoch sicher. Moskau würde am Ende der Gespräche zu einer Viermächtekonferenz über die deutsche Frage eingeladen werden. Bereits am 22. Juni – vor Churchills Schlaganfall, als man noch mit der Bermuda-Konferenz rechnete – war in einem Memorandum des State Department zu lesen:

> It is unrealistic to think that a Four-Power meeting with the USSR can be avoided in the relatively near future... On the assumption that Churchill will continue to press for a Four-Power meeting with the USSR, we should be prepared, in view of such important considerations as public pressures abroad and Allied unity, to retreat to a position of accepting a proposal for a Four-Power meeting with the USSR.[24]

In der Frage, ob das »meeting« mit der UdSSR in einem Treffen der Außenminister, der Regierungschefs oder einer Kombination dieser Alternativen bestehen sollte, hatte sich das State Department noch nicht festgelegt. Die Vor- und Nachteile dieser Möglichkeiten wurden längere Zeit diskutiert. Dulles und seine Mitarbeiter waren sich aber einig, daß ein Treffen bestens vorbereitet und mit Adenauer abgestimmt sein sollte. Es dürfe keinesfalls vor den Bundestagswah-

21 FO 371/103 665/C 1071/49, Aktennotiz Palliser, 26.6.1953.

22 FO 371/125 042/ZP 23/58/6, Makins an FO Nr. 1376, 28.6.1953.

23 FO 371/106 532/NS 103 45/16 G, Brief von Watson, britische Botschaft Washington, an Hohler, 8.7.1953. Siehe auch ebd., NS 103 45/12, Brief von Makins an Strang, 4.6.1953.

24 EL: C.D. Jackson Records, 1953–54, Box No. 2, Akte: »Bermuda Conference (5), überarbeitetes, die Meinung Dulles inkorporierende Memorandum von Thurston, »Bermuda Conference. Four-Power Meeting with the USSR«, BC D–10e, 22.6.1953.

len stattfinden. Zudem müßten Briten und Franzosen sich dazu bereit erklären, alles in ihrer Macht Stehende zu tun, um eine Ratifizierung der EVG zumindest in einigen Ländern zu erreichen. Am besten sei es, wenn Churchill sich dazu entschließen könnte, »[to] come out with a ringing declaration in support of the EDC projects«. Mit Blick auf die Ratifizierung der EVG in Frankreich deutete sich eine neue flexiblere Haltung in Washington an: »While not establishing French ratification as an absolute criterion prior to talks with the Soviets we should obtain from the French representatives solemn assurances that the French will continue to support EDC ratification.«[25]

Unmittelbar nach dem Aufstand in der DDR rechnete man im State Department, entgegen den ursprünglichen Erwartungen, mit einem attraktiven Wiedervereinigungsangebot der Sowjetunion. Die Diplomaten fürchteten, eine solche Offerte könnte die Westmächte auf einer Konferenz leicht gegeneinander ausspielen, falls keine gemeinsame Basis ausgearbeitet worden wäre.[26] Ängstliche Stimmen wiesen in diesem Zusammenhang auf die Zurückhaltung der sowjetischen Truppen bei der Niederschlagung der Unruhen am 17. Juni hin – ein Faktum, das von den USA intern durchaus akzeptiert wurde. Dies habe in der DDR-Bevölkerung teilweise bereits zu der Auffassung geführt, es sei vielleicht möglich, mit Moskau in ernsthafte Verhandlungen einzutreten. In Ost- und Westdeutschland würde sich diese Haltung verstärken, »if the West does nothing positive to bring about unification«.[27] Insgesamt folgerte das State Department, da die USA nun ohnehin gewillt seien, sich auf ein »summit« einzulassen:

> We may as well seek to benefit by the advantages of naming the level, the date, the place, and the issues to be taken up. ... it is recommended that we take initiative with respect to the Four-Power talks and announce in the communiqué ... that our three governments have despatched separate but identical notes to the Soviet Government proposing a meeting at Vienna ... on September 15.[28]

Ein Problem bei der neuen Strategie stellte allerdings die Haltung Adenauers dar. Noch am 24. Juni hatte der Kanzler dem amerikanischen Hochkommissar gesagt, »that he was no more desirous now than he had been before for

25 Ebd. Siehe auch FRUS 1952–54, Bd. 5, S. 1593: Conant, Bonn, an Dulles, 6.7.1953.

26 Vgl. FRUS, ebd. Auch Bohlen war dieser Meinung. Siehe NA: 761.00/7–1453, Memorandum »Ambassador Bohlen's views on the situation in Russia«, 14.7.1953.

27 NA: 761.5/6–3053, Cecil Lyon, der amerikanische Gesandte in Berlin, an Hochkommission in Bonn, 30.6.1953. Vgl. auch FRUS, ebd., Bd. 8, S. 90: Bericht von Lyon über die Wiener Konferenz der US-Botschafter in Osteuropa, 21.9.1953.

28 EL: C.D. Jackson Records, 1953–54, Box No. 2, Akte: »Bermuda Conference (5), Memorandum Thurston, »Bermuda Conference. Four-Power Meeting with the USSR«, BC D-10e, 22.6.1953.

four-power talks«.[29] Am 30. Juni instruierte Dulles daraufhin Conant, Adenauer erneut zu konsultieren. Der Hochkommissar berichtete zwei Tage später, der Kanzler wolle nach wie vor nichts von einer Viermächtekonferenz wissen. Adenauer sei

> opposed to such discussions at any time unless there is reasonable certainty that they will have positive results. He would not consider it acceptable result if conference merely provided another demonstration of Soviet unwillingness to come to genuine solution of European or German problem. He was fearful that any four-power discussions, unless there was reasonable assurance of success, would merely provide a propaganda platform for Russians and lead to never-ending talks.[30]

Laut Conant bevorzugte Adenauer, statt einer Konferenz der Sowjetunion im Anschluß an die Gespräche in Washington, eine Protestnote über das tyrannische Verhalten der DDR-Regierung zu senden und dabei die Frage der deutschen Kriegsgefangenen in der UdSSR anzusprechen. Ebenfalls schien es dem Kanzler sinnvoll zu sein, daß die Westmächte nochmals ihre Bereitschaft betonten, auf der Basis der in der Note vom 23. September 1952 unterbreiteten fünf Bedingungen über die deutsche Wiedervereinigung zu verhandeln. Dies sollte ergänzt werden durch den Vorschlag einer irgendwie gearteten internationalen Überwachung der vorgesehenen gesamtdeutschen Wahlen.

> He [Adenauer] pointed out such proposal would ensure discussion of this matter by note exchange beyond date of September elections.[31]

Conant selbst befürwortete eine Dreimächteerklärung über Deutschland am Ende der Washingtoner Gespräche. Eine erneute Note an die Sowjetunion mit anschließendem längeren Notenwechsel, wie Adenauer vorgeschlagen hatte, um ein »summit« zumindest bis nach den Bundestagswahlen hinauszuzögern, würde nur zu zynischen Kommentaren in der Bundesrepublik führen.[32] Bereits am 26. Juni hatte der Hochkommissar aber darauf hingewiesen, selbst der Kanzler erkenne allmählich, daß die überwiegende Mehrheit der westdeutschen Öffentlichkeit eine Viermächtekonferenz verlange. Adenauers vage, aber doch eine

29 Adenauer hatte hinzugefügt: »In particular, he was dead set against talks between the Western High Commissioners and Mr. Semeonov.« FO 371/103 665/C 1071/58, Aktennotiz Hancock, 25.6.1953.

30 FRUS 1952–54, Bd. 5, S. 1587: Conant an Dulles, 2.7.1953.

31 Ebd., S. 1588. Adenauer legte Conant auch dar, »that he feels that an all-German Government will not be free to have a national army and make an alliance with Russia.« Als Conant ihn darauf aufmerksam machte, daß Punkt 5 der Bundestagsresolution vom 10. Juni die völlige Allianzfreiheit der Regierung eines wiedervereinigten Deutschland anspreche, erläuterte ihm der Kanzler, »[that the] Bundestag resolution was not to be read too literally«.

32 Vgl. ebd., S. 1591–93: Conant an Dulles, 6.7.1953. Vgl. auch ebd., S. 1603 f.: Memorandum MacArthur II, Counsellor im State Department, mit dem Titel »Major Objectives in U.S.-U.K.-French Talks«, 9.7.1953.

gewisse Kompromißbereitschaft andeutenden öffentlichen Äußerungen zu dem Thema ließen Conant einen klaren Widerspruch zu den »private views« des Kanzlers erkennen.[33]

Hatten die USA und das britische Foreign Office zunächst gehofft, der Aufstand in der DDR habe das Thema Gipfelkonferenz mit Moskau endgültig aus der Welt geschafft, so war genau das Gegenteil eingetreten. In Großbritannien, Frankreich und der Bundesrepublik hatte sich im Anschluß an den 17. Juni der Wunsch der Öffentlichkeit nach einem »summit« sehr verstärkt. Es wurde angenommen, daß, nachdem der Kreml seine geringe Popularität in Ost-Berlin erkannt habe, die neuen Machthaber vielleicht zu einem Kompromiß in der deutschen Frage bereit seien.[34] Immerhin hatte Moskau trotz des Aufstandes den »Neuen Kurs« in der DDR nicht durch eine harte Linie abgelöst, sondern die damit eingeläutete nachgiebige Politik fortgesetzt.[35] Ende Juni 1953 folgerte Conant besorgt:

> Unless Kremlin comes to believe that risks of ›peace campaign‹ too great and reversed conciliation policy, the possibility that German opinion will continue in the present direction becomes more likely because of the excited and competitive atmosphere of Federal Republic election campaign.[36]

Der amerikanische Hochkommissar empfahl in dem Telegramm an Dulles eine Strategie, die das State Department grundsätzlich bereits akzeptiert hatte und die in aller Kürze sowohl vom Bundeskanzler als auch von den Teilnehmern der Washingtoner Konferenz als die einzig realistische erkannt werden sollte, um Adenauers Wahlsieg sicherzustellen.

33 NA: 762A.00/6–2653, Conant, Bonn, an Dulles Nr. 5485, 26. 6. 1953. Siehe auch *Felken*, S. 184.

34 Vgl. in ebd., die Zusammenfassung diverser Kommentare westdeutscher Zeitungen. Die SPD verlangte als ersten Schritt ein sofortiges Treffen der vier Hochkommissare. Dies traf auf den heftigen Widerstand Adenauers, der keinesfalls die alte Kontrollkommission der vier Mächte wiederbelebt sehen wollte. Vgl. ebd., 762B.00/6–1953, Conant, Bonn, an State Department Nr. 5400, 19. 6. 1953; FO 371/103 839/CS 1016/57, Ward, Wahnerheide, an FO Nr. 553, 18. 6. 1953. Zu der Haltung britischer Parlamentarier siehe z. B. die Debatte am 21. Juli 1953, in: H. C., Parl. Deb., 5th series, Bd. 518, Sp. 211 ff.

35 Erst Anfang 1954 wurde mit der Einschränkung des »Neuen Kurses« begonnen. Vgl. zur Politik Moskaus in der DDR nach dem 17. Juni z. B. *Hermann Weber*, Geschichte der DDR, München 1986, S. 245 ff.; *Jänicke*, S. 39 ff.; NA: ebd., Hochkommission Bonn an State Department: »Larger Implications of June 17«, 6. 7. 1953. Siehe zu Analysen aus britischer Sicht: PREM 11/540; PREM 11/673, »Note on East Germany«, undatiert, ca. August 1953, ohne Verfasserangabe; FO 371/103 849; FO 371/103 850/CS 1018/1, Memorandum des Research Department »Communist Political Ends and Means in the Soviet Zone of Germany«, 13. 10. 1953.

36 NA: 762A.00/6–2653, Conant, Bonn, an Dulles Nr. 5485, 26. 6. 1953.

If Chancellor should attempt to recommend postponement of four-power talks into indefinite future on ground that time is not … ripe, he will find himself increasingly out of step with his coalition. … The Chancellor may find it difficult to fight effective electoral campaign, if he can be made appear to be sacrificing unity to integration. Berlin and East Zone events have thus increased public pressure for talks on unity … It does not follow that four-power talks at any level on German unity will be necessary or desirable before Federal Republic elections, but it may become important after Bermuda to indicate our views as to when such talks could begin … We believe there is possibility that unless United States, Great Britain and France take a clear position as soon after Bermuda as possible, Chancellor for electoral reasons may be forced to abandon his delaying tactics.[37]

Im Bundeskanzleramt und im State Department war man bisher froh gewesen, daß die Sowjetunion noch keine Anstalten gemacht hatte, Verhandlungen über die deutsche Frage vorzuschlagen. Der sich nach den Unruhen in der DDR beschleunigende Meinungsumschwung in der bundesrepublikanischen Öffentlichkeit läutete jedoch einen radikalen Kurswechsel der Politik Washingtons und Bonns ein. Um Adenauers Wahlsieg nicht zu gefährden, galt es nun, Moskau von der Teilnahme an einer Gipfelkonferenz über die deutsche Frage zu überzeugen. Auf diese Weise mochte man zudem wieder die Initiative in der Deutschlandpolitik ergreifen und der geschwächten Sowjetunion eine empfindliche diplomatische Niederlage beibringen können.[38] Die Briten erkannten die Kursänderung nicht. Trotz einiger Andeutungen von amerikanischer Seite glaubte etwa Kirkpatrick, die USA planten lediglich eine neue Aktion zur psychologischen Kriegführung.[39] Am 9. Juli wurde Roger Makins in Washington nochmals auf die vom State Department am 22. Juni formulierte Strategie hingewiesen. Bedell Smith zeigte dem britischen Botschafter ein Telegramm Botschafter Bohlens aus Moskau und fügte einige überraschende Bemerkungen hinzu:

It [Bohlen's telegram] confirmed what he himself had felt, and what he understood we also thought, that something more than window dressing was taking place in the Kremlin, and that here was a real opportunity for diplomacy if we played our cards well. He [Smith] added that it had long been clear to the Administration that they should meet Stalin's successors at the top level and before too long. The only question was at what stage. The nub of the problem was Germany. The firm United States position was that they would not meet the Russians at the top level until after the German elections, until the consolidation of Western Europe had proceeded a stage further ›for instance by getting E.D.C. through‹, and until the three Western Powers had reached a firm and concrete agreement on Germany.[40]

37 Ebd. Siehe auch ebd., PPS 64 D 563, Box 20029, Akte: »Germany, 1953«, Memorandum Beam an Bowie: »Tactics in Presenting a Western Plan for a United Germany«, 30.6.1953.

38 Vgl. dazu ebd., 762B.00/6–2653, Lyon, Berlin, an Conant in der Übermittlung von Conant, Bonn, an Dulles Nr. 5486, 26.6.1953.

39 FO 371/103 666/C 1071/78, Brief von Kirkpatrick, Wahnerheide, an Roberts, 7.7.1953.

40 FO 371/106 526/NS 1021/75, Makins, Washington, an FO Nr. 1441, 9.7.1953.

Doch verstand Makins nicht recht, worauf Smith hinauswollte. Stattdessen schloß der Botschafter: »U.S. Administration seem disposed to wait and see.«[41] Gerade dies beabsichtigte die Eisenhower-Regierung nicht. In Übereinstimmung und womöglich Absprache mit Adenauer hatten sich die USA entschlossen, auf der Washingtoner Konferenz die Initiative zu ergreifen und vor der Ratifizierung der EVG eine Gipfelkonferenz einzuberufen. Diese sollte noch vor den Bundestagswahlen angekündigt werden, aber erst nach den Wahlen stattfinden.

Zu folgern ist daher, daß die USA keineswegs über die am 8./9. Juli brieflich erfolgte Anregung Adenauers so erstaunt waren, wie in der Literatur immer wieder behauptet wird.[42] Der Kanzler schlug vor, die Sowjetunion »spätestens im Herbst« und auf der Grundlage der fünf Punkte der Bundestagsresolution vom 10. Juni zu einer Gipfelkonferenz einzuladen und dabei auch über die EVG als Ausgangspunkt für die Entwicklung eines europäischen Sicherheitssystems zu sprechen.[43] Lediglich die dramatische Art und Weise, in der Adenauer seinen Vorschlag übermittelte, dürfte die amerikanische Regierung überrascht haben, hatte der Kanzler seine Überlegung, die Blankenhorn zufolge auf Staatssekretär Hallstein zurückging,[44] doch recht plötzlich am 8. Juli in einem Brief an Dulles ausgedrückt und Blankenhorn beauftragt, damit sofort nach Washington zu fliegen.[45] Adenauer wollte aus gut unterrichteter Quelle erfahren haben, daß ein Vorschlag Moskaus zur Einberufung einer Viermächtekonferenz unmittelbar bevorstehe und der Westen dem zuvorkommen müsse.[46] Zwar wurde Hochkommissar Conant bei der ganzen Aktion von Adenauer völlig übergangen, angeblich weil er nicht in Bonn weilte, doch machten Blankenhorn und Hallstein am 9. Juni noch einen Abstecher nach Paris, um David Bruce, den amerikani-

41 Ebd. In seinen Memoiren schreibt auch Nutting, S. 54, noch: »I have no doubt at all that it was largely due to Salisbury's personal reputation and his powers of persuasion that the U.S. Government were brought to accept even a Foreign Ministers' conference with the Soviets.«

42 Vgl. die Literatur in Anm. 48.

43 Der Brief ist abgedr. in: *Adenauer*, Erinnerungen 1953–55, S. 225 f. Zitat: S. 225. *Dockrill*, Britain's Policy, S. 127, mißversteht die Sachlage völlig. Vgl. zu der in der Literatur erwähnten angeblichen Überraschung Dulles: *Foschepoth*, Churchill, S. 1296–99; *Steininger*, Deutschland, S. 121 f.; *Schwarz*, Ära Adenauer, S. 211; *ders.*, Adenauer. Der Staatsmann, S. 85 ff. Die fünf Punkte vom 10. Juni 1953 waren fast identisch mit den in der Note vom 23. September 1952 enthaltenen Bedingungen zur deutschen Wiedervereinigung. Vgl. dazu Kap. IV.4., Anm. 162.

44 Vgl. *Blankenhorn*, S. 159.

45 Vgl. *Adenauer*, Erinnerungen 1953–55, S. 224–26. Der Brief Adenauers an Dulles ist abgedr. in: ebd., S. 225 f. Eine Erörterung ist auch zu finden in: PREM 11/419, Britische Botschaft Washington an FO Nr. 1461, 11.7.1953.

46 Vgl. z.B. NA: 396.1–WA/7–1753, persönlicher Brief von Conant an Dulles, 17.7.1953; PRO: ebd., Salisbury an FO Nr. 1465, 11.7.1953, über ein Gespräch zwischen Roberts und Blankenhorn.

schen Vertreter beim EVG-Interimsausschuß, zu konsultieren. Bruce informierte wiederum das State Department, das spätestens jetzt von Blankenhorns bevorstehendem Besuch und dem wesentlichen Inhalt von Adenauers Brief wußte.[47] Es ist anzunehmen, daß auch zu diesem späten Zeitpunkt die amerikanische Regierung durchaus in der Lage gewesen wäre, Blankenhorns Reise zu verhindern, wenn sie dies gewollt hätte. Aufgrund der erwähnten Aktivitäten im State Department ist dagegen zu schließen, daß Washington zu der Kursänderung Adenauers wesentlich beigetragen hatte, aber auch in jedem Fall selber eine entsprechende Initiative eingeleitet hätte. In der Forschung wurde bisher immer angenommmen, daß Adenauer die USA von der schnellen Einberufung einer Gipfelkonferenz überzeugte und so verantwortlich war für die auf der Washingtoner Konferenz beschlossene politische Wende und die Wiederherstellung der »relativen Geschlossenheit der Westmächte«.[48] Damit wurde im wesentlichen der Aussage in Adenauers Erinnerungen gefolgt, der Kanzlerbrief an Dulles habe »aktiv auf den Verlauf der Konferenz« eingewirkt und letztlich erst zu der Einladung an Moskau geführt.[49] Dem war jedoch nicht so. Adenauer weigerte sich auch noch am 2. Juli im Gespräch mit Conant strikt, einer Gipfelkonferenz mit der UdSSR zuzustimmen. Gleich nach dem 17. Juni hatte sich im State Department dagegen die Auffassung durchgesetzt, daß ein »summit« nicht mehr zu verhindern sei und die USA selber die Initiative ergreifen müßten, um durch die frühzeitige Herbeiführung einer einheitlichen westlichen Position eine günstige Ausgangslage für das Treffen zu schaffen. Mit der indirekten Hilfe der öffentlichen Meinung in der Bundesrepublik konnte das State Department den Bundeskanzler von der Notwendigkeit des Kurswandels überzeugen. Offen muß bleiben, ob die Art und Weise, wie Adenauer die amerikanische Strategieänderung nachvollzog, mit den USA bereits einige Tage vor Blankenhorns und Hallsteins Reise zu Bruce nach Paris abgestimmt war oder ob Adenauers Brief an Dulles und Blankenhorns Mission nach Washington gänzlich auf der Initiative des Kanzlers beruhte. Die Briten ahnten von den deutsch-amerikanischen Absichten nichts. Sie rechneten lediglich mit einer entsprechenden Initia-

47 Vgl. FRUS 1952–54, Bd. 7, S. 484f.: Auszug aus dem Tagebuch von Bruce, 9.7.1953. Vgl. auch *Blankenhorn*, S. 160; NA: 396.1–WA/7–953, Bruce an Dulles Nr. Coled 11, 9.7.1953; ebd., /7–1053, Conant, Bonn, an Dulles Nr. 168; 10.7.1953. *Fish*, S. 345, nimmt wenig glaubwürdig an, daß Dulles die Botschaft Adenauers erst am 10. Juli erhielt, kurz vor der ersten Sitzung der Außenminister.

48 Vgl. *Foschepoth*, Churchill, S. 1296–99. Zitat: S. 1296; *Steininger*, Deutschland, S. 121f.; *Schwarz*, Adenauer. Der Staatsmann, S. 85–89. Siehe auch *Rupieper*, Verbündete, S. 325. Anderer Ansicht ist *Fish*, S. 344f., der sich etwas vage ausdrückt, aber wohl insgesamt annimmt, daß die neue Taktik zugleich in Washington und Bonn entwickelt wurde. Die beiden Regierungen hätten sich aber nicht miteinander abgestimmt.Siehe auch *Felken*, S. 185.

49 *Adenauer*, Erinnerungen 1953–55, S. 226.

tive Bidaults.[50] Salisbury berichtete daher dem Foreign Office von der Konferenz in Washington, es sei für Dulles »not easy« gewesen, »to agree to the idea of a Four-Power meeting at all«.[51] Der Lord President ließ sich derart täuschen, daß er selbst im Anschluß an das Treffen zufrieden feststellte: »There was ... no sign at this meeting of any tendency towards a U.S.-German alignment.«[52]

2. Die Washingtoner Konferenz (10.–14. Juli 1953)

Am 10. Juli, dem ersten Tag der Washingtoner Konferenz, traf Blankenhorn in der amerikanischen Hauptstadt ein.[53] Rein diplomatisch gesehen war das ein großer *Fauxpas*, der allen Regeln der Höflichkeit widersprach. Dies wurde Adenauers Emissär in den Gesprächen mit den Vertretern der drei Mächte unüberhörbar deutlich gemacht.[54] Blankenhorn zufolge hatte der Kanzler alle Argumente gegen die Reise seines Vertrauten nach Washington mit der Bemerkung hinweggewischt:

> Die Konferenz sei für das Schicksal Deutschlands von so eminenter Bedeutung, daß man auch Wege gehen müsse, die nicht ganz der diplomatischen Kleiderordnung entsprechen.[55]

50 Vgl. FO 800/778, WU 1197/480, Memorandum des Gesprächs zwischen Salisbury und Massigli, 8.7.1953.

51 PREM 11/419, Salisbury an FO Nr. 1471, 11.7.1953.

52 CAB 128/26, Teil 2, C.C.(53)44th Conclusions, Minute 4, 21.7.1953 (auch in: FO 800/761; PREM 11/419).

53 Vgl. für neuere, auf Aktenauswertung beruhende Darstellungen über die Konferenz vor allem die knappen Ausführungen bei *Foschepoth*, Churchill, S. 1294–99; *Fish*, S. 342–46; *Steininger*, Deutschland, S. 121 f.; *Dockrill*, Britain's Policy, S. 127–29. Während etwa Foschepoth und Steininger das Eingreifen Adenauers mittels Blankenhorn überbewerten, wird es bei *Young*, Bermuda, S. 897, eindeutig unterbewertet.

54 Vgl. *Blankenhorn*, S. 160 f.; FO 371/103 667/C 1071/85, Makins, Washington, an FO Nr. 1465, 11.7.1953 (auch in: PREM 11/419), Protokoll des Gesprächs zwischen Roberts und Blankenhorn. Selbst Adenauer spricht in seinen Memoiren von einem »schwere[n] Auftrag« für Blankenhorn, der bei den Westmächten »alles andere als Begeisterung« ausgelöst habe, zumal er die Instruktion hatte, »während der Dauer der Konferenz in Washington zu bleiben«. *Adenauer*, Erinnerungen 1953–55, S. 226. Adenauer erklärt an gleicher Stelle, daß er Blankenhorn geschickt habe, weil Krekeler, der deutsche diplomatische Vertreter in Washington, noch nicht den Rang eines Botschafters gehabt habe. Dies entsprach nicht der Wahrheit, hatte man dies doch gerade erst im Zuge der Wahlhilfe für Adenauer vereinbart (mit Wirkung vom 6. Juli). Conant machte sich gar Sorgen, daß die Position Krekelers durch Blankenhorns Reise unterminiert werden könnte. Vgl. NA: 396.1–WA/7–1053, Conant, Bonn, an Dulles Nr. 168, 10.7.1953.

55 *Blankenhorn*, S. 159.

Dies war natürlich übertrieben. Weniger das Schicksal Deutschlands stand auf dem Spiel als der Wahlsieg Adenauers. Steininger und Foschepoth, die Adenauers Ausnutzung der Washingtoner Konferenz für die Ziele der Bundesregierung primär als die Offensive des Kanzlers gegen Churchills deutschlandpolitische Vorstellungen interpretieren, folgen lediglich der von Adenauer intern benutzten Argumentation zur Rechtfertigung seiner Kursänderung.[56] Wie den USA muß auch Adenauer bekannt gewesen sein, daß Salisbury die Washingtoner Konferenz nicht zur Diskussion der Neutralisierung Deutschlands benutzen wollte.[57] Vom politisch-praktischen Gesichtspunkt gesehen erwies sich Adenauers Aktion als großer Erfolg.[58] Dulles konnte nun gegen die Ansicht Salisburys argumentieren, daß selbst der Bundeskanzler die Einberufung einer Viermächtekonferenz begrüße. Zudem erfuhr Adenauer durch die Anwesenheit Blankenhorns in Washington relativ zuverlässig, was in der deutschen Frage besprochen und entschieden worden war. Der Kanzler hoffte wohl, falls nötig, durch seinen Emissär auf den Verlauf der Diskussionen Einfluß nehmen zu können.

Dies sollte sich aber als nicht notwendig erweisen. Gleich zu Beginn des ersten Konferenztages am 10. Juli betonte Lord Salisbury, daß London vor den Bundestagswahlen nicht auf der Einberufung eines Viermächtetreffens bestehe. Stattdessen empfahl er, das Kommuniqué der Washingtoner Konferenz solle ein Treffen der westlichen Regierungschefs in ungefähr drei Monaten ankündigen, um die Situation nach den Wahlen in der Bundesrepublik zu erörtern. Es könne dann sinnvoll sein, »to see if we should not make firmer plans at that time for an announcement of a 4-power meeting«.[59] Salisbury begnügte sich also von An-

56 Vgl. *Foschepoth*, Churchill, S. 1296–99; *Steininger*, Deutschland, S. 121f.

57 Wahltaktische Überlegungen waren der Grund für Adenauers Zustimmung zu einer Konferenz mit Moskau. Das Memorandum, das James Riddleberger, der Direktor des Bureau of German Affairs, über sein Gespräch mit Blankenhorn am 10. Juli anfertigte, bestätigt dies: »Mr. Blankenhorn then emphasized that the Chancellor's present feeling is that his whole position is in danger because of the prevalence of the idea that he is somewhat against German unification. Therefore, the Chancellor must demonstrate his support of German unification and he would very much like to publish eventually the letter which he addressed to the Secretary.« FRUS 1952–54, Bd. 5, S. 1606f., 10.7.1953. Vgl. auch ähnlich NA: 396.1–WA/7–1053, Conant, Bonn, an Dulles und Riddleberger Nr. 169, 10.7.1953.

58 So auch Conant in einem persönlichen Brief an Dulles vom 17.7.1953, in: NA: ebd., /7–1753.

59 Das Memorandum über die erste trilaterale Sitzung der Washingtoner Konferenz am 10.7.1953 ist abgedr. in: FRUS 1952–54, Bd. 5, S. 1608–21. Zitat: S. 1613. (Siehe auch NA: ebd., /7–1153; FO 371/106 542/NS 1075/1, Salisbury, Washington, an FO Nr. 1460, 10.7.1953). Eine gebundene Broschüre der britischen Protokolle und der nach London gesandten Telegramme und Berichte über die Sitzungen in Washington befindet sich in: PREM 11/425 (siehe auch PREM 11/419) sowie in: FO 371/125 033/ZP

fang an damit, nur eine Nachholung der Bermuda-Konferenz der westlichen Regierungschefs vorzuschlagen und anzudeuten, Churchill werde anschließend auf ein »summit« mit Moskau drängen. Ansonsten empfahl er nur zu erklären, »that 4-power talks would be held when practicable, and were accepted in principle«.[60]

Der französische Außenminister stand einer Konferenz nicht mehr so ablehnend gegenüber wie noch zwei Wochen zuvor, als der unmittelbare Eindruck des 17. Juni seine Haltung sichtlich beeinflußt hatte.[61] Nun beschäftigte ihn vor allem, wie die Ratifizierung der EVG durch das französische Parlament zu erreichen sei, bzw. wie die EVG endgültig verhindert werden könnte, ohne daß Frankreich dafür die Schuld gegeben würde. Gegenüber Dulles erklärte Bidault, daß die »psychological attraction« von Viermächtegesprächen für die öffentliche Meinung so groß sei, daß kaum Aussichten auf die Ratifizierung der EVG beständen, »before the date is fixed for 4-power talks«.[62] Der Westen solle Moskau eine Konferenz von befristeter Dauer vorschlagen über Angelegenheiten, die »susceptible to settlement« seien. Später könne dann über einen deutschen Friedensvertrag und vielleicht über einen Abrüstungsvertrag verhandelt werden.[63] Im britischen Protokoll wurde festgehalten:

> M. Bidault argued strongly that the French Parliament would not ratify the EDC until it was clear that there was no possible alternative German solution and that Germany would not shortly, be reunited.[64]

3/34/G. Die folgenden Ausführungen stützen sich jedoch meist auf die amerikanischen Berichte. Die Protokolle der britischen Delegation tendieren m. E. dazu, die Redebeiträge Salisburys überzubewerten. Divergenzen zwischen Salisbury und seinen Gesprächspartnern werden zudem meist heruntergespielt und recht unscharf dargestellt.

60 FRUS, ebd., S. 1613, 10. 7. 1953. *Fish*, S. 344–46, nimmt Salisburys Memorandum vom 3. Juli allzu wörtlich und geht irrtümlich davon aus, daß Salisbury tatsächlich versucht habe, ein »summit« à la Churchill durchzusetzen. Auch die Schlußfolgerung von *Young*, Bermuda, S. 897, ist nicht haltbar: »Once in Washington ... Salisbury pressed Churchill's views but was opposed strongly by Bidault.« Wie noch ausgeführt wird, befand sich Bidault zwar tatsächlich in Widerspruch zu Salisbury, aber aufgrund der recht dogmatischen Ansichten des Briten und nicht, weil Salisbury Churchills Ziele zu verwirklichen suchte.

61 Vgl. zur Haltung des französischen Außenministeriums, NA: 762.0221/7–753, Achilles, US-Chargé d'Affaires in Paris, an Dulles Nr. 96, 7. 7. 53.

62 FRUS 1952–54, Bd. 5, S. 1614f., 10. 7. 1953.

63 Bidault fügte hinzu, daß sein im April unterbreiteter Vorschlag, als erstes über Abrüstungsfragen mit der UdSSR zu sprechen, bedauerlicherweise wegen des Trends der öffentlichen Meinung und der Ereignisse der vergangenen Monate nicht mehr realisierbar sei. Siehe ebd., S. 1614f., 1617, 10. 7. 1953.

64 PREM 11/425, Salisbury, Washington, an FO Nr. 1460, 10. 7. 1953 (auch in: PREM 11/419). Vgl. auch FRUS, ebd., S. 1614f., 10. 7. 1953.

Wenn deutlich werden sollte, daß keinerlei Aussichten auf eine deutsche Wiedervereinigung bestanden, bedeutete dies aber, daß eine Gipfelkonferenz mit der Sowjetunion scheitern mußte. Darauf wies Salisbury in einem Telegramm an das Foreign Office hin.

M. Bidault while showing no enthusiasm for a Four Power meeting and emphasizing its difficulties and dangers argued strongly that no progress was possible on the EDC until French Parliament and public opinion had been convinced that no other solution was possible. He therefore favoured early Four Power meeting with clear time limit and on specific agenda... His suggestion clearly was that such a meeting would fail and that he could then secure French ratification of the EDC.[65]

Salisbury fand an der Taktik Bidaults keinen Gefallen und scheute sich nicht, ihm dies darzulegen.[66] In London hörte Churchill entsetzt von den Vorstellungen des Franzosen. Er war keinesfalls der Meinung, daß die Gipfelkonferenz mit Moskau wegen der EVG geopfert werden sollte. Dem amtierenden Außenminister telegrafierte er:

Bidault's argument that we must have a Four Power Conference hoping for a breakdown in order to help the EDC through the French Parliament is lamentable. The Americans ought to do justice to what is happening in Russia and to the many favourable events which have occurred.[67]

Als Dulles während des ersten Konferenztages das Wort ergriff, erklärte er zur großen Erleichterung Salisburys, die Westmächte »should not promote any open disturbances« in den sowjetischen Satellitenstaaten. Anschließend teilte er seinen überraschten Kollegen die Ankunft Blankenhorns mit. In der Gipfelkonferenzfrage legte Dulles dar, es sei zwar unmöglich, eine Viermächtekonferenz vor den Bundestagswahlen einzuberufen, doch »it might be desirable to announce before the German elections that we would hold such a meeting«.[68] Interessant war die Reaktion Salisburys, die zeigte, daß er schlecht über die Situation unterrichtet war und nicht daran dachte, die Politik seines Premierministers zu vertreten. Der Lord President warf die Frage auf, ob es wirklich »helpful to Adenauer« sei, wenn vor den Wahlen eine Konferenz mit Moskau angekündigt werde. Seiner Meinung nach sollte die deutsche Wiedervereinigung zudem auf der Basis der Note von September 1952 durchgeführt werden und nicht »on some unspecified

65 PRO: ebd. *Fish*, S. 344, ist der Meinung, daß Bidault mehr oder weniger von Dulles überzeugt werden mußte, Viermächtegesprächen über Deutschland zuzustimmen. Dies war jedoch nicht der Fall.

66 Vgl. PRO: ebd., Protokoll des Gesprächs zwischen Salisbury und Bidault in der britischen Botschaft in Washington, 12.7.1953.

67 Ebd., FO an Washington Nr. 2772, T. 218/53, 11.7.1953. Vgl. auch ebd., Nr. 2779, T. 219/53, 12.7.1953. Siehe auch *Moran*, S. 431: Tagebucheintrag, 12.7.1953.

68 FRUS 1952–54, Bd. 5, S. 1617, 10.7.1953.

basis«.[69] Salisburys Darlegungen riefen das Erstaunen Bidaults hervor. Er erklärte, er sei »perplexed«, daß der Brite annehme, im Falle der Ankündigung, die deutsche Frage mit Moskau diskutieren zu wollen, »the Germans will be upset. In this event, what could we say we would discuss?« Wie solle er außerdem dem französischen Parlament klarmachen, es gebe keine Alternative zur EVG, »if it is not publicly announced, that we will discuss the German problem?«[70] Dulles hatte bis zu diesem Zeitpunkt geschickt mit der Mitteilung über den Brief Adenauers gewartet. Nun erklärte er, daß selbst Adenauer sich für eine Außenministerkonferenz der Vier Mächte im Herbst auf der Basis der fünf Punkte der Bundestagsresolution vom 10. Juni und der Ausarbeitung eines europäischen Sicherheitssystems ausgesprochen habe.[71] Auf diese Weise nahm er Salisbury alle Argumente gegen eine wie auch immer geartete Konferenz mit der UdSSR aus der Hand. Bidault war ebenfalls zunächst sprachlos. Er hatte nicht damit gerechnet, sich plötzlich in Übereinstimmung mit Adenauer zu befinden.[72]

Am nächsten Tag widersprach Salisbury heftig Bidaults Meinung, der Westen könne sich durchaus zutrauen, auch ohne die Ratifizierung der EVG erfolgreich mit Moskau zu verhandeln.[73] Er glaubte:

> It was important to obtain German military integration with the West before discussing the German problem with the Soviets, since otherwise the Soviets would have a chance to wreck the meeting and to gain their objectives.[74]

Der Lord President behauptete ebenfalls, ein »summit« vor der Ratifizierung der EVG »would ... be unpopular in the UK if held on this basis«.[75] Dies entsprach keinesfalls der Wahrheit und lief der Politik des Premierministers zuwider. Chur-

69 Ebd., S. 1617f., 10.7.1953. Zur ähnlichen Haltung Botschafter Gascoignes vgl. FO 371/106 542/NS 1075/1, Gascoigne, Moskau, an FO Nr. 510, 11.7.1953. Gascoigne erklärte: eine Einladung »might ... assist Moscow over the stile ... I would let the Kremlin stew in its own juice for a while longer«. Vgl. auch FO 371/106 505/NS 1013/34, Gascoigne an FO Nr. 141, »Quarterly report, April–June 1953«, 9.7.1953.

70 FRUS, ebd., S. 1618, 10.7.1953.

71 Die Reaktion Churchills bestand darin, daß er vom FO nähere Informationen über Adenauers sicherheitspolitische Überlegungen verlangte. Shuckburgh erklärte ihm daraufhin, daß es sich dabei im Grunde um eine Weiterführung von Churchills eigenem Locarno-Vorschlag handele. Auch sei die Idee Adenauer keinesfalls erst jetzt eingefallen. Blankenhorn habe sie bereits Mitte Juni vorgetragen. PREM 11/373, Brief von Colville an Shuckburgh, 27.7.1953; ebd., Antwortbrief von Shuckburgh an Colville, 31.7.1953.

72 FRUS 1952–54, Bd. 5, S. 1618f., 10.7.1953.

73 Das Memorandum über die zweite trilaterale Sitzung der Washingtoner Konferenz am 11.7.1953 ist abgedr. in: ebd., S. 1621–31. Siehe auch NA: 396.1–WA/7–1153; FO 371/103 667/C 1071/86.

74 FRUS 1952–54, Bd. 5, S. 1625f., 11.7.1953.

75 Ebd., S. 1626, 11.7.1953.

chills Gipfeldiplomatie erfreute sich größter Beliebtheit in der britischen Bevölkerung. Die deutsche Wiederbewaffnung stieß dagegen nach wie vor auf Widerstand.[76] Ungeachtet der ganz anders gearteten Äußerungen von Bedell Smith gegenüber Makins am 9. Juli wurde Salisbury bei der Feststellung zugestimmt, die jüngsten Entwicklungen in der Sowjetunion »represented no real change of policy«. Die Außenminister waren sich einig, daß es kaum möglich sei, die Situation in Moskau korrekt zu beurteilen. Dies zeige die erst am Vortag bekanntgewordene Verhaftung Berijas, die wahrscheinlich bereits am 26. Juni erfolgt sei. Berija wurde vorgeworfen, ein Staatsfeind und britischer Spion gewesen zu sein, der die Alleinherrschaft angestrebt habe. Die Westmächte, insbesondere die USA, hatten zwar aufgrund diverser Anzeichen mit dem Sturz Berijas gerechnet, doch waren die zahlreichen Überlegungen über die Gründe für sein Schicksal mehr oder weniger Spekulation.[77] Salisbury vertrat die Ansicht, trotz des offensichtlichen Machtkampfes in Moskau wolle der Kreml nach wie vor primär die Wiederbewaffnung und Westintegration der Bundesrepublik verhindern. Gerade um dem zuvorzukommen, hätten die Franzosen doch das Konzept der Europaarmee entwickelt. Er betonte, daß die EVG den Westmächten »the most effective possible control over German forces« ermögliche.[78] Salisbury war immer noch von der Möglichkeit der plötzlichen Entwicklung einer ›deutschen Gefahr‹ überzeugt, eine Vorstellung, die der Premierminister, die USA und das

76 Vgl. beispielsweise die recht aufschlußreiche Parlamentsrede von Oppositionsführer *Attlee*, in: H.C., Parl. Deb., 5th series, Bd. 518, 21.7.1953, bes. Sp. 229–31.

77 Vgl. zu den Berichten und Schlußfolgerungen über die Verhaftung Berijas, die Dokumente in: NA: 761.00, hier vor allem: /7–653, Bohlen, Moskau, an Dulles Nr. 28, 6.7.1953: /7–1053, Lyon, Berlin, an Dulles Nr. 1953, 10.7.1953; Memorandum Armstrong, »Significance of Beria's Downfall«, 10.7.1953; /7–1153, Conant an Dulles Nr. 193, 11.7.1953; /7–1453, Memorandum Bohlen »Ambassador Bohlen's Views on the situation in Russia«, 14.7.1953; FO 371/106 505/NS 1013/32–35, »Quarterly reports« von Moskau, April bis Juni 1953. Die UdSSR teilte am 24. Dezember mit, daß Berija vor Gericht gestellt, zusammen mit einigen Mittätern zum Tode verurteilt und das Urteil am gleichen Tag vollstreckt worden sei. Es ist nicht ganz auszuschließen, daß Berija bereits kurz nach seiner Verhaftung im Juni hingerichtet wurde. Vgl. dazu *Herrnstadt*, S. 26, 59, 266. Siehe auch *Knight*, S. 194ff., 217ff.

78 Wenige Tage zuvor hatte Salisbury dem französischen Botschafter erklärt, daß der Westen unbedingt die Deutschen auf seine Seite ziehen müsse, denn das Land »might still become unified, and we should have no control over her at all«. FO 800/794, Memorandum des Gesprächs zwischen Salisbury und Massigli, 30.6.1953 (auch in: FO 371/125 051/ZP 23/74). Im Hinblick auf Adenauers Vorschlag, die Bundestagsresolution vom 10. Juni als Grundlage für Verhandlungen mit Moskau zu nehmen, war Salisbury ebenfalls anderer Auffassung als Bidault. Recht widersprüchlich äußerte Salisbury die Meinung, »that the UK would prefer to discuss Germany with the Soviets on the basis of the Allied declaration of September 1952, but pointed out the differences in substance between the two documents were few«. FRUS 1952–54, Bd. 5, S. 1625, 11.7.1953.

Foreign Office weitgehend aufgegeben hatten. Salisburys Sicht der Beziehungen des Westens mit Adenauers Republik war eindeutig veraltet. Sie entsprach auch nicht der Meinung Edens, des kranken Außenministers. Eden schrieb am 14. Juli in einem Brief an Butler: »Adenauer is the man I want to help... Therefore I should regard his appeal as decision.«[79] Allem Anschein nach verfügte Salisbury keinesfalls über die außenpolitische Expertise, die ihm Churchill und Botschafter Aldrich bescheinigt hatten. Bei den Diplomaten des Foreign Office genoß er zwar großen Respekt – aber wohl nicht zuletzt deshalb, weil der Lord President in der Frage der Gipfeldiplomatie ganz auf der Seite des Außenministeriums stand und den Diplomaten größere Handlungsfreiheit als Eden und Churchill einräumte.[80] Während der Washingtoner Gespräche wurden allmählich Dulles, der allerdings durch Aldrich schon weitgehend im Bilde war, und Bidault die ernsten Richtungskämpfe innerhalb der britischen Regierung bewußt. Der französische Außenminister konnte sein Erstaunen darüber nicht verbergen:

> M. Bidault said he was perplexed by the UK view that there should not be 4-power talks before the EDC was in effect. He repeated his statement that the idea of 4-power talks had been originated by Sir Winston Churchill. He had thought these talks held a high priority, but was now told that the German question should be settled first. The French thought that the best way to solve the German problem was to have 4-power talks first, and demonstrate the impossibility of this approach as a solution, after and as a result of which the French Government could get the EDC through Parliament.[81]

Dulles schaltete sich nun ein. Er wollte wissen, ob Paris der Meinung sei, eine Viermächtekonferenz werde unter Umständen zeigen, daß die EVG nicht notwendig sei oder ob vielmehr der Mißerfolg eines »summit« die Wichtigkeit der EVG deutlich machen werde. Bidault antwortete, daß Frankreich nicht bemüht sei, »to find excuses for abandoning European integration«. Er fügte hinzu, es sei »essential for our defense to have European integration«. Man müsse die europäische Integration auf jeden Fall realisieren, »even if there were no defense problem involved«.[82] Diese Aussage des Franzosen bedeutete natürlich, daß seiner Meinung nach die EVG, deren militärischer Nutzen ohnehin allgemein recht skeptisch beurteilt wurde, weniger auf die Verteidigung Europas zielte als auf die sichere, unumkehrbare Westintegration der Bundesrepublik, was wiederum die Aufrechterhaltung der deutschen Teilung bedeutete. Die Position Bidaults

79 Trinity College, Cambridge: Butler Papers, G 26/65–67, Brief von Eden an Butler, 14.7.1953. Gelegentlich neigte aber auch Dulles zum Pessimismus in der Sache.

80 Vgl. z.B. Shuckburghs Tagebucheintrag vom 21.7.1953: »We are all enjoying having the Foreign Secretary in the House of Lords, where there is less politics and a calmer and more objective attitude.« *Shuckburgh*, S. 90.

81 FRUS 1952–54, Bd. 5, S. 1626f., 11.7.1953.

82 Ebd., S. 1627.

war derjenigen Churchills diametral entgegengesetzt. Dulles stellte daher im Anschluß an Bidaults Aussage erleichtert fest:

The French viewpoint was clearly that if a 4-power meeting were held we would not go into it with the idea that the EDC was up in the air, and subject to change as a result of whatever the meeting might bring.[83]

Lord Salisbury verstand die Situation aber immer noch nicht. Er antwortete, »[that] the UK continued to feel strongly that the EDC question should be settled before the holding of 4-power talks«. Aufgrund der ausgedrückten Meinungen erklärte er sich jedoch widerstrebend damit einverstanden, seiner Regierung den Vorschlag Adenauers zu unterbreiten.[84] In einem Brief an Eden schrieb er, daß ihn die Diplomaten des Foreign Office bewegt hätten, einzulenken.

Both Roger [Makins] and Frank Roberts are convinced that we could not hold back alone, especially as Winston started the whole idea... Though, in fact *his* [Churchill's] conception was a non-starter from the beginning. Apart from everything else, the President was finally opposed to it.[85]

Trotz aller Opposition gegenüber Churchills »summitry« war das Foreign Office wesentlich flexibler als Salisbury und erkannten die Diplomaten sofort, daß London es sich keinesfalls leisten konnte, in Gegensatz zu den beiden anderen Westmächten zu geraten. Dies war ja gerade das, was auch Churchill unter Nichtbeachtung der Ratschläge des Außenministeriums fertiggebracht hatte. Nun war Salisbury aus genau entgegengesetzten Beweggründen dabei, den Premierminister nachzuahmen. Wenn Eisenhower und Dulles vielleicht Churchill solche Extravaganzen erlauben mochten, Salisbury konnte sich darauf nicht verlassen. Eden war von Salisburys Verhandlungsführung ebenfalls nicht beeindruckt. Er kritisierte den Lord President heftig. Großbritannien habe sich völlig grundlos von der übereinstimmenden Meinung Washingtons, Paris' und Bonns distanziert. Seiner Ansicht nach verstand Salisbury auch nicht die prekäre Situation Adenauers und dessen Schlüsselrolle für die Westintegration der Bundesrepublik. Brieflich teilte Eden seinem Kollegen mit:

I cannot see how you came to stand out against the views of the three other Powers, especially as Winston started the idea of a meeting, though admittedly, not this kind of meeting. The essential thing seems to me to give Adenauer all the help we can. The French, by their delay in ratifying EDC, are behaving as they did after the last war, and may be precipitating a German problem for us all.[86]

83 Ebd.

84 Ebd., S. 1628.

85 BUA: Avon Papers, AP 20/16/137, Brief von Salisbury an Eden, 12.7.1953 (Hervorhebung im Original).

86 Ebd., Brief von Eden an Salisbury, 14.7.1953.

Nachdem Salisbury sich zögernd bereit erklärt hatte, seine Regierung zu konsultieren, faßte Dulles die von Bonn und Paris vertretenen Auffassungen zusammen, die zum großen Teil den bereits am 22. Juni von den USA ausgearbeiteten Vorstellungen entsprachen. Er formulierte damit weitgehend die westliche Politik der Folgezeit. Der Secretary of State erklärte:

We are disposed to go along with the French and German views on having the meeting, on the assumption that the question of European integration ... would of course not be reopened ... the US was disposed to announce promptly an invitation to the Soviet Union to hold a 4-power meeting at some date very soon after the German elections, such as September 15. The Secretary concluded that while we had not previously been enthusiastic about this subject, he felt that the circumstances were now such that we should go ahead.[87]

Die Entscheidung über die Vorgehensweise in der Deutschland- und Gipfelfrage war im wesentlichen gefallen.[88] Dies galt besonders, nachdem sich das britische Kabinett am 13. Juli mit einer Viermächtekonferenz vor der Ratifizierung der EVG einverstanden erklärt hatte. Der britische Premierminister machte vom Krankenlager aus seine Hoffnung deutlich, die Regierungschefs »might attend in the later stages and that the scope of the agenda would then be widened«. Vielen Kabinettsmitgliedern schien es mit Rücksicht auf Churchill und die öffentliche Meinung in Großbritannien angebracht, »to give the impression in any public communiqué that, if progress were made, the talks would proceed to wider issues«. Obwohl Staatsminister Selwyn Lloyd mit der in Washington getroffenen Entscheidung zufrieden gewesen sein muß, beurteilte er das Entgegenkommen, das die USA Adenauer zeigten, immer kritischer. Er schlug zwar vor, der Einberufung einer Konferenz mit der UdSSR zuzustimmen, doch »subject to the understanding that the Americans would not offer any further concessions to Dr. Adenauer before the elections«.[89]

Während der verbleibenden Sitzungen in Washington wurde neben den in dem Kommuniqué aufzuführenden EVG-Passagen vor allem über den Text der Einladung an die Sowjetunion zu einer Viermächtekonferenz debattiert. Salisbury erinnerte sich nun plötzlich an die Wünsche des Premierministers, dem er in Kürze Bericht erstatten mußte. In einem Telegramm hatte er Churchill bereits am 13. Juni erklärt:

I regret that I was not able to persuade my colleagues to drop their insistence upon this meeting being at Foreign Ministers' level. I pressed strongly.[90]

87 FRUS 1952–54, Bd. 5, S. 1628, 11.7.1953.
88 Die Memoranda über die weiteren Sitzungen der Konferenz sind abgedr. in: ebd., S. 1631–96.
89 CAB 128/26, Teil 2, C.C. (53)42nd Conclusions, Minute 1, 13.7.1953 (auch in: PREM 11/419). Siehe auch ebd., 44th Conclusions, Minute 4, 21.7.1953; PREM 11/419, FO an Salisbury Nr. 2790, 13.7.1953; FRUS, ebd., S. 1663, 13.7.1953.
90 PREM 11/419, Salisbury an FO Nr. 1490, 13.7.1953.

Davon konnte keine Rede sein. Salisbury hatte nicht mehr Interesse an einem Treffen der Regierungschefs gezeigt als Dulles und Bidault. Wohl mit Blick auf seine zu erwartenden innenpolitischen Schwierigkeiten teilte Salisbury aber am Tag darauf seinen beiden Kollegen mit:

While he had no doubt that any resulting meeting would in fact be a meeting of Foreign Ministers, he said he would prefer that the communiqué read »representatives of the French [sic!], United Kingdom, United States and the Soviet Union.[91]

Dulles lehnte dies ab. Die USA könnten nur einem Außenministertreffen zustimmen, doch schließe dies nicht aus, daß ein Treffen der Regierungschefs möglich sei, »perhaps combined with or added to the Foreign Ministers«, falls die Konferenz der Außenminister erfolgreich sei. Da auch Bidault ein Treffen auf Außenministerebene bevorzugte, mußte Salisbury sich fügen, wollte er kein Scheitern der Konferenz provozieren.[92] In der auf den 14. Juli datierten Note an die Sowjetunion wurde Moskau für Ende September zu einem Treffen der Außenminister »of limited duration« und »at a place to be mutually agreed« eingeladen.[93] Ohne daß darüber gesprochen wurde, war klar, daß Churchill dann kaum in der Lage sein würde, Großbritannien als Acting Foreign Secretary zu vertreten. Vorerst ließ dies seine Krankheit nicht zu, und für den Spätsommer wurde Edens Rückkehr ins Foreign Office erwartet. In der Note war erläutert worden, der Westen könne sich die Aushandlung eines Friedensvertrages nur nach der Bildung einer durch freie Wahlen zustandegekommenen gesamtdeutschen Regierung vorstellen.[94] Der Sowjetunion wurde von vornherein zu verstehen gegeben, daß sie die Bedingungen der Note vom September 1952 und der Bundestagsresolution vom 10. Juni 1953 voll akzeptieren und daher in der deutschen Frage offen kapitulieren mußte. Anderenfalls würde die Konferenz zum Scheitern verurteilt sein. Die Bereitschaft, Raum für einen Kompromiß zu lassen, war aus der Konferenzeinladung nicht zu erkennen. Wie die Washingtoner Gespräche gezeigt hatten, lag dies auch nicht in der Absicht der westlichen Außenminister. Um Adenauer einen Wahlsieg zu ermöglichen, war der Westen bereit, sich auf Verhandlungen mit Moskau einzulassen, die aber zu einem Mißerfolg führen mußten, damit die

91 FRUS 1952–54, Bd. 5, S. 1673, 14.7.1953.

92 Ebd., S. 1674. Vgl. auch PREM 11/419, Salisbury an FO Nr. 1490, 13.7.1953; CAB 128/26, Teil 2, C.C. (53)42nd Conclusions, Minute 1, 13.7.1953. Siehe auch ebd., 44th Conclusions, Minute 4, 21.7.1953.

93 Adenauer hatte darauf bestanden, daß der von den USA zuerst ins Auge gefaßte Beginn der Konferenz um den 15. September zu früh sei. Bis zu diesem Zeitpunkt könne so kurz nach den Bundestagswahlen noch keine neue Regierung in Bonn gebildet worden sein. FRUS, ebd., S. 1691f.

94 Die am 15. Juli an Moskau gesandte Einladung zu einer Außenministerkonferenz ist abgedr. in: ebd., S. 1701f. Das Kommuniqué ist abgedr. in: ebd., S. 1703–06. Zu der Einflußnahme Adenauers siehe den Redebeitrag von Salisbury am 14. Juli, der auf Kirkpatricks Gespräch mit dem Kanzler basierte: ebd., S. 1691f.

EVG realisiert werden konnte. Das Abschlußkommuniqué »befriedigte mich sehr«, schrieb Adenauer später in seinen Erinnerungen.[95]

Adenauer, Dulles und Bidault konnten mit dem Ergebnis der Konferenz zufrieden sein. Churchills Gipfeldiplomatie schien endgültig vom Tisch gewischt worden zu sein. Salisburys nahezu dogmatische Inflexibilität hatte überwunden werden können. Bidault war es gelungen, die Schlüsselposition Frankreichs für das Schicksal der EVG erneut auszuspielen und deutlich zu machen, daß das Land nach wie vor eine Rolle in der internationalen Politik zu spielen vermochte.[96] Auch das Foreign Office fand keinen Grund zur Beschwerde. Shuckburgh war etwa der Meinung, Salisbury hätte ohnehin kaum mehr erreichen können. Er notierte erleichtert, das Treffen »has in fact brought us back to realities«.[97] Die Washingtoner Konferenz demonstrierte insbesondere die zunehmende Bedeutung der engen deutsch-amerikanischen Freundschaft. Außenminister Eden schrieb aus seinem Urlaub in Rhode Island: »... one of the rare recent occasions when France & Germany & US agree«.[98] Großbritanniens zunehmende Einflußlosigkeit war dagegen allen Teilnehmern des Washingtoner Treffens bewußt geworden. Zwar wurde dies durch die unglückliche Verhandlungsführung Lord Salisburys übermäßig betont, doch ließ sich nicht verkennen, daß eine wirklich eigenständige britische Position in der Weltpolitik nicht durchsetzbar war.

3. Der Notenwechsel mit der Sowjetunion

Churchill war von den Washingtoner Gesprächen sehr enttäuscht. Wieder einmal beschäftigte er sich mit dem Wunsch, Malenkow einen Besuch abzustatten. Seinem Arzt erklärte er am 14. Juli, er wolle Eisenhower gegenüber klarstellen, »that I reserve the right to see Malenkov alone«.[99] Der Regierungschef glaubte, daß man mit dem sowjetischen Ministerpräsidenten vor einem Außenministertreffen sprechen müsse, um noch etwas bewegen zu können. Trotz der Warnung

95 *Adenauer*, Erinnerungen 1953–55, S. 228. Kirkpatrick berichtete, Adenauer sei »delighted« mit dem Ergebnis der Konferenz: »SPD ... cannot criticise anymore that Adenauer pays only lip service to the idea of reunification through Four power talks.« FO 371/103 895/CW 1013/27, Kirkpatrick an FO Nr. 554, 21.7.1953.

96 Manche Autoren sprechen davon, daß die Washingtoner Konferenz in erster Linie ein überwältigender Erfolg Bidaults war. Siehe z. B. *Foschepoth*, Churchill, S. 1296; *Carlton*, Großbritannien, S. 57.

97 *Shuckburgh*, S. 89: Tagebucheintrag, 21.7.1953.

98 Trinity College, Cambridge: Butler Papers, G 26/65–67, Brief von Eden an Butler, 14.7.1953.

99 *Moran*, S. 433 f.: Tagebucheintrag, 14.7.1953.

Salisburys ließ Churchill am 17. Juli dem Präsidenten einen neuerlichen Brief übermitteln, der dem Foreign Office nicht zugänglich gemacht wurde.[100] Churchill bat Eisenhower zu überlegen, ob eine Viermächtekonferenz nicht beginnen solle »with a preliminary survey by the Heads of Governments of all our troubles in an informal spirit«. Vor allem könne der Westen sich dann endlich ein Bild von Malenkow machen, »who has never seen anybody outside Russia«.[101] Der Präsident lehnte Churchills Vorschlag ab. In zwar nach wie vor freundlichen, aber nichtsdestoweniger sehr bestimmten Worten antwortete er am 20. Juli, daß er sich nur mit denjenigen auf einer »very informal basis« treffen wolle, denen er vertrauen könne.[102] Churchills zunehmende Frustration über den mangelnden Erfolg seiner Gipfeldiplomatie äußerte sich darin, daß er Eisenhower und Dulles gegenüber immer kritischer wurde. Colville schrieb, Churchill sei »very disappointed about Eisenhower whom he thinks both weak and stupid«.[103] Besonders verurteilte der Premierminister die Weigerung des Präsidenten, sich aufgrund seines hohen Amtes mit den Verhandlungsdetails auf einer Konferenz zu beschäftigen.[104] Doch wies er, ungeachtet der Berichte Salisburys, dafür hauptsächlich dem Secretary of State die Schuld zu. Gerade Dulles sei »clever enough to be stupid on a rather large scale«.[105] Dem Foreign Office war die Haltung Eisenhowers dagegen nach wie vor sehr sympathisch. Auf die unnachgiebige Haltung des Präsidenten schien Verlaß zu sein.

Eisenhower's position seems to be quite firm. He is determined not to attend any meeting with the Russians himself at least until some settlement is within sight, because he conceives it to be derogatory to his position as Head of State to get involved in bargaining and negotiations. He is therefore embarrassed by our Old Man's constant return to this theme.[106]

Überraschenderweise machte der Premierminister Lord Salisbury keine Vorwürfe über das Resultat der Washingtoner Gespräche. Dies läßt sich wohl nur auf die wenig objektiven britischen Konferenzprotokolle zurückführen und auf Salisburys forschen Abschlußbericht, den er dem Kabinett am 21. Juli unterbrei-

100 PREM 11/419, Churchill an Botschaft in Washington Nr. 2876, T. 222/53, 17.7.1953.

101 *Boyle* (Hrsg.), S. 86f.: Churchill an Eisenhower, 17.7.1953.

102 Ebd., S. 87: Eisenhower an Churchill, 20.7.1953. Vgl. auch *Moran*, S. 439f.: Tagebucheintrag, 21.7.1953.

103 *Colville*, Fringes, S. 672: Tagebucheintrag, 24.7.1953.

104 *Boyle* (Hrsg.), S. 87: Eisenhower an Churchill, 20.7.1953. Vgl. auch PREM 11/419, Salisbury an Churchill Nr. 4, T. 221/53, 16.6.1953. Siehe ganz ähnlich Salisburys Bericht über seinen Besuch in Washington: CAB 128/26, Teil 2, C.C. (53)44th Conclusions, Minute 4, 21.7.1953.

105 *Moran*, S. 440: Tagebucheintrag, 22.7.1953.

106 *Shuckburgh*, S. 89: Tagebucheintrag, 21.7.1953.

tete.[107] Churchill war gar der Ansicht, daß Salisbury »has done very well in the circumstances – no, in face of great difficulties, in face of Bidault and Dulles«.[108] Während der Konferenz hatte er dem Lord President telegrafiert, die grundsätzliche Ankündigung selbst eines Treffens der Außenminister sei besser als gar kein Ergebnis.[109] Immerhin schien die Tür nicht ganz geschlossen worden zu sein.[110]

Wie Churchill war die oppositionelle Labour-Partei sehr unzufrieden mit den Ergebnissen der Washingtoner Konferenz. Während der außenpolitischen Debatte am 21. und 22. Juli im House of Commons griff die Opposition die Verhandlungsführung Lord Salisburys heftig an. Er habe die große weitsichtige Initiative Churchills vom 11. Mai geopfert und es nicht verstanden, sich gegenüber den USA durchzusetzen.[111] Das Kommuniqué weise in keinster Weise darauf hin, daß man es vielleicht mit einer veränderten weltpolitischen Situation zu tun habe. Es enthalte keine Worte, »which could not have been written a year ago and long before the death of Stalin or any of the recent events«.[112] Die recht zahme Rede von Schatzkanzler Butler vermochte nicht, die Angriffe auf die Politik Lord Salisburys abzufedern. Dies konnte nicht weiter verwundern, war seine Rede doch von Frank Roberts geschrieben worden,[113] der sich bemühte, Churchills Gipfeldiplomatie zu Fall zu bringen. Colville kommentierte, viele Abgeordnete hätten sich während der Rede Butlers die Frage gestellt:

> Where is Winston's great peace initiative of May 11th? It is entombed in a guarded operation inspired by Frank Roberts (now a great power in the F.O. who dislikes the P.M.

107 Vgl. zu den britischen Konferenzberichten PREM 11/419, 425. Siehe auch CAB 128/26, Teil 2, C.C.(53)44th Conclusions, Minute 4, 21.7.1953.

108 *Moran*, S.436: Tagebucheintrag, 16.7.1953. Vgl. auch eine ähnliche Aussage des amtierenden Außenministers: *Salisbury*, Foreign Affairs-Rede, in: H.L., Parl. Dep., 5th series, Bd. 183, 29.7.1953, Sp. 1029.

109 Churchill hatte Salisbury geschrieben: »The kind of Four Power meeting which Dulles and Bidault evidently have in mind is intended to bring about a breakdown and would very likely leave us where we were or even worse. Nevertheless if you bring such a Four Power meeting with you, this will be very welcome here ... I hope ... you will keep both the agenda and composition in a non-rigid form.« PREM 11/425, FO an Washington Nr. 2779, T. 219/53, 12.7.1953. Vgl. auch *Moran*, S.431–34: Tagebucheinträge, 12., 13. und 14.7.1953.

110 Vgl. CAB 128/26, Teil 2, C.C.(53)44th Conclusions, Minute 4, 21.7.1953; auch *Carlton*, Eden, S. 333.

111 Vgl. bes. die heftigen Attacken des ehemaligen Staatsministers *Kenneth Younger*, Foreign Affairs-Rede, in: H.C., Parl. Deb., 5th series, Bd. 518, 22.7.1953, bes. Sp. 393f. Younger kam zu der verächtlichen Schlußfolgerung: »I am afraid that, in the limb hands of the acting Foreign Secretary, Lord Salisbury, the Prime Minister's policy has been sunk without trace in the collision.« Ebd., Sp. 392.

112 Ebd., Sp. 386f.

113 So zumindest *Shuckburgh*, S. 90: Tagebucheintrag, 22.7.1953.

and all his policies and who sat smiling contentedly beside me in the official box while Rab [Butler] unfolded his dismal and pedestrian story.[114]

Der Eindruck, mit dem Washingtoner Treffen sei die Initiative Churchills endgültig begraben worden, wurde allem Anschein nach in Moskau geteilt. Der sowjetische Botschafter in London schien jedenfalls fest davon überzeugt zu sein, »that the Prime Minister's illness was diplomatic«; sie gehe wohl auf amerikanischen Druck zurück.[115] Aber selbst viele Konservative Parlamentsabgeordnete waren von der Verhandlungsführung des Lord President in Washington enttäuscht.[116] Von Presse und öffentlicher Meinung wurde sie ebenfalls verurteilt.[117] Die außenpolitische Debatte im Oberhaus am 29. Juli gab Salisbury die Gelegenheit, sich gegen die Anschuldigung zu wehren, »that I have always been against Four-Power talks with Russia and that I did my best to prevent them«. In seiner zum großen Teil selbst geschriebenen Rede behauptete er gar völlig unzutreffend:

If there was at any time any divergency of view between myself and the other Foreign Ministers at Washington, it was, I can assure your Lordships, because of my continued advocacy of the Prime Minister's proposal of May 11.[118]

Der Vorschlag des Premierministers sei für die Zukunft, wenn sich die Lage in der Sowjetunion geklärt habe, nicht verworfen worden. Während der Washingtoner Konferenz habe nur die Alternative zwischen dem in dem Kommuniqué enthaltenen Vorschlag oder überhaupt keiner Viermächtekonferenz bestanden.[119] Wie das Foreign Office angenommen hatte, zeigte sich Bidault über Salisburys Darlegungen wenig erfreut. Gegenüber amerikanischen Diplomaten erklärte er, »that this was not a correct description of what had happened«.[120]

114 *Colville*, Fringes, S. 671 f.: Tagebucheintrag, 21. 7. 1953.

115 Der Botschafter legte zumindest im Gespräch mit den Konservativen Abgeordneten Amery, Boothby und Soames dar, »that he had regarded the Prime Minister's speech in May as meaning that Britain had recovered her independence from the U.S. He now felt, however, that we had fallen back under American control, and asked, more than once, how the Prime Minister could have been sincere in his May speech and yet agreed to the Washington communiqué«. FO 371/106 534/NS 1051/59, Brief von Julian Amery an Lloyd, 21. 7. 1953, über das Gespräch von Amery, Boothby, Soames mit Botschafter Malik und dem Chargé d'Affaires Georgi Rodionow am 20. 7. 1953.

116 Vgl. die Aussagen in: *Kenneth Younger*, Foreign Affairs-Rede, in: H. C., Parl. Deb., 5th series, Bd. 518, 22. 7. 1953, Sp. 386 f. Siehe auch *Colville*, Fringes, S. 671: Tagebucheintrag, 21. 7. 1953.

117 Vgl. zu einer Zusammenfassung der Reaktion der britischen Presse auf die Washingtoner Konferenz: PRO: FO 371/125 052/ZP 23/114, 15. 7. 1953.

118 Zitate: *Salisbury*, Foreign Affairs-Rede, in: H. L., Parl.Deb., 5th series, Bd. 183, 29. 7. 1953, Sp. 1024 f. Vgl. zu der Rede auch *Adenauer*, Erinnerungen 1953–55, S. 232–36.

119 *Salisbury*, Sp. 1028.

Trotz der Unterzeichnung eines Waffenstillstandes in Korea am 27. Juli, ursprünglich deklariert als der große Test für die sowjetische Friedensbereitschaft,[121] vertrat das Foreign Office weiterhin die Meinung, die sowjetische Politik habe sich nicht gewandelt. Die Diplomaten fürchteten zudem, Churchill sei immer noch bestrebt, seine Vorstellung von einem neutralen und demilitarisierten Deutschland zu verwirklichen. Als Anthony Eden sich Ende Juli für zwei Wochen in Großbritannien aufhielt, bevor er seine Genesung mit einer Kreuzfahrt durchs Mittelmeer abschloß, teilte ihm Shuckburgh die entsprechenden Sorgen des Foreign Office mit:

Told him about PM's vagaries in foreign policy, his hankering after a neutral, unarmed Germany and agreement with the Soviets at high-level talks.[122]

Gegenüber dem Kabinett betonte Salisbury am 21. Juli, um anderslautenden Gerüchten entgegenzutreten habe er Dulles und Bidault in Washington erläutert, daß eine Neutralisierung Deutschlands für die britische Regierung nicht in Frage komme.[123] Die Annahme David Carltons, Churchills Idee der Neutralisierung Deutschlands werde in der Literatur »ernsthafter« beurteilt, »als sie dies verdienen mag«, ist unhaltbar.[124] Über sieben Wochen nach der Rede vom 11. Mai und über zwei Monate, nachdem Churchill gegenüber Dixon und Strang

120 FRUS 1952–54, Bd. 6, S. 1364: Dillon, Paris, an State Department, 31.7.1953. Im Zuge der Debatte wurden auch Salisburys Befürchtungen erkennbar, daß Deutschland schon bald wieder eine Gefahr für Europa darstellen könnte: »In the framework of the European Defence Community, Germany will no longer be an entirely independent entity. She will be part of an international organisation, closely integrated ... a very real safeguard.« *Salisbury*, ebd., 1031 f. Vgl. auch ähnlich FO 800/696, Brief von Eden an Lloyd, 14.7.1953.

121 Vgl. Kap. III.7. zur Rede Eisenhowers vom 16.4.1953.

122 *Shuckburgh*, S. 92: Tagebucheintrag, 27.7.1953. Dem Foreign Office paßte das plötzliche Erscheinen Edens in London überhaupt nicht, wollte der Außenminister doch sogleich eine Pressekonferenz geben. Die Diplomaten rieten dem ungeduldigen, aber nach wie vor gesundheitlich recht angegriffenen Eden davon ab, die Frage des Rücktritts Churchills mit diesem zu erörtern. Der Kabinettssekretär Norman Brook, ein enger Vertrauter des Premierministers, glaubte, Churchill »feels he is doing very well« und »he won't like to be asked when he is going to die«. FO 800/760, FO an die britische UNO-Delegation in New York, von Salisbury für Eden Nr. 615, 24.7.1953. Siehe auch *Shuckburgh*, S. 92 ff.: Tagebucheinträge 26. Juli ff.; sowie *Colville*, Fringes, S. 672 ff.; *Carlton*, Großbritannien, S. 56 ff.; *Seldon*, S. 402 ff.; *James*, Eden, S. 369 f.

123 Salisbury führte aus: »German Neutralisation. There is an idea abroad that this is British policy. I made it clear that we regarded any such solution as highly dangerous.« Die amerikanische deutsche und französische Regierung würde solch eine Politik als »suicidal on our part« betrachten. CAB 128/26, Teil 2, C.C.(53)44th Conclusions, Minute 4, 21.7.1953.

124 Vgl. *Carlton*, Großbritannien, S. 56.

erstmals von der Notwendigkeit der Neutralisierung Deutschlands gesprochen hatte, fürchteten immerhin das Foreign Office und diverse andere Außenministerien, daß der Premierminister weiterhin diese Absicht hege.

In den nächsten Monaten stellte sich heraus, daß möglicherweise hervorgerufen, aber zumindest verstärkt durch den Aufstand am 17. Juni, in Moskau eine Zeit der Unentschlossenheit angebrochen war. Trotz der Friedenskampagne und des offiziellen sowjetischen Drängens auf eine globale Détente verhielt sich der Kreml reserviert gegenüber der Washingtoner Einladung zu einer Außenministerkonferenz. Allem Anschein nach war die UdSSR zwar grundsätzlich bereit, an einem solchen Treffen teilzunehmen, doch schien der Kreml vorerst Interesse an der Herauszögerung der Konferenz zu haben. Im Westen, insbesondere in den USA, glaubte man, Moskau wolle abwarten, bis die Situation in der DDR wieder gänzlich unter Kontrolle sei. Die sowjetische Regierung hoffe wohl, daß die bevorstehenden Bundestagswahlen eine Änderung der westdeutschen Politik herbeiführen würden. Sowohl eine SPD-Regierung in Bonn als auch eine weitere Verschiebung der Viermächtekonferenz mochten die EVG endgültig scheitern lassen.[125] Dies wird wohl tatsächlich eine Rolle gespielt haben. Vor allem aber scheint Moskau bekannt gewesen zu sein, »[that] the Western powers are clearly planning the failure of this conference in advance«.[126] Der Kreml wußte, daß ein dramatisches Scheitern des Treffens die sowjetische Friedenskampagne endgültig unglaubhaft machen und den USA ermöglichen würde, die Westintegration der Bundesrepublik durchzusetzen.

In der sowjetischen Antwortnote auf die Washingtoner Einladung, die eine erneute, fast sechs Monate andauernde Notenschlacht einläuten und insgesamt elf Noten umfassen sollte, warf die UdSSR den Westmächten vor, ihre »preliminary collusion« in Washington würde negative Auswirkungen auf den Verlauf eines Viermächtetreffens haben.[127] Grundsätzlich erklärte sich die Sowjetunion bereit, die deutsche Frage während einer Konferenz zu erörtern, regte aber an, unter Einschluß Chinas auch über andere Themen zu reden.[128] In der Washing-

125 Vgl. FRUS 1952–54, Bd. 7, S. 607–614: Analysen der sowjetischen Note von Beam (5.8.1953), Smith (6.8.1953) und C.D. Jackson (8.8.1953). Vgl. auch zu der Sicht des State Department über die sowjetische Deutschlandpolitik im August und September 1953: NSC 160/1, »United States Position with Respect to Germany«, in: ebd., S. 510–20; ebd., S. 520f.: Brief von Dulles an Verteidigungsminister Wilson, 17.8.1953; ebd., S. 501–10 (159. Sitzung des NSC und Memorandum Cutler vom 13.8.1953). Siehe auch NA: 611.62A./8–753, Memorandum Bonbright an Thurston zu NSC 160, 7.8.1953; ebd., PPS 64D563, Box 20029, »German, 1953«: Memorandum Fuller, »Establishment of an All-German Government«, 13.8.1953.

126 Dieses Zitat entstammt einem kürzlich deklassifizierten sowjetischen Dokument des Deutschlandbüros des »Committee of Information« (KI), das die Spionageabteilung des Außenministeriums war. Zit. nach: *Zubok*, S. 25.

127 Ähnlich hatte *Pravda* bereits im Juli, kurz nach Ende der Washingtoner Konferenz argumentiert. Vgl. *RIIA* (Hrsg.), Survey, 1953, S. 28f.

toner Einladung seien lediglich die Vorschläge der westlichen Note vom 23. September 1952 wiederholt worden. Das vorgeschlagene Treffen werde daher nur zu »prolonged discussions« führen,[129] was wiederum der Beibehaltung der deutschen Teilung, der Verzögerung des Abschlusses eines deutschen Friedensvertrages und der Verwirklichung der deutschen Remilitarisierung diene. Dennoch, erklärte der Kreml, sei es wichtig, das Problem Deutschland gemeinsam zu erörtern.[130]

In London führte die sowjetische Antwort vom 4. August zu einer ersten großen Auseinandersetzung zwischen Churchill und Salisbury. Das britische Außenministerium hatte nach der Überreichung der Note sogleich mit einer Analyse und der Ausarbeitung entsprechender Telegramme an Washington und Paris begonnen.[131] Churchill lehnte die sehr kritische Beurteilung der Note durch das Foreign Office ab. Er bezeichnete sie als »ocean of verbiage«.[132] Vor allem war Churchill verärgert, daß das Foreign Office dem State Department bereits ein Telegramm mit einer ersten Reaktion Londons hatte übergeben lassen, ohne daß er konsultiert worden war. Der Premierminister vertrat die Ansicht, das Telegramm vermittele den Eindruck, als ob die britische Regierung die Gipfeldiplomatie zugunsten eines verstärkten Konfrontationskurses aufgegeben habe.[133] Immer noch verbittert über das Ergebnis der Washingtoner Konferenz forderte Churchill die Diplomaten gar auf, Washington und Paris mitzuteilen, »that the Soviets had ›naturally‹ responsed to our invitation with a palpable manoeuvre because our invitation had itself been simply a manoeuvre«. Er glaubte, die amerikanische und französische Regierung »got us into this mess« mit der Weigerung, »top-level talks« zuzustimmen. Die geplante Außenministerkonferenz werde nur zu einem neuerlichen *Palais Marbre Rose*-Debakel führen.[134]

128 Vgl. PREM 11/419, Gascoigne, Moskau, an FO Nr. 563, 4.8.1953. Siehe auch die Analyse Bidaults, wie sie wiedergegeben ist in: *Adenauer*, Erinnerungen 1953–55, S. 236–38; siehe auch ebd., S. 244f.; FRUS 1952–54, Bd. 7, S. 608f.: Memorandum Beam, 5.8.1953; auch *Embree*, S. 130.

129 Die sowjetische Antwortnote vom 4. August 1953 ist abgedr. in: *RIIA* (Hrsg.), Documents, 1953, S. 81–84. Zitat: S. 83; und auch in: FRUS, ebd., S. 604–07.

130 Vgl. *RIIA* (Hrsg.), S. 81–84.

131 Vgl. zu der sehr kritischen Analyse: PREM 11/419, Memorandum Salisbury an die britischen Botschaften in Washington und Paris, undatiert, ca. 5.8.1953. Siehe auch die Erläuterungen in: ebd., Gascoigne, Moskau, an FO Nr. 566, 5.8.1953.

132 Ebd., Aktennotiz Churchill an Salisbury, PM/M. 257/53, 6.8.1953. Siehe auch *Shuckburgh*, S. 96: Tagebucheintrag, 6.8.1953.

133 Er befürchtete: »Mr. Dulles may take advantage of this new attitude of Britain and confront us with proposals which would lead to the loss of the Four-Power talks.« Ebd., Aktennotiz Churchill an Salisbury und Butler, PM/M. 263/53, 10.8.1953.

134 *Shuckburgh*, S. 96: Tagebucheintrag, 6.8.1953; FO 371/106 257/NS 1021/108/G, Memorandum Gascoigne über sein Gespräch mit Churchill in London am 19.8.1953.

Das über die ständigen Einmischungen Churchills verärgerte Foreign Office[135] beharrte dagegen nach wie vor auf dem Standpunkt, erst die Rede vom 11. Mai habe die ganzen Probleme hervorgerufen. Die Antwortnote Moskaus sei »unhelpful« und mache deutlich, »that Soviet foreign policy had not changed since Stalin's death«.[136]

Churchill ließ jedoch nicht locker. Er protestierte energisch gegen die Ausführungen der Diplomaten, nahm einige Änderungen vor, die Salisbury zurückwies, und forderte den Lord President auf, die Telegramme an Washington und Paris nicht vor der Kabinettssitzung am 10. August abzusenden.[137] Der Premierminister schlug daneben vor, den Amerikanern die mühsame Aufgabe zu überlassen, eine Antwortnote an Moskau zu entwerfen. Da Washington und Paris ohnehin nur ein »fairly obvious manoeuvre« im Sinn hätten, könne Großbritannien bei dem Entwurf des Antwortschreibens nicht die führende Rolle übernehmen.[138] Salisbury war ganz anderer Meinung. Er bestand auf dem sofortigen Absenden der Telegramme des Foreign Office. Nach den von Botschafter Makins übermittelten Informationen habe das State Department bisher »all the extremely dangerous pitfalls set for us by the Russians« völlig übersehen. So könne man vor allem nicht akzeptieren, daß die Sowjetunion zum ersten Mal vorgeschlagen habe, »[to] make an Austrian settlement dependent on a German settlement«.[139] Diese Einstellung wurde nun im großen und ganzen von Paris geteilt.[140] In Washington beurteilte man die sowjetische Antwortnote tatsächlich

135 Vgl. *ders.*, S. 97: Tagebucheintrag, 7.8.1953.

136 CAB 128/26, Teil 2, C.C. (53)48th Conclusions, Minute 2, 10.8.1953: Aussagen Lord Salisburys. Vgl. *Shuckburgh*, S. 96: Tagebucheintrag, 6.8.1953; zur Meinung Frank Roberts, ebd., S. 95: Tagebucheintrag, 4.8.1953.

137 PREM 11/419, Aktennotiz Churchills an Salisbury, PM/M. 257/53, 6.8.1953. Mittlerweile waren Churchill aber erneut Bedenken über die sowjetischen Absichten gekommen. Die Berija-Affäre und die recht undurchsichtige Rolle Malenkows dabei beschäftigte ihn. Seine Überzeugung, Malenkow sei »a good man«, mit dem man verhandeln könne, geriet ins Wanken. Es erhob sich zudem die Frage, ob Malenkow nicht letztlich selber ebenfalls so schnell und problemlos gestürzt werden konnte wie Berija. Welchen Sinn hatte dann ein »summit« mit dem Ministerpräsidenten? Vgl. auch *Moran*, S. 448; Tagebucheintrag, 5.8.1953; FO 371/106 257/NS 1021/108/G, Memorandum Gascoigne über sein Gespräch mit Churchill in London am 19.8.1953. Gascoigne legte Wert darauf, daß Downing Street nicht erfuhr, daß er dem FO ein Memorandum über sein Gespräch mit dem Premierminister zugänglich gemacht hatte. Zur Berija-Affäre vgl. auch die Überlegungen des FO vom 25.8.1953 in: FO 371/106 512/NS 1016/12.

138 PREM 11/419, Aktennotiz Churchill an Salisbury, PM/M. 258/53, 7.8.1953.

139 Ebd., Aktennotiz Salisbury an Churchill, PM/S/53/278, 7.8.1953. Siehe auch die Telegramme von Botschafter Makins vom 12. August, in der er die »bland acceptance« der sowjetischen Vorschläge zur Diskussion der deutschen Frage durch die USA zu erklären versuchte. Ebd., Washington an FO Nr. 1744 und Nr. 1758. Vgl. die Analyse von Beam (5.8.1953), in: FRUS 1952–54, Bd. 7, S. 608.

wesentlich optimistischer als in London. Das State Department war der Meinung, im Prinzip habe Moskau sich mit einer Konferenz einverstanden erklärt und lediglich an der Tagesordnung Kritik geübt.[141] Salisbury schlug vor, der Sowjetunion die westliche Antwortnote erst nach den Bundestagswahlen zukommen zu lassen.[142] Doch der Lord President mußte sich dem Wunsch Churchills fügen. Er durfte die Telegramme nicht vor der nächsten Kabinettssitzung absenden.[143] Trotz des Einlenkens Salisburys war Churchill mit dem amtierenden Außenminister nicht zufrieden. Es schien ihm notwendig, Salisbury und Strang nach Chequers zu zitieren, dem Landsitz des britischen Premierministers.[144] Während des Treffens am 8. August gelang es ihm tatsächlich, sich weitgehend zu behaupten – »in spite of contrary and long-winded drafts prepared by the F.O.«. Colville folgerte weiterhin:

The old man still gets his way: usually because it is simple and clear, whereas the ›mystique‹ of the F.O. (as Selwyn Lloyd calls it) tends to be most pettifogging and over detailed.[145]

Dies stimmte jedoch nur eingeschränkt. Bei wirklich wichtigen Entscheidungen, wie etwa der Einberufung einer Gipfelkonferenz auf Außenminister- oder Premierministerebene wußte das Foreign Office sehr wohl dafür zu sorgen, daß Churchill sich nicht durchzusetzen vermochte. Doch verlangte die Unterminierung der Politik des Premierministers mühsamste Kleinarbeit und die Aufbietung aller Kräfte. Salisbury war dem immer weniger gewachsen. Neben Churchills Gipfeldiplomatie lehnte der Lord President die britische Chinapolitik ab.

140 Vgl. zu der veränderten Meinung Bidaults, die er Adenauer bei einer Tagung der Außenminister der Montanunion in Baden-Baden am 7. und 8. August darlegte: *Adenauer*, Erinnerungen 1953–55, S. 236–38. Zur französischen Haltung siehe auch: FRUS, ebd., S. 610: Smith an US-Botschaft in Seoul, 6. 8. 1953.; sowie Kap. III. 5.

141 Vgl. FRUS, ebd., S. 607–614: Analysen der sowjetischen Note von Beam (5. 8. 1953), Smith (6. 8. 1953) und C. D. Jackson (8. 8. 1953).

142 Die amerikanische Regierung war aber der Ansicht, die schließlich auch realisiert wurde, »[that] the balance of advantage lies in replying just before the German elections«. PREM 11/419, Makins, Washington, an FO Nr. 1744, 12. 8. 1953.

143 Ebd., Aktennotiz Salisbury an Churchill, PM/S/53/278, 7. 8. 1953. Das State Department gelangte mit Blick auf die Rede Malenkows vom 8. 8. 1953 einige Tage später zu einer ganz ähnlichen Schlußfolgerung. Vgl. NA: 761.11/8–2553, Memorandum über die Rede Malenkows, 25. 8. 1953.

144 PREM 11/419, Aktennotiz Churchill an Salisbury, PM/M. 258/53, 7. 8. 1953; ebd., Memorandum über das Treffen in Chequers, 8. 8. 1953 (anwesend waren Churchill, Salisbury, Butler, Colville und einige weitere Berater). Siehe auch *Shuckburgh*, S. 97; Tagebucheintrag, 7. 8. 1953; *Moran*, S. 449: Tagebucheintrag, 8. 8. 1953; *Colville*, Fringes, S. 674: Tagebucheintrag, 6.–9. 8. 1953. *Gilbert*, Churchill, Bd. 8, S. 872.

145 *Colville*, ebd. Vgl. auch PRO: ebd., Aktennotiz Churchill an Salisbury und Butler, PM/M. 263/53, 10. 8. 1953; ebd., FO an Washington Nr. 3156, 10. 8. 1953.

Er wurde daher bald der mit dem Posten des amtierenden Außenministers verbundenen Belastung überdrüssig und begann, an Rücktritt zu denken. Erschöpft erklärte er gegenüber Shuckburgh mit Blick auf Churchills Gipfeldiplomatie: »It is one thing to be a member of the Cabinet and to refrain from opposing such policies but quite another to be the responsible Minister.«[146]

Mit Ausnahme des unentschlossenen Schatzkanzlers[147] deutete sich innerhalb des Kabinetts und des Foreign Office keine Meinungsänderung zugunsten von Churchills Plänen an. Vielmehr war allmählich eher eine Verhärtung der Standpunkte festzustellen. Dies wurde verstärkt durch Churchills nachlassende Konzentrationsfähigkeit, die nicht mehr zu übersehen war. Die trotz der bevorstehenden Rückkehr Edens nach wie vor strikte Weigerung des Premierministers, an Rücktritt zu denken, verbitterte viele Regierungsmitglieder. Churchill sprach stattdessen immer öfter davon, daß er möglicherweise bis zum Sommer 1954 im Amt bleiben werde, falls er die Rede des Parteivorsitzenden auf dem Parteitag in Margate in zwei Monaten erfolgreich halten könne.[148] Trotz gelegentlicher, meist während depressiver Verstimmungen angestellter gegenteiliger Überlegungen des Premierministers alarmierte dies das Foreign Office und die engeren Vertrauten Edens.[149] Die Konflikte häuften sich immer mehr, zumal sich Churchill bald mit Plänen für eine umfassende Regierungsumbildung trug.[150] Ende September fühlte sich No. 10 Downing Street gar zu dem ungewöhnlichen Schritt veranlaßt, eine Erklärung zu veröffentlichen, die den anhaltenden Ge-

146 *Shuckburgh*, S. 100: Tagebucheintrag, 26./27. 8. 1953. Mitte September bot Salisbury dann Churchill tatsächlich seinen Rücktritt an, der aber zurückgewiesen wurde. Vgl. *ders.*, S. 102: Tagebucheintrag, 1. 10. 1953; BUA: Avon Papers, AP 20/1/29 A: Diary 1953: Convalescent Cruise, 22. 9. 1953.

147 Allerdings wurde Butler allgemein als »very, very smooth« und opportunistisch veranlagt charakterisiert. Er sei bestrebt gewesen, »[to] back a horse both ways«. Nicht zu übersehen war, daß Butler die Abwesenheit Edens nutzen wollte, um sich selbst als potentiellen Nachfolger zu empfehlen. Zitate: *Moran*, S. 449: Tagebucheintrag, 8. 8. 1953; siehe auch *ders.*, S. 483: Tagebucheintrag, 11. 10. 1953, *Colville*, Fringes, S. 671: Tagebucheintrag, 19. 7. 1953; *Shuckburgh*, S. 97: Tagebucheintrag, 7. 8. 1953.

148 Vgl. *Moran*, S. 448: Tagebucheintrag, 5. 8. 1953; *ders.*, S. 476 f.: Tagebucheinträge, 6. 10. und 10. 10. 1953; *Shuckburgh*, S. 94 f.: Tagebucheintrag, 4. 8. 1953; ebd., S. 97–99: Tagebucheintrag, 11. 8. 1953. Siehe auch *Gilbert*, Churchill, Bd. 8, S. 871.

149 Vgl. z. B. *Colville*, Fringes, S. 675: Tagebucheintrag, 14.–15. 8., 17. 8. 1953.

150 Vgl. *Shuckburgh*, S. 100: Tagebucheintrag, 26./27. 8. 1953. Siehe z. B. auch ebd., S. 99 f.: »All this week we are trying to conduct our foreign policy through the PM who is at Chartwell and always in the bath or asleep or too busy having dinner when we want urgent decisions. He had to be consulted about drafting points in the reply to the Soviets; about every individual ›intelligence‹ operation (which he usually forbids for fear of upsetting the Russians); about telegrams to Persia and Egypt. We are constantly telephoning minutes and draft telegrams down to Chartwell.«

rüchten entgegentreten sollte, daß schwerwiegende politische Differenzen zwischen Churchill und seinen Kollegen beständen.[151]

Wesentlich größere Aufmerksamkeit als die sowjetische Note vom 4. August rief im Westen Malenkows Rede vor dem Obersten Sowjet vier Tage später hervor.[152] In dem außenpolitischen Teil der Rede rief der sowjetische Ministerpräsident zur weltweiten friedlichen Zusammenarbeit auf.[153] Er merkte aber auch an, daß die Sowjetunion an der Formel von der Politik der Stärke festhalte. Die internationale Stellung der Sowjetunion sei »now stronger than ever«. Nicht nur mache die UdSSR große Fortschritte auf ökonomischem Gebiet, sondern dem Land sei es auch gelungen, das amerikanische Monopol über die Wasserstoffbombe zu brechen.[154] Malenkow betonte in der Rede vom 8. August, daß Moskau prinzipiell bereit sei, an einer Gipfelkonferenz teilzunehmen. Seine wenig konkreten Äußerungen dazu schienen aber darauf hinzuweisen, daß ein Treffen noch hinausgezögert werden sollte.[155] Die amerikanische Hochkommission in Bonn zeigte sich überzeugt, die Rede Malenkows deute auf ernste Meinungsverschiedenheiten in Moskau hin. Da der Kreml sich nicht auf eine neue Politik habe einigen können, »it has clung to an old one«. Malenkows Rede enthalte keinerlei »hints of a new Soviet approach to the German problem«, aber sie sei »full of warnings«. Die Schlußfolgerung liege nahe, »that the Kremlin is trying to hide its own nervousness«.[156]

Während sich die Außenministerien der drei Westmächte und das Bundeskanzleramt in Bonn von der Rede des sowjetischen Ministerpräsidenten nicht in

151 Die Erklärung wurde am 28. September abgegeben. Vgl. *Seldon*, S. 402.

152 Vgl. dazu *RIIA* (Hrsg.), Survey 1953, S. 29; siehe auch das neuerliche Treffen Boothbys mit dem sowjetischen Diplomaten Schiwotowski in London: PRO: FO 371/106 527/NS 1021/94/G, Brief von Boothby an Lloyd, 7. 8. 1953.

153 Malenkows lange Rede vor dem Obersten Sowjet vom 8. August 1953 ist auszugsweise abgedruckt in: *RIIA* (Hrsg.), Documents, 1953, S. 22–33. Vollständig ist die Rede zu finden in: FO 371/106 511/NS 1015/51.

154 Vgl. Malenkows erneute Erwähnung dieser Tatsache in einer Rede vom 23. 8. 1953 während eines Banketts im Kreml: FO 371/103 947; auch FO 371/106 527/NS 1021/103, Brief von Grey, Moskau, an Mason, 27. 8. 1953. Noch keine zwölf Monate zuvor hatten die USA erstmals eine H-Bombe zur Explosion gebracht, doch war dies nur wenigen Politikern bekannt. Allgemein wurde davon ausgegangen, die USA seien zwar in der Lage, eine H-Bombe zu produzieren, hätten eine solche aber noch nicht getestet. Dies war auch Churchills Meinung. Vgl. *Gilbert*, Churchill, Bd. 8, S. 772, 875; *Colville*, Fringes, S. 675 f.: Tagebucheintrag, 14.–15. 8., 17. 8. 1953; auch *Moran*, S. 451: Tagebucheintrag, 16. 8. 1953. Siehe auch Kap. VI.2.

155 Vgl. z. B. FRUS 1952–54, Bd. 8, S. 1212: Bohlen, Moskau, an State Department, 10. 8. 1953; auch *RIIA* (Hrsg.), Documents, 1953, S. 30.

156 NA: 761.11/8–2553, C. R. Harvey, Office of Political Affairs, US-Hochkommission Bonn, an State Department, 25. 8. 1953. Siehe auch die dem Telegramm beigefügte detaillierte Analyse der Rede Malenkows vom 8. 8. 1953.

ihrer skeptischen Haltung beeinflussen ließen, fühlte Churchill sich durch Malenkows Worte ermutigt und in seiner Auffassung bestätigt.[157] Dennoch war ihm klar, daß die einzige Chance, doch noch ein ›richtiges‹ »summit« auf der Ebene der Regierungschefs zustande bringen zu können, in seiner eigenen Genesung bestand.[158] Die Rückkehr Edens ins Foreign Office kündigte sich für Anfang Oktober an. Dieser würde zweifellos auf den Rücktritt des Premierministers drängen und dabei von dem Großteil des Kabinetts unterstützt werden.[159] Die Zeit für Churchills Gipfeldiplomatie wurde zunehmend knapper. Dem Premierminister schien es jedoch vorerst wenig Sinn zu haben, den amerikanischen Präsidenten mit weiteren Briefen zu bombardieren. Er nahm die Korrespondenz mit Eisenhower erst nach fast genau zwei Monaten wieder auf.[160] Churchill versuchte stattdessen, vom britischen Kabinett die Erlaubnis zu erhalten, sich alleine mit dem sowjetischen Ministerpräsidenten in Zürich zu treffen.[161] Malenkows Ankündigung, die Sowjetunion sei in der Lage, eine H-Bombe zu produzieren und die am 20. August im britischen *Guardian* veröffentlichte Nachricht, die USA hätten bereits im November 1952 eine solche Bombe getestet, hatte den Premierminister erschüttert. Von nun an sollte ihn der Gedanke an den Schrekken eines mit solchen Waffen geführten Weltkrieges nicht mehr loslassen. Die Notwendigkeit eines *tête-à-tête* mit Moskau erschien ihm immer dringlicher zu sein. Er hoffte, die »ghastly invention« der Wasserstoffbombe »might perhaps present humanity with a real chance of lasting peace, since war would now be

157 Vgl. zu der Reaktion der westlichen Außenministerien: FO 371/106 526/NS 1021/88, Makins, Washington, an FO Nr. 675, 11.8.1953, über die Reaktion des State Department; ebd., NS 1021/92, Makins an FO Nr. 685, 14.8.1953, Übermittlung der Rede Dulles vom 12.8. über Malenkows Darlegungen; ebd., NS 1021/85, Gascoigne, Moskau, an FO Nr. 577, 9.8.1953; FO 371/106 511/NS 1015/47, Memorandum Hohler an Lord Salisbury, 10.8.1953; ebd., NS 1015/49, Memorandum Gascoigne über die Sitzung des Obersten Sowjet, 11.8.1953; FO 371/106 527/NS 1021/102, Brief von Grey, Moskau, an Salisbury, 28.8.1953; FRUS 1952–54, Bd. 8, S. 1210–12: Bohlen an State Department, 10.8.1953. Zur Reaktion Churchills siehe z.B. *Colville*, Fringes, S. 675: Tagebucheintrag, 11.–12.8.1953.

158 Vgl. *Moran*, S. 448: Tagebucheintrag, 5.8.1953.

159 Vgl. z.B. *Colville*, Fringes, S. 679: Tagebucheintrag, Oktober 1953 (Datum nicht näher spezifiziert).

160 Eisenhowers Antwort auf den Brief Churchills vom 3.8.1953 erfolgte am 8. August. Erst am 7. Oktober griff Churchill dann erneut zur Feder. Allerdings spielte er kurzfristig mit dem Gedanken, Mitte September in die USA zu reisen, um Eisenhower persönlich mit der Angelegenheit zu konfrontieren. Vgl. *Boyle* (Hrsg.), S. 88 f.; *Moran*, S. 452; Tagebucheintrag, 16.8.1953.

161 Vgl. *Shuckburgh*, S. 95: Tagebucheintrag, 4.8.1953. Siehe auch ebd., S. 96: Tagebucheintrag, 6.8.1953; *Moran*, S. 452: Tagebucheintrag, 16.8.1953. Vgl. auch die Darlegungen Churchills im Gespräch mit Gascoigne am 19.8.1953 in London, in: FO 371/106 257/NS 1021/108/G.

impossible«. Dem Kreml müsse nun mehr denn je an einem Übereinkommen mit dem Westen gelegen sein.[162]

In der Zwischenzeit war die neuerliche Notenschlacht mit der Sowjetunion voll entbrannt. Auf die westliche Konferenzeinladung vom 15. Juli hatte Moskau der ersten Antwortnote vom 4. August am 15. August eine zweite folgen lassen. Diese beschäftigte sich fast ausschließlich mit der »abnormal situation« in Germany und war offensichtlich vor allem an die Adresse der Wähler in der Bundesrepublik gerichtet.[163] Am 2. September, vier Tage vor den bundesdeutschen Wahlen, beantworteten die Westmächte die sowjetische Note. Sie waren insgesamt bestrebt, den Notenwechsel abzukürzen, aber die Tür zu einer Außenministerkonferenz nicht zuzuschlagen.[164] Der Westen machte den Vorschlag, eine Konferenz über die deutsche und österreichische Frage am 15. Oktober in Lugano in der Schweiz zu organisieren.[165] Die sowjetische Antwort vom 28. September ignorierte den Vorstoß und schlug stattdessen die Einberufung von zwei Konferenzen vor: eine Fünfmächtekonferenz (einschließlich Chinas), die sich mit den Themen Entspannung und Abrüstung beschäftigen sollte und ein Viermächtetreffen über die deutsche Frage.[166] Da vorauszusehen war, daß insbesondere die USA den Vorschlag als nicht akzeptabel erachten würden, deutete alles darauf hin, daß die Sowjetunion die Außenministerkonferenz nach wie vor hinauszögern und sich vorerst mit dem *Status quo* zufrieden geben

162 Vgl. *Colville*, Fringes, S. 675 f.: Tagebucheinträge, 14.–15.8., 17.8.1953. Zitat: S. 676. Vgl. auch *Gilbert*, Churchill, Bd. 8, S. 772, 873 f. Siehe auch die Parlamentsrede Churchills Anfang November 1953, auszugsweise zitiert und kommentiert bei: *Moran*, S. 492–94: Tagebucheintrag, 3.11.1953. Vgl. auch FO 371/106 257/NS 1021/108/G, Memorandum Gascoigne über sein Gespräch mit Churchill in London am 19.8.1953. Der Militärhistoriker Liddell-Hart bezeichnete den Einsatz der H-Bombe treffend als »defence by suicide«. Vgl. Liddell-Hart-Archive, London: Liddell-Hart Papers, 11/1954/5b, 30.6.1954.

163 Vgl. dazu PREM 11/419, Gascoigne, Moskau, an FO Nr. 567, 16.8.1953; ebd., Nr. 598, 17.8.1953; die Aussagen Salisburys dazu sind zu finden in: CAB 128/26, Teil 2, C.C. (53)49th Conclusions, Minute 8, 8.18.1953. Vgl. zu der Reaktion der deutschen Presse auf die Note: PREM 11/419, Ward, Wahnerheide, an FO Nr. 761, 18.8.1953. Vgl. auch die Analyse von Bedell Smith vom 17.8.1953 in: FRUS 1952–54, Bd. 7, S. 624–27. Siehe auch NA: 761.11/8–2553, Memorandum der US-Hochkommission in Bonn vom 28.8.1953 über die Note vom 15.8.1953.

164 Vgl. FRUS, ebd., S. 626: Smith an US-Hochkommission, Bonn, 17.8.1953.

165 Die Antwortnote der Westmächte ist abgedr. in: *RIIA* (Hrsg.), Documents, 1953, S. 89–91; und in: FRUS, ebd., S. 630–32. Siehe zu den amerikanischen Überlegungen auch ebd., S. 632 f.; S. 634 ff.

166 Die sowjetische Note vom 28. September ist auszugsweise abgedr. in: *RIIA* (Hrsg.), S. 91–95; und vollständig in: FRUS, ebd., S. 639–45. Vgl. dazu und zu dem westlichen Lugano-Vorschlag auch PREM 11/449; PREM 11/419, Grey, Moskau, an FO Nr. 705 und Nr. 707, 28.9. und 29.9.1953; sowie ebd., die Analysen der Note durch das FO und das State Department.

wollte.[167] Selbst Churchill mußte einsehen, »that [the] latest Soviet answer showed little desire for talks at any level (but he admitted he hadn't read it)«.[168] Der überraschend hohe Wahlsieg Adenauers am 6. September gab Moskau keinen Anlaß, diese Strategie zu ändern und die Unschlüssigkeit in der Deutschland- und Gipfelpolitik zu überwinden.[169] Immerhin hatte Adenauer 45,2 Prozent der Stimmen (SPD nur 28,8 Prozent) und über die Hälfte der Bundestagsmandate gewonnen. Zusammen mit der FDP (9,5 Prozent) und dem BHE (5,9 Prozent) sollte ihm dies die Bildung einer Regierung ermöglichen, die über eine Zweidrittelmehrheit im Parlament verfügte. Dem Abschluß der bundesdeutschen Ratifizierung des EVG-Vertrages schien nun nichts mehr im Weg zu stehen. Das Bundesverfassungsgericht und der Bundespräsident würden kaum weiterhin ihre Zustimmung verweigern.[170]

Die Westmächte waren sich darüber im klaren, daß aus Rücksicht auf die öffentliche Meinung, die nach wie vor eine Viermächtekonferenz verlangte, »it was too early to try to break off the exchange of notes«. Dennoch stellte sich das State Department die Frage, ob nach Adenauers hohem Wahlsieg eine Konferenz mit der Sowjetunion tatsächlich noch notwendig sei. Dulles fragte seine Berater: »Do we really want a meeting?«[171] Der Außenminister kam schon bald zu dem Schluß, Adenauer sei »still basically afraid of [a] Four Power confer-

167 Vgl. PREM 11/419. Obwohl die Westmächte kaum noch mit der Möglichkeit einer Konferenz in Lugano rechneten, setzten sie ihre Vorbereitungen sicherheitshalber fort. Vgl. dazu ebd., GEN 443/2, 30.9.1953; ebd., C.C. (53)57th Conclusions, Minute 2, 13.10.1953.

168 BUA: Avon Papers, AP 20/1/29 A, Tagebuch Eden, Convalescent Cruise, 1.10.1953.

169 »The Soviet appear to be confused...«, wurde etwa auf der Wiener Konferenz der amerikanischen Botschafter in Osteuropa Ende September 1953 festgestellt. FRUS 1952–54, Bd. 8, S. 90: Vortrag von Lyon, 22.9.1953. Vgl. auch den Bericht Bohlens am 23.9.1953 während des gleichen Treffens: ebd., S. 99.

170 Vgl. zu der Höhe von Adenauers Wahlsieg z.B. *Schwarz*, Ära Adenauer, S. 194–96, 480. Siehe zu den Reaktionen auf die Bundestagswahlen und den Erörterungen in der Zeit kurz vor dem Wahltag, z.B., FO 371/103 947, »Soviet Press Reactions to events in FRG, April–Sept. 1953«; ebd., CW 10338/3, Grey, Moskau, an FO Nr. 659, 7.9.1953, »Probable Soviet Reaction to the results of the elections in FRG«; PREM 11/440/CW 10113/111, Kirkpatrick, Bonn, an Salisbury, 15.8.1953; CW 10113/183, Ward, Bonn, an Salisbury, 5.10.1953; auch FRUS, Bd. 7, S. 531–38. Die Alliierten befürchteten, daß die Höhe von Adenauers Wahlsieg negative Auswirkungen auf die Zusammenarbeit mit dem Kanzler haben könnte, würde er doch nun noch selbstbewußter auftreten. Siehe z.B. FO 371/103 706/C 1075/1–23 (Mai bis Oktober 1953); FRUS, ebd., S. 531ff., 628–30; ebd., Bd. 8, S. 88f.; EL: Ann Whitman File, Administrative Series, Akte: Conant (2), Brief an Eisenhower, 8.9.1953; PUA: John F. Dulles Papers, Selected Correspondence, Box 72, Brief McCloy an Dulles, 23.9.1953.

171 FRUS, ebd., S. 645–48: Memorandum eines Gesprächs zwischen Dulles und seinen Beratern, 30.9.1953.

ence...«.[172] Briten und Franzosen, die ersteren unter dem Druck Churchills und der öffentlichen Meinung, die letzteren aufgrund der Annahme, nur nach einer gescheiterten Konferenz die EVG-Ratifikation durch das französische Parlament erreichen zu können, bestanden jedoch auf der Einberufung eines Viermächtetreffens. Um dies zu erreichen, sollten die westlichen Noten an die Sowjetunion »be as forthcoming as possible«.[173]

Seit Mitte September machten sich die Fachleute auch wieder verstärkt Gedanken darüber, ob nicht doch Versuche unternommen werden sollten, die nach Churchills Rede vom 11. Mai ausgearbeiteten Disengagement-Pläne zu verwirklichen.[174] Im Gegensatz zu Dulles, der nicht viel von Experimenten in der Ost-West-Politik hielt,[175] scheinen diverse Abteilungen des State Department

172 Ebd., S. 655: Dulles an die US-Botschaft in London, 13.10.1953.

173 Ebd., S. 648: Dulles an die US-Botschaft in London, 3.10.1953. Siehe auch zu den Überlegungen, ob man an der Außenministerkonferenz mit Moskau festhalten sollte: ebd., S. 628f.: Brief von Conant an Dulles über sein Gespräch mit Adenauer, 31.8.1953; ebd., S. 632f.: Conant an State Department über sein Gespräch mit Adenauer, 10.9.1953; ebd., S. 634–38, 645–48: Gespräch Dulles mit seinen Beratern, 26.9.1953 und 30.9.1953; zur Opposition des FO zu Viermächtegesprächen, siehe insbes. ebd., S. 653f.: Conant an State Department, 12.10.1953. Das FO versuchte die Opposition Adenauers gegenüber einer Viermächtekonferenz zu stärken. So wollten die Diplomaten den Vorwurf vermeiden, die Konferenz selbst unterminiert zu haben. Zu Adenauers ablehnender Haltung siehe insbes. ebd., S. 654–56: Dulles an US-Botschaft in London, 13.10.1953.

174 Vgl. NA: PPS 64D563, Box 722, »Europe, 1952–53«: Memorandum eines Gesprächs zwischen MacArthur II, Counsellor im State Department, und dem belgischen Botschafter Baron Silvercruys, 19.9.1953; ebd., Conant, Bonn, an State Department Nr. 1055, 16.9.1953. Siehe auch das Memorandum von Beam an Bowie vom 22.9.1953, NA: PPS 64D563, Box 20029, »Germany, 1953« (ein ähnliches Memorandum Beams ist abgedr. bei *Rupieper*, Wiedervereinigung, S. 115–19). Siehe auch beispielsweise das den USA durch die britische Botschaft zugänglich gemachte Kabinettsmemorandum von Lord Salisbury in: PREM 11/419, C.(53)256, 14.9.1953; siehe dazu auch FO 371/125 034/ZP 3/35/6, Brief an Eden, »Security Guarantee for the USSR«, 30.9.1953; ebd., Memorandum Beam, »Proposals for Security Measures in Connection with a German Settlement«, 30.9.1953; NA: 762.00/9–2453, Memorandum Thurston, »Proposed Talks with the Soviets (PTS). The Van Zeeland and other Plans for Security Guarantees«, 24.9.1953 (auch abgedr. in ebd., S. 111–15). Eine detaillierte Analyse der diversen Memoranda bei ebd., S. 97ff.; und *ders.*, Verbündete, bes. S. 352ff.

175 Mein Urteil fällt skeptischer als dasjenige Rupiepers aus. Dieser ist der Meinung, daß Dulles tatsächlich ernsthaft an einem ›quid pro quo‹ und an Abrüstungsverhandlungen mit der UdSSR interessiert war. M. E. überbewertet er aber die in dem Memorandum Dulles' vom 6.9.1953 (abgedr. bei *ders.*, Wiedervereinigung, S. 117–19) gemachten Anregungen des Außenministers. Sie können sehr wohl in einer euphorischen Stimmung aufgrund von Adenauers Wahlerfolg gemacht worden sein. Auch unterbreitete Dulles gelegentlich dem Präsidenten Überlegungen, die innerhalb des

sich darüber lange Zeit nicht im klaren gewesen zu sein.[176] Es läßt sich aber feststellen, daß trotz interner Erörterungen möglicher Kompromisse, wie die Beziehungen mit der Sowjetunion verbessert und die deutsche Frage gelöst werden könnten, keinerlei Fortschritte zu verzeichnen waren.[177] Nur wenn Moskau die Westintegration Gesamtdeutschlands akzeptiert hätte, wären Washington und London bereit gewesen, einer globalen Entspannung und einem Ende des Kalten Krieges zuzustimmen. Im Gespräch mit seinen Mitarbeitern erklärte Dulles immerhin, es sei weiterhin zutreffend, »[that] our position on Germany amounts to the Soviets giving up East Germany«.[178] Das Problem bestehe aber nicht nur darin, »to reassure the Russians«. Dulles betonte im Oktober: »we also needed to reassure ourselves against future German aggression.«[179] Ungeachtet einiger gegenteiliger Gedankenspiele wurde in den westlichen Außenministerien nie angezweifelt, daß die Deutschen (in ihrer Gesamtheit oder zumindest in ihrer Mehrheit) in den Westen integriert werden mußten. Sowohl die Gegnerschaft zur Sowjetunion im Kalten Krieg als auch die Erfahrungen der Vergangenheit schienen die Abkehr von einer solchen Politik zu verbieten.[180] Im Foreign Office wurden daher beispielsweise die Überlegungen van Zeelands, demilitarisierte Zonen in Mitteleuropa zu schaffen und die Verkündung einer Locarno ähnlichen Sicherheitsgarantie für die UdSSR und Osteuropa durch Großbri-

State Departments in Erwägung gezogen wurden, denen er aber nicht unbedingt zustimmte. Andere, später verfaßte Memoranda Dulles' weisen teilweise genau entgegengesetzte und wesentlich skeptischere Überlegungen auf. Vgl. *ders.,* Deutsche Frage, S. 187f.

176 Vgl. *ders.,* Deutsche Frage, S. 189; *ders.,* Wiedervereinigung, S. 99ff. Siehe auch die frühen sicherheitspolitischen Überlegungen der Briten in: PREM 11/373, Brief Shuckburgh an Colville, 31.7.1953.

177 Vgl. zur Position des FO z.B. das Kabinettsmemorandum von Lord Salisbury, »Security Arrangements with the Soviet Union«, 14. und 25.9.1953, in: NA: PPS 64D563, Box 20029, »Germany, 1953«; und in: PREM 11/419, C.(53)256. Vgl. auch die Erörterung der britischen Reaktion bei *Rupieper*, Wiedervereinigung, S. 100f., die allerdings die Differenzen zwischen den Überlegungen Churchills und des FO übersieht.

178 FRUS 1952–54, Bd. 7, S. 634–38: Memorandum eines Gesprächs zwischen Dulles und seinen Beratern, 26.9.1953. Zitat: S. 635.

179 FO 371/125 034/ZP3/55, Memorandum einer Sitzung vom 16. Oktober 1953 (informelles Treffen von Dulles, Bidault und Eden in London). Zudem besaß Dulles kein großes Vertrauen in vertragliche Abmachungen: »In a discussion of possible security arrangements with the Soviets, the Secretary stated he would never place much dependability on an arrangement based on neutralization or limitation in that it could be backed by no real sanction. In such an arrangement ... a mere agreement by governments was highly undependable.« FRUS, ebd., S. 637: Memorandum eines Gesprächs zwischen Dulles und seinen Beratern, 26.9.1953.

180 Vgl. dazu auch das sehr informative Memorandum »Policy of the Western Powers« des FO vom 5.10.1953, in: FO 371/103 985/CW 10715/8.

tannien und womöglich die USA als »unrealistic« bezeichnet. Deutschland solle zwar wiedervereinigt werden, »but not at the price of sacrificing our own security«. Statt van Zeeland zu ermutigen, um ein Gespräch mit Eisenhower zu bitten, und damit den Vorschlägen des Belgiers größere Aufmerksamkeit zu verleihen, waren die Diplomaten der Ansicht, »it might well be useful for him to have a talk with Lord Salisbury«.[181] Adenauer, dem van Zeeland seine Vorstellungen Mitte Oktober persönlich unterbreitet hatte, hegte ganz ähnliche Befürchtungen wie das britische Außenministerium. Der Kanzler lehnte nun die Idee von Sicherheitsgarantien vehement ab, obwohl er sie im Mai/Juni noch selbst propagiert hatte. Die für Europa lebenswichtige Präsenz amerikanischer Truppen würde dabei nur gegen eine, in seinen Augen wertlose sowjetische Sicherheitsgarantie eingetauscht.[182]

Trotz aller nach den Bundestagswahlen festzustellenden Skepsis gegenüber der Notwendigkeit, ein Außenministertreffen mit Moskau einzuberufen, hielten die Westmächte an der auf der Konferenz in Washington getroffenen Entscheidung fest. Die westlichen Außenministerien waren sich jedoch der Gefährlichkeit der unklaren Lage bewußt. Eine Entscheidung mußte endlich getroffen werden; die Diskussion über ein »summit« mit Moskau durfte nicht mehr länger fortgesetzt werden.[183] Dies übersah jedoch, daß zu diesem Zeitpunkt die während der Washingtoner Konferenz beschlossene Strategie, die Situation durch eine Außenministerkonferenz im westlichen Sinne zu klären, an der Unschlüssigkeit der Sowjetunion scheiterte.[184] Das State Department, aber auch das Foreign Office waren daher in den folgenden Wochen bestrebt, die schwankende Haltung Moskaus zu überwinden. Es mußte endlich eine Situation geschaffen werden, die dem französischen Parlament die Ratifizierung der EVG erlauben würde.

181 FO 371/106 538/NS 1071/116, Dixon an Gladwyn Jebb, britische UN-Delegation in New York, 24.9.1953.

182 Vgl. FRUS 1952–54, Bd. 7, S. 549f.: Lewis, amtierender Direktor des Office of German Affairs im State Department, an Conant, Bonn, 28.10.1953; ebd., S. 545f.: Memorandum des Gesprächs zwischen Hallstein und Dulles, 21.10.1953; ebd., S. 548f.: Memorandum des Gesprächs zwischen Hallstein und Eisenhower, 28.10.1953.

183 Vgl. z.B. die Meinung des britischen Botschafters Berthoud in Dänemark: FO 371/106 527/NS 1021/112, Brief von Berthoud, Kopenhagen, an Mason, 4.11.1953.

184 William Hayter, der seit Oktober in Moskau residierende neue britische Botschafter erklärte etwa: »They know ... that they can have a Four-Power meeting to discuss Germany whenever they wish. But since the events of June 17, and perhaps before, they have clearly decided that the present division of Germany suits them better than any alternative, and as long as this is so there is nothing for them to gain by a meeting on Germany.« Ebd., NS 1021/118, Hayter an FO Nr. 250, 24.11.1953.

4. Auf dem Weg nach Bermuda

Nach fast sechsmonatiger Abwesenheit war Eden am 5. Oktober ins Foreign Office zurückgekehrt. Seinen Vertrauten wurde schon bald klar, »that A. E. has been following the PM's Malenkow policy closely and strongly disapproves«.[185] Im Gegensatz zu der Politik Salisburys spielten bei Edens Opposition nicht nur politisch-sachliche, sondern auch zunehmend persönliche Gründe eine Rolle.

> Fact is A. E. is scared of the popularity of the PM's project and cannot see any effective role for himself in the House of Commons until it has been ›decently buried‹. I fear the burial service may revive the corpse.[186]

Gleich nach der Rückkehr des Außenministers trafen sich Eden, Salisbury und Butler mit Churchill zum Dinner. In seinem Tagebuch kommentierte Eden das Ereignis mit den Worten: »a depressing evening.« Hauptsächlich hatte man über außenpolitische Angelegenheiten gesprochen, wobei sich Churchill über den Mangel an Enthusiasmus für sein »summitry« beschwert hatte. Er warf nun auch Salisbury zu geringe Loyalität vor.[187] Churchill hielt nichts von dem auf Shuckburgh zurückgehenden Vorschlag, Dulles nach London zu bitten.[188] Ihm schien es sinnvoller zu sein, sich selber mit Eisenhower auf den Azoren zu treffen. Zur großen Verärgerung des Foreign Office gelang es ihm, Eden zu überzeugen, einem entsprechenden Brief an Eisenhower zuzustimmen.[189] Überhaupt ist festzustellen, daß der von Shuckburgh, Colville und Moran vermittelte Eindruck zutreffend ist, daß Eden sich im großen und ganzen in den entscheidenden Fragen (welches auch die Rücktrittsfrage einschloß) kaum gegenüber Churchill

185 *Shuckburgh*, S. 101: Tagebucheintrag, 30. 9. 1953. Vgl. auch *Carlton*, Eden, S. 333. Adenauer war über die in der Gipfelfrage erfolgte Fortsetzung der Politik Salisburys durch Eden erfreut. FO 371/103 956/CW 1051/15, Brief von Hoyer Millar an Roberts, 6. 10. 1953. Hoyer Millar trat seine neue Stelle als Hochkommissar in Bonn am 1. Oktober an. Kirkpatrick, der bisherige Hochkommissar, löste mit Wirkung vom 1. November William Strang als Permanent Under-Secretary und damit ranghöchsten Beamten im FO ab. Strang trat in den Ruhestand. Vgl. zu den deutschen Pressekommentaren zu der schon im Mai bekannt gegebenen bevorstehenden Beförderung Kirkpatricks, CW 1051/8, 12. 5. 1953.

186 *Shuckburgh*, S. 105: Tagebucheintrag, 5. 10. 1953.

187 BUA: Avon Papers, AP 20/1/29 A, Diary Convalescent Cruise, 1. 10. 1953 [sic!].

188 Shuckburgh hatte die Anregung von dem amerikanischen Botschafter erhalten. PREM 11/892, Eden an Makins, Washington, ohne Datum; NA: 741.13/9–1453, Aldrich an Dulles Nr. 1095, 14. 9. 1953; *Shuckburgh*, S. 105: Tagebucheintrag, 5. 10. 1953.

189 Vgl. *ders.*, S. 106: Tagebucheintrag, 7. 10. 1953. Eden wagte auch nicht, in seiner Rede für den bevorstehenden Parteitag eine Passage aufzunehmen, die leichte Kritik an Churchills Gipfelplänen äußerte. Siehe auch PRO: ebd.

durchzusetzen vermochte. »I haven't got a log heavy enough to hold this elephant«, teilte der Außenminister seinem Privatsekretär mit.[190]

In dem Schreiben an Eisenhower schlug Churchill dem Präsidenten ein bilaterales Treffen auf den Azoren vor. Als Alternative bot er ein Treffen in Washington für den 15. und 16. Oktober an, »to clear up a great many things«. Falls der Präsident die Teilnahme der Franzosen wünsche, sei er einverstanden. Eisenhower gelang es jedoch wieder, eine Zusammenarbeit mit dem britischen Regierungschef zu vermeiden. Er erläuterte Churchill, daß er unaufschiebbare Termine habe. In seinem Antwortschreiben deutete Eisenhower aber an, es sei eine gute Idee, wenn Eden alleine nach Washington komme, um mit Dulles zu sprechen.[191] Churchill entwarf »a terrible second message to Ike«, doch änderte er kurz darauf seine Meinung. Das Telegramm wurde nun doch nicht abgeschickt.[192] Stattdessen teilte er dem Präsidenten lediglich sein Bedauern mit, daß ein Treffen nicht möglich sei. Er erwähnte, Eden beabsichtige, Dulles und Bidault zu Gesprächen nach London einzuladen.[193]

Am 10. Oktober hielt Churchill die Rede des Premierministes auf dem Parteitag der ›Tories‹ in Margate, der er mit großer Nervosität entgegengesehen hatte. Immerhin war dies sein erster öffentlicher Auftritt seit seinem Schlaganfall. Die 50minütige Rede war mit den Worten Colvilles ein »complete success«. Die amerikanische Botschaft bezeichnete sie als »considerable personal triumph«, charakterisierte den Parteitag jedoch als »[a] well controlled decorous assembly

190 Zitat: *ders.,* S. 107: Tagebucheintrag, 9.10.1953. Vgl. ebd., S. 106: Tagebucheintrag, 7.10.1953; *Colville*, Fringes, S. 679f.: Tagebucheintrag, Oktober 1953; *Moran*, S. 475ff.: Tagebucheinträge für Oktober 1953.

191 *Boyle* (Hrsg.), S. 89f.: Churchill an Eisenhower, 7.10.1953; ebd., Eisenhower an Churchill, 8.10.1953. Aus den bei Boyle veröffentlichten Briefen geht nicht hervor, daß Churchill sowohl ein Treffen auf den Azoren als auch die Alternative einer Zusammenkunft in Washington anbot, die Eisenhower ebenfalls ablehnte. Vgl. dazu die Schreiben in: PREM 11/892, Churchill an Eisenhower, PM/T. 259/53, FO an Washington Nr. 3892, 7.10.1953; ebd., Eisenhower an Churchill, 8.10.1953.

192 Dies ging möglicherweise auf die Überzeugungskraft Colvilles zurück. Vgl. *Shuckburgh*, S. 107: Tagebucheintrag, 9.10.1953; BUA: Avon Papers, AP 20/1/29A, Eden Tagebuch, Convalescent Cruise, 1.10.1953 [sic!] (die Tagebucheintragungen Shuckburghs und Edens weisen eine überraschende Übereinstimmung auf; selbst gewisse Redewendungen finden sich in beiden Tagebüchern; es ist anzunehmen, daß Shuckburgh Edens Tagebuch einsehen konnte); *Colville*, Fringes, S. 679: Tagebucheintrag, Oktober 1953. Vgl. auch *James*, Eden, S. 371.

193 *Boyle* (Hrsg.), S. 90f.: Churchill an Eisenhower, 9.10.1953; PREM 11/892, Eden, FO, an britische Botschaft Washington Nr. 3967, 9.10.1953. Siehe auch ebd., Aktennotiz Eden an Churchill, undatiert, ca. 9.10.1953. Vgl. zu dem Hintergrund der Gespräche: FRUS 1952–4, Bd. 7, S. 687 (Editorial Note); und ebd., S. 687f.: Dulles an US-Botschaft in Paris, 12.10.1953. Siehe auch CAB 128/26, Teil 2, C.C.(53)57th Conclusions, Minute 1, 13.10.1953.

devoted largely to platitudes and self-congratulation«.[194] Das Hauptthema von Churchills Ausführungen war, wie in der Rede am 11. Mai, an die der Premierminister ausdrücklich anknüpfte, die Einberufung eines »summit« mit der Sowjetunion. Geschickt betonte Churchill in dem Zusammenhang, wenn auch den Tatsachen völlig widersprechend, daß Eden und Salisbury ebenfalls der Meinung seien, »that we should persevere in seeking such a meeting between the heads of Governments«. Er führte weiterhin aus:

I still think that the leading men of the various nations ought to be able to meet together without trying to cut attitudes before excitable publics or using regiments of experts to marshall all the difficulties and objections, and let us try to see whether there is not something better for us all than tearing and blasting each other to pieces, which we can certainly do.[195]

Zwar sei es bisher noch nicht gelungen, »to persuade our trusted allies to adopt it in the form I suggested«, doch sei es nicht richtig »[to] say it is dead«. Über den Vertrag von Locarno äußerte Churchill, daß er natürlich von der Idee gesprochen habe, »of everybody going against the aggressor, whoever he may be, and helping the victim, large and small«. Der Zweite Weltkrieg habe zwar trotz des Locarno-Vertrages stattgefunden, doch damals sei Washington, im Unterschied zu der derzeitigen Situation, nicht an dem Vorhaben beteiligt gewesen. Wie er sich eine Mitwirkung der USA vorstellte, wovon im übrigen in seinen Darlegungen am 11. Mai keine Rede gewesen war, führte er nicht aus. Churchill machte stattdessen klar, daß es ihm mit seiner Politik darum gehe, die Weltmachtrolle Großbritanniens aufrechtzuerhalten. Irrigerweise glaubte er gar, daß Londons Einfluß auf die Politik Bonns und Moskaus eine steigende Tendenz aufweise: »Our duty is to use what I believe is our growing influence, both with Germany and with Russia, to relieve them of any anxiety they may feel about each other.«[196]

Obwohl auch Eden eine erfolgreiche Rede in Margate hielt, war nach Churchills triumphalem Auftritt abzusehen, daß vorerst kaum mit einem schnellen Rücktritt des Premierministers gerechnet werden konnte.[197] Gegenüber seinem

194 Erstes Zitat: NA: 741.13/10–1153, Aldrich an Dulles Nr. 1547, 11. 10. 1953. Zweites Zitat: ebd., 741.00/10–1253, Penfield, US-Botschaft in London, an Dulles Nr. 1567, 12. 10. 1953. Colville schrieb über Churchills Auftritt: »In the event one could see but little difference, as far as his oratory went, since before his illness.« *Colville*, Fringes, S. 679: Tagebucheintrag, Oktober 1953. Vgl. auch den ausführlichen Bericht bei *Moran*, S. 475–81: Tagebucheintrag, 6., 9., 10. 10. 1953.

195 Die Rede Churchills in Margate am 10. 10. 1953 ist abgedr. in: *James* (Hrsg.), Complete Speeches, Bd. 8, S. 8489–97. Zitate: S. 8495 f. Sie ist auszugsweise abgedr. in: *RIIA* (Hrsg.), Documents, 1953, S. 95–97.

196 Zit. nach *James* (Hrsg.), Complete Speeches, Bd. 8, S. 8496.

197 Vgl. das sehr differenzierte Memorandum über den Parteitag von Margaret J. Tibetts, Diplomatin an der US-Botschaft in London, in: NA: 741.00/10–1953, Tibetts an State Department, Nr. 1475, 19. 10. 1953.

Privatsekretär erwähnte Churchill, er habe nun auf jeden Fall die Absicht, nicht vor Mai 1954 aus dem Amt zu scheiden, wenn die Queen von ihrem Aufenthalt in Australien zurückkehren werde.[198] Etwas ähnliches hatte er bereits in Margate angedeutet.[199] Von nun an kam Eden immer mehr zu der Überzeugung, daß ein Gipfeltreffen unvermeidbar sei, falls jemals Churchills Rücktritt noch zu einem angemessenen Zeitraum vor den spätestens 1956 anstehenden Wahlen erreicht werden sollte. Das Scheitern der Konferenz würde dann Churchills Träume begraben und ihn zum Rücktritt veranlassen. Seit der erfolgreichen Rede Churchills in Margate wurde die Gipfeldiplomatie immer mehr zum Spielball zwischen den nun zu offenen Rivalen gewordenen Primadonnen der britischen Politik.[200]

Churchill hatte in seiner Rede in Margate auch einige Worte über die Rückkehr Deutschlands »among the great powers of the world« verloren. Sehr zum Mißfallen Frankreichs, der USA und Adenauers betonte er, daß, falls die EVG scheitere, sei »some new arrangement« im Sinne einer Einbindung Deutschlands in die NATO notwendig, »[to] join the strength of Germany to the western allies«.[201] Blankenhorn teilte dem Foreign Office daraufhin mit, Adenauer »considered it a mistake to have suggested that there was an alternative to EDC«.[202] Doch war Churchill nicht der erste führende britische Politiker, der öffentlich die NATO als Alternative zur EVG erwähnt hatte. Ende September war eine derar-

198 Vgl. *Colville*, Fringes, S. 679: Tagebucheintrag, Oktober 1953; *Moran*, S. 479 f.: Tagebucheintrag, 10. 10. 1953. Vgl. auch *James*, Eden, S. 372; *Gilbert*, Churchill, Bd. 8, S. 895. Ende November 1953 wollte die Queen sich auf eine lange Reise durch mehrere Länder des Commonwealth begeben.

199 Vgl. *James* (Hrsg.), Complete Speeches, Bd. 8, S. 8496 f.

200 *Carlton*, Großbritannien, S. 55, bezeichnet Churchill und Eden ebenfalls als Primadonnen. Laut Carlton war die Gipfelpolitik ihren persönlichen Streitereien völlig untergeordnet. M. E. kann aber erst seit dem Herbst 1953 (Margate) davon ausgegangen werden, daß persönliche Animositäten Einfluß auf die Gestaltung von Churchills »summitry« hatten. Carlton ist hier zu undifferenziert. Siehe auch die mit meiner Auffassung im Prinzip übereinstimmende Meinung von *James*, Eden, S. 372–74. James sieht in der Churchill-Eden-Beziehung von Herbst an eine gewisse Ähnlichkeit mit derjenigen zwischen Gladstone und Rosebery 1892–94.

201 Zit. nach *James* (Hrsg.), Complete Speeches, Bd. 8, S. 8495. Vgl. zur großen Verärgerung, die die Rede in Frankreich auslöste *Alexander Werth*, France, 1940–55, London 1956, S. 645 f. Der Autor ist zudem der Meinung, daß die Rede Churchills »a landmark« gewesen sei, da hier zum ersten Mal öffentlich angenommen wurde, daß die EVG nicht ratifiziert werde: »until then it was somehow assumed that, sooner or later, she would« (ebd., S. 646).

202 FO 371/103 956/CW 1051/29, Protokoll des Gesprächs zwischen Blankenhorn und dem britischen Diplomaten Chaput de Saintonge, 2. 11. 1953. In dem Gespräch warnte Blankenhorn, daß London keinesfalls Alternativen zur EVG ins Auge fassen solle. Die Bundestagswahlen seien letztlich auch ein Referendum über die EVG und die Westintegration gewesen.

tige Äußerung bereits von Under-Secretary of State Anthony Nutting während eines eintägigen Besuchs in der Bundesrepublik zu hören gewesen.[203] Aber auch in den USA wurden mittlerweile angesichts der stagnierenden Situation in Frankreich Alternativen zur EVG erörtert.[204] Besonders das Memorandum NSC-160/1 von Mitte August wies auf diese Notwendigkeit hin.[205] Auf Vorschlag des Verteidigungsministeriums waren die USA bereit, der französischen Regierung noch eine ›Galgenfrist‹ bis zum 1. Januar 1954 einzuräumen, um die EVG zu ratifizieren.[206] Dies schien insofern kein allzu großes Wagnis darzustellen, da die amerikanische Administration davon ausging, »that the risk of general war seemed at the moment less than at any time in recent years«.[207] Dulles zog daraufhin die für ihn beinahe revolutionäre Schlußfolgerung: »Therefore, the urgency to rearm Germany was perhaps not so great as we had thought.« Dulles und Verteidigungsminister Wilson stimmten überein, »that alternatives to EDC should indeed have been studied earlier, and ... that the study of alternatives by the Planning Board should be started at once«.[208] Während der Sitzung des NSC vom 1. Oktober stellte sich heraus, daß Eisenhower aber immer noch bezweifelte, daß es eine realistische Alternative zur französischen Mitgliedschaft in der EVG gebe.[209] Dies war auch die Meinung Botschafter Conants in Bonn.[210] Dulles schrieb dem Hochkommissar am 20. November: »Certainly, the United States is not now considering alternatives.«[211] Während der 166. NSC-Sitzung

203 Ebd., CW 1051/12, Hoyer Millar, Wahnerheide, an FO Nr. 761, 29.9.1953. Vgl. auch CAB 128/26 Teil 2, C.C.(53)52nd Conclusions, Minute 7, 16.9.1953, Diskussion eines Memorandums Salisburys, C.(53)256 (zu finden in: CAB 129/63) über »possible alternative forms of a security guarantee between the Soviet Union and the Western Powers«. Siehe aber ebenfalls Edens Vorschläge zu einer leichten Vertiefung der britischen Assoziation mit der EVG, in: CAB 128/26, Teil 2, C.C.(53)72nd Conclusions, Minute 4, 26.11.1953; und Edens Memorandum darüber in: CAB 129/64, C.(53)332, November 1953.

204 Darauf soll im folgenden nicht detailliert eingegangen werden. Vgl. dazu vor allem *Rupieper*, Verbündete, S. 348 ff.; und *Jansen*, S. 40 ff.

205 NSC 160/1 vom 17.8.1953 ist abgedr. in: FRUS 1952–54, Bd. 7, S. 510–20. Siehe vor allem S. 515 f., 518 f.

206 Vgl. ebd., S. 515 f., Anm. 2.

207 Ebd., S. 501–08: Memorandum der 159. NSC-Sitzung, 13.8.1953. Zitat: S. 504. Dieser Ansicht war allerdings auch die britische Regierung wie überhaupt die meisten NATO-Mitgliedstaaten. Vgl. PREM 11/369, C.C.(53)50th Conclusions, Minute 2, 25.8.1953: Diskussion eines Memorandums von Lord Salisbury, »A Revised Policy Directive for the North Atlantic Treaty Organisation« (zu finden in: CAB 129/62, C.(53)234, 17.8.1953).

208 FRUS, ebd., S. 506: Memorandum der 159. NSC-Sitzung, 13.8.1953.

209 Ebd., S. 542: Memorandum der 164. NSC-Sitzung, 1.10.1953.

210 Ebd., S. 553 f.: Brief von Conant, Bonn, an Dulles, 13.11.1953.

211 EL: John Foster Dulles Papers, Subject Series, Box 8, Akte: Germany, 1953–54 (2), Brief Dulles an Conant, 20.11.1953.

am 13. Oktober war in Washington entschieden worden, daß der 1. April 1954 der Zeitpunkt sei, »on which the German military build-up will effectively begin ... assuming prior EDC ratification«.[212] Trotz seiner gelegentlichen, auf purer Verzweiflung beruhenden schwankenden Haltung war Dulles nicht von der Alternative der NATO-Mitgliedschaft eines mit einer nationalen Armee ausgestatteten Deutschlands überzeugt. Jedenfalls schrieb er Conant am 9. November, »that this would be a most unsatisfactory alternative to European unity«.

No doubt we are at the crossroads and if EDC fails, the consequences may have to be a change more radical than merely to bring Germany into NATO. Of course, Churchill and many of our military people would doubtless favour that course.[213]

Infolge der Einladung Edens trafen der amerikanische und französische Außenminister bereits am 15. Oktober zu dreitägigen Gesprächen in London ein.[214] Am Abend des gleichen Tages speisten Dulles und Botschafter Aldrich mit Churchill, Eden und Salisbury. Es wurde fast ausschließlich über die Möglichkeit einer Gipfelkonferenz mit Moskau gesprochen. Während Churchill seine bekannten Argumente für ein »summit« darlegte, machte Dulles den ablehnenden Standpunkt Eisenhowers klar. Er fügte jedoch hinzu, daß, falls Churchill seine Pläne für ein Gipfeltreffen bis nach der Ratifizierung der EVG zurückstelle, er Eisenhower bitten werde, seine Haltung zu überdenken.[215] Der Premierminister scheint dies als Versprechen des Präsidenten interpretiert zu haben, nach der Ratifizierung der EVG an einem Treffen mit Moskau teilzunehmen.[216] Deutlich wurde während der Gespräche, daß Churchill keinesfalls gewillt war, bei der kurz nach seinem Schlaganfall verkündeten Bereitschaft zu bleiben, ein »sum-

212 FRUS 1952–54, Bd. 7, S. 543: 166. NSC-Sitzung, 13. 10. 1953 (Editorial Note). Dies bedeutete aber nicht, daß keine weiteren Alternativpläne ausgearbeitet wurden. Sie erhielten vorerst lediglich nicht mehr die ihnen bisher geschenkte Aufmerksamkeit. Die rangniederen Mitarbeiter des State Department, Verteidigungsministeriums und PPS beschäftigten sich nach wie vor mit Alternativlösungen. Vgl. z. B. NA: 762A.00/11–1953, Memorandum und Telegrammentwurf von Lewis, Office of German Affairs, an Merchant, 20. 11. 1953; ebd., PPS 64D563, Box 722, »Europe, 1952–53«, Memorandum Owen »Alternatives to EDC«, 24. 11. 1953; ebd. Box 20035, »Europe, 1952–53«, Memorandum Fuller an Bowie, »Alternatives to EDC«, 1. 12. 1953; ebd., Box 721, Memorandum Beam an Bowie, »Defence Department Paper on Alternatives to EDC«, 9. 12. 1953.

213 FRUS, ebd., S. 553: Brief von Dulles an Conant, Bonn, 9. 11. 1953. Siehe auch EL: John Foster Dulles Papers, Subject Series, Box 8, Akte: Germany, 1953–54 (2), Brief Dulles an Conant, 20. 11. 1953.

214 Ebd., S. 688: Dulles an US-Botschaft in Paris, 12. 10. 1953.

215 Vgl. ebd., S. 691: Dulles an Eisenhower, 16. 10. 1953. Vgl. zu der Londoner Konferenz auch PREM 11/892; und FO 371/125 123/ZP 3/1/G, Nr. 1–22.

216 Vgl. die Aussagen von Colville, der sich auf Äußerungen Churchills bezogen haben muß, mitgeteilt bei *Shuckburgh*, S. 108: Tagebucheintrag, 18. 10. 1953.

mit« erst nach der Verwirklichung der EVG anzustreben. Dies war tatsächlich nur eine Taktik gewesen, um Eisenhower und das Foreign Office zu besänftigen. Grundsätzlich hatte der Premierminister seine ablehnende Haltung zur EVG keinesfalls geändert. Dulles konnte daher dem Präsidenten schreiben: »Winston made usual uncomplimentary references EDC with grudging acquiescence in importance early decision one way or another.« Als der Premierminister im Laufe des Abends äußerte, daß er unter Umständen alleine zu Malenkow reisen wolle, wurde ihm von Dulles energisch widersprochen. Ein heftiges Streitgespräch entstand.[217] Dulles erkannte jedoch, daß Eden und Salisbury die Absichten Churchills keinesfalls teilten. Eden berichtete ihm, »that he doubted [the] wisdom [of a] »summit« although he would, of course, loyally support his chief«. Grundsätzlich war Eden wie Dulles der Meinung, daß erst nach erfolgter Ratifikation der EVG ein Gipfeltreffen anberaumt werden dürfe, wäre doch dann »a high-level meeting ... much less dangerous«.[218]

Bei diesem Stand der Dinge sollte es während der dreitägigen Londoner Konferenz bleiben.[219] Botschafter Aldrich befürchtete trotz eines gewissen Einlenkens Churchills – er wollte vorerst nicht weiter auf einem sofortigen »summit« bestehen –, daß dieser immer noch an eine »lonely pilgrimage« nach Moskau denke.[220] Damit konnte auch tatsächlich nach wie vor gerechnet werden, war der Premierminister doch durch entgegenkommende Äußerungen sowjetischer Politiker ermutigt worden.[221] In einer außenpolitischen Rede im Unter-

217 FRUS 1952–54, Bd. 7, S. 691: Dulles an Eisenhower, 16. 10. 1953. Zitat: ebd., S. 718: Memorandum der 167. NSC-Sitzung, 22. 10. 1953 (Bericht Dulles über die Londoner Konferenz). Vgl. zu der Sitzung vom 16. 10. 1953: *Shuckburgh*, ebd.

218 FRUS, ebd., S. 692: Dulles an Eisenhower, 16. 10. 1953; ebd., S. 719: Memorandum der 167. NSC-Sitzung, 22. 10. 1953. Salisbury teilte dem amerikanischen Botschafter gar mit, daß ihm die Einstellung Dulles sehr gefalle. Vgl. zu den Londoner Gesprächen auch *Carlton*, Eden, S. 334.

219 Aufgrund der aktuellen Entwicklungen beschäftigten sich die Politiker hauptsächlich mit der Krise um Triest und dem weiteren Notenwechsel mit der Sowjetunion. Vgl. *Shuckburgh*, S. 107–09: Tagebucheintrag, 18. 10. 1953; FRUS, ebd., S. 692ff. Siehe auch den gebundenen Band der Sitzungsprotokolle der Konferenz in, PRO: FO 371/125 123/ZP 3/1/G, Nr. 1–22.

220 FRUS, ebd., S. 716f.: Memorandum Aldrich über das Essen mit Churchill, 19. 10. 1953.

221 Der sowjetische UNO-Botschafter Wyschinski hatte Ende Oktober in New York erklärt, Moskau befürworte eine Konferenz der Regierungschefs der Großmächte. Dem ›Daily Telegraph‹ zufolge war dies »the first time he had accepted an invitation of this kind«. Colville vermerkte in einer sich auf den Bericht beziehenden Notiz, daß auch bereits Molotow, im Gespräch mit dem Labour-Abgeordneten Harold Wilson, Churchills »summit«-Vorschlag in der Rede vom 11. Mai als »very interesting« bezeichnet habe. PREM 11/420, Artikel des ›Daily Telegraph‹ vom 28. 10. 1953; ebd., Aktennotiz Colville, 10. 11. 1953.

haus am 3. November und kurz darauf während einer Rede im Londoner *Mansion House* ließ Churchill aber nichts von seiner abweichenden Haltung verlauten.[222] Lord Moran führte das vor allem auf den Einfluß Anthony Edens zurück.[223] Die *New York Times* glaubte sogar, eine grundsätzliche Änderung der Einstellung des Regierungschefs entdeckt zu haben. Auf eine entsprechende Anfrage Bedell Smiths mußte die amerikanische Botschaft in London aber das State Department enttäuschen. Churchill verfolge trotz des fast geschlossenen Widerstands von Kabinett und Foreign Office weiterhin seine »summit«-Ideen.[224]

Am 18. Oktober wurde die während der Londoner Konferenz diskutierte Antwort der Westmächte auf die Note der UdSSR vom 28. September übermittelt.[225] Mitgeteilt wurde, daß das von Moskau vorgeschlagene Fünfmächtetreffen über Fragen der Abrüstung und der Verringerung der Konfrontation zwischen Ost und West nicht grundsätzlich abgelehnt werde. Der Westen machte den Vorschlag, zuerst eine Konferenz über die Lösung der deutschen und österreichischen Frage abzuhalten. Diese sollte am 9. November in Lugano beginnen.[226] Aus einem Brief Dulles' an Eisenhower wird deutlich, daß der Secretary of State es keinesfalls ernst mit dem Konferenzvorschlag meinte. Da Frankreich bis zum Januar die EVG ratifiziert haben werde, sei es sinnvoll, »that we ought not seriously to seek discussions with the Soviets until decisions have been taken on EDC«.[227] Moskau antwortete auf die westliche Note bereits 14 Tage später, am 3. November, doch war keine Annäherung der Standpunkte festzustellen.

222 Vgl. *Churchill*, Foreign Affairs-Rede, in: H.C., Parl. Deb., 5th series, Bd. 520, 3.11.1953, Sp. 28–31. Die traditionelle außenpolitische Rede des Premierministers während des Banketts des Lord Mayors am 9. November 1953 ist abgedr. in: *James* (Hrsg.), Complete Speeches, Bd. 8, S. 8506–08.

223 Vgl. *Moran*, S. 492–94: Tagebucheintrag, 3.11.1953.

224 Smith wurde mitgeteilt: »He [Churchill] is well aware his health gives him relatively little time and is therefore prone to push proposals at pace which under more normal circumstances would be against his better judgement... It is probable that Churchill still desires to bring about four-power top level conference and regards meeting with President Eisenhower as step on road to Moscow... We have definite impression that practically all members of government are now convinced of unwisdom of continuing to press for four-power top level talks and we believe that Cabinet would be solidly opposed to any solitary pilgrimage by Churchill to Moscow.« NA: 741.00/11–1153, Aldrich an Dulles Nr. 2053, 11.11.1953. Siehe auch ebd., /11–553, Smith an US-Botschaft in London Nr. 2474, 5.11.1953.

225 Vgl. zur Ausarbeitung der Note: FRUS 1952–54, Bd. 7, S. 651 f.

226 Die westliche Note vom 18.10.1953 ist abgedr. in: *RIIA* (Hrsg.), Documents, 1953, S. 98–100.

227 PUA: Eisenhower Library, John F. Dulles Papers, Drafts of Presidential Correspondence, Box 1, »Memorandum for the President, Atomic Speech«, 23.10.1953.

Die Sowjetunion lehnte das vorgeschlagene Treffen weder ab, noch stimmte sie ihm zu.[228] Der Notenwechsel schien immer mehr in einer Sackgasse zu enden.

Dies war auch der Eindruck Churchills. »So why not let us try Bermuda again?« fragte er Eisenhower in einem Brief vom 5. November. »We could then take stock of the whole position and I think quite a lot of people will be pleased that we are doing so.«[229] Eden und die Mehrheit der britischen Kabinettsmitglieder lehnten Churchills Initiative ab. Der amerikanische Botschafter Aldrich empfahl seiner Regierung, das Treffen zu vermeiden, zumal die negative Note der Sowjetunion vielleicht den Weg für eine schnelle Ratifikation der EVG geebnet habe.[230] Überraschenderweise versuchte Eisenhower jedoch nun nicht mehr, einer Konferenz mit Churchill aus dem Weg zu gehen. Aufgrund der negativen sowjetischen Antwort glaubte er, »there may be considerable value in a good talk between us and the French in order to survey the situation in which we now find ourselves«. Der Präsident beabsichtigte, die Konferenz vor allem dazu zu benutzen, der französischen Regierung die Dringlichkeit der Ratifizierung der EVG vor Augen zu führen.[231] Dennoch war Eisenhower auf der Hut. Um bei Churchill keine falschen Hoffnungen aufkommen zu lassen, teilte er ihm unmißverständlich mit:

> It would be necessary of course to avoid creating a false impression that our purpose in meeting is to issue another invitation to the Soviets. There is nothing to be gained by showing too much concern over their intransigence ... and I believe that instead of relating our meeting to any Soviet word or act, past or future, we should merely announce that we are meeting to discuss matters of common interest.[232]

Der Premierminister war dennoch »delighted«. Plötzlich hatte er nun keinerlei Bedenken mehr gegen die Teilnahme des französischen Ministerpräsidenten. Auch wehrte er sich nicht gegen Eisenhowers Bedingung, zu verkünden, daß man das Treffen lediglich einberufen habe, »to discuss matters of common interest« – so wenig glaubhaft das auch erscheinen mußte.[233] Die nun anlaufende Vorbereitung der Konferenz verlief relativ unkompliziert. Schwierig gestaltete sich alleine die Einbindung Frankreichs. Ministerpräsident Laniel war verärgert,

228 Die sowjetische Note vom 3.11.1953 ist auszugsweise abgedr. in: *RIIA* (Hrsg.), Documents, 1953, S. 100–106. Zusammen mit der Analyse Hayters ist sie auch zu finden in: PREM 11/419, Hayter, Moskau, an FO Nr. 802, 3.11.1953.

229 *Boyle* (Hrsg.), S. 93: Churchill an Eisenhower, 5.11.1953. Vgl. auch PREM 11/418, C.C. (53)64th Conclusions, Minute 2, 9.11.1953.

230 EL: Ann Whitman File, International Series, Box 17, Akte: President-Churchill, Bd. 3 (4), Aldrich an Dulles Nr. 1979, 6.11.1953.

231 Vgl. NA: 611.41/11–1053, Memorandum, »United States Objectives at Bermuda«, 10.11.1953, ohne Verfasserangabe. Siehe auch EL: John Foster Dulles Papers, Subject Series, Box 8, Akte: Germany, 1953–54 (2), Brief Dulles an Conant, 20.11.1953.

232 *Boyle* (Hrsg.), S. 93f.: Eisenhower an Churchill, 6.11.1953. Zitat: S. 94.

233 Ebd., S. 95: Churchill an Eisenhower, 7.11.1953.

daß Churchill das Treffen mit Eisenhower arrangiert und selbst Adenauer unterrichtet hatte, bevor Paris konsultiert worden war. Der Premierminister zeigte sich verstimmt, daß seine persönliche Konferenzeinladung von Laniel lediglich auf unpersönlichem diplomatischem Wege beantwortet wurde.[234] Bevor sie überhaupt begonnen hatte, stand die Bermuda-Konferenz bereits unter einem unglücklichen Stern.

Die USA beabsichtigten, die Diskussionen mit Briten und Franzosen in Bermuda »on the most general terms« zu halten. Das State Department hatte allerdings »Churchill's probable line on USSR« nicht in Erfahrung bringen können. Der Premierminister schien nicht die Ausarbeitung persönlicher Positionspapiere angeordnet zu haben.[235] Die amerikanischen Experten hegten die Hoffnung, »[that he] will not press specific suggestion for any chiefs of state meeting«. Dennoch war den amerikanischen Politikern klar:

> It must always be borne in mind, that he is imaginative, unpredictable, firm in belief in his own genius, and apparently determined to attempt one last crowning act on world stage.[236]

Die Amerikaner wußten, daß ihre Absicht, Laniel und Bidault in Bermuda zur Ratifizierung der EVG zu drängen, auf wenig Entgegenkommen stoßen würde. Angesichts der Überzeugung Washingtons, die USA könnten weiterhin keine verpflichtenden Bindungen zur Stationierung amerikanischer Truppen in Europa eingehen, schienen ernsthafte Auseinandersetzungen über die EVG unausweichlich zu sein. Das Foreign Office machte sich Gedanken darüber, ob Frankreich vielleicht durch eine Zusicherung der Stationierung amerikanischer und britischer Truppen auf dem Kontinent, »at least for [the] next few years«, der deutschen Wiederbewaffnung zustimmen und endlich die EVG ratifizieren würde. Damit wurden erstmals Überlegungen ventiliert, die schließlich im Herbst 1954 zur Entwicklung einer Alternative zu der im August 1954 gescheiterten EVG führen sollten.[237] Die französische Regierung drängte London und Wa-

234 Vgl. PRO: PREM 11/418, Harvey, Paris, an FO, NO.453, 10.11.1953. Siehe auch *Young*, Bermuda, S. 899. Nach Churchills Rede in Margate rief die Art und Weise der Einladung zur Bermuda-Konferenz bereits die zweite Verstimmung in Paris innerhalb eines Monats hervor.

235 Einige wenige, von denen die amerikanische Botschaft nichts wußte, befinden sich in PRO: ebd. Siehe auch FRUS 1952–54, Bd. 5, S. 1714f.: 170. NSC-Sitzung, 13.11.1953. Zitat: S. 1715; ebd., S. 1716f.: Memorandum Raynor, Direktor des Office of British Commonwealth and Northern European Affairs, an MacArthur II, 16.11.1953.

236 FRUS, ebd., S. 1721: Aldrich, London, an State Department, 27.11.1953.

237 Von der Möglichkeit, den Brüsseler Vertrag von 1948 nutzbar zu machen, war allem Anschein nach zu diesem Zeitpunkt noch keine Rede. Vgl. FRUS, ebd., S. 1723–25: Aldrich, London, an Dulles, 27.11.1953. *Young*, Bermuda, S. 900, geht zu weit in der Annahme, daß das FO alle Vorschläge Churchills zurückwies, Alternativen zur EVG

shington bereits seit längerem zu versprechen, ihre Truppen auf jeden Fall für die nächsten 20 Jahre, also für die Dauer des auf fünf Jahrzehnte abgeschlossenen NATO-Vertrages, auf dem Kontinent zu belassen. Eine in französischen Augen jederzeit mögliche militärische Hegemonie Deutschlands in Europa sollte dadurch von vornherein ausgeschlossen werden.[238] Die Churchills Auffassung genau entgegengesetzte Meinung Bidaults, der machtpolitische *Status quo* in Europa solle vorerst akzeptiert werden, deutete ebenfalls auf Schwierigkeiten während des Treffens hin. Zumindest öffentlich würde dies auch kaum von Adenauer vertreten werden können.

He [Bidault] felt that we should ... take approach that we were now settling down for the long term, during which Europe would be divided as at present for many years, and that we must find means of adapting ourselves to this longrange situation and of maintaining the necessary defence as economically as possible.[239]

Am 10. November erfuhr die Öffentlichkeit, daß die ursprünglich für Anfang Juli geplante Konferenz der westlichen Regierungschefs jetzt vom 4. bis 8. Dezember auf Bermuda stattfinden werde.[240] Die sich andeutenden Komplikationen waren noch kaum bekannt geworden. Die Aufmerksamkeit der Medien konzentrierte sich vielmehr auf die Auseinandersetzungen um die Einberufung einer Außenministerkonferenz mit der UdSSR. Am 13. November entschied sich Molotow zu dem ungewöhnlichen Schritt, eine Pressekonferenz in Moskau einzuberufen.[241] Der Außenminister erklärte, daß die Sowjetunion sich keinesfalls geweigert habe, an einem Viermächtetreffen teilzunehmen. Zwischen der UdSSR und dem Westen gebe es lediglich Meinungsverschiedenheiten über die

zu erörtern. Im Gegenteil, die Ausarbeitung konkreter und schließlich erfolgreicher Alternativvorschläge begann ernsthaft im Herbst 1953; zugleich wurde aber auch weiterhin darüber nachgedacht, wie vielleicht doch noch die EVG verwirklicht werden könnte. In seinen Memoiren schreibt *Frank Roberts*, S. 172, über die Londoner Konferenz, die im Oktober 1954 zu der erfolgreichen Entwicklung einer Alternative zur EVG führte: »Although this had never yet been mentioned, it had always been a part of the British plan that we would commit ourselves to certain force levels on the Continent. »Vgl. auch CAB 128/26, Teil 2, C. C. (53)72nd Conclusions, Minute 4, 26. 11. 1953; CAB 129/64, C. (53)332.

238 Vgl. zu den amerikanischen Überlegungen mit Blick auf die EVG und der Unwilligkeit, verpflichtende Bindungen zur Stationierung amerikanischer Truppen in Europa einzugehen: FRUS, ebd., S. 1729–36.

239 Ebd., S. 1719: Achilles, Paris, an State Department, 17. 11. 1953.

240 Vgl. *Churchill*, Oral Answers, in: H. C., Parl. Deb., 5th series, Bd. 520, 10. 11. 1953, Sp. 773 f. Siehe auch PRO: ebd., C. C. (53), 64th Conclusion, Minute 2, 9. 11. 1953; ebd., 65th Conclusions, Minute 2, 10. 10. 1953.

241 Bohlen glaubte, daß möglicherweise auf diese Weise dem schlechten Eindruck, den die Note vom 3. November in der westlichen Öffentlichkeit hervorgerufen hatte, entgegengetreten werden sollte. Vgl. FRUS 1952–54, Bd. 7, S. 678: Bohlen an State Department, 27. 11. 1953.

Ziele einer solchen Konferenz, nicht aber über ihre grundsätzliche Notwendigkeit. Der Vorschlag eines Treffens in Lugano sei im Gegensatz zu der sowjetischen Idee einer Fünfmächtekonferenz nicht geeignet, die Spannungen zwischen Ost und West zu beseitigen.[242] Nur drei Tage später reagierten die Westmächte.[243] Sie verzichteten nun in ihrer Antwortnote darauf, Moskau einen neuerlichen Termin vorzuschlagen. Sie schrieben, daß die Sowjetunion allem Anschein nach zur Zeit nicht an Verhandlungen interessiert sei. Die Einladung vom 18. Oktober werde dennoch aufrechterhalten.[244] In einer weiteren Note vom 26. November griff die Sowjetunion heftig die Politik der »remilitarization« der Bundesrepublik und die Aufstellung der »European Army« an und insistierte auf der Teilnahme Chinas an einer Konferenz zum Abbau der weltweiten Spannungen. Doch im letzten Abschnitt erklärte der Kreml sich plötzlich bereit, an der vorgeschlagenen Außenministerkonferenz der Vier Mächte zur Lösung der deutschen Frage teilzunehmen. Der sowjetische Repräsentant werde dort allerdings die Forderung nach einem Fünfmächtetreffen erheben. Moskau schlug vor, die Konferenz in der nahen Zukunft in Berlin anzuberaumen.[245]

In den westlichen Außenministerien stellte man sich die Frage, wie diese abrupte Änderung der sowjetischen Haltung zu erklären sei. Botschafter Bohlen glaubte, Moskau versuche damit erneut, die negative Reaktion der westlichen Sympathisanten der UdSSR auf die sowjetische Note vom 3. November aufzufangen. Der Kreml habe kein Interesse an einer Rückkehr zu einem intensiv geführten Kalten Krieg. Auch fühle sich die Sowjetunion nun wegen der inzwischen stabilisierten Lage in der DDR wesentlich sicherer.[246] Insgesamt war Bohlen der Meinung, die sowjetische Note »represents important shift in tactical handling of German question«. Sie stelle allerdings keine Änderung der grundsätzlichen Deutschlandpolitik Moskaus dar. Möglicherweise deute die schnelle Kehrtwendung der sowjetischen Politik auf Meinungsverschiedenheiten im

242 Vgl. *RIIA* (Hrsg.), Survey, 1953, S. 35.

243 Vgl. FRUS 1952–54, Bd. 7, S. 722 (Editorial Note). Ein gebundener Band mit den meist von Frank Roberts verfaßten Protokollen und Memoranda der vom 21. 10. bis zum 2. 11. 1953 in Paris tagenden »Tripartite Official Talks on Germany and Austria«, die die Antwortnote im wesentlichen ausarbeitete, befindet sich in: PREM 11/449 (auch in: PREM 11/419). Siehe auch das auf den Ausarbeitungen der Arbeitsgruppe aufbauende Memorandum von Eden, »Germany, Austria and Security Arrangements«, in: PREM 11/419, C. (53)316, 13. 11. 1953.

244 Die westliche Note vom 16. 11. 1953 ist abgedr. in: *RIIA* (Hrsg.), Documents, 1953, S. 106f. Wie sein Vorgänger Gascoigne sah auch Botschafter Hayter »no real change« in der Politik Moskaus seit Stalins Tod. FO 371/106 527/NS 1021/118, Hayter an FO Nr. 250, 24. 11. 1953.

245 Die sowjetische Note vom 26. 11. 1953 ist abgedr. in: FRUS 1952–54, Bd. 7, S. 673–77. Zitate: S. 675. Auszugsweise ist die Note auch abgedr. in: *RIIA* (Hrsg.), Documents, 1953, S. 107–09.

246 FRUS, ebd., S. 1662f.: Lyon, Berlin, an US-Hochkommission in Bonn, 21. 10. 1953.

Kreml hin. Bohlen empfahl, dem Vorschlag Moskaus nachzukommen. Schließlich handele es sich bei dem Einlenken des Kreml um »[a] distinct victory for Western diplomacy«.[247] Dieser Ansicht schloß sich das State Department im wesentlichen an.[248] Die USA seien nicht »particularly concerned« über den Konferenzort Berlin, doch müsse Adenauers Standpunkt einbezogen werden.[249] Der Bundeskanzler stand einem Viermächtetreffen aber nun wieder äußerst ablehnend gegenüber. Gegenüber dem amerikanischen Hochkommissar ließ er an seiner skeptischen Haltung keinen Zweifel.[250] Als deutscher Kanzler könne er dem Konferenzort Berlin zwar nicht ablehnend gegenüberstehen, doch »personally he had considerable doubts«.[251]

Chancellor felt very strongly that it would be dangerous in extreme for Bermuda meeting to agree to meeting of four foreign ministers in too near future... He felt that for three Allies to meet with Russians before there was another threepower meeting with a French Government, which had been put in power after French presidential elections, would be foolish and might well be disastrous. His whole idea therefore was to write note now which would gain time.[252]

Das Foreign Office hatte für die Bedenken Adenauers kein Verständnis. Eden empfahl Dulles, den sowjetischen Vorschlag anzunehmen. Gegen den Konferenzort Berlin sei nichts einzuwenden, und als Beginn der Konferenz solle Mitte Januar vorgeschlagen werden. Die genaue Antwortnote könne während der Bermuda-Konferenz ausgearbeitet werden.[253] Der Außenminister war entschlossen, das Einlenken Moskaus zu nutzen, um das Schicksal der Gipfeldiplomatie seines Premierministers zu besiegeln. Immerhin hatte Churchill ihm noch am 19. November untersagt, dem Kabinett ein Memorandum vorzulegen, in dem es hieß, das Moskau seit Stalins Tod nicht viel mehr als »certain gestures« gemacht habe, die dem Kreml keine großen politischen Opfer abverlangt hätten.[254] Auch der Antrittsbesuch, den Sir William Hayter, als erster nichtkommu-

247 Ebd., S. 677–79: Bohlen, Moskau, an State Department, 27.11.1953. Zitate: S. 677, 679. Vgl. auch ebd., Bd. 8, S. 1218–20: Bohlen an State Department, 5.12.1953.

248 Dulles verkündete dies gar öffentlich während einer Pressekonferenz am 1. Dezember. Vgl. *RIIA* (Hrsg.), Survey, 1953, S. 36.

249 FRUS 1952–54, Bd. 7, S. 680: Dulles an die US-Botschaft in London, 28.11.1953.

250 Ebd., S. 683: Conant, Bonn, an State Department, 30.11.1953.

251 Adenauer befand sich in Übereinstimmung mit der französischen Regierung, die Berlin ebenfalls ablehnte. Vgl. zu der französischen Haltung: ebd., S. 680, Anm. 4.

252 Ebd., S. 682f.: Conant, Bonn, an State Department, 30.10.1953. Dulles hatte zudem Hallstein gefragt, »[whether] in fact the Chancellor's purpose in his suggestions was to evade or escape any four power meeting at all. Hallstein acknowledged that this was a fact«. NA: PPS 64D563, Box 17, »Germany«, 1.12.1953.

253 FRUS, ebd., S. 680, Anm. 2: Dulles an die US-Botschaft in London, 28.11.1953.

254 PREM 11/418, Eden an Churchill und Churchill an Eden, 19.11.1953. Siehe auch FO 371/105 180/20; sowie *Young*, Bermuda, S. 900.

nistischer Botschafter, am 28. November bei Malenkow absolvieren sollte, schien Eden zu Schwierigkeiten mit Churchill führen zu können.[255] Obwohl das Foreign Office bereits am 7. November damit rechnete, daß Hayter die Möglichkeit eines Gesprächs mit Malenkow eingeräumt werde, wurde Churchill davon nicht unterrichtet.[256] Stattdessen bemühten sich Eden und die Diplomaten, alles in ihrer Macht Stehende zu tun, um jede Einmischung des Premierministers zu verhindern. Eden gab etwa ausdrücklich Anweisung, die Telegramme aus Moskau, die von der Möglichkeit eines Gesprächs berichteten, »should remain departmental«. Sie sollten nicht in die Hände von No. 10 Downing Street geraten.[257] Frank Roberts kommentierte: »The exchange with M. Molotov is quite enough in present circumstances.«[258]

Am 1. Dezember legte Dulles in einem Gespräch mit Hallstein in Washington die amerikanischen Gründe für die Auffassung der USA dar, daß der Konferenzvorschlag Moskaus angenommen werden solle. Aller Voraussicht nach sei es »highly improbable«, daß während des Treffens »anything of substance« erreicht werde. Falls sich die Ratifizierung der EVG bis Mai oder Juni 1954 hinauszögere, könne man sicher sein, daß der Kongreß eine sehr rigide Haltung bei der Verteilung der amerikanischen Finanzhilfe an die Europäer einnehmen werde.[259] Daher sei es am besten, »to get the four power meeting over and get it over with fast«. Dulles deutete an, Adenauer solle sich nicht der Illusion hingeben, die USA seien bereit, »to work with Germany to the exclusion of France«.[260] Ein Brief Hochkommissar Conants an Dulles macht deutlich, daß zumindest indirekt die auf der Washingtoner Konferenz beschlossene Strategie für eine Viermächtekonferenz Hallstein gegenüber bekräftigt wurde. Dem Staatssekretär wurde angedeutet, die Konferenz sei notwendig, um durch ihr Scheitern die

255 Vgl. Hayters Bericht vom 3. 12. 1953 über das Treffen mit Malenkow am 28. 11. 1953, das sich als wenig relevant herausstellte, in: FO 371/106 535/NS 1051/88, 89. Hayter charakterisierte Malenkow als »shrewd and quick«, bezeichnete aber ansonsten das Gespräch nur insofern als »significant that interview has taken place at all«. Siehe auch *William Hayter*, The Kremlin and the Embassy, London 1966, S. 34f. Vgl. auch allgemein zu Hayters Eindruck über die Außenpolitik der UdSSR; *ders.,* The Diplomacy of the Great Powers, London 1960, S. 20ff.

256 PRO: ebd., NS 1051/85, Aktennotiz Shuckburgh über sein Gespräch mit Eden, 16. 11. 1953.

257 Ebd., 13. 11. 1953.

258 Ebd., NS 1051/78, Aktennotiz Roberts, 8. 11. 1953.

259 Vgl. zu den Schwierigkeiten, die man mit dem US-Kongreß erwartete, falls die EVG nicht bis Mitte Januar ratifiziert werde: FRUS 1952–54, Bd. 6, S. 1392f.: Merchant, an Dillon, Paris, 28. 10. 1953.

260 NA: PPS 64D563, Box 17, »Germany«, 1. 12. 1953. Siehe auch EL: John Foster Dulles Papers, Subject Series, Box 8, Akte: Germany, 1953–54 (2), Brief Dulles an Conant, 20. 11. 1953; ebd., Ann Whitman File, ACW (Ann Whitman) Diary, Box 1, Diary November–December, 1953 (2), »Conference on Bermuda«, 2. 12. 1953.

Ratifizierung der EVG in Frankreich zu sichern. Hallstein übermittelte dem Kanzler einen entsprechenden Bericht, und am 4. Dezember teilte Conant dem Secretary of State mit, Adenauer habe seine Meinung völlig geändert. Der Hochkommissar berichtete:

> He [Adenauer] is now completely changed as a result of your arguments transmitted through Professor Hallstein. He is in favour of a four power conference as soon as possible, only hopes it will be brief and ... will persuade the French that they must proceed with ratification of EDC.[261]

Damit war bereits Anfang Dezember klar, daß das Außenministertreffen der Vier Mächte in Kürze stattfinden würde. Die in nur wenigen Tagen anstehende Bermuda-Konferenz der westlichen Regierungschefs bot sich in idealer Weise an, um das Treffen mit Molotow vorzubereiten. Das Foreign Office war der Auffassung, es sei der Sowjetunion zu verdanken, daß die nach Ansicht der Diplomaten eigentlich überflüssige und nur auf Churchills Drängen zustandegekommene Bermuda-Konferenz nun doch noch so etwas wie einen Sinn erhalten habe.[262] Eden ging davon aus, daß in Bermuda der Konferenz mit Moskau endgültig zugestimmt werde. Er hoffte, das Scheitern des Viermächtetreffens werde dazu beitragen, Churchills gipfeldiplomatische Träume zu begraben und seinen Rücktritt herbeizuführen. Shuckburgh kommentierte: »A. E. is keenness itself.« Noch am 30. November hatte Eden frustriert mit dem Gedanken gespielt, seinen Posten zur Verfügung zu stellen.[263] Dennoch fürchtete der Außenminister insgeheim, Eisenhower könnte vielleicht doch dem Charme und der Überredungskunst Churchills erliegen und einem »summit« zustimmen.[264] Dies war aber recht unwahrscheinlich. Es konnten kaum Zweifel daran bestehen, daß die Politiker sich an die während der Washingtoner Konferenz vereinbarte Strategie halten würden. Lediglich Churchill gab sich der Illusion hin, den Präsidenten überzeugen zu können, statt einem Außenministertreffen einer baldigen Gipfelkonferenz mit Malenkow zuzustimmen.[265]

261 FRUS 1952–54, Bd. 7, S. 685: Brief Conant, Bonn, an Dulles, 5. 12. 1953.
262 Vgl. *Sulzberger*, S. 930: Tagebucheintrag, 3. 12. 1953. Siehe auch *Seldon*, S. 403 f. Auch NATO-Generalsekretär Ismay, der am Ende der Konferenz teilnehmen sollte, war sich über den Sinn des Treffens nicht im klaren: »I am not looking forward much to Bermuda: as I haven't an idea what I am expected to do.« Liddell-Hart-Archive, London: Ismay Papers, IV/Gru/B, Brief von Ismay an General Gruenther, 2. 12. 1953.
263 *Shuckburgh*, S. 111: Tagebucheintrag, 1. 12. 1953.
264 Vgl. BUA: Avon Papers, 20/45/33, Brief von Eden an seine Frau, 4. 12. 1953.
265 Vgl. dazu z. B. *Moran*, S. 504: Tagebucheintrag, 3. 12. 1953.

VI. Ende der Illusionen

1. Die Bermuda-Konferenz (4.–8. Dezember 1953)

Die vom 4. bis 8. Dezember auf Bermuda abgehaltene Konferenz der Regierungschefs und Außenminister der USA, Großbritanniens und Frankreichs sollte sich als wenig erfolgreich erweisen.[1] Zwar wurden beinahe alle aktuellen Themen der internationalen Politik berührt, doch konnten kaum übereinstimmende Standpunkte gefunden werden. Die persönlichen Beziehungen der drei Regierungschefs und das Klima innerhalb der Delegationen ließen ebenfalls sehr zu wünschen übrig. Der französische Ministerpräsident Laniel und sein Außenminister Bidault sprachen gar kaum miteinander.[2] Laniel verkündete zudem am zweiten Konferenztag, er sei krank und müsse das Bett hüten. Der britische Außenminister wurde von der »summit«-Versessenheit und den ständigen Stimmungsschwankungen Churchills zur Verzweiflung gebracht.[3] Der Premierminister versuchte, die französische Delegation so weit wie möglich zu ignorieren, und griff dabei zu recht beleidigenden Maßnahmen. Dies kulminierte gleich am ersten Tag darin, als er und Laniel am Flughafen auf die Ankunft Eisenhowers warteten, daß Churchill offensichtlich die Beschäftigung mit einer Ziege, dem Wappentier der angetretenen Ehrengarde, der höflichen Konversation mit dem Ministerpräsidenten vorzog.[4] Im privaten Gespräch scheute sich Churchill

1 Vgl. zu einem guten Eindruck über die Bermuda-Konferenz die zeitgenössischen Darstellungen von: *Moran*, S. 503–12; *Shuckburgh*, S. 112–17; *Colville*, Fringes, S. 681–90. Siehe auch *Young*, Bermuda, S. 902–12. Die Ausführungen über die Bermuda-Konferenz orientierten sich an den obigen Tagebuchaufzeichnungen und den amerikanischen und britischen Sitzungs- und Gesprächsprotokollen. Siehe FRUS 1952–54, Bd. 5, S. 1737–1837; FO 371/125 138/ZP 23/2/G, gebundener Band mit den tri- und bilateralen Sitzungs- und Gesprächsprotokollen (Dokumente 1 bis 13).

2 Vgl. zu dem »sharp split between the views of Laniel and Bidault«, FRUS 1952–54, Bd. 5, S. 1728, 4.12.1953.

3 In einem Brief vom 4. Dezember teilte der Außenminister seiner Ehefrau mit: »Here we appear to be living in a night-mare ... so far it is chaotic & my fear is that we shall end up committed to new perils without any advantage to peace anywhere.« Am 2. Dezember, zwei Tage vor Beginn der Konferenz, als die britische Delegation gerade in Bermuda eingetroffen war, hatte Eden schon geschrieben: »I am hating the whole thing even more than I had expected ... The whole thing is a complete circus.« BUA: Avon Papers, 20/45/31, 33, Briefe Edens vom 2. und 4.12.1953. Siehe auch *Shuckburgh*, S. 112: Tagebucheintrag, 3.12.1953.

4 Vgl. dazu *Werth*, S. 650ff.

nicht, die Franzosen als »bloody frogs« zu bezeichnen. Im Flugzeug auf dem Weg nach Bermuda las er das Buch »Death to the French«, doch versprach er, es vor der Zusammenkunft mit den Franzosen zu verstecken.[5] Der Brite bestand darauf, über gewisse Themen (Ägypten, Atombombe) ohne Beisein von Mitgliedern der französischen Delegation zu sprechen.[6] Deutlich wurde allen Konferenzteilnehmern aber auch die Hinfälligkeit Churchills. Er hatte weder seine Redebeiträge vorbereitet, noch war er, nicht zuletzt wegen seiner zunehmenden Taubheit, in der Lage, sich auf die Darlegungen Eisenhowers und Bidaults zu konzentrieren. Inhaltlich stimmte nach wie vor niemand mit seinen »summit«-Ideen überein. Die französische Delegation sorgte dafür, daß die Presse genaueste Informationen über die Meinungsunterschiede zwischen Churchill und Eisenhower erhielt.[7] Doch war der Premierminister darüber nicht allzu verärgert. Schließlich glaubte er: »Everything I have said will do good in England.«[8]

Am Abend des ersten Konferenztages fand die erste gemeinsame Sitzung der drei Regierungschefs, einschließlich ihrer Außenminister, statt.[9] Bidault begann mit einer langen Rede, dessen Kern die Aussage war, daß das veränderte Verhalten der Sowjetunion seit Stalins Tod nicht auf »fundamental policy changes« zurückgehe, sondern lediglich eine neue Taktik darstelle. Churchill widersprach dem natürlich. Sowohl der Widerstand des Westens gegen den sowjetischen Expansionismus nach dem Krieg als auch die ökonomischen Probleme in der UdSSR hätten zu einer neuen Politik geführt. Er sprach sich dafür aus, »that contacts be considered«. Diese könnten dem Westen nicht schaden. Der Kreml fürchte dagegen jede Durchdringung des Eisernen Vorhanges durch westliche Waren und Ideen. Churchill machte aber klar, daß die Verteidigungsanstrengungen des Westens beibehalten werden sollten. Er empfahl:

5 *Moran*, S. 508, 504: Tagebucheinträge: 7.12.1953, 3.12.1953.

6 EL: Ann Whitman File, Administration Series, Box No. 16, Akte: Governors' Conference, Memorandum Eisenhower »Bermuda Conference« vom 10.12.1953, S. 9.

7 Den Franzosen wurden die Berichte wohl von den Amerikanern zugespielt. Eden machte dafür vor allem C.D. Jackson verantwortlich, doch muß Edens Antipathie gegen Jackson mit Vorsicht genossen werden, war dieser doch der Liebhaber seiner ersten Frau gewesen. Vgl. BUA: Avon Papers, AP 20/45/33, Brief Eden an seine (zweite) Ehefrau, ca. 4.12.1953; Interview mit Sir Anthony Nutting in London am 23.1.1991.

8 *Moran*, S. 505: Tagebucheintrag, 4.12.1953. Daß Churchill bei seiner Gipfeldiplomatie und dem Bemühen, weiterhin im Amt zu bleiben, zunehmend auf die Beeinflussung der öffentlichen Meinung zielte, macht eine Ende November gegenüber Eden erwähnte Bemerkung ebenfalls deutlich. Churchill hatte erläutert: »I am not regretting what I said on 11 May. It is a cheap way of being popular.« *Shuckburgh*, S. 111: Tagebucheintrag, 30.11.1953.

9 FRUS 1952–54, Bd. 5, S. 1754–61: First Plenary Tripartite Meeting, 4.12.1953. Siehe auch *Colville*, Fringes, S. 683: Tagebucheintrag, 4.12.1953.

We should have a two-fold policy of strength and readiness to look for any hope of an improved state of mind, even if it were necessary to run a slight mental risk.[10]

Der Kontrast zwischen Churchills Rede und den vorangegangenen antisowjetischen Äußerungen Bidaults konnte nicht größer sein.[11] Der Premierminister versuchte aber nicht, die versammelten Politiker zu der Abhaltung einer Gipfelkonferenz mit Malenkow zu drängen.[12] Die Reaktion Eisenhowers auf seine Darlegungen war zu heftig ausgefallen. Während der Präsident die Rede Bidaults aufgrund der »positive quality of its approach« hervorhob, reagierte er auf die Ausführungen des britischen Regierungschefs ganz anders. Shuckburgh schrieb in sein Tagebuch: »Ike came down like a ton of bricks, very rude I thought and vulgar.«[13] In dem Protokoll der Sitzung hieß es:

He [Eisenhower] did not want to approach this problem on the basis that there had been any change in the Soviet policy of destroying the Capitalist free world by all means, by force, by deceit or by lies. This was their long-term purpose. From their writings it was clear there had been no change since Lenin. If he had misinterpreted the Prime Minister, he would be happy if Sir Winston would correct him. President Eisenhower then adjourned the conference.[14]

Damit waren die Erörterungen eines Gipfeltreffens mit Malenkow bereits beendet.[15] Churchill hatte seine Hoffnungen, Eisenhower durch seine persönliche Ausstrahlungskraft von einem »summit« überzeugen zu können, schon am ersten Tag der Konferenz begraben müssen. Doch wie zuvor machte der Premierminister vor allem Dulles für die ablehnende Haltung des Präsidenten verantwortlich. Ganz im Gegensatz zu Adenauer, der bereits im April erkannt hatte,

10 FRUS, ebd., S. 1759, 4. 12. 1953.

11 Eden und die anwesenden Diplomaten des Foreign Office, insbesondere Roberts und Shuckburgh, beurteilten die Darlegungen des Premierministers als »a disaster«. Nur Colville und Denis Allen, der neue Leiter des Central Department, erachteten sie als »statesmanlike«. *Colville*, Fringes, S. 683: Tagebucheintrag, 4. 12. 1953.

12 So auch *Young*, Bermuda, S. 903. Falsch dagegen *Fish*, S. 352: »Churchill spent a large portion of the talks pressing Eisenhower to agree to a heads-of-government meeting with the Soviets.«

13 *Shuckburgh*, S. 113: Tagebucheintrag, 3. 12. 1953.

14 FRUS 1952–54, Bd. 5, S. 1761, 4. 12. 1953. In dem britischen Protokoll heißt es über Eisenhowers Antwort auf die Darlegungen Churchills: »He would be very ready to consider whether this was a new dress or the old dress with a new patch on it; but he hoped that no one was under any illusion that the woman wearing it had changed her profession ... he did not believe that there had been any significant change in the basic policy and design of the Soviet Union to destroy the capitalist system and the free world by force, lies and corruption.« FO 371/125 138/ZP 23/2/G, Dokument Nr. 2, 4. 12. 1953.

15 Vgl. zu einer Schilderung des ersten Konferenztages *Moran*, S. 505 f.: Tagebucheintrag, 5. 12. 1953.

daß Eisenhower und nicht Dulles die amerikanische Außenpolitik bestimmte, gab sich Churchill der Illusion hin:

It seems that everything is left to Dulles. It appears that the President is no more than a ventriloquist's doll... This fellow [Dulles] preaches like a Methodist Minister, and his bloody text is always the same: That nothing but evil can come out of meeting with Malenkov... Dulles is a terrible handicap... Ten years ago I could have dealt with him. Even as it is I have not been defeated by this bastard. I have been humiliated by my own decay.[16]

Statt ein »summit« mit Malenkow zu erörtern, wurde über die Antwortnote an Moskau gesprochen. Churchill verlor jedoch mit dem Wechsel des Themas das Interesse an der Konferenz.[17] Die Mitglieder der trilateralen Arbeitsgruppe zur Ausarbeitung der Antwortnote an die UdSSR stimmten überein, daß der Vorschlag Moskaus in der Note vom 26. November prinzipiell akzeptiert werden sollte. Lediglich Ort und Zeit der Konferenz blieben umstritten.[18] Dies wurde daraufhin von den drei Außenministern erörtert. Dulles und Eden waren im wesentlichen der Auffassung, ein früher Konferenztermin sei angebracht und der Konferenzort Berlin solle akzeptiert werden. »Time was running out«, sorgte sich Dulles. Er erläuterte:

The US was ready to accept a four-power meeting on the assumption that it will be over quickly and not converted into a Soviet propaganda weapon to upset Western European progress. The US was under no illusion about the Soviet concept of the meeting ... Sabotage was the obvious intent of the Soviets.[19]

Die Erörterungen zeigten jedenfalls, daß keiner der versammelten Politiker auch nur im entferntesten mit einem Erfolg der Konferenz und einer Einigung über die deutsche Wiedervereinigung rechnete. Was in einem solchen Fall geschehen sollte, wurde nicht einmal andeutungsweise diskutiert.[20] Nach Konsultation von Laniel, Eisenhower und Churchill einigten sich die Außenminister darauf, der Sowjetunion vorzuschlagen, das Treffen am 4. Januar in Berlin im Alliierten Kontrollratsgebäude, das Adenauer akzeptiert hatte, zu beginnen.[21] Da Eden zuerst noch Bedenken äußerte, weil dieser frühe Termin kaum genügend Zeit

16 *Ders.,* S. 508: Tagebucheintrag, 7.12.1953.

17 Vgl. ebd.

18 Vgl. FRUS 1952–54, Bd. 5, S. 1761f.: Meeting of the Tripartite Working Group, 5.12.1953.

19 Ebd., S. 1763–65: Second Tripartite Foreign Ministers Meeting, 5.12.1953. Zitate: S. 1764. Vgl. auch FO 371/125 138/ZP 23/2/G, Dokument Nr. 3, 5.12.1953. Siehe auch *Shuckburgh*, S. 113: Tagebucheintrag, 5.12.1953.

20 Für Dulles bestand das Problem lediglich darin, »how do you get it over with with as little damage as possible«. EL: Ann Whitman File, ACW Diary, November–December 1953 (2), Band 3, Conference in the President's Office to discuss Bermuda and other problems, 2.12.1953. Siehe auch FRUS, ebd., S. 1763–65. Zitat: S. 1765.

21 FRUS, S. 1766f., 5.12.1953.

zur Vorbereitung lasse, wurde die Autorität Adenauers angeführt, um ihn zu überzeugen. Eisenhower erklärte, der Kanzler »had sent word on the previous day that he had completely changed his mind and felt that the earlier the conference were held the better«. Dagegen verblaßte die Meinung des britischen Außenministers. Man einigte sich auf den 4. Januar.[22] Die Politiker stimmten überein, daß die Konferenz nach etwa drei Wochen beendet werden sollte. Allerdings sei es nicht angebracht, dies der Sowjetunion mitzuteilen.[23] Am 6. Dezember, nach vorheriger Abstimmung mit Adenauer und West-Berlins Regierendem Bürgermeister Schreiber, und im Anschluß an eine Auseinandersetzung mit Churchill um den Inhalt der Einladung wurden der UdSSR die identischen westlichen Antwortnoten übergeben.[24]

Wie während des Treffens in Washington wollte der Bundeskanzler auch bei der Bermuda-Konferenz Einfluß auf die Gespräche und die Aktivitäten Churchills nehmen.[25] Adenauer erlag der Versuchung, die Vergeßlichkeit des Premierministers auszunutzen. Am 6. oder 7. Dezember sandte der Kanzler dem Premierminister eine Botschaft nach Bermuda, in der er sich für die kürzlich durch einen General Bishop und dem deutschen Diplomaten Dr. Seliger übermittelte Nachricht Churchills bedankte. Adenauer erwähnte in seinem Schreiben, wie es in einer Zusammenfassung des Foreign Office hieß,

> that in his alleged message the Prime Minister had not only assured the Chancellor that no decisions affecting the future of Germany would be taken at the coming Four Power Conference without the Federal Government being consulted, but that nothing would be done there about Germany except with the Chancellor's prior agreement.[26]

Der britische Hochkommissar Hoyer Millar war jedoch gleich sehr skeptisch. Er fragte sich, ob Bonn nicht versuche, eine vage Mitteilung auszunutzen, »to stake out a position for themselves which they might subsequently claim we had accepted?«[27] Damit war Hoyar Millar der Wahrheit schon recht nahe gekommen. Doch stellte sich bald heraus, daß Churchill dem Bundeskanzler überhaupt keine

22 Ebd., S. 1775–78: Second Plenary Tripartite Meeting, 5. 12. 1953 (Zitat: S. 1777); ebd., S. 1788: Third Tripartite Foreign Ministers Meeting, 6. 12. 1953. Vgl. auch FO 371/125 138/ZP 23/2/G, Dokument Nr. 4, 5. 12. 1953.

23 FRUS, ebd., S. 1763–67, 5. 12. 1953.

24 Vgl. zu dem Streit mit Churchill, FO 371/125 138/ZP 23/2/G, Dokument Nr. 5, 6. 12. 1953; auch *Colville*, Fringes, S. 686: Tagebucheintrag, 6. 12. 1953; BUA: Avon Papers, AP 20/1/29, Tagebuch Eden 1953, 5. 12. 1953. Die amerikanische Antwortnote ist abgedr. in: FRUS 1952–54, Bd. 5, S. 1837.

25 Vgl. FO 371/125 055/ZP 23/165, Aktennotiz Roberts an Eden, 14. 11. 1953.

26 FO 371/104 182/CW 1961/13, Brief Hoyer Millar, Bonn, an Kirkpatrick, FO, 7. 12. 1953. Siehe auch CW 1961/12, Aktennotiz Hancock, 7. 12. 1953; CW 1961/9, Hancock an Roberts, Nr. 176, 7. 12. 1953; CW 1961/10, Aktennotiz Hanock, 8. 12. 1953; CW 1961/11, Hoyer Millar an Kirkpatrick, FO, 4. 12. 1953.

27 CW 1961/13, Brief Hoyer Millar, Bonn, an Kirkpatrick, FO, 7. 12. 1953.

Botschaft hatte übermitteln lassen. Das Ganze war eine reine Erfindung des Bundeskanzleramtes. Während das Foreign Office zuerst noch annahm, der Kanzler sei selbst irregeführt worden und von einer Botschaft des Premierministers überzeugt gewesen, setzte sich bald die Ansicht durch, die ganze Angelegenheit sei von Adenauer initiiert worden. Es schien sich um eine Vorsichtsmaßnahme des Kanzlers zu handeln, um den Premierminister daran zu hindern, gefährliche deutschlandpolitische Vorschläge auf der Bermuda-Konferenz zu unterbreiten.[28] Das Mißtrauen Adenauers war trotz der in den letzten Monaten erfolgten engen deutsch-amerikanischen Konsultationen nicht erloschen.

Mit der Ausarbeitung und Übermittlung der Antwortnote an Moskau am 6. Dezember hatte die Bermuda-Konferenz zumindest ein konkretes Ergebnis erzielt. Wie bei Churchills »summitry« konnten die Gegensätze in der EVG-Frage dagegen nicht überwunden werden. Bereits am ersten Konferenztag wurden den Franzosen heftigste Vorhaltungen gemacht.[29] Dies traf auf den Widerstand Bidaults. Er wies die Vorwürfe über die noch nicht gelungene Verabschiedung des EVG-Vertrags zurück und machte gleichzeitig insbesondere Großbritannien für die Schwierigkeiten mit der EVG-Ratifizierung in Paris verantwortlich. Bidault versuchte, die Bermuda-Konferenz zu nutzen, um die britische Regierung, aber auch die USA, zu Zugeständnissen zu bewegen. Die Briten, erklärte der Außenminister, »should be willing to associate themselves much more closely with the EDC«. Auch erwarte er feste Zusicherungen von den USA, »that it did not intend to pull out of Europe thus leaving France and Germany virtually alone on the continent«.[30] Am Tag darauf, am 5. Dezember, bemühten sich Eisenhower und Dulles im persönlichen Gespräch mit Laniel, die

28 CW 1961/14, Brief Hoyer Millar, Bonn, an Hancock, FO, 17.12.1953; ebd., Aktennotiz Hancock, 8.12.1953; ebd., Aktennotiz Patrick Dean, 19.12.1953; ebd., Brief Hancock an Hoyer Millar, 21.12.1953.

29 FRUS 1952–54, Bd. 5, S. 1740: Memorandum Dulles über ein Gespräch zwischen Eisenhower und Churchill, 4.12.1953. Vgl. auch *Colville*, Fringes, S. 687: Tagebucheintrag, 6.12.1953; *Shuckburgh*, S. 114, Tagebucheintrag, 5.12.1953.

30 FRUS, ebd., S. 1742: Memorandum des Gesprächs zwischen MacArthur II, Counsellor im State Department, und Laniel, 4.12.1953. Vgl. zu den Auseinandersetzungen über die EVG auch Eisenhowers Memorandum über die Bermuda-Konferenz vom 10.12.1953, in: EL: Ann Whitman File, Administration Series, Box No. 16, Akte: Governors' Conference, 7.12.1953, S. 3–8. Die französischen Sorgen bewirkten, daß gleich nach der Bermuda-Konferenz Eisenhowers Berater Anweisung an insbesondere die Mitglieder des NSC gaben, zukünftig keine Reden mehr zu halten, die ein »redeployment of American troops in Europe« auch nur andeutungsweise erwähnten. Solche Reden »throw France and the others into a panic, and then the President and/or the Secretary of State have got to issue a strong denial which makes the situation more rigid than ever, at the precise time when we want to keep it fluid and leave it to American diplomacy to work out the answer«. EL: ebd., Box No. 21, Akte: Jackson 1953 (1), Memorandum C.D. Jackson an Cutler, 9.12.1953.

Franzosen von der Dringlichkeit der Ratifizierung der EVG zu überzeugen. Der Ministerpräsident zeigte sich zwar sehr einsichtig, beteuerte ein enthusiastischer Verfechter der Europaarmee zu sein, doch hielt er zuerst eine Lösung der zwischen Bonn und Paris heftig umstrittenen Saarfrage für notwendig.[31] Bidault führte kurz darauf aus, Frankreich könne allenfalls das Saargebiet als europäisiertes Gebiet, keinesfalls aber als deutsches Bundesland akzeptieren. Es sei nicht einfach, sich mit einem Staat in einer supranationalen Institution zusammenzuschließen, dessen Grenzen weder im Osten (Oder-Neiße-Linie) noch im Westen (Saar) feststånden. »There was no pleasure in integration.«[32] Churchill entgegnete nur verächtlich, »[that he] did not feel we should be mixed up with a few fields in the Saar valley. We should maintain a sense of proportion«.[33] Laniel legte dar, daß es die Franzosen ungemein beruhigen würde, wenn Großbritannien sich bereit erklärte, selbst nur eine einzige Division unter das Kommando der EVG zu stellen.[34] Bidault bat zu bedenken, daß es bei einer Integration der Bundesrepublik in die NATO schließlich keinerlei Garantien gegen eine forcierte deutsche Wiederaufrüstung gebe, die möglicherweise der Rückeroberung Königsbergs dienen könnte:

> There was no guarantee against German rearmament in NATO which was on the basis of the general consent of those taking part. Any alternative solution would be extremely difficult to apply if indeed desirable. The very basis of NATO was non-discrimination. There were no limitations on strength, on the financial or economic strength of any country, regardless of the imbalance which might result there from.[35]

Churchill verlor zunehmend die Geduld mit der französischen Regierung. Er erklärte, Großbritannien sei nicht in der Lage, Versprechungen über den Verbleib seiner Truppen auf dem Kontinent zu machen. Wie schon in der Vergangenheit, betonte der Premierminister sein Unverständnis über die angebliche Notwendigkeit einer supranationalen europäischen Verteidigungsorganisation. Eine nach Nationalitäten strukturierte Koalitionsarmee mit gemeinsamem Oberkommandierenden, ähnlich der NATO, sei schließlich alles, was benötigt werde. Stattdessen habe man drei Jahre »completely wasted«. »[A] good strong German army« hätte man schon vor drei Jahren aufstellen können. Falls dies in

31 FRUS, ebd., S. 1770–73: Memorandum Vernon Walters über ein Gespräch zwischen Eisenhower und Laniel, 5.12.1953.

32 FRUS, ebd., S. 1798. Vgl. zur Saarfrage: *Bruno Thoß*, Die Lösung der Saarfrage 1954/55, in: VfZg 38 (1990), S. 225 ff.

33 FRUS, ebd., S. 1802–04: Third Plenary Tripartite Meeting, 6.12.1953. Vgl. auch PRO: FO 371/125 138/ZP 23/2/G, Dokument Nr. 7, UK-Delegation Bermuda an FO Nr. 150, 6.12.1953.

34 FRUS, ebd., 1770–73, 5.12.1953.

35 Ebd., S. 1784 f.: Second Plenary Tripartite Meeting, 5.12.1953. Vgl. auch FO 371/125 138/ZP 23/2/G, Dokument Nr. 4, 5.12.1953. Siehe auch ebd., Dokument Nr. 7, 6.12.1953.

den nächsten acht bis zehn Wochen mittels der EVG erreicht werde, sei das eine für die westliche Welt und für Frankreich ideale Lösung.[36] Churchill scheute sich nicht, der französischen Delegation unverhohlen zu drohen: Bei einem Scheitern der EVG würde er Washington bitten, durch Veränderung der NATO-Struktur die deutsche Wiederbewaffnung zu ermöglichen, so daß ein Veto Frankreichs nicht möglich sei. Falls sich dies aber nicht verwirklichen lasse und die USA sich aus Europa zurückzögen, »the British would stay only so long as the United States«.[37] Churchill deutete bereits an, wie Großbritannien sich eine eventuelle Alternative zur EVG vorstellte und wies damit auf die im Herbst 1954 durchgesetzte Lösung hin:

If it were impossible to put EDC into operation in the next few weeks, eight or ten; ... then he would be bound to say that he would propose to make a new version of NATO achieving the same hope as EDC, with controls over the German army by the NATO organization so as to make it quite clear that this army could not be used against France or to precipitate war to regain the Eastern lost territories.[38]

Eisenhower widersprach Churchills Meinung, daß der Westen drei Jahre verloren habe. Die Deutschen sollten nicht nur mit einer Armee in den Westen einbezogen werden, sondern »with heart, will and economic ties as well«. Primäre Aufgabe sei es schließlich: »To integrate them in a federation from which they could not break loose. They must never be in a position where they could blackmail the other powers«.[39]

Churchill habe übersehen, erläuterte der Präsident, daß die Deutschen unter der Führung Adenauers gar kein Interesse an einer nationalen Armee hätten. Eisenhower war der tiefen Überzeugung, »that to resort to a national army was a second choice so far behind EDC that there could be no comparison«.[40] Zwar stimmte Eisenhower mit dem Premierminister über die ernsten Konsequenzen, die das Scheitern der EVG hervorrufen würde, überein, doch bemühte er sich,

36 Churchill übertrieb aber in seinen Ausführungen. Dem Premierminister wie auch NATO-Generalsekretär Ismay und General Gruenther, dem amerikanischen Oberkommandierenden in Europa, schienen die deutsche Wiederbewaffnung nicht mehr so dringend zu sein wie ursprünglich angenommen, da die militärische Stärke der UdSSR überschätzt worden sei. Liddell-Hart-Archive, London: Ismay Papers, III/22/6a, Notiz Ismay über ein Gespräch mit Eisenhower, 8.12.1953; PREM 11/771, Brief von Ismay an Churchill, 29.1.1954; *Moran*, S. 510: Tagebucheintrag, 9.12.1953.

37 FRUS 1952–54, Bd. 5, S. 1802–04: Third Plenary Tripartite Meeting, 6.12.1953. Vgl. auch FO 371/125 138/ZP 23/2/G, Dokument Nr. 7, 6.12.1953.

38 FRUS, ebd., S. 1781: Second Plenary Tripartite Meeting, 5.12.1953. Vgl. auch PRO: ebd., Dokument Nr. 4, 5.12.1953. Siehe auch BUA: Avon Papers, AP 20/1/29, Tagebuch Eden 1953, 5.12.1953.

39 FRUS, ebd., S. 1783, 5.12.1953.

40 Ebd. Siehe auch PRO: ebd.

die Diskussion wieder in ruhigere und versöhnlichere Bahnen zu lenken.[41] Im nachhinein drückte er allerdings die Meinung aus, die Bermuda-Konferenz habe nicht geholfen, Fortschritte bei der Verwirklichung der EVG zu erzielen. Er glaubte, das Treffen »was probably the least decisive of any that has taken place«.[42] Die britische Diplomatie versuchte, das State Department dazu zu drängen, es dem Foreign Office gleichzutun und mit der ernsthaften Ausarbeitung von EVG-Alternativlösungen zu beginnen.[43]

Die weiteren tri- und bilateralen Sitzungen beschäftigten sich fast ausschließlich mit dem Fernen und Nahen Osten, atomaren Fragen und der Diskussion des »New Look« und »Long Haul« der NATO.[44] Daneben wurde über die sogenannte »Candor«- oder »Atoms for Peace«-Rede, die Eisenhower am 8. Dezember vor der Generalversammlung der Vereinten Nationen halten würde, gesprochen.[45] Eisenhowers Aufruf zur friedlichen und kooperativen Nutzung der Atomenergie war nach seiner Rede am 16. April der erneute Versuch der USA, die Friedenskampagne der Sowjetunion endgültig in den Schatten zu stellen.[46] Es war kein Wunder, daß Churchill, wie bereits im April, der Meinung Ausdruck gab, »that he had some reservations as to the wisdom of delivering it«.[47] Er fürchtete, die Rede Eisenhowers würde die Aufmerksamkeit der Weltöffentlichkeit von der Bermuda-Konferenz und dem Außenministertreffen mit Moskau ablenken. Im Anschluß an die UNO-Rede Eisenhowers sandte Churchill sicher-

41 FRUS, ebd., S. 1804–06: Third Plenary Tripartite Meeting, 6. 12. 1953. Vgl. auch *Shuckburgh*, S. 115: Tagebucheintrag, 6. 12. 1953.

42 EL: Ann Whitman File, Administration Series, Box No. 16, Akte: Governors' Conference, Eisenhower Memorandum »Bermuda Conference« vom 10. 12. 1953, S. 15.

43 NA: 740.5/1–1254, Memorandum des Gesprächs zwischen Makins und Robert Murphy, Deputy Under-Secretary im State Department, über die EVG, 12. 1. 1954.

44 FRUS 1952–54, Bd. 5, S. 1787–95: Third Tripartite Foreign Ministers Meeting, 6. 12. 1953; Fourth Tripartite Foreign Ministers Meeting, 6. 12. 1953; Third Plenary Tripartite Meeting, 6. 12. 1953. Zitat: S. 1795. Vgl. auch FO 371/125 138/ZP 23/2/G, Dokument Nr. 5, 6. 12. 1953; ebd., Dokument Nr. 6, 6. 12. 1953.

45 Siehe FRUS, ebd., S. 1751, 4. 12. 1953; EL: John F. Dulles Papers, Drafts of Presidential Correspondence, Box No. 1; *Richard G. Hewlett* und *Jack M. Holl*, Atoms for Peace and War, 1953–61. Eisenhower and the Atomic Energy Commission, Berkeley/Ca. 1989, S. 198 ff.

46 Dem stimmt auch *Brendon*, S. 258 f., zu, der die Rede Eisenhowers vom 16. April noch als ernsthafte Friedensinitiative der USA bewertet hatte. *Young*, Bermuda, S. 905, ist hier zu unkritisch. Er behauptet, daß Eisenhower damit »a rather different approach to co-operation with Russia« angestrebt habe, da er besorgt über die sowjetische Wasserstoffbombenexplosion im August gewesen sei.

47 Eden schloß sich der Meinung des Premierministers an. FRUS 1952–54, Bd. 5, S. 1769: Memorandum Admiral Strauss über ein Gespräch zwischen Eisenhower und Churchill, 5. 12. 1953. Vgl. auch *Colville*, Fringes, S. 684 f.: Tagebucheintrag, 5. 12., 6. 12. 1953. Siehe auch die Briefe Churchills an Eisenhower vom 6. 12. und 7. 12. 1953 in: *Boyle* (Hrsg.), S. 110 f.

heitshalber ein Telegramm an Molotow, in dem er betonte, daß es sich bei Eisenhowers Rede nicht um ein politisches Manöver handele, sondern um »a real endeavour to find new ways of dealing with this terrible threat to the world«.[48]

Erst am letzten Tag der Konferenz wurde das Problem einer Sicherheitsgarantie angesprochen, die der Sowjetunion möglicherweise auf der Berliner Konferenz unterbreitet werden sollte. Zwar hatte Churchill bereits am Tag zuvor und eher beiläufig darauf hingewiesen, es sei eine gute Idee, die »Locarno security idea« zu diskutieren, doch war diese Anregung nicht aufgenommen worden.[49] Nun erinnerte Churchill erneut an seine in der Rede vom 11. Mai enthaltenen sicherheitspolitischen Vorstellungen. »We should do something to reassure them«, verkündete er. Er habe nicht vor, sich mit dem *Status quo* in den osteuropäischen Satellitenstaaten abzufinden, doch sollte dieser Zustand nicht mit Gewalt überwunden werden, sondern »by allowing time, patience and perhaps good fortune to work«. Der Premierminister hoffte, daß einige Wendungen, die er »Locarnoism« nannte, in das Abschlußkommuniqué Eingang finden würden.

> Since the final communiqué of the Conference was to strike so many notes of strength, we could surely afford to strike one which would give at any rate some sense of wishing the Soviet Union no harm or even of being ready to help them against unjustified assault and would indicate that the world instrument would, as was intended, play its part on their side on occasions when they were in the right.[50]

Bidault hielt nichts von allzu voreiligen Sicherheitsgarantien. Solche Versicherungen sollten erst am Ende der Viermächtekonferenz, nicht aber schon vor deren Beginn gegeben werden. Zudem fürchte die Sowjetunion vor allem Deutschland. Bidault war daher der Meinung, »that the guarantees and assurances that the Russians wanted should come from Germany«. Ohne daß er es erwähnte, war klar, daß Frankreich an solchen Zusicherungen auch großes Interesse hatte. Dulles widersprach dem Vorschlag Bidaults. Die Deutschen sollten nicht, wie nach dem Ersten Weltkrieg, als die Macht angesehen werden, von der man die nächste Aggression erwarte. Es sei schließlich das Ziel der Alliierten, einen zweiten Hitler zu vermeiden, nicht ihn aufbauen zu helfen. Eden gelang es, einen Kompromiß zu finden, der Churchill allerdings nicht befriedigte. Er sprach sich dafür aus, zu erkunden, ob die Deutschen vielleicht bereit seien, von sich aus eine sicherheitspolitische Garantieerklärung abzugeben. Im Grunde handele es sich dabei schließlich nur um die Wiederholung und Zusammenfassung bereits vielfach gemachter Erklärungen. Dem wurde zugestimmt und die Sitzung damit abgebrochen, um noch Zeit für die Überarbeitung

48 FO 800/822, Entwurf eines Telegramms an Moskau und Aktennotiz Eden an Churchill, PM/53/341, 12.12.1953.

49 FRUS 1952–54, Bd. 5, S. 1806: Third Plenary Tripartite Meeting, 6.12.1953.

50 FO 371/125 138/ZP 23/2/G, Dokument Nr. 11: Minutes of the 6th Plenary Meeting, 7.12.1953.

des Abschlußkommuniqués zur Verfügung zu haben. Daran hatten die Mitarbeiter der Delegationen bereits seit Beginn der Konferenz gearbeitet, ohne aber eine Übereinstimmung erzielt zu haben.[51]

Die Außenminister und Regierungschefs konnten sich aber ebenfalls nicht über den Text des Kommuniqués einigen. Zum Schluß der Konferenz waren damit nochmals heftigste Meinungsunterschiede zu verzeichnen. Bidault bestand darauf, daß erst das Saarproblem gelöst werden müsse, bevor Fortschritte bei der Ratifizierung der EVG möglich seien. »He asked that consideration be given to the consequences of the return of the Saar to the Reich [!].« Er verlangte, man solle in dem Kommuniqué erwähnen, daß die EVG nur verwirklicht werden könne, wenn die Schwierigkeiten überwunden würden, »with which France has long been faced«. Dies stellte den Versuch dar, den Alliierten, besonders London, die Schuld an einem eventuellen Scheitern der EVG zuzuschieben. Nicht nur die britische Delegation, sondern auch Dulles lehnte die Forderung Bidaults ab. Während Eden vorschlug, es sei möglicherweise besser, bestehende Meinungsunterschiede offen zuzugeben, wies dies Eisenhower strikt zurück. Jedes Wort, das den Glauben an die EVG beeinträchtige, mache es schwieriger, das »Annual Assistance Program« beim Kongreß durchzusetzen. Shuckburgh beschrieb, wie sich die Meinungsverschiedenheiten äußerten: »Outbursts by Eisenhower and Winston, former left the conference table in a rage, came back ... sat another four hours.« Der Präsident teilte Dulles erschöpft mit: »Never again will I come to one of these, unless it is all prepared and agreed beforehand.« Churchill verkündete: »The EDC is dead. We want a German army.«[52] Ganz zu Anfang der Auseinandersetzungen hatte Churchill bereits Eden seine Enttäuschung darüber mitgeteilt, daß in dem Kommuniqué nicht einmal versucht werde, bessere Beziehungen mit Moskau herzustellen. Es scheine gar, als ob der Westen beabsichtige, die Teilung Europas festzuschreiben.

I can find nothing in this communiqué which shows the slightest desire for the success of the conference or for an assessment in relation with Russia. We are to gang up against them without any reference to the ›Locarno‹ idea. The statement about Europe ends with the challenge about a united Germany in EDC or NATO, for which Russia is to give up the Eastern Zone. Many people would think that we are deliberately riding for a fall. Perhaps we are... We cannot accept as justified or permanent the present division of Europe.[53]

Die Diskussionen über das Kommuniqué setzten sich bis ein Uhr morgens fort. Schließlich wurde ein Kompromiß gefunden. Die Politiker einigten sich darauf, die »intimate and durable cooperation« Großbritanniens und der USA mit der

51 FRUS 1952–54, Bd. 5, S. 1830–33: Fifth Plenary Tripartite Meeting, 7.12.1953. Vgl. auch das wesentlich knappere britische Protokoll in PRO: ebd.

52 *Shuckburgh*, S. 116: Tagebucheintrag, 7.12.1953.

53 PREM 11/418, Aktennotiz Churchill an Eden, M. 330/53, 7.12.1953 (auch in: FO 800/760).

EVG im Kommuniqué zu betonen und darauf hinzuweisen, der französische Außenminister »explained the problems facing his Government in regard to the European Defence Community«.[54] Eden kommentierte: »We have had a hell of a time.« Churchill war nun endgültig von dem Scheitern der EVG überzeugt: »It is obvious there was no agreement between us, and that the French would not accept E.D.C.«[55]

Die Gegensätze innerhalb des westlichen Lagers hatten zwar mehr oder weniger überdeckt werden können, von ihrer Lösung war man jedoch weit entfernt. Weder über die EVG, eine sicherheitspolitische Garantieerklärung für die UdSSR, noch über ein »summit« mit Malenkow vermochte man sich zu einigen. Hinzu kamen Differenzen über die westliche Politik im Nahen und Fernen Osten und in Fragen des Einsatzes der Atombombe.[56] Eine Erwähnung von Churchills gipfeldiplomatischen und sicherheitspolitischen Vorstellungen war bei der Ausarbeitung des Kommuniqués nicht einmal in Erwägung gezogen worden. Selbst der Premierminister versuchte nicht ernsthaft, eine derartige Passage in dem Abschlußbericht unterzubringen. Nach der persönlichen Begegnung mit Eisenhower hatte Churchill allem Anschein nach vorerst Abschied von seinen gipfeldiplomatischen Träumen genommen. Trotz der Unzufriedenheit Edens mit dem konfusen Verlauf der Konferenz und seiner Schwierigkeiten mit Churchill war der Außenminister wohl der einzige, der insgesamt mit dem Ergebnis des Treffens recht zufrieden war. Schließlich schien Eisenhower doch dem Premierminister endgültig alle Illusionen geraubt zu haben. Gegenüber dem amerikanischen Botschafter in London deutete Eden an,

> that he thought the Bermuda meeting although, as anticipated, not productive of startling results, had been a very useful means of improving cooperation and ironing out certain difficulties. He said he was particularly impressed by the admirably effective manner with which the President chairmanned the meetings.[57]

54 Vgl. *Shuckburgh*, S. 116: Tagebucheintrag, 7.12.1953. Vgl. auch FO 371/125 138/ZP 23/2/G, Dokument Nr. 12: Minutes of the Seventh Plenary Meeting, 7.12.1953. Das Abschlußkommuniqué der Bermuda-Konferenz ist abgedr. in FRUS 1952–54, Bd. 5, S. 1838f. Zitate: ebd.

55 *Moran*, S. 508f.: Tagebucheintrag, 7.12.1953.

56 Vgl. FRUS 1952–54, Bd. 5, S. 1769: Memorandum Strauss über ein Gespräch zwischen Eisenhower und Churchill, 5.12.1953. Siehe auch z.B. ebd., S. 1739: Memorandum Dulles über ein Gespräch zwischen Eisenhower und Churchill, 4.12.1953; *Colville*, Fringes, S. 684f., 687f.: Tagebucheinträge, 5.12., 6.12., 7.12.1953; *Shuckburgh*, S. 114f.: Tagebucheintrag, 5.12., 6.12.1953; EL: Ann Whitman File, Administration Series, Box No. 16, Akte: Governors' Conference, Memorandum Eisenhower »Bermuda Conference« vom 10.12.1953, S. 11, 13f.; BUA: Avon Papers, AP 20/1/29, Tagebuch Eden 1953, 7.12.1953.

57 NA: 741.00/12–1253, Aldrich, London, an State Department Nr. 2578, 12.12.1953.

2. Ein letzter Versuch

Angesichts der Opposition Eisenhowers während der Bermuda-Konferenz stellte Churchill vorerst seine gipfeldiplomatischen Ambitionen zurück. Immerhin hatte die NATO-Tagung im Dezember in Paris zu Dulles' berühmter »agonizing reappraisal«-Aussage geführt, in der er der französischen Regierung öffentlich eine Umorientierung der amerikanischen Politik im Falle der Nichtratifizierung der EVG angedroht hatte.[58] Aufgrund derartiger Reaktionen der USA und dem absehbaren Scheiterns der Konferenz in Berlin, die nun auf sowjetischen Vorschlag am 25. Januar beginnen würde, mochte die EVG tatsächlich in den ersten Monaten des Jahres 1954 ratifiziert werden. In diesem Fall konnte Churchill hoffen, im Frühjahr oder Frühsommer 1954 wesentlich bessere Voraussetzungen vorzufinden, um die USA von einer Gipfelkonferenz mit Malenkow zu überzeugen. Falls aber während der Berliner Konferenz wider Erwarten eine Einigung über die deutsche Frage erzielt werden würde, hielt Churchill sich bereit, um nach Berlin zu fliegen und zusammen mit Eisenhower und Malenkow ein Abschlußdokument zu unterschreiben.[59]

Ein Erfolg der Konferenz war jedoch recht unwahrscheinlich.[60] Eine Einigung mit der Sowjetunion wäre nur dann möglich gewesen, wenn die UdSSR die Wiedervereinigung Deutschlands unter den Bedingungen zugelassen hätte, wie sie im Oktober 1990 unter völlig veränderten weltpolitischen und -ökonomischen Voraussetzungen verwirklicht wurde. Der »Anschluß« der DDR an die

58 Dulles gebrauchte diesen Ausspruch sowohl in seiner Rede vor dem Nordatlantikrat als auch in seiner anschließenden öffentlichen Pressekonferenz. Der Text seiner Darlegungen ist abgedr. in: FRUS 1952–54, Bd. 5, S. 461–69. Vgl. dazu PREM 11/369, Steel, Paris, an FO Nr. 910, 14. 12. 1953; ebd., Hoyer Millar, Bonn, an FO Nr. 1129, 15. 12. 1953; ebd., WU 1072/168, »Statement by the Secretary of State at the Ministerial Meeting of the North Atlantic Council«, 15. 12. 1953; ebd., Annex zu C.O.S. (53)144th Meeting, 22. 12. 1953, »Report by the Chief of the Imperial General Staff on the NATO Meetings in Paris, 7–16 December, 1953«; ebd., WU 1072/180 G, »Record of the Restricted Meeting of Ministers of the North Atlantic Council on December 16, 1953. Siehe auch FO 800/698, Protokoll des Gesprächs zwischen Dulles und Eden in Paris, 15. 12. 1953; *Boyle* (Hrsg.), S. 115: Churchill an Eisenhower, 19. 12. 1953; *Brian R. Duchin*, The ›Agonizing Reappraisal‹: Eisenhower, Dulles and the EDC, in: DH 16 (1992), S. 201–21.

59 Vgl. *Shuckburgh*, S. 131: Tagebucheintrag, 3. 2. 1954.

60 CAB 128/27, Teil 1, C. C. (54)3rd Conclusions, Minute 3, 18. 1. 1954. Siehe auch Edens Memoranda »The Problem of Security in Europe« und »Prospects for the Berlin Meeting«, in: CAB 129/65, C. (54)10 und 13, 11. 1. 1954. Vgl. zu den britischen Überlegungen zur Berliner Konferenz: CAB 128/27, Teil 1, C. C. (54)1st Conclusions, Minute 1, 7. 1. 1954; C. C. (54)2nd Conclusions, Minute 1, 12. 1. 1954; C. C. (54)5th Conclusion, Minute 3, 26. 1. 1954; C. C. (54)9th Conclusions, Minute 4, 17. 2. 1954; und Edens abschließender Bericht: C. C. (54)10th Conclusions, Minute 1, 22. 2. 1954.

Bonner Republik stellte schließlich die deutschlandpolitische Kapitulation der UdSSR dar.[61] Lediglich neun Jahre nach Kriegsende, kurz nach der Explosion der ersten sowjetischen Wasserstoffbombe und voller Hoffnung, bald weitere große technologische und ökonomische Fortschritte zu machen, war die Sowjetunion dazu nicht bereit. Der im Laufe der Berliner Konferenz unterbreitete sogenannte »Eden-Plan« zur deutschen Wiedervereinigung enthielt Bedingungen, die für die Sowjetunion im Jahre 1954 unannehmbar waren.[62] Die in ihrem Kern ebenfalls nicht neuartigen Vorschläge des sowjetischen Außenministers, die zunächst auf eine Rückkehr zum Potsdamer System der gleichberechtigten Viermächtekontrolle über Deutschland hinausliefen, waren wiederum für die Westmächte nicht akzeptabel.[63] Auch die am Rande der Konferenz geführten bilateralen Gespräche Edens und Dulles' mit dem sowjetischen Außenminister ließen trotz einiger hoffnungsvoller Hinweise letztlich keine Kompromißmöglichkeit erkennen. Als das Treffen am 18. Februar beendet wurde, hatte man sich auf Drängen Edens aber immerhin auf die Abhaltung einer Fünfmächtekonferenz (mit der Teilnahme Chinas) über Korea und Indochina im Sommer 1954 in Genf geeinigt. In der deutschen und österreichischen Frage war jedoch nichts bewegt worden.[64] Die gegen Ende der Konferenz aufkommende Hoffnung des

61 Vgl. dazu überblicksartig Keesing's, Bd. 36, Nr. 10 (1990), S. 37826–35.

62 So auch z. B. *Schwarz*, Ära Adenauer, S. 214; *James*, Eden, S. 375; *Carlton*, Eden, S. 338. Zum Eden-Plan, siehe genauer *Eden*, S. 67–70; *Adenauer*, Erinnerungen 1953–55, S. 247f.; FRUS 1952–54, Bd. 7, S. 871–77, 1177–80; *HMSO* (Hrsg.), Documents Relating to the Meeting of Foreign Ministers in Berlin (1954), Annex A, S. 120–22 (Cmd. 9080). Der Eden-Plan, der sich an den in der Note von September 1952 aufgeführten Bedingungen orientierte, war von der trilateralen Arbeitsgruppe in Paris ausgearbeitet worden, hatte aber den Namen des britischen Außenministers erhalten, weil dieser mit einem Redebeitrag an der Reihe war und es ratsam erschien, den Plan zu diesem Zeitpunkt zu unterbreiten.

63 Erst im Anschluß an die Einsetzung einer gesamtdeutschen Regierung aus Vertretern von Bundestag und Volkskammer sollten freie Wahlen stattfinden. Zuvor waren die Besatzungstruppen aus Deutschland zurückzuziehen. Molotow bestand zudem nach wie vor darauf, daß ein vereinigtes Deutschland einen neutralen Status haben sollte. NATO und EVG müßten durch einen europäischen Sicherheitspakt abgelöst werden, an dem die USA nicht beteiligt sein sollten. Vgl. zu den Vorschlägen der sowjetischen Delegation: FRUS, ebd., S. 1182–93. Siehe auch *Adenauer*, ebd., S. 249f.

64 Vgl. zur Berliner Konfernz vor allem: FO 371/109 269–302; PREM 11/664, 665; FRUS, ebd., S. 601ff.; *Eden*, S. 53–76; *Adenauer*, ebd., S. 245–59. Zu einer detaillierten Analyse der Verhandlungen und der Gespräche am Rande siehe die Aufsätze von: *Hermann-Josef Rupieper*, Die Berliner Außenministerkonferenz von 1954. Ein Höhepunkt der Ost-West-Propaganda oder die letzte Möglichkeit zur Schaffung der deutschen Einheit?, in: VfZg 34 (1986), S. 427–53; *Rolf Steininger*, Deutsche Frage und Berliner Konferenz 1954, in: *Wolfgang Venohr* (Hrsg.), Ein Deutschland wird es sein, Erlangen 1990, S. 39–88; *Nikolaus Katzer*, Die Berliner Viermächtekonferenz von 1954 und die Deutsche Frage, in: *Dieter Blumenwitz u. a.*, Die Deutschlandfrage vom

britischen Außenministers, mit Molotow zu einem Übereinkommen bei der Limitierung der Anzahl der Polizeitruppen in Ost- und Westdeutschland zu gelangen, bzw. zumindest die Hochkommissare mit einer Untersuchung der Frage beauftragen zu können, erfüllte sich ebenfalls nicht.[65] Adenauers Reaktion auf das Berliner Treffen faßte Dulles gegenüber dem Nationalen Sicherheitsrat mit den Worten zusammen: »The Chancellor was extremely pleased with the outcome of the conference.«[66] Mit Erleichterung war im State Department bereits am 15. Februar, drei Tage vor dem Ende der Veranstaltung, festgehalten worden:

> Believe it safe to state that, once all the returns are in on the Berlin Meeting, we will have clear and impressive up-to-the minute evidence of Soviet intransigence, hypocrisy and dishonesty. The true intentions of the Kremlin and the entire Soviet conspiracy will have been laid bare as they rarely have been exposed before.[67]

Im Anschluß an die Berliner Konferenz versuchten die USA und Großbritannien verstärkt, Paris zur Ratifizierung der EVG zu drängen.[68] Man nahm in London und Washington immer noch an, die französische Nationalversammlung würde Anfang April mit der EVG-Debatte beginnen. Eden war von Berlin mit der Überzeugung zurückgekehrt, daß die Sowjetunion die Etablierung der EVG nicht als ernsthafte Bedrohung, die sie militärisch beantworten müßte, ansehen würde. Er glaubte sogar optimistisch, »that M. Molotov had recognized

17. Juni 1953 bis zu den Genfer Viermächtekonferenzen von 1955, Berlin 1990, S. 49–74. Zu Edens privaten Gesprächen mit Molotow siehe FO 800/761. Vgl. auch die Debatte über die Konferenz im House of Commons, in: H. C., Parl. Deb., 5th series, Bd. 524, 24. 2. 1954, Sp. 401 ff.

65 Vgl. dazu FO 800/761, Johnston, britische Hochkommission, an Hancock, FO, 20. 2. 1954.

66 FRUS 1952–54, Bd. 7, S. 1229: Erwähnt im Memorandum der 186. Sitzung des NSC, 26. 2. 1954. Vgl. zu Adenauers Reaktion auch ebd., S. 1208–15: Gespräch zwischen Adenauer und Dulles, 20. 2. 1954. Siehe auch FO 371/109 292/C 1071/701, Aktennotiz Nutting an Eden über sein Gespräch mit Blankenhorn, 8. 2. 1954; *Schwarz*, Adenauer. Der Staatsmann, S. 131. Dulles hatte am 18. Februar auf dem Flughafen Köln-Wahn, kurz vor seinem Rückflug nach Washington, ein ausführliches Gespräch mit dem Kanzler geführt. Siehe *Adenauer*, Erinnerungen 1953–55, S. 259–64.

67 NA: 396.1–BE/2–1554, Memorandum von Robert C. Hickock, State Department, an Montgomery, Office of European Affairs, 15. 2. 1954.

68 Dies war dem britischen Außenminister zufolge nun »the most urgent question«. CAB 128/27, Teil 1, C. C. (54)10th Conclusions, Minute 1, 22. 2. 1954. Vgl. dazu ausführlich *Dockrill*, Britain's Policy, S. 134–38; auch *Klaus Maier*, Die Auseinandersetzungen um die EVG als europäisches Unterbündnis der NATO 1950–54. Die EVG als supranationales Instrument für die kontrollierte Bewaffnung der Bundesrepublik, in: *Ludolf Herbst u. a.* (Hrsg.), Vom Marshall Plan zur EWG. Die Eingliederung der Bundesrepublik Deutschland in die westliche Welt, München 1990, S. 455 ff.

that the EDC was itself an insurance against future German aggression«.[69] Immerhin hatte Ende Januar der sowjetische Botschafter Malik im Gespräch mit Under-Secretary of State Nutting erklärt, daß vielleicht die Beibehaltung der deutschen Teilung unvermeidbar sei und die Westintegration der Bundesrepublik akzeptiert werden müsse.[70] Im Gegensatz zu der wesentlich optimistischeren Regierung in Washington hielt London eine Verwirklichung der EVG aber zunehmend für unwahrscheinlich und konzentrierte sich auf die Frage, was nach einem Scheitern zu tun sei.[71] Obwohl Dulles die britischen Überlegungen über eine Alternative noch am 24. Juni im Gespräch mit Botschafter Makins heftig kritisierte, entschieden sich Großbritannien und die USA nur wenige Tage später, eine anglo-amerikanische Arbeitsgruppe einzusetzen, die mögliche Alternativlösungen erörtern sollte.[72] Dies stellte eine grundsätzliche Abwendung von der bisherigen Weigerung Eisenhowers dar, die Möglichkeit eines Scheiterns der EVG in seine Überlegungen einzubeziehen.

Zwischen Januar und Anfang April 1954, während der Berliner Konferenz und der Vorbereitungen zur Genfer Indochina-Konferenz, hielt sich Churchill mit dem Drängen auf ein »summit« zurück. Jedoch regte er die Intensivierung der Ost-West-Kontakte auf kommerzieller Ebene an, wobei er allerdings auch an eine Verbesserung der britischen Handelsbilanz dachte. Der Premierminister schlug den widerstrebenden USA vor, die Anzahl der Waren, die für den Ost-West-Handel freigegeben waren, zu erhöhen.[73] Im Frühjahr 1954 spielte Chur-

69 PRO: ebd.

70 CAB 129/65, C.(54)36, 30.1.1954, Memorandum des Gesprächs zwischen Nutting und Malik vom 26.1.1954. Siehe auch C.(54)44, 11.2.1954, Memorandum des Gesprächs zwischen Roberts und Malik vom 30.1.1954.

71 Vgl. z.B. bereits FO 800/778, Memorandum des Gesprächs zwischen Eden und Massigli am 25.11. und 22.12.1953; auch ebd., Aktennotiz Eden an Lord Alexander, Minister of Defence, FS/53/20, 12.12.1953; FO 800/840, FO an Botschaft Washington Nr. 5366, Churchill an Eisenhower, 22.12.1953 (dieser Brief fehlt in der Sammlung der von *Boyle* herausgegebenen Churchill-Eisenhower Korrespondenz). Siehe auch vor allem das Protokoll des Gesprächs zwischen Eden und Dulles am 15.12.1953 in Paris in: FO 800/698. Eden »regarded it as doubtful whether the EDC would go through«. London überlege daher, »whether the United States and we could not assume the role of controlling Germany ourselves by some strengthening of the NATO obligations and machinery«. Eden betonte, daß diese Gedanken geheim gehalten werden müßten, »as we must give no hint to the French that there was an acceptable alternative to EDC«.

72 Vgl. PREM 11/667, Makins, Washington, an FO Nr. 1258, 24.6.1954.

73 Vgl. z.B. CAB 128/27, Teil 1, C.C.(54)9th Conclusions, Minute 4, 17.2.1954; C.C.(54)10th Conclusions, Minute 1, 22.2.1954. Siehe auch *Churchill*, in: H.C., Parl. Deb., 5th series, Bd. 524, 25.2.1954, Sp. 587ff. Auch *Boyle* (Hrsg.), S. 127–30: Eisenhower an Churchill, 19.3.1954; Churchill an Eisenhower, 24.3.1954. Im März besuchte Harold Stassen, der Direktor der Mutual Security Agency, London, und es gelang, einen Kompromiß in der Frage auszuarbeiten.

chill aufgrund seiner gesundheitlichen Probleme erneut mit dem Gedanken im Mai oder Juni, nach der Rückkehr der Queen von ihrer Reise durch verschiedene Commonwealthländer, zumindest aber kurz vor Beginn der Parlamentsferien im Juli, zurückzutreten.[74] Eden, der designierte Nachfolger, und die amerikanische Botschaft in London rechneten fest mit dem Rücktritt des Premierministers, war doch unter den leitenden Partei- und Regierungsmitgliedern eine immer größere Unwilligkeit zu beobachten, sich noch länger mit dem sichtlich gealterten Regierungschef abzufinden.[75] Churchill wurde zunehmend schwerhöriger, konnte sich kaum mehr konzentrieren, zog es vor, Unterhaltungsromane statt Kabinettspapiere zu lesen und wies in geistiger und körperlicher Hinsicht immer deutlichere Zeichen des Verfalls auf. All dies führte dazu, daß der Premierminister sich im Grunde kaum noch um die Führung der Regierungsgeschäfte kümmerte. Er war lediglich an drei Themen interessiert, die alle mit der Aufrechterhaltung der britischen Weltmachtstellung zu tun hatten: an der Behauptung der Position in Ägypten, an einem Treffen mit Malenkow und an den mit der Entwicklung der Wasserstoffbombe zusammenhängenden Gefahren.[76]

Der Regierungschef lehnte die von Eden und dem Foreign Office bevorzugte stufenweise Evakuierung des britischen Militärstützpunktes am Suezkanal und den Abschluß eines entsprechenden Vertrages mit den vor kurzem an die Macht gekommenen ägyptischen Nationalisten unter Nagib und Nasser strikt ab.[77] Dem Foreign Office wurde deutlich, daß Churchill gar hoffte, die Ägypter zu einer gewaltsamen Aktion zu provozieren, so daß London vor der Weltöffentlichkeit eine Entschuldigung hätte, die britische Anwesenheit am Suezkanal mit Gewalt aufrechtzuhalten.[78] Dies stand in krassem Gegensatz zu Churchills Gipfeldiplomatie. Hier strebte er nach wie vor ein Treffen mit Malenkow und Eisenhower an, um den Kalten Krieg zu beenden und eine lange Friedenszeit herbeizuführen. Doch beide Intentionen Churchills dienten der Aufrechterhaltung der Großmachtposition Großbritanniens – der eigentlichen Konstanten im Denken Churchills. Wie bereits ausgeführt, konnte nur eine Détente London die Möglichkeit geben, seine Verteidigungsanstrengungen (beispielsweise in Korea, Ma-

74 Mitte März teilte er so Schatzkanzler Butler mit, daß er durchaus bereit sei, eine sich bietende gute Gelegenheit zu ergreifen, um aus dem Amt zu scheiden. Vgl. *Lord Butler*, The Art of the Possible. Memoirs, London 1971, S. 173. Siehe auch *Seldon*, S. 45; *Macmillan*, S. 531.

75 Vgl. *Shuckburgh*, S. 145 ff.; NA: 741.13/1–2754, Benjamin M. Hulley, Erster Sekretär an der US-Botschaft in London, an State Department Nr. 2565, 27. 1. 1954; ebd., /1–2854, J. K. Penfield, Counsellor an der US-Botschaft in London, an State Department Nr. 2589, 28. 1. 1954. Siehe auch *Seldon*, S. 45 f.

76 Vgl. *Shuckburgh*, S. 149: Tagebucheintrag, 17. 3. 1954.

77 Vgl. *Keith Kyle*, Suez, London 1991, S. 39–51; *Wm. Roger Louis*, Churchill and Egypt, 1946–1956, in: *Blake* und *Louis* (Hrsg.), S. 473–90.

78 Vgl. dazu die in Shuckburghs Tagebuch wiedergegebenen Gespräche, Überlegungen und Diskussionen über das Thema: *Shuckburgh*, S. 140 ff.; auch *Seldon*, S. 411–13.

laya und mittels der Rheinarmee in der Bundesrepublik) einzuschränken und sich auf den ökonomischen Wiederaufbau zu konzentrieren. Die Aufrechterhaltung der britischen Präsenz am Suezkanal, obwohl seit der Unabhängigkeit Indiens von geringer strategischer Bedeutung, war in den Augen Churchills notwendig, um die Weltmachtrolle Londons zu behaupten. Über die Gefahren der Wasserstoffbombe war Churchill zwar ernstlich beunruhigt, doch hätte ein Produktionsmoratorium in Ost und West Großbritannien Zeit gegeben, seine eigenen Forschungen fortzuführen und die waffentechnische Unabhängigkeit von den USA wieder herzustellen, aber zumindest zu vergrößern und auch dadurch die britische Großmachtposition zu betonen.[79]

Wie Churchills Briefe an Eisenhower erkennen lassen, begann er sich vor allem seit Ende Februar/Anfang März, als ihn Nachrichten über die enorme Explosionskraft der amerikanischen Wasserstoffbomben erreichten, verstärkt um die der Welt drohende atomare Katastrophe zu sorgen, sollte es jemals wieder zu einem militärischen Konflikt größeren Ausmaßes kommen. Durch eine Rede von Sterling Cole, der dem Atomkomitee des amerikanischen Kongresses vorstand, hörte die Öffentlichkeit am 17. Februar 1954 erstmals von der ungeheuren Explosionskraft der Bombe, die im November 1952 auf dem Eniwetok-Atoll getestet worden war. Auch Churchill und die britische Regierung waren darüber bis dahin nicht richtig informiert gewesen. Die Rede Coles fachte Churchills Sorge über die drohende Katastrophe an.[80] Churchill befürchtete gar insgeheim, daß die USA einen Präventivschlag gegen die UdSSR planen mochten, solange sie noch die atomare Überlegenheit besaßen.[81] Gerade bei dem

79 Am 16. Juni 1954 fällte der Verteidigungsausschuß des Kabinetts unter Vorsitz Churchills die Entscheidung mit der Produktion einer britischen Wasserstoffbombe zu beginnen. Das eigentliche Kabinett wurde davon erst am 7. Juli informiert. Vgl. *Gilbert*, Churchill, Bd. 8, S. 993, 995, 1019f. Siehe zu dem Stand der britischen Atomindustrie Anfang der fünfziger Jahre: *Margaret Gowing*, Independence and Deterrence. Britain and Atomic Energy, 1945–1952, London 1974, Bd. 1, S. 495ff.

80 Vgl. *Boyle* (Hrsg.), S. 122–24: Churchill an Eisenhower, 9.3.1954; ebd., S. 131–33: Churchill an Eisenhower, 29.3.1953 und 1.4.1954. Vgl. auch *Macmillan*, S. 530; *Shuckburgh*, S. 153–57: Tagebucheinträge, 26.3.–31.3.1953. Shuckburgh kommentierte: »The newspapers today say that the H-bomb explosion on 1 March was three times more powerful than the scientists themselves expected. In other words, it was out of control« (ebd., S. 153, 26.3.1953). Vgl. auch die beiden Parlamentsreden von *Churchill*, bei denen er auf die Thematik einging, in: H.C., Parl. Deb., 5th series, Bd. 525, 30.3.1954, Sp. 1840–49; ebd., Bd. 526, 5.4.1954, Sp. 45–47. Sowohl am 1. März als auch am 26. März 1954 nahmen die USA weitere Testexplosionen der H-Bombe vor, die in aller Welt große Aufmerksamkeit und eine gewisse Panik verursachten. Vgl. dazu *Robert A. Divine*, Blowing in the Wind. The Nuclear Test Ban Debate, 1954–1960, New York 1978, S. 3ff.

81 In einem Brief an Churchill vom 9. Februar hatte Eisenhower immerhin erklärt, daß es notwendig sei, die Schwerter zu schleifen »for the struggle that cannot possibly be

emotionsgeladenen Thema der Wasserstoffbombe, das sich ideal mit der Notwendigkeit eines »summit« verbinden ließ, wurde jedoch aller Welt die altersbedingte Unzulänglichkeit Churchills als Regierungschef bewußt. Am 5. April hielt der Premierminister eine lange Rede im House of Commons über die Gefahren dieser Waffe. Im Verlauf der Rede beschuldigte Churchill völlig zu Unrecht den überraschten Oppositionsführer Attlee, während seiner Regierungszeit das britische Vetorecht über den Einsatz der Atombombe durch die USA aufgegeben zu haben. Die ursprünglich ganz unkontroverse Debatte »degenerated into a sterile, angry and pitiful party wrangle«.[82] Eden und das Foreign Office hatten Churchill davor gewarnt, die Rede zu einer parteipolitischen Auseinandersetzung zu nutzen, doch beeinflußt von Lord Cherwell, seinem alten Freund und naturwissenschaftlichen Berater, war der Premierminister nicht von seiner Intention abzubringen gewesen.[83] Shuckburgh vertraute seinem Tagebuch an:

> So the Old Man made his speech the way he wanted it, and brought the House down on top of himself. I have never seen such a row. Attlee red in the face, quivering with rage ... the backbenchers shouting and booing, the Tories glum and silent; all the tough guys putting on shocked expressions and yelling ›disgriceful‹[sic!]; ›shockin‹; ›another red letter‹; ›resign‹; and the Old Man looking utterly dumbfounded, plunging further and further were he had not intended to go.[84]

In der Presse und vor allem innerhalb der Konservativen Partei wurden nun die Rufe nach seinem Rücktritt immer lauter. Eden und die überwiegende Mehrheit des Kabinetts waren der festen Überzeugung, »that W.S.C. can in no circumstances be allowed to attend a top-level conference«.[85] Gelegentlich kam es zu geheimen Treffen führender Kabinettsmitglieder, bei denen überlegt wurde, wie man

escaped«. Selbst das Foreign Office zeigte sich über diese Aussage beunruhigt. Die Diplomaten veranlaßten Churchill, den Präsidenten brieflich zu fragen, ob er damit einen militärischen Konflikt oder den »spiritual struggle« mit dem atheistischten Materialismus der Sowjetunion gemeint habe. Zur allgemeinen Erleichterung bestätigte Eisenhower, daß er sich lediglich auf die ideologische Auseinandersetzung mit dem Kommunismus bezogen habe. *Boyle* (Hrsg.), S. 121: Eisenhower an Churchill, 9. 2. 1954; ebd., S. 124: Churchill an Eisenhower, 9. 3. 1954. Vgl. PREM 11/1074, Eden an Churchill, PM/54/40, 2. 3. 1954.

82 So der Kommentar der *Times*. Zit. nach *Moran*, S. 538: Tagebucheintrag, 6. 4. 1953. Siehe auch Bodleian Library, Oxford: Woolton Papers, 3, Diary, 1942–1960, 6. 4. 1954, S. 122–24; *Seldon*, S. 46.

83 Vgl. *Moran*, S. 537: Tagebucheintrag, 5. 4. 1953; *Shuckburgh*, S. 158: Tagebucheintrag, 5. 4. 1953; NA: 741.13/4–754, Aldrich, US-Botschaft London, an State Department Nr. 4405, 7. 4. 1954.

84 *Shuckburgh*, ebd. Siehe auch *Moran*, S. 534–37: Tagebucheintrag, 5. 4. 1953. Vgl. auch *Churchill*, in: H.C., Parl. Deb., 5th series, Bd. 526, 5. 4. 1954, bes. Sp. 54–57.

85 *Shuckburgh*, S. 160: Tagebucheintrag, 6. 4. 1954.

den Premierminister am besten los würde.[86] Churchill wollte jedoch nichts mehr von einem Rücktritt wissen. Gerade aufgrund des Debakels der Rede am 5. April war er erst recht nicht bereit, in den Ruhestand zu treten. Er beabsichtigte zu beweisen, daß er nach wie vor fähig sei, das Amt des Premierministers auszufüllen und »hoped to do better next time«.[87] Eden wurde daraufhin wieder unsicher, ob eine Gipfelkonferenz auf der Ebene der Regierungschefs nicht doch genutzt werden könnte, um den möglichst schnellen Rücktritt Churchills zu erreichen. Verzweifelt fragte der Außenminister seine Berater, ob er vielleicht den Premierminister ermutigen solle, sofort ein »summit« vorzuschlagen, »so as to get it over and done with«. Aber selbst wenn Malenkow sich zur Teilnahme bereit erklären sollte, Eisenhower würde der Einladung mit Sicherheit nicht folgen. Edens Mitarbeiter wiesen auf die Gefahr hin, daß London sich in einem solchen Fall zusammen mit Moskau in einer gegen Washington gerichteten Interessenkoalition befinden würde. Die Idee wurde wieder fallengelassen.[88]

Ermutigt durch ein Gespräch, das sein Schwiegersohn, der Konservative Abgeordnete Christopher Soames, bereits Mitte März mit Georgi Rodionow, dem Chargé d'Affaires der sowjetischen Botschaft in London, geführt hatte, dachte Churchill seit April wieder verstärkt über die Möglichkeit einer Konferenz mit Malenkow nach. Soames und seine Frau wollten dem Gespräch mit dem Diplomaten entnommen haben, daß der sowjetische Ministerpräsident ein Treffen mit Churchill begrüßen würde.[89] Auch hatte Malenkow in einer Rede am 12. März öffentlich die Politik des Kalten Krieges mit der Begründung zurückgewiesen, daß ein moderner Krieg das Ende jeglicher Zivilisation bedeuten

86 Am Tag nach Churchills Parlamentsrede trafen sich beispielsweise Eden und Lord Woolton und stimmten überein, daß Churchill am 7. Juni, Pfingstmontag, zurückzutreten habe und das Parlament aufgelöst und Neuwahlen ausgeschrieben werden sollten. Siehe Bodleian, Library, Oxford: Woolton Papers, 3, Diary, 1942–1960, 6.4.1954, S. 124f. Vgl. *Seldon*, S. 46.

87 Am 13. April ging Churchill selbst zur Offensive über. Er berief eine Kabinettssitzung ein, um den Termin der nächsten Wahlen zu erörtern und erklärte, er hoffe, die diversen privaten Diskussionen der Kabinettsmitglieder hätten nichts mit ihm persönlich zu tun. Er beabsichtige auf jeden Fall, im Amt zu bleiben. Zitat: NA: 741.13/4–754, Aldrich, US-Botschaft London, an State Department Nr. 4405, 7.4.1954. Siehe auch ebd., /5–2854, Aldrich an State Department Nr. 5398, über ein Gespräch mit dem Arbeitsminister Walter Monckton, 28.5.1954; *Shuckburgh*, S. 160: Tagebucheintrag, 6.4.1954. Siehe auch Bodleian Library, Oxford: ebd., S. 126–29; *Seldon*, S. 46.

88 *Shuckburgh*, ebd.

89 Allerdings waren ihnen allem Anschein nach keine konkreten Versicherungen oder direkten Zusagen gemacht worden; sie hatten lediglich diese Schlußfolgerung gezogen. Vgl. *Shuckburgh*, S. 149: Tagebucheintrag, 17.3.1954; *Moran*, S. 540: Tagebucheintrag, 8.4.1953; *Young*, Cold War, S. 66.

würde. So etwas war bis zu diesem Zeitpunkt noch nie aus Moskau zu hören gewesen.[90] Zwar hatte Eisenhower noch am 10. März während einer Pressekonferenz mit Blick auf Churchills Gipfeldiplomatie gesagt, »I fail to see at this moment what good could come of it«, doch Churchill entschloß sich, dies zu ignorieren.[91] In der Parlamentsrede vom 5. April befürwortete der Premierminister, so bald wie möglich ein Treffen der Regierungschefs einzuberufen. Zudem erklärte er im Unterschied zu seinen in der unmittelbaren Zeit nach Stalins Tod unterbreiteten Vorschlägen, daß man nun über ein ganz konkretes Thema sprechen sollte: über die mit der Atombombe verbundenen Gefahren und die Möglichkeit der Zusammenarbeit bei der Atomenergie.[92]

Ohne die ernste Sorge Churchills über die Folgen der Wasserstoffbombe in Abrede zu stellen, ist sehr wahrscheinlich, daß dieser thematisch ganz konkrete Vorschlag für die Einberufung eines »summit« im wesentlichen aus taktischen Gründen erfolgte. Der Premierminister knüpfte damit an die »Atoms for Peace«-Rede Eisenhowers vor den Vereinten Nationen im Dezember an. Konnte der Präsident nun einen darauf basierenden Vorschlag für ein Viermächtetreffen ablehnen? Churchill ging es zunehmend um die reine Abhaltung eines »summit«. War der Premierminister im Jahre 1953 vor allem daran interessiert gewesen, die deutsche Frage und den Kalten Krieg zu diskutieren, glaubte er im Jahre 1954, daß die Gefahren der Wasserstoffbombe Ost und West an einen Tisch bringen müßten. Von einer Diskussion des Deutschlandproblems mit Malenkow war nach den Konferenzen von Bermuda und Berlin bei Churchill keine Rede mehr. Der Widerstand der USA, Adenauers und des Foreign Office hatte sich als unüberwindbar erwiesen. 1953 glaubte Churchill ernsthaft, daß sein Locarno-Vorschlag und die Herstellung eines neutralisierten, wiedervereinigten Deutschlands die deutsche Frage und den Ost-West-Konflikt lösen könnten. Mittlerweile war er in dieser Angelegenheit jedoch wesentlich pessimistischer

90 Allerdings gingen dem Zentralkomitee der sowjetischen KP diese Äußerungen zu weit. In einer Rede am 27. April 1954 mußte Malenkow seine Meinung revidieren und verkünden, daß ein Atomkrieg lediglich zu der Auslöschung des Kapitalismus führen würde – also nicht zu der jeglicher Zivilisation. (Im Februar 1955 – nach Malenkows Sturz – wies Molotow in einer Rede Malenkows Feststellung vom 12.3.1954 heftig zurück.) Diese Episode und der Zeitraum März/April 1954 wird in der Literatur meist als der Anfang vom Ende Malenkows angesehen. Seit dem Frühjahr 1954 verlor Malenkow immer mehr an Einfluß. Die Gründe scheinen vor allem in seiner Wirtschafts- und Agrarpolitik zu suchen zu sein. Vgl. *Leonhard*, S. 93 f. (engl. Ausg.); *Robert Conquest*, Power and Policy in the USSR. A Study of Soviet Dynastics, London 1961, S. 260–62, 333 f.

91 Siehe zu Eisenhowers Pressekonferenz: FO 371/125 139/ZP 24/1 A, Makins, Washington, an FO Nr. 422, 10.3.1954; auch *Dwight D. Eisenhower*, Public Papers of the Presidents of the United States, 1954, Washington/D.C. 1960, S. 303.

92 *Churchill*, in: H.C., Parl. Deb., 5th series, Bd. 526, 5.4.1954, 48 f., Sp. 57–60.

geworden. Die Überzeugungsarbeit des Foreign Office zeigte Wirkung. Während der Berliner Konferenz hatte der Premierminister Eden brieflich mitgeteilt:

I find it hard to believe that any settlement can be reached about Germany. We must stand by the principle of a German contingent either to EDC or an amended NATO. This alone gives the West the chance of obtaining the necessary strength by creating a European or internationalized German Army but not a National one. I think we are bound in good faith to Adenauer to bring this about and *we should in no circumstances agree to Germany being reduced to a neutralised, defenceless hiatus* which would only be the preliminary to another Czechoslovakia process. *I find it hard to believe that the Soviets will relinquish their grip on Eastern Germany* if the above is true.[93]

Anfang 1954 wurde erkennbar, daß sich der Premierminister auf der Suche nach geeigneteren Themen für eine Gipfelkonferenz befand, als es die deutsche Frage war. Die Einberufung eines »summit« wurde ihm immer wichtiger, um als Urheber eines international bedeutsamen Ereignisses in die Geschichte einzugehen und als Politiker, dem es gelungen war, seine Anregung zu einer weltweiten Détente, trotz aller Widerstände, zu verwirklichen. Die thematische Grundlage einer Gipfelkonferenz rückte dagegen zunehmend in den Hintergrund. Seit dem Frühjahr 1954 war das »summit«-Thema zudem eindeutig zum Instrument Churchills geworden, um seinen unausweichlich näherrückenden Rücktritt hinauszuzögern.[94] Einige Tage nach seiner verunglückten Parlamentsrede über die Wasserstoffbombe Anfang April erklärte der Premierminister Lord Moran in aller Deutlichkeit: »I shall not relinquish office until I meet Malenkov.« Churchill fügte hinzu: »I would pop over to America first, to make it all right with them.«[95] Damit war der letzte Versuch des Premierministers eingeläutet, ein Treffen mit dem sowjetischen Ministerpräsidenten zustande zu bringen. Allerdings hatte Churchill auch erklärt, nichts könne unternommen werden bis nach der Genfer Indochina-Konferenz, die bereits am 26. April beginnen würde. »If the conference fails, I shall pick up the bits. If it triumphs, I shall go to meet Malenkov to exploit the victory.«[96]

93 FO 800/761, Con/54/6, Churchill an Eden in Genf, 27. 1. 1954 (meine Hervorhebung).

94 Bereits Ende Januar 1954 teilte J.K. Penfield, US-Botschaft London, dem State Department die sehr treffende Beobachtung mit: »Churchill does, however, still apparently have a very strong feeling that when he steps down it must be after one last dramatic gesture on the world stage... It may be assumed that Churchill will not remain as Prime Minister in another Government, but it is virtually impossible to predict when and how such an extraordinary individualist of such unique talents will retire.« NA: 741.13/1–2854, Penfield an State Department Nr. 2589, 28. 1. 1954.

95 *Moran*, S. 540: Tagebucheintrag, 8. 4. 1953. Siehe auch *Boyle* (Hrsg.), S. 124, 126: Churchill an Eisenhower, 9. 3. 1954; Eisenhower an Churchill, 19. 3. 1954.

96 Zitat: *Moran*, S. 541: Tagebucheintrag, 8. 4. 1953. Siehe *Shuckburgh*, S. 162: Tagebucheintrag, 9. 4. 1954; ebd., S. 149: Tagebucheintrag, 17. 3. 1954. Vgl. auch *Churchill*, in: H.C., Parl. Deb., 5th series, Bd. 526, 5. 4. 1954, Sp. 58.

Mitte April stattete der amerikanische Außenminister London einen Besuch ab. Primär beabsichtigte er, mit Eden über den Krieg in Indochina zu sprechen, doch Dulles teilte Churchill eine interessante Nachricht mit. Eisenhower habe kurz überlegt, ob er ein Treffen mit Churchill und Eden auf Neufundland anregen solle, doch dies wegen der »crisis atmosphere« unterlassen, die dadurch sicherlich hervorgerufen worden wäre.[97] Daraufhin ergriff Churchill erneut die Initiative. Er beauftragte die britische Botschaft am 16. April, die Terminplanung Eisenhowers über die nächsten Monate zu erkunden.[98] Bereits am 22. April schrieb er dem Präsidenten, er würde gerne ein ausführliches Gespräch mit ihm führen. Er habe erfahren, daß Eisenhower sich zwischen dem 20. und 24. Mai in Washington aufhalte und keine wichtigen Termine habe. Der Premierminister ging nicht näher auf die Themen ein, die er zu erörtern gedachte,[99] doch konnte kein Zweifel bestehen, daß er Eisenhower von der Notwendigkeit eines Treffens mit Malenkow überzeugen wollte.[100] Der Präsident zeigte sich nun plötzlich ebenfalls an einer Zusammenkunft mit Churchill interessiert, wollte er doch über die Ereignisse im Fernen Osten sprechen.[101]

Die militärische Position der in Indochina mit amerikanischer Finanzhilfe bereits seit 1946 gegen die kommunistischen Nationalisten kämpfenden französischen Kolonialmacht war im Frühjahr 1954 immer bedenklicher geworden. Die USA befürworteten, wie Dulles in einer Rede am 29. März deutlich machte, die »united action« einer großen Koalitionsarmee verschiedener westlicher und fernöstlicher Staaten. Es stand zu erwarten, daß der Kongreß einem alleinigen Eingreifen Washingtons die Zustimmung verweigern würde. In Gesprächen mit Eden und Bidault Mitte April in London glaubte Dulles, die britische Unterstützung für den Plan und damit für eine direkte militärische Intervention in Indochina erhalten zu haben.[102] Doch schon wenige Tage später wurde deutlich, daß London aus Angst vor einem sich ausweitenden Krieg und dem eventuellen Einsatz von Atombomben nicht an der Aktion teilnehmen würde.[103] Die britische Weigerung führte zu immer stärkeren Spannungen zwischen London und

97 Dulles hielt sich vom 11. bis zum 13. April in London auf. FRUS 1952–54, Bd. 6, S. 1024f.: Memorandum eines Gesprächs zwischen Dulles, Churchill, Eden und Aldrich am 12.4.1954. Zitat: S. 1015.

98 Vgl. PREM 11/1074, 16.4.1954.

99 *Boyle* (Hrsg.), S. 139: Churchill an Eisenhower, 22.4.1954. *Macmillan*, S. 530, erklärt, daß Churchill erst Anfang Juni den Entschluß faßte, erneut nach Washington zu reisen. Dies ist nicht haltbar.

100 Vgl. z.B. *Moran*, S. 559: Tagebucheintrag, 24.6.1954; *Colville*, Fringes, S. 691: Tagebucheintrag, 24.6.1954.

101 Vgl. dazu *Boyle* (Hrsg.), S. 136–38: Eisenhower an Churchill, 4.4.1954; S. 140: Eisenhower an Churchill, 26.4.1954.

102 Vgl. dazu FRUS 1952–54, Bd. 13, S. 1302ff.; auch ebd., Bd. 6, S. 1025ff.

103 Vgl. die Parlamentsrede von *Eden* am 13.4.1954, in: H.C., Parl. Deb., 5th series, Bd. 526, Sp. 969–75.

Washington und insbesondere zwischen Eden und Dulles. Der Secretary of State fühlte sich von Eden hintergangen. Er war der Meinung, dieser habe ihm Mitte April in London die militärische Beteiligung Großbritanniens im Indochinakrieg zugesagt.[104]

Aufgrund der eskalierenden Krise in Indochina stand Eisenhower im Frühjahr 1954 Gesprächen mit Churchill recht aufgeschlossen gegenüber. »I agree with you«, schrieb der Präsident dem Premierminister am 23. April, »that it is high time that we make certain of our common understanding of current and impending events«.[105] Churchill war zunächst unsicher, ob Eisenhower seine Gesprächsbereitschaft wirklich ernst meinte.[106] Nicht zutreffend ist aber die Behauptung, der Präsident »showed some reticence« über einen Besuch Churchills in Washington. Dem Premierminister sei es aber schließlich gelungen, den sich sträubenden Präsidenten doch noch zu einem bilateralen Treffen zu überreden.[107] Diese und ähnliche Aussagen sind mit Vorsicht zu genießen. Der Briefwechsel zwischen dem Präsidenten und dem Premierminister deutet in die genau entgegengesetzte Richtung. Wegen der sich immer mehr zuspitzenden militärischen Lage in Indochina, den stark voneinander abweichenden Positionen Londons und Washingtons und dem zunehmenden Antagonismus zwischen Dulles und Eden hatte Eisenhower sogar großes Interesse an einem Meinungsaustausch. Immerhin war der Premierminister bereits am 4. April von Eisenhower dramatisch mitgeteilt worden:

104 Vgl. dazu *Eden*, S. 95–99; *Anthony Short*, The Origins of the Vietnam War, London 1989, S. 138–44; *James Cable*, The Geneva Conference of 1954 on Indochina, Basingstoke 1986, S. 53ff.; *Philippe Devillers* und *Jean Lacouture*, End of a War. Indochina 1954, London 1969, S. 71ff.; *Irwin M. Wall*, The United States and the Making of Postwar France, 1945–1954, Cambridge 1991, S. 233ff., bes. S. 256ff.; *Carlton*, Eden, S. 340–50; *James*, Eden, S. 376–80; *Richard H. Immerman*, Between the Unattainable and the Unacceptable: Eisenhower and Dienbienphu, in: *Melanson* und *Mayers* (Hrsg.), S. 120ff.; auch *Christopher J. Bartlett*, ›The Special Relationship‹. A Political History of Anglo-American Relations since 1945, London 1992, S. 63–66.

105 *Boyle* (Hrsg.), S. 139: Eisenhower an Churchill, 23.4.1954.

106 Vgl. *Shuckburgh*, S. 173: Tagebucheintrag, 24.4.1953.

107 So Young, Cold War, S. 66. In ähnlichem Sinne spricht Eisenhowers Pressesprecher James Hagerty von einer gewissen Verärgerung des Präsidenten, daß Churchill auf einen Besuch drängte. FRUS 1952–54, Bd. 6, S. 1064f.: Hagerty Tagebucheintrag, 14.6.1953. Siehe auch Eisenhowers Pressekonferenz am 28.5.1954, in: *Eisenhower*, Public Papers, 1954, S. 88f. Young, ebd., gibt zu, daß Eisenhower wohl Interesse daran hatte, die Mißverständnisse mit Großbritannien zu klären, fügt aber auch hinzu: »there was little reason to refuse the British leader's request.« Eine solche Überlegung hatte Eisenhower in der Vergangenheit nicht davon abgehalten, Churchills Gesprächsvorschläge als zeitlich unpassend abzulehnen. Zudem hätte er so kurz nach der Bermuda-Konferenz durchaus einen Grund gehabt, ein erneutes Treffen mit Churchill zu vermeiden.

I fear that the French cannot alone see this thing through... If they do not see it through, and Indochina passes into the hands of the Communists, the ultimate effect on our and your global strategic position with the consequent shift in the power ratio throughout. Asia and the Pacific could be disastrous... [and] would be a grave threat to the whole free community, and that in our view this possibility should now be met by united action and not passively accepted... We failed to halt Hirohito, Mussolini and Hitler by not acting in unity and time.[108]

Allerdings lag dem Präsidenten weniger an Verhandlungen mit Churchill als an Gesprächen mit Eden, dem künftigen Premierminister. Eisenhower war sich aber bewußt, daß Churchill einem Besuch des Außenministers in Washington nicht zustimmen würde, aber unter Umständen alleine und ohne Eden in den USA auftauchen könnte. Daran hatte Eisenhower nur sechs Monate nach der Bermuda-Konferenz kein Interesse. Um sicher zu gehen, daß Eden auf jeden Fall den Premierminister begleiten und während der gesamten Dauer der Gespräche anwesend sein würde, erläuterte Eisenhower dem britischen Botschafter »his very strong hope that you [Eden] w[ould] come to W[ashing]ton at the same time as the Prime Minister. He felt that it would be much more satisfactory from every point of view if you were with the Prime Minister here throughout the conversations.«[109]

Am 26. April, drei Tage nachdem Dulles dem französischen Außenminister möglicherweise ernsthaft angeboten hatte, Frankreich zwei Atombomben für den Indochinakrieg zur Verfügung zu stellen,[110] ergriff Eisenhower erneut die Initiative. Er erinnerte Churchill brieflich daran, daß aufgrund der »drastic critical changes in the world situation« und der »seemingly wide differences« zwischen London und Washington ein Treffen in der amerikanischen Hauptstadt wünschenswert sei.[111] Kurz darauf, nur 10 Tage nach Eröffnung der Genfer Konferenz der drei Westmächte, der Sowjetunion und Chinas, fiel mit der verlustreichen Eroberung Dien Bien Phus am 7. Mai die letzte französische Festung in Indochina in die Hände des Vietminh. Das Unmögliche war eingetreten. Frankreich hatte den Krieg gegen die von China unterstützten kommunistischen Nationalisten verloren.[112] Am 3. Mai war Dulles bereits aus den Genfer Konferenzräumen gestürzt und voller Empörung zurück nach Washington gereist. Er verübelte es Eden persönlich, daß dieser, nach Abstimmung mit dem Kabinett in London, ungeachtet der sich zuspitzenden Lage um Dien Bien Phu immer noch

108 *Boyle* (Hrsg.), S. 136–38: Eisenhower an Churchill, 4.4.1954.

109 FO 800/841, Makins, Washington, an FO Nr. 1040, 27.5.1954, »Private and Personal« für Eden. Siehe auch ganz ähnlich ebd., Brief Makins an Eden, 29.5.1954.

110 Siehe dazu die Diskussion bei *Short*, S. 140, und *Giles*, S. 204.

111 *Boyle* (Hrsg.), S. 140: Eisenhower an Churchill, 26.4.1954.

112 Aufgrund seiner Weigerung, Truppen nach Indochina zu senden, wurde Churchill daraufhin in Paris als »1954 version of Chamberlain at Munich« angesehen. FRUS 1952–54, Bd. 6, S. 1062: Dillon, Paris, an State Department, 10.5.1954. Siehe auch *Jean-Pierre Rioux*, The Fourth Republic, 1944–58, Cambridge 1987, S. 216–18.

ein militärisches Eingreifen ablehnte.[113] Am 12. Mai schrieb Eisenhower einen weiteren Brief an Churchill und schlug nun ein Treffen für »some time« im Juni vor. Bis dahin werde man mehr Klarheit über den weiteren Verlauf der Indochina-Konferenz haben, »where I think a greater show of unity is essential«. Eisenhower erläuterte, daß bis zu diesem Zeitpunkt auch die Auswertung der noch ausstehenden Wasserstoffbombentests der USA erfolgt sei, die dann ebenfalls Gesprächsgegenstand sein könnten.[114] Anfang Juni machte Eden aufgrund des schwierigen Verlaufs der Genfer Konferenz, deren Ende nicht abzusehen war, den Vorschlag, das Treffen mit Eisenhower um eine Woche zu verschieben.[115] Churchill unterbreitete dem Kabinett daraufhin die Idee, alleine in die USA zu reisen; die Anwesenheit Edens sei nicht unbedingt erforderlich. Darauf ließen sich die britischen Regierungsmitglieder aber nicht ein. Die Beteiligung Edens an den Diskussionen war nicht nur wegen der Genfer Konferenz über die gesprochen werden sollte, notwendig, sondern auch, um sicherzustellen, daß Churchill mit keinen unliebsamen Überraschungen auftrumpfen könnte. Der Premierminister mußte unter Kontrolle gehalten werden.[116]

Churchill hatte in der Zwischenzeit zwar nicht das Ziel aus den Augen verloren, ein »summit« mit Malenkow zu erreichen, doch sorgte er sich aufgrund des Verlaufs der Konferenz in Genf zunehmend um den Stand der anglo-amerikanischen »special relationship« und um den Weltfrieden. Der Premierminister zog daher bereitwillig die Konsequenzen. Mitte Juni teilte Churchill dem Außenminister in Genf mit, daß er angesichts der weltpolitischen Lage nicht wie geplant im Juli zurücktreten könne.[117] Seinen Arzt ließ er wissen, er werde nun möglicherweise erst im September in den Ruhestand treten. Dies teilte er auch Wohnungsbauminister Macmillan mit und fügte hinzu, er könne schließlich kaum erfolgreich mit Eisenhower verhandeln, »with the sense of only having a few weeks more of power«.[118] Dem amerikanischen Präsidenten schlug Churchill den 25. Juni als neuen Gesprächstermin vor.[119] Eisenhower zeigte sich von seiner flexiblen Seite. Schließlich war er selbst an dem Treffen interessiert, um die

113 Vgl. *Short*, S. 147f. Siehe auch FRUS, ebd., S. 1035: Smith, Genf, an State Department, 30.5.1954; *Eden*, S. 108ff. Vgl. zum Verlauf der Indochina-Konferenz vor allem: *Cable*, S. 66ff.; *Devillers* und *Lacouture*, S. 121ff.; *Carlton*, Eden, S. 354–56; *Shuckburgh*, S. 168–204.

114 *Boyle* (Hrsg.), S. 140: Eisenhower an Churchill, 12.5.1954.

115 Ebd., S. 144: Churchill an Eisenhower, 10.6.1954.

116 Vgl. CAB 128/27, Teil 1, C.C.(54)39th Conclusions, Minute 3, 5.6.1954. Siehe auch *Macmillan*, S. 530f.; *Seldon*, S. 404.

117 Er erklärte: »I have a gift to make to the country, a duty to perform. It would be cowardly to run away from such a situation.« *Moran*, S. 555: Tagebucheintrag, 10.6.1954.

118 Ebd., S. 556: Tagebucheintrag, 15.6.1954; *Shuckburgh*, S. 220: Tagebucheintrag, 14.6.1954; *Macmillan*, S. 531.

119 Vgl. *Boyle* (Hrsg.), S. 144: Churchill an Eisenhower, 10.6.1954.

Situation auf der Genfer Konferenz, wo Mitte Juni der neue französische Ministerpräsident Mendès-France den Platz seines Vorgängers Laniel eingenommen hatte, im amerikanischen Sinne zu beeinflussen. Immerhin beabsichtigte Mendès-France entweder innerhalb eines Monats einen Friedensvertrag ausgearbeitet zu haben oder zurückzutreten. In Washington befürchtete man, daß der neue Ministerpräsident vielleicht bereit sein könnte, die Zustimmung Moskaus für eine Kompromißlösung in Indochina gegen ein Scheitern der EVG einzuhandeln.[120] Im State Department wurde eine massive Intervention der USA in Indochina auch zu diesem späten Zeitpunkt nicht ausgeschlossen. Eisenhower antwortete Churchill: »It is easy for me to make the change of one week.«[121]

Während des Briefwechsels mit Eisenhower zur Vorbereitung seiner Reise nach Washington erklärte Churchill mit keinem Wort, daß er beabsichtigte seinen Besuch dazu zu nutzen, um Eisenhower von einem Treffen mit Malenkow zu überzeugen.[122] Die USA rechneten aber natürlich damit, daß Churchill das Thema ansprechen würde.[123] Zur Vorbereitung auf die Gespräche teilte Botschafter Aldrich dem State Department, ungeachtet der Auseinandersetzungen zwischen Dulles und Eden um Indochina, mit: »Eden is O.K. and that if he were on his own we would have much less difficulty.«[124] Genausowenig wie die amerikanischen Diplomaten ließ sich Außenminister Eden über Churchills eigentliche Intention täuschen. Lord Moran zog Ende Juni die Schlußfolgerung: »No one, save Winston, seems to think that much will come out of this visit to Washington.«[125]

120 Vgl. zur Politik von Mendès-France: *Wall*, S. 256ff., 263ff.; *Giles*, S. 194ff.

121 *Boyle* (Hrsg.), S. 145: Eisenhower an Churchill, 11.6.1954.

122 *Moran*, S. 562, vertraute seinem Tagebuch z. B. am ersten Tag des Besuchs Churchills in Washington (26.6.) an: »If he [Churchill] can only talk with Malenkov he is sure things will happen. This idea has completely taken possession of him. It has indeed become an article of faith and is never out of his head for long.«

123 Vgl. FRUS 1952–54, Bd. 6, S. 1066: Aldrich, London, an State Department, 18.6.1954. Siehe auch Churchills Rede »Grand Habitation of the Primrose League« in London, 30.4.1954, in: *James* (Hrsg.), Complete Speeches, Bd. 8, S. 8563–65, bes. S. 8565; und die Rede »Anglo-American Friendship«, English-Speaking Union Dinner für General Gruenther, London, 8.6.1954, in: ebd., S. 8573f.

124 FRUS, ebd., S. 1074: Memorandum Raynor, Direktor des Office of British Commonwealth and Northern European Affairs, an Merchant, Office for European Affairs, über die Ansichten Aldrichs, 24.6.1954.

125 *Moran*, S. 560: Tagebucheintrag, 25.6.1954. Siehe auch *Seldon*, S. 404f.; *Shuckburgh*, S. 220f. Shuckburgh wurde am 1. Juni 1954 als Nachfolger von Roger Allen, der als stellvertretender Hochkommissar nach Bonn wechselte, zum Under-Secretary mit dem Aufgabengebiet Naher Osten befördert. Sein Nachfolger als Edens Privatsekretär wurde Anthony Rumbold. Damit verliert auch teilweise Shuckburghs Tagebuch an Wert. Er arbeitete nun weniger direkt mit Eden zusammen. Dennoch bilden seine Aufzeichnungen auch nach Juni 1954 eine wichtige Quelle für die Außenpolitik der Churchill-Administration.

Zu diesem Zeitpunkt war Eden aber trotz seiner ursprünglichen Kritik an Churchills Reiseplänen zu der Überzeugung gelangt, daß das Treffen in Washington nützlich sein mochte. Die während der Genfer Konferenz deutlich gewordenen anglo-amerikanischen Differenzen könnten so beigelegt und einer einvernehmlichen Indochinalösung näher gekommen werden.[126] Immerhin war am 16./17. Juni ein gewisser Durchbruch erzielt worden. Die chinesische Delegation hatte ihre Bereitschaft deutlich gemacht, einem Waffenstillstand und einer Teilung Indochinas in eine kommunistische und eine westliche Hälfte zuzustimmen. Am 20. Juni kehrte Eden von der unterbrochenen Konferenz über Paris, wo er mit Mendès-France zu Mittag speiste, nach London zurück. Zusammen mit dem Premierminister und einigen Beratern flog er am 24. Juni nach Washington. Churchill hatte zuvor erneut seine Meinung kundgetan, daß alle weltpolitischen Probleme wie während des Zweiten Weltkrieges durch eine Gipfelkonferenz gelöst werden könnten. Statt sich auf die mühsamen Verhandlungserfolge der Außenminister und Diplomaten in Genf zu verlassen, schien ihm auch die Indochinafrage am besten durch ein »summit« lösbar zu sein. Seinen Arzt forderte er auf:

> Look up my May 11 speech, Charles, and you'll see how I gave a warning that nothing can come of these talks at a lower level. They go on, day after day, endlessly. The Foreign Office keeps on splitting hairs. There is no one to say: ›Bloody well go and do it.‹ When I read what had happened at Geneva I felt a great sense of defiance. It was just like the war.[127]

Die deutsche Frage spielte bei der Vorbereitung der Gespräche in Washington keine Rolle. Am 16. Juni wurde Kabinettssekretär Norman Brook aber von Colville informiert, daß Kirkpatrick vorschlage, Repräsentanten des Foreign Office und der Chiefs of Staff ein Positionspapier über Deutschland ausarbeiten zu lassen. Kirkpatrick glaube, Anzeichen einer neuen Rapallo-Politik in der Bundesrepublik zu entdecken. Er nehme an, daß die Amerikaner darüber sprechen wollten.[128] Das Foreign Office hielt es jedoch nicht für notwendig, vor Churchills Locarno-Idee zu warnen und entsprechende Memoranda anfertigen zu lassen. Zumindest sind derartige Überlegungen aus den Dokumenten nicht belegbar. Die Diplomaten erwarteten allem Anschein nach nicht mehr, daß Churchill wie im Jahre 1953 versuchen werde, die Westintegration der Bundesrepublik zur Disposition zu stellen, um seine Gipfeldiplomatie zu verwirklichen.

126 Vgl. *Eden*, S. 128–31; *Macmillan*, S. 532. Ähnlich auch der Tenor des Briefes, den der britische Botschafter Eden am 21. Juni sandte. PRO: FO 800/842, Brief Makins an Eden. Das Drängen Eisenhowers, Eden sollte in jedem Fall den Premierminister begleiten, wird seine Wirkung auf den recht eitlen Außenminister nicht verfehlt haben. Siehe auch *Short*, S. 160–63; *Cable*, S. 72 ff. Siehe auch die Parlamentsrede von *Eden*, in: H. C., Parl. Deb., 5th series, Bd. 524, 23. 6. 1954, Sp. 428 ff.

127 *Moran*, S. 556: Tagebucheintrag, 15. 6. 1954.

128 PREM 11/666, Aktennotiz Colville an Norman Brook, 16. 6. 1954.

3. Besuch in Washington und Kabinettskrise in London

Vom 25. bis zum 29. Juni hielt sich die britische Delegation in der amerikanischen Hauptstadt auf.[129] Während Churchills Arzt der Meinung war, daß die Reise nach Washington dem Premierminister »a new lease of life« gegeben habe,[130] glaubten die amerikanischen Konferenzteilnehmer, einen deutlichen Verfall von Churchills Kräften seit der Bermuda-Konferenz feststellen zu können.[131] Zwar wurde Churchill mit aller Zuvorkommenheit und Ehrerbietung behandelt, doch richteten Dulles und Eisenhower ihre Redebeiträge im wesentlichen an Eden, da es Eisenhower zufolge »awfully difficult« sei, mit Churchill zu sprechen. Dieser weigere sich, ein Hörgerät zu benutzen, und man müsse ihn daher im Gespräch dauernd anschreien, um sich verständlich zu machen.[132] Während der Gespräche gelang es, das Verhältnis zu den USA und Edens Beziehung mit Dulles aufzubessern.[133] In der Indochinafrage erklärte sich Dulles bereit, den Versuch einer Lösung auf der Grundlage der Teilung des Landes zu unterstützen und von einer militärischen Intervention der USA abzusehen.[134] Wie in Bermuda, nahm auch in Washington das Thema EVG und die deutsche Wiederbewaffnung einen wichtigen Platz ein. Erneut wurde die zunehmende Ungeduld Londons und Washingtons mit den Vorbehalten der französischen Regierung deutlich. Der Präsident bezeichnete die nicht anwesenden Franzosen als »a hopeless, helpless mass of protoplasm«.[135] Dulles erklärte, daß, falls das französische Parlament bis zur Sommerpause die EVG nicht ratifiziert habe,

129 Eine Auflistung der britischen Delegationsmitglieder ist zu finden in *Colville*, Fringes, S. 691.

130 *Moran*, S. 560: Tagebucheintrag, 25.6.1954. Siehe auch ähnlich *Colville*, ebd., S. 692ff.

131 Eisenhower berichtete seinem Pressesprecher: »The Prime Minister has moments when he does not seem to be entirely aware of everything that is going on. It is merely old age, but it is becoming increasingly more noticeable.« *Robert Ferrell* (Hrsg.), The Diary of James C. Hagerty, Bloomington/Ind., 1983, S. 80: Tagebucheintrag, 29.6.1954.

132 Ebd., S. 77: Tagebucheintrag 26.6.1954: ebd., S. 80f.: Tagebucheintrag, 29.6.1954. Vgl. auch *Stephen E. Ambrose*, Eisenhower, Bd. 2: The President, 1952–1969, London 1984, S. 197f. Ambrose berichtet, daß Churchill seit Bermuda zwei weitere Schlaganfälle erlitten habe. Dies war nicht der Fall. Ambrose wiederholt nur eine bei *Ferrell* zitierte falsche Aussage Hagertys (vgl. ebd., S. 77).

133 Vgl. dazu FRUS, ebd., S. 1077ff.; eine gute Zusammenfassung in *Young*, Churchill's bid, S. 433. Siehe auch *Moran*, S. 559f.: Tagebucheintrag, 24.6.1954.

134 Vgl. dazu vor allem FRUS, ebd., S. 1086–94: Memorandum eines Gesprächs zwischen Dulles und Eden, 26.6.1954: ebd., S. 1094–96: Positionspapier der britischen Delegation »A South-East Asia Settlement«, 25.6.1954; ebd., S. 1118–22: Memorandum eines Gesprächs zwischen Dulles und Eden, 29.6.1954; ebd., S. 1127–28: »Agreed Minute on Southeast Asia«, 27.6.1954.

135 *Colville*, Fringes, S. 693: Tagebucheintrag, 27.6.1954.

überlegt werden müsse, ob der Bonner Vertrag losgelöst vom EVG-Abkommen in Kraft gesetzt werden könne. Eden stimmte im Prinzip zu. Die Bundesrepublik müsse bis Oktober die Souveränität erhalten haben. Eisenhower empfahl dringend zu untersuchen, »what must be done and what was feasible in the event the French failed to ratify this summer«. Die Politiker einigten sich darauf, in London eine gemeinsame anglo-amerikanische Arbeitsgruppe einzurichten. Sie sollte Alternativen zur EVG ausarbeiten und erörtern, wie das Junktim zwischen dem Bonner Generalvertrag und dem Pariser EVG-Vertrag außer Kraft gesetzt werden könnte. Mit Blick auf die Öffentlichkeit waren die Konferenzteilnehmer aber der Auffassung, »[that] it would be extremely unwise to indicate that we were jointly considering alternatives to the EDC«.[136] Dies entsprach im übrigen auch der Meinung Adenauers. Im Gegensatz zu der immer wieder zu lesenden Behauptung, daß Adenauer bis zuletzt blind an der EVG festhielt, befürwortete der Kanzler durchaus die geheime Ausarbeitung von Alternativen. Im Falle des Scheiterns der EVG schien es notwendig, »that we should have an alternative plan of action to put into operation immediately«.[137] Die britischen Diplomaten waren spätestens seit Mitte Juni davon überzeugt, daß angesichts der öffentlichen Äußerungen des neuen französischen Ministerpräsidenten Mendès-France die EVG kaum mehr zu realisieren sei.[138] Churchill bedauerte dies nicht, bevorzugte er doch nach wie vor eine NATO-Lösung, um die deutsche Wiederbewaffnung zu verwirklichen. »We must not let ourselves imagine that if EDC does fail, it is impossible to build up European security under NATO.«[139] Über die deutsche Frage als solche, also über eine anzustrebende Wiedervereinigung oder gar eine eventuelle Neutralisierung wurde in Washington nicht ge-

136 FRUS 1952–54, Bd. 6, S. 1080f.: Memorandum eines Gesprächs zwischen Eisenhower und Churchill, 25.6.1954. Siehe auch ebd., S. 1126f.: »Agreed Minute on Germany and EDC.« Vgl. *RIIA* (Hrsg.), Survey, 1954, S. 141. Vgl. zu den Ausarbeitungen und Vorschlägen der Arbeitsgruppe, die vom 5. bis 12. Juli in London unter Federführung von Frank Roberts und Cecil Lyon tagte: FRUS 1952–54, Bd. 5, S. 997ff.

137 NA: 762A.00/6–2354, Memorandum Merchant, an Dulles über sein Gespräch mit dem westdeutschen Botschafter Dr. Krekeler am 23.6.1954 in Washington. So auch *Schwarz*, Adenauer. Der Staatsmann, S. 121–40.

138 NA: 762.0221/6–1854, Aldrich, London, an State Department Nr. 5824, über ein Gespräch mit Anthony Nutting, der seine eigene Meinung und die von Kirkpatrick und Roberts darlegte, 18.6.1954. Vgl. auch das Protokoll der ersten Sitzung der anglo-amerikanischen Arbeitsgruppe am 7.7.1954 über das Thema »Restrictions on German Rearmament which might be feasible in the event of German admission to NATO«. Man näherte sich langsam, aber stetig der dann im September/Oktober verwirklichten WEU/NATO-Lösung an: ebd., 762A.5/7–754, 7.7.1954. Siehe auch 762A.00/7–654, Memorandum eines Gesprächs zwischen Dulles und Merchant vom 2.7.1954 »re Plans for Germany«, 6.7.1954.

139 FRUS 1952–54, Bd. 6, S. 1103: Notizen Hagertys für Eisenhower über ein Essen, das der Kongreß für Churchill gab, 26.6.1954.

sprochen. Dies schien seit der Berliner Konferenz und ungeachtet der in den letzten Monaten erfolgten weiteren Noteninitiativen der Sowjetunion nicht mehr notwendig zu sein. Stattdessen galt es, endlich die unwiderrufliche Westintegration der Bundesrepublik durchzusetzen.[140]

Diese Auffassung wurde auch von Churchill geteilt. Zwar kam er während seines Besuchs in Washington auf seine Gipfeldiplomatie zu sprechen, doch war nun nicht mehr die Rede davon, durch ein Treffen mit Malenkow die deutsche Teilung zu überwinden und die Westintegration der Bundesrepublik überflüssig zu machen. Vergessen waren alle seine deutschlandpolitischen Überlegungen und Memoranda des Jahres 1953. Churchill hatte die Locarno-Idee lange vor der Reise nach Washington als nicht realisierbar begraben. Daher war er nun etwas erfolgreicher bei seinem Versuch, Eisenhower von einem »summit« zu überzeugen. Zusammen mit einer gewissen Nachgiebigkeit Eisenhowers, die wohl vor allem eine Reaktion auf die Hinfälligkeit des sichtlich gealterten Churchill darstellte,[141] war die veränderte Haltung des Premierministers gegenüber der Westintegration der Bundesrepublik ausschlaggebend für das Entgegenkommen Eisenhowers. Dies ist bisher in der Forschung völlig übersehen worden.[142] Allerdings gelang es Churchill keinesfalls, wie oftmals behauptet wird, den

140 Auf die im Anschluß an die Berliner Konferenz begonnenen und sich während des ganzen Jahres 1954 hinziehenden Noteninitiativen der Sowjetunion kann nicht näher eingegangen werden. Vgl. dazu PRO: FO 371/109 293–302; FRUS, ebd., Bd. 5, S. 487ff., 684ff. und zusammenfassend FRUS, ebd., Bd. 7, S. 1232f. (Editorial Note); *RIIA* (Hrsg.), Survey, 1954, S. 156–61; *RIIA* (Hrsg.), Documents, 1954, S. 88ff. Ein guter Überblick bei *Schwarz*, Ära Adenauer, S. 169ff.

141 Dieser Eindruck wird durch die aufgeführten diversen Memoranda und Protokolle der Gespräche zwischen Eisenhower und Churchill vermittelt. Eisenhower hatte allem Anschein nach Mitleid mit dem Premierminister, der sich verzweifelt bemühte, gegen seinen zunehmenden körperlichen und geistigen Verfall anzukämpfen.

142 Die Versuche von *Young*, Churchill's bid, S. 433f., Eisenhowers positivere Haltung während des Jahres 1954 zu erklären, sind wenig überzeugend. Hier heißt es: »The exact motivations for Eisenhower to talk in this way can only be guessed but he had, since coming to power, taken a more positive view than Dulles on the idea of approaches to Russia and shared some of Churchill's grave concerns about the nuclear menace. In April and December 1953 the President had made public appeals for East-West co-operation on atomic power... Eisenhower was not willing to join in Churchill's opening contact with the Soviets it is true, but he did apparently see this as a useful initiative which could pave the way to a broader meeting of great powers.« Wie in den vorangegangenen Kapiteln dargelegt (siehe bes. Kap. III), war Eisenhowers Haltung zu Kontakten mit Moskau bisher keineswegs positiver als diejenige Dulles' gewesen. Die Reden von April und Dezember 1953 stellten lediglich Propagandagesten dar, vor denen Dulles sogar eindringlich gewarnt hatte. Es waren zudem auch keinerlei Anhaltspunkte dafür erkennbar, daß Eisenhower Churchills »summit«-Initiativen als »useful« betrachtete.

Präsidenten von seinen gipfeldiplomatischen Vorstellungen zu überzeugen.[143] Eisenhower war lediglich ein wenig schwankend geworden und drückte seine Bedenken nun zurückhaltender aus.

Die entgegenkommendere Haltung des Präsidenten wurde bereits am ersten Tag der Gespräche in Washington deutlich. Als Churchill vorschlug, das Thema der Gipfeldiplomatie den von Eisenhower dargelegten Diskussionsgegenständen hinzuzufügen, hatte der Präsident keine Einwände. Ohne von Churchill dazu gedrängt worden zu sein, begann er sogar damit, seine eigenen Vorstellungen über ein »summit« zu erläutern. Eisenhower erklärte, daß es ihm, als Staats- und Regierungschef unmöglich sei, für längere Zeit an einer internationalen Konferenz teilzunehmen. Doch könnten vielleicht Dulles und Vizepräsident Nixon das Treffen bestreiten. Falls sich ein Erfolg andeute, würde er an den letzten drei oder vier Konferenztagen teilnehmen. Der Premierminister bemerkte natürlich, daß dies trotz der größeren Aufgeschlossenheit des Präsidenten nach wie vor recht vage Vorstellungen waren, deren Verwirklichung längere Zeit in Anspruch nehmen würde. Er regte deshalb an, es sei vielleicht zweckmäßig, wenn er zuerst alleine »a first ›reconnaissance in force‹« unternehme, »to see if anything promising developed«. Eisenhower zog sich mit der Bemerkung aus der Affäre, daß Churchill seine Idee schriftlich darlegen solle, so daß sie näher untersucht werden könne.[144] Seinem Arzt teilte der Premierminister am Abend überschäumend mit:

> The day has been an incredible success. It is astounding how well things have gone... This may lead to results which will be received by the world with a gasp of relief and amazement.[145]

Moran gewann den Eindruck, daß Churchill überzeugt war, Eisenhower habe einem Gipfeltreffen zugestimmt. Der Premierminister erläuterte ihm, er hoffe im Juli nach Moskau zu reisen. Obwohl Eden ihn dabei begleiten werde, versicherte er dem Arzt: »It's my show entirely. I have been working for this for a long time.«[146]

Am Tag darauf kam Eisenhower auf das Thema zurück. Er war gegen ein Gipfeltreffen in einem von der Sowjetunion beherrschten Land, doch hatte er nichts gegen Stockholm oder London einzuwenden. Der Präsident versuchte

143 Vgl. etwa *White*, S. 53f.; *Colville*, Fringes, S. 692: Tagebucheintrag, 25.6.1954.

144 Die Darlegung Colvilles, »The first and vast surprise was when the latter [Eisenhower] at once agreed to talks with the Russians« stellt eine übertrieben positive Interpretation der Reaktion Eisenhowers dar. Vgl. ebd.

145 *Moran*, S. 561: Tagebucheintrag, 25.6.1954.

146 Ebd. Der Premierminister versprach sich große Vorteile davon, in die sowjetische Hauptstadt zu reisen, statt sich in einem neutralen Land mit Malenkow zu treffen. Aus einer Bemerkung gegenüber Eden geht seine Überzeugung hervor, »that one can get better treatment out of the Russians when you are on their ground than when they are on yours«. FO 800/823, Aktennotiz Churchill an Eden, M.9/54, 14.1.1954.

jedoch, den Premierminister zu überzeugen, zuerst Fühler auf diplomatischem Wege auszustrecken und vor allem Frankreich mit einzubeziehen. Churchill war davon nicht begeistert. Er strebte nach wie vor an, ein Gipfeltreffen auf die Sowjetunion, die USA und Großbritannien zu beschränken. Er erläuterte: »Two is company; three is hard company; four is a deadlock.« Churchill sprach sich dafür aus, Malenkow direkt zu kontaktieren. Eisenhower warnte davor, dem sowjetischen Ministerpräsidenten die Gelegenheit zu geben, einen Gipfelvorschlag abzulehnen und damit zu ermöglichen, »to hit the free world in the face«. Als er vorschlug, Churchill solle sein Alter als Grund für die direkte Kontaktaufnahme mit Malenkow anführen, lehnte der Brite entrüstet ab.[147] Trotz Churchills Versicherung, »I swear to you that I will not compromise you in the slightest«, war Eisenhower nicht bereit, sich festzulegen. Er schlug dem Premierminister vielmehr vor, die Angelegenheit mit Dulles zu erörtern. Ganz uncharakteristisch erklärte der Präsident, »[that] he was unsure as to exactly what was [the] right thing to do«. Eisenhower befürchtete, ein »summit« werde zu große Erwartungen hervorrufen. Er erinnerte an seinen Vorschlag, am Eröffnungstag der Konferenz teilzunehmen, Dulles und Nixon die Verhandlungen führen zu lassen und dann vielleicht während der letzten fünf Tage des Treffens anwesend zu sein.[148] Die Schlußfolgerung Seldons, »that Churchill managed to charm Eisenhower into going along at least some way with his plans«, ist daher verständlich, jedoch irreführend.[149] Ein Übereinkommen, daß Churchill alleine nach Moskau reisen sollte, um die Lage zu erkunden, wurde keinesfalls erzielt. Die Organisation einer Gipfelkonferenz war ebenfalls nicht vereinbart worden.

Am folgenden Tag führte Churchill ein längeres Gespräch mit Dulles. Er legte ihm dar, daß er als Vorbereitung auf eine Dreimächtekonferenz ein bilaterales Treffen mit Malenkow in Stockholm anstrebe, »to see whether there were ›consenting minds‹«.[150] Dulles war wesentlich weniger verbindlich als der Präsident. Er legte dem Premierminister dar, es sei »extremely dangerous«, ein solches Treffen zu verabreden, ohne die Aussicht auf positive Ergebnisse zu haben. Die Illusion eines Erfolges sei gefährlich, und ein offensichtlicher Mißerfolg könne gar den Eindruck erwecken, als ob die einzige Alternative ein Krieg sei. Dulles fragte den Premierminister, welche konkreten Ergebnisse er zu erreichen hoffe. Churchill entgegnete, daß er an die Möglichkeit eines österreichischen Friedens-

147 FRUS 1952–54, Bd. 6, S. 1098: Memorandum eines Gesprächs zwischen Eisenhower und Churchill, 26. 6. 1954.

148 Colvilles Darlegung des Gesprächs ist nicht haltbar. Hier heißt es: »The Russian visit project has now been expanded (by the President, so the P.M. says) to a meeting in London, together with the French and West Germans, at the opening of which Ike himself would be present.« *Colville*, Fringes, S. 693: Tagebucheintrag, 26. 6. 1954.

149 Vgl. *Seldon*, S. 405.

150 FRUS 1952–54, Bd. 6, S. 1111: Memorandum eines Gesprächs zwischen Dulles und Churchill, 27. 6. 1954.

vertrages denke. Zwar hatte er dies in recht oberflächlicher Weise schon des öfteren überlegt, sich mit dem damit verbundenen komplizierten Sachverhalt jedoch kaum beschäftigt.[151] Nachdem seine Anregung die deutsche Westintegration zur Disposition zu stellen, im Sommer 1953 auf heftigen Widerstand gestoßen war, schien ihm die sicherheitspolitisch wesentlich weniger brisante österreichische Frage ein besseres Verhandlungsobjekt darzustellen. Offen muß bleiben, warum der Premierminister Dulles gegenüber nicht die mit der Wasserstoffbombe verbundenen Gefahren als Thema anführte, das er mit Malenkow diskutieren wollte. Der Secretary of State zeigte sich von der Antwort Churchills jedenfalls nicht beeindruckt. Er erklärte, man habe während der Berliner Konferenz alles versucht, um eine Lösung der österreichischen Frage zu erreichen. Er sei skeptisch »about the possibility of getting it by this method«. Dulles »urged that the matter be very carefully weighed before any positive decision was made«. Dem amerikanischen Pressesprecher erklärte der Außenminister später:

> The Prime Minister was still obsessed with the idea of going to Moscow for a meeting... Of course, we are unalterably opposed to such a trip but it may be if we do not go, Churchill will go anyway.[152]

Trotz der ablehnenden Haltung des Secretary of State und des Fehlens jeglicher Vereinbarungen mit Eisenhower glaubte Churchill, der Präsident habe nichts dagegen, wenn er sich alleine auf eine Erkundungsreise in die UdSSR begebe. Zumindest war der Premierminister mit Leichtigkeit in der Lage, sich und beispielsweise auch Privatsekretär Colville davon zu überzeugen, daß es ihm gelungen sei, Eisenhowers Zustimmung zu einer Reise nach Moskau zu erhalten.[153] Churchill muß sich bewußt gewesen sein, daß die letzte Gelegenheit, seine »summit«-Vorstellungen zu verwirklichen, gekommen war. Seine zunehmende Hinfälligkeit und Eisenhowers überraschend geringer Widerstand, der allerdings angesichts von Dulles offener Opposition jederzeit wieder deutlicher aus-

151 Vgl. z.B. FO 371/109 292/C 1071/704, Aktennotiz Roberts an Eden, 22.2.54; ebd., Aktennotiz Roberts an Eden und Kirkpatrick, 23.2.54; *Churchill*, Foreign Affairs-Rede, in: H.C., Parl. Deb., 5th series, Bd. 524, 25.2.1954, Sp. 586f. Im November 1953 war der Premierminister sogar noch gegenüber Eden der Meinung gewesen, daß er nichts davon halte, mit der UdSSR konkret über Deutschland und Österreich zu sprechen. Dies würde eine Konferenz von vornherein zum Scheitern verurteilen. FO 800/822, Aktennotiz Churchill an Eden M.319/53, c. Anfang November 1953, erwähnt in Aktennotiz Eden an Churchill, PM/53/328, 9.11.1953. Vgl. auch *Bruno Thoß*, Modellfall Österreich? Der österreichische Staatsvertrag und die deutsche Frage 1954/55, in: *Thoß* und *Volkmann* (Hrsg.), S. 93–136.

152 FRUS 1952–54, Bd. 6, S. 1111f.: Memorandum eines Gesprächs zwischen Dulles und Churchill, 27.6.1954. Zitate: ebd. und S. 1111, Anm. 1.

153 Vgl. *Colville*, Fringes, S. 693: Tagebucheintrag, 27.6.1954.

fallen konnte, führte ihm vor Augen, daß er nun alles auf eine Karte setzen mußte, wollte er sein Ziel erreichen.[154]

Bereits in der Nacht vom 30. Juni zum 1. Juli, an Bord der *Queen Elizabeth*, auf der die britische Delegation nach einem eintägigen Aufenthalt in Kanada die Heimreise antrat, begann der Premierminister seine Gipfeloffensive vorzubereiten. Churchill entschloß sich, ein Telegramm nach Moskau zu schicken.[155] Überraschenderweise beabsichtigte er die Depesche an Außenminister Molotow und nicht an Ministerpräsident Malenkow zu senden. Der eigentliche Ansprechpartner des britischen Premierministers war aber nicht der Außenminister, sondern der sowjetische Regierungschef.[156]

Am 2. Juli begann der Premierminister seinem Privatsekretär ein langes Telegramm an Molotow zu diktieren. Churchill plante, Anfang August in die UdSSR zu reisen. Er glaubte, daß Eisenhower seine Einstellung grundsätzlich geändert habe.

> Ike has crossed a gulf of thought. He has taken a very important step. He has made up his mind that Communism is not something which we must at all costs wipe out, but rather something we got to learn to live with, and alongside - peaceful coexistence.[157]

Selbst nach Überarbeitung und Kürzung der Botschaft mißfiel Eden aber das ganze Projekt, das in der Öffentlichkeit nur falsche Erwartungen wecken würde. Der Außenminister befürchtete ernste Meinungsverschiedenheiten mit den USA und Adenauer und auch negative Auswirkungen auf die mühevoll aufgebaute einheitliche westliche Front gegenüber Moskau. Eden lehnte es ab, das Telegramm ohne Konsultation des Kabinetts abzusenden. Er schlug vor, die Botschaft an Molotow zuerst vom Kabinett beraten zu lassen. Er selbst könne das Telegramm dann dem sowjetischen Außenminister problemlos während der Genfer Konferenz überreichen, die in wenigen Tagen fortgesetzt werde. Der Premierminister bezeichnete Edens Einwände als »nonsense« und erklärte, es handele sich lediglich um eine »unofficial enquiry«. Wenn Molotow zustimme, werde er das Kabinett konsultieren.[158] Dies bedeutete natürlich, daß in einem solchen, durchaus wahrscheinlichen Fall die Kabinettsmitglieder Churchills Rei-

154 Vgl. die Ausführungen bei *Moran*, S. 562f.: Tagebucheintrag, 26.6.1954.

155 Siehe vor allem *Young*, Churchill's bid, S. 434f.; und die nun etwas überholte Darstellung aus dem Jahre 1981 von *Seldon*, S. 406f. Vgl. auch die Schilderung *Macmillans*, S. 534–41; sowie *James* Eden, S. 380f.; *Carlton*, Eden, S. 351–55; *Gilbert*, Churchill, Bd. 8, S. 996ff., 1018ff.

156 Dies ist zwar sowohl den Zeitgenossen als auch der historischen Forschung aufgefallen, doch konnten keine überzeugenden Gründe dafür angeführt werden. Vgl. zum Beispiel die Aussage von Frank Roberts in *Larres* (Hrsg.), S. 314–16.

157 *Moran*, S. 572: Tagebucheintrag, 2.7.1954; ebd., S. 575: Tagebucheintrag, 4.7.1954; ebd., S. 574: Tagebucheintrag, 3.7.1954.

158 *Colville*, Fringes, S. 697f.: Tagebucheintrag, 2.7.1954; *Moran*, S. 573f.: Tagebucheinträge, 3.7. und 4.7.1954.

se kaum mehr verhindern könnten, wollten sie Moskau nicht vor den Kopf stoßen und den Premierminister bloßstellen. Dieser ließ solche Bedenken jedoch nicht gelten. Er erklärte, er beabsichtige die Angelegenheit zu einer Vertrauensabstimmung zu machen. Falls das Kabinett seine Initiative ablehnte, wäre dies eine gute Gelegenheit, zurückzutreten. Churchill wußte natürlich, daß ein auf diese Weise vollzogener Rücktritt zu einer ernsten Krise der Konservativen Partei führen, diese möglicherweise spalten, auf jeden Fall aber der neuen Eden-Regierung sofort einen entspannungsfeindlichen Ruf verleihen würde.[159] Die beiden Politiker einigten sich schließlich auf einen Kompromiß, der vor allem zu Lasten Edens ging und auf den sich der Außenminister nur einließ, um, wie der Premierminister ihm versichert hatte, seinen kurz bevorstehenden Rücktritt nicht zu gefährden. Eden erhielt von Churchill die Zusicherung, daß er am 21. September, nach seiner Moskaureise, sein Amt niederlegen werde.[160] Am gleichen Tag erklärte er jedoch seinem Arzt: »I do not think I shall retire... I don't think Anthony expects me to.« Zwei Tage später überlegte er, ob er nicht doch Mitte September zurücktreten sollte.[161] Churchill hatte Eden dargelegt, daß er das Telegramm dem Kabinett senden werde, wenn er hinzufügen könne, daß der Außenminister der Depesche an Molotow im Prinzip zustimme. Dies war natürlich nicht der Fall, doch »Eden weakly gave in«. Das Telegramm mit dem Text der beabsichtigten Botschaft an Molotow wurde Schatzkanzler Butler, dem ranghöchsten Minister in London, zugeschickt.[162] Lord Moran war der Meinung, daß Eden »once more bowed to Winston's tenacity and strength of will«.[163] Colville vertraute seinem Tagebuch an: »I am afraid the P.M. has been ruthless and unscrupulous in all this, because he must know at this moment, for both internal and international reasons, Eden cannot resign – though he told me, while all this was going on and I was acting as intermediary, that he had thought of it.«[164]

Kurz darauf telegrafierte Churchill listig dem Schatzkanzler, er nehme an, das Telegramm sei mittlerweile nach Moskau geschickt worden.[165] Churchills Laune verbesserte sich, als Butler schnell ein Antworttelegramm sandte, das überra-

159 Vgl. *Colville*, ebd., S. 698: Tagebucheintrag, 2.7.1954.
160 Vgl. ebd., S. 697: Tagebucheintrag, 2.7.1954.
161 *Moran*, S. 572: Tagebucheintrag, 2.7.1954; ebd., S. 574: Tagebucheintrag, 4.7.1954.
162 FO 371/125 139/ZP 24/5/G, Eden, an Bord der Queen Elizabeth, an FO Nr. 11, 2.7.1954. Zitat: *Colville*, Fringes, S. 698: Tagebucheintrag, 2.7.1954.
163 *Moran*, S. 575: Tagebucheintrag, 4.7.1954.
164 *Colville*, Fringes, S. 698: Tagebucheintrag, 2.7.1954. Macmillan war im Nachhinein tatsächlich der Meinung, daß Eden »ought to have resigned on the boat«. Zit. nach *Alistair Horne*, Macmillan, 1894–1956, Bd. 1, London 1988, S. 348.
165 FO 371/125 139/ZP 24/5/G, Churchill, an Bord der Queen Elizabeth, an Butler, »Private and Personal«, 3.7.1954. Der Telegrammtext lautete wie folgt: »Presume my message to the Bear has gone out. It in no way commits the Cabinet to making an official proposal. Time is important.«

schenderweise nur einige wenige Verbesserungsvorschläge enthielt. Der Schatzkanzler »appeared generally satisfied with the main idea«. Er wies jedoch darauf hin, daß Churchills Botschaft so klinge, als ob der Premierminister vorhabe, nach Moskau zu reisen. Es sei besser, wenn der Ort eines Treffens nur vage erwähnt werde, so daß ein neutrales Land gewählt werden könne.[166] Nachdem Churchill den Änderungen zugestimmt hatte,[167] ließ Butler das Telegramm Molotow übermitteln. Seinem Arzt berichtete der Premierminister nun, er habe keinesfalls vor, nach Moskau zu reisen. Er beabsichtige, Malenkow in Wien zu treffen, um ihn zu überzeugen, einen österreichischen Friedensvertrag zu unterschreiben. »If that came off people would whoop with joy. I might pay a courtesy visit to Moscow after Vienna – perhaps staying forty-eight hours.«[168] In dem Telegramm an Molotow hatte Churchill lediglich »the idea of a friendly Meeting« erwähnt, »with no agenda and no object but to find a reasonable way of living side by side in growing confidence, easement and prosperity«. Das Treffen, wo auch immer es stattfinden werde, solle nur wenige Tage dauern und »simple« und »informal« sein.[169] Kurz darauf teilte Botschafter Hayter mit, daß Molotow bei der Übergabe der Mitteilung nur kommentiert habe, »that he realized its importance and that there would be no delay in replying«.[170]

Im Gegensatz zu Butler war das Foreign Office mit dem Telegramm an Molotow ganz und gar nicht einverstanden. Frank Roberts, Anthony Nutting und Selwyn Lloyd waren empört und sprachen von Rücktritt. Macmillan und Roberts schrieben Eden, um ihm die Haltung des Foreign Office und die möglichen Konsequenzen für die internationale Politik darzulegen.[171] Hayter war ebenfalls »dismayed«. Da der Frieden keinesfalls in Gefahr sei, betrachte er Churchills Botschaft als überflüssig. Zudem könne nicht ausgeschlossen werden, daß Moskau die Meinung vertrete, Großbritannien sei ohne die USA »a negligible force«, und bilaterale Gespräche seien daher nicht lohnenswert.[172] Die Diplomaten in London waren der Meinung, Churchill dürfe keinesfalls alleine und ohne die

166 Zitat: *Colville*, Fringes, S. 699: Tagebucheintrag, 3. 7. 1954; PRO: ebd., Butler an Churchill Nr. 29, 3. 7. 1954. Siehe auch *Moran*, S. 575: Tagebucheintrag, 4. 7. 1954.
167 Vgl. PRO: ebd., Churchill, an Bord der Queen Elizabeth, an FO für Butler Nr. 27, 3. 7. 1954.
168 *Moran*, S. 574: Tagebucheintrag, 4. 7. 1954.
169 Zum Text des Telegramms an Molotow vgl. FO 371/125 139/ZP 24/5/G, FO an Moskau Nr. 873, 4. 7. 1954. Siehe auch *Boyle* (Hrsg.), S. 152: Churchill an Eisenhower, 7. 7. 1954. Er ging auf die Episode ausführlich in seiner letzten Parlamentsrede als Regierungschef am 14. 3. 1955 ein. Siehe *Churchill*, H.C., Parl. Deb., 5th series, Bd. 538, Sp. 958 ff. Die Korrespondenz zwischen Molotow und Churchill im Juli und August 1954 wurde von Moskau als Reaktion auf Churchills Parlamentsrede publiziert. Die britische Regierung veröffentlichte sie dann ebenfalls (Cmd. Nr. 9418).
170 PRO: ebd., Hayter, Moskau, an FO für Churchill und Eden Nr. 656, 4. 7. 1954.
171 *Shuckburgh*, S. 221 f.: Tagebucheintrag, 6. 7. 1954.
172 FO 371/125 139/ZP 24/8/G, Brief Hayter, Moskau, an Kirkpatrik, 9. 7. 1954.

Zustimmung der USA nach Moskau reisen. Das Außenministerium zeigte sich empört, daß der Premierminister sein Telegramm an Molotow nicht dem Kabinett und dem Foreign Office zugänglich gemacht, sondern es lediglich »private and personal« an Butler zur Kenntnisnahme gesandt hatte. Nach Churchills erstem Telegramm an Butler war es den Diplomaten gerade gelungen, dem Schatzkanzler das Versprechen abzuringen, Churchill aufzufordern, mit der Übermittlung der Botschaft an Molotow bis nach der Konsultation des Kabinetts zu warten, als Churchills zweite Depesche eintraf. Butler hatte nun nicht mehr gewagt, größere Einwände zu erheben, glaubte er doch nicht zu Unrecht, »that ... this was A.E.'s way of holding the PM to his promise to retire, and did not feel he could interfere with that«.[173] Möglicherweise hatte der Schatzkanzler es aber als inopportun erachtet, dem Premierminister Widerstand zu leisten. Darauf weist zumindest sein recht unterwürfiges Telegramm an Churchill vom 3. Juli hin.[174] Young nimmt gar an, Butler habe die Bedeutung der Angelegenheit nicht erkannt. Angesichts der Auseinandersetzungen der letzten Monate um Churchills »summitry« ist dies aber unwahrscheinlich.[175]

Zurück in London wurden Eden vom Foreign Office die größten Vorwürfe gemacht. Der Außenminister hatte Churchill in Washington unter Kontrolle halten und ihn nicht noch bei seinen Plänen unterstützen sollen. Die Diplomaten glaubten, Churchill sei auf das sowjetische Gerede von der »peaceful co-existence« hereingefallen, das den Westen doch nur in seiner Wachsamkeit einschläfern solle. Moskau wolle Westeuropa nach wie vor neutralisieren und die kommunistische Weltrevolution verwirklichen.[176] Voller Verachtung über das Verhalten Edens vertraute Shuckburgh seinem Tagebuch an:

> It looks as though there was a compact – ›You let me go to see Malenkov and after that I will resign.‹ What is to prevent everyone else – Adenauer, Tito – running after the Russians in Winston's wake?
> A.E. always swore to me that the *one* thing he would not allow was a visit to Moscow without the Americans.[177]

173 *Shuckburgh*, S. 221 f.: Tagebucheinträge, 5. 7. 1954 und 6. 7. 1954 (Zitat: S. 222).

174 FO 371/125 139/ZP 24/5/G, Butler an Churchill Nr. 29, 3. 7. 1954. In seinen Memoiren erwähnt Butler die Episode mit keinem Wort.

175 Vgl. *Young*, Churchill's bid, S. 436.

176 FO 371/125 139/ZP 24/12/G, Brief Roberts an den Diplomaten Harold Caccia in Genf, 13. 7. 1954, mit beiliegendem Memorandum »Probable Soviet line in any general talks«; ebd., ZP 24/14/G, FO an britische Delegation, Genf Nr. 1503, Roberts an Caccia, 19. 7. 1954. Vgl. auch die Erörterungen des FO über den Begriff der »peaceful coexistence«: FO 371/111 706/NS 1073/1, 6, 9, 11, 12, 14, 23 (Ende Juli/Anfang August 1954). Siehe auch *Young*, ebd.

177 Erstes Zitat: *Shuckburgh*, S. 221: Tagebucheintrag, 5. 7. 1954. Zweites Zitat: ebd., S. 222: Tagebucheintrag, 6. 7. 1954.

Am 5. Juli sandte Molotow eine ausgesprochen freundliche und entgegenkommende Antwort auf die Anfrage des Premierministers, die Churchill in seiner Reiseabsicht bestätigte.[178] Der Außenminister befürwortete den Vorschlag Churchills und erklärte, er werde positiv erörtert. Molotow legte dar, daß er gerne Churchill und Eden in Moskau begrüßen würde. Es sei möglicherweise sinnvoll, eine Gipfelkonferenz einzuberufen, um eine internationale Entspannung herbeizuführen. Doch deutete Molotow an, daß er dabei Wert auf die Anwesenheit der USA legte.[179]

Das britische Kabinett erfuhr erst am Vormittag des 7. Juli von Churchills Initiative – einen Tag nach der Rückkehr der britischen Delegation aus Washington.[180] Shuckburgh berichtet von »some hesitancy and shock«. Der Geschäftsführer der Partei, Lord Woolton, und möglicherweise auch Harry Crookshank, der Leader of the House, drohten mit Rücktritt.[181] Der Minister für Commonwealth-Angelegenheiten, Lord Swinton, und Lord Simonds, der Lord Chancellor, wollten die Queen einschalten, um die Regierung vor sich selber zu retten.[182] Der einflußreiche Lord Salisbury erklärte empört, er werde seinen Rücktritt einreichen, falls das Projekt gegen den Widerstand Eisenhowers verwirklicht werde. Manche der Experten im Foreign Office hatten dagegen realisiert: »whatever Ike says, we are surely hooked; we cannot get out of it«.[183] Der Diplomat Harold Caccia erkannte, daß die Gefahr bestand, nach den USA nun auch noch Moskau vor den Kopf zu stoßen. Die britische Regierung könne im Falle eines Eingehens des Kreml auf den Vorschlag Churchills ein Gipfeltreffen nicht mehr ablehnen. Churchill sei an sein Wort gebunden, und Eden müsse deshalb mit nach Moskau reisen. »They are in a thorough mess«.[184] Das Kabinett vertagte sich am 7. Juli angesichts der aufgebrachten Regierungsmitglieder erst einmal, um die Reaktion Washingtons abzuwarten.[185] Churchill schrieb sofort an Eisenhower und informierte ihn über den Schriftwechsel mit Molotow. Sein eigenes Schreiben an den sowjetischen Außenminister fügte er nur in edierter und zu-

178 Siehe zu Churchills Einschätzung der Antwort Molotows sein Schreiben an Eisenhower vom 8. 7. 1954, in: *Boyle* (Hrsg.), S. 155.

179 Das Antwortschreiben Molotows ist einem Schreiben Churchills an Eisenhower vom 7. 7. 1954 beigelegt. Siehe ebd., S. 152f.

180 CAB 128/27, Teil 2, C. C. (54)47th Conclusions, Minute 4, 7. 7. 1954. Die eigentliche Diskussion der Initiative Churchills wurde von dem Protokoll der Sitzung getrennt in einem »confidential annex« festgehalten, das nach wie vor nicht zugänglich ist.

181 So zumindest *Seldon*, S. 406.

182 Vgl. *Colville*, Fringes, S. 437: Tagebucheintrag, 7. 7. 1954.

183 *Shuckburgh*, S. 222: Tagebucheintrag, 7. 7. 1954.

184 Wiedergegeben in *Shuckburgh*, S. 223: Tagebucheintrag, 12. 7. 1954. Es schien zuerst, als ob der Kreml großes Interesse an einem Besuch Churchills habe. Als Frank Roberts gegenüber dem sowjetischen Botschafter erwähnte, Ort und Zeit des Treffens seien noch offen, erklärte dieser: »time, yes, but the place is Moscow.« Ebd.

185 CAB 128/27, Teil 2, C. C. (54)47th Conclusions, 7. 7. 1954.

sammengefaßter Form bei, um den Präsidenten nicht zu verärgern, hatte er sich doch die Freiheit genommen, Molotow im Anschluß an ein bilaterales Treffen eine Dreimächtekonferenz mit London und Washington in Aussicht zu stellen.[186] Der Premierminister rechnete allem Anschein nach damit, daß Eisenhower die Initiative begrüßen und dies das Kabinett von seinem Plan überzeugen werde. Die meisten Mitarbeiter des Foreign Office hofften ebenfalls auf Eisenhower, wenn auch mit dem genau entgegengesetzten Ziel: »So there is a hope still that Ike will bring us to our senses.«[187]

Der amerikanische Präsident fiel jedoch aus allen Wolken, als er durch den Brief Churchills vom 7. Juli von dessen Botschaft an Molotow erfuhr.[188] Bereits am gleichen Tag erfolgte seine Antwort, die Shuckburgh zufolge, »was about as scathing and negative as it could be without actually being rude«.[189] Eisenhower betonte, daß er während Churchills Besuch in Washington keinesfalls einer solchen Aktion des Premierministers zugestimmt habe und nach wie vor nicht glaube, daß sie sinnvoll sei.

You did not let any grass grow under your feet. When you left here, I had thought, obviously erroneously, that you were in an undecided mood about this matter, and that when you had cleared your own mind I would receive some notice if you were to put your program into action... I probably shall say something to the effect that while you were here the possibility of a Big Three Meeting was discussed; that I could not see how it could serve a useful purpose at this time; that I said that, if you did undertake such a mission, your plan would carry our hopes for the best but would not engage our responsibility.[190]

Churchill war von Eisenhowers Brief sehr enttäuscht. In der eigens einberufenen Kabinettssitzung am 8. Juli, in der die Antwort des Präsidenten verlesen wurde, erklärte der Premierminister, er habe eine weitere Botschaft an Eisenhower vorbereitet. Er hoffe, daß dadurch »a more favourable response might be elicited from the President«. Churchill schlug dem Kabinett vor, keine endgültige Entscheidung zu treffen, bevor Eisenhower geantwortet habe, doch machte er deutlich, daß er nicht beabsichtige, eine eventuelle Einladung Malenkows nach Moskau anzunehmen. Er wolle sich mit dem sowjetischen Regierungschef auf neutralem Boden treffen. Während der ganzen Kabinettssitzung befand sich Churchill in der Defensive. Er wurde heftig dafür kritisiert, daß er mit dem Absenden des Telegramms nicht gewartet habe, bis das Kabinett konsultiert worden sei. Salisbury drohte erneut mit Rücktritt und fragte: »Was the message so urgent?« Churchill gab zu, »[that] he might have taken an exaggerated view of the urgency

186 *Shuckburgh*, S. 222: Tagebucheintrag, 7.7.1954;. *Boyle* (Hrsg.), S. 152: Churchill an Eisenhower, 7.7.1954.

187 *Shuckburgh*, ebd.

188 Vgl. *Macmillan*, S. 535: Eisenhower sei »naturally surprised« und »somewhat hurt« gewesen.

189 *Shuckburgh*, S. 223: Tagebucheintrag, 13.7.1954.

190 *Boyle* (Hrsg.), S. 153f.: Eisenhower an Churchill, 7.7.1954.

of the matter.« Churchill versuchte sich damit herauszureden, daß sein Schreiben lediglich eine informelle Botschaft an Molotow gewesen sei, so wie er sie während des Krieges regelmäßig an ausländische Regierungen gesandt habe. Das Kabinett sei dadurch keinesfalls in seiner Entscheidungsfreiheit beeinträchtigt worden. An Bord der *Queen Elizabeth* habe dem im übrigen auch Anthony Eden zugestimmt. Während Churchill versuchte, einen Teil der Vorwürfe an Eden weiterzugeben, war dieser bemüht, die Schuld auf Butler abzuwälzen. Der Schatzkanzler konnte jedoch überzeugend darlegen, daß er den Eindruck gewonnen habe, Churchill sei nicht an einer Konsultation der Kabinettsmitglieder interessiert gewesen, zumal sich diese am Wochenende über das ganze Land verstreut aufgehalten hätten.[191] Dies traf natürlich den Kern der Sache. Wenige Tage später räumte Churchill auch gegenüber seinem Privatsekretär ein, er habe ganz bewußt das Kabinett nicht konsultiert, bevor er das Telegramm an Molotow gesandt habe: »He admitted to me if he had waited to consult the Cabinet after the ›Queen Elizabeth‹ had returned, they would almost certainly have raised objections and caused delays.«[192]

Während der Kabinettssitzung vom 8. Juli hatte Eden angeregt, es sei »much more natural«, wenn im Anschluß an die Genfer Konferenz er und Molotow die kurze Reise nach Bern antreten würden, um dort zusammen mit Churchill und Malenkow die bilateralen Gespräche mit der UdSSR aufzunehmen.[193] Der Premierminister schrieb nun an den Präsidenten, daß er hoffe, Moskau das Versprechen abringen zu können, einen österreichischen Friedensvertrag abzuschließen »and to liberate Austria and Vienna from Russian military domination«. Falls dies gelänge, sei es möglicherweise sinnvoll, im Anschluß an seine bilateralen Gespräche, eine Gipfelkonferenz der drei oder vier Großmächte in London einzuberufen. Um Eisenhower entgegenzukommen, schloß Churchill nun sogar die eventuelle Teilnahme Frankreichs an einem »summit« nicht mehr aus und erwähnte, daß das Thema von Eisenhowers UNO-Rede im Dezember 1953 über die gemeinsame friedliche Nutzung der Atomenergie in Bern angesprochen werden sollte.[194] In einem recht gemäßigten Schreiben vom 8. Juli versicherte Eisenhower dem Premierminister höflich, daß er ihm völlig vertraue. Der Präsident schien sich damit abgefunden zu haben, daß Churchills Pläne nicht mehr zu

191 Alle Zitate: CAB 128/27, Teil 2, C.C.(54)48th Conclusions, Minute 3, 8.7.1954, Confidential Annex. Vgl. auch *Anthony Howard,* R.A.B.: The Life of R.A. Butler, London 1987, S. 207f.

192 *Colville*, Fringes, S. 702: Tagebucheintrag, 16.7.1954.

193 CAB 128/27, Teil 2, C.C.(54)48th Conclusions, Minute 3, 8.7.1954, Confidential Annex.

194 *Boyle* (Hrsg.), S. 158: Churchill an Eisenhower, 9.7.1954; ebd. S. 155: Churchill an Eisenhower, 8.7.1954. Siehe auch *Shuckburgh*, S. 223: Tagebucheintrag, 12.7.1954.

vereiteln waren.[195] Einverstanden war Eisenhower deshalb aber noch lange nicht. Er wies den Premierminister einige Tage später darauf hin, daß er nicht wisse, wie die amerikanische Öffentlichkeit reagieren werde. Er hoffe, die Amerikaner würden Churchills »sincerity and lofty motivations« allgemein akzeptieren, wenn wohl auch kaum ernst nehmen können: »Probably the majority will consider it, as Hoover is supposed to have said of Prohibition, ›a noble experiment‹.«[196]

Am 9. Juli fand in London eine weitere Kabinettssitzung statt, die sich mit Churchills Initiative beschäftigte. Macmillan bezeichnete sie in seinem Tagebuch als »the most dramatic Cabinet which I have attended«.[197] Der Premierminister verlas seinen Brief an Eisenhower vom gleichen Tag. Salisbury war jedoch nicht beeindruckt und drohte wieder mit Rücktritt. Churchill regte erneut an, auf das Antwortschreiben des Präsidenten zu warten und vorerst keine endgültige Entscheidung über die Angelegenheit zu fällen. Dem stimmte das Kabinett zu. Ebenfalls schien es einigen Ministern und auch Churchill sinnvoll zu sein, das Ergebnis der Genfer Indochina-Konferenz abzuwarten. Falls die USA sich von dem Resultat distanzierten, würde ein bilaterales anglo-sowjetisches Treffen nur den Eindruck eines tiefen Mißverständnisses zwischen London und Washington hervorrufen. Ein Treffen mit Malenkow könnte dagegen beruhigend auf die Weltöffentlichkeit wirken, falls kein Ergebnis erzielt worden wäre. Dem Premierminister war es gelungen, seine Initiative vorerst noch zu retten.[198] Am Tag nach der Kabinettssitzung vertraute Macmillan seinem Tagebuch an: »[Churchill] is now quite incapable – mentally, as well as physically – of remaining Prime Minister ... his judgement is distorted. He thinks about one thing all the time – the Russian visit and his chance of saving the world – till it has become an obsession.«[199]

Der vereinte Widerstand des Kabinetts, Eisenhowers, des Foreign Office und Edens, der drei Tage nach der Kabinettssitzung vom 9. Juli wieder nach Genf aufgebrochen war,[200] hatten Churchill veranlaßt, wesentlich vorsichtiger vorzugehen. Dennoch standen in London die Zeichen weiterhin auf Sturm. Lord Salisbury trug sich immer noch mit Rücktrittsabsichten: Churchill erklärte, »he didn't ›give a damn‹«, doch wurde Salisbury überzeugt, einen solch drastischen

195 Vgl. *Boyle*, ebd., S. 156: Eisenhower an Churchill, 8.7.1954. *Young*, Churchill's bid, S. 439, bezeichnet diesen Brief Eisenhowers als »more positive« als derjenige vom 7.7.1954. Die Behauptung geht jedoch zu weit, daß Salisburys Widerstand dadurch unterminiert worden sei. Davon konnte keine Rede sein.

196 *Boyle*, ebd., S. 161: Eisenhower an Churchill, 12.7.1954.

197 Zit. nach *Horne*, S. 348.

198 Vgl. *Boyle* (Hrsg.), S. 157–59: Churchill an Eisenhower, 9.7.1954; auch *Macmillan*, S. 536.

199 Zit. nach *Horne*, S. 348.

200 Vgl. *Eden*, S. 138.

Schritt noch einige Tage hinauszuzögern.[201] Das Foreign Office hatte bereits widerwillig mit der Ausarbeitung von Positionspapieren für ein eventuelles Zweimächtetreffen mit Malenkow begonnen.[202] Eden versuchte durch skeptische Berichte aus Genf, die meist auf Gesprächen mit Molotow beruhten, Churchills Vorhaben zu unterminieren und dem Widerstand des Foreign Office größere Glaubwürdigkeit zu verleihen.[203] Am 12. Juli, gleich am ersten Tag seiner Rückkehr nach Genf, sprach der Außenminister Molotow auf das Telegramm des Premierministers an. Molotow schien kein allzu großes Interesse an der Angelegenheit zu haben. Als Eden erläuterte, daß London keinesfalls einen Konferenzort in der Sowjetunion akzeptieren werde, sondern ein neutrales Land bevorzuge, erklärte Molotow, »that he must tell me frankly that his Government had not as yet considered questions of time and place«. Zuerst müsse ohnehin das Ergebnis der Genfer Konferenz abgewartet werden.[204] Kurz darauf empfahl Eden dem Premierminister, das ganze Projekt fallenzulassen, da die sowjetische Regierung nicht interessiert sei.

You will have seen from my telegram No. 943 that the Russians may not themselves be keen for such a meeting at the present time, since they may well calculate that the prospects of compromises and wedge-driving are not present. On our side, there is also the risk that if such a meeting took place and failed, the state of our relations would be left even worse than before. I would therefore myself be against pressing them if they show any hesitation.[205]

201 Vgl. dazu und zu einem Brief Macmillans an Eden vom – laut Horne – 15. Juni 1954 (richtig wohl 15. Juli) über die Notwendigkeit, den Rücktritt Salisburys zu verhindern: *Horne*, S. 348. Zitat: *Colville*, Fringes, S. 702: Tagebucheintrag, 16. 7. 1954. Manchmal zeigte sich aber auch Churchill besorgt über die Auswirkungen eines Rücktritts des Lord President. Siehe FO 371/125 139/ZP 24/11/G, FO an britische Delegation Genf Nr. 1486, Churchill an Eden.

202 Frank Roberts betonte, »that failure to achieve any concrete result does not simply leave matters where they stand but in a much worse and more dangerous position«. PRO: ebd., Brief Roberts an Caccia Genf, 13. 7. 1954 mit beiliegendem Memorandum »Probable Soviet line in any general talks«; ebd., Brief Caccia an Roberts, undatiert, ca. 14. oder 15. 7. 1954; ebd., ZP 24/14/G, FO an britische Delegation, Genf Nr. 1503, Roberts an Caccia, 19. 7. 1954.

203 *Shuckburgh*, S. 223: Tagebucheintrag, 127. 1954; ebd., S. 225 f.: Tagebucheintrag, 19. 7. 1954.

204 FO 800/823, Eden, Genf, an FO Nr. 898, 12. 7. 1954 (auch in: FO 371/125 139/ZP 24/11/G). Vgl. auch die Besprechung des Telegramms während der Kabinettssitzung am 13. 7. 1954: CAB 128/27, Teil 2, C. C. (54)50th Conclusions, Minute 2, Confidential Annex.

205 FO 800/823, Eden, Genf, an FO für Churchill Nr. 957, 17. 7. 1954 (auch in: FO 371/125 139/ZP 24/11G). Vgl. zu Telegramm Nr. 943: ebd., Eden an FO für Churchill, 16. 7. 1954.

In der Kabinettssitzung vom 13. Juli erklärte Churchill jedoch, Molotow habe gegenüber Eden ein bilaterales »summit« in London oder Bern durchaus nicht ausgeschlossen. Nach wie vor wagte der Premierminister aber nicht, eine Entscheidung über die Angelegenheit herbeizuführen. Man vertagte sich erneut.[206] In der Zwischenzeit hatte Churchill alle Gedanken an einen baldigen Rücktritt gebannt.[207] Dies und die Gefahr, daß das Kabinett kurz davorstand, auseinanderzubrechen, veranlaßten Macmillan, am 16. Juli mit Churchills Ehefrau zu sprechen und sie zu bitten, Einfluß auf den Premierminister zu nehmen. Zusammen mit Colville versuchte sie dies auch, und Churchill begann allmählich einzusehen, daß ein Rücktritt Salisburys ernsthafte Folgen für den Fortbestand der Regierung und das Ansehen der Partei in der Öffentlichkeit haben würde.[208] Der Premierminister überlegte dennoch, wie er seine Kabinettskollegen von einer weiteren Botschaft an Molotow überzeugen könnte. Er schrieb Eden in Genf und bat um seine Hilfe. Doch dieser hatte aus der Episode an Bord der *Queen Elizabeth* gelernt. Er erklärte Churchill rundheraus, daß er ihn nicht unterstützen könne.

As I have repeatedly told you I do not myself believe that anything of any value will be gained from such a meeting. I am more than ever convinced of it since my recent conversation with Molotov. You, however, continue to believe that it can serve some useful purpose and that with your authority some result can be achieved and wish to make the attempt. If that is still your determination ... I consider that you should have the chance to do this, as long as the meeting is not on Russian soil. But I cannot pretend tomorrow to the Cabinet that I like it.[209]

Die Entscheidung sowohl über die Zukunft der Regierung als auch über die Pläne Churchills fiel am letzten Juli-Wochenende, unmittelbar nachdem am 21. Juli die Genfer Konferenz erfolgreich beendet worden war.[210] Vor der entscheidenden Kabinettssitzung hatte Churchill seinem Arzt mitgeteilt: »Today's Cabinet will be decisive. They must support me or I shall go.«[211] Von dieser Ansicht hatte ihn auch das Gespräch Edens mit Molotow am letzten Tag der Konferenz in Genf nicht abgebracht. Dabei war während der Unterhaltung der

206 CAB 128/27, Teil 2, C.C. (54)50th Conclusions, Minute 2, Confidential Annex, 13.7.1954.

207 Vgl. *Moran*, S. 581: Tagebucheintrag, 20.7.1954; *Shuckburgh*, S. 224: Tagebucheintrag, 14.7.1954, Gespräch mit Jane Portal, Churchills Sekretärin.

208 Vgl. *Colville*, Fringes, S. 702: Tagebucheintrag, 16.7.1954.

209 FO 800/823, Brief Eden, Genf, an Churchill, PM/54/111, 22.7.1954.

210 Die Teilung Vietnams war beschlossen worden und zwar weiter nördlich als ursprünglich befürchtet. Die USA stimmten dem Abkommen zu, ohne es jedoch zu unterschreiben. Die Vereinbarung wurde allgemein als großer diplomatischer Erfolg Edens betrachtet. Siehe zu den Einzelheiten des Ergebnisses CAB 129/69, C. (54)227, 8.7.1954; *Eden*, S. 138–42; *Cable*, S. 115 ff.

211 *Moran*, S. 581: Tagebucheintrag, 23.7.1954.

beiden Außenminister deutlich geworden, zumindest wenn dem Bericht Edens geglaubt werden kann, daß Moskau dem Vorschlag Churchills nach wie vor nicht viel mehr als ein gewisses höfliches Interesse entgegenbrachte.[212] Während der Sitzung des Kabinetts am Freitag, dem 23. Juli, entstand »a flaming row«.[213] Eden warnte vor Churchills beabsichtigter Reise nach Moskau. Salisbury drohte, unterstützt von Crookshank, mit seinem Rücktritt und eine ähnliche Drohung wurde auch voller Wut von dem Premierminister ausgestoßen. Das Schicksal der Regierung schien am seidenen Faden zu hängen.[214] Churchill informierte das Kabinett über das Telegramm, das er Molotow als Antwort auf dessen Botschaft vom 5. Juli senden wollte. Er schlug dem sowjetischen Außenminister ein bilaterales Treffen in Bern, Stockholm oder Wien vor und fügte hinzu, um seinen Kollegen entgegenzukommen, »that other Ministers, besides the Prime Minister and the Foreign Secretary, might attend«. Das Kabinett lehnte aber Churchills Vorschlag entrüstet ab, das Telegramm wiederum »personal and private« an Molotow zu senden. Erneut wurden die verfassungsrechtlichen Aspekte von Churchills Telegramm an Molotow vom 3. Juli erörtert. Der Premierminister wies »any constitutional impropriety« heftig zurück. Schließlich schlug Macmillan, unterstützt von zahlreichen weiteren Ministern vor, das Kabinett solle sich nicht länger mit der Vergangenheit, sondern mit der Zukunft beschäftigen. Lord Salisbury legte daraufhin dar, daß ihn nicht nur die verfassungsrechtlichen, sondern auch die internationalen Konsequenzen von Churchills Vorhaben beunruhigten. Seiner Ansicht nach sei der Weltfrieden weniger durch die Sowjetunion bedroht als durch die Gefahr, daß die USA der Versuchung erliegen könnten, ihre atomare Überlegenheit zu einem Präventivschlag gegen Moskau zu nutzen. Daher sollte es die oberste Aufgabe der britischen Regierung sein, »to preserve the unity and coherence of the Atlantic Alliance«, um die Entscheidungen Washingtons beeinflussen zu können. Churchills Plan sei daher abzulehnen. »Could we expect the Americans to respect the unity of that Alliance if, without their agreement, we embarked on bi-lateral discussions with the Russians? Was there not a great risk that they would thereby be encouraged to pursue independent policies and to take less account of our views on international affairs?«[215]

Eden erläuterte seine Position, wie er sie noch am Tag zuvor dem Premierminister brieflich dargelegt hatte. Er empfahl die nochmalige Vertagung einer

212 Vgl. FO 371/125 139/ZP 24/16/G, Memorandum des Gesprächs zwischen Eden und Molotow am 21.7.1954, PM/54/110, 22.7.1954.

213 So zumindest *Shuckburgh*, S. 227: Tagebucheintrag, 23.7.1954. Crookshank bezeichnete sie als »[a] terrible Cabinet«. Zit. nach *Seldon*, S. 406.

214 Vgl. *Colville*, Fringes, S. 702: Tagebucheintrag: August 1954. Siehe auch *Young*, Churchill's bid, S. 441 f.

215 CAB 127/28, Teil 2, C.C.(54)52nd Conclusions, Minute 3, Confidential Annex, 23.7.1954.

Entscheidung. Am Vormittag sei die Reaktion der UdSSR auf die Genfer Konferenz publiziert worden, die darauf hindeute, daß Moskau möglicherweise im Begriff sei, seine antiamerikanische Propaganda zu verstärken. Wenn dies zutreffe, könne London nicht ein bilaterales Treffen initiieren. Er würde allerdings die sowjetischen Aussagen gerne noch näher studieren. Da anzunehmen sei, daß Moskau den Notenwechsel mit Churchill veröffentlichen werde, sprach Eden sich jedoch schweren Herzens für ein Treffen aus. Schließlich würde die britische Regierung »be put in an embarrassing position if it were disclosed that, having made this offer, we had then withdrawn it.« Der Außenminister befürwortete, ein zweites Telegramm an Molotow zu senden. Unter Umständen sei es sinnvoll, sich mit der Konferenzteilnahme weiterer Mitglieder der kollektiven Führungsmannschaft in der UdSSR einverstanden zu erklären. Es sei nicht auszuschließen, daß Moskau ein Treffen ablehnen werde, wenn London auf einem Ort außerhalb der Sowjetunion bestehe. Jedes weitere Telegramm an den Kreml falle zudem automatisch in die gemeinsame Verantwortung des Kabinetts. Die Öffentlichkeit wie auch der Kreml würden unabhängig von der Art der Korrespondenz doch in jedem Fall die gesamte Regierung als verantwortlich ansehen. Eden wurde zugestimmt. Das Kabinett einigte sich, den Premierminister aufzufordern, Molotow eine weitere Botschaft zuzusenden, »as this project had now been carried so far«. Vor der Übermittlung einer solchen Nachricht sollte den Regierungsmitgliedern aber die Gelegenheit gegeben werden, das Wochenende zur nochmaligen Reflexion zu nutzen. Man vertagte sich erneut.[216]

Ironischerweise wurde die Situation durch die Sowjetunion gerettet. Am Sonnabend, dem 24. Juli, zwei Tage vor der anberaumten, alles entscheidenden Kabinettssitzung, traf eine Note der UdSSR an die Westmächte und China ein. In der Note wurde eine Konferenz aller 32 europäischen Staaten und der USA und Chinas (als Beobachter) auf Außenministerebene vorgeschlagen, um Fragen der europäischen Sicherheit einschließlich der deutschen Wiedervereinigung zu verhandeln. Der Vorschlag des Kreml hatte offensichtlich das Ziel, die Realisierung der EVG und die der Westintegration der Bundesrepublik zu verhindern, zumindest aber erheblich hinauszuzögern. Nicht nur wiederholte der Kreml im wesentlichen seine unrealistischen sicherheits- und deutschlandpolitischen Vorstellungen, die Molotow bereits auf der Berliner Konferenz unterbreitet hatte. Es mußte auch angenommen werden, daß alleine die Vorbereitung und Abhaltung der vorgeschlagenen multilateralen Konferenz Monate in Anspruch nehmen würde. Die Erzielung eines einvernehmlichen Verhandlungsergebnisses dürfte ebenfalls schwierig werden, und selbst falls dies gelang, mußten alle teilnehmenden Staaten die ausgehandelten Verträge ratifizieren. Ein Eingehen auf den sowjetischen Vorschlag würde Jahre der Ungewißheit hervorrufen, war doch an eine Ratifizierung der EVG, während die Verhandlungen über eine grundsätzliche Reformierung des europäischen Mächtesystems stattfanden,

216 Ebd.

nicht zu denken. Der Westen betrachtete den sowjetischen Vorschlag daher als nicht akzeptabel. Selbst Churchill war überzeugt, es handele sich bei der Initiative lediglich um eine neue Propagandaaktion Moskaus.[217] Sofort war dem Premierminister wie auch dem Kabinett klar, daß angesichts dieser Offensive der UdSSR der britische Premierminister nicht zu einem bilateralen Treffen mit dem sowjetischen Regierungschef aufbrechen konnte. Churchill kommentierte: »Foreign Secretaries of the World unite; you have nothing to lose but your jobs.«[218]

Churchill und Eden formulierten gemeinsam ein neues Telegramm an Molotow, in dem der Premierminister bis zur Klärung der Frage des sowjetischen Konferenzvorschlages sein Treffen mit Malenkow zurückstellte. Churchill wollte Molotow mitteilen, daß er im Begriff gewesen sei, ein bilaterales Treffen Ende August oder Anfang September vorzuschlagen. Moskaus Vorschlag einer Konferenz über europäische Sicherheitsfragen, »which I presume the Heads of Government would not be expected to attend«, entspreche nicht seinen Vorstellungen von einem informellen Treffen mit Malenkow, das zu einer Gipfelkonferenz hätte führen können.[219] Dem stimmte das Kabinett in einer sehr ruhig verlaufenen Sitzung am Montag, dem 26. Juli zu und eine ähnliche, wenn auch recht allgemein gehaltene Erklärung gab Churchill am Tag darauf im Parlament ab.[220] Molotow versuchte zwar, Churchill in einem Telegramm vom 31. Juli zu überzeugen, daß das bilaterale anglo-sowjetische Treffen nach wie vor stattfinden könnte, doch ließ sich der Premierminister darauf nicht mehr ein.[221] Die britische Kabinettskrise war auf überraschende Weise beigelegt worden. Shuckburgh kommentierte: »To be saved from our own embarrassments by a clumsy

217 Vgl. FO 371/125 139/ZP 24/17/G, Aktennotiz Churchill an Eden, M/138/54, 4.8.1954; FO 371/111 706/NS 1073/13, Aktennotiz Richardson, FO, 31.8.1954. Siehe auch PREM 11/668. Vgl. zu der Note vom 24. Juli auch: *RIIA* (Hrsg.), Survey, 1954, S. 157f. Sie ist auszugsweise abgedr. in *RIIA* (Hrsg.), Documents, 1954, S. 46–51.

218 *Colville*, Fringes, S. 702: Tagebucheintrag, August 1954.

219 FO 800/762, FO an Botschaft in Moskau Nr. 987, Churchill an Molotow, 26.7.1954. Vgl. auch FO 371/125 139, Aktennotiz Eden an Churchill, PM/54/115, 30.7.1954; ebd., Aktennotiz Churchill an Eden, 1.8.1954 und M/138/54, 4.8.1954.

220 Vgl. dazu CAB 128/27, Teil 2, C.C. (54)53rd Conclusions, Minute 2, Confidential Annex, 26.7.1954; *Churchill*, Oral Answers. International Situation, in: H.C., Parl. Deb., 5th series, Bd. 531, 27.7.1954, Sp. 232f.

221 FO 371/125 139/ZP 24/18/G, Molotow an Churchill, 31.7.1954; ebd., Churchill an Molotow, 31.7.1954 (identisch mit FO 800/762, FO an Botschaft Moskau Nr. 1024, Molotow an Churchill, 5.8.1954; ebd., FO an Botschaft Moskau Nr. 1026, Churchill an Molotow, 5.8.1954); siehe auch ebd., Aktennotiz Churchill an Kirkpatrick, 31.7.1954, ebd., Molotow an Churchill, 11.8.1954 (identisch mit FO an Botschaft Moskau Nr. 1070, 14.8.1954). Vgl. auch *Seldon*, S. 620f., Anm. 96. Siehe auch *Churchill*, World Disarmament-Rede, in: H.C., Parl. Deb., 5th series, Bd. 538, 14.3.1955, Sp. 963; *Macmillan*, 537f.

action on the part of the Soviets is quite like old Stalin times. I do not understand why Malenkov and Molotov have let us off so lightly.«[222]

Dies konnte auch von der historischen Forschung bisher nicht geklärt werden. Unklar ist nach wie vor, warum Molotow nicht mit dem Absenden der Note über eine Sicherheitskonferenz an die Westmächte gewartet hatte. Schließlich wußte er von Churchills Plänen und konnte er damit rechnen, daß der Premierminister in aller Kürze den Termin für ein bilaterales Treffen vorschlagen werde. Eden hatte ihm dies noch am 21. Juli persönlich dargelegt.[223] Molotow waren durch seine diplomatischen Kanäle auch die im westlichen Lager geführten heftigen Auseinandersetzungen über Churchills »summitry« zumindest andeutungsweise bekannt. Über die Beweggründe des Kreml kann nur spekuliert werden.[224] Möglicherweise traute man im Kreml Churchill nicht und wurde angezweifelt, daß er es ernst mit seiner Gipfeldiplomatie meinte. Immerhin waren seine »iron curtain«-Rede und seine vielen anderen antikommunistischen Darlegungen in den ersten Jahren des Kalten Krieges noch in guter Erinnerung.[225] Darauf weist zumindest die Aussage des sowjetischen Diplomaten Rodionow hin. In einem Gespräch mit Frank Roberts Mitte August 1954 gab Rodionow überraschenderweise zu, daß Moskau mitverantwortlich dafür sei, daß sich Churchills »summitry« nicht hatte realisieren lassen.

He [Rodionov] indicated that the Russian leaders were by no means sure what the Prime Minister really wanted to do at such a meeting and, with their naturally suspicious outlook, were reluctant to commit themselves to something the outcome of which they could not quite foresee.[226]

222 *Shuckburgh*, S. 235: Tagebucheintrag, 28.7.1954.

223 FO 371/125 139/ZP 24/16/G, Memorandum des Gesprächs zwischen Eden und Molotow am 21.7.1954 in Genf, PM/54/110, 22.7.1954. Eden hatte erklärt: »I should be seeing the Prime Minister on return and no doubt an official message would be coming in the next few days from Her Majesty's Government.«

224 Vgl. dazu auch die sehr hypothetischen Überlegungen Hayters, der wie die große Mehrheit des Kabinetts und des FO erwartet hatte, daß Moskau die Initiative freudig willkommen heißen würde. FO 800/823, Brief von Hayter an Kirkpatrick, 6.8.1954 (auch in: FO 371/125 139/ZP 24/20/G).

225 Vgl. dazu Kap. II. Zudem war Stalins Mißtrauen gegenüber dem Premierminister bei den geschichtsbewußten neuen Männern im Kreml noch wach. Stalin war während des Zweiten Weltkrieges der Meinung: »Perhaps you think that just because we are the allies of the English we have forgotten who they are and who Churchill is. There's nothing they like better than to trick their allies. During the First World War they constantly tricked the Russians and French. And Churchill? Churchill is the kind of man who will pick your pocket of a kopeck if you don't watch him.« Zitat: *Milovan Djilas*, Conversations with Stalin, Harmondsworth 1963, S. 61; siehe zu dem Mißtrauen gegenüber Churchill auch Kap. V., Anm. 115.

226 FO 800/823, Kirkpatrick an Churchill mit beiliegendem Memorandum über das Gespräch zwischen Roberts und Rodionow am 14.8.1954, PM/IK/54/131,

Kürzlich zugänglich gewordene sowjetische Dokumente des sowjetischen *Committee of Information* (KI) erhärten diese Vermutung noch weiter. Die Experten dieser relativ kleinen, Molotow unterstellten Spionageabteilung des Außenministeriums, nahmen Ende Oktober 1953 an, daß Churchill tatsächlich einer der wenigen ernsthaften Verfechter einer Détente im Westen war. »It has been proven from the documents«, schrieben sie über seinen Locarno-Vorschlag vom 11. Mai 1953, »that Churchill's proposal had reflected ... his real views«.[227] Ihre Erkenntnis konnte das im Kreml vorherrschende Mißtrauen aber nicht überwinden, zumal nach dem Aufstand vom 17. Juni die Situation nicht opportun zu sein schien, den Premierminister beim Wort zu nehmen.

Die Regierungen in London und Washington waren hocherfreut über das Scheitern der Pläne Churchills. Selbst der Premierminister schien nicht ganz unglücklich zu sein. Er hatte nicht mit solch großem Widerstand gegen seine Reisepläne gerechnet und sicherlich auch nicht mit dem möglichen Auseinanderbrechen der Regierung. Colville schrieb in sein Tagebuch:

> The P.M., feeling that he has at least made the effort and is justified as far as his frequent policy statements over the last two years are concerned, is content – at least on the surface. Lord Salisbury is smiling again.[228]

Damit war Ende Juli 1954 der letzte große Versuch Churchills kläglich gescheitert, ein bilaterales Treffen mit Malenkow und eine anschließende Gipfelkonferenz der Großen Drei zu organisieren. Nach dem faktischen Ende seiner Gipfeldiplomatie drängte sich nun mehr denn je die Frage nach dem Rücktritt des Premierministers auf. Churchill wollte dies allerdings nicht einsehen, er sprach nach wie vor von der Wichtigkeit eines »parley at the summit«.[229] Eisenhower hatte bereits in einem Brief vom 22. Juli daran erinnert, daß Churchill in Washington die Absicht erwähnt habe, »to shift the responsibility of the Premiership to other shoulders«. Da er annehme, daß Churchill eine letzte große staatsmännische Geste von bleibendem Wert machen wolle – dies habe ja unterschwellig auch schon seiner Gipfelpolitik zugrunde gelegen – schlug der Präsident ihm »a thougtful speech on the right of self-government« vor.[230] Gerade dieses Thema behagte Churchill, der nach wie vor an die Größe des britischen Empire

16.8.1954 (Churchill zirkulierte das Memorandum während der Kabinettssitzung am 18.8.1954: CAB 129/70, C. [54]271).

227 Vgl. *Zubok*, S. 22 f. Zitat: S. 23. Es ist unklar, auf welche Dokumente die KI-Experten sich bezogen; im Mai und Juni waren sie sich über die Intentionen des Briten noch nicht einig gewesen. Basierend auf Churchills Rede entwarfen sie nun sogar eine detaillierte Darlegung der womöglichen Pläne des Premierministers (ebd., S. 23).

228 *Colville*, Fringes, S. 703: Tagebucheintrag, August 1954.

229 Zitat: *Boyle* (Hrsg.), S. 167: Churchill an Eisenhower, 8.8.1954.

230 Ebd., S. 162–65; Eisenhower an Churchill, 22.7.1954. Zitate: S. 162, 163.

glaubte, natürlich überhaupt nicht. Er antwortete dem Präsidenten: »I am a bit sceptical about universal suffrage for the Hottentots even if refined by proportional representation.« Er bevorzuge »The Unity of the English-speaking peoples«.[231] Churchill war verletzt wegen des unübersehbaren Hinweises Eisenhowers, daß es Zeit sei, an den Ruhestand zu denken. Je länger er über ein Leben ohne Amt und Politik nachdachte, desto unwohler wurde ihm. Der mittlerweile beinahe 80jährige Premierminister fand daher immer neue Ausflüchte, warum er vorerst weiterhin in No. 10 Downing Street residieren müsse. »As the days went by he became less reconciled to giving up office and adumbrated all sorts of reasons why he should not.«[232]

4. Malenkows Sturz und der Rücktritt Churchills

Im wesentlichen waren es vier Faktoren, die eine erneute Gipfeloffensive des Premierministers verhinderten: der Besuch einer Delegation der Labour-Partei in Moskau; das Scheitern der EVG; Malenkows Sturz; Churchills Gesundheit und das Drängen seiner Kollegen, das Amt des Premierministers niederzulegen.

Am späten Abend des 10. August 1954 traf eine von Oppositionsführer Attlee geleitete Abordnung der Labour-Partei in Moskau ein. Eigentliches Ziel der Reise war Peking, doch hatte man sich kurzfristig entschlossen, einen zweitägigen Aufenthalt in der sowjetischen Hauptstadt einzuschieben. Sowohl am Abend des 10. als auch des 11. August war die Delegation aus London, einschließlich Botschafter Hayters, zum Dinner mit Malenkow und anderen führenden Funktionären eingeladen. Zahlreiche Themen der internationalen Politik waren Gegenstand der Gespräche. Churchills Gipfeldiplomatie wurde allerdings mit keinem Wort erwähnt. Auch neue politische Erkenntnisse konnten nicht verzeichnet werden.[233] Churchill betrachtete die Reise der Attlee-Delegation mit äußerstem Mißfallen und tiefer Enttäuschung. Was dem amtierenden

231 Ebd., S. 167: Churchill an Eisenhower, 8.8.1954.

232 *Colville*, Fringes, S. 703: Tagebucheintrag, August 1954.

233 Vgl. zur Planung und Vorbereitung der Reise der Labour-Delegation die Telegramme aus Moskau, in: FO 371/111 765, NS 1635/10, 13, 14, 16. Sie sind zusammengefaßt in einer Aktennotiz Hohlers an Ward vom 5.8.1954 in ebd., NS 1635/18. Siehe zu den Gesprächen der Politiker mit Malenkow ebd., NS 1635/19, Hayter, Moskau, an FO Nr. 785, 11.8.1954; ebd., NS 1635/21, Hayter an FO Nr. 790, 12.8.1954; ebd., NS 1635/28/G, Memorandum des Diplomaten Brimelow vom 11.8.1954 über die Gespräche der Labour-Delegation am 10.8.1954; ebd., Hayter an FO Nr. 818, 12.8.1954. Siehe auch PREM 11/697. Vgl. die Beschreibung der Episode in: *Hayter*, Kremlin, S. 37–39.

Regierungschef während der letzten zwei Jahre nicht gelungen war, hatte der ehemalige Premierminister Attlee in kürzester Frist ohne alle Probleme erreicht. »There would have been an outburst of joy if I'd seen Malenkov«, erklärte er seinem Arzt. »Now Attlee has done it.«[234] Die Reise Attlees nach Moskau würde Churchill jedoch nicht von dem Versuch abgehalten haben, mit Moskau ins Gespräch zu kommen, zumal die Westmächte am 10. September den sowjetischen Vorschlag einer europäischen Sicherheitskonferenz faktisch zurückgewiesen hatten.[235] Doch am 30. August 1954 war die EVG in der französischen Nationalversammlung gescheitert. Sowohl die Bewaffnung als auch die Souveränität der Bundesrepublik standen formell wieder zur Disposition. An eine Wiederbelebung von Churchills »summitry« war vorerst nicht zu denken. Ein anglo-sowjetisches Gipfeltreffen würde möglicherweise die ohnehin äußerst komplizierten Verhandlungen über eine Alternativlösung mit dem französischen Ministerpräsidenten Mendès-France fehlschlagen lassen.[236]

Die nächsten Monate wurden durch die diplomatischen Aktivitäten Edens dominiert. Er bemühte sich um die Aufnahme der Bundesrepublik als gleichberechtigtes Mitglied in die NATO und damit um die Vollendung der Westintegration. Auf zwei Konferenzen im September und Oktober in London und Paris, und mittels einer zuvor durchgeführten Blitzreise durch die europäischen Hauptstädte konnte Eden diese von Großbritannien schon immer befürwortete Lösung der deutschen Wiederbewaffnungsfrage durchsetzen.[237] Die französische Zustimmung wurde durch die gleichzeitige Aufnahme Bonns in die Westeuropäische Union (WEU) gewonnen – einer 1948 als Brüsseler Pakt gegründeten Militärallianz zwischen Großbritannien, Frankreich und den Beneluxländern, die aber bisher nur deklamatorischen Charakter besessen hatte. Durch die WEU-Mitgliedschaft Westdeutschlands erhielten Frankreich und die anderen

234 Vgl. *Moran*, S. 590: Tagebucheintrag, 12.8.1954. Siehe auch CAB 129/70, C.(54)271, 18.8.1954, Memorandum Churchill »Anglo-Russian Relations«.

235 Der Note vom 24. Juli hatte die Sowjetunion am 4. August bereits eine zweite folgen lassen, in der sie eine Vorkonferenz der Außenminister im August oder September vorschlug, um damit den Weg für eine allgemeine Sicherheitskonferenz zu ebnen. Dies schien den Westmächten eindeutig gegen die im August in Paris anstehende EVG-Debatte gerichtet zu sein. In ihrer Antwort vom 10. September stimmte der Westen daher einer Viermächtekonferenz nur unter der Bedingung zu, daß Moskau zuvor den österreichischen Staatsvertrag unterzeichne und freie Wahlen in ganz Deutschland zulasse. Mit der Ablehnung des Vorschlags konnte gerechnet werden. Vgl. *RIIA* (Hrsg.), Survey, 1954, S. 157f.; PREM 11/668. Die Noten sind abgedr. in *RIIA* (Hrsg.), Documents, 1954, S. 39ff.

236 Vgl. *Boyle* (Hrsg.), S. 180: Churchill an Eisenhower, 7.12.1954.

237 Vgl. zu der Londoner Konferenz der Neun Mächte (28.9.–3.10.1954), dem wichtigsten Treffen zur Ausarbeitung einer Lösung für die Realisierung der deutschen Westintegration, vor allem FO 371/125 146 (Sept.–Okt. 1954); FO 371/109 773–76 (Okt. 1954).

Mitgliedsländer ein Veto über die Aufrüstung der Bundesrepublik.[238] Zudem war auf der Londoner Konferenz von Eden angekündigt worden, Großbritannien werde seine Rheinarmee und die taktische Luftflotte nur mit Zustimmung der WEU-Partner aus der Bundesrepublik abziehen.[239] Eine solche Entscheidung hatte sich zwar schon seit Ende 1953 angedeutet, war aber dennoch bis dato als unvereinbar mit dem Souveränitätsvorbehalt des britischen Parlaments bezeichnet worden.[240] Ein NATO-Beitritt der Bundesrepublik wurde nun auch von Frankreich nicht mehr abgelehnt. Edens Alternative zur EVG war es zu verdanken, daß die Westintegration der Bundesrepublik durchgesetzt werden konnte, ohne Frankreich vor den Kopf zu stoßen. Die Einheit der NATO und des westlichen Bündnisses war gerettet worden. Mit der NATO/WEU-Lösung waren aber sehr zur Freude Londons und zum Mißfallen Adenauers und Dulles' alle supranationalen Elemente entfallen. Dennoch erklärten sich Bonn und Washington mit der britischen Lösung einverstanden, wollte man doch über fünf Jahre nach Gründung der Bundesrepublik und angesichts der fortgesetzten sowjetischen Störmanöver die Westintegration der Bundesrepublik endlich durchsetzen. Die sogenannten Pariser Verträge wurden am 23. Oktober 1954 unterschrieben. Um die Zustimmung Frankreichs mußten die Politiker aber noch bis Ende des Jahres bangen. Im ersten Wahlgang am 24. Dezember verweigerte die französische Nationalversammlung ihre Zustimmung zu der Gründung der WEU. Eine Abstimmung über die Gesamtheit der Pariser Verträge war allerdings bis nach Weihnachten verschoben worden. Eine sogleich publizierte Warnung aus London hatte den erwünschten Erfolg. Nur bei einer Akzeptierung der Pariser Verträge durch alle beteiligten Nationen würden die britischen Truppen auf dem Kontinent stationiert bleiben. Am 30. Dezember 1954 wurde das Vertragswerk mit einer Mehrheit von 27 Stimmen vom französischen Parlament angenommen. Am 5. Mai 1955 traten mit der Hinterlegung der beiden letzten Ratifikationsurkunden durch Frankreich und Großbritannien die Pariser Verträge in Kraft. Westdeutschland wurde in die WEU und die NATO aufgenommen und zum souveränen Staat erklärt.[241] Die Westintegration der

238 Adenauer hatte sich zudem auch zu einem »freiwilligen« Verzicht auf ABC-Waffen bereit erklärt. Vgl. die sehr dramatische Schilderung bei *Adenauer*, Erinnerungen 1953–55, S. 347f.; siehe auch *Schwarz*, Adenauer. Der Staatsmann, S. 154–57.

239 Vgl. *Eden*, S. 167–69. Siehe auch kritisch *Dockrill*, »Britain's Policy«, S. 148; *Rupieper*, Verbündete, S. 389–96.

240 Allerdings hatte sich Eden ein Schlupfloch gelassen, das, wie sich schon bald herausstellen sollte, zwar keinen vollständigen Abzug, aber doch eine Verringerung der britischen Truppenstärke auch ohne Zustimmung der WEU ermöglichen würde. Siehe z. B. *Dockrill*, Britain's Policy, S. 148.

241 Vgl. aus der umfangreichen Literatur zu dem Scheitern der EVG und der Verwirklichung einer Alternativlösung vor allem: *Rolf Steininger*, Das Scheitern der EVG und der Beitritt der Bundesrepublik zur NATO, in: APuZg, B 17, 27. 4. 1985, S. 4ff.; *Thilo Vogelsang*, Großbritanniens Politik zwischen Mendès-France und Adenauer im Au-

Bundesrepublik war gelungen. Fast genau zwei Jahre nach der Rede des britischen Premierministers im House of Commons am 11. Mai 1953 befand sich Adenauer auf dem Höhepunkt seiner Karriere und trafen Glückwünsche aus aller Welt und besonders herzliche Grüße von Eisenhower und Dulles ein. Churchill befand sich zu diesem Zeitpunkt bereits seit einem Monat im Ruhestand.

Grundsätzlich hatte Churchill in den Monaten der Ausarbeitung einer EVG-Alternative weiterhin an seinem Wunsch nach einem Treffen mit Malenkow und Eisenhower festgehalten, auf einen Staatsbesuch des Präsidenten in London gehofft und seinen Rücktritt weiter hinausgeschoben. Anstatt seinen Abschiedsbesuch bei der Queen vorzubereiten, bildete Churchill am 18. Oktober 1954 sein Kabinett um.[242] Am 7. Dezember teilte er Eisenhower seine Hoffnung mit, doch noch ein Gipfeltreffen durchsetzen zu können: »It is in the hope of helping forward such a meeting that I am remaining in harness longer than I wished or planned.«[243] Selbst Churchill sah aber ein, daß das Pariser Vertragswerk nicht in letzter Minute durch eine falsch verstandene Konferenz mit der Sowjetunion gefährdet werden durfte. Vor einem »summit« mußten die Verträge endgültig ratifiziert und in Kraft getreten sein.[244] Mitte Januar 1955, als Mendès-France den Vorschlag einer Gipfelkonferenz mit Moskau unterbreitete, lehnte Churchill dies strikt ab, glaubte er doch, daß Paris noch im letzten Moment versuche, die deutsche Wiederbewaffnung zu verhindern.[245]

gust/September 1954, in: *Blumenwitz* u. a. (Hrsg.), S. 37–52; *Paul Noack*, Das Scheitern der Europäischen Verteidigungsgemeinschaft. Entscheidungsprozesse vor und nach dem 30. August 1954, Düsseldorf 1977; *Raymond Aron* und *David Lerner* (Hrsg.), France Defeats EDC, New York 1957; *Saki Dockrill*, Britain and the Settlement of the West German Rearmament Questions in 1954, in: *Dockrill* und *Young* (Hrsg.), S. 149–72; *Bruno Thoß*, Sicherheits- und deutschlandpolitische Komponenten der europäischen Integration zwischen EVG und EWG, 1954–57, in: *Herbst* u. a. (Hrsg.), S. 475–500; *John Young*, German Rearmament and the European Defence Community, in: *Young* (Hrsg.), S. 96–107; *Jansen*, S. 143 ff. Siehe auch *Steininger*, John Foster Dulles, S. 79 ff.; und *Hans-Jürgen Grabbe*, Konrad Adenauer, John Foster Dulles and West German-American Relations, in: *Immerman* (Hrsg.), S. 79–108, S. 109–32.

242 Vgl. zu der Kabinettsumbildung, deren wichtigste Entscheidung die Ernennung von Macmillan zum Verteidigungsminister war: *Gilbert*, Churchill, Bd. 8, S. 1063–66. Siehe zusammenfassend zu den im Herbst/Winter 1954–55 immer eindeutigeren Versuchen, Churchill zum Rücktritt zu bewegen, auf die hier im einzelnen nicht eingegangen werden kann: *Seldon*, S. 48–54.

243 *Boyle* (Hrsg.), S. 180: Churchill an Eisenhower, 7. 12. 1954.

244 Ebd., S. 185: Churchill an Eisenhower, 12. 1. 1955. Siehe auch die letzte Parlamentsrede von *Churchill* als Premierminister, World Disarmament, in: H. C., Parl. Deb., 5th series, Bd. 538, 14. 3. 1955, Sp. 963 ff.

245 Vgl. *Churchill*, ebd., Sp. 966; auch *Young*, Churchill's bid, S. 444; ausführlich *Gilbert*, Churchill, Bd. 8, S. 1089 f.

Vor allem war der Premierminister in der Zwischenzeit durch Äußerungen Malenkows entmutigt worden. Dieser hatte am 1. Januar 1955 während einer Pressekonferenz abfällige Bemerkungen über Gespräche auf diplomatischer Ebene gemacht, die der Einberufung eines »summit« dienten.[246] Am 8. Februar 1955 wurde dann plötzlich der Rücktritt Malenkows vom Amt des Ministerpräsidenten bekanntgegeben. Neuer Regierungschef wurde Bulganin, der bisherige Verteidigungsminister. Es lagen aber Anzeichen vor, daß der eigentlich starke Mann Chruschtschow war. Malenkow wurde nicht, wie es unter Stalin üblich gewesen war, verhaftet, sondern lediglich zum Vizeministerpräsidenten und Energieminister degradiert. In dieser Funktion besuchte er sogar ein Jahr später Großbritannien. Trotz des schon lange vermuteten Machtkampfes im Kreml hatte im Westen kaum jemand mit einer solchen Entwicklung gerechnet. Der Grund für Malenkows Rücktritt, und die Frage, ob primär innen-, wirtschafts- oder außenpolitische Überlegungen den Ausschlag gegeben hatten, sind nach wie vor nicht ganz geklärt. Allem Anschein nach waren vor allem sein Versuch, die Konsumgüterindustrie auf Kosten der Schwerindustrie auszudehnen und die ungelösten Probleme in der sowjetischen Agrarwirtschaft für seinen Sturz verantwortlich. Womöglich spielte auch Malenkows Außenpolitik eine Rolle, die von vielen in der sowjetischen Führungsriege als zu nachgiebig betrachtet worden war.[247]

Drei Tage nach dem Sturz Malenkows erfuhr Shuckburgh durch Nutting, daß der Premierminister nun tatsächlich in allernächster Zukunft zurücktreten wolle.[248] Gegenüber seinem Arzt erwähnte Churchill eine Woche nach Malenkows Rücktritt, daß er Anfang April, kurz vor Beginn der parlamentarischen Osterpause, sein Amt niederlegen werde.[249] Der Premierminister hatte sich bereits seit Anfang Januar ernsthaft mit einem Termin für seinen Rücktritt auseinandergesetzt. Seine engsten Vertrauten rechneten schon am 2. Februar damit, daß er sein Amt in Kürze zur Verfügung stellen werde.[250] Doch gab der Rücktritt Malen-

246 Vgl. *Churchill*, ebd., Sp. 965 f.; auch *Seldon*, S. 407.

247 Vgl. zur Einschätzung des FO und State Department, PREM 11/1015; FRUS 1955–57, 24, S. 22–27, 30, 69, 158 f.; auch *Leonhard* (engl. Ausg.), S. 90–94. Siehe auch *Leonard Shapiro*, The Communist Party of the Soviet Union, London 1970, S. 561 f.; *Nove*, S. 127–30; *Conquest*, S. 251–57; *George Paloczi-Horvath*, Khrushchev. The Road to Power, London 1960, S. 155 ff.; *Edward Crankshaw*, Khrushchev. A. Career, London 1966, S. 197 ff. Siehe auch Anm. 90 und Kap. V, Anm. 137. Vgl. zu Malenkows Deutschlandpolitik auch die in Kap. IV., Anm. 190 und 192 erwähnte Literatur.

248 *Shuckburgh*, S. 249: Tagebucheintrag, 11. 2. 1955.

249 Vgl. *Moran*, S. 632: Tagebucheintrag, 16. 2. 1955; auch *Shuckburgh*, S. 250: Tagebucheintrag, 17. 2. 1955.

250 Vgl. *Moran*, S. 631, 632; Tagebucheinträge, 2. 2. und 16. 2. 1955; *Seldon*, S. 51. Siehe auch *Richard Cockett* (Hrsg.), My Dear Max. The letters of Brendan Bracken to Lord Beaverbrook, 1925–58, London 1990, S. 177: Bracken an Beaverbrook, 21. 2. 1955.

kows den Ausschlag. Churchill wählte die erste sich nach Malenkows Sturz bietende Gelegenheit, um aus dem Amt zu scheiden. Der Zusammenhang war für die Zeitgenossen unübersehbar. Lord Moran schrieb in sein Tagebuch: »Until Malenkov fell he [Churchill] believed that he, and he alone, could help to make the Russians see reason. He would make them see that their self-interest would be served by an understanding with the West. When Malenkov went, the bottom fell out of Winston's plans.«[251]

Trotz seiner Entscheidung, im April in den Ruhestand zu treten, war Churchill mehrere Male versucht, dies wieder rückgängig zu machen. Im Februar 1955 schien eine kleinere Finanzkrise der ideale Anlaß zu sein, seinen Abschied noch einmal hinauszuzögern, doch konnte er sich nicht gegenüber seinen Kabinettskollegen behaupten.[252] Die zahlreichen gipfeldiplomatischen Fehlschläge der letzten Monate hatten seinen Durchsetzungswillen geschwächt. Colville zitiert ihn mit den Worten: »I have lost interest; I am tired of it all.«[253] Allerdings weiß Shuckburgh auch von einem gelegentlichen Aufbäumen Churchills zu berichten: »There have ... been a number of last-minute efforts by the Old Man to escape the inevitable. He misread a lot of telegrams from William Hayter about meetings with the Russians, thinking they related to ›top-level‹ meetings.«[254]

Churchills allerletzte Hoffnung, eine Gipfelkonferenz zu erreichen und noch etwas länger im Amt zu verbleiben, wurde durch eine Mitteilung Botschafter Makins vom 10. März 1955 geweckt.[255] Dulles hatte dem Botschafter gegenüber erwähnt, daß Eisenhower überlege, ob er am 8. Mai, dem Tag des Sieges der Alliierten über Hitler, Paris einen Staatsbesuch abstatten solle, um die Franzosen zur Ratifizierung der Pariser Verträge zu bewegen. Während Lord Woolton annahm, daß Eisenhower gleich in Paris eine Konferenz mit der UdSSR einberufen wolle, hatte Dulles nur davon gesprochen, daß der Präsident beabsichtige, »[to] lay plans for a meeting with the Soviets«.[256] Eisenhower wollte also lediglich, eine mögliche Außen- oder Gipfelkonferenz der Vier Mächte mit den Verbündeten in Paris erörtern, nicht aber etwa die neue sowjetische Führungsmannschaft in die französische Hauptstadt einladen.[257] Eden und das Foreign

251 *Moran*, S. 634: Tagebucheintrag, 1. 3. 1955.

252 Vgl. *Macmillan*, S. 554f.; *Seldon*, S. 52.

253 *Colville*, Fringes, S. 705: Tagebucheintrag, 29. 3. 1955.

254 *Shuckburgh*, S. 254: Tagebucheintrag, 1. 4. 1955.

255 Diese Episode wird in der Literatur kaum erwähnt. Vgl. vor allem *Gilbert*, Churchill, Bd. 8, S. 1102–11; und nicht sehr zuverlässig: *Seldon*, S. 52f. Siehe auch FO 800/763; PREM 11/893.

256 FO 800/763, Makins, Washington, an FO Nr. 539, 10. 3. 1955 (auch zu finden in Bodleian Library, Oxford: Woolton Papers, 3, Diary 1942–1960, S. 151). *Seldon*, S. 52, folgt Wooltons Ausführungen allzu unkritisch.

257 Vgl. dazu auch die Klarstellung durch die USA in PRO: ebd., Makins an FO Nr. 583 übermittelte Nachricht von Dulles an Eden, 16. 3. 1954. Siehe auch Bodleian Library, Oxford: ebd., S. 146, 14. 3. 1955; *Seldon*, ebd.

Office warnten aber eindringlichst vor den auch damit verbundenen Gefahren. Nicht nur waren sie überzeugt, daß ein solcher Besuch die Deutschen, einschließlich Adenauer, vor den Kopf stoßen werde. Er schien auch einem Erpressungsversuch Frankreichs durch die USA gleichzukommen, den die Franzosen sicherlich mit negativen Konsequenzen für das Inkrafttreten der Pariser Verträge zurückweisen würden. Insbesondere fürchtete man aber in London, daß Churchill sich kaum davon abhalten lassen werde, dann ebenfalls nach Paris zu reisen, war er doch mit den Worten Lord Wooltons »tremendously keen about the whole idea«.[258] Der Premierminister sprach tatsächlich davon, seinen Rücktritt noch einmal zu verschieben. Diese Überlegungen führten zu einer heftigen Auseinandersetzung mit Eden während der Kabinettssitzung am 14. März 1955.[259] Der Außenminister und einige weitere Kabinettskollegen beschlossen, den amerikanischen Botschafter einzuschalten, um Eisenhower die Gründe darzulegen, warum er in gar keinem Fall seinen Plan weiterverfolgen sollte.[260] Bereits am 15. März, bevor die zustimmende Antwort aus den USA eintraf, gelang es jedoch, Churchill zu überzeugen, an seiner Rücktrittsentscheidung festzuhalten. Das Kabinett legte ihm dar, daß Eisenhower als Staatsoberhaupt in gar keinem Fall beabsichtige, an den konkreten Verhandlungen einer Viermächtekonferenz teilzunehmen und vorerst kaum London einen Besuch abstatten werde. Woolton schrieb in sein Tagebuch: »The P.M. thought he [Eisenhower] was quite wrong to take this view, but if he was taking it then he – the P.M. – could with a clear conscience leave the matter to others, and in those circumstances he had no desire to take any further part... He seemed to me to be vastly relieved; the truth is there's no fight in him, but a very natural desire to remain on the stage... It's very pathetic, but how difficult it is to know when to go.«[261]

Am 14. März 1955 hielt Churchill seine letzte außenpolitische Rede im House of Commons. Ausführlich berichtete er über seine Versuche, seit dem Tod Stalins eine Zwei-, Drei- oder Viermächtekonferenz zu organisieren. Besonders betonte er seine letzte Initiative im Sommer 1954. Verglichen mit Churchills unkonventionellen Vorschlägen des Jahres 1953 zeichneten sich seine Darlegungen durch große Nüchternheit und Vorsicht aus. Adenauer, die USA und das Foreign Office dürften an der Rede nichts auszusetzen gehabt haben. Immerhin betonte Churchill, daß für ihn die Überwindung der deutschen Teilung auf der Basis der Neutralität schon lange kein Thema mehr war.

258 Bodleian Library, Oxford: ebd., S. 147, 14.3.1955.

259 Vgl. CAB 128/28, C.C. (55)23rd Conclusions, 14.3.1955; *Colville*, Fringes, S. 705 f.: Tagebucheintrag, 29.3.1955. Siehe ausführlich *Gilbert*, Churchill, Bd. 8, S. 1105–07.

260 Vgl. *Seldon*, S. 52f.

261 Bodleian Library, Oxford: Woolton Papers 3, Diary 1942–1960, S. 150, 15.3.1955. Vgl. auch CAB 128/28, C.C. (54)24th Conclusions, 15.3.1955.

What is of major consequence to the causes we serve is the ranging of the mighty German race and nation with the free world... Earnestly as I desire to get a peaceful arrangement for co-existence brought about with Russia, I should regard it as an act of insanity to drive the German people into the hands of the Kremlin... For the Western Powers to abandon EDC and have nothing to put in its place in Europe would have presented us divided and in vacuity before the mighty Communist oligarchy and dictatorship and its satellites ... we [the Government] felt that we must on no account allow our earnest desire to bring about a top-level conference of great Powers to expose us to the charge of having thrown doubt and disarray into the ranks of NATO.[262]

Ungeachtet seiner Überzeugung, mit Malenkow wäre eine nützliche Gipfelkonferenz möglich gewesen, hätten sich nur die USA und das Foreign Office dazu bereit erklärt, erläuterte Churchill den Parlamentariern nun seine Zweifel an dieser Auffassung:

So far, the new ›New Look‹ has not raised any extravagant hopes of improvement. But anyhow, it is easy to assume, as is done in some influential quarters, that all would have been well if only Mr. Malenkow had had due encouragement from us and of course from the United States. This is all pure guesswork.[263]

Churchill legte in der Rede Wert darauf, daß nicht lediglich die Einberufung einer Gipfelkonferenz wichtig sei, sondern eben auch der Zeitpunkt und die Umstände eines solchen »summit«. Damit beabsichtigte Churchill, die Kritik der Labour-Partei an seiner erfolglosen Gipfeldiplomatie und die Angriffe gegen seine abgebrochene Initiative des Sommers 1954 zurückzuweisen. Vielleicht versuchte er auch, sich vor sich selber zu rechtfertigen und kurz vor der Niederlegung seines Amtes, Frieden mit den führenden westlichen Politikern, seinem designierten Nachfolger und dem Foreign Office zu schließen. Immerhin benutzte er jetzt die Argumente, die die Diplomaten während der vergangenen zwei Jahre nicht müde geworden waren, gegen seine Gipfeldiplomatie anzuführen. Deutlicher konnte Churchills Kapitulation kaum ausfallen: »I must here, however, say very seriously to the House that it is a mistake to suppose that to bring about such a meeting of any of these classes is an end in itself. It is only a means to an end. It is by no means certain that the end will be agreeable. To have a conference at an ill-chosen moment, or in unfavourable circumstances, would only raise false hopes and probably finish by leaving things worse than before.«[264]

Am 5. April 1955 trat Churchill zurück. Nur einen Monat später, zwei Wochen vor den Neuwahlen in Großbritannien, sandten die Westmächte auf Drängen Premierminister Edens eine Note an die Sowjetunion mit einer Einladung zu einem Gipfeltreffen in Genf. Vom 18. bis 23. Juli nahmen Eisenhower, Eden,

262 *Churchill*, World Disarmament-Rede, in: H.C., Parl. Deb., 5th series, Bd. 538, 14.3.1955, Sp. 964f.
263 Ebd., Sp. 966.
264 Ebd., Sp. 967.

der neue französische Ministerpräsident Faure und das sowjetische Team Bulganin/Chruschtschow an dem »summit« teil.[265] Der unbequeme Churchill befand sich im Ruhestand und konnte mit seinen unberechenbaren Ideen keinen Einfluß auf die Konferenz nehmen. Der Versuch, dieses erste Gipfeltreffen der Regierungschefs seit der Potsdamer Konferenz von 1945 zu nutzen, um den Kalten Krieg zu überwinden, wurde nicht gemacht. Aufsehenerregende Ergebnisse waren in Genf nicht zu verzeichnen. Das Thema der europäischen Sicherheit sollte im Herbst auf einer Außenministerkonferenz detailliert behandelt werden. Im Grunde einigte man sich darauf, den *Status quo* und damit die Teilung der Welt in Ost und West als vorerst unüberwindbar zu akzeptieren. Die Zeitgenossen sprachen jedoch nicht ganz zu Unrecht von dem »Geist von Genf«. Immerhin schien die Gefahr, daß der Kalte Krieg sich zum Heißen Krieg entwickeln würde, vorerst gebannt zu sein. In den zwei Jahren seit Stalins Tod hatte sich das Verhältnis zwischen Ost und West tatsächlich entspannt, wenn auch nicht grundsätzlich geändert. Churchill bemerkte gegenüber Harold Macmillan, als er von Edens plötzlicher Begeisterung für ein Gipfeltreffen kurz vor den Wahlen und seinen Bemühungen hörte, die Genfer Konferenz zu organisieren: »It is wonderful what a difference it makes to your views about top-level meetings when you get to the top [yourself].«[266]

265 Vgl. zur Genfer Konferenz und ihrer Vorbereitung: FO 371/125 274–76 (Jan.–Sept. 1955); PREM 11/897; FRUS 1955–57, Bd. 5; *Eden*, S. 295–311; *Eisenhower*, Mandate, S. 503ff.; *RIIA* (Hrsg.), Survey, 1954, S. 150ff.; *Rupieper*, Verbündete, S. 404–65; *Mechthild Lindemann*, Die Deutschlandfrage auf der Gipfelkonferenz und der Außenministerkonferenz in Genf 1955, in: *Blumenwitz u.a.*, Deutschlandfrage, S. 177–205; und *Ronald W. Preussen*, Beyond the Cold War-Again. 1955 and the 1990s, in: PSQ 108 (1993), bes. S. 62ff. Preussen weist der Konferenz und den ersten Monaten des Jahres 1955 allerdings eine wohl allzu große entspannungspolitische Bedeutung zu.

266 Zit. nach *Shuckburgh*, S. 277: Tagebucheintrag, 31.8.1955.

VII. Schlußbetrachtung

Churchills Gipfeldiplomatie knüpfte an seine politischen Erfahrungen und Erfolge der Jahre 1914 bis 1945 an. Keinesfalls handelte es sich um eine neue Idee, die Churchill erst nach Stalins Tod im März 1953 entwickelte. Immerhin hatte er bereits 1914 versucht, durch ein persönliches Gespräch mit Großadmiral Tirpitz das Rüstungswettrennen zur See zwischen dem deutschen und britischen Empire zu beenden. Während des Zweiten Weltkrieges war die bi- und trilaterale Konferenzdiplomatie mit Roosevelt und Stalin Churchills bevorzugte und nicht ganz erfolglose Strategie, den zurückgehenden britischen Einfluß auf die alliierte Kriegführung aufrechtzuerhalten. In den Jahren der Opposition von 1945 bis 1951 rief er ebenfalls dazu auf, Gespräche aufzunehmen, diesmal um den Ost-West-Konflikt zu überwinden. Er glaubte, auf diese Weise sei ein »settlement« mit der UdSSR möglich. Selbst die »iron curtain«-Rede von 1946 enthielt versöhnliche Elemente. Churchill verfolgte jedoch eine dualistische Politik. Er strebte Verhandlungen auf der Ebene der Regierungschefs mit Moskau an, betonte aber gleichzeitig, daß die militärische Aufrüstung des Westens und die Weiterentwicklung der ›Politik der Stärke‹ nicht vernachlässigt werden dürften. Dennoch zweifelte er in der Frühphase des Kalten Krieges immer wieder, ob die politischen Realitäten und das Verhalten des Kremls tatsächlich eine Beilegung des Ost-West-Konflikts durch Verhandlungen zuließen. Dies war der primäre Grund, warum er sich nicht in die Debatte um die Stalin-Note einschaltete.

Gelegentlich durchlebte er auch in den Jahren 1953–55 pessimistische Perioden, während denen er verstärkt auf die Notwendigkeit westlicher Rüstungsanstrengungen hinwies und an der Möglichkeit eines Übereinkommens mit dem Kreml zweifelte. Auch im Hinblick auf Deutschland durchlief er solche Phasen. Grundsätzlich war er von einer demokratischen und friedvollen Entwicklung der Bundesrepublik unter Adenauer überzeugt und bereit, das Land mit offenen Armen in das westliche Lager aufzunehmen. Doch manchmal erinnerte er sich an die Vergangenheit, pochte auf das Recht des Siegers, die Friedensbedingungen zu bestimmen und warnte vor den mit amerikanischer Rückendeckung allzu selbstbewußt gewordenen Deutschen. Im Gegensatz zu Lord Salisbury und der französischen Regierung, die von einer weiterhin drohenden deutschen Gefahr ausgingen, waren dies bei Churchill im wesentlichen nur vorübergehende Zweifel, die, wie er selbst bekannte, wenig realistisch waren. Im Gegensatz zur deutschen Kanzlerdemokratie hatte er keine sehr hohe Meinung von der Vierten Republik in Frankreich. Er betrachtete das Land nicht als Großmacht, sondern nur als Störenfried, das die EVG und die deutsche Wiederbewaffnung seit Jahren verzögerte und damit auch mehrmals eine Realisierung seiner Gipfeldiplomatie verhindert hatte. Wenn es in Frankreich keine Regierungskrise gegeben hätte, glaubte er, wäre die geplante erste Bermuda-Konferenz im Juni 1953 verwirklicht worden. Churchill war der Meinung, daß er in diesem Fall Eisenhower von einem Gipfeltreffen mit Malenkow hätte überzeugen können.

Eine Kombination verschiedener Gründe veranlaßte den Premierminister, im Anschluß an Stalins Tod verstärkt auf ein »summit« mit Eisenhower und Malenkow zu drängen. Zumindest wollte er aber vom britischen Kabinett die Möglichkeit erhalten, alleine nach Moskau zu informellen Gesprächen reisen zu können. Churchill war davon überzeugt, daß Gipfelgespräche den Frieden sicherer machen würden. Er glaubte, daß er derjenige sei, der aufgrund seines großen Prestiges solch ein »summit« arrangieren und im persönlichen Gespräch mit Malenkow, die Sowjetunion von einer Beilegung des Kalten Krieges überzeugen könne. Die Entwicklung der Wasserstoffbombe beunruhigte Churchill sehr. Er fürchtete, daß die aggressiven antikommunistischen Äußerungen der amerikanischen Regierung vielleicht doch nicht nur bloße Rhetorik waren. Der Premierminister fragte sich, ob die USA nicht womöglich zu einem Präventivschlag gegen die UdSSR ausholen wollten, um den Kalten Krieg auf ihre Art zu beenden. Ihm war klar, daß die Zerstörungskraft der H-Bombe und die zu erwartende atomare Antwort Moskaus das Ende jeder Zivilisation und vor allem das Ende des alten Kontinents bedeuten würden. Eine Détente war daher notwendig, um das Überleben der Menschheit zu sichern.

Gleichzeitig war sich Churchill bewußt, daß Großbritannien dringend eine Entspannung der allgemeinen Weltsituation benötigte, um seine übermäßigen Rüstungsausgaben herunterschrauben und sich auf die Entwicklung der Exportindustrie und des produzierenden Gewerbes konzentrieren zu können. Dadurch würden zudem Mittel für die Weiterentwicklung der britischen Atombombe, den Bau einer eigenen Wasserstoffbombe und die Produktion von entsprechenden Trägerraketen freigesetzt werden. Nur dann schien die aus ökonomischen Gründen dringend notwendige Reduzierung der vermeintlich teureren konventionellen Waffen zu rechtfertigen zu sein. Dies alles hielt Churchill für notwendig, um die Großmachtrolle der britischen Inseln aufrechtzuerhalten und die militärische und finanzielle Unabhängigkeit von den USA, die er trotz aller Betonung der »special relationship« immer anstrebte, wiedergewinnen zu können. Erkennbar wird, daß Churchills Politik das Ziel hatte, den internationalen Einfluß seines Landes zu erhöhen, zumindest aber zu bewahren und nicht weiter mindern zu lassen. Mit seiner in der Rede vom 11. Mai 1953 vorgestellten Locarno-Idee empfahl er denn auch, Großbritannien zur Garantiemacht eines Ausgleichs zwischen Deutschland und der UdSSR zu machen. Dies war zwar wenig realistisch, zeigte aber überzeugend, wessen Interessen dem Premierminister hauptsächlich am Herzen lagen.

Die sicherheitspolitischen Vorstellungen Churchills, die ihn während des Jahres 1953 mit der Idee eines wiedervereinigten neutralen Deutschlands spielen ließen, zielten primär auf die Überwindung des Kalten Krieges und die Aufrechterhaltung der britischen Weltmachtrolle. Sie hatten nur sekundär das Interesse

Deutschlands im Auge. Allerdings ging der Premierminister im Jahre 1953 davon aus, daß die Wiedervereinigung der beiden deutschen Staaten notwendig sei, um den deutschen Nationalismus zu besänftigen und damit einen gefährlichen Unruheherd in der Mitte Europas zu beseitigen. Der Aufstand in der DDR am 17. Juni 1953 schien ihm in dieser Hinsicht Recht zu geben. Churchill nahm Anfang der fünfziger Jahre noch wie selbstverständlich an, daß die Deutschen selbst großes Interesse an der Wiedervereinigung hätten. Er ließ sich wohl von der Rhetorik Adenauers täuschen. Die USA hatten hier eine realistischere Einstellung.[1] Trotz aller entgegengesetzter Hinweise begann London erst Anfang 1955 Berichten Aufmerksamkeit zu schenken, die von der mangelnden Begeisterung der Westdeutschen für die Wiedervereinigung sprachen. Der britische Hochkommissar informierte das Foreign Office im Januar 1955, die Deutschen in der Bundesrepublik hätten wesentlich größeres Interesse an den »three B's« – Bauch, BMW und Bausparkasse.[2]

Churchill hoffte, mit seiner Politik alle Probleme seiner Zeit lösen zu können: Überwindung des Kalten Krieges; Vermeidung eines nuklearen Desasters; Aufrechterhaltung der britischen Großmachtrolle; Beseitigung eines Unruheherdes in Europa; Erfüllung der deutschen Ambitionen. Er war überzeugt, der einzige Politiker zu sein, der dazu in der Lage sei. Churchill glaubte, aufgrund seiner großen Erfahrung und seines einzigartigen Charismas sei er der Politiker, der die UdSSR zur Überwindung des Ost-West-Konflikts veranlassen könne. Dies erklärt seinen ›summit‹-Enthusiasmus.

Hinzu kommt, daß Churchill auch seine persönliche Karriere im Auge hatte. Er wollte nicht nur als großer Kriegspremier, sondern auch als Friedenspolitiker in die Geschichte eingehen. Vor allem in den Jahren 1954 und 1955 spielte die Möglichkeit, mittels der Gipfeldiplomatie seinen Rücktritt weiter hinauszögern zu können, eine Rolle. Nach seiner erfolgreichen Rede auf dem Parteitag in Margate im Oktober 1953 erkannte sein designierter Nachfolger Anthony Eden, daß der Regierungschef, entgegen allen Versprechungen noch nicht plante, in den Ruhestand zu treten. Seit Ende 1953 wurde die Gipfeldiplomatie damit immer mehr zum Spielball der persönlichen Rivalitäten und Animositäten zwischen Churchill und Eden. Churchills Memoranda, Briefe und Aktennotizen, die sich mit dem Thema »summit« auseinandersetzten, sind jedoch so eindringlich, daß die Schlußfolgerung kaum möglich ist, Churchill habe das Thema lediglich benutzt, um seinen Rücktritt hinauszuzögern. Stattdessen drängt sich der Eindruck auf, daß der Premierminister von seiner ›Missionsaufgabe‹ vollkommen überzeugt war, aber erkannt hatte, daß damit bequemerweise gleichzeitig auch andere Ziele erreicht werden konnten.

1 Vgl. dazu *Rupieper*, Verbündete, S. 335 f.
2 PRO: FO 371/118 151/WG 1013/5, Hoyer Millar, Bonn, an FO Nr. 52 (Weekly Report), 27.5.1955.

Churchills Gipfeldiplomatie der Jahre 1953–55 läßt sich in fünf Phasen unterteilen.

1. März – Juli 1953: Dies war die Zeit, als Churchill unmittelbar nach Stalins Tod gerade mit seiner gipfeldiplomatischen Initiative begonnen hatte. Er war sehr optimistisch und voller Energie. Die Abwesenheit Edens aus Krankheitsgründen seit Anfang April erleichterte ihm die Aufgabe. Es war ihm sogar gelungen, den der psychologischen Kriegführung gegen Moskau nicht abgeneigten neuen amerikanischen Präsidenten Eisenhower zu einer Konferenz der drei Westmächte auf Bermuda zu überreden. Deren Einberufung verzögerte sich aufgrund innenpolitischer Probleme in Frankreich. Noch vor seinem Schlaganfall am 23. Juni schwächte der Aufstand in der DDR am 17. Juni jedoch Churchills Position. Angesichts der gewaltsamen Unterdrückung der ostdeutschen Proteste durch sowjetische Panzer waren die meisten Politiker und Diplomaten im Westen der Ansicht, Verhandlungen mit Moskau, um ein Ende, zumindest aber eine Entkrampfung des Kalten Krieges herbeizuführen, seien aussichtslos und würden womöglich gar die Einheit des westlichen Lagers gefährden. Die amerikanische Administration und die Experten des britischen Foreign Office versäumten es nicht, die Ereignisse in der DDR zu nutzen, um Churchills Gipfeldiplomatie zu unterminieren.

2. Juli – Dezember 1953: Im Anschluß an seinen Schlaganfall befand sich Churchill in der Defensive. Die Gegner seiner Politik in Washington, Bonn und vor allem in seiner eigenen Regierung und im Foreign Office brachten immer stärkere Argumente gegen seine Initiative vor. Das anstelle der Bermuda-Konferenz einberufene Treffen der westlichen Außenminister in Washington wurde genutzt, um Churchills Vorschlag einer Konferenz der Regierungschefs zu unterlaufen. Auch Lord Salisbury sprach sich, entgegen seinen späteren Behauptungen, gegen die Initiative seines Premierministers aus. Die Politiker einigten sich darauf, die Sowjetunion nicht zu einem Gipfeltreffen, sondern zu einer Konferenz der Außenminister einzuladen. Gleichzeitig wurde beschlossen, daß das Viermächtetreffen unter allen Umständen zu scheitern habe, damit anschließend problemlos die Ratifizierung der EVG durch die französische Nationalversammlung erreicht werden könne. Churchill durchschaute dies. Er vermochte die vereinbarte Strategie jedoch nicht mehr zu ändern. Auf der im Dezember 1953 nachgeholten Konferenz der westlichen Regierungschefs in Bermuda fand er sich resignierend mit der westlichen Taktik ab.

3. Januar – Juni 1954: Im Anschluß an die Bermuda-Konferenz und die erfolglose Berliner Außenministerkonferenz der vier Mächte erkannte Churchill, daß er kaum ein »summit« würde durchsetzen können, wenn er weiterhin darauf bestand, vor allem die brisante deutsche Frage mit der Sowjetunion zu diskutieren. Er sprach nun immer öfter davon, sich mit Malenkow treffen zu wollen, um die Gefahren eines nuklearen Holocaust zu vermeiden. Dies war tatsächlich eines der ernstgemeinten Anliegen des Premierministers, doch betonte er es zu diesem Zeitpunkt nicht zuletzt aus taktischen Gründen. Er hatte erkannt, daß

Washington, Bonn und seine Kollegen in London vor der erfolgreichen Westintegration der Bundesrepublik keinerlei Interesse daran hatten, ernsthaft mit Moskau über die deutsche Frage und die Beilegung des Kalten Krieges zu verhandeln. Da die Möglichkeit bestand, daß die EVG im Anschluß an das Scheitern der Berliner Konferenz ratifiziert werden könnte, aber auch aufgrund des eskalierenden Krieges in Indochina und der Einberufung der Genfer Indochina-Konferenz vermochte der Premierminister vorerst keine neue Initiative zu ergreifen.

4. Ende Juni – Juli 1954: Die anglo-amerikanischen Meinungsverschiedenheiten über den Indochinakrieg und Eisenhowers darauf beruhende Bereitschaft zu einem Meinungsaustausch gaben Churchill dann die Gelegenheit, erneut nach Washington zu reisen. Er wollte einen letzten Versuch unternehmen, den Präsidenten von der Gipfeldiplomatie zu überzeugen. Eine Diskussion der deutschen Frage mit Malenkow stand nicht mehr zur Debatte. Überraschenderweise erwähnte Churchill, er wolle nun vor allem das Österreichproblem mit der sowjetischen Führung diskutieren. Er hatte allerdings auch nach wie vor Interesse daran, über die mit der H-Bombe verbundenen Gefahren zu sprechen. Trotz fehlender amerikanischer Einwilligung entschloß sich Churchill Ende Juni 1954, mit der Verwirklichung der Gipfeldiplomatie zu beginnen. Er schrieb Molotow, er würde gerne ein Treffen vereinbaren, um die neue sowjetische Führung kennenzulernen. Dies führte zu einer Kabinettskrise in London, die beinahe das Auseinanderbrechen der Regierung bewirkt hätte. Der heftige Widerstand des britischen Kabinetts und vor allem das mangelnde Interesse Moskaus vereitelten aber auch diesen Versuch des Premierministers. Statt auf Churchills Vorschlag einzugehen, begann der Kreml mit einer neuerlichen Propagandaaktion, um die Westintegration der Bundesrepublik zu verhindern. Die sowjetische Führungsriege schien nicht an die Ernsthaftigkeit von Churchills »summitry« zu glauben. Ihr Mißtrauen gegenüber seinen womöglich versteckten Intentionen war zu groß. Der Gipfeldiplomatie des britischen Premierministers war kein Erfolg beschieden. Er mußte seine letzte große Initiative abbrechen.

5. August 1954 – April 1955: Bis zu seinem Ausscheiden aus dem Amt im April 1955 bekräftigte Churchill immer wieder die Absicht, seine Gipfelpläne noch verwirklichen zu wollen. Doch dies war lediglich ein letztes Aufbäumen vor dem unvermeidlichen Rücktritt als Premierminister. Das Scheitern der EVG, die Verwirklichung einer Alternativlösung zur Westintegration der Bundesrepublik und das Warten auf deren Ratifizierung vereitelten eine neuerliche Gipfeldiplomatie. Vor allem aber sollten der Sturz Malenkows im Februar 1955 und auch Churchills zunehmende gesundheitliche Problemen eine erneute Offensive nicht mehr erlauben.

Die Frage erhebt sich, ob Churchills »summitry« und der Versuch, den Kalten Krieg bereits 1953/54 durch die Überwindung der deutschen Teilung beizulegen, eine sinnvolle und realistische Politik darstellte. Die durch 45 Jahre Teilung entstandene ökonomische, soziale, kulturelle und politisch-ideologische Auseinanderentwicklung des östlichen und westlichen Teils Deutschlands macht ein Zusammenwachsen der beiden Teile nach der Vereinigung im Oktober 1990 ungeheuer schwierig. Eine Wiedervereinigung Mitte der fünfziger Jahre wäre mit Sicherheit wesentlich weniger problematisch gewesen.[3] Unterbreitete der britische Premierminister 1953 aber tatsächlich eine realistische zukunftsorientierte politische Strategie oder bezog er sich vielmehr auf ein Rezept aus der Vergangenheit, das er zudem mit einer guten Portion Wunschdenken angereichert hatte? Seiner Zeit voraus war Churchill sicherlich in der Hinsicht, daß er sich bemühte, den Kalten Krieg als kurzfristiges Phänomen zu behandeln, dessen baldige Überwindung tatkräftig angegangen werden sollte. Eisenhower, Adenauer, die französische Regierung und das Foreign Office in London beschäftigten sich stattdessen damit, den *Status quo* zu akzeptieren und sich auf längere Sicht mit einer zweigeteilten Welt und einem geteilten Deutschland abzufinden und zum Teil sogar zu begrüßen. Doch Churchills Versuch, die Probleme der Gegenwart durch eine Vermittlertätigkeit Großbritanniens zu lösen, um die Zukunft harmonischer zu gestalten, basierte auf vergangenheitsorientierten Konzepten. Es konnte keine Rede davon sein, daß London bei einer Reformierung des Mächtesystems der Welt eine wichtige Rolle hätte spielen können.

Der Premierminister übersah zudem, daß weder die Sowjetunion noch die USA oder die europäischen Mächte sich wie in der Zwischenkriegszeit mit bloßen Garantie- und Bündnisverträgen zufriedengeben würden. Er erkannte nicht, daß die Lösung der deutschen Frage nicht die Voraussetzung, sondern erst die Folge einer Überwindung des Kalten Krieges sein würde. Churchill nahm auch immer an, daß lediglich die USA seinen Plänen skeptisch gegenüberstanden. Er ging wie selbstverständlich von der Bereitschaft Moskaus zu einer Konferenz der Großen Drei aus. Dies war aber nicht der Fall. Mit Blick auf die Vergangenheit überschätzte Churchill auch den deutschen Nationalismus und beurteilte er die hohe Bereitschaft Adenauers (und der Mehrheit der Westdeutschen) falsch, sich unter Opferung der in immer weitere Ferne rückenden Wiedervereinigung in die westliche Welt integrieren zu lassen. Er erkannte ebenfalls nicht die sich auf Kosten Großbritanniens anbahnende enge deutsch-amerikanische Freundschaft und deren zunehmende Wichtigkeit für das westliche Bündnis. Auch die Bedeutung der Anfänge der europäischen Einigungsbewegung entging ihm. Sie führte schon bald zu einer fortschreitenden Marginalisierung seines Landes. Dabei war es doch Churchills überragendes Ziel gewesen, die britische Großmachtrolle aufrechtzuhalten und gar zu stärken.

3 Vgl. dazu *Spittmann*, Zum 40. Jahrestag, S. 639: »Der Abstand zu Westdeutschland in Wirtschaft, Konsum, Lebensweise war [1953] noch nicht groß, er wäre tatsächlich in kurzer Zeit zu überwinden gewesen.« Ein Stasi-Problem hätte es natürlich auch nicht gegeben.

Churchill unterschätzte zudem die Versuche der Einflußnahme des Bundeskanzlers und vor allem die seines eigenen Foreign Office. Den britischen Diplomaten gelang es nicht nur, Eden von der vermeintlichen Unsinnigkeit der Pläne Churchills zu überzeugen, sie vermochten am Ende gar dem Premierminister selbst diese Einsicht in gewissem Maße aufzudrängen. Das Foreign Office begnügte sich keinesfalls mit der Rolle, lediglich die Politiker zu beraten und ansonsten passiv deren Entscheidungen auszuführen. Eine der wesentlichen Ursachen dafür, daß der Premierminister nicht in der Lage gewesen war, seine Gipfeldiplomatie in die Praxis umzusetzen, lag neben der Opposition Eisenhowers und Adenauers in der Unterminierung seiner Politik durch die Diplomaten in Whitehall.

Wie das Foreign Office erkannt hatte, war Churchill zu sehr von den Möglichkeiten der persönlichen Diplomatie überzeugt. Selbst wenn es ihm gelungen wäre, alleine nach Moskau zu reisen oder ein »summit« mit Malenkow und Eisenhower in Stockholm zustande zu bringen, was hätte erreicht werden können? Kaum viel mehr als eine Entkrampfung des Ost-West-Konflikts, wie sie ohnehin bereits seit Stalins Tod in gewissem Umfange begonnen hatte. Es ist nicht anzunehmen, daß er wesentlich erfolgreicher als Eden, Eisenhower, Faure und Bulganin/Chruschtschow während der Genfer Gipfelkonferenz im Sommer 1955 gewesen wäre. Angesichts seines schlechten gesundheitlichen Zustandes bestand bei einem bilateralen Treffen mit Malenkow sogar die Gefahr, daß man ihn in Moskau nicht richtig ernst nehmen würde. Auch die allgemeine Annahme, daß Churchill in Kürze zurücktreten werde, mußte seinen Einfluß schwächen. Vielleicht lag darin einer der Gründe, warum Molotow kein ernsthaftes Interesse an einem Treffen mit dem Premierminister signalisierte. Aber selbst wenn Churchill sich auf einer trilateralen Konferenz oder bei einem bilateralen Treffen hätte behaupten können, ist zweifelhaft, ob er angesichts des noch nicht entschiedenen Machtkampfes im Kreml und der instabilen Situation in der DDR und anderen sowjetischen Satellitenstaaten allzuviel hätte bewirken können.

Aufgrund nun vorliegender verbaler Aussagen von ehemaligen Mitarbeitern Malenkows und Berijas muß davon ausgegangen werden, daß zwischen März und Juni 1953, in der Zeit von Stalins Tod bis zum 17. Juni, die Sowjetunion gerade wegn der schwierigen Lage in Ost-Berlin möglicherweise ernsthaft zur Aufgabe der DDR und zur Einwilligung in die deutsche Wiedervereinigung bereit war. Wäre Churchills Anregung gefolgt und ein »summit« einberufen worden, hätte der Kalte Krieg womöglich früher beendet werden können. Zumindest wäre die Aussicht für eine globale Détente nicht gering gewesen und hätte (vielleicht) die enorme Aufrüstung der folgenden Jahrzehnte vermieden werden können. In der Zeit nach dem Aufstand in der DDR ist allem Anschein nach aber durch das Scheitern der gipfeldiplomatischen Initiativen Churchills keine Gelegenheit zu einem frühen Ende des Kalten Krieges verpaßt worden. Zu gering war die Kompromißbereitschaft der USA und der Sowjetunion. Man traute sich einfach gegenseitig nicht. Beide Seiten begnügten sich damit einen akzeptablen *Modus vivendi* anzustreben. Großbritannien aber war zu einflußlos, um alleine etwas bewirken zu können. Moskau schaute sich die Aktivitäten des britischen Premierministers zwar mit Interesse an, doch die Initiative hätte von den USA kommen müssen, um eine deutliche Reaktion hervorzurufen. In Washington waren die Politiker aber zu sehr mit Überlegungen der psychologischen Kriegführung beschäftigt, um die Anregungen aus London aufzunehmen. An den Vorschlägen Churchills herrschte keinerlei Interesse, stand doch Eisenhower selbst hinter dieser Politik und setzte er sich dabei sogar über die Mahnungen Dulles' hinweg. Zudem war bekannt, daß der Premierminister nicht einmal von seinen Kabinettskollegen und den Diplomaten des Foreign Office unterstützt wurde.

Dennoch scheint Churchills Gipfeldiplomatie nicht nutzlos und überflüssig gewesen zu sein. Ohne Churchills Initiativen und die durch sie geweckte Popularität einer Gipfelkonferenz in der Öffentlichkeit hätte vielleicht die Genfer Konferenz 1955 nicht verwirklicht werden können. Auch wäre die Aufmerksamkeit der Öffentlichkeit wie der Politiker nicht immer wieder auf die mit dem Kalten Krieg verbundene Gefahr der Kommunikationslosigkeit zwischen den Großmächten gelenkt worden. Die EVG wäre aber wohl auch ohne die Gipfeldiplomatie des Premierministers gescheitert. Trotz der gegenteiligen Ansicht Edens war Churchill sicherlich nicht für ihren Mißerfolg verantwortlich. Insgesamt ist Churchill ein bedingter Erfolg nicht abzusprechen. Er machte die seit Jalta, Potsdam und den Außenministerkonferenzen der frühen Nachkriegszeit kompromittierte Konferenzdiplomatie wieder populär. Langfristig führte dies dazu, daß Ost und West allmählich engeren Kontakt miteinander aufnahmen und die unmittelbare Kriegsgefahr zurückging.

Abkürzungsverzeichnis

ACW	Ann C. Whitman (Eisenhowers Sekretärin)
APuZg	Aus Politik und Zeitgeschichte
BUA	Birmingham University Archive
CAB	Akten des britischen Kabinetts
CEH	Central European History
CIA	Central Intelligence Agency (USA)
Cmd.	Command Paper der britischen Regierung
DA	Deutschland-Archiv
DGAP	Deutsche Gesellschaft für Auswärtige Politik
DH	Diplomatic History
EA	Europa-Archiv
EDC	European Defence Community
EHR	English Historical Review
EL	Eisenhower Library, Abilene, Kansas
EVG	Europäische Verteidigungsgemeinschaft
FAZ	Frankfurter Allgemeine Zeitung
FO	Foreign Office (GB)
FRUS	Foreign Relations of the United States
H.C., Parl.Deb.	Debatten des House of Commons
H.L., Parl.Deb.	Debatten des House of Lords
HJ	Historical Journal
HL	House of Lords Records Office
HPB	Das Historisch-Politische Buch
HZ	Historische Zeitschrift
IA	International Affairs
KI	Committee of Information (UdSSR)
MGM	Militärgeschichtliche Mitteilungen
Min.	Aktennotiz
NA	National Archives, Washington
NATO	North Atlantic Treaty Organisation
NSC	National Security Council (USA)
PM	Premierminister
PPS	Political Planning Staff (USA)
PREM	Akten des Premierministers
PRO	Public Record Office (GB)
PSB	Political Strategy Board (USA)
PSQ	Political Science Quarterly
PUA	Princeton University Archive
RIIA	Royal Institute of International Affairs (GB)
UNO/UN	United Nations
VfZg	Vierteljahrshefte für Zeitgeschichte
WEU	Western European Union
ZK	Zentralkomitee

Quellen- und Literaturverzeichnis

1. Quellen

1.1 Unveröffentlichte Quellen

Großbritannien

Public Record Office (PRO), Kew, Surrey:

FO 371 (Foreign Office, General Correspondence):

103514, 103659, 103660, 103664–67, 103704–06, 103837–41, 103848–50, 103870–73, 103894, 103895, 103918, 103925, 103927, 103947, 103951, 103956, 103960, 103983, 103985, 104052–060, 104131, 104133, 104178, 104182, 105506, 105983, 105988, 105989, 106094, 106096, 106257, 106504, 106505, 106508–12, 106515, 106518, 106524–27, 106532, 106534, 106535, 106537, 106538, 106542, 106566–68, 106583, 106601, 106602, 109269–302, 109773–76, 111706, 111765, 118151, 125031–34, 125037, 125040, 125042, 125049, 125051, 125052, 125055, 125123, 125138, 125139, 125146, 125274–76

FO 800 (Foreign Office, Papiere Anthony Edens und Selwyn Lloyds):

694, 696, 698–701, 739, 759–63, 766, 777, 778, 793, 794, 804, 820–23, 832, 839–42

PREM 11 (Akten des Premierministers):

168, 171, 323, 369, 373, 382, 384, 406, 418–20, 422, 425, 427–29, 431, 436, 440, 444, 446, 449, 517, 520, 540, 664–68, 672, 673, 771, 892, 893, 896, 915, 1015, 1974, 1604, 1852

CAB 21 (Verschiedenes):

1792, 3057

CAB 127 (Privatpapiere von Ministern und Beamten):

211

CAB 128 (Kabinettsentscheidungen):

24, 25, 26 (Teile 1 und 2), 27 (Teile 1 und 2), 28

CAB 129 (Kabinettsmemoranda):

61, 63, 64, 65, 66, 69, 70

Archiv der Universität Birmingham (BUA):

Avon Papers (Papiere Anthony Edens)

Archiv des Churchill College, Cambridge:

Fife-Clark Papers
Sir John Colville Papers
Sir Alexander Cadogan Papers
Lord Swinton Papers

Archiv des Trinity College, Cambridge:

R. A. Butler Papers

Bodleian Library, Oxford:

Lord Woolton Papers
Conservative Party Archive

House of Lords Records Office, London:

Lord Beaverbrook Papers

Liddell-Hart-Archive Centre, King's College London:

Lord Ismay Papers
General Walter Elliot Papers
Liddell-Hart Papers

USA

Eisenhower Library (EL), Abilene, Kansas:

Ann Whitman Files:

Administrative Series
Dulles-Herter Series
International Series
John F. Dulles Papers, Subject Series
John F. Dulles Papers, Telephone Conversation Series
John F. Dulles Papers, Drafts of Presidential Correspondence
Ann C. Whitman Diary (ACW Diary)
C. D. Jackson Papers, Records 1953–54

National Archives (NA), Washington, D.C.:

Central Files (Record Group 59):

396.1–WA, 396.1–LO, 396.1–BE, 611.00, 611.61, 611.62A, 740.5, 741.00, 741.13, 761.5, 761.11, 761.13, 762A.00, 762A.5, 762A.13, 762.0221, 762B.00, 862B.49

PPS Records:

lot 64 D 563

Princeton University Archive (PUA):
(Seeley G. Mudd Library)

Allen Dulles Papers, Selected Correspondence
John F. Dulles Papers, Selected Correspondence
John F. Dulles Papers, Drafts of Presidential Correspondence

Interviews:

Sir Anthony Nutting,	23.01.1991 in London
Sir Harry Hohler	7.09.1990 in Washington
Sir Frank Roberts	21.11.1990 in London
Sir William Hayter	21.11.1990 in London
Sir Roger Makins (Lord Sherfield)	16.01.1990 in London
Sir David Pitblado	8.02.1990 in London
Sir Anthony Montague Browne	21.11.1990 in London
Douglas Dodds-Parker	21.11.1990 in London
Ian Mikardo	21.11.1990 in London

1.2 Veröffentlichte Quellen

Annual Register, Bände 1948, 1953 (London 1947, 1954)
Booms, Hans (Hrsg.), Die Kabinettsprotokolle der Bundesregierung Bd. 5: 1952 (bearb. von *Kai von Jena*); Bd. 6: 1953 (bearb. von *U. Enders/K. Reiser*), Boppard 1988
Buchstab, Günter (Bearb.), Adenauer. »Es mußte alles neu gemacht werden.« Die Protokolle des CDU-Bundesvorstandes 1950–1953 (Forschungen und Quellen zur Zeitgeschichte, Bd. 8), Stuttgart 1986
Bundy, McGeorge (Hrsg.), The Pattern of Responsibility. Edited from the Record of the Secretary of State Dean Acheson, Cambridge/Ma. 1952
Butler, David/Goreth Butler (Hrsg.), British Political Facts, 1900–1985, 6. Aufl. Basingstoke 1986
Churchill, Randolph S. (Hrsg.), Winston S. Churchill, Bd. 2: Companion, Teil 3: 1911–1914, London 1969
Coote, Colin, R., Sir Winston Churchill. A Self-Portrait. Constructed from his own sayings and writings and framed with an introduction, London 1954
Declassified Documents (Mikrofiche), 1978
Deutscher Bundestag, Stenographische Berichte. Verhandlungen der 1. Wahlperiode, Bd. 17, 1953
Eisenhower, Dwight D., Public Papers of the Presidents of the United States, Bände: 1953 und 1954, Washington/D. C. 1960
Etzold, Thomas H./John Lewis Gaddis (Hrsg.), Containment. Documents on American Policy and Strategy, 1945–1950, New York 1978
Europa-Archiv (EA), Bände 4, Teil 1 und 2 (1949); 8, Teil 2 (1953); 15, Teil 1 (1960)

Foreign Relations of the United States (FRUS)
FRUS 1949
Bd. 3: Council of Foreign Ministers; Germany and Austria
FRUS 1952–54
Bd. 5, Teil 1: Western European Security
Bd. 6, Teil 1 und 2: Western Europe and Canada
Bd. 7, Teil 1 und 2: Germany and Austria
Bd. 8: Eastern Europe, Soviet Union
Bd. 13, Teil 1 und 2: Indochina
FRUS 1955–57
Bd. 5: Austrian State Treaty; Summit Conferences
Bd. 24: Soviet Union; Eastern Mediterranean
Galambos, Louis (Hrsg.), The Papers of Dwight D. Eisenhower, Bd. 7: Eisenhower. The Chief of Staff, Baltimore 1978
Halle, Kay (Hrsg.), Winston Churchill on America and Britain. A Selection of his Thoughts on Anglo-American Relations. Vorwort von *Lady Churchill* und *W. Averell Harriman*, New York 1970
Her Majesty's Stationery Office (HMSO) (Hrsg.), Command Papers (Cmd.):
Nr. 8838: Miscellaneous Nr. 5 (1953), »Report of the North Atlantic Ministerial Meeting held in Paris, 23–25 April, 1953«
Nr. 9080: Miscellaneous Nr. 5 (1954), »Documents Relating to the Meeting of Foreign Ministers of France, the United Kingtom, the Soviet Union and the United States of America, Berlin, January 25–February 18, 1954«
Nr. 9418: Two Power Meeting (1955), »Exchange of Letters between Sir Winston Churchill and Mr. Molotov, the Soviet Foreign Minister, in 1954, about the Prime Minister's proposal for a two-power meeting between the United Kingdom and the Union of Soviet Socialist Republics«
House of Commons Parl. Debates, Hansard (H.C., Parl.Deb. 5th series),
Bände 404 (1944), 413 (1945), 427 (1946), 428 (1946), 430 (1946), 446 (1948), 457 (1948), 459 (1948), 461 (1949), 464 (1949), 469 (1949), 472 (1950), 473 (1950), 478 (1950), 481 (1950), 482 (1950), 484 (1951), 487 (1951), 491 (1951), 493 (1951), 494 (1951), 500 (1951), 511–18 (1953), 520 (1953), 524–26 (1954), 531 (1954), 535 (1954), 537 (1955), 538 (1955)
House of Lords Parl.Debates, (H.L. Parl.Deb. 5th series),
Bände 169 (1950), 183 (1953)
Jäckel, Eberhard (Hrsg.), Die deutsche Frage, 1951–1956. Notenwechsel und Konferenzdokumente der vier Mächte, Frankfurt/M. 1957
James, Robert Rhodes (Hrsg.), Winston S. Churchill. His Complete Speeches, 1897–1963, Bd. 7: 1940–49, Bd. 8: 1950–63, London 1974
Keesings Archiv der Gegenwart, Bände 16 (1946), 20 (1950)
Keesing's Contemporary Archive/Record of World Events (Keesing's),
Bände 6 (1946–48); 7 (1948–50); 8 (1950–52); 36 (1990)
Knoll, Viktor/Lothar Kölm (Hrsg.), Der Fall Berija. Protokoll einer Abrechnung. Das Plenum des ZK der KPdSU Juli 1953. Stenographischer Bericht (übersetzt von den Hrsg.), Berlin 1993
Morsey, Rudolf/Hans-Peter Schwarz (Hrsg.), Adenauer. Teegespräche 1950–54 (bearb. von *Hanns Jürgen Küsters*), 2. Aufl. Berlin 1985

Münch, Ingo von (Hrsg.), Dokumente des geteilten Deutschland, Bd. 1, Stuttgart 1968
Royal Institute of International Affairs (RIIA) (Hrsg.), Documents on International Affairs, Bände 1947–48; 1949–50; 1952; 1953; 1954, London 1950–57
Siegler, Heinrich (Hrsg.), Dokumentation zur Deutschlandfrage. Von der Atlantik-Charta 1941 bis zur Berlin-Sperre 1961. Hauptband 1: Von der Atlantik-Charta 1941 bis zur Aufkündigung des Berlin-Status durch die UdSSR 1958, 2. Aufl. Bonn 1961
Vital Speeches of the Day, Februar 1950
Zeitungen
The Times, London

1.3 Memoiren, Tagebücher, Briefwechsel, Meinungsumfragen

Acheson, Dean, Present at the Creation. My Years in the State Department, New York 1969
Adams, Sherman, First-Hand Report. The Inside Story of the Eisenhower Administration, London 1961
Adenauer, Konrad, Erinnerungen 1945–53; Erinnerungen 1953–55, Stuttgart 1965–66
Auriol, Vincent, Journal du septennat. 1947–1954 (mit einer Einleitung von *Pierre Nora*), Bd. 7, Paris 1970
Baring, Arnulf (Hrsg.), Sehr verehrter Herr Bundeskanzler! Heinrich von Brentano im Briefwechsel mit Konrad Adenauer 1949–1964 (unter Mitarbeit von *B. von Oettinger/K. Mayer*), Hamburg 1974
Beam, James D., Multiple Exposure. An American Ambassador's unique perspectives on East-West issues, New York 1978
Blankenhorn, Herbert, Verständnis und Verständigung. Blätter eines politischen Tagebuchs 1949 bis 1979, Frankfurt/M. 1980
Brandt, Heinz, Ein Traum, der nicht entführbar ist. Mein Weg zwischen Ost und West, München 1967
Bohlen, Charles, Witness to History, 1929–1969, London 1973
Boothby, Robert, My Yesterday. Your Tomorrow, London 1962
Boyle, Peter G. (Hrsg.), The Churchill-Eisenhower Correspondence, 1953–55, Chapel Hill/N.C. 1990
Butler, Lord, The Art of the Possible. Memoirs, London 1971
Charlton, Michael, The Price of Victory, London 1983
Churchill, Winston S., My Early Life. A Roving Commission, London 1930
Ders., The Boer War. London to Paddington via Pretoria/Ian Hamilton's March, London 1989 (1900)
Ders., Thoughts and Adventures, London 1932
Ders., The River War. An Historical Account of the Reconquest of the Soudan, London 1902
Ders., The Story of the Malakand Field Force. An episode of frontier war, London 1898
Ders., The World Crisis, Bd. 1: 1911–1914, London 1923; Bd. 2: 1915, London 1923; Bd. 4: 1916–1918, Teil 2, London 1927; Bd. 5: The Aftermath, London 1929
Ders., The Second World War, Bd. 3: The Grand Alliance, London 1950; Bd. 4: The Hinge of Fate, London 1951; Bd. 6: Triumph and Tragedy, London 1954
Cockett, Richard (Hrsg.), My Dear Max. The letters of Brendan Bracken to Lord Beaverbrook, 1925–1958, London 1990

Colville, John, Essay in: *Wheeler-Bennett, John* (Hrsg.), Action this Day. Working with Churchill, London 1968, S. 47–138
Ders., The Fringes of Power. 10 Downing Street Diaries, 1939–1955, New York 1985
Conant, James B., My Several Lives. Memoirs of a Social Inventor, New York 1970
Djilas, Milovan, Conversations with Stalin (übersetzt von *Michael B. Petrovich*), Harmondsworth 1963
Dodds-Parker, Douglas, Political Eunuch, Ascot 1986
Eckardt, Felix von, Ein unordentliches Leben. Lebenserinnerungen, Düsseldorf 1967
Eden, Anthony (Lord Avon), Full Circle. Memoirs, London 1960
Eisenhower, Dwight D., The White House Years, Bd. 1: Mandate for Change, 1953–1956, London 1963
Erskine, Hazel Gaudet, The Cold War. Report from the Polls, in: PSQ 25 (1961), S. 302–15
Dies., The Polls. Defense, Peace, and Space, in: PSQ 25 (1961), S. 478–89
Ferrell, Robert (Hrsg.), The Diary of James C. Hagerty, Bloomington/Ind., 1983
Ders. (Hrsg.), The Eisenhower Diaries, New York 1981
Gallup, George H. (Hrsg.), The Gallup International Opinion Poll. Great Britain, 1937–1975, Bd. 1: 1937–64, London 1976
Grewe, Wilhelm G., Rückblenden 1976–1951, Frankfurt/M. 1979
Griffith, Robert (Hrsg.), Ike's Letters to a Friend, 1941–1958, Lawrence/Ks. 1985
Gromyko, Andrei, Memories (übersetzt von *Harold Shukman*), London 1989
Gruber, Karl, Ein Politisches Leben. Österreichs Weg zwischen den Diktaturen, Wien 1976
Hayter, Sir William, The Kremlin and the Embassy, London 1966
Herrnstadt, Rudolf, Das Herrnstadt-Dokument. Das Politbüro der SED und die Geschichte des 17. Juni 1953 (hrsg. und eingel. von *Nadja Stulz-Herrnstadt*), Reinbek bei Hamburg, 1990
Hughes, Emmet John, The Ordeal of Power. A Political Memoir of the Eisenhower Years, London 1963
Kennan, George F., Memoirs, 1925–50, London 1968
Ders., Memoirs, 1950–63, Boston 1972
Macmillan, Harold, Tides of Fortune, 1945–55, London 1969
Kimball, Warren F. (Hrsg.), Churchill & Roosevelt. The Complete Correspondence, 3 Bde, London 1984
Larres, Klaus (Hrsg.), Witness Seminar. British Attitudes to German Rearmament and Reunification in the 1950s, in: Contemporary Record 5 (1991), S. 291–320
Lie, Trygve, In the Cause of Peace, New York 1954
Massigli, René, Une comédie des erreurs, 1943–1966. Souvenirs et réflexions sur une étape de la reconstruction européenne, Paris 1978
Moran, Lord, Churchill. The Struggle for Survival, 1940–1965, London 1966
Morsey, Rudolf/Hans-Peter Schwarz (Hrsg.), Adenauer. Briefe 1951–53 (Rhöndörfer Ausgabe), Bd. 4 (bearb. von *Hans Peter Mensing*), Berlin 1987
Murphy, Robert, Diplomat among Warriors, London 1964
Niemi, Richard G./John Mueller/Tom W. Smith (Hrsg.), Trends in Public Opinion. A Compendium of Survey Data, New York 1989
Nitze, Paul H., From Hiroshima to Glasnost. At the Centre of Decision. A Memoir (mit Ann. M. Smith und Steven L. Rearden), New York 1989

Noelle, Elisabeth/Erich Peter Neumann (Hrsg.), Antworten. Politik im Kraftfeld der öffentlichen Meinung, Allensbach 1954
Dies. (Hrsg.), The Germans. Public Opinion Polls, 1947–1966, London 1967
Nutting, Anthony, Europe Will Not Wait. A Warning and Way Out, London 1960
Pfleiderer, Karl Georg, Politik für Deutschland. Reden und Aufsätze 1948–1956, Stuttgart 1961
Resis, Albert (Hrsg.), Molotov Remembers. Inside Kremlin Politics: Conversations with Felix Chuev, Chicago 1993.
Roberts, Frank, Dealing with Dictators. The Destruction and Revival of Europe, 1930–70, London 1991
Roosevelt, Elliot, As he saw it, New York 1946
Salisbury, Harrison E., Moscow Journal, Chicago 1962
Schenk, Fritz, Im Vorzimmer der Diktatur. Zwölf Jahre Pankow, Köln 1962
Shuckburg, Evelyn, Descent to Suez, Diaries, 1951–56 (zur Publikation ausgewählt von *John Charmley*), London 1986
Smith, Walter Bedell, Moscow Mission, 1946–49, Melbourne 1950
Stassen, Harold/Marshall Houts, Eisenhower. Turning the World Toward Peace, St. Paul/Mn. 1990
Sulzberger, Cyrus L., A Long Row of Candles. Memoirs and Diaries, 1934–1954, New York 1969
Talbott, Strobe (Hrsg.), Khrushchev Remembers, London 1971
Truman, Harry S., Years of Trial and Hope. Memoirs Bd. 2, Garden City/N. Y. 1956
Woods, Frederick (Hrsg.), Young Winston's Wars. The Original Despatches of Winston S. Churchill, War Correspondent, 1877–1900, London 1972

2. Sekundärliteratur

Achminow, H., Die sowjetische Deutschlandpolitik in den Jahren 1952/53. Einwände und Ergänzungen [zu *Osten*, S. 1–13], in: Osteuropa 14 (1964), S. 251–57
Adamthwaite, Anthony, Overstretched and Overstrung. Eden, the Foreign Office and the Making of Policy, 1951–55, in: IA 64 (1988), S. 241–59
Addison, Paul, Churchill on the Home Front, 1900–1955, London 1992
Albertini, Rudolf von, Die USA und die Kolonialfrage (1917–45), in: VfZg 13 (1965), S. 1–31
Alexander, Charles, Holding the Line. The Eisenhower Era, 1952–1961, Bloomington/Ind. 1975
Allard, Sven, Russia and the Austrian State Treaty. A Case Study of Soviet Policy in Europe, University Park/Pa. 1970
Allen, Harry C., Great Britain and the United States. A History of Anglo-American Relations (1783–1952), Watford/Herts. 1954
Ambrose, Stephen E., Eisenhower. Bd. 1: Soldier, General of the Army, President-Elect, 1880–1952, London 1983
Ders., Eisenhower. Bd. 2: The President, 1952–1969, London 1984

Ders., Churchill and Eisenhower in the Second World War, in: *Blake/Louis* (Hrsg.), S. 397–405
Ders., mit *Richard H. Immerman*, Ike's Spies. Eisenhower and the Espionage Establishment, Garden City/N. Y. 1981
Aron, Raymond/David Lerner (Hrsg.), France Defeats EDC, New York 1957
Azzola, Axel Christian, Die Diskussion um die Aufrüstung der BRD im Unterhaus und in der Presse Großbritanniens November 1949–Juli 1952 (Marburger Abhandlungen zur politischen Wissenschaft, Bd. 12), Meisenheim 1971
Baras, Victor, Stalin's German Policy after Stalin, in: Slavic Review 37 (1978), S. 259–67
Baring, Arnulf, Der 17. Juni 1953 (Bonner Berichte aus Mittel- und Ostdeutschland), 2. Aufl. Köln 1957
Ders., Im Anfang war Adenauer. Die Entstehung der Kanzlerdemokratie, 3. Aufl. München 1984 (Originaltitel: Außenpolitik in Adenauers Kanzlerdemokratie. Bonns Beitrag zur Europäischen Verteidigungsgemeinschaft, Bd. 28 der Schriften des Forschungsinstituts der DGAP, Bonn 1969)
Barker, Elizabeth, Churchill and Eden at War, London 1978
Dies., Britain in a Divided Europe, 1945–70, Oxford 1970
Barnett, Corelli, The Collapse of British Power, London 1972
Bartlett, Christopher J., A History of Postwar Britain, 1945–1974, New York 1977
Ders., »The Special Relationship«. A Political History of Anglo-American Relations since 1945, London 1992
Baylis, John, Anglo-American Defence Relations, 1939–80. The Special Relationship, New York 1981
Beal, John Robinson, John Foster Dulles, 1888–1959, Westport/Co. 1974 (Neudr. der 2. Aufl. von 1959, 1. Aufl. 1957)
Beglinger, Martin, »Containment« im Wandel. Die amerikanische Außen- und Sicherheitspolitik im Übergang von Truman zu Eisenhower (Beiträge zur Kolonial- und Überseegeschichte, Bd. 41), Stuttgart 1988
Beier, Gerhard, Wir wollen freie Menschen sein. Der 17. Juni 1953: Bauleute gingen voran, Mainz 1993.
Bell, Coral, Negotiation from Strength. A Study in the Politics of Power, London 1962
Beloff, Max, Churchill and Europe, in: *Blake/Louis* (Hrsg.), S. 443–55
Ben-Moshe, Tuvia, Winston Churchill and the »Second Front«. A Reappraisal, in: Journal of Modern History 62 (1990), S. 503–37
Besymenski, Lew, 1953 – Berija will die DDR beseitigen, in: Die Zeit, Nr. 42, 15. 10. 1993, S. 81–83
Blake, Robert, The Conservative Party from Peel to Churchill (Based on the Ford Lectures delivered before the University of Oxford in the Hilary Term of 1968), London 1970
Ders., The Decline of Power, 1915–1964 (Paladin History of England), London 1985
Ders./Wm. Roger Louis (Hrsg.), Churchill, Oxford 1993
Blumenwitz, Dieter/Klaus Gotto/Hans Maier/Konrad Repgen/Hans-Peter Schwarz (Hrsg.), Konrad Adenauer und seine Zeit. Politik und Persönlichkeit des ersten Bundeskanzlers, Bd. 2: Beiträge der Wissenschaft, Stuttgart 1976
Blumenwitz, Dieter u. a., Die Deutschlandfrage vom 17. Juni bis zu den Genfer Viermächtekonferenzen von 1955 (Studien zur Deutschlandfrage, Bd. 10), Berlin 1990
Boadle, Donald Graeame, Winston Churchill and the German Question in British Foreign Policy, 1918–1922, Den Haag 1973

Bonwetsch, Bernd, Sowjetische Westeuropapolitik II, in: *Geyer* (Hrsg.), Bd. 2, S. 146–228
Ders., Deutschlandpolitische Alternativen der Sowjetunion 1949–1955, in: Deutsche Studien 24 (1986), S. 320–40
Boyle, Peter, Einleitung, in: *ders.* (Hrsg.), S. 1–14
Ders., The British Foreign Office View of Soviet-American Relations, 1945–46, in: DH 3 (1979), S. 307–20
Brands, Henry W. Jr., Cold Warriors. Eisenhower's Generation and American Foreign Policy, New York 1988
Brendon, Piers, Ike. The Life and Times of Dwight D. Eisenhower, London 1987
Brill, Heinz, Bogislav von Bonin im Spannungsfeld zwischen Wiederbewaffnung – Westintegration – Wiedervereinigung. Ein Beitrag zur Entstehungsgeschichte der Bundeswehr 1952–55 (Militär, Rüstung, Sicherheit, Bd. 49), Baden-Baden 1987
Bullock, Alan, Ernest Bevin. Foreign Secretary, 1945–1951, London 1983
Ders., Hitler and Stalin. Parallel Lives, London 1991
Burley, Anne-Marie, Restoration and Reunification: Eisenhower's German Policy, in: *Melanson/Mayers* (Hrsg.), S. 220–40
Butler, David (Hrsg.), Coalitions in British Politics, London 1978
Ders., The British General Election of 1951, London 1952
Ders., British General Elections Since 1945, Oxford 1989
Butler, Lord (Hrsg.), The Conservatives. A History from their Origins to 1965, London 1977
Cable, James, The Geneva Conference of 1954 on Indochina, Basingstoke 1986
Callahan, David, Dangerous Capabilities. Paul Nitze and the Cold War, New York 1990
Callahan, Raymond A., Churchill. Retreat from Empire, Wilmington/Del. 1984
Carlton, David, Großbritannien und die Gipfeldiplomatie 1953–55, in: *Thoß/Volkmann* (Hrsg.), S. 51–69
Ders., Anthony Eden. A Biography, London 1986 (1981)
Charmley, John, Churchill. The End of Glory. A Political Biography, London 1992
Childs, David, Britain since 1945. A Political History, 2. Aufl. London 1986
Clarke, Peter, Churchill's Economic Ideas, 1900–1930, in: *Blake/Louis* (Hrsg.), S. 79–95
Coates, David/John Hillard (Hrsg.), The Economic Decline of Modern Britain. The Debate between Left and Right, London 1986
Conquest, Robert, Power and Policy in the USSR. A Study of Soviet Dynastics, London 1961
Cook, Blanche Wiesen, First Comes the Lie: C. D. Jackson and Political Warfare, in: Radical History Review 31 (1984), S. 42ff
Dies., The Declassified Eisenhower: A Divided Legacy of Peace and Political Warfare, Garden City/N. Y. 1981
Craig, Gordon A., Churchill and Germany, in: *Blake/Louis* (Hrsg.), S. 21–40
Crankshaw, Edward, Khrushchev. A Career, London 1966
Dallek, Robert, Franklin D. Roosevelt and American Foreign Policy, 1932–1945, New York 1979
Dawson, R. MacGregor, Winston Churchill at the Admiralty, 1911–1915, Toronto 1940
Deighton, Ann, The Impossible Peace. Britain, the Division of Germany and the Origins of the Cold War, London 1990
Devillers, Philippe/Jean Lacouture, End of a War. Indochina 1954, London 1969

Diedrich, Torsten, Der 17. Juni 1953 in der DDR. Bewaffnete Gewalt gegen das Volk, Berlin 1991
Ders., Putsch – Volksaufstand – Arbeitererhebung? Zur Arbeitererhebung 1953 in der deutschen Geschichtswissenschaft, in: APuZg B 25/93, S. 3–11
Dimbleby, David/David Reynolds, An Ocean Apart. The Relationship between Britain and America in the Twentieth Century, London 1988
Divine, Robert A., Blowing on the Wind. The Nuclear Test Ban Debate, 1954–1960, New York 1978
Ders., Eisenhower and the Cold War, Oxford 1981
Dockrill, Michael/John W. Young (Hrsg.), British Foreign Policy, 1945–1956, Basingstoke 1989
Dockrill, Saki, Britain's Policy for West German Rearmament, 1950–55 (Cambridge Studies in International Relations, Bd. 13), Cambridge 1991
Dies., Britain and the Settlement of the West German Rearmament Question, in: *Dockrill/Young* (Hrsg.), S. 149–72
Doering-Manteuffel, Anselm, Die Bundesrepublik Deutschland in der Ära Adenauer. Außenpolitik und innere Entwicklung 1949–1963, 2. Aufl. Darmstadt 1988 (1983)
Donovan, Robert J., Eisenhower. The Inside Story, New York 1956
Douglas, Roy, From War to Cold War, New York 1981
Drummond, Roscoe/Gaston Coblentz, Duel at the Brink. John Foster Dulles' Command of American Power, London 1960
Drummond, Gordon D., The German Social Democrats in Opposition, 1949–1960. The Case against Rearmament, Norman/Ok. 1982
Duchin Brian R., The ›Agonizing Reappraisal‹: Eisenhower, Bulles and the EDC, in: DH 16 (1992), S. 201–21
Ebersold, Bernd, Machtverfall und Machtbewußtsein. Britische Friedens- und Konfliktstrategien in den internationalen Beziehungen 1918–1956 (Beiträge zur Militärgeschichte), München 1991
Edmonds, Robin, The Big Three. Churchill, Roosevelt and Stalin in peace and war, London 1992
Ders., Churchill and Stalin, in: *Blake/Louis* (Hrsg.), S. 309–26
Elgey, Georgette, Histoire de la IVe République, 2 Bde, Paris 1965–68
Embree, G. D., The Soviet Union between the 19th and 20th Party Congress, 1952–1956, Den Haag 1959
Emmert, Kirk, Winston S. Churchill on Empire (Studies in Statesmanship), Durham/N. C. 1989
Epkenhans, Michael, Die wilhelminische Flottenrüstung 1908–1914. Weltmachtstreben, industrieller Fortschritt, soziale Integration (Beiträge zur Militärgeschichte, Bd. 32), München 1991
Erdmenger, Klaus, Das folgenschwere Mißverständnis. Bonn und die sowjetische Deutschlandpolitik, 1949–1955, Freiburg 1967
Eubank, Keith, The Summit Conferences, 1919–1960, Norman/Okla. 1966
Feis, Herbert, Churchill, Roosevelt, Stalin. The War they Waged and the Peace they Sought, Princeton/N. J. 1957
Ders., From Trust to Terror. The Onset of the Cold War, 1945–50, London 1970
Felken, Detlef, Dulles und Deutschland. Die amerikanische Deutschlandpolitik 1953–1959, Bonn 1993

Fischer, Alexander u.a., Entmilitarisierung und Aufrüstung in Mitteleuropa 1945–1956 (Vorträge zur Militärgeschichte, Bd. 4), Herford 1983
Fish, M. Steven, After Stalin's Death. The Anglo-American Debate Over a New Cold War, in: DH 10 (1986), S. 333–55
Foot, Rosemary, The Wrong War. American Policy and the Dimensions of the Korean Conflict, 1950–53, Ithaca/N.Y. 1985
Foschepoth, Josef (Hrsg.), Adenauer und die Deutsche Frage, Göttingen 1988
Ders., Churchill, Adenauer und die Neutralisierung Deutschlands, in: DA 17 (1984), S. 1286–1301
Fricke, Karl Wilhelm, Der Arbeiteraufstand. Vorgeschichte, Verlauf, Folgen, in: *Spittmann/Fricke* (Hrsg.), S. 5–22
Ders., Opposition und Widerstand in der DDR. Ein politischer Report, Köln 1984
Ders., Die Zaisser/Herrnstadt-Gruppe, in: *Blumenwitz u.a.*, Deutschlandfrage, S. 27–48
Fursdon, Edward, The European Defence Community, London 1980
Gaddis, John L., The United States and the Origins of the Cold War, 1941–47 (Contemporary American History Series, Bd. 3), New York 1972
Ders., Russia, the Soviet Union and the United States. An Interpretive History, New York 1978
Gehler, Michael, Der 17. Juni 1953 aus der Sicht des Foreign Office, in: APuZg B 25/93, S. 22–31
Gerson, John L., John Foster Dulles (The American Secretaries of State and their Diplomacy), New York 1967
Geyer, Dietrich (Hrsg.), Osteuropahandbuch. Sowjetunion: Außenpolitik, Bd. 1: 1917–1955, Bd. 2: 1955–1973, Köln 1972, 1976
Gietz, Axel, Die neue Alte Welt. Roosevelt, Churchill und die europäische Nachkriegsordnung (American Studies, Bd. 61), München 1986
Gilbert, Martin, Churchill's Political Philosophy (Thank-Offering to Britain Fund Lecture, 24, 25 and 27 Nov. 1980), Oxford 1981
Ders., Churchill. A Life, London 1991
Ders., Winston Churchill – The Search for his Character (Winston Churchill Memorial Lecture 1973), Schweizer Monatshefte, Sonderbeilage, Heft 7, 54. Jahr, 1974/75
Ders., Winston S. Churchill, Bd. 3: 1914–16, London 1971
Ders., Winston S. Churchill, Bd. 5: Prophet of Truth, 1922–39, London 1976
Ders., Winston S. Churchill, Bd. 8: Never Despair, 1945–1965, London 1990 (1988)
Giles, Frank, The Locust Years. The Story of the Fourth French Republic, 1946–1958, London 1991
Gladis, Christian Malte, Alliierte Wiedervereinigungsmodelle für das geteilte Deutschland, Frankfurt/M. 1990
Glees, Anthony, Churchill's Last Gambit. What the ›Secret Documents‹ Reveal about the Prime Minister's Adventurous Initiative in 1953 on the Reunification (›and Neutralisation‹?) of Germany ... and why Dr. Adenauer prevailed, in: Encounter 64 (April 1985), S. 27–35
Goodhart, Philip, Fifty Ships that saved the World. The Foundation of the Anglo-American Alliance, Garden City/N.Y. 1965
Goold-Adams, Richard, The Time of Power. A Reappraisal of John Foster Dulles, London 1962
Gopal, Sarvepalli, Churchill and India, in: *Blake/Louis* (Hrsg.), S. 457–71

Gowing, Margaret, Independence and Deterrence. Britain and Atomic Energy, 1945–1952
Grabbe, Hans-Jürgen, Konrad Adenauer, John Foster Dulles and West German-American Relations, in: *Immerman* (Hrsg.), S. 109–32
Graml, Herrmann, Die Legende von der verpaßten Gelegenheit. Zur sowjetischen Notenkampagne des Jahres 1952, in: VfZg 29 (1981), S. 307–41
Greenstein, Fred I., The Hidden-Hand Presidency. Eisenhower as Leader, New York 1982
Grewe, Wilhelm G., Deutsche Außenpolitik in der Nachkriegszeit, Stuttgart 1960
Guhin, Michael, John Foster Dulles. A Statesman and his Times, New York 1972
Hacker, Jens, Der Ostblock. Entstehung, Entwicklung und Struktur 1939–1980, Baden-Baden 1983
Haftendorn, Helga, Adenauer und die europäische Sicherheit, in: *Blumenwitz u. a.* (Hrsg.), S. 92–110
Dies., Sicherheit und Entspannung. Zur Außenpolitik der Bundesrepublik Deutschland, 1955–82, Baden-Baden 1983
Hagen, Manfred, DDR – Juni '53. Die erste Volkserhebung im Stalinismus, Stuttgart 1992
Hamby, Alonzo L., Henry A. Wallace, the Liberals and Soviet-American Relations, in: Review of Politics 30 (1968), S. 153ff.
Hanrieder, Wolfram F., Germany, America, Europe. Forty Years of German Foreign Policy, New Haven/Ct. 1989
Harbutt, Fraser J., The Iron Curtain. Churchill, America, and the Origins of the Cold War, New York 1986
Ders., American Challenge, Soviet Response. The Beginning of the Cold War, February–May, 1946, in: PSQ 96 (1981–82), S. 632–39
Hastings, Max, The Korean War, London 1988 (1987)
Hayter, William, The Diplomacy of the Great Powers, London 1960
Hennessy, Peter, Whitehall, London 1989
Herbst, Ludolf (Hrsg.), Westdeutschland 1945–1955. Unterwerfung, Kontrolle, Integration (Sondernummer der Schriftenreihe der VfZg), München 1986
Ders./Werner Bührer/Hanno Sowade (Hrsg.), Vom Marshall Plan zur EWG. Die Eingliederung der Bundesrepublik Deutschland in die westliche Welt (Quellen und Darstellungen zur Zeitgeschichte, Bd. 30), München 1990
Herring, Georg C., Aid to Russia, 1941–1946. Strategy, Diplomacy, the Origins of the Cold War, New York 1973
Hershberg, James G., »Explosion in the Offing.« German Rearmament and American Diplomacy, 1953–1955, in: DH 16 (1992), S. 511–49
Hewlett, Richard G./Jack M. Holl, Atoms for Peace and War, 1953–61. Eisenhower and the Atomic Energy Commission, Berkeley/Ca. 1989
Hillgruber, Andreas, Alliierte Pläne für eine ›Neutralisierung‹ Deutschlands 1945–55 (Rheinisch-Westfälische Akademie der Wissenschaften, Geisteswissenschaften, Vorträge, G 286), Opladen 1987
Ders., Der Zweite Weltkrieg. Kriegsziele und Strategie der großen Mächte, 2. Aufl. Stuttgart 1983 (1982)
Hinterhoff, Eugen, Disengagement, London 1959
Hixson, Walter L., George F. Kennan. Cold War Iconoclast, New York 1989
Hoopes, Townshend, The Devil and John Foster Dulles, Boston 1973
Horne, Alistair, Macmillan, Bd. 1: 1894–1956, London 1988

Hough, Richard, Former Naval Person. Churchill and the Wars at Sea, London 1985
Howard, Anthony, R.A.B. The Life of R.A. Butler, London 1987
Howard, Michael, Churchill and the First World War, in: *Blake/Louis* (Hrsg.), S. 129–46
Hyam, Ronald, Churchill and the British Empire, in: *Blake/Louis (Hrsg.), S. 167–85*
Immerman, Richard H. (Hrsg.), John Foster Dulles and the Diplomacy of the Cold War, Princeton/N.J. 1990
Ders., Between the Unattainable and the Unacceptable. Eisenhower and Dienbienphu, in: *Melanson/Mayers* (Hrsg.), S. 120ff.
Jablonsky, David, Churchill, the Great Game and Total War, London 1991
James, Robert Rhodes, The Politician, in: *A.J.P. Taylor u.a.*, Churchill. Four Faces and the Man, London 1969, S. 55–115
Ders., Anthony Eden, London 1986
Ders., Bob Boothby. A Portrait, London 1991
Ders., Churchill. A Study in Failure, 1900–1939, London 1970
Ders., Gallipoli (Grand Strategy Series), London 1984 (1965)
Ders., Churchill the Parliamentarian, Orator, and Statesman, in: *Blake/Louis* (Hrsg.), S. 503–17
Jänicke, Martin, Der dritte Weg. Die antistalinistische Opposition gegen Ulbricht seit 1953, Köln 1964
Jansen, Hans-Heinrich, Großbritannien, das Scheitern der EVG und der NATO-Beitritt der Bundesrepublik Deutschland (Arbeitskreis Deutsche Englandforschung, Bd. 22), Bochum 1992
Janßen, Karl-Heinz, Die Revolution aus dem Stegreif, in: Die Zeit, Nr. 25, 18. 6. 1993, S. 13–16
Jones, Peter, Labour-Regierung, deutsche Wiederbewaffnung und EVG 1950–1951, in: *Volkmann/Schwengler* (Hrsg.), S. 51–80
Katzer, Nikolaus, Die Berliner Viermächtekonferenz von 1954 und die Deutsche Frage, in: *Blumenwitz u.a.*, Deutschlandfrage, S. 49–74
Kennedy, Paul, The Rise and Fall of the Great Powers. Economic Change and Military Conflict from 1500 to 2000, London 1988
Kessel, Martina, Westeuropa und die deutsche Teilung. Englische und französische Deutschlandpolitik auf den Außenministerkonferenzen von 1945 bis 1947, München 1989
Kießling, Günter, Zum Begriff der Neutralität in der deutschlandpolitischen Diskussion, in: DA 22 (1989), S. 384–90
Kimball, Warren F., Einleitung, in: *ders.* (Hrsg.), Bd. 1, S. 3–20
Ders., Wheel Within a Wheel. Churchill, Roosevelt and the Special Relationship, in: *Blake/Louis* (Hrsg.), S. 291–307
Knipping, Franz, Die amerikanische Rußlandpolitik in der Zeit des Hitler-Stalin-Pakts 1939–1941 (Tübinger Studien zur Geschichte und Politik, Bd. 30), Tübingen 1974
Koehler, Henning, Rezension von Rudolf Morsey. Die Deutschlandpolitik Adenauers. Alte Thesen und neue Fakten, Opladen 1991, in: Die Zeit, Nr. 6, 31. 1. 1992, S. 44
Köllner, Lutz/Klaus A. Maier/Wilhelm Meier-Dörnberg/Hans-Erich Volkmann (Hrsg.), Die EVG-Phase (Anfänge westdeutscher Sicherheitspolitik 1945–56, Bd. 2), Boppard 1990
Krieger, Wolfgang, Die britische Krise in historischer Perspektive, in: HZ 247 (1988), S. 585–602

Krüger, Peter, Die Außenpolitik der Republik von Weimar, Darmstadt 1985
Kyle, Keith, Suez, London 1991
Lange, Peer, Konfrontation mit dem westlichen Bündnis in Europa, in: *Geyer* (Hrsg.), Bd. 1, S. 510–57
Large, D. C., From Demilitarization to Remilitarization. The United States and the Rearmament of West Germany, 1945–1955, in: Zeitschrift für Kulturaustausch 37 (1987), S. 253–65
Larres, Klaus, Rezension von *Boyle* (Hrsg.), in: HPB 40 (1992), S. 134f.
Lash, Joseph P., Roosevelt and Churchill, 1939–1941. The Partnership that Saved the West, London 1976
Leffler, Melvyn P., Preponderance of Power. National Security, the Truman Administration, and the Cold War, Stanford/Ca. 1992
Leonhard, Wolfgang, Kreml ohne Stalin, 3. Aufl. Köln 1963 (1959). Engl. Ausg.: The Kremlin since Stalin, London 1962
Levering, Ralph B., American Opinion and the Russian Alliance, 1939–45, Chapel Hill/N.C. 1976
Lindemann, Mechthild, Die Deutschlandfrage auf der Gipfelkonferenz und der Außenministerkonferenz in Genf 1955, in: *Blumenwitz u.a.*, Deutschlandfrage, S. 177–205
Lindsay, T. F./Michael Harrington, The Conservative Party 1918–1979, 2. Aufl. London 1979 (1974)
Loth, Wilfried, Der »Kalte Krieg« in der historischen Forschung, in: *Niedhart* (Hrsg.), S. 155–75
Ders., Die Teilung der Welt 1941–55 (dtv-Weltgeschichte des 20. Jahrhunderts), 6. Aufl. München 1987 (1980)
Ders., Stalins ungeliebtes Kind. Warum Moskau die DDR nicht wollte, Berlin 1994
Louis, Roger William, Imperialism at Bay. The United States and the Decolonization of the British Empire, 1941–45, New York 1978
Ders., American Anti-Colonialism and the Dissolution of the British Empire, in: *ders./Bull* (Hrsg.), S. 261–83
Ders., Churchill and Egypt, 1946–1956, in: *Blake/Louis* (Hrsg.), S. 473–90
Ders./Hedley Bull (Hrsg.), The Special Relationship. Anglo-American Relations since 1945, Oxford 1986
Lowe, Peter, The Settlement of the Korean War, in: *Young* (Hrsg.), S. 207–31
Ders., The Significance of the Korean War in Anglo-American Relations, 1950–53, in: *Dockrill/Young* (Hrsg.), S. 126ff.
Ders., The Origins of the Korean War (Origins of Modern Wars), London 1986
Löwenthal, Richard, Vorwort, in: *Baring*, 17. Juni 1953 (3. Aufl. Köln 1966), S. 1–6
Mackintosh, J. M., Strategie und Taktik der sowjetischen Außenpolitik, Stuttgart 1963
Maier, Klaus A., Die Auseinandersetzungen um die EVG als europäisches Unterbündnis der NATO 1950–54. Die EVG als supranationales Instrument für die kontrollierte Bewaffnung der Bundesrepublik, in: *Herbst u.a.* (Hrsg.), S. 447–74
Manchester, William, The Last Lion. Winston Spencer Churchill. Vision of Glory, 1874–1932, London 1983
Martel, Leon, Lend-Lease, Loans and the Coming of the Cold War. A Study of the Implementation of Foreign Policy, Boulder/Co. 1979
Martin, Lawrence W., The American Decision to rearm Germany, in: *Harold Stein* (Hrsg.), American Civil-Military Decisions, Birmingham/Al. 1963, S. 646ff.

Mastny, Voytech, Russia's Road to the Cold War. Diplomacy, Warfare and the Politics of Communism, 1941–45, New York 1979
Maurer, John H., Churchill's Naval Holiday. Arms Control and the Anglo-German Naval Race, 1912–1914, in: Journal of Strategic Studies 15 (1992), S. 102–27
May, Ernest R., NATO over 40 years – The American Commitment to Germany, 1949–55, in: DH 13 (1989), S. 431–60
Mayer, Frank A., The Opposition Years. Winston S. Churchill and the Conservative Party, 1945–51, New York 1992
Mayers, David, George Kennan and the Dilemmas of US Foreign Policy, New York 1988
McGeehan, Robert, The German rearmament question. American diplomacy and European defence after World War II, Urbana/Ill. 1971
McLellan, David S., Dean Acheson. The State Department Years, New York 1976
McNeill, William H., America, Britain and Russia. Their Cooperation and Conflict, 1941–46 (Survey of International Affairs, 1939–46), London 1953
Meddlicott, William N., British Foreign Policy since Versailles, 1919–1963, 2. Aufl. London 1968
Meissner, Boris, Die Sowjetunion und die deutsche Frage 1949–1955, in: *Geyer* (Hrsg.), Bd. 1, S. 473–501
Melanson, Richard A./David Mayers (Hrsg.), Reevaluating Eisenhower. American Foreign Policy in the 1950s, Urbana/Ill. 1987
Meyer-Landrut, Nikolaus, Die Haltung der französischen Regierung und Öffentlichkeit zu den Stalin-Noten 1952 (Schriftenreihe der VfZg, Bd. 56), München 1988
Middlemas, Keith, Power, Competition and the State. Bd. 1: Britain in Search of Balance, 1940–61, Basingstoke 1986
Miller, J. D. B., Sir Winston Churchill and the Commonwealth of Nations (The John Murtagh Macrossan Lectures 1966), St. Lucia/Queensland 1967
Mitter, Armin, Die Ereignisse im Juni und Juli 1953 in der DDR. Aus den Akten des Ministeriums für Staatssicherheit, in: APuZg B 5/91, 25. 1. 1991, S. 31–41
Ders./Stefan Wolle, Untergang auf Raten. Unbekannte Kapitel der DDR-Geschichte, München 1993
Morgan, Kenneth O., Labour in Power, 1945–51, Oxford 1984
Ders., The People's Peace. British History, 1945–1989, Oxford 1990
Morgan, Ted, Churchill. Young Man in a Hurry, 1879–1915, New York 1982
Morsey, Rudolf, Die Bundesrepublik Deutschland. Entstehung und Entwicklung bis 1969 (Oldenbourg Grundriß der Geschichte, Bd. 19), 2. Aufl. München 1990 (1987)
Ders., Die Deutschlandpolitik Adenauers. Alte Thesen und neue Fakten, Opladen 1991
Morton, K. V., Atlantic Meeting. An Account of Mr. Churchill's Voyage in H.M.S. Prince of Wales, in August, 1941, and the Conference with President Roosevelt which resulted in the Atlantic Charter, 6. Aufl. London 1946 (1943)
Müller-Enberg, Helmut, Der Fall Rudolf Herrnstadt. Tauwetterpolitik vor dem 17. Juni, Berlin 1991
Nicholas, H. G., The British General Election of 1950, London 1951
Niedhart, Gottfried (Hrsg.), Der Westen und die Sowjetunion. Einstellungen und Politik gegenüber der UdSSR in Europa und in den USA seit 1917, Paderborn 1983
Ders., Einleitung. Perzeption und Politik im Umgang mit der Sowjetunion, in: *ders.* (Hrsg.), S. 7–24

Noack, Paul, Das Scheitern der Europäischen Verteidigungsgemeinschaft. Entscheidungsprozesse vor und nach dem 30. August 1954, Düsseldorf 1977
Northedge, Frederick S., Descent from Power. British Foreign Policy, 1945–1973 (Minerva Series of Students' Handbooks, Bd. 27), London 1974
Ders./Audrey Wells, Britain and Soviet Communism. The Impact of a Revolution, London 1982
Nove, Alec, Stalinism and After, 2. Aufl. London 1981 (1975)
Ollard, Richard, Churchill and the Navy, in: *Blake/Louis* (Hrsg.), S. 375–95
Osten, W., Die Deutschlandpolitik der Sowjetunion in den Jahren 1952/53, in: Osteuropa 14 (1964), S. 1–13
Otto, Wilfriede, Sowjetische Deutschlandpolitik 1952/53. Forschungs- und Wahrheitsprobleme, in: DA (1993), S. 948–54
Paloczi-Horvath, George, Khrushchev. The Road to Power, London 1960
Parmet, Herbert S., Eisenhower and the American Crusades, New York 1972
Pelling, Henry, Winston Churchill, London 1977
Pirker, Theo, Die Geschichte der sozialdemokratischen Partei Deutschlands 1945–1964, Bonn 1965
Plischke, Elmar, Diplomat in Chief. The President at the Summit, New York 1986
Post, Jerrold M./Robert S. Robin, When Illness Strikes the Leader. The Dilemma of the Captive King, New Haven/Ct. 1993
Preussen, Ronald W., Beyond the Cold War-Again. 1955 and the 1990s, in: PSQ 108 (1993), S. 59–84
Ramsden, John, The Making of Conservative Party Politics. The Conservative Research Department Since 1929, London 1980
Rapoport, Yakov, The Doctor's Plot, London 1991
Reynolds, David, The Creation of the Anglo-American Alliance, 1937–41. A Study in Competitive Cooperation, Chapel Hill/N.C. 1981
Richter, James, Reexamining Soviet Policy towards Germany during the Beria Interregnum (Woodrow Wilson Center: Cold War International History Project, Working Paper Nr. 3), Washington/D.C. 1992
RIIA (Hrsg.), Survey of International Affairs: 1947–48, 1949–50, 1952, 1953, 1954, London 1950–1957
Riklin, Alois, Das Berlinproblem. Historisch-Politische und völkerrechtliche Darstellung des Viermächtestatus, Köln 1964
Rioux, Jean-Pierre, The Fourth Republic, 1944–1958, Cambridge 1987
Riste, Olav (Hrsg.), Western Security. The Formative Years. European and Atlantic Defence, 1947–1953, Oslo 1985
Robbins, Keith, The Eclipse of a Great Power. Modern Britain 1870–1975, London 1983
Roberts, Brian, Churchills in Africa, London 1970
Rostow, Walt W. Europe after Stalin. Eisenhower's Three Decisions of March 11, 1953, Austin/Tx. 1982
Roth, Heidi, 17. Juni 1953 im Bezirk Leipzig, in: DA 24 (1991), S. 573–84
Rothwell, Victor, Britain and the Cold War, 1941–47, London 1982
Ders., Anthony Eden. A political biography, Manchester 1992
Ruddy, Michael T., The Cautious Diplomat. Charles E. Bohlen and the Soviet Union, 1929–1969, Kent/O. 1986

Rupieper, Hermann-Josef, Der deutschlandpolitische Handlungsspielraum der Bundesregierung 1949–1955, in: *Weber* (Hrsg.), S. 71–87
Ders., Deutsche Frage und europäische Sicherheit. Politisch-strategische Überlegungen 1953/55, in: *Thoß/Volkmann* (Hrsg.), S. 179–209
Ders., Die Berliner Außenministerkonferenz von 1954. Ein Höhepunkt der Ost-West-Propaganda oder die letzte Möglichkeit zur Schaffung der deutschen Einheit?, in: VfZg 34 (1986), S. 427–53
Ders., Wiedervereinigung und europäische Sicherheit. Deutsch-amerikanische Überlegungen für eine entmilitarisierte Zone in Europa 1953, in: MGM 39 (1986), S. 91–130
Ders., Der besetzte Verbündete. Die amerikanische Deutschlandpolitik 1949–1955 (Studien zur Sozialwissenschaft, Bd. 95), Opladen 1991
Ryan, Henry B., A New Look at Churchill's ›Iron Curtain‹ Speech, in: HJ 22 (1979), S. 895–920
Sainsbury, Keith, The Turning Point. The Cairo, Moscow and Teheran Conferences, London 1985
Scheuer, Gernot, Materielle Voraussetzungen für eine Wiedervereinigung Deutschlands in der Sicht nichtamtlicher Vorschläge, in: EA 15 (1960), S. 177–92
Schirmer, H., Die Deutschlandpolitik der SPD in der Phase des Übergangs vom Kalten Krieg zur Entspannungspolitik, 1955–1970, Bonn 1971
Schlarp, Karl-Heinz, Alternativen zur deutschen Außenpolitik 1952–55. Karl Georg Pfleiderer und die ›Deutsche Frage‹, in: *Benz, Wolfgang/Hermann Graml* (Hrsg.): Aspekte deutscher Außenpolitik im 20. Jahrhundert, Stuttgart 1976, S. 211–48
Schlauch, Wolfgang, Rüstungshilfe der USA an die Verbündeten im Zweiten Weltkrieg (Beiträge zur Wehrforschung Bd. 13), Darmstadt 1967
Schmidt, Gustav (Hrsg.), Großbritannien und Europa – Großbritannien in Europa. Sicherheitsfragen und Wirtschaftsbelange in der britischen Europapolitik nach dem Zweiten Weltkrieg, Bochum 1989
Schwabe, Klaus, Adenauer und England, in: *Kettenacker, Lothar/Manfred Schlenke/Helmut Seier* (Hrsg.): Studien zur Geschichte Englands und der deutsch-britischen Beziehungen. Festschrift für Paul Kluke, München 1981, S. 353–74
Schwartz, Thomas A., The ›Skeleton Key‹ – American Foreign Policy, European Unity, and German Rearmament, 1949–54, in: CEH 19 (1986), S. 369–85
Ders., America's Germany. John McCloy and the Federal Republic of Germany, Cambridge/Ma. 1991
Schwarz, Hans Peter, Die Ära Adenauer. Gründerjahre der Republik, 1949–1957. Mit einem einleitenden Essay von *Theodor Eschenburg*, Wiesbaden 1981
Ders., Adenauer. Der Aufstieg 1876–1952, 2. Aufl. Stuttgart 1986
Ders., Adenauer. Der Staatsmann 1952–1967, Stuttgart 1991
Seldon, Anthony, Churchill's Indian Summer. The Conservative Government, 1951–55, London 1981
Shapiro, Leonard, The Communist Party of the Soviet Union, 2. Aufl. London 1970 (1960)
Sherwood, Robert E., Roosevelt and Hopkins. An Intimate History, New York 1948
Shlaim, Avi, The United States and the Berlin Blockade, 1948–49. A Study in Crisis Decision-Making, Berkeley/Ca. 1983
Short, Anthony, The Origins of the Vietnam War, London 1989
Siebenmorgen, Peter, Gezeitenwechsel. Aufbruch zur Entspannungspolitik, Bonn 1990

Sked, Alan/Chris Cook, Post-War Britain. A Political History, 2. Aufl. Harmondsworth 1984 (1979)
Slessor, Sir John, What Price Coexistence? A Policy for the Western Alliance, London 1962
Snow, C. P., Variety of Men, Harmondsworth 1969 (1966)
Spittmann, Ilse/Karl Wilhelm Fricke (Hrsg.), 17. Juni 1953. Arbeiteraufstand in der DDR, 2. Aufl. Köln 1988 (1982)
Spittmann, Ilse, Der 17. Juni im Wandel der Legenden, in: *dies./Fricke* (Hrsg.), S. 121–32
Dies., Zum 40. Jahrestag des 17. Juni, in: DA 26 (1993), S. 635–39
Staritz, Dietrich, Das ganze oder halbe Deutschland? Zur Deutschlandpolitik der Sowjetunion und der KPD/SED (1945–55), in: *Weber* (Hrsg.), S. 112–29
Ders., Die SED, Stalin und der ›Aufbau des Sozialismus‹ in der DDR, in: DA 24 (1991), S. 686–700
Ders., Zur sowjetischen Deutschland- und Sicherheitspolitik 1953–54, in: *Thoß/Volkmann* (Hrsg.), S. 35–49
Ders., Geschichte der DDR 1949–1985, Frankfurt/M. 1985
Steininger, Rolf, Das Scheitern der EVG und der Beitritt der Bundesrepublik zur NATO, in: APuZg B 17/85, 27. 4. 1985, S. 3–18
Ders., Ein vereintes, unabhängiges Deutschland? Winston Churchill, der Kalte Krieg und die deutsche Frage im Jahre 1953, in: MGM 34 (1984), S. 105–44
Ders., Eine Chance zur Wiedervereinigung? Die Stalin-Note vom 10. März 1952. Eine Darstellung und Dokumentation auf der Grundlage unveröffentlichter britischer und amerikanischer Akten, Bonn 1985
Ders., Deutsche Geschichte 1945–1961. Darstellung und Dokumente Bd. 2, 2. Aufl. Frankfurt/M. 1984 (1983)
Ders., Germany after 1945: Divided and Integrated or United and Neutral?, in: German History 7 (1989), S. 5–18
Ders., Deutsche Frage und Berliner Konferenz 1954, in: *Wolfgang Venohr* (Hrsg.): Ein Deutschland wird es sein, Erlangen 1990, S. 39–88
Ders., John Foster Dulles, the European Defence Community, and the German Question, in: *Immerman* (Hrsg.), S. 78–108
Stourzh, Gerald, Geschichte des österreichischen Staatsvertrages 1945–55, 3. Aufl. Graz 1985
Talbott, Strobe, The Master of the Game. Paul Nitze and the Nuclear Peace, New York 1988
Taylor, A.J.P., The Statesman, in: *ders. u. a.*: Churchill. Four Faces and the Man, London 1969, S. 9–51
Thompson, Kenneth W., Winston Churchill's World View. Statesmanship and Power, Baton Rouge/La. 1983
Thorpe, D. R., Selwyn Lloyd, London 1989
Thoß, Bruno/Hans-Erich Volkmann (Hrsg.), Zwischen Kaltem Krieg und Entspannung. Sicherheits- und Deutschlandpolitik der Bundesrepublik im Mächtesystem der Jahre 1953–1956, Boppard 1988
Thoß, Bruno, Die Lösung der Saarfrage, in: VfZg 38 (1990), S. 225 ff
Ders., Modellfall Österreich? Der österreichische Staatsvertrag und die deutsche Frage 1954/55, in: *ders./Volkmann* (Hrsg.), S. 93–136
Ders., Sicherheits- und deutschlandpolitische Komponenten der europäischen Integration zwischen EVG und EWG, 1954–57, in: *Herbst u. a.* (Hrsg.), S. 475–500

Trory, Ernie, Churchill and the Bomb. A Study in Pragmatism, Hove 1984
Tusa, Ann und *John*, The Berlin Blockade, London 1988
Ulam, Adam B., The Rivals. America and Russia Since World War II, New York 1971
Ders., A History of Soviet Russia, New York 1976
Vogelsang, Thilo, Großbritanniens Politik zwischen Mendès-France und Adenauer im August/September 1954, in: *Blumenwitz u.a.* (Hrsg.), S. 37–52
Volkmann, Hans-Erich/Walter Schwengler (Hrsg.), Die Europäische Verteidigungsgemeinschaft. Stand und Probleme der Forschung, Boppard 1985
Waley, David, Lend-Lease, in: *McNeill*, S. 772–89
Walker, J. Samuel, »No More Cold War«. American Foreign Policy and the 1948 Soviet Peace Offensive, in: DH 5 (1981), S. 75–91
Wall, Irwin M., The United States and the Making of Postwar France, 1945–1954, Cambridge 1991
Wallace, Henry, Churchill's Crusade, in: New Republik 116 (13. 1. 1947), S. 22f
Wallin, Jeffrey D., By Ships Alone: Churchill and the Dardanelles, Durham/N.C. 1981
Walton, Richard J., Henry Wallace, Henry Truman, and the Cold War, New York 1976
Wassmund, Hans, Kontinuität im Wandel. Bestimmungsfaktoren sowjetischer Deutschlandpolitik in der Nach-Stalin-Zeit, Köln 1974
Watt, Donald Cameron, Churchill und der Kalte Krieg (Winston Churchill Vorlesung 1981), Schweizer Monatshefte, Sonderbeilage, Heft 11, 61. Jahr (1981), S. 1ff
Ders., Die Konservative Regierung und die EVG 1951–54, in: *Volkmann/Schwengler* (Hrsg.), S. 81–99
Ders., Großbritannien und Europa 1951–1959. Die Jahre konservativer Regierung, in: VfZg 28 (1980), S. 389–409
Ders., Succeeding John Bull. America in Britain's Place, 1900–1975. A Study of the Anglo-American Relationship and World Politics in the Context of British and American Foreign-Policy-Making in the Twentieth Century, Cambridge 1984
Weber, Hermann, Geschichte der DDR, 2. Aufl. München 1986 (1985)
Weber, Jürgen (Hrsg.), Die Republik der Fünfziger Jahre. Adenauers Deutschlandpolitik auf dem Prüfstand, München 1989
Werth, Alexander, France, 1940–1955, London 1956
Wettig, Gerhard, Entmilitarisierung und Wiederbewaffnung in Deutschland 1943–55. Internationale Auseinandersetzungen um die Rolle der Deutschen in Europa, München 1967
Ders., Die sowjetische Deutschlandpolitik am Vorabend des 17. Juni, in: *Spittmann/Fricke* (Hrsg.), S. 56–69
Ders., Sowjetische Wiedervereinigungsbemühungen im ausgehenden Frühjahr 1953? Neue Aufschlüsse über ein altes Problem, in: DA 25 (1992), S. 943–58
Ders., Berijas Deutschlandpolitik im Frühjahr 1953, in: DA 26 (1993), S. 674–82
Ders., Neue Erkenntnisse über Berijas Deutschland-Politik, in: DA 26 (1993), S. 1412f.
White, Brian, Britain, Détente and changing East-West relations, London 1992
Wiggershaus, Norbert, Aspekte westdeutscher Bedrohungsperzeptionen 1946–1959, in: *Jürgen Rohwer* (Hrsg.), Feindbilder und Militärstrategien seit 1945, Bremen 1992, S. 50–85
Ders., Bedrohungsvorstellungen Bundeskanzler Adenauers nach Ausbruch des Korea-Krieges, in: MGM 25 (1979), S. 79–122

Wilson, Theodore A., The First Summit. Roosevelt and Churchill at Placentia Bay, 1941, London 1969
Wittlin, Thaddeus, Commissar. The Life and Death of Lavrenty Pavlovich Beria, London 1973
Woodhouse, Christopher, British Foreign Policy since the Second World War, London 1961
Yergin, Daniel, Shattered Peace. The Origins of the Cold War and the National Security State, Boston 1977
Young, John W., Churchill's »No« to Europe. The ›rejection‹ of European Union by Churchill's post-war government, 1951–52, in: HJ 28 (1985), S. 923–37
Ders., Churchill's bid for Peace with Moscow, 1954, in: History 73 (1988), S. 425–48
Ders., Churchill, the Russians and the Western Alliance. The Three-Power Conference at Bermuda, December 1953, in: EHR 101 (1986), S. 889–912
Ders. (Hrsg.), The Foreign Policy of Churchill's Peacetime Government, 1951–55, Leicester 1988
Ders., Cold War and Détente with Moscow, in: *Young* (Hrsg.), S. 55–80
Ders., German Rearmament and the European Defence Community, in: *Young* (Hrsg.), S. 81–107
Zubok, Vladislav M., Soviet Intelligence and the Cold War. The »Small« Committee of Information, 1952–53c, Woodrow Wilson Center: Cold War International History Project, Working Paper Nr. 4), Washington/D. C. 1992

Unveröffentlichte Dissertationen/Examensarbeiten

Dockrill, Saki, Britain and the Problem of a West German Military Contribution to NATO, 1950–55. Ph. D., University of London, 1988
Egan, Josef Bernard, The Struggle for the soul of Faust. The American Drive for German Rearmament, 1950–1955. Ph. D., Univ. of Connecticut, 1985
Horning, Ross Charles Jr., Winston Churchill and British Policy Towards Russia, 1918–1919. Ph. D., George Washington University, Washington/D. C., 1958
Larres, Klaus, Partnerschaft oder Hegemonie? Das Ägyptenproblem in den anglo-amerikanischen Beziehungen in der Vorgeschichte der Suezkrise. Staatsexamensarbeit, Köln 1987
Lehman, Ronald A., The Effect of Stalin's Death on British Foreign Policy. Churchill's Search for a Summit 1951–54. M. Litt., University of Oxford, 1986
Michel, Michael, German Rearmament as a Factor in Anglo-German Relations, 1949–1955. Ph. D., London University, 1963
Naef, Charles Robert, The Politics of West German Rearmament 1950–56. Ph. D., Rutgers University, 1979
Schwepcke, Barbara, The British High Commissioners in Germany. Some Aspects of their Role in Anglo-German Relations, 1949–1955. Ph. D., London University, 1991
White, Brian Philip, Britain and East-West Détente, 1953–1963. Ph. D., Leicester University, 1986

Nachtrag

Folgende Literatur zum Thema erschien nach Abschluß des Manuskripts:

Bariéty, Jaques, Frankreich und das Scheitern der EVG, in: *Steininger u.a.* (Hrsg.), S. 99–131

Bischof, Günter, Österreichische Neutralität, die deutsche Frage und europäische Sicherheit 1953–1955, in: *Steininger u.a.* (Hrsg.), S. 133–76

Ders./Stephen E. Ambrose (Hrsg.), Eisenhower: a Centenary Assessment, New Orleans 1994

Blackwell, Michael, Clinging to grandeur: British Attitudes and Foreign Policy in the Aftermath of the Second World War, Westport/Conn. 1993

Brinkley, Douglas/David R. Facey-Crowther (Hrsg.), The Atlantic Charter, Basingstoke 1994

Doering-Manteuffel, Anselm, (Hrsg.), Adenauerzeit. Stand, Perspektiven und methodische Aufgaben der Zeitgeschichtsforschung (1945–67), Bonn 1993

Gersdorff, Gero von, Adenauers Außenpolitik gegenüber den Siegermächten 1954, München 1994

Goncharov, S. N./John Wilson Lewis/Litai Xue, Uncertain Partners: Stalin, Mao and the Korean War, Stanford/Ca. 1993

Görtemaker, Manfred, John Foster Dulles und die Westintegration der Bundesrepublik Deutschland, in: *Steininger u.a.* (Hrsg.), S. 9–38

Ders., John Foster Dulles und die »Neuorientierung« der amerikanischen Deutschland- und Europapolitik 1952/53, in: Amerikastudien 39 (1994), S. 111–36

Hershberg, James G., James B. Conant: Harvard to Hiroshima and the Making of the Nuclear Age, New York 1993

Lambakis, Steven J., Winston Churchill: Architect of Peace. A Study in Statesmanship and the Cold War, Westport/Conn. 1993

Marks, Frederick W., Power and Peace: the Diplomacy of John Foster Dulles, Westport/Conn. 1993

Massie, Robert K., Dreadnought: Britain, Germany and the Coming of the Great War, London 1993

Norman, Rose, Churchill: an Unruly Life, London 1994

Ponting, Clive, Churchill, London 1994

Rabe, Stephen, Eisenhower Revisionism, in: DH 17 (1993), S. 97–116

Reynolds, David/Warren F. Kimball/Aleksandr Oganovich Chubar Ian (Hrsg.), Allies at War: the Soviet, American, and British Experience, 1939–1945, New York 1994

Richardson, Rosalind, The Long Shadow: Inside Stalin's Family, London 1993

Ruane, Kevin, Anthony Eden, British Diplomacy and the Origins of the Geneva Conference of 1954, in: HJ 37 (1994), S. 153–72

Rupieper, Hermann-Josef, Gipfeldiplomatie 1955 – Dwight D. Eisenhower and Georgij Schukow über europäische Sicherheit und deutsche Frage, in: *Steininger u.a.* (Hrsg.), S. 213–32

Sainsbury, Keith, Churchill and Roosevelt at War: the War they Fought and the Peace they Hoped to Make, London 1993

Schöttli, Thomas U., USA und EVG. Truman, Eisenhower und die Europa-Armee, Bern 1994

Schwartz, Thomas A., Die USA und das Scheitern der EVG, in: *Steininger u.a.* (Hrsg.), S. 75–98
Steininger Rolf, Zwischen Pariser Verträgen und Genfer Gipfelkonferenz: Großbritannien und die deutsche Frage 1955, in: *ders. u.a.* (Hrsg.), S. 177–211
Ders./Jürgen Weber/Günter Bischof/Thomas Albrich/Klaus Eisterer (Hrsg.), Die doppelte Eindämmung. Europäische Sicherheit und deutsche Frage in den Fünfzigern, München 1993

Register

Die folgenden Namen und Begriffe sind wegen der Häufigkeit ihres Vorkommens nicht aufgeführt worden: Churchill, Eisenhower, Großbritannien, USA, Foreign Office, State Department, Kalter Krieg, Ost-West Konflikt, Entspannungspolitik, Détente, Bundesrepublik Deutschland, deutsche Frage, deutsche Teilung, deutsche Wiedervereinigung, etc.